U0942637

严昌洪／主编

武昌辛亥革命研究中心／组编

辛亥革命史事长编

本书为2008年度湖北省社科基金重大委托项目（立项号[2008]013）成果

XINHAI GEMING SHISHI CHANGBIAN

（1906.1-1907.12）

第五册

左松涛／编

武漢出版社
WUHAN PUBLISHING HOUSE

（鄂）新登字 08 号
图书在版编目(CIP)数据
辛亥革命史事长编. 第五册/武昌辛亥革命研究中心组编；严昌洪主编；左松涛编.
—武汉：武汉出版社，2011. 8
ISBN 978－7－5430－5280－2
Ⅰ. ①辛…　Ⅱ. ①武…②严…③左…　Ⅲ. ①辛亥革命—史料
Ⅳ. ①K257. 06
中国版本图书馆 CIP 数据核字(2010)第 172463 号

组　　编：武昌辛亥革命研究中心
主　　编：严昌洪
编　　者：左松涛
责任编辑：李　俊
装帧设计：刘福珊
出　版：武汉出版社
社　址：武汉市江汉区新华下路 103 号　　邮　编：430015
电　话：(027)85606403　85600625
http://www.whcbs.com　　E-mail:zbs@whcbs.com
印　刷：武汉精一印刷有限公司　　经　销：新华书店
开　本：787mm×1092mm　1/16
印　张：21.75　　字　数：543 千字　　插　页：5
版　次：2011 年 8 月第 1 版　　2011 年 8 月第 1 次印刷
定　价：1800.00 元(全十册)

1906 年(清光绪三十二年·丙午)

1 月 1 日(乙巳年十二月初七日)　孙中山在日本、南洋及香港等地发行以英、法文两面印制百元票面的“中国革命政府”债券。该票券注明“本政府在中国成立一年后,由广东政府官库或其海外代理机构支付”(译文)。黄冈、镇南关、河口诸役,曾以此为经费。

冯自由《乙丙两年印行之革命军债票》回忆印行债券经过:

丙午年正月发行之英法文中国革命政府一百元军债券,内载“中国革命政府许持券人于政府成立一年后向广东政府官库或驻外代理取回一百元。一九〇六年元月一日总统孙文”字样。下刊白日徽章,一面用英文,一面用法文,语意相同。先是孙总理有法国友人李安利(2. Leoni)寓西贡波列华查纳街九十号(90. Boulevard Churner, Saigon),向日赞助中国革命,总理特以印刷此项军债券之任务委托之。印成后,总理复加盖蓝色小章然后发出。是年秋总理自南洋赴日本,途经香港,余迓之于法国邮船,总理交付余军债券三箱,另给香港鸦片承饷公司总办陆秋杰英文手谕一纸,略言:“谕烟公司差役知悉,内件经余阅过,并无禁品,不必搜查”等语。盖陆秋杰乃南洋吉隆坡同盟会员,时方承办香港鸦片烟捐务,总理适与同舟,故嘱其手谕烟公司差役令勿搜查,以免宣泄秘密也。余携军债券藏诸《中国报》,其后数奉总理函嘱从邮局分寄海外各埠。是年冬许雪秋以中华国民军东军都督名义经营潮、梅两属军务,领去此项军债券二百张,丁未(1907 年)正月初七日,许与薛金福、乔义生、谢逸桥、谢良牧、方汉城、陈芸生、方瑞麟、箫竹漪、蔡德、李次温诸人,谋在潮城、黄冈、浮山、揭阳、惠来各地分途起事,因布置不及,临时中止,乡人来会者要索遣散费,以是分给军债券数十张。是年四月十一日,陈芸生、余丑、陈涌波、余通等猝然起事于饶平县属之黄冈城,与清军血战七日而败,许雪秋所领去军债券多用于此役。是年十月二十七日革命军占领广西之镇南关,孙总理于期前已电令余将香港所存军债券尽运越南备用。是月二十九日适有同志田桐(梓琴)、谭人凤(树平)、何克夫、谭剑英四人奉召赴越南东京(即河内),余遂将所存军债券三箱托田等携交孙总理。讵是时镇南关军事已失败数日,重要党员,多忙于善后工作,军债券入口,事先未与越南当局接洽就绪,故军债券到步时,即被海防税关扣留,而田等四人以运送军债券之关系,亦为法人阻截,由海防同志刘岐山等保出候讯,后经总理与当局交涉多次,驻河内法总督卒允全数归还。惟田等四人则因清政府指证为著名革命党之故,不得入越南地境,故田等居留海防二十余日仍须遣归香港。

…………

迨戊申(1908 年)三月,云南河口革命败挫,黄克强、胡汉民亦先后莅新,所存越南之军债券大部遂由河内甘必大街六十一号机关部移送至新加坡晚晴园。未几,河口将士亡命南洋英属者数百人,总理命张永福、林义顺等开设石山公司以收容之。其中分子多半出身游勇,间有在石山附近犯杀人夺财嫌疑,致遭地方官吏逮捕者。英国警吏因在若辈住所搜获此项革命军债券,而有干涉发售之举,总理乃将所藏军债券全数付之一炬,仅检出百数十张裹一大束,交张永福保存。至民国成立后,张犹郑重珍藏,至今未失云。

冯自由《革命逸史》上册,新星出版社 2009 年版,第 134 ~ 136 页

张永福所记为:

过了有一个半月光景,孙先生接到一封电信,就对我们说,他有由巴黎寄来的重要东西四箱,叫我预备着向轮船上起领;但是要加倍秘密,加倍谨慎。我奉了命待船到星洲,自己带了许多银币(预备起运时行贿警探),带了亲信伙伴,依照手续向船上起运。路上幸

而没有意外的事发生，但亦不敢一直往晚晴园，就转湾寄在我的住宅贮放。过几天孙先生自己到我的清河住宅启开一箱检看，原来一包一包完全是军用纸票，每张票面一百元，印得亦算精美，一面英文，一面法文，全没有中国字。孙先生看了后，面上很欢喜，取了好几张带回晚晴园，分给同志传观，其余仍照旧叫我装好。隔了几天，就叫我把未开的几箱，附往香港《中国日报》交冯自由先生收。这转运的事，就由林义顺负责办理。那已开的以后一箱，孙先生亲自带去，留下一包交楚楠及余共管，其后再来信索寄香港《中国日报》冯自由君收用。

张永福《南洋与创立民国》，中华书局1933年版，第14～15页

清廷对同盟会发行债券颇为敌视。年8月28日（七月初九日），巡警部探访局长史云密报：

窃卑局顷据访员报称，现闻革命党魁孙文近创一军务债票，在日本及南洋各岛及香港等处发售，每票一张，注明俟军务事毕凭票给银十元，现时卖价，每张银一元，业印有数万张。卑职已饬访员设法往购该票。（下略）

朱批：案交内外厅稽查处，速□查有无此等□事。

中山市档案局、中国第一历史档案馆编《香山明清档案辑录》，上海古籍出版社2006年版，第397页

10月2日（八月十五日），调补云贵总督署两广总督岑春煊致电外务部，请为代奏：

窃据新嘉坡领事孙士鼎禀称，"首逆孙汶，闻在南洋各岛售卖军务债票至数百万之多，每张收银一元，券内注本军功成之日还本息银一十元字样，以和属各埠及英属大吡叻吉隆为多。该逆前曾派伊党人邓子瑜乘日邮轮回港，日间并闻在南洋一带召集党与，回港图谋举事。"等语。并准该广州口德国领事照开："孙汶匪党欲在八月底九月起事"等情。该首逆孙汶蓄谋不轨，其党徒潜匿香港，勾结内地土匪筑圩起事。今该逆复在南洋一带售卖军务债票，聚敛赀财，是其有意煽乱，逆迹昭著。

中国史学会主编《中国近代史资料丛刊·辛亥革命》(1)，上海人民出版社、上海书店出版社2000年版，第134页

次日，军机处通过外务部，致电驻英荷各使对外交涉，禁止革命党发售军务债票：

该逆在南洋各埠售卖军务债票，亟应设法禁止解散，以免煽惑，而保公安。希即向英国、和国外部切实商办，并电覆枢。

中山市档案局、中国第一历史档案馆编《香山明清档案辑录》，上海古籍出版社2006年版，第400页

编者按：《香山明清档案辑录》及中国第一历史档案馆所编《清代中国与东南亚各国关系档案史料汇编》第1册（国际文化出版公司1998年版）两书收录的"军机处致电驻英荷各使"档案，系年均为光绪三十三年（1907年），似误。据研究，该债券票面记载发行日期为1906年1月1日，实际发行时间当在同年7、8月之间（左松涛《孙中山发行的"中国革命政府债券"史实考》，《中国钱币》2009年第4期）。

△ 日本文部省在上年11月2日颁布的《关于准许清国学生入学之公私立学校之规程》正式施行。中国留日学生对此极为不满，因而风潮频起。

章程内容：

第一条　公立或私立学校，在许可清国学生入学之时，于其入学申请书中，必须附加清国驻本邦公使馆之介绍书。

第二条　公立或私立学校，依从清国学生本人志愿，于该校所定学科中，阙修一科或数科。

第三条　清国学生入学之公立或私立学校，须备有关教职员名簿、清国学生学籍簿、考勤簿，并将来往公文信件等予以登记汇存。学籍簿内，须记载学生的姓名、原籍、年龄、住址、

入学前经历、介绍入学的官署名称、官派或自费、赏罚、入学、转学、退学及学年、毕业日期、转学和退学的缘由等。

第四条　公立或私立学校,如欲许可清国学生转学或退学时,其申请书内必须附加清国驻本邦公使馆之承认书。

第五条　清国学生入学之公立或私立学校,须于每年一月及七月份两次,将其前六个月间准许清国学生入学的人数,呈报文部大臣。清国学生之转学、退学以及毕业人数,亦依上述规定呈报。

第六条　公立或私立学校,遇有清国学生毕业或饬令退学时,须于一个月内,将其姓名及饬令退学的缘由,报告介绍其入学之清国公使馆。

第七条　准许清国人入学之公立或私立学校,经文部大臣认为适当者,将特为选定,并照会清国政府。

第八条　公立或私立学校,欲要得到前条所述的选定,其管理者或设立者须具备下列事项,向文部大臣提出申请。但依特别规定,既已申请或经许可的事项,可以省略。一、关于清国学生教育的沿革。二、校规中涉及清国学生教育的相关学则。三、校长或学校代表者的履历。四、教员姓名、资格、学业经历及所担任的学科科目。五、清国学生定额及各学年学级的现在人数。六、对清国学生的校外监督方法。七、清国学生毕业人数及毕业后情形。八、供清国学生使用之校地、校舍及寄宿舍等图样。九、经费及维持方法。十、教科书、教授所用器具、仪器及标本等目录。以上第二项和第八项如须变更,须经文部大臣许可。

第九条　受选定之公立或私立学校,令清国学生宿泊的寄宿舍或由学校监管的旅馆、下宿等处,均须施行校外管理。

第十条　受选定之公立或私立学校,不得招收为他校因性行不良而被饬令退学的学生。

第十一条　受选定的公立或私立学校举行考试时,文部大臣如认为必要,可派官员监视,或查阅考试内容及学生的答稿。该员如认为考试题目或方法不恰当,则可命其变更。试题、答案及成绩表最少须保存五年。

第十二条　受选定之公立或私立学校,于每学年结束后一个月内,须将有关清国学生教育的概况,呈报文部大臣。

第十三条　受选定之公立或私立学校,如有违背此规则或其成绩不良者,文部大臣将取消其受选定的资格。

第十四条　照本令所规定,凡拟递文部大臣的文件,须由地方衙署转呈。

第十五条　本令的各项规定,不适用于小学堂及与之同类的各种学堂。

李喜所、李来容《清末留日学生"取缔规则"事件再解读》,《近代史研究》2009年第6期

编者按:根据李喜所、李来容的研究,第三条中之"来往公文信件",日文中原为"往复书类缀"。此处中文翻译差别较大,例如:梁启超直译原文,驻日公使杨枢译为"往来信件",《大公报》译为"往复书类",《东方杂志》则译为"照会诸文书"。规程名称多被有意无意误读、误译。该规程日文名为《清国人ヲ入学シムル公私立学校ニ関スル規程》,中文当译为《关于准许清国学生入学之公私立学校之规程》。当时有少数人译为《关于使清国人入学之公私立学校之规程》、《关于许清国学生入学之公私立学校规程》,基本符合原意。但绝大多数留日学生未能详细考究规程的具体内容,误信部分报刊的失实报道,或将规程名称牵强地译为《公立私立各学校关于清国人入学之规则》、《关于清国留学生入学规则》;或误译为《清国留日学生取缔规则》、《清国留学生取缔规则》、《取缔中国留日学生之规则》、《取缔留学生规则》、《取缔中国留学生所入学校及寄宿舍之规则》;或误记为《取缔清韩留日学生规则》等,并一律简称"取缔规则"。这不仅将规程的对象由公私立学校转变为中国学生,而且皆以"取缔"名之,迥异于日方规程原意。"取缔"一词,中、日文意义有所区别,汉语的"取缔"意为取消、禁止,日文的"取缔"意思是管理、监督,两者不能直接互换。

1月2日(十二月初八日) 《民报》杂志社简章在广东汕头《岭东日报》以广告形式登载,此是国内报刊较早发布《民报》创刊消息。

《岭东日报》刊载《民报》杂志社简章:

第一条 本杂志以为民族的国民讲求政治上、社会上之改良进步为宗旨。

第二条 本杂志仿欧美各大杂志体裁,论著不分门类,后附时评、小说、译丛、来稿,□求不戾本旨,靡不收罗。

第三条 本杂志置总编纂一人,撰述员无定额,庶务干事一人,会计一人,校对二人,收稿一人。

第四条 本社员之外,如有撰述,不与本杂志宗旨相违者,请径交本社编辑所,择尤登录,以本期杂志奉酬。

第五条 有慨捐本社经费十元以上者,奉酬本杂志一年。二十元者,二年。三十元者,三年。五十元以上者,永远奉酬,俱推为本社名誉赞成员。

第六条 本杂志月出一期,至少以一百二十页为度。定价一册二角,预定半年者一元一角,全年者二元,邮费另加。

第七条 本杂志定于阳历十一月初五日发行第一期,自后以每月之初五日为发行期,决不蹈从前各杂志愆期之失。

第八条 本社编辑所设于日本东京市牛込区新小川町二丁目八番地,发行所设于东京府丰多摩郡内藤新宿字番集町三十四番地,与本社通信者请直投编辑所。

第九条 本社于上海、香港、天津、汉口、美洲、南洋各大埠皆设有代派所,此外有愿经售本杂志者,十分以上九折,三十分以上八折,报赀按期汇付。如三期未清者,即行停寄清算,幸为原谅。

乙巳年十二月初四日。

《〈民报〉杂志社简章》,《岭东日报》1906年1月2日

编者按:此广告所载与《民报》原刊内容有部分不同,其区别主要在第一条与第九条。科学出版社影印的《民报》第一号,邹鲁《中国国民党史稿》均记载《民报》发行日期为1905年11月26日,与本广告所载日期不相一致。

1月3日(十二月初九日) 有新闻先后披露清方在上海搜检从日本罢学归国的留学生,尤其严防军火与违禁书籍夹带进入国内。

《岭东日报》报道云:

近日有由日回国留学生五人,计山东张伯平、浙江金义麟(均肄业早稻田)、旗籍廷启(肄业弘文),另福建二人,一肄业振武学校,一肄业经纬学校,其姓名未详。以上五人,由日本乘□国商船蒙士利号三等舱回国。二十日晨,船抵吴淞口时,即有官派小轮一艘,水兵多名,来船招待。声称无论在何学校之回国学生,皆可附乘。该小轮入口时,有商人多名,亦欲附乘,水兵皆不许。该小轮旋即驶向达安兵舰,促五人登舰,见萨鼎铭军门。萨告五人言,余系奉袁制军电饬,在此相候。萨询以东京罢学缘由及诸人因何回华之故。诸人咸答以因他事告假归国,与散学无涉。继又向诸人身上及所带之行李逐一搜检,并无要物。当留五人在舰午膳,旋又遣三人(二福建人,一旗人)往见上海道袁观察问话。又留该旗生在舰,俟五大臣至沪时,面陈一切。其余三人则派水兵送至火车站,于下午来申。闻此次尚系首次办理,以后尚另有办法。搜查时,最注意有无军火,次及其著作云。

《请看吴淞之搜检回国留学生》,《岭东日报》1906年1月3日

该报后刊《留东学生之近状》报道:

又,近来有法、德二国邮船抵香港,有广东有别省学生数十人。当抵上海时,有医生来言,上海风潮很大,各人宜细检点。因此登岸之学生等,尽将书籍之关于民族主义者,概投诸水,并有声言此等书(籍)归国后无用云云。

《岭东日报》1906 年 1 月 8 日

1 月 17 日(十二月二十三日)　留日学生因反对文部省订立整顿学校章程而举行的罢课,逐渐平息。驻日使臣杨枢上奏,报告处理经过,请惩为首的韩汝庚、胡瑛、吕复、田桐、宋教仁等 19 人,旋被清廷允准。

留日学生逐渐以平和心态对待文部省颁布章程,《岭东日报》报道:

东京电云,东京留学生反对日本文部取缔规程事,据最近情形,或可和平了结。东亚同文会长长冈子爵从中极力调停。十九号,长冈亲访文部长(编者注:原文如此,疑应为"省"字)面会木场次官及泽柳普通事务局长,会商良久。文部省已默认长冈之论议。又桂首相既已辞职,则西园寺内阁对留学生之方针,自可略为迁就。大概归国停课事,总可和平了结也。留学生之党派,自停学之事出。留学界中亦有和平、急激二派之别。和平派不主归国,其中有热心民族主义而具有特别之见识者谓,异族政府尚未能倾覆,无暇顾及国体,故不宜归国者。有因谄媚杨公使而抱做官思想,恐归国后失其奴隶阶级者。二者究以做官派占多数也。主归国之急激派,更为纷杂。有素持民族主义,痛恨国耻者;有向日不喜留学,或专为游历,特借此事以炫其此次归国之最有名誉者。二者亦以民族派为少数。惟以急激、和平两大派相较,以急激派略占优势。急激派多主强硬手段,凡有上学者,辄被痛殴,或以武力恐吓,以故和平派亦无一人敢上学,盖恐于生命有危也。日前振武学校停学及不主停学之二派,因意见用武,各伤十余人。留学生总会新举干事,和平派绝不敢出,故所举之各干事多属急激派。今已酌定回国之办法矣。惟日间文部迁就之说出,故归国之风潮,因是略为平静云。

《留东学生之近状》,《岭东日报》1906 年 1 月 8 日

杨枢《奏为陈明游学生罢课办理情形并请旨将祸首光禄寺署正韩汝庚即行革职事》:

窃奴才自兼管游学生总监督以来,留东学生日增月盛,人数既多,品流易杂,其中固多勤苦向学之士,而不自闲检者亦在所难免。日本文部省亦以中国学生来者日众,良莠不齐,而日本人之不肖者,复遍设不完全之学校,交相引诱,实于教育名誉有碍,因拟定一规程以整齐之。其用意虽极美善,而其内蕴非可揣测。奴才即亲诣文部省,告以整顿学校固所愿闻,但于我国学生必有关系,请于未公布前钞稿示商,嗣准文部省将所拟章规十五条钞稿送来。寻译全文,有为整顿学校者,亦有间接管理学生者,实无苛待之意。旋即公布,而学生群以第九、第十两条有所不便,公率代表具禀列陈。奴才察其所论,尚属近情,即将原禀照会日本外务省转商文部省。正在筹议之间,各校学生忽相率停课。此倡议停课之人联结成党,分赴各学校,把持门外,不许他人上课,甚有用强威吓者,遂至全体罢学,坚请与日本文部交涉,将规程全文取消,不能取消即全体归国。亦经奴才婉商日本外务省,据覆万办不到,词意甚决,及外务省转到文部覆文,允将第九、第十两条通融办理,并将规程意义铨[诠]说详明。即日译成汉文晓示学生,冀可挽回大局。不意该党愈行激烈,胁众归国,群情汹汹,不受理喻。既非口舌所能力争,又无权力足以解散。迨至大学、高等各校留学生出而组织一维持学界会,专以劝人上课为主义,一时入会者甚多。该党之势力少杀。复经奴才宣谕诸生,晓以大义,渐就平静,现已一律入学,照常开课。惟此次滋事学生苟不择尤惩治,不足以儆浮薄。兹查有

韩汝庚、胡瑛二名，倡议停课，煽惑众人，又吕复、樊翀、保衡、曾运檄、冯壮道、龚国煌、龚国辉、王克家、向佐周、朱剑凌、盛仪、刘棣英、龙凌骧、田桐、宋教仁、冯世骧、蓝永藩等十七名，性喜滋事，随声附和，业经奴才通知日本各学校概不收容外，应请饬下学部咨行各省督抚，通饬内地各学堂不准收录，绝其倖进之途。再查韩汝庚身为职官，甘居祸首，尤属咎有应得，应请旨将光禄寺署正韩汝庚即行革职。此外留学生之被胁附和，现已上学者，恳恩宽其既往，准予自新，仍由奴才随时察看，倘有不安本分，滋生事端者，分别轻重，请旨惩治。现将韩汝庚、胡瑛等十九名姓名、籍贯造具清册，咨呈学部外，所有学生罢学办理缘由理合恭折具陈，伏乞皇太后、皇上圣鉴，训示。

中国第一历史档案馆藏《光绪朝军机处录副奏折》，档号03－7216－019 本书以下所录《光绪朝军机处录副奏折》除另有注明外，俱出中国第一历史档案馆所藏原档

杨枢奏折中所称"原禀照会日本外务省转商文部省"的"原禀"，系光绪三十一年十一月，以杨度领衔的清国留学生总会呈递杨枢禀帖。同月初六日（1905年11月28日），杨枢照会日本内阁总理大臣兼外务大臣桂太郎：

敬启者：现据敝国留学日本全体学生公禀等，于明治三十八年十一月二日官报中见，所载文部省令第十九号：关于清国人入学之公私立学校之规程十五条，自三十九年一月一日施行。绎其文意，无非为吾国学生谋学课之改良，期教育之完善，以使异邦来学者得善良之结果，以归饷其本国，其用意至为美矣，凡见此者莫不感慰。

惟第九、第十两条，将来施行之际，吾国学生必有因此而受不利益之影响者。特为述其利害与其苦情，仰邀大力照请文部省，将第九、第十两条允与取消等情前来。本大臣据此查贵国文部省现定第十九号规程，原为改良学界起见，全体学生因极感慰，本大臣亦同深钦服，惟其第九、第十两条，既于学生有所障碍，又据学生公禀前情，相应将原禀函送贵大臣查照，并请将原禀转咨文部大臣，体顺舆情，酌核见覆为荷。专布，顺颂时祇。附学生原禀一件。

日本外务省外交史料馆藏《在本邦清国留学生关系杂纂》，清国杨公使函。引自孔祥吉、村田雄二郎《陈天华若干重要史实补充订正：以日本外务省档案为中心》，《福建论坛》2005年第4期

留日学生举行罢课之后的情形，宋教仁1月4日日记：

至程润生寓。润生告余，为学界反对日文部省规则事，已约明后日招集各新闻记者，以酒饷之，以疏通意见，但须醵金六十元，欲余筹谋，并言夏道南处可设法云云。

13日日记：

巳初，胡经武来，属余拟一电稿致北京政务处。此时反抗日文部省令事已落着，定于十五日上课，故电告北京廷也。……未初，胡经武来，邀余至清风亭赴联合会。是日因风潮已息，解散联合会也。余演说此次风潮前固可主张力争，但现已无可如何，于情于理于势，皆不可久持云云。众有不然者，余亦止焉。

19日日记：

巳正，至公使馆，请马参赞作保证人，备入早稻田大学也。

湖南省哲学社会科学研究所古代近代史研究室校注《宋教仁日记》，湖南人民出版社1980年版，第114、119、122页

田桐《革命闲话》回忆此事：

同盟会成立之年，秋冬之间，清室与日本交涉，由文部颁布留学生取缔规则，防革命也。于是留学生群起而争，陈天华因以蹈海死，众人益奔走相告，相率罢课，一部归国者，在上海创立中国公学。而东京公使馆收买若干学生为间谍，刺学生虚实。公使杨枢出奏清廷，缉捕十八人，褫夺官职科名官费，自费生亦复通告各校，强迫退学。清廷如奏，颁发上谕，首名韩汝庚，二名胡瑛，以后不能记其次第，有宋教仁、田桐、吕复、龚国煌、龚国辉、保衡、冯大树、王

克家、曾伟、蓝永藩、漆运钧,其余五人,则忘之矣。其中胆大者,视若无事;胆小者,震惊失色,有托人在燕京运动求赦者。至宣统即位,复颁发上谕,中有云:除田桐、宋教仁永远不赦外,一体开复。

丘权政、杜春和编《辛亥革命史料选辑续编》,湖南人民出版社 1981 年版,第 43 页

编者按:杨枢此奏折被收入多种史料书中,文字略有出入。《清光绪朝中日交涉史料》卷六九中,"出而组织一维持学界会"一句作"出而组织一维持学界会",人名"保衡"作"保卫"。今根据中国第一历史档案馆藏"光绪朝军机处录副奏折"改定。

1 月 25 日(丙午年正月初一日)　清廷考察宪政大臣载泽、尚其亨、李盛铎等人在东京觐见日本天皇。载泽等在东京时,日警严密监视革命党人,防备异动。

载泽等对日本学校多有考察,其《考察政治日记》记录参观振武学校:

校为中国留学陆军者而设,学生三百八十一人,为各省所咨送,皆有监督率之。是日,惟直隶、山西二监督至校。闻平日监督不与学生接洽,学生不受监督约束,止供支应,几成赘瘤。是校总理为陆军少校福岛安正,历举以告,惭愤殊深。

载泽认为日方对留学生管理松懈:

惟彼学于中国学生,多所放任,致与彼国学生同卒业而程度迥殊。其于大同主义,或犹非所崇尚欤!

载泽离日之后,上奏折言其观感:

日本维新以来,政治取法欧洲;复斟酌本国人情风俗之异同,以为措施之本。比赴其上下议院、公私各学校及兵械厂、警察、裁判、递信诸局署详为观览,以考行政之机关。又与彼政府各大臣,伊藤博文、大隈重信诸元老,及专门政治学问之博士,从容讨论,以求立法之原理,与其因革损益之宜。大抵日本立国之方,公议共之臣民,政柄操之君上,民无不通之隐,君有独尊之权;其民俗有聪强勤朴之风,其治体有画一整齐之象。

其富强之效,虽得力于改良法律,精练海陆军,奖励农工商各业,而其根本,则尤在教育普及。自维新初,即行强迫教育之制。国中男女皆入学校,人人知纳税、充兵之义务,人人有尚武爱国之精神。法律以学而精,教育以学而备,道德以学而进,军旅以学而强,货产以学而富,工艺以学而兴。不耻效人,不轻舍己,故能合欧化汉学,熔铸而成日本之特色。

至其法令规条,尤经彼国君臣屡次修改,几费切磋,而后渐臻完密。臣等于其现行条例,勒为成书者,自当慎为选译。而诸人之论说,则随时记录;各署办事之规则,亦设法搜求。总期节取所长,以备将来之储录。此在东考察之大略情形也。

钟叔河主编《走向世界丛书》之《李鸿章历聘欧美记 · 出使九国日记 · 考察政治日记》,岳麓书社1986年版,第583 ~ 584、586 ~ 588页

宋教仁在日记中录载相关情形:

1 月 21 日

笃生(编者注:杨笃生)自北京来,充出洋考察政治大臣随员者也(是日清出洋大臣载泽等抵京),谈良久出。

22 日

日政府派有巡查三人守《民报》社,云因载泽来东,防掣革命党甚严密,故出此手段。并言余等出门,亦尾之于后云。日本政府亦太小心矣,不禁可笑。

23 日

警察终日守《民报》社,余未出外。

24 日

佐藤独啸邀余至会芳楼小饮,警察吏随余,亦与饮焉。

28 日

巳初,余出门将往神田,四顾无警吏随行,以为既转居则不复至也;乃行未数十步,一人至余前欲与余语,询之,则当地之警察也,不觉粲然。

29 日

杨勉卿来,遂邀至寓后乡间一带游览(警吏随之)。

湖南省哲学社会科学研究所古代近代史研究室校注《宋教仁日记》,湖南人民出版社1980年版,第123~127页

编者按:宋教仁日记中有关载泽到达东京时间似有误。据《考察政治日记》,载泽等人在1月22日,始抵东京:"(十二月)二十八日,子正,乘火车行。巳正二刻过横滨,华商董皆来迎谒。三刻,抵东京新桥车站。"(《李鸿章历聘欧美记·出使九国日记·考察政治日记》,第573页)1906年1月28日《中外日报》载《考察政治大臣行程》报道:"泽公与尚、李二大臣抵西京、名古屋后,小住四日。十二月二十八日行抵东京,东乡、大隈、尾崎三大臣均往迎接。泽公等旋入居芝离宫,准于中历元旦日亲递国书。"

△ **中国留学生在日本组织的"维持留学同志会"宣告解散。**

日本《时事新报》报道称:

东京维持留学同志会于正月初一日,柬邀长冈子爵、梅谦次郎、加[嘉]纳治五郎等及新闻社记者,其余有关系于中国留学生之日本讲师等,于偕乐园宴会。该同志会派留学生代表人数名列席。首先由熊垓演说一番,初则略表敬意,继云,我辈于文部省令中之一二条,虽有不服之点,然其后经文部公示其解释,于是不仅我辈之疑念立即冰释,且反悟此令于留学生甚有利益。今各留学生已络绎复校,已达本会之目的。此后所希望于收容中国学生之学校【校】长者,乃在不以他国人之观念待我辈,当与日本学生同等看待,不独拘拘于物质的教育,而当努力于精神的教育也。此外,所望于新闻记者者,乃自今以后,凡遇有关留学生品行之事,须详细记其人之姓氏与籍贯,否则同姓者甚多,恐他人亦被误也。次由长冈子爵起而演说,略谓余甚表同意于熊垓氏所说之词,所望于留学生诸君者,此后切勿再有同盟休学之妄动。苟有不解日本政府之措置之事,则宜按秩序而行事可也云云。于是主客咸尽欢而散。译正月初二日《时事新报》。

《维持留学同志会业已解散》,《中外日报》1906年2月2日

1月28日(正月初四日)　以"促进中日两国学生之亲睦,兼以开进相互之德智"为宗旨的日华学生会在东京举行成立典礼。是会由留日学生程家柽、张继、赵宝泰、韩汝庚、夏道南、吴玉章、曾鲲化等与日本学生井上笔次郎等联合发起。日方大隈重信、青木周藏、长冈护美、嘉纳治五郎,中方李宗棠、马相伯等出席,并发表演说。

该会成立尚未举行,国内即有新闻报道:

东京函云,中国学生游学日本者,近渐增加。惟以未能与日本学生交际亲密,疏通事情为遗憾。故中国学生团体,近尝运动组织一学生俱乐部。日前帝国大学、高等师范学校、高等工业学校以及其他中国学生入学诸校,共举代表十八人与日本学生会议,设一日华学会,现已成立,将举行开会式典云。

《留东学生组织日华学生会》,《岭东日报》1906年1月18日

时人李宗棠记录《日华学生会会章》为:

第一条　本会名日华学生会。

第二条　本会以日华两国学生组织之。

第三条　本会图日华两国学生之亲睦,兼以开进相互之德智为目的。

第四条　本会隔月开例会一次,但依时宜得以变更之。

第五条　本会于两国学生中置若干委员,以经理本会事务。

第六条　本会于主重学校为辅助本会之目的起见,可置委员。

第七条　本会置事务所于左东京市神田区锦町三丁目锦辉馆。

第八条　本会受日华两国有志者之寄附金以补助费用。

经日本学者考证,日华学生会发起者有:

日本

东京高等商业学校　　井上笔次郎

外国语学校　　川井光太郎

早稻田大学　　川胜藏太

庆应义塾　　竹内恒吉

东京高等工业学校　　中尾远太郎

东京帝国大学　　工藤十三雄

同　　八并武治

东京高等师范学校　　有吉半祐

早稻田大学　　三盐熊太

中国

成城学校　　屠密

东京高等商业学校　　赵保泰

明治大学　　张继

广岛高等师范学校　　李祖虞

弘文学院　　夏道南

路矿学堂　　韩汝庚

早稻田大学　　姚震

岩仓铁道学校　　曾鲲化

早稻田大学　　蹇念镒

成城学校　　吴永珊

大成学控　　承胡喆

东京帝国大学　　周家彦

实藤惠秀著,谭汝谦、林启彦译《中国人留学日本史》,三联书店1983年版,第403~404页

《东京日日新闻》报道成立典礼经过:

中国留学生程家柽发起之日华学生会,于本月初四日下午一点钟在本乡座行开会礼。来宾有五十余人,大隈伯爵,青木、长冈两子爵,嘉纳高等师范学校校长等均在座,中日两国学生有一千四五百名。至预定之时刻,由发起人宣读日清两国学生会辞,继由大隈伯、青木子爵及此次因慰留学生来日本之李荫伯、马湘(编者注:原文如此)伯等,次第演说,直至六点钟散会。大隈伯演说之大概录如左:国家存亡,因乘世界文明之潮流与反对之而分歧,所谓适者生存之理,亦可适应之于国家之运命者也。世界五千年之前,有东洋、西洋二文明之潮流。东洋文明于日本于中国,皆因行政者之愚策,自遏其进路,而为凝滞不进之状。而西洋文明则骎骎然不稍停其步武,其势力逐渐压迫东洋。五十年前,我日本乃因其刺戟而觉醒。

初,日本亦不通外国之事态,一意恐怖之。于是锁国攘夷之国论,沸腾朝野,曾试与战争数次,而卒不能敌外国。于是翻然有所觉悟,终输入其物质之文明,改革国家组织,更变行政机关,进而于伦理道德之点,亦采用外国之所长。日本固有之文明不期竟与西洋文明相调和,得所谓适者之资格。自是以后,次第见国势之伸张,以至于今日。中国今日之状态,恰如四十年前之日本。中国今日国势之不振,即由于不能如日本之速改其国是,诚不得不为中国悲也。然朝有明敏之两宫殿下,在有识者次第知变法自强之要,下则派遣多数之留学生于日本,上则派遣皇族考察各国政治,此状态恰与四十年前之日本相同。当时日本派特派大使于海外,且遣数千之留学生,一面雇用无数之外人。如此输入有形无形之新智识,以之调和于日本固有之文明,其结果乃得今日之国势。今后之中国,亦可得如日本四十年间之成绩。故两国之关系相同,亟宜相亲相提携,以共保将来东洋之平和也。或云,中国学生之为学,何必限以日本,且欧美为日本学问之本源,故不若直接学诸欧美较为有益云云。然其人种异,国体异,道德之根不同。欧美之学问,实不能直接行之于中国,必须首先以之调和于中国固有之文明,故不如学于日本。盖已与日本之文明调和,则施诸实际,必大显其便利之处,因日本与中国不独同文同种,且道德之本源,亦同系祖述孔子者也。既经日本咀嚼之西洋文物,施之于中国,可毫无不合宜之处。况言乎道路,则不过一苇带水,何必舍近而求远哉?余甚希望日本学生亦留意此点,不误所以对待中国学生之道也。

青木子爵演说之大略云,欲厚中日两国交谊,则不独求之于皇室或政府之关系,而两国国民尤不可不互相亲善。国民之亲善,以两者互相知为要义。中国学生在日本,一面赖书籍以求学问,一面尤须勉知日本之国情。其道乃在亲与日本学生相交接,互相启发。故予于本会之设立,表多大之赞成,并望时时开如今日之大会,藉以互相接洽,敦厚交谊,而学问之道以采他人之长,补我之短为要义,以切不可因其为外国人而生猜疑之心,或直因以启排外之思想,此乃尤须谨慎者也。中国学生,须信日本学生,日本学生则须为言语不通、习俗相异之中国学生助力,两两相待,互相补助,以为益友而全睦谊。此乃予之所希望者也。译正月初五日《东京日日新闻》。

《日华学生会举行开会礼》,《中外日报》1906年2月8日

马相伯回忆:

光绪三十三四年间,留日学生发生学潮,余又重渡扶桑,以扶平之,当时尝以"爱国不忘读书,读书不忘爱国"一语,蒙湖广总督张之洞称扬,以为中国第一名演说家。当时梁启超尝为余记录。

朱维铮主编《马相伯集》,复旦大学出版社1996年版,第1061页

编者按:亲历其事者李宗棠在其所著《东游纪念》第七卷,即《劝导留学生日记》记录有当时情况。中国留学生ソカゥマソ(音译"苏高曼")著有名为《琐琐录》的未刊日记,亦录有此事大略。另,张若谷编《马相伯先生年谱》(商务印书馆1939年版,第216页),将马相伯演说事系于光绪三十四年(1907年),当误。

1月30日(正月初六日)　广东留日学生、新加坡总商会分别致电清廷,以粤汉铁路激发官绅冲突事,请撤两广总督岑春煊。稍后暹罗商会亦有电请。

留日学生电请军机处代奏:

粤路向定招股商办,岑督背信并违旨苛捐,绅商不愿岑督捕代表绅以胁商民,全省大愤。路事既棘,更激他变。乞代奏撤岑督以顾大局。广东留学生全体电。鱼。

《为请代奏撤岑督以顾大局事》,中国第一历史档案馆藏《电报档》,综合类—收电档,档号2-04-12-032-0019。以下所引《电报档》,俱出自中国第一历史档案馆藏原件

新加坡总商会电:

去腊十八,粤督派员与绅商会议铁路办法,督意加抽杂捐由官办。绅商不愿,夜捕代表黎绅国廉。众情不服。南洋商务为内地利益攸关,乞以商民利益为重,代奏两宫。

《为粤督夜捕代表众情不服请以商民为重事》,《电报档》,综合类—收电档,档号 2 – 04 – 12 – 032 – 0018

暹罗商会电:

岑督破坏路政,勒捐虐民辱绅,择噬全省倒悬,中外愤恨,乞代奏罢岑安粤,以免激变。暹罗商会海学勤等公叩。

《为请罢岑安粤以免激变事》,综合类—收电档,档号 2 – 04 – 12 – 032 – 0114

1 月 31 日(正月初七日)　孙中山派同盟会员胡毅生与法国驻天津陆军武官布加卑(Boucabeille)等赴桂林,联络郭人漳部。法武官赴贵阳、重庆、汉口等地调查革命实力。

该事起因上年 10 月 11 日,孙中山在吴淞口与布加卑会晤,同意协助法人调查国内革命实力。孙中山《建国方略》云:

一日,予从南洋往日本,船泊吴淞,有法国武官布加卑者,奉其陆军大臣之命来见,传达彼政府有赞助中国革命事业之好意,叩予革命之势力如何。予略告以实情。又叩以:"各省军队之联络如何?若已成熟,则吾国政府立可相助。"予答以未有把握。遂请彼派员相助,以办调查联络之事。彼乃于驻扎天津之参谋部派定武官七人,归予调遣。予命廖仲恺往天津设立机关,命黎仲实与某武官调查两广,命胡毅生与某武官调查川滇,命乔宜斋与某武官往南京、武汉。时南京、武昌两处新军皆大欢迎。在南京有赵伯先接洽,约同营长以上各官相见,秘密会议,策划进行。而武昌则有刘家运接洽,约同同志之军人在教会之日知会开会,到会者甚众,闻新军镇统张彪亦改装潜入。开会时各人演说,大倡革命,而法国武官亦演说赞成,事遂不能秘密。而湖广总督张之洞乃派洋关员某国人尾法武官之行踪,途上与之订交,亦伪为表同情于中国革命者也。法武官以彼亦西人,不之疑也,故内容多为彼探悉。张之洞遂奏报其事于清廷,其中所言革命党之计划,或确或否。清廷得报,乃大与法使交涉。法使本不知情也,乃请命法政府何以处分布加卑等。政府饬彼勿问,清廷亦无如之何。未几法国政府变更,而新内阁不赞成是举,遂将布加卑等撤退回国。后刘家运等则以关于此事被逮而牺牲也。此革命运动之起国际交涉者也。

《孙中山选集》,人民出版社 1981 年版,第 201 ~ 202 页

有资料记双方会谈情形:

布语孙曰:陆军部给予我的使命,在研究保卫安南以对付侵略的问题。我知晓你在从事华南独立计划。如果你能显示给我:你的党是强大的;我的政府可能对你的工作具有某些兴趣——这只是我个人的假设。你在华南有一个分支机构的组织,可将它们和我们配合。孙接受这一提议说:我的分支机构会答复你们的问题。对各省军队联络,尚未有把握。请布加卑协助调查联络责任。

孙旋召随员胡毅生、邓慕韩说:布欲派员赴各省调查吾党实力;如有力量,法国愿助吾党独立建国,余已允派人随同行。惟天津法军营须得熟谙英文的人长驻翻译文件,东京本部不知何人能胜任?胡以廖仲恺对,孙以为可,即作书告廖,并请布带至上海登岸投邮寄日本。

陈旭麓、郝盛潮主编《孙中山集外集》,上海人民出版社 1990 年版,第 138 ~ 139 页

胡毅生《记布加卑与吾党之关系》一文回忆:

由粤起程赴梧州,旋至桂林,知黄兴在郭人漳处,乃按址访之,并约定偕法武官同赴郭营

相见。时郭由桂抚李经义调桂任新练军统带，虽有兵一营，而自辟僚幕，蔡锷在此任参谋，队长林虎、杨九如、杨允文等，皆江西武备学堂出身。时士论方主张革命而抵湘军为汉奸，郭亦能迎合舆论，故一时名士多与之往还。【黄】兴赴桂林，即欲运动郭之军队以为用，变名张守正，除官长外无知其真姓名者。法武官晤谈后极为满意。蔡锷虽为梁启超学生，然素主张排满革命，且与毅生有旧，故意允为赞助。且修书介绍毅生往见黔川之同学而可与联络者。毅生与法武官在桂留数日，再至贵阳，时黔省尚无新军，乃往重庆。因赴成都尚须十日旅程，法武官不宜再往，只嘱觅定负责通讯人，遂转往汉口。法武官去北京，毅生则去上海。

中央党史史料编纂委员会编《中国国民党五十周年纪念特刊》，重庆1944年印本，第57~58页

2月2日(正月初九日)　杨枢致电外务部，请清廷迅速就惩处罢课留日学生等事宣示意见。

电文云：

去腊廿三所上两折，计可到京。奉旨后乞电传。枢。青。

《为前上两折奉旨后请电传事》，《电报档》，综合类—收电档，档号2-04-12-032-0026

杨枢所云之两折，除本书1月17日条目所引奏折外，另一折《奏为密陈出洋学生在日本情形并筹拟办法事》内容为：

出使日本国大臣兼管游学生总监督奴才杨枢跪奏，为密陈学生在东情形及筹拟办法恭折仰祈圣鉴事。

窃维政治之隆、风俗之美胥赖教育，选派学生出洋留学，实只教育之一端。奴才初抵任时，在东官费自费学生仅逾千人，日增月盛，迄于今日已至八千余人，朝廷号令于上，疆吏奉行于下，可谓盛矣。然其所以骤增之故，犹有数端：诏停科举注重学堂，而学堂之出身，不如出洋留学之易而优，一也；自天津、上海至日本东京，仅六七日之程，较之由府县入省会学堂，由省会入京师学堂，其劳逸相等，二也。挟利禄、功名之见而来，务为苟且，取一知半解之学而去，无补文明。此奴才所为日夕殷忧，而不能已于言者也。日本普通学堂专为中国学生设者，如成城学校等三四处尚称完备，然不完备者则不下十余处，有以三个月毕业者，有以六个月毕业者，甚至学科有由学生自定者，迎合学生之意，学生即喜，入之而不能禁，此普通学堂之不可恃也。日本高等、专门各校及大学校皆有定额，中国学生年增数倍，而学额不能增。奴才屡商日本文部皆有难词，即能增额，亦难容此数千之众，后来者尤难预计，此高等学堂之不能容也。学生在东习普通者，以两年半毕业，此两年半内仅习日本语文犹虑不足，其他学科往往有名无实，近并两年半毕业者，亦寥寥其人，此普通学之不可信也。日本学生自小学起，每试验皆合格，至入大学亦须十四年，若是其难也。中国学生到东年余，在本省又多未预备，甚或国文亦未尽晓，遂幸入大学，三年毕业一试获隽，出其强不知以为知之学说以应世用，其贻害可胜思耶？故虽大学及高等毕业者，亦未可尽信也。所入之校屡迁，所习之业无定，争学费则一省以一省为例，补学额则一府与一府为仇，甚至奸窃之案亦不一见，贻笑外人莫此为甚。清源正本惟在慎选。拟请饬下学部，严定选派学生出洋留学章程：一、在本省学堂须有五年资格者；一、预备日文、日语在两年以上者；一、如学生到东有不法行为及倡异说者，惟原咨送官是问；一、指定学生学科应入何校，到东以后不得更改。各省将军、督抚既慎以选择于前，奴才复严加甄别于后，庶学界可以少安。抑奴才犹有请者，学生争竞，多由各省官费不齐，官费之中有可预定者，如学费、旅费、署费是也，有不能预定者，如医药费、书籍费等是也。应请饬下学部审定官费，划一章程，奏请通饬各省将军、督抚钦遵办理，斯可以平嚣

张之气,亦藉养廉耻之道。奴才为整顿学务起见,是否有当,伏乞皇太后、皇上圣鉴,训示。谨奏。

光绪三十二年二月初一日奉朱批:学部议奏。钦此。

《奏为密陈出洋学生在日本情形并筹拟办法事》,《光绪朝军机处录副奏折》,档号 03 – 7216 – 018

2 月 16 日(正月二十三日)　孙中山自西贡抵达新加坡,旋建立同盟会分会。陈楚楠、张永福为正、副会长。新加坡成为革命党人在南洋活动中心。

冯自由《南洋华侨与革命运动》一文记新加坡同盟会成立事:

甲辰孙总理在美获读《图南日报》,知革命种子已传播于南洋群岛,特移书尤列,查询为何人所设办。乙巳六月,由欧洲取道赴日,途中自科仑布致电尤列,嘱介绍《图南报》诸同志相见。迨船抵星埠,尤引楚楠、永福、义顺诸人登轮求谒,并欢迎上陆,共商国事,总理以当地政府五年不许入境禁令尚未期满辞之。并谓在欧时,德、法、比诸国留学生已成立革命团体,此次到日本,即当组织革命党总都,南洋各埠可设分会。不日当由日本寄来章程及办法,嘱各人预为筹备,楚楠等从之。总理抵日,遂于是年七月与黄克强、冯自由等发起中国同盟会于东京。是年冬复偕胡毅生、黎仲实、邓慕韩等取道赴越南西贡,旋至星洲。适是时五年不得入境之期已满,诸同志遂欢迎登陆,寻倡设同盟分会,为南洋英、荷两属之革命总机关部,假晚晴园为会所。初次开会加盟者有陈楚楠、张永福、林义顺、许子麟、刘金声、黄耀廷、邓子瑜等十二人。公举楚楠为会长,永福副之,许子麟为会计,林义顺为交际。于是规模渐具,会员日众,更逐渐增设分会于英、荷二属各埠,而革命思潮遂弥漫于南洋群岛矣。查同盟会员在新加坡入会及注册者,前后实不满五百人。今就所知者,录列其姓名于左:

新加坡中国同盟会会员姓名列表

陈楚楠、赵金鼎、李肇基、李晓生、张玉清、蔡汉亮、刘任臣、张永福、赵金生、吴海涂、詹承坡、丘得松、陈逸叟、许梦芝、林义顺、陈竞俦、陈梅坡、黎仲西、王金链、洪芊蛋、陈子缨、许子麟、郑聘廷、符养华、杨振文、张振东、吴灶安、陈秋圃、邓子瑜、赵钓溪、邓毅、张慎初、陈照和、吴业琛、卢礼明、刘金声、蒋玉田、杜辉汉、王寸丹、符天一、余既成、唐璧初、黄耀廷、谢坤林、张欣然、黄崇享、丘焕文、余通、陈梦梅、吴悟叟、留鸿石、王竹三、陈天成、张盛忠、李春荣、符日明、林幹廷、卢耀堂、符开祥、卢葦航、谢仪仲、吴金彪、王华廷、谢心准、叶玉桑、李子伟、杜之华、邵南棠、叶心斋、胡少翰、何心田、叶耀庭、吴一鸣、梁允祺、苏汉忠、陈涌波、符益华、何德如、柯芦生、陈文乾、梁允煊、吕子英、许骏声、陈松江、刘匕辉、邓提摩太、陈翼扶、陈裕光、何沛霖、苏彬廷、郭奇嘉、林受之、孙辛友、李玉阶、张志华、李凌溪、汪声音、陈金寺、陈梦桃、李幼樵、许子伟、刘伯浚、李声馀、萧竹漪、陈笑、黄乃裳、吴逢超、郭莼卿、蓝来喜、黄康衢、郭俊人、沈子琴、陈子麦、郑古悦、何子因、柯西成、黄清读、丘宗岱、周纪明、许雪秋、陈长生、杨蕃史、黄甘松、郑祝三、余岱宗、林立宗、魏谞同、刘凌苍、沈联芳、丘继显、林希侠、刘婉娘、杜棠、陈武烈、陈芸生、符爱周、李思明、周献瑞、符兆光、郭民波、陈祯祥、叶敦仁、王士先、辜景云、许云德、王汉光、黄景瓜、林镜秋、张涟士、张仁南、李镜仁、林文庆、余天中、石养性、许伯轩、陈信藩、胡云舫、李普仁、陈嘉庚、杨柳堂、杜青藜、林航苇、丘醒虎、方瑞麟、潘兆鹏、丘国瓦、黄廷光、吴炳光、郭渊谷、李尔梓、苏珊玉、萧百川、李光镛、陈雪轩、李光前、黄吉宸、蔡兰谷、苏联、吴逸亭、林芳亭、柯汉臣、庄碧峰、陈先进、陈咏商、姚颂民、赵克庵、郑金、陈书臣、曾纪德、胡伯骧、沈飞龙、陈毓卿、周如切、林裕成、周升翘、徐雪涛、朱观捷、郑子辉、蓝禹甸、黄甘礼、蒋德九、王汉忠、卢荣宗、褚民谊、王雨若、吴应培、谢已原、陈裕义、王汉天、余御言、陆秋露、周之贞、萧子璇、吴炽寰、陈文俊、王裔、陈天一、李竹痴、李汉卿、何海星、苏德天、沈文光、沈德龙、杨侠生、郑爱、张是富、何仲英、康荫田、胡亭川、李灿、何达基、李炳辉、李文楷、黄鹤鸣、杜凤书、劳培、罗幹、周华、罗仲霍、方汉成、刘克明、刘静山、汤秀山、杨阿洛、杨乌龙、杨国民、谭少军、陈宽押、方云藻、徐统雄。

冯自由《革命逸史》下册，新星出版社 2009 年版，第 1125～1126 页

张永福回忆成立经过：

大概是七月中旬，那晚孙先生就同李竹痴商量起稿写盟书，写了又改改了又写好一回工夫。然后招余与楚楠、李竹痴三人在晚晴园楼上商议，各人自己把盟书缮抄，依照入党手续，就联盟起来。我还记得很清楚，孙先生自己亦写备了盟书，他自己先行起立，举起右手，以最庄严的态度，在我们的面前宣誓。我们心中忐忑，看着他宣读誓书毕，就是李竹痴及永福、楚楠均照孙先生仪式轮流做去。宣誓之后，他就解释那誓章上三民主义的意旨，并严重的说：我这同盟会的组织，是希望发展得很大很大的。我们的责任，当然是牺牲，但是牺牲到什么程度，我们总不能预说。设使牺牲到剩二个人存在，亦算是同盟会存在的一日。这话是何等悲壮，我们听了魄战魂摇，感极欲泣！当时就举楚楠兄为正会长，余则副之。孙先生的盟书交楚楠兄收去，我们的盟书交孙先生取去。最后又授给我们握手符号及会话的秘诀，以上手续完了，即嘱我明日请林义顺加入。义顺入会后，越三四天，我就通知李晓生、李幼樵、谢心准、林中、谢仪仲、林受之陆续加入，我们这团体就逐渐的充实起来。孙先生命我们开一个大会，并拍照留念。先生取了照像许多张，乃搭船往西贡一行。这是孙先生到南洋来星加坡的第三次，和我们组织同盟会的事实。

张永福《南洋与创立民国》，中华书局 1933 年版，第 10～11 页

1940 年，陈楚楠在《晚晴园与中国革命史略》一文追述此事前后经过：

当我们第一次会见总理的时候，他告诉我们，等这里五年出境限满后，他即可再来新加坡。总理到东京后和黄兴、冯自由等组织中国同盟会，乙巳年（民国纪元前七年）年底便由东京到西贡，又由西贡到新加坡来。那时候，我们的同志已经增加；事前接到总理来信，知道他什么时候可以到新加坡，便先和张永福同志商量，借他的晚晴园来招待总理，并言明一切费用由两个人均分担任。

…………

当我们知道总理所乘的船已到了新加坡，便约了几位同志到码头去迎接，一直接到晚晴园来居住。见面时当然彼此报告别后的情形，总理告诉我们驻东京的同志已经成立同盟会，所以他到这里过了三四天，这里的同盟会亦就成立了。

现在兄弟应该补述一件事。当总理前一次经过新加坡的时候，尝吩咐兄弟替他找一位同志，能够说各种方言并能熟识各方面的情形的，预备他再来新加坡时，可以帮他到各处去工作。兄弟受了这个委托，便东找西找，后来就找到了李竹痴同志。

…………

南洋同盟会第一次在这个晚晴园加盟的就是张永福、李竹痴和兄弟三个人呢。我们加盟后，又有林义顺、李晓生、谢心准、许子麟、李幼樵、刘金声、林镜秋、邓子瑜、黄耀庭等相继加盟入会。总理教我们和同志握手的符号和见面时会话的秘语，由大家举兄弟做正会长，张永福同志做副会长，并举各职员，南洋的同盟会的基础便从此定好了。

丘权政、杜春和编《辛亥革命史料选辑续编》，湖南人民出版社 1981 年版，第 35～36 页

编者按：新加坡分会成立日期，有多种记载。本书编者认为，似应在 1906 年 2 月。冯自由所记为乙巳冬，张永福记为 1905 年农历七月中旬，陈楚楠记为乙巳年底。陈锡祺主编《孙中山年谱长编》依据 1905—1906 年间新加坡同盟会分会的

早期会员名单，注明大多数会员在1906年农历三月十三日（公历4月6日）入会，取4月6日为分会成立日期。台湾学者所编《中华民国国父实录》亦如是。

编者认为，前述两书所定时间过迟，似与事实不符。陈楚楠明确称，孙中山"到这里过了三、四天，这里的同盟会亦就成立了"。因此，分会最初成立日期应在1906年2月19、20日左右。该分会会员起初仅有陈楚楠、张永福、李竹痴三人。随即林义顺，然后李晓生、李幼樵等多人入会，并在2月底3月初孙中山离开新加坡前往西贡前，开了同盟会分会的成立大会。这个时间与冯说冬天成立，大致不差（是年2月5日"立春"）。由于年头岁尾，冯自由、陈楚楠两人后来误记年份的可能性是很大的（正确地说是"丙午年春"）。陈所说最初只有三人入会，与张说吻合。张永福所记为"1905年农历七月中旬"，很可能是与1906年7月，在孙中山主持下将分会职员改组，以张永福为正会长，以陈楚楠为副会长之事混淆了。

2月18日（正月二十五日）　北京前门车站出现两包炸药，传闻革命党人潜入京师，清廷戒严。

陶湘致盛宣怀函：

正月廿五日，前门西车站忽由脚夫在轨道傍[旁]捡到炸药两包，交洋员察验，委系英国所制最猛烈无烟之炸药。始疑周口店商人开山所用，后经查问该商向不用此炸药。若系匪党有意安置，则又在向不行车之轨道旁，其意何居，莫名其妙。然其时正值外间督抚有电告政府谓，近有革命党潜入京师。适又有陈州烧毁教堂等事，警部加意防范，忽又添此炸药事，于是内廷戒严，加班站岗，西苑门外到上灯以后即不准行人来往，违者格杀勿论。食肉大典并因此而撤，凡遇祀典皆不先宣，临期则于日出后行礼，午刻回宫，慎重之至矣。

陈旭麓、顾廷龙、汪熙主编《辛亥革命前后：盛宣怀档案资料选辑之一》，上海人民出版社1979年版，第20～21页

2月25日（二月初三日）　南昌教案发生。事起南昌知县江召棠办理民教相争一案，法教士王安之欲开释教徒，严惩民人。江与王在教堂意见不合，颈受刀伤，酿成血案。是日，民众将城内多处教堂焚毁，杀王安之、英法传教士及家属与学堂教习八人。

《清季江西交涉要案汇编》：

召棠被王安之诱刺之后，江西各学堂全体学生一律罢课，同至南昌县署询问伤痕，随即散布传单，订于二月初三日齐集百花洲沈文肃公祠内，开会筹商文明抵制办法。届时人山人海，拥于沈公祠内。有一文姓（名籍不详）起而演说，江令被戕之事，咎在外人，我等应以公理力争，不可有野蛮举动。说未毕，民众以知县既被洋人所刺，此仇不共戴天。时有大队之人，驰往江令被戕之天主堂，群向王安之质问。王安之见来势甚猛，竟以手枪向民众施放；并于堂后自行纵火，为将来讹索地步。一面开门逃走，民众见其居心枭险，从后紧追至三道桥地方，忿将王安之打死。时值天主堂烈焰冲霄，激成公愤，见有法文学堂（法教堂所办）之法文教习数人，一同逃往城外，民众认为教堂之教士，亦即穷追。该数人跃入池中，均被民众以石击毙。并殃及英国金教士夫妇，遂成交涉。各官厅乃饬两县暨各警察署、城防营严拿闹事之人。当时拿有七十余人，讯无实供者十居七八；而直认不讳者，惟有任光头（新昌人）、任廷发（南昌人）、谭金刚（南昌人）、魏得胜（南昌人）、谢玉龙（万载人）、周老二（即周桂廷，又名之秀，临川人）、周春早（湖口人）、罗得标（又名中秋，新建人）、严老四（上高人）、杨炳林（又名大盛，湖口人）、刘狗子（吉安人）、吴凤年（南昌人）。十二人烈胆忠肝，可惜同时被杀，此乃江西民众为召棠复仇之实在情形也。

群力《1906年南昌教案资料辑录》，《近代史资料》总第8号，科学出版社1956年版，第101～102页

事前南昌学生散发传单，内容如下：

现本省天主堂教士王安之，诱刺南昌县江贤尹召棠，欺藐我国已达极点，凡我同胞，莫不心

痛。兹准于二月初三日上午十时，开特别大会于百花洲沈公祠内，无论官、商、工、农、学界均请降临。以筹文明抵制，挽回国权，决不暴动，致碍大局，耑此通知，敬祈转布。江西全体学生。

《清季江西交涉要案汇编》。群力《1906 年南昌教案资料辑录》，《近代史资料》总第8号，科学出版社1956年版，第102页

南昌绅士亦有传单：

二月初二日晚刻，南昌诸绅托江报馆速印传单数千张，遍贴街衢。略谓："大令被伤一事，激于公愤。定于明早十点钟时分，在百花洲沈公祠内，会议善后之法。凡属同人务请惠临，不胜翘企之至。诸绅公启。"

《南昌教案记略》。群力《1906 年南昌教案资料辑录》，《近代史资料》总第8号，科学出版社1956年版，第102页

又有记此日事件经过及江召棠反应：

二月初三日大雨，百花洲畔民众蚁集。忽焚教堂、杀教士之声作，群众相率结队示威，争以雨具作武器。王安之等九人性命与天主教堂霎时同归于尽，民愤大伸。初示威事闻于召棠，深虑愤激之下，发生意外，以致外交棘手，特颁传单示众云："诸绅暨农、工、商、学各界诸公鉴：现在各大宪秉公办理，诸公不必开会，恐有匪徒乘机煽惑，授人口实，加贻鄙人罪戾，切祷，切祷！召棠叩。"

《清季江西交涉要案汇编》。群力《1906 年南昌教案资料辑录》，《 近代史资料》总第8号，科学出版社1956年版，第94～95页

3 月 4 日(二月初十日)　为解决从日本退学归国留学生就学问题而办的中国公学在上海开学。姚宏业、孙镜清等积极劝募经费。以郑孝胥等为监督，实际校务由王敬芳等负责。公学有中学班、师范速成班、理化专修班。多有革命党人授课，进行政治宣传，不少学生参加革命活动。

《郑孝胥日记》：

乙巳年十二月廿一日(1906 年 1 月 15 日)

日本学生总会事务所湖南刘棣英郁芝、江苏朱剑梅僧来见，曾㬊同来，述东京罢学始末。归沪各生欲公立学堂，问策于余。余使调查同志人数及能筹款若干，再议办法。

丙午年二月初十日(3 月 4 日)

晨，诣中国公学观行开校礼，刘郁芝赴宁未回，副干事朱梅僧及庶务员四川张、湖南姚等为主人，请余演说。余对众言曰："中国各省皆办学堂，纯用官场办事，毫无法度，遂成上下相贼之景象。有志之士既为官府所逼，故溃散而之日本；然在日本者八千人，毫无预备，劳神伤财以学无用之日语、初级之蒙学，日人又加以无礼之约束，于是又溃散而归。呜呼，内为政府所虐，外为异族所凌，吾恐天下志士必将心摧骨折，无向学之地，无出头之日矣。今观此公学，居万死一生之地位，而能茹苦含辛，坚持不屈，吾甚哀诸君之遇，甚敬诸君之志，窃愿诸公力守目下共和之法，就平等中选举办事之员，授以权限，明其义务，相率服从，以为天下学界自治之表率，庶几可以内执谗慝之口，外夺强梁之气。诸君勉之！"众乃鼓掌，至有泣下者。朱等留饭，座间晤李登辉、张克己，皆闽人；又晤方守六，乃定远方氏之族，前在中西书院见之。是日，日本人至者亦有数人。

中国国家博物馆编、劳祖德整理《郑孝胥日记》第 2 册，中华书局 1993 年版，第 1024、1032 页

《中外日报》报道：

留学生刘棣英前献条议，拟在上海创设中国公学，广收各省高材生，授以普通中学，专为

游学东西洋之预备,学额以一千名为率。议在吴淞建筑校舍,现已有学生三百余人,暂租民房开办。公举郑苏龛京卿、张季直殿撰为公学监督。请由南洋倡始,联合各省协力筹款,以资开办等情。兹奉江督批开,查出洋留学,必先通语言文字,具普通学业,始能受益,此一定不易之理。该生请在沪开办公学,作预备游学基础,持论甚正。惟度地筑校,集费定章,事甚繁重,非仓猝所能议成,必须各省众绅公议,候行学务处、上海道察酌,会绅妥议详夺。缴。按,刘君号郁之,为拟办中国公学之总代表人,特来宁面见江督,禀陈此事。现奉批示如右。刘君遂即于日昨旋沪,再与同人筹议,禀乞沪道赞成云。

《江督批奖请设中国公学》,《中外日报》1906年3月24日

1925年《中国公学一览》记:

中国公学之发起,实始于清光绪乙巳年留日学生反对取缔规则,归国者近千人,谋自建学,以免邻辱,得郑孝胥助金千元,乃于丙午春择地沪上,租屋开学。嗣以诸事棘手,窘迫日甚,干事姚宏业愤而投江,有遗书,极沉痛,闻者悼焉。张謇、熊希龄等皆任维持,赞助者日众,规模始具,推郑孝胥为校长,王敬芳、黄兆祥、张邦杰,分任斋务、教务、庶务各科干事。是时学生逾三百人,除中学外,次第附设师范、理化、英文、算学各专修科,以应时需。适端方膺江督命,王敬芳走谒之,请允维持,乃自乙[丁]未年开始岁助万二千元,又拨吴淞公地百余亩为校址。丙[戊]申春,郑孝胥辞校长,夏敬观继其任,并组董事会,推张謇为会长。张邦杰奔走各省,筹建筑金,卒得大清银行营口经理罗诒助借银十万,用建校舍。清宣统己酉夏秋之间,邦杰力疾督工,尽瘁而死,迨校舍落成,邦杰不及见矣。于是添设工科大学,先办预科。并为筹办他科大学计,王敬芳赴南洋群岛募捐,所至侨商欢迎。会革命军兴,公学竟因时变辍课。民国始建,临时政府孙文、黄兴等加入维持之列,筹款开校,并添招政、法、商专门科,旧日规模稍变更。至二年夏,二次革命起,校舍为革军所据,学生星散。及事平,乃移董事会于北京,推汤化龙为董事长,王敬芳为校长,派刘星楠为总务干事。

《中国公学史料拾零》,中国社会科学院近代史研究所编《近代史资料》总69号,中国社会科学出版社1988年版,第127~128页

胡适(中国公学早期学生)所著《四十自述》回忆:

次年(丙午,1906)春天在上海新靶子路黄板桥北租屋开学,但这时候反对取缔规则的风潮已渐渐松懈了,许多官费生多回去复学了。上海那时还是一个眼界很小的商埠,看见中国公学里许多剪发洋装的少年人自己办学堂,都认为奇怪的事。……

…………

中国公学的教职员和同学之中,有不少的革命党人。所以在这里要看东京出版的《民报》,是最方便的。暑假年假中,许多同学把《民报》缝在枕头里,带回内地去传观,还有一些激烈的同学往往强迫有辫子的同学剪去辫子。但我在公学三年多,始终没有人强迫我剪辫,也没有人劝我加入同盟会。直到二十年后,但懋辛先生才告诉我,当时校里的同盟会员曾商量过,大家都认我将来可以做学问,他们要爱护我,所以不劝我参加革命的事。但在当时,他们有些活动也并不瞒我。

…………

中国公学创办的时候,同学都是创办人,职员都是同学中举出来的,所以没有职员和学生的界限。当初创办的人都有革命思想,想在这学校里试行一种民主政治的制度。……全校的组织分为“执行”与“评议”两部,执行部的职员(教务干事、庶务干事、斋务干事)都是评议部举出来的,有一定的任期,并且对于评议部要负责任。评议部是班长和室长组织成的,

有监督和弹劾职员之权。

《中国公学史料拾零》,中国社会科学院近代史研究所编《近代史资料》总69号,中国社会科学出版社1988年版,第152～154页

编者按:有资料称中国公学开学时间是2月23日(二月初一日),阮毅成《于右任先生与中国公学复校》一文谓该校正式成立纪念日为3月20日。今据郑孝胥日记,判定公学开学时间为3月4日。

3月25日(三月初一日)　清廷发布上谕,宣示教育宗旨,以忠君、尊孔、尚公、尚武与尚实为扼要。

学部尚书荣庆等《为请定教育宗旨宣示天下事奏折》云:

协办大学士、学部尚书荣庆等跪奏,为学部初立,请将教育宗旨明降谕旨,宣示天下,以一风气而定人心,恭折仰祈圣鉴事。

窃惟学部为通国兴学之总枢,臣等恭膺简命,夙夜悚惕。臣荣庆前在学务大臣任内,与孙家鼐、张百熙、张之洞拟议章程,奏经钦定。设部以后事体尤多,必提挈纲领而后条目可以扩张,扶植根本而后枝叶因之发育。若逐肤末而遗大体,务虚饰而弃精神,此臣等受事以来所兢兢焉引为深虑者也。考之东西各国之学制,大别有二:曰专门,曰普通。而普通尤为各国所注重。普通云者,不在造就少数之人才,而在造就多数之国民。其民间有自立学校者,则以库帑补助之;父兄不令子弟入学者,则以法令强迫之;贫穷不能成学者,则贷公款扶持之。故其国中无论富贵、贫贱、男女、老幼,皆能知书通(编者注:一作“道”)大义。究其所以,亦曰明定宗旨、极力推(编者注:一作“通”)行而已。今中国振兴学务,固宜注重普通之学,令全国之民无人不学,尤以明定宗旨,宣示天下为握要之图。兹谨分别条目,敬为我皇太后、皇上缕析(编者注:一作“晰”)陈之。

夫教育之系于国家密且大矣。若欲审度宗旨,以定趋向,自必深查国势民风、强弱贫富之故,而后能涤除陋习,造就全国之民。窃谓中国政教之所固有,而亟宜发明以距异说者有二:曰忠君,曰尊孔。中国民质之所最缺,而亟宜箴砭以图振起者有三:曰尚公,曰尚武,曰尚实。近世目论之士袭泰西政教之皮毛者,甚欲举吾国固有(编者注:一后有“之”字)彝伦而弃之,此非以图强,适以召乱耳。东西各国政体虽有不同,然未有不崇敬国主以为政治之本者。近世崛起之国,德与日本称最矣。德之教育,重在保帝国之统一;日本之教育,所切实表章者,万世一系之皇统而已。我朝深仁厚泽,渐被历数百年,苟非狂悖不逞之徒,断无自外复(编者注:一作“薄”)载之事。比年以来,宵旰忧勤,孜孜求治,稍有知识者,皆(编者注:一后有“非”字)晓然于主忧臣辱之义。惟是文告所及,不过都会之地,冠带之伦。彼山野樵鲁之民,其于国家之休戚,或懵(编者注:一作“瞢”)然而不知,或漠然而不以为意者(编者注:一无“者”),此非民之无良也。无以喻之则不晓,无以激之则不动,无以训迪之则知识不进。而忠义之气虽发而不能中节,是则教育者之责也。日本之图强也,凡其国家安危所系之事,皆融会其意于小学读本中。先入为主,少成若性,故人人有急公义洗国耻之志,视君心之休戚为全国之荣辱,视全国之荣辱即己身之祸福,所谓君民一体者也。我中国夙称礼义之邦,忠爱根于性生,感发尤易为力,欲谋普及教育,宜取开国以来列祖、列宗缔造之艰难,创垂(编者注:一作“业”)之宏远,以及近年之事变,圣主之忧劳,外患之所由,乘内政之所当,亟捐除忌讳,择要编辑,列入教科。务使全国学生每饭不忘忠义,仰先烈而思天地高厚之恩,睹时局而深风雨飘(编者注:一作“漂”)摇之惧,则一切犯名干义之邪说,皆无自而萌。臣等所谓忠君者此也。

自泰西学说流播中国,学者往往误认谓(编者注:一后有“为”字)西人主进化而不主保守,至事事欲舍其旧而新是图(编者注:一作“国”);不知所谓进化者,乃扩其所未知未能,而补其所未完未备;不主保守者,乃制度文为之代有变更,而非大经大法之概可放弃。狂谬之徒误会宗旨,乃敢轻视圣教、夷弃伦纪,真所谓大惑矣。各国教育,必于其本国言语、文字、历史、风俗、宗教而尊重之、保全之,故其学堂皆有礼敬国教之室(编者注:一作“皆有礼教国教之室”)。孔子之道,大而能博,不但为中国万世不祧之宗,亦五洲生民共仰之圣。日本之尊王倒幕,论者以为汉学之功,其所谓汉学者,即中国圣贤之学也。近年以来,其国民之知识技能已足并驾欧美,然犹必取吾国圣贤之名言。至论日进学生而训导之,以之砥砺志节,激发忠义。况孔子生于中国,历代尊崇,较之日本之敬奉,尤为亲切。无论大小学堂,宜以经学为必修之科(编者注:一作“课”)目,作赞扬孔子之歌,以化末俗浇漓之习。春秋释菜及孔子诞辰,必在学堂致祭作乐,以表欢欣鼓舞之忱。其经义之贯彻中外,洞达天人,经注经说之足资羽(编者注:一作“为”)翼者,必条分缕析,编为教科,颁之学堂,以为圭臬。但学生各有程度,则学课自有浅深,高等以上之学堂,自可力造精微;中(编者注:一后有“小”字)学堂以下,则取其浅近平实,切于日用,而尤以身体力行不尚空谈为要旨。务使学生于成童以前,即已熏陶于正学;涉世以后,不致渐渍于奇邪(编者注:一作“衰”);国教愈崇,斯民心愈固。臣等所谓尊孔者此也。

虽然,忠(编者注:一作“尊”)君尊孔二义,固尽人皆当知而行之矣。惟中国当列强雄视之时,必造就何等之国民,方足为图存之具,此不可不审者也。中国之大病:曰私,曰弱,曰虚,必因其病之所在而拔其根株,作其新机,则非尚公、尚武、尚实不可也。

所谓尚公者,何也?列强竞起,人第见其船坚炮利,财富兵雄,以为悉由英雄豪杰主持(编者注:一作“之恃”)之故,国以强盛。而不知英雄豪杰,间世一出,不可常恃也。所恃以立国者,乃全国之民之心力,如潮如海如雷霆而不可遏,相亲相恤相扶助而不可解耳。其所以能致此者,皆在上者教育为之也。其学堂所诱迪皆尚信义,重亲睦,如修身、伦理、历史、地理等科,无不启(编者注:一作“附”)合校生徒之感情,以养其协同一致之性质。故爱国合群之理,早植基于蒙养之初,是即孔子之教弟子孝弟谨信而进之以泛爱亲仁也。惟我国学风日变,古意寖失,修身齐家之事,尚多阙焉不讲。至于聚民而成国,聚人而成众,所以尽忠义亲爱之实者,则更不暇过问。群情隔阂,各为其私,通国之中,不但此省人与彼省人意存畛域,即一州一县,乃至一乡一里、一家一族之中,亦各分畛域。今欲举支离涣散者而凝结之,尽自私自利者而涤除之,则必于各种教科之中,于公德之旨,团体之效,条分缕析,辑为成书。总以尚公为一定不移之标准,务使人人皆能视人犹(编者注:一作“忧”)己,爱国如家。盖道德教育莫切于此矣。

所谓尚武者何也?东西各国,全国皆兵,自元首之子以至庶人,皆有当兵之义务,与我中国天子元子齿于太学之义亦相符合。各国谓兵为民之血(编者注:一作“关”)税,而天子乃与庶人同之,真可谓上下同心矣。观其师团以练兵,海陆军校以练将,无论在校在营在校(编者注:一作“操”)场,时时如临大敌,号令一出,虽崎岖险阻、冰雪严寒不敢息也,虽饥冻漂溺、颠坠以死不敢避也。然而老幼男女遍国之人无不以充兵为乐,战死为荣。每征兵令下,得中选者,骨肉亲戚乡里欢舞送迎,悬彩志庆,则又何也?岂皆逼于生事而乐于战斗也,抑慑于国法而不敢违也?实由全国学校隐于军律,童稚之时已养成刚健耐苦之质地,由是风气鼓荡而不能自已耳。今朝廷锐意武备,以练兵为第一要务,然欲薄海之民,咸知捐一生以赴万死,则犹恐有不能深恃者。何也?徇糈之心厚而忠义之气薄,性命之虑重而国家之念轻也。

欲救其弊，必以教育为挽回风气之具，凡中小学堂各种教科书，必寓军国民主义，俾儿童熟见而习闻之。国文、历史、地理等科，宜详述海陆战争之事迹，绘画炮台、兵舰、旗帜之图形，叙列戍穷边使绝域之勋业。于音乐一科，则恭辑国朝之武功战事，演为诗歌，其后先死绥诸臣，尤宜鼓吹抗扬，以励其百折不回视死如归之志。体操一科，幼稚者以游戏体操发育其身体，稍长者以兵式体操严整其纪律，而尤时时勖以守秩序、养蔵重，以造成完全之人格。语云，行步而有强国之容；记云，礼者所以固人肌肤之会，筋骸之束，非虚语也。臣等尝询查日本小学校矣，休息之时，任意嬉戏，所以养其活泼之性也；口号一呼，行列立定，出入教室，肃若军容，所以养其守法之性也。又尝询查日本师范学校矣，师范为规制最肃，约束最严之地，而掷球、角力，习为常课；运动竞走，特设大会。其国家且宣法令，以鼓励之，其命意可知矣。中国如采取此义，极力行之，日月渐染，习与性成，我三代以前人尽知兵之义，庶几可复乎？

所谓尚实者何也？夫学之所以可贵者，惟其能见诸实用也。历代理学名臣，如宋之胡瑗，明之王守仁，国朝之汤斌、曾国藩（编者注：一后有"等"字），皆能本诸躬行实践，发为事功，足为后生则效。至若高谈性命，崇尚虚无，实于国计民生曾无毫末裨益。等而下之，章句之儒，泥于记诵考据之末，习非所用，更无实际之可言。尝有泛览群籍，而不能成寻常书牍之文；精研数理，而不能通日用簿记之法。予人口实，亦安用此学为也？查泰西三百年前，其学术亦偏重理论。自英人倍根首倡实验学派，凡论断一事一物，必有实据以为征信。此风既兴，欧洲政治教育理学诸大家，遂争以穷幽索隐之思，发平易切近之理。此泰西科学所以横绝五洲，而制造实业之相因以发达者遂日进而不已。今欲推行普通教育，凡中小学堂所用之教科（编者注：一无"科"字）书，宜取浅近之理与切实可行之事，以训谕生徒。修身、国文、算术等科，皆举其易知易从者，勖之以实行，课之以实用。其他格致、画图、手工，皆当视为重要科目，以期发达实科学派。教员于讲授之际，凡有事实之可指者，必示以实物标本，使学生知闻并进；且时导学生于近地游行，以为实地研究之助，与汉儒之实事求是，宋儒之即物穷理，隐相符合。方今环球各国，实利竞争，尤以求实业为要政，必人人有可农、可工、可商之才，斯下益民生，上裨国计。此尤富强之要图，而教育中最有实益者也。

抑臣等更有请者，学术者本于人心，关乎风俗者也。古者（编者注：一作"上古"）学术之隆，人心以正，风俗以纯。后世人心渐漓，风俗日薄，而其弊转受于学校。科举之制，其始意非不甚善，自士人以为弋功名、希利禄之捷径，而圣经贤传，遂无与修齐治平，科举乃为斯世病。今朝廷停罢科举，广设学堂，倘不予设施伊始，辨明义利，以清本原，将在官者持自私自利之见以兴学，为士者挟自私自利之心以应选，不特圣贤经旨、礼教大防日即沦夷，即东西各国教育之真精神，学堂之真效果，亦无由得；而科举之弊仍纳于学堂之中。伏望朝廷雷霆涣汗，振聩发聋，原本圣贤之经旨，申明礼教之大防，用以激励人心，挽回风俗，而学术之端，实基于此。

臣等备员学部，职司风化，谨当振刷精神，整躬率属，严辨义利，崇励廉耻。自臣部各官及京外学堂教员、管理员，均当以身作则，行必践言，使学生有所取法；更于小学堂修身课本中，时取此意，反复申明，以为国民教育之始基。就学之初，不得以邀奖励、求速化为志，学成以后，自不以博荣宠、谋封殖为心，民德日新，国维自固，此尤臣等所日夜冀望者也。惟有仰恳天恩，将臣等所陈俯赐采择，钦定教育宗旨，颁布天下，悬之京外各学堂，如日月经天，江河纬地，凡属臣民，莫不钦奉。臣等尤当恪恭敬慎，黾勉同心，虚衷以纳群言，实力以求进境。凡今日条奏之所已及者，实力行之；条奏之所未及者，随时议之。并令编书各员，守定宗旨，迅即编纂中小学堂教科书，进呈之后，一律颁发至各省。所编教科书，亦必认定宗旨，呈由臣部核定,然后许其通行,庶几一道同风,而邦基永固矣。臣等无任屏息待命之至。

所有拟定教育宗旨,请旨先行,切实宣示缘由,是否有当,谨缮折具陈,伏乞皇太后、皇上圣鉴。谨奏。

同日,清廷内阁发布上谕,云:

学部奏请将教育宗旨宣示天下一折。自古庠序学校,皆以明伦德行道艺,无非造士政教之隆,未有不原于学术者。即东西各国之教育,亦以无人不学为归实中外不易之理。朝廷锐意兴学,特设专部,以董理之,自应明示宗旨,一并俾定趋向,期于一道同风。兹据该部所陈忠君、尊孔与尚公、尚武、尚实五端,尚为扼要。总之,君民一体,爱国即以保家。正学、昌明、翼教,乃以扶世。人人有合群之心力,而公德以昭;人人有振武之精神,而自强可恃。务讲求农工商各科实业,物无弃材,地无遗利,期有益于国计民生。庶几风俗淳厚,人才众多,何患不日臻上理。著该部即照所奏各节,通饬遵行。所有京师及各省学堂师长生徒,尤宜正本清源,辨明义利,不视为功名禄利之路,而以为修齐治平之规,于国家劝学育才之意,方为无负。该尚书、侍郎等惟当整躬率属,行必践言,切实提倡,认真查核,懔时局之艰难,思全国之关系。朕心惓惓,实有厚望焉。余著照所议办理。钦此。

璩鑫圭、唐良炎编《中国近代教育史资料汇编·学制演变》,上海教育出版社2007年版,第542~548页。《光绪末年学政史料选载》,《历史档案》1988年第2期。收入本书时,以两种版本互校。

3月29日(三月初五日)　河南遂平、西平苗金声等人起事,自称“开国大元帅”,以“扫清灭洋”为旗帜,拥众千人,震动邻省。

事发两天之后,护理河南巡抚、布政使瑞良向清廷奏报:

窃查豫南汝宁府属西平、遂平一带,民情素称强悍,每有匪徒诱惑愚民入会,借端敛钱。叠经地方官严拿查禁,尚无放票聚众情事。上月淮宁县属周口地方,有劫杀教民苑姓一案,查得案内首犯吴汰山系著名匪徒,曾立仁义会名目。当经调任抚臣陈夔龙通饬各属,严密缉拿在案。

讵该匪首吴汰山因闻购捕紧急,逃至西平县境藏匿。适有遂平匪徒苗金声、王金闲、刘椰荣,西平匪徒于行等,乘机布散谣言,纠约匪党,于本月初五日在西平县境金刚寺地方竖旗起事。初时结伙不过百余人,头裹黄巾,腰束黄带,分执刀矛、土枪等件,沿途掳掠,放火烧房,胁人派饭。居民纷纷迁避,远近震惊。该匪等分股四窜,迨至郾城之闻十镇,已有众四五百人。复纠约该处会匪张姓,伙众南窜,先后至舞阳之吴城寨、西平之合水寨。初六七等日,据各处禀电,该匪已有千余人,马七八十匹。其党于行等尚在遂平一带潜匿,招引丑类,夜聚明散,风声鹤唳,到处惶惑。此匪徒聚众滋事,扰及各县之情形也。

维时调任抚臣陈夔龙正在部署交卸,奴才奉命暂护抚篆,接据南汝光道朱寿镛、西平、遂平等县先后电禀,即彼此筹商,电饬豫正左军分统田振邦,迅调所部,分扎遂、西、郾一带;南阳镇总兵郭殿邦督兵驻扎舞阳、襄城一带,统归南汝光道就近联络调度,相机剿捕解散,勿任匪势滋蔓,致贻巨患。又虑遂、西一路铁轨绵长,各属教堂林立,匪人或趁势滋扰,复加派驻省陆军步队马队,随同抚臣陈夔龙由郑州附搭汽车到遂、西等处,扼要驻扎。适湖广总督臣张之洞亦派兵来豫,会同弹压保护,故商旅照常往来,各处教堂及管工洋人亦均未遭波及。此连日因匪徒滋事筹布大概之情形也。

先是朱寿镛闻警,并接电调之信,即于初七日驰抵西平,探得匪首苗金声(一作生,编者)一股,有初八日围攻仪封寨之谣,因省派陆军尚未到齐,该道遂约会田振邦,率队先赴仪封。

乃匪众见兵队已到,即纷纷窜往遂平县境槎牙山,凭踞石寨,希图负嵎之计。十一日,郭殿邦督兵亦到,约会田振邦一军,四面兜剿。该处山势陡峻,石寨坚固壮阔,匪众遍插旗帜。十二日早,两军进攻,匪即开枪抗拒。郭殿邦、田振邦遂定计,一攻其南,一攻其北。都司徐厚光、哨官王明善等奋勇登寨,击伤守门匪徒数十名。匪众见势不支,纷纷败窜。马步队一拥而入,郭殿邦督队巷战,杀毙匪首刘梆荣一名,黄巾匪党百余人。两军共生擒百余人。夺获伪旗帜、符咒、遁甲册及马匹、器械无数。余匪越寨翻山逃逸,该管队分投搜捕,陆续拿获张沨山、郭扎娃、夏子贇、王汶明多名,均系匪中悍党,供认听纠谋逆不讳。张沨山、郭扎娃已饬南汝光道于审明后,先行就地正法,以昭炯戒。

是役也,官兵攻入匪寨之时,匪首刘梆荣率众鏖战有四时之久,阵曳九龙天兵统领长旗,凶悍异常。官兵前者重伤二十余人,后者裹创继进,卒将该匪击毙,匪众方溃散他窜。十六日,官兵在槎牙山西五十里清水沟搜获匪首张延得一名,并余匪二十余名,连日研讯。张匪供称:系贼中开国大元帅,苗金声系开国副元帅。起事之初,约会苗金声、吴汰山,分为三股,苗匪在金刚寺聚众窜扰之时,张匪尚在泌阳县沙河店暗纠党羽,遥通声息,并唆其党杀毙宋庄教民泄恨。及苗匪大股窜踞槎牙山,乃会合相助拒守。苗金声、吴汰山均于寨破后翻山逃脱,不知何往等语。此匪众窜踞山寨,郭、田两军进攻,并拿获首要之情形也。

奴才伏查会匪苗金声等,勾结悍党,裹胁多人,仓卒起事,声势甚大。居民相率迁避,铁路、教堂在在堪虞。幸朱寿镛、郭殿邦等迅赴事机;又经调任抚臣陈夔龙在西、遂、信阳停车两日,得以就近诹谘机宜;并赖鄂军不分畛域,同任保护弹压,腾出官兵一意剿匪,旬日之间,即就扑灭。实皆仰赖朝廷威福,将士用命,且百姓见大兵会合,并有捆送黄巾匪徒数十名,归地方官讯办者,初非奴才意料所及此。惟在逃之匪首苗金声等,应饬各营及地方文武,设法购线,严密踩捕,务获究办,以净根株,而弭后患。现获各犯,饬令南汝光道朱寿镛督同印委,提讯确供,分别首从,拟议禀办。一面出示解散胁从,安抚良民。现在人心渐定,地方已照常安谧,堪以上纾宸廑。

除俟苗金声各要犯戈[弋]获后,录取全案供招,咨送军机处备查,并将在事出力各员择尤请奖外,所有会匪滋事,官军攻克槎牙山寨,暨续获匪首各情形,谨恭折由驿驰奏,伏乞皇太后、皇上圣鉴,训示。谨奏。

光绪三十二年四月初五日奉朱批:仍著督饬严拿逸匪苗金声等,务获究办,以净根株。

中国第一历史档案馆、北京师范大学历史系编选《辛亥革命前十年间民变档案史料》上册,中华书局1985年版,第210~213页。收入本书时,对有关奏折个别文字、标点有所订正,下同

《香港华字日报》称:

河南西平、遂平二县交界地方,初六日(编者注:1906年3月30日)有革命军约七八千人聚众起事,以扶清灭洋为旗帜,势甚汹汹。该地距汉口较近,离开封甚远。鄂督得电后,即委施鹤道桑宝带常备兵四营、炮队一营、马队一营,初九日晨由汉口乘火车驰赴该地,相机剿办。

《河南革命军起事》,《香港华字日报》1906年4月11日

后刊出《河南百姓赴邻省控官》报道:

日前河南西平县仁义会匪苗金生(编者注:原文如此)作乱,占据嵯牙山寮。豫正营分统某暨南阳镇出兵围剿。三月初三日,苗匪开南门遁去,其后无辜被杀者尸横遍野。现该地方百姓已联名赴邻省指控云。

《河南百姓赴邻省控官》,《香港华字日报》1906年6月23日

《东方杂志》则报道:

河南西平县人吴太山,自将淮宁县教民苑心顺全家杀毙后,随即逃回西平。淮宁县左令迭奉宪饬拿办,则派勇役百数十名,由该县城守营汪把总庆澜督率前往。讵汪至西平后,挨户搜查,骚扰勒索,遂平匪首苗金声遂乘机造谣,激动众怒。三月初三日在八里庄竖旗起事,先拟攻夺武阳县之武城镇,并郾城县之闻十镇,然后攻取周家口,毁堂杀教,乘势至淮宁,戕官劫狱。时乡民恨汪甚,故附从者愈众。迨至武城,因早有备,遂改道至西平之大王庄、金刚寺等处盘踞,拟即攻城南。汝光道朱观察寿镛得报,亲自督队驰抵西平,率同黄令严防,电请省宪拨兵数营驰往攻剿。适鄂军亦到,协力攻击,始将匪势驱散。苗金声率党窜入嵯岈山中,在遂负隅抗守,各军力攻两日,方于十二日击破。苗匪受伤而逸,余党轰毙者约三百人,生擒者百余人,擒后正法者数十人。旋苗金声窜至鹿邑隐匿,为豫正营杨哨弁购线拿获,解赴西平,由朱观察讯办,而吴太山则在逃未获云。

《河南西平县乡民滋事》,《东方杂志》第7期,1906年

4月2日(三月初九日)　湖广总督张之洞致电河南护理巡抚瑞良,告以鄂军入河南镇压民变,并请求河南方面一体派兵参与。

张之洞《致开封瑞护院》(光绪三十二年三月初九日巳刻发):

前日接铁路驻防营禀报,并准外务部来电,以西平、遂平一带匪徒滋事,屡派兵驰往保护弹压,一面派员确查滋事情形等语,已派准补施鹤道桑道宝驰往确查,并派常备军一营,分次附火车前往滋事地方,相机弹压解散。昨接该营统带官电禀,并据汉口英领事来电,均称郾城一带亦不安靖。又接见自豫来弁言,匪徒颇炽,头裹黄巾,旗上有灭洋字样,该弁目睹。此匪若不速平,为患不小。兹已续派两营驰往保护地方,并预备大队陆续继进,以资防卫。务望尊处一体迅速派兵,分头扼扎,保护教堂、铁路,并严饬地方官查拏匪首,解散胁从。特此电达,盼即电覆。佳。

国家清史编纂委员会文献丛刊《张之洞全集》(11),武汉出版社2008年版,第276页

4月6日(三月十三日)　湖南归国留日学生姚宏业因办理中国公学之事,遭遇阻扼,愤而自沉黄浦江。

姚宏业事前留有遗书云:

呜呼!我所最亲爱最希望最眷恋中国公学中之诸同事诸同学,我所最亲爱最希望最眷恋全中国四万万同胞中之官,之绅,之兵,之士,之农,之工,之商听者:我今者蹈江死矣。将永与君等别矣,但恐我死以后,君等或不知我死之故,因忍死须臾,与君等为一诀别之言。古人云:“人之将死,其言也善。”君等其听之,其听之,虽无才,无勇,无学,无识如我者,亦勿以人废言也。我之死,为中国公学死也!为中国公学死,即不啻为我全国四万万同胞死也。同胞,同胞!我欲述我舍父母,弃妻子,捐躯蹈江之苦衷,我请先言中国公学与中国前途关系之重:

中国公学者,因内地学堂生之腐败,不足以培养通才,与列强共竞生存于廿世纪淘汰惨酷之秋,故创办此公学,注重德育,以谋造成真国民之资格,真救时之人才者也。此其关系之重一也。

溯中国公学之所由起,盖权舆于留日学生争取缔规则之故。夫此次之争之当与否?今姑勿论,然公学虽为振兴教育而设,究其要素,已含有对外之性质,盖彰彰乎不可掩矣。故中

国公学，不啻我中国民族能力之试金石也者。如能成立发达，即我全国之人能力优胜之代表也；如不能成立发达，亦即我全国人能力劣败之代表也。此其关系之重二也。

中国自今以往，有一大问题焉，将糜无量大英雄，大豪杰之心血，之脑血，之颈血，之舌血，之泪血，以解决之，尚不知其能否？则省界之分是也。夫今日省界之分，初见端耳，铁路以分省界故而不能修；矿山以分省界故而不能开；学界又以分省界故而屡起冲突，操戈同室。庄子曰："天下事创始也细，将〈作也〉毕也巨。"今日之冲突，一笔一舌，将来之冲突，一铁一血。夫鹬蚌相持，而渔夫又伺其旁，可惧也。夫惟中国公学熔全国人才于一炉，破除畛域，可以消祸于无形。此其关系之重三也。

今日中国人心之害有二：弱者既俯仰随人，无爱国思想，强者又妄诞无忌，野蛮招祸，往事无论矣，此二害不除，中国前途之祸，未有艾也。而中国公学设在上海，为各国势力侵入之集（编者按：原文如此）点，我同学见外人之恣横，则可生其爱国之心；见教案之损失，则可消其野蛮之气，将来此等教育普及全国，则可以鼓铸强健文明之国民。此其关系之重四也。

考各国学术之进化，莫不有民立学堂与官立学堂相竞争、相补救而起：如美国之有耶路大学，日本之有早稻田大学之类，皆成效昭著，在人耳目。今我中国公学实为中国前途民立大学之基础，若日进不已，其成就将能驾耶路大学与早稻田大学而上之。而不然者，民气将永不伸，即学术将永不振，而中国亦将永无强盛之一日，此其关系之重五也。

有此五端，然则凡居中国土为中国人者，其必以万众一心维持我公学成立，扶助我公学发达，不待再计决矣。且我同志等组织公学之苦衷，亦有可为四万万同胞一白者：人情所最畏者，祸耳。当客岁初归国时，蜚语四起，留学生居海上者，俱有头颅不保之虞，我同志为兴学故，弗顾也。人情所最思念者，室家耳。谁无父母？谁无妻子？客岁归国之同学，皆归家一探问，而我同志为兴学故，旅居沪上无一归者。人情所最不忍牺牲者，学问耳。而我同志之留学也，又多半官费，且多寒家，自费不能留学，一不东渡，势必至于官费裁撤。而我同志等为兴学故，置裁撤官费而不恤。是不惟牺牲目下之学问，并将来之学问亦牺牲之矣。人情所最嗜好，而终日营营者，权耳、利耳。而我同志等之组织此公学也，以大公无我之心，行共和之法，且各同志又皆担任义务，权何有？利何有乎？而我同志等所以一切不顾，劳劳于此公学者，诚以此公学甚重大，欲以我辈之一腔热诚，俾海内热心之仁人君子，怜而维持我公学成立，扶助我公学发达耳。乃自开办以来，学生已二百余，共集十三省人矣。学科虽未十分完善，然非中国他学堂之所及，此则我之所敢断言者也。而海内热心赞助者，除郑京卿孝胥等数人外，殊寥寥。求助于政府无效，求助于官府无效，求助于绅商学界又无效；非独无效，且有仇视我公学，诽谤我公学，破坏我公学者。我同志等虽拮据号呼，然权轻力薄，难动听闻。嗟夫！嗟夫！岂我辈之诚心未足感人耶？岂我中国之人心尽死耶？不然何以关系重大如我中国公学者，犹赞成者少而反对者多也？我性褊急，我诚不忍坐待我公学破坏后，致列强以中国人为绝无血性之国民，因而剖分我土地，澌灭我同胞，而亲见此惨状也。故蹈江而死，以谢我无才，无识，无学，无勇，不能扶持公学之罪。夫我生既无所补，即我死亦不足惜，我愿我死之后，君等勿复念我，而但念我中国公学。我愿我诸同学，皆曰无才，无学，无勇，无识如某某者，其临死之言可哀也，而竭力求学，以备中国前途之用。我愿我诸同学事，皆曰无才，无学，无勇，无识如某某者，其临死之言可哀也，而振起精神，尽心扩张，无轻灰心，无争意见，于各事件不完【善】者补之，不良者改之，务使我中国公学为中国第一等学堂，为世界第一等学堂而后己[已]。我愿我四万万同胞之官，之绅，之兵，之士，之农，之工，之商，皆曰无学，无识，无才，无勇，如某某者，其临死之言可哀也，而贵者施其权，富者施其财，智者施其学问，筹画以共,维持扶助我中国公学。即向来之仇视我公学,诽谤我公学,破坏我公学者,我亦愿其哀我临死之言,翻然改悔,将仇视、诽谤、破坏公学之心,尽移于我既死之一伤心人之身。则我虽死之日,犹生之年矣。嗟嗟!碧海无边,未尽苌弘之血。白人入室,难瞑伍胥之眸。我死后如有知也,愿此一点灵魂,与中国公学共不朽!

姚宏业遗书刊载报端时,有以中国公学学生之名,为之按语,谓:

呜呼!我同学等所最敬佩最亲爱之姚烈士,竟为愁虑我中国公学前途故,蹈黄浦江矣,死矣。烈士者,我公学中最热肠最劳动之庶务干事也。自清明日外出未归,同人等四出专访,莫得其踪,至昨二十日,始获凶耗。我同学往验之于工部医院,尸模糊不可认,认其图章。呜呼,痛哉!我同学等何以为情耶?今日清点其行李,始于其洋服背心裹底,得其日记一册,上载绝命词一篇。字字血泪,沉痛不忍卒读。呜呼,痛哉!我同学等何以为情耶?亟录登报端,俾海内同胞,得悉烈士之苦衷焉。

《姚烈士之遗书》,《岭东日报》1906年4月24～25日

两年后,胡适在《竞业旬报》上发表《姚烈士传》,其中记载姚氏蹈江前后之经过:

那时中国公学已开了学了,学生是来了,但是我们这位可爱可敬,极有血性、极有爱国心的姚烈士,已是形容枯槁,得了重病了。看官要晓得,姚烈士得病的原因:第一是太劳苦了,伤了神;第二是被一班污贱卑鄙、顽钝无耻、麻木不仁的气坏了,伤了心。唉!天呵!这又是谁害得我们姚烈士到这步地位呢?

姚烈士的病重了,有的人便劝他到医院中去调养调养。姚烈士答道:"阁下看我是什么人呵!我活着一日便尽一日的责任,我岂是那种放弃责任的人么?"终不肯休息。

中国公学开办了一个多月,非但捐助的人很少很少,经费竭绌,自不必说了;不料自己的学生,又起了一次大风潮,有许多人退了学。这个消息传开去,捐钱的人,越发少了。此外,还有许多原因,兄弟也不忍说了。这许多的原因,便把我们的姚烈士生生地逼到死路上去了。

看官要晓得,姚烈士是一个最肯尽他责任的人,是一个极有血性的人。那时候的情形,别说是姚烈士,就是兄弟听见人家说说,也就气得很了。我想姚烈士的心里,一定想起这一种卑污放纵,可忧可恨的情形,受是受不下去了,忍是不能再忍的了。要是一再办下去,非但不讨好,一定要贻误大局,给人家说现在的新学家办事,原来如此的,那就将来的人连什么事都不敢办了。我要想劝导劝导他们,人又这么多,我又从哪里劝起呢?我现在是病了,我何不死了,拿这一死来感动人。古语道得好,未有至诚而不动者。现在我性命都不要了,我的心还不算诚么?我这一死,一来呢,劝劝同事的人,大家担点责任罢!二来呢,劝劝四万万同胞,大家可怜我为国而死,爱爱国罢!三来呢,劝劝同胞,可怜我为中国公学而死,捐助捐助中国公学罢!四来呢,留一个好榜样,给全国的同胞,使他们晓得,做国民的,便应如此,办事的,更应如此。五来呢,使人家晓得责任比生命重。要能果然如此,我的一死,可不是值得了么?兄弟想:那时姚烈士想到这里,自然手舞足蹈的快活起来了。姚烈士主意打定了,便在三月十一日那晚,写了一封遗书。那遗书很长,兄弟又记不清楚,我只记得几句:"是我诚不忍坐待我中国公学破坏,致列强以中国人为绝无血性之国民,因而剖分我土地,澌灭我同胞,而亲见此惨状也,故蹈江以死。"唉!列位,这话真伤心极了,伤心极了。

姚烈士把遗书写好,过了一天,便是三月十三日。这一日便是姚烈士殉国投江的大纪念日了。这一日有许多朋友邀烈士去耍龙华寺。你想姚烈士如何肯去。那日正是清明佳节,一路上哭子哭夫,挂纸扫墓。那一种凄凉的状况,好像是那天故意先替我们哭姚烈士、吊姚

烈士了。

那天晚上,姚烈士跑到一个好朋友那里去,和他谈论中国的事情。姚烈士只是叹气伤心,谈了一会,那朋友知他有病,便请他回去将养。姚烈士告辞出来,走到门口,复又退进来,再坐下说话。那朋友看他说话的时候,喉咙都咽住了,好像要哭又哭不出的样子。那朋友心中疑惑,又不好问得,只好劝他病体不宜太伤神,要送他回学堂。姚烈士不肯,只得罢了。从此以后,姚烈士的声音笑貌,便永远不能出现于世界上了。我们这位可敬可爱的烈士,便蹈黄浦江死了。

姚烈士自三月十三那晚出去之后,一连七日,没有一人晓得姚烈士到哪里去了。到第七日,看见报上说水巡捕在江中捞着一尸,是一个西装的中国人。姚烈士的朋友见了,忙赶到工局医院。医院中的外国人拿出两个图章,上面刻的正是烈士的名字。那几位朋友忙着看那尸身,只见尸已膨胀模糊,不可辨认了。唉!可怜呵。这便是我们那可敬可爱、捐躯殉国、成仁就义的姚烈士的尸身呵。唉,可怜呵!

铁儿《姚烈士传》,《竞业旬报》第16~18,20,23,26期,1908年5月30日至9月6日

编者按:姚宏业投江日期,之前资料记载各异。主要有三说:其一,汉叔《姚烈士洪业传》(参见邹鲁《中国国民党史稿》第四册,商务印书馆1947年版)记为"黄帝四千六百另四年四月十三",此日期当系公历,则阴历为三月二十日。学者刘泱泱在《师生战友——黄兴与姚洪业》(萧致治主编《领袖与群伦——黄兴与各方人物》,武汉大学出版社1991年版,第242页)中引孙家杰所著《益阳之胜地与名人》史料,认为其当在3月27日(三月初三日),郭世佑《关于姚宏业的生卒日期》(《益阳师专学报》1983年第2期)亦持是说,并为后来多种史书采信。其三,4月6日(三月十三日)说。主要依据是宁调元《清明日忆友姚竞生》诗注"至清明日,遽捐躯黄江"。陈希亮后发表《姚宏业投江日期考》(《安徽史学》2003年第1期)亦考订出此日期。今引《岭东日报》及《竞业旬报》史料,可知姚氏当在4月6日晚至7天后尸体被发现中的某个时间自杀,纪念日定于是年清明,确有凭据。

台湾学者所编《中华民国国父实录》系此日为四月初六日(4月29日),以胡适所说为据,不取邹鲁《中国国民党党史稿》说法。似因混淆公历、农历,致有误会。

4月19日(三月二十五日)　禹之谟由归国留日湖南学生易本羲主盟加入同盟会。同盟会湖南分会组织机构,亦约建此前后。

有关同盟会湖南分会与禹之谟关系,林述庆《陈家鼎革命大事记》云:

……陈天华投海死,本部推宋教仁作传,而推陈君(编者注:陈家鼎,字汉元)送烈士榇。盖天华为中国革命鼓吹原动者,宋、陈均与天华故同里交,尤为文字密友也。时苏鹏以烈士同邑,亦偕陈护榇归。初,湘绅有主葬烈士故里新化县者,陈君欲乘机号召人心,首主国葬,遂为示威运动计。先由沪电湘各界,倡营葬岳麓名山之议。既抵湘,集各界于左祠,演说国事,与禹(之谟)同被举为葬麓总代表,官绅竭力阻抗,卒葬之,而清廷伺革党益严。陈于时手建同盟会湘机关,值禹烈士之谟极得湘人士倾向,禹尤推服陈君,遂与冒险营葬,军、学界会者十万人。

……陈君又与禹烈士见学生大可用,遂倡建湖南学会,阴以联络各界,为运动独立计。湘省人心愈倾向革命,学生、军人奉禹、陈二人如泰斗,各校皆派代表,全体举禹烈士与陈君长其事。……陈君在湘之革命机关:一、首创之湘同盟会,先设天心阁,禹烈士长之;嗣移北门湘利黔禹宅,陈长之。一、邵阳中学堂,是校学生思想最高,办事者石广权、刘庚先、谭心休,迎陈君居校内,鼓吹革命,风靡全省。陈君病时,各界、各校派代表慰问。一、唯一学校,禹烈士手创,而黎尚雯、石广权、邹代藩、陈安良所力营者也。陈君与禹烈士革命计划,多于是校密议。其学生舒绍亮、岳翰、唐无我、刘盛诸君及成仁烟台之唐烈士,禹之子夷苍等百数十人,皆有自尊独立之风,笃信禹、陈之学说,其校风为全省各校冠。禹被杀,陈出亡,清大吏

以该校为革命机关,封之。

陈新宪等编《禹之谟史料》,湖南人民出版社 1981 年版,第 18 ~ 19 页

编者按:禹之谟加入同盟会的时间,据《中国同盟会成立初期(乙巳丙午两年)之会员名册》(收入丘权政、杜春和等选编《辛亥革命史料选辑》一书)所载。

4 月(三月)　直隶高邑县人陈洛杰等联络义和拳旧部,在该县西林寺聚众抗官,旋被镇压。哥老会首领李玉成等亦被逮捕惩办。

直隶总督袁世凯《奏拿获龙天会首要朱占鳌等择尤酌保折》(10 月 17 日,八月三十日)云:

又本年三月间,高邑县人陈洛杰勾串赞皇县僧人妙担,学习信香道教,供有黄纸神牌,每日焚香练习,诡言可避刀枪,其行为与拳匪无异,愚民信徒日众。经赞皇县访闻往拿,即将妙担并其徒永亮拘获。讵陈洛杰与妙担之徒永堂,在高邑县西林寺聚众一百余人,头巾手械,意在抗官夺犯。高邑县巡长吴凤楼亦与该匪通气,势甚猖獗。其时讹言四起,人心皇皇。经臣饬派道员吴钱孙,密派弁兵隐伏临近地方,夜间乘其不备,将陈洛杰、永堂、吴凤楼先后擒获。当扑拿之际,该犯因羽党散处,猝不及防,然犹手执刀枪逞凶格斗,该弁兵拼命前进,始就擒。并由高邑县拿获夥匪赵二旦一名。审明陈洛杰系大师兄,信香道即义和拳之改名,访有山东旧拳从中勾接,包藏祸心,隐忧未已。即饬将陈洛杰等六犯一律正法,以儆其余。其入教未久及未在场滋事者,概免缉究,予以自新。

又于是月间,据宪兵队并采访队先后拿获会匪李玉成等到案。审得李玉成系哥老会精忠山报国堂总办,陈自修系哥老会精忠山报国堂会办,涂万顺系哥老会洪燕山正山主,龙云飞系哥老会中老五,刘红君、刘滕盛、许化吉、魏海扬、罗德标、黄兴才、杨鸿魁均入哥老会洪门。罗德标系精忠山报国堂名下,黄兴才系自杨山福来堂名下,杨鸿魁系春宝山忠义堂名下。入会弟兄并非序齿,职分大者为哥,一切均归节制,如有非常之人,即可号召起事。该犯等或系食粮当差,或为书吏伙夫,或充官局机匠,辄敢树立会党,潜谋不轨,罪岂容诛,即将该犯等十一名就地惩办,以昭炯戒各在案。

中国第一历史档案馆、北京师范大学历史系编选《辛亥革命前十年间民变档案史料》上册,中华书局1985年版,第56 ~ 57页

4 月 28 日(四月初五日)　《民报》第三号发行号外,刊登《〈民报〉与〈新民丛报〉辩驳之纲领》十二条,宣布从第四号起与《新民丛报》分类辩论。自此,革命派与保皇派的大论战全面展开,斗争前后持续两年之久。

号外内容如下:

近日《新民丛报》将本年《开明专制论》、《申论种族革命与政治革命之得失》诸篇合刊为《中国存亡一大问题》。本报以为中国存亡诚一大问题,然使如《新民丛报》所云,则可以立亡中国。故自第四期以下,分类辩驳,期与我国民解决此大问题。兹先将辩论之纲领,开列于下,以告读者:

一、《民报》主共和;《新民丛报》主专制。

二、《民报》望国民以民权立宪;《新民丛报》望政府以开明专制。

三、《民报》以政府恶劣,故望国民之革命;《新民丛报》以国民恶劣,故望政府以专制。

四、《民报》望国民以民权立宪,故鼓吹教育与革命,以求达其目的;《新民丛报》望政府以开明专制,不知如何方副其希望。

五、《民报》主张政治革命，同时主张种族革命；《新民丛报》主张政府开明专制，同时主张政治革命。

六、《民报》以为国民革命，自颠覆专制而观，则为政治革命，自驱除异族而观，则为种族革命；《新民丛报》以为种族革命与政治革命不能相容。

七、《民报》以为政治革命必须实力；《新民丛报》以为政治革命只须要求。

八、《民报》以为革命事业专主实力，不取要求；《新民丛报》以为要求不遂，继以惩警。

九、《新民丛报》以为惩警之法，在不纳租税与暗杀；《民报》以为不纳租税与暗杀，不过革命实力之一端，革命须有全副事业。

一〇、《新民丛报》诋毁革命而鼓吹虚无党；《民报》以为凡虚无党皆以革命为宗旨，非仅以刺客为事。

一一、《民报》以为革命所以求共和；《新民丛报》以为革命反以得专制。

一二、《民报》鉴于世界前途，知社会问题必须解决，故提倡社会主义；《新民丛报》以为社会主义，不过煽动乞丐流氓之具。

以上十二条，皆辩论之纲领。《民报》第四号刻日出版，其中数条皆已解决。五号以下，接连辟驳，请我国民平心公决之。

《民报》第3号号外，1906年4月

关于两报论战之经过与结果，当事双方认识不一。胡汉民在其《自传》中云：

先生（编者注：孙中山）即提议刊行本党机关杂志，停一部分党所办之《二十世纪支那》，而采余之意见，定党报名为《民报》。党中推余为编辑，标政纲六条，前三者即民族主义、民权主义、民生主义也；后三者则为对外之手段。（以张继长于日语，能对日人交涉，故用其名为发行人，张始终未尝问《民报》编辑事。）先是，陈天华以曾作《警世钟》、《猛回头》，党中颇有欲推陈者。及见余在保皇派所开追悼戊戌庚子烈士会之演说，乃大叹服，且自承未深辨保皇立宪派之谬恶，取所为文就正于余，恣听删改。所谓追悼戊戌庚子烈士大会者，康、梁之徒用为吸收学界同情之工具，每岁辄举行之。本党属余往。经登坛为演说三小时，举康、梁保皇之历史与其谬误，一一斥之；次及立宪派之萌孽，为同恶于保皇，更言不革命者不宜利用死人而欺骗生人，此种追悼之意义，为吾辈绝对反对。是日听众千人，拍掌狂呼，康、梁之徒皆瑟缩不敢置辩，即宣布从此不复开会于东京而散。余旋追录演稿于《民报》，另印小册子散布，批评康、梁一切，皆其真相。其中一二秘密，为当时人所不具知者，则余闻于先生；而梁启超当谈革命从先生游时，自泄于先生者也。余演说稿出，而梁启超等所著《戊戌政变》等书，遂无价值，学界青年渐以容保皇为耻辱矣。《民报》序文，为先生口授而余笔之。是时先生恒使余与精卫为之执笔。精卫第一次为文，于《民报》题为《民族的国民》，从政治观点指出满族不能同化于汉人，而为专制宰割汉人之特殊贵族，陷中国于灭亡，国民对之决无调和之可言。革命排满，非仇杀报复之事，乃民族根本解决之事，宗旨严正，而根据历史事实，以证其所主张者，至为翔确。师出以律，不为叫嚣跳踉之语，异于邹容之《革命军》，遂受学界之大欢迎。余为《排外与国际法》一文，历举中国在国际上所受之种种不平等，言国已不国，中国人为求独立自存，排外不得认为野蛮；而满洲政府丧权媚外，钳制汉人，故吾人非排满无以自救。文凡数万言。盖其时义和团变后，中国创巨痛深，清廷既一心事大，社会亦隐忍于列强之压制，而不敢有言，欲申诉不平者，列强即指为义和团之变相复活。余故为此文，以矫正社会心理而促进之，亦民族革命之本意也。尔时列强间瓜分中国之声不绝，保皇立宪派人常挟此以为恫吓，谓革命即召瓜分，其言足以惑众。先生乃口授精卫为文驳之，题为《革命不致召瓜分说》，言列强惟不能瓜分中国，故维持均势，满政府之媚外的外交，任所取携，如割弃胶州湾、旅顺、大连、威海卫之能事，转足惹起瓜分中国；革命自治己事，外人不能干涉，其革命独立结果，乃以弭止瓜分云云。皆当时之重要问题也。

梁启超初以能为时文，轻视学界，学生之在帝国大学法科与早稻田大学者，又与结纳为立宪团（即章宗祥、曹汝霖、陆宗舆等），意气甚张，留学界间有发表反对保皇之言论，如《浙江潮》、《江苏》者，梁亦不以为意。及《民报》出，而梁始大骇，于是为文肆力攻击，且造谣以诋孙先生。其要点则谓革命必生内乱，必致瓜分；中国不求革命，但求立宪。立宪以满洲政府开明专制为过渡，民生主义更是为乞丐、流氓下流社会计，而破坏中国之秩序；革命党建民族、民权、民生三帜，适以自杀，不能有成。梁之文盖足为当时反对革命论之代表。余等知非征服此伧，无由使革命思想发展也。精卫乃就革命与立宪之关系，及中国民族之立场，革命之所以为必要诸点，阐明其意义，而反驳梁所主张。驳梁即以为革命之宣传。余与执信、君佩则解释民生主义非无病而呻，斥梁拜金慕势，动言士大夫而不知平民之可笑。梁始犹不缄服，再三反唇，如是者竟年，为《民报》与《新民丛报》之笔战，实革命、保皇两派思想之斗争也。革命党从民众利益立场，于客观事实无所隐蔽；保皇党则反之，其言仅以代表新官僚之利益。两者相形，已足使人听取其是非，而为公平之评判。梁于政治经济之学，犹甚茫然，乃由其党徒供给以材料；梁未通东文，只大胆剿袭，强不知为知，一度交锋，胜负已见。梁虽恋战，而其言曰："张之洞、袁世凯非汉人耶？吾视之若寇雠也；今上（指光绪皇帝，名载湉）非满人耶？吾戴之若帝天也。"其卑鄙既令人肉麻；又曰："不惜以今日之我，与昨日之我挑战。"其反复又令人齿冷。于是交战结果，为《民报》全胜，梁弃甲曳兵，《新民丛报》停刊，保皇之旗，遂不见于留学界，亦革命史中可纪之战争也。（章炳麟由沪狱出，至日本，《民报》已刊行半年，余让编辑事于章。精卫与余等已足制胜保皇党有余，故章未尝加入论战。章喜言佛学，其言政治则等于汉人以经断狱。整理国故，章所优长，而章不善用之；顾其文能摹仿魏晋，故时人多重之。）

中国国民党中央党史史料编纂委员会编辑《革命先烈先进传》，"中华民国"各界纪念国父百年诞辰筹备委员会1965年印行，第684～686页

梁启超于次年致信康有为，则认为：

革命党之势力，在东京既已销声匿迹，民报社各人互相噬啮，团体全散，至于并报而不能出，全学界人亦无复为彼所蛊惑者。盖自去年《新民丛报》与彼血战，前后殆将百万言，复有《中国新报》（皙子所办）、《大同报》（旗人所办）助我张目，故其势全熄，孙文亦被逐出境，今巢穴已破，吾党全收肃清光复之功，自今已往，决不复能为患矣。吾党今后但以全力对待政府，不必复有后顾之忧，武侯所谓欲为北征而先入南也。

现在旗人之留学东京者，皆已入会，其中颇有有势力之人，至为可喜。有蒙古土尔扈特亲王，甚为英爽，亦已入会，此人在蒙古极有势力。肃邸所派来见之人，为湖南人李步青，现任贵胄学堂监督，人极朴诚，顷拟派觉顿偕之同往。余事尚多，容当续禀。

梁启超《与南海夫子大人书》，光绪三十三年六月八日。引自丁文江、赵丰田编《梁启超年谱长编》，上海人民出版社1983年版，第409页

△ 江西星子县知县苛征激起民愤，吕昌蕃率会党一二千人起事，捣毁衙署。

江西巡抚吴重憙《为拿办江西星子县吕昌蕃等起事片》（10 月 26 日，九月初九日）云：

本年四月间饶匪扰乱之时，据饶九道玉贵电禀：南康府属星子县清风党地方，亦有匪徒

散票，约期起事，已拨常备军二百名交该府办理。并据该署南康府王以慜、星子县杨焕禀报：访闻清风党一带地方，有素不安分之革生吕昌蕃等兄弟五人，勾结外来匪犯，并煽惑邻境愚民，散卖票布，敛钱聚众，谋为不轨。虽系谣传，人心惶惶，不无震动。等情。均经前抚臣胡廷幹批饬认真拿办。迨常备军抵郡，该府即派南康营都司刘鸿章会同前往缉拿，该匪等已闻风逃匿，仅查获票布及刀矛洋枪等件，并拿到该匪户族吕业禹，讯据供称：吕昌蕃兄弟勾结三、五、七、八等都不知名人为匪，散卖票布，置办器械，闻拿逃逸属实。臣适抵任，道经是郡，查询地方人心已定，即饬将常备军撤回归伍，诱之使回，悬赏购线，严密查拿去后。嗣据先后缉获吕昌蕃、吕昌运、吕渭滨、吕俊裕、江隆才、胡宪章、殷昌善、刘连友等犯，饬由该府督县审讯，拟议禀办前来。臣查吕昌蕃一犯，已据供认听从李锦福等邀入哥老会，得受票布照刊刷卖，称为伪王，定期进城起事不讳，并经该府县查得吕昌蕃平素横行乡里，无恶不作，前因奸占族婶周氏，致其父被吕俊发误伤身死，复逼毙奸妇吕周氏、族妇吕吴氏二命。此外，劣迹如林，难以枚举。应准照章就地正法。吕昌运一犯，助兄为虐，得受伪职，本应照章办理，念系卑幼，曾经劝诫吕昌蕃不听，贷其一死，永远监禁。其余各犯，情罪较轻，照拟分别年限监禁，俟限满察看能否安分，再行核办。仍饬严拿李锦福等务获究报。所有拿办南康府属匪犯缘由，理合会同两江督臣端方附片陈明，伏乞圣鉴训示。谨奏。朱批：法部知道。

中国第一历史档案馆《光绪朝朱批奏折》第119辑，中华书局1996年版，第96～97页

5月2日（四月初九日）　有新闻报道留日学生对于杨枢参劾在留日学生罢课风潮中为首之韩汝庚等人不满，指控杨枢以国家利益与日方交易。

《留日学生对于杨枢参劾韩汝庚等之公愤》：

杨枢奏参留学生韩汝庚等十九人一折，已于二月初一日奉旨依议。韩之光禄寺署正职衔当被褫革，惟其余十八人因无衔名，杨奉旨后即以斥出学界一事与日本外务省交涉。外务省不允照办。杨屡与磋商，愿以若干权利为报，并转商外务部。而外务部各堂官以权利许人，事关重大，宁可违旨，乃将斥出学界作为罢论。惟留东学生以韩因公获咎，咸为不平。

《香港华字日报》1906年5月2日

5月5日（四月十二日）　安徽建德县时山"洪莲会"聚众数百人起事，打毁教堂。

5月6日（四月十三日）　中国同盟会总部议改订《中国同盟会总章》为二十四条。原会章由黄兴、宋教仁、陈天华等八人起草，于上年8月20日在同盟会成立会上通过，计有三十条，但此件今已佚。

改订总章内容：

第一条　本会定名为中国同盟会，设本部于东京，设支部于各地。

第二条　本会以驱除鞑虏、恢复中华、创立民国、平均地权为宗旨。

第三条　凡愿入本会者，须遵守本会定章，立盟书，缴入会捐一元，发给会员凭据。

第四条　凡各地会员盟书，均须交至本会收存。

第五条　凡国人所立各会党，其宗旨与本会相同，愿联为一体者，概认为同盟会会员。但各缴入会捐一元，一律发给会员凭据。

第六条　凡会员皆有实行本会宗旨、扩充势力、介绍同志之责任。

第七条　凡会员皆得选举、被选举为总理及议员及各地分会长，被指任为执行部职员及

支部部长。

第八条　本会设总理一人,由全体会员投票公举。四年更选一次,但得连举连任。

第九条　总理对于会外,有代表本会之权,对于会内,有执行事务之权;节制执行部各员;得提议于议会,并批驳议案。

第十条　执行部设庶务、内务、外务、书记、会计、调查六科。庶务、内务、外务、会计每科职员各一人;书记科职员无定数;调查科设科长一人,科员无定数。各科职员均由总理指任,并分配其权限。但调查科科员,由总理与该科长指任。

第十一条　议事部议员由全体会员投票公举,以三十人为限。每年公举一次。

第十二条　议事部有议本会规则之权。

第十三条　凡选举总理及议员,以本部当地为选举区。

第十四条　凡在本部当地之会员,有担任本部经费之责。

第十五条　本部当地之会员,得按省设立分会,公举会长;但须受本部之统辖。

第十六条　本会支部于国内分五部,国外分四部,皆直接受本部之统辖。其区画如左:

国内之部——

西部:重庆——贵州、新疆、西藏、四川、甘肃

东部:上海——浙江、江苏、安徽

中部:汉口——河南、湖南、湖北、江西

南部:香港——云南、广东、广西、福建

北部:烟台——蒙古、陕西、山西、山东、直隶、东三省

国外之部——

南洋:新嘉坡——英荷属地及缅甸、安南、暹罗

欧洲:比利时京城——欧洲各国

美洲:金山大埠——南北美洲

檀岛:檀山大埠——檀香山群岛

第十七条　各支部皆须遵守本部总章。其自定规则,须经本部议事部决议、总理批准方得施行。

第十八条　各支部皆设部长一人,由总理指任。

第十九条　各支部当地会员,有担任该支部经费之责。

第二十条　各支部每月须报告一次于本部。

第二十一条　各支部及其所属分会会员盟书,及入会捐一元,皆由支部长缴交本部,换给会员凭据,转交本人收执。

第二十二条　各地分会皆直接受其支部之统辖。

第二十三条　各分会会长,由该分会会员选举。

第二十四条　总章改良,须有会员五十人以上,或议员十人以上,或执行部提议于议事部,经议事部决议后,由总理开职员会修改之。

邹鲁编著《中国国民党史稿》,长沙商务印书馆 1938 年版,第 48～50 页

宋教仁日记:

(下午)三时,至新宿朱凤梧寓,赴□□(编者注:缺“同盟”两字)会也。至则会已将终,未三十分即散会。余复坐良久。五时,回。

5 月 13 日又记:

三时，至朱凤梧处，赴□□会。时改定新章，已裁经理干事，余遂退职；又有举余当书记者，余固辞之，遂免。

湖南省哲学社会科学研究所古代近代史研究室校注《宋教仁日记》，湖南人民出版社 1980 年版，第 177 页、180 页

5 月 8 日(四月十五日) 《复报》在日本东京出版。该报前身《自治报》，系柳亚子在江苏吴江创办。柳亚子、田桐主编，撰稿者有高旭、高燮、陈去病、金天翮、马君武、章太炎等。宣传民主革命，反对君主立宪，与《民报》相呼应，同《新民丛报》、《中国新报》论战。文言白话并刊，分社说、政法、传记、文苑、批评、谭丛、来稿等栏目。次年夏停刊。

柳亚子(署名"弃疾")撰《复报》发刊词曰：

列位请了。恭喜恭喜呀！如今不是光绪三十二年吗？我还记得今年新年的时候，我们中国的男人家，穿起箭衣外套，戴起红缨的帽子，踏着乌黑的靴子，那一个不是威风凛凛，相貌堂堂。女人家呢，换了新鲜的衣服，戴了宝贵的首饰，脸上涂着粉，搽着脂，红一块，白一块。一双脚儿，包得紧紧，穿上很小的鞋儿，那一个个不是齐齐整整，袅袅婷婷？和人家见了面就说"恭喜恭喜，发财发财"。咳，几不是歌舞河山、颂扬神圣，一片太平的景象吗？但是我做发刊词的，却自问没有这等好福气，自小读了几种书报，晓得了些道理，可怜我这昂藏七尺已做了亡国遗黎，从此以后，便觉得春非我春，秋非我秋，大千世界，空空洞洞的。既然没有国，又哪有了什么新年不新年？况且，如今新年已过，难道也去学这醉生梦死的一般人，还来拍列位的马屁吗？照这样说来，我说的恭喜，是恭喜甚么呢？原来是恭喜第二年的《复报》成立，不致辜负列位的希望，就是我这无才无德的人，也仍旧能够借这报纸的余日，好和列位谈谈罢了。

讲起我们《复报》从前的历史来，列位当中，也有晓得的，也有不晓得的，我也犯不着噜噜苏苏，渎乱列位的清听。但是列位试想，我们几个同志赤手空拳来办一桩事情，又保不住外边没有暴风横雨的阻力，那艰难辛苦也就不言可喻了。如今幸亏靠着许多人的心力腕力，居然能够支持过去，并且大大的改良起来。古人说得好，"始作也简，其将毕巨"。浩浩前途，还有这一线的希望，怎教我不欢喜呢？但是我说到这里，列位当中，一定有人说我是疯的。众人皆醉我独醒，众人皆浊我独清，屈正则只好怀沙自殉，结英雄的末路。照如今社会的程度，既然容不下你，又不肯下心低首和社会周旋，弄到这瞻四方蹙蹙靡骋的地位，却还要痴人说梦，想靠着文字有灵，鼓动一世的风潮，那不是望梅止渴吗？何苦白磨这种精力，浪费这种资本呢！咳！这一层道理我也岂是不晓得的，看到那污浊世界盗泉恶木，自然一日也忍不住。但回来一想，我这神圣不可侵犯的祖国，不就在那污浊世界中吗？倘然愤世绝俗，一口气回不下来，入山恐不深，入林恐不密，做了一个厌世主义的实行家，那大地山河，又靠谁担荷呢？那神圣不可侵犯的祖国，又怎样呢？所以一定要打破这污浊世界，救出我这庄严祖国来，才不算放弃国民的责任。那救祖国的手段，自然是千变万化不离其宗，这区区报纸却也好算手段当中的一分子了。至于列位看报的，总也是热心爱国的人，我又怎敢说没有些影响呢。我抱着我的良心，我靠着我的热血，不达到我的目的，便万死也不休，管人家说我疯不疯呢。列位，却还有一句话要说，如今中国的报纸，不是很多吗？日报也有，杂志也有，倘然有影响，他们已经有了；倘然他们没影响，你这简单的材料，薄弱的资本，又济得甚事呢？咳！这个缘故，我也不好说，却又不忍说。常言道，"士各有志"；又道，"曲高和寡"，你看一看如今的报界，和我们同心同德的，有几种呢？剩下来自《郐》以下的大多数，我实在不敢说他好歹。

总而言之，不懂民族的精神，不识世界的真理，和平、苟且认贼作子，就使有影响，也一定

不会好的。至于热心志士所组织成的几种报章,却又昙花一现,瞬息凋零。现在的朝阳鸣凤、鲁殿灵光,却已是晨星硕果、兰蕙无多了,你道可怜不可怜,可痛不可痛呢?我们这《复报》虽然没有甚么好东西贡献给列位,但自问宗旨却是不错的,倘然能够好好办下去,也可以在二十世纪中华报界的舞台上独树一帜,做诸志士的后劲,怎敢妄自菲薄呢?

咳!我今朝对着列位,议论也发得多了,笔也秃了,墨也干了,那首发刊词也可以完结了。倘然列位不弃,请看下面罢。

《复报》第1期,1906年5月8日

柳亚子在《我和言论界的因缘》一文中自谓:

爱国学社解散以后,我还乡间住了半年,闲得不耐烦,就去同里自治学社念书。又搅了一年多,好像一九〇五年(清光绪三十一年)吧,我们就发起了一个自治学社学生自治会,办成了一个《自治报》,是用钢笔蜡纸搅的,我们自己写,自己印,自己分送,每一星期出版一次。后来,把《自治报》改成了《复报》。到一九〇六年(清光绪三十二年),我脱离了自治学社,到上海健行公学教书,把学生自治会改做青年自治会,隐然是中国同盟会的预备军。一方面,把《复报》从钢笔版改成铅印,从周刊改成月刊,从单张改成单行本,在日本东京出版,居然成为了《民报》的小卫星呢!

柳亚子《我和言论界之因缘》,《逸经》1936年第1期

冯自由《水牛将军田桐》一文则云:

田(编者注:田桐)以《民报》偏重法理考据,不适于普通社会,乃与高旭(天梅)、雷铁崖(昭圣)、柳弃疾(亚子)等,另创《复报》以应之。所载田诗有警句云:"大哭一声黄帝墓,儿孙这样怎安排?"是为近代白话诗之滥觞。又编集明遗老所记佚事及清代严禁各书,名曰《亡国惨记》。章太炎题词曰:"沾襟何所为?怅然怀古意。秦俗犹未除,汉道将何冀!"出版后风行一时。

冯自由《革命逸史》上册,新星出版社2009年版,第290页

△ 河南永宁县代理知县史堃勒限摊捐,乡民聚众进城理论,官以仇教上禀,酿成变故。

河南巡抚张人骏《奏永宁知县勒捐苛派激变请旨严处折》(9月21日,八月十四日)云:

河南巡抚兼管河工事务臣张人骏跪奏,为特参知县筹捐不善,激成事端,请旨严处以儆谬妄,恭折仰祈圣鉴事。

窃查本年四月间,据代理永宁县知县史堃禀:该县修理学舍,匪徒目为建造教堂,以讹传讹,突于四月十五日聚众持械入城滋闹。会营督队迎击,被匪轰伤兵勇数名,兵勇开枪格毙匪党三名,拿获二十余名,余众窜逸等情。臣因所禀情形可疑,当经电饬该管河南府知府刘更寿亲诣查办,并饬管带豫北营游击谢宝胜率队驰往弹压。讵乡民又于二十日聚众,势将进城复闹,经豫北营拿获多名,立时驱散。

刘更寿旋即抵县,查讯起衅根由,实缘该县史堃扩充学舍,经费不敷,于禀准已筹各款外,续派各里摊捐钱一千余两,勒限清缴,以致舆情不服,集众进城与官理论。匪徒乘间造谣煽惑,混入滋闹,致酿变故,并非与教为仇。提究先后拿获各犯。除马点贵、詹石虎即曾石虎、廉凤五等三名外,余俱胁从附合,悉交正绅保释。捐款出示停收,取具各里永不滋事甘结,民情照常安帖。禀经臣将该县史堃撤任,饬提犯卷至省发交谳局审办。而该员史堃坚称匪徒仇教,并非愚民抗捐,多方狡辩。臣复分饬刘更寿及新任该县张炳复查,实非仇教,委属衅起抗捐。适张炳续获案犯曾天幅一名解省,业饬谳局切实质讯。兹据开封府知府石更督

同局员逐细研鞫究明，曾天幅供与著匪张同林为伍，张同林因闻乡众闹捐，起意乘机抢夺，纠约该犯与未获之张振平等随众入城，同场格斗受伤，及被获多名，格毙三名，众始逃逸。马点贵、詹石虎即曾石虎、廉凤五三名，均供仅系听约起哄，实无仇教情事。分别拟议，禀请核办前来。

臣伏查河南府属民情素号强悍，动辄聚众抗官，刁风原不可长。惟此案实因该县办捐不善，有激使然，其情不无可恕。所有格毙三名，既系当先抗拒官兵，应予格杀无论。曾天幅一犯，审属匪类，据供听纠在场格斗，复有另犯强劫一案，应饬解回该县讯明惩办。其马点贵等三名，讯非匪党，又无主谋纠众重情，应照拟分别监禁。至该县史堃，于学堂捐款抑勒苛派，并不先事禀明；匪徒煽惑造谣，又未能预为防范，激怒酿变，咎实难辞，事后捏禀狡辩，尤为荒谬，相应请旨将前代理永宁县事、即用知县史堃即行革职，以示惩儆。

除批司遵照，并饬缉逸匪张同林等惩办外，理合恭折具陈，伏乞皇太后、皇上圣鉴，训示。谨奏。

光绪三十二年八月二十三日奉朱批：著照所请，该部知道。钦此。

《奏为特参代理永宁县知县史堃筹捐不善激成事端请旨革职事》，《光绪朝朱批奏折》，档号04－01－12－0651－020

5月22日（四月二十九日）　《中外日报》连续两天发表该报湖北访员所撰《河南匪乱始末记》的论说，披露河南西平、遂平民变经过及其原因。

《河南匪乱始末记》：

河南西平、遂平境内，近者尝有匪徒傲扰，虽小丑跳梁，旋起旋伏，殊不足置论。然中国全境，盖无处不可作西平、遂平观，独他处尚未发现，而西、遂则已发现耳。本馆驻鄂访员于事后亲往察视，举其亲见亲闻者，录以相告，当较转辗传述为足信。其所言五因七果之说，尤为凿凿可据。呜呼，各地造乱之源，教案之多，殆尽于是矣。此固封疆大吏与夫有地方之责者，所不可不知者也。特为照录如下：

此次西、遂一带作乱之会匪，名目繁多，如在园、仁义、大刀、小刀、联庄等类，不一而足。查其原始，实系白莲教之流亚，即庚子义和团之余孽也。河南境内到处皆有。现充会首者，即系遂平县之苗金生（编者注：即苗金声，下同）。每于夜间聚众焚香，诵经念咒，并广收门徒。入其会者，出钱一百零六文，给发黄绫一幅，约方八寸，上书符咒并入会者之姓名，下书会首苗金生号华亭字样。如能出钱十倍者，即可为小头目；出钱百倍者，即可为大头目。多多益善，来者不拒。平时布散谣言云，某年某月，行将大乱。不在会者，定杀无赦。其持有黄绫执照，能诵经咒者，即为会民，该会必为保护。予以口号，出门均有会中招呼，不受教民欺侮。如有曾经受过荼毒者，定为报复。故民间最易煽惑，且所费无几，是以附从者甚众，而地方官初不知，即知亦无从禁阻。

推究其故，实缘官与民疏，匪与民亲；官与民隔，匪与民通。通者易惑，亲者易信，惟与隔者，与小民之耳目不接，故闻见有所未周。再，乡民愚蠢者多，其心无定，一经匪徒播弄，易受其惑，且并不知入彼会中，即是犯法，既领票后，迫使同乱。纵有知者，亦偏信会中势力独厚，患难同扶，是以胆敢肆行，毫无顾忌。

此中原因，约有五端。乡愚无知，听匪徒狂悖之言，隐生惧祸之心，况彼之票价，散卖甚廉，为所愚者，竟视此为护身符，并以念经诵咒为长生术，此一因也。无赖之尤，性本强横，以抉法网为英物，以广交游为快事。农商之业不事，父兄之教不遵，行径诡秘，妄希非分，此一因也。巽弱之民，气恒不伸，且民教水火，时切私恨。匪党借保护之名，倡报复之说，其言最为入耳,诱惑群弱,厚集羽翼,此一因也。其在富民,畏匪徒之凶暴,恐家室之不保,阴与结纳,冀免劫掠,此一因也。无业贫民,饥寒时迫,羡人之财,忮人之有,欲借匪徒之党力,暂为致富之奇术,此一因也。

有此五因,遂生七果。一,既领票布,不能由己。虽悔于中,难脱于外,不得不时与会党委蛇,以纾目前之祸。一,匪势枭张,岌岌可危,误入会者,惧遭波累,只得听命于匪,合群自保。一,身虽入会,名无人知,事成与匪徒分其利,事败惟匪首当其刑,官即拿办未必及己。一,匪首犯案,缉拿过急,彼必造谣惑众,怂恿抗官,谓差役必拿某人,官兵必剿某村,多方恐吓,以摇会党之心。又谓某人已经起事,某处已聚多人,虚张声势,广布揭帖,以壮匪徒之胆。一,蠹胥恶吏借此科诈,凡入会者,概指为匪,捕风捉影,谋饱欲壑,遂令会民人人自危,挺[铤]而走险,大半出此。一,匪首假仁义会之名,设鬼神之誓,愚弄要挟,巧激徒众。无知之流,误以助匪为爱友,背盟为不义。一,匪党联络,蔓延各处,绅士惧祸而容忍,乡邻侧目而故纵。官府高坐衙斋,深居简出,外间之事,无由而知。迨至事发,张皇失措,毫无布置,燎原漂山,几成巨患。七果之成,出于五因;五因之生,必有七果。不急治之,恐生他变;治之过急,虑有速祸。当年滑县之惨报,近日粤西之糜烂,胥由于此。

总之,今日治法,但当论其匪不匪,不必究其会不会。现在各处虽已安靖,而匪首苗金生,依然远飏,民间伏莽尚多。窃谓,急则治标之际,应赶紧普设巡警,严查匪类,地方官轻车减从,亲自时常下乡,面谕各乡民将票布缴销,已往之事,一概不究。如有胥役勒索,从重惩治,以安民心而弭隐患。想有守土之责者,必有以善其后也。

《中外日报》1906 年 5 月 22 日

次日《中外日报》续刊该文:

至此次西、遂事起,实由西平城守营把总汪庆澜下乡挨户搜查吴太山,万分骚扰,以致激而生变,闻之甚堪发指。

先是周家口原有天主堂一所,该处有一宛姓,家小康,本不在教。因庚子年有地三十余亩,靠近教堂,由教士函请淮宁县传追。该县竟将是地断归教堂,宛姓随亦投堂入教。迨入教以后,其不能与教外之民融洽无间,自不待言,乡民之衔怨者,更仆难数。因系教民,无如之何,皆敢怒而不敢言。

今年正月间,该处演剧者甚众。时正演周处除三害一出,同声称快,忽有人曰,此间有大害,惜无周处其人,将伊除却。咸询为谁,即以宛姓对,众闻之皆切齿。当有西平县人仁义会头目吴太山向在该口设一小药铺,时亦在场聚观,闻之甚忿,挺身曰,此有何难,余将效周处为诸君除此一害。众以为笑谈,并不在意。讵吴竟于正月十六日夜,直入宛室,将一家老小男女六命尽行杀毙,随即避匿。事后经县访获为从者数人,收禁候办。而教堂迭次函请豫抚,非将吴太山获办不可,豫抚亦严饬淮宁左令,务将该会匪依限缉获究办,违即撤参。

淮宁令奉之后,慌惧殊甚,立拘吴太山家属到县城研讯。据供,吴太山或已逃往西平境内,亦未可知。该令得供,立派马勇四十名,迳往西平,由该县城守营汪庆澜把总管带查拿。盖左令曾任西平,与汪把总向称莫逆,故专函托伊率带查拿。该把总复带巡警数十名,与淮宁勇役,共有一百五六十名。每日下乡,逐庄挨户借搜查吴太山为名,实则奸淫掳掠,任所欲为。如遇小康者,必指为吴太山之亲故,勒索如愿而后已。西平黄令恐激成事变,屡劝不听,如是者半月余。

某日,汪庆澜搜至周庄。庄民周荣光本不在会,见汪所为,殊不合理,与之抢白数语。汪恨之,竟饬人将周荣光绑缚带县,诬为会匪头目,藏匿吴太山不肯交出,请黄令严行审讯。黄令正在讯问，而乡绅多人已尾随来县，力保周荣光系安分良民，并无入会为匪情事。黄令察其冤，允交该绅等保释，而汪某坚不认错，不准开释，且言如果黄令释放，定将周荣光锁交淮宁，并禀明上台核办。黄令恐有不便，遂将周荣光看押候讯。

先是遂平匪首苗金生借此造谣，谓汪把总行径，非拿吴太山办法，必是查拿会民。不然，周荣光不在会，尚被拿办，况在会之人，安能逃免。其意盖实欲乘机激动众怒也。至二十八日，汝宁参将孙大海奉南阳镇孙殿邦札饬，往西平弹压，仅住一日，在寓所传马班歌妓作乐一夜，临行买一妓带去，闻亦汪庆澜经手。迨孙去后，汪益无忌惮，仍至各乡骚扰，乡民恨之切骨。

苗金生闻之，遂于三月初三日在遂平境内八里庄竖旗起事，大书□□□□(编者注：原文如此)，除暴安良等字样。初拟先夺武阳县之武城镇，并郾城县之间[问]十镇，然后攻取周家口，杀害洋人，烧毁教堂，乘势至淮宁杀官劫狱。其时乡民正恨汪某虐害，借此可以抵抗。故附从者更众，会首皆带黄巾、黄带，一路掳人入会，勒索马匹银钱，挨家派饭。迨至武城镇，因有郭镇驻兵，早为预备，匪众不能得志，遂改道至西平之大王庄、金刚寺等处盘踞，拟即攻城。时南阳、邓州、裕州、泌阳、襄城、郾城、舞阳一带匪徒谣言蜂起，纷纷有蠢动之势，而百姓之逃难者扶老携幼，络绎于途。

南汝光道朱观察得报，亲自督队，于初七日驰抵西平，率同黄令严为防堵。一面电请省吏，派拨常备军数营星夜驰往，相机攻剿。鄂军亦到，协力攻击，始将匪势驱散。苗金生率同余党，窜入遂平之嵯岈山，负隅而守。各军力攻两日，方于十二日击破，当被轰毙二三百人，生擒者百余人，无辜株连者，颇不乏人。被擒而业已正法者，数十人，余仍监禁。匪首苗金生亦逃往他处，不知去向，吴太山亦无踪迹。

现在事已大定，居民均已迁回，新野等处亦已平靖，各军间有回省者。惟有教堂处所，并附近铁路各处，均经洋人函请豫抚饬队暂留，以资保卫。南汝光道朱观察日前进省，面陈一切。现在各处安堵如常。孙大海已经撤任候参，而汪某仍逍遥事外，识者憾焉。

《济南匪乱始末记续作稿》《中外日报》，1906年5月23日

4—5月(四月)　浙江《新山歌》案发。此书系敖梦姜以白话编写，蔡元培在上海印刷，革命党人陈梦熊在温州散发书籍，被士绅胡倬指控会匪为乱。后经孙诒让、陶葆廉等援救，得于次年春消泯其事。

陶成章所著《浙案纪略》一书云：

先是，平湖敖嘉熊(字梦姜，寄居嘉兴)尝游历温州，闻乐清陈梦熊(字乃新)名，因往谒焉。嘉熊旋嘉兴后，创立一温台处会馆，以谋安居客籍民之不相能者，招梦熊及冯豹(字地造，乐清人)前往襄理。乙巳后，梦熊旋里，与其友胡铸因等倡立一女学校，名曰明强，梦熊为监督。乐清知县何士循，其始为秀水知县，以地方事素与嘉熊有争执，累多不胜，心甚恨之。本地劣绅胡倬、章比窥悉何令意旨，指梦熊为哥老会匪，在嘉兴与敖姓结党，事败逃归，在明强女学校演说革命，以《新山歌》为证。何令阅呈，即派干差六人星夜驰往拿梦熊。适梦熊已闻风避去，何令具禀控之温州知府锡纶(即前严州知府)。锡纶亦派亲信干弁搜查女学校，毁坏器皿，携去杂物，有同盗贼。士绅咸愤，电告杭州学务公所，何令、锡守亦具禀抚、藩、臬。梦熊在日本闻之，恐累及嘉熊并他友，自到省城投案。藩司宝芬[棻](满洲人)欲刑讯梦熊，且因之以兴大狱，巡抚张曾敭不可。会廷谕下，调宝芬[棻]为山西藩司，梦熊遂得免刑讯。张抚委臬司审讯，梦熊言词慷慨，吏不能诘。张抚又派亲信委员特至乐清探察，知梦熊素无

劣迹,倬章虽托名绅士,实一无赖。温州著绅孙贻[诒]让(字仲容,瑞安人,为浙江学者之宗)等为梦熊力保,嘉府著绅陶葆廉(字拙存,前两广总督陶模子)等亦为嘉熊剖白,张抚因坐胡倬章以诬告之罪,革去职员,何令亦撤任,此案遂结。《新山歌》一案之发,在丙午四月,结案则在丁未三月也(《新山歌》系敖梦姜所编,托蔡元培在上海印刷,魏兰、陈乃新共取千册,入内地分送,因成是祸)。

陶成章《浙案纪略》上卷,浙江云和魏兰1916年补注版,第5~6页

冯自由《浙江之文字狱》一文谓:

诸志士鼓吹革命之方法,在乎多运革命排满书籍散布内地,文言与白话并进,文言体则有《驳康有为政见书》、《訄书》、《革命军》、《湖北学生界》、《新广东》、《新湖南》、《浙江潮》、《江苏》等,白话体则有《猛回头》、《警世钟》、《黑龙江》、《新山歌》、《孔夫子之心肝》等,《新山歌》为敖嘉熊所编。嘉熊字梦姜,一字咸愚,平湖人,少负奇气,戊戌政变后以时局日危,与王嘉榘、蒋方震等十余人倡一时事研究会,名浙会。庚子拳祸起,国势岌岌,嘉熊自平湖迁嘉兴,以改良农业、振兴教育为己任,遂与唐成卿、祝心如诸人创办学稼公社及竹林小学校。壬寅始着手于革命运动,癸卯正月至上海入爱国学社,极为诸同志推重,爱国学社解散后,嘉熊归嘉兴,倡设演说、教育二会,暗鼓吹革命,复用白话文体编著《新山歌》一书,为运动下级社会之需,士商会党多为感化。丙午四月,嘉熊友陈梦熊组织明强女学于乐清县。梦熊亦革命党人,因在校演说革命,并散布《新山歌》,为劣绅胡倬章指控于知县,谓梦熊乃哥老会匪,在嘉兴与敖姓结党谋乱,事败逃归,在女学校布散邪说,即以《新山歌》为证。何令遂派差弁往拿梦熊,而梦熊已闻风避去。此案牵连及于嘉熊,藩司宝芬、温州知府锡纶均满人,更欲因之以兴大狱,梦熊在日本闻之,恐累及嘉熊及他友,自到杭城投案。适宝芬调任山西藩司,温州著绅孙贻[诒]让等为梦熊力保,嘉兴者绅陶葆廉等亦为嘉熊剖白,巡抚张曾敭探知胡倬章平日声名恶劣,因坐倬章以诬告之罪,革去职员,何令亦撤任。此案起于丙午(民国前六年)四月,至丁未三月始结。

冯自由《革命逸史》下册,新星出版社2009年版,第843~844页

孙延钊所著《孙衣言孙诒让父子年谱》则称:

诒让自总理温处学务分处以来,与本省及本郡守旧派官吏多不可能协作。而最初兼任省学务处总办、浙江布政使宝棻(编者注:即前文"宝芬"),为顽固而且庸劣之满员,诒让尤鄙之。浙江巡抚张曾敭与诒让有世谊,其在当时疆吏中,头脑尚称较新者,因此诒让遇事即向抚院径陈,批准后交省学务处备案,宝棻大为不怿。旋浙江提学使支恒荣来,宝棻虽卸学务兼职,而对温处学务仍存反感,而欲加之罪以为快,于是阴嗾温州府知府锡纶、永嘉县知县丁维晋、乐清县知县何士循等守旧派官员,出与学务处为难,合谋搜罗资料,准备进行攻击。会乐清发生《新山歌》案,士循即至郡言于锡、丁,锡密函转告宝棻,随由锡通详各大宪,声称被告聚众讲说《新山歌》、鼓动革命之陈耐辛系虹桥女学堂现任堂长,温处学务处引用党人,责有所归。诒让闻之,飞牍为之申辨,复驰书张抚,请予从宽处理。而宝棻等正欲借题发挥,以倾陷温处学务处,力请张抚彻查严究。张抚派遣委员沈维城来瓯查办。沈至,诒让又力为耐辛解释,沈复往乐清实地调查,知所告聚众讲说并无其事,即《新山歌》书亦未有人证实系陈耐辛所有,禀复抚院。张抚主办坐诬,宝棻尤不谓然,当即提取全案,将另派员复查。张抚恐事累己,密电求助其叔张之洞。诒让亦致电黄仲弢,请予援手。时张之洞适内召入军机,即将宝棻移任山西布政使,同时张抚檄调锡纶为金华府知府、丁维晋为长兴县知县、何士循为桐庐县知县。此丁未冬间事也。宝棻既离浙江,锡等亦去温州,此案乃不复重翻矣。陈耐

辛(一作乃新,名梦熊)与其乡人冯地造(豹),同为清季温州学界人士、奔走革命事业之较早者。诒让尝谓此等青年后生,志在爱国,热情可嘉,宜爱护之,故当此案事亟时,耐辛、地造相偕来端见诒让,诒让慨允力为设法,并留宿于家者累日云。

孙延钊《孙衣言孙诒让父子年谱》,上海社会科学院出版社2003年版,第359~360页

春　新加坡陈楚楠、张永福等创办的《南洋总汇报》,因合作者反对宣传革命,与陈、张发生矛盾,该报被守旧侨商所得,报纸立场转变。革命宣传喉舌直至次年《中兴日报》创刊,始得有声。

陈楚楠《晚晴园与中国革命史略》追述事情的经过:

我们会见总理以后,对于革命更有决心,一方面努力宣传,一方面找同志。可是兄弟和张永福同志两个人当时还没有什么钱,经济力极其薄弱,《图南日报》出版不到两年,已用去了三万多元,把我们弄得筋疲力乏,无法可以再维持,只得停版。幸得在这个时候,我们已寻到沈联芳、许子麟几个新同志,所以另整旗鼓,再组织一间《南洋总汇报》,并不是现在的《总汇报》,继续作我们的宣传的机关。可是不幸得很,我们因自己经济力已经薄弱,就招几个并非同志的商家陈某等来合作,结果呢,《南洋总汇报》出版后,那位陈某竟不主张鼓吹革命,从中作梗,以致引起内部的分裂。后来无法,我们要把报馆完全收买,他们又不肯,只得抽阄,结果又被他们抽中了。他们又招到保皇党朱某加入去合作,《南洋总汇报》遂变成了纯粹保皇党的宣传机关,专和我们革命党作对了。列位同志,古人说得好,道不同不相为谋,我们当时误与非同志合作,结果反授人以柄,来攻击我们,真是自作自受。愿各位同志对于这一点,格外注意,大家要认清楚,凡是宗旨不同的人,切不可勉强引来合作。如果勉强引来合作,不幸误引狼入室,那么为害真是不少呵!

丘权政、杜春和选编《辛亥革命史料选辑续编》,湖南人民出版社1983年版,第34~35页

冯自由《华侨革命开国史》一书记载:

《图南报》于乙巳(民国前七年)春以资本不足歇业。陈楚楠、张永福二人不忍革命党之喉舌为之中断,复于是年秋联络商人许子麟、陈云秋、沈联芳、朱子佩诸人创办《南洋总汇报》,以为之断[继]。是报由革命派及中立商人派各占资本半数。云秋素性畏官,胆小如鼠,力诫当事人不得登载激烈文字。而陈楚楠、张永福不之恤,仍使编辑人高谈革命如故。至丙午年(民国前六年)春云秋恐为革命党所累,遂提出拆股承让之议,后乃改为抽签,由两派中之抽得者接受报业。结果为云秋一派所得。云秋接受后,乃约保皇会员某等加股合办,不久是报竟成保皇会之纯粹机关报。康徒徐勤、欧榘甲、伍宪子等遂凭藉之与革命党为敌。各方同志咸咎陈楚楠、张永福二人事前措置不善之失策。

冯自由《华侨革命开国史》,台湾商务印书馆1975年版,第78~79页

张永福在《南洋与创立民国》一书中则记为:

孙先生在未识我们以前,因为阅着《图南日报》宗旨相合,乃自己写信相约订交认识。可知那《图南日报》的价值,虽不敢夸说是南洋与中国革命开山的始祖,但他确确实实居在先知先觉的地位。不过他降生的日子太早,犹如混沌初开时代的原人,除了自己父亲母亲之外,没再有什么亲戚同乡来互助他的。《图南报》出世第一天,入了社会人士的眼帘,他们就紧张起来,不约而同大呼小叫,说是无父无君,谋反大逆的报纸。不要说叫他们出钱来买一份看看是无望,就是你十二分诚意的不要钱送他们一份看,请他们赏识,他们老实不客气地随手就撕掉。这时代的社会,这时代的南洋,群魔一佛如何能不受万家诟骂,如何能不惨灭!

《图南报》的编辑陈诗仲，看见东家办的报纸不长进，一年的券约已满，他就怏怏告退。其余的编辑剩多少人，以生活关系，仍好好歹歹的办下去。我不学无术的张永福，不忍坐视，亦居然也当了总编辑。来指挥其余的记者照常维持，也就想出什么征文、征诗、送报纸、征联、赠《革命先锋》、《黄帝魂》、《累卵东洋》关于革命种种的书本法子，来引诱读者。一方面因为报馆拣字工人空闲着，请他体贴以低廉工价把那邹容的《革命先锋》复印。当时还怕人家看见革命二字要讨厌，就改换名目曰《图存篇》以求掩饰，搅了二个月功夫，印出二万多份。这时当然是卖不出钱，当然是无条件地白白送给人家看看。楚楠兄同余因为革命风气这样慢进，着了急，深知那内地官厅，对革命事业仇视不了，断定内地的同胞、大老爷是没有这书本可看的。要他们认识革命道径，要他们有革命性，当然要想方法把这革命书本输进去，把革命思想灌入他的头脑。除寄孔明斋书店（星加坡只有这家书店）代售，并瞒他托他寄入汕头零卖外，黄乃裳亦带二千本秘密输入闽省及潮州去宣传。林义顺、张来喜适要回国，亦托他带千余本沿途分送。这一番功夫作完，我们又想一个比较直捷有效的方法，就是将书卷起来粘上邮票，查出各省缙绅录，照国内各省府、州、县的衙门交他在任的老爷们收阅。北京的翰林院，总理衙门等等，无不一一奉寄。不旬月，所出的《图存篇》二万卷，就送完了。（后再函托孙先生在日本牛込区印《革命先锋》三四万本奉送。）

以上的工作，原想可以帮助《图南日报》的发展，到底还是外甥打灯笼——照旧，但我们强欲自慰说，小有发展亦就可以了。因为出版的时候，阅户不过二十份，现已有销场，由二十份升至五十余份，你说这样子的生意究竟是发展抑是倒霉。《图南日报》的性命，不生不死苟延残喘了二个年头，那流动的资本完了，仅仅存下了机器房的机器，铅字房铅字粒，账房内的账簿。自然的全铺的店员大闹恐慌，司理林采达避不见面，各人东奔西散，讲革命的独一喉舌就停止了呼吸。

停版有二个月光景，有一个非同志的黄江生说，我们的《图南报》存着印机和字粒，不忍白白空丢，商量与人合股。他就介绍了许子麟、沈联芳、陈云秋、朱子佩（朱赤霓的兄）等人，组织二万元的股份，搬迁地方开办新的报馆。我们仅占了一万元股子，就退位作出版监督人，那报馆的名目就叫做《南洋总汇日报》。起始出版，我们就便宜行使职权，指挥继续《图南报》革命的工作，废去大清年号，直叫载湉名字，揭发那满清的鄙劣，历数他的野心。当时因为文字上太尖锐，引动了朱子佩之不满意。未有二个月，即开股东大会被他们发出严重警告，要我们不革命，倘若不听，就要我们退职，而兼退股。向来不经侮辱的我同楚楠兄，认是鸟兽不可与同群，因被这一激，就毅然折回五千元股的原本，预备将来恢复我们革命的宣传机关。这回不够一两个月，孙先生同胡展堂亦来星洲，觉得无宣传的机关不能说话，答应回到香港设法筹措，这便是《总汇日报》彼[被]人夺去的经过。《中兴报》已经初次下种的影子，而南洋有革命性的《图南报》就此永不见日光了。

张永福《南洋与创立民国》，中华书局 1933 年版，第 87 ~ 89 页

△ 湖北革命党人刘静庵等在武昌候补街高家巷建立日知会，该会以圣公会所设的日知会阅读室得名。以胡兰亭为会正，刘静庵副之，冯特民、陆费逵、李亚东、濮以正为评议员。孙武、张难先、曹亚伯等入会，成员涉及军、学、新闻、宗教等界，以学界为最多。

成立大会有数百人参加，首先由刘静庵（大雄）报告筹备经过，张汉杰记录。然后由冯特民（一）宣读会章（内容今不可考），何季达（自新）、朱元成（子龙）、冯特民、孙武等发表演说，会后选举职员。

据曹亚伯揭载，张汉杰记刘静庵演说内容：

中国醒！中国醒！我中华大国，外人要瓜分了，我们同胞，又要做两重亡国奴了。满清那拉氏常言，宁将中国亡于外人，不可失于家奴，此满清亦自认中国又要再亡了。我汉人四万万同胞，被满清压迫愚弄，多有不知的。现在祸在眉睫，应该醒来，应该觉悟，早想挽救之法，以免永为人之奴隶牛马，不胜急切盼祷之至。日前同志曹亚伯由湘来鄂，与胡兰亭先生及兄弟三人，商议扩充日知会。现曹君已往日本，从事运动。我们日知会重又成立，一切章程、宣言都已备就，应成立干事部。此干部多系军学两界同志，以后一切责任，及开导民智，救中国危亡，成一新中国，俾黄帝子孙不复为亡国奴，岂惟同志之幸，亦中国四万万同胞之幸。

曹亚伯《武昌革命真史》上编，上海书店1982年印行，第14页

张难先所著《日知会始末》一文记叙是：

日知会者，乃科学补习所党人刘静庵独力缔造之革命机关也。静庵治学猛，于儒术外，兼究佛耶；故其时佛门大师，教会长老，多乐与之游。补习所失败时，任黎协统元洪书记官。因索党人急，静庵请假，避高家巷美教堂圣公会。狱缓，回幕，而官署之检查信件仍严。不久，黎获张守正致静庵书（守正即黄克强化名），中多隐语。黎疑之，讽静庵托病辞职出营。前所员曹亚伯在湘，同黄克强、张继脱险后，亦来鄂住圣公会。静庵既失职，走告其会长胡兰亭，兰亭留与亚伯居。旋静庵不自安求去，亚伯商之兰亭谓："静庵，狷介人，耻素餐。"即聘为日知会司理。静庵缄默寡言，虽隶党籍，尚不为人所指目，故乐就焉。时当乙巳暮春。日知会者，圣公会附设之阅报室也。会为辛丑前会长黄吉亭（即蔽黄克强脱险者）所创办，原设武昌府街，定购各种新闻杂志及新书，任人入览，以瀹进知识。后迁候补街高家巷圣公会内，静庵即服务于此。其理会务也，整理书报，详订章则。对阅书报者，招待极周，迎机启示。数月，会务大进，党人稍稍来归。于是静庵商诸兰亭曰："国势诚岌岌矣！公中国人，当不忍其沦胥。下走愚妄，窃愿借此谋革命以救国，公能许我乎？"兰亭曰："君意诚善！若外人何？"静庵曰："贵会诸外籍人，均领教屡矣！类皆道德高尚，愿力弘大，当能本基督救世之旨，同情吾辈。"兰亭慨然曰："国危至此！尚何所顾虑？愿与君共为其难，即如君言，第好为筹画也。"静庵感泣，便从事草规约，不欲以空文而累实事，仍用日知会名义，惟质变耳！吸收党员，不尚严格形式，惟在灌输宗旨，使其真正认识革命而归依之。每星期日，公开演讲，阐述世界大势，本国危机，及现今救亡之道。演词主径直而求通俗。又数月，无论是否党人，凡来听讲者，多醉心革命，执守不惑矣。至丙午正月，始开成立会，到者百余人。由静庵报告筹备经过，张汉杰记录，冯特民宣读会章，何季达、朱元成、冯特民、孙武等俱有极激烈之演说；特民并痛哭流涕。其后每星期日，必有此类演讲，以表现大无畏精神。未几，东京同盟会派余诚为湖北分会会长，倚日知会进行。会务得同盟会之指导，声势更大，其名称依旧，以内地不同海外也。

严昌洪、张铭玉、傅蟾珍编《张难先文集》，华中师范大学出版社2005年版，第88～89页

范鸿勋《日知会》：

圣公会是属于美帝国主义的一个基督教派，它所设的教堂不止一处，都标明为圣公会。在武昌高家巷的是我国籍牧师胡兰亭所主管，他具有一定的进步倾向，与革命同志曹亚伯及静庵相识。静庵遂借为掩护，未久，仍回营。静庵因所接信件中有隐秘语，为营吏所疑，讽令请假离营。适曹亚伯自长沙来，商请胡兰亭留静庵住堂管理日知会（原是圣公会内一个阅报室）的书报。这是一九○五年（光绪三十一年）夏季的事。

静庵既得日知会以为工作据点，遂遍商于革命同志，重新组织，另订章程。表面上仍以开通民智为宗旨，置备书报，任人阅读。凡属宗旨相同者自由加入为会员，以乐捐方法为经费之来源，普通一元，多者五元；未捐款及未签名入会的，只要宗旨相同，一样地被认为同志。会内分设干事、评议两部；干事部又分设总务、经理、文书、交际四科。公推静庵为总干事，陆费逵（浙江省人，在汉口办报）、冯特民（武昌县人，为《申报》访员）、濮以正（安徽省人，当兵）等为评议，范腾霄（利川县人，见习士官）、朱子龙（江陵县人，在工程营当司书生），李亚东（河南省信阳县人，见习士官）等为干事（原注：曹亚伯《武昌革命真史》但云，干部有评议员五，选举冯特民、陆费逵、李亚东、濮以正等任之），共二十余人。会员和会外的同志约二百人，可分为军界、学界、新闻界、宗教界四类。其中以军界中同志为最多，有督队官（现在的副营长）、队官、排长、见习士官、士兵；军官有方柏年（安徽省人）、钱葆青（黄安县人）、吴兆麟、罗子清（均鄂城县人）；士兵有彭楚藩（鄂城县人）、刘尧澂（湖南省人）、蔡济民（黄陂县人）、熊秉坤（武昌县人）、王宪章（贵州省人）、黄申芗（大冶县人）、贺公侠（天门县人）、任重远（潜江县人）、祝制六（荆门县人）、郭抚宸、宋锡全（湖南省人），姚金镛、许兆龙（天门县人）、熊子香、熊海春（黄冈县人）、徐升渊（鄂城县人）、郝可权（蕲春县人）、冯大树（崇阳县人）等。另外还有些同志的姓名已无可查考。这些同志出生于贫苦的家庭，本身成为失业的知识分子，正如当时流行的口语，乃均“投笔从戎”。这批失业知识分子起初还是想从这个途径出洋留学（清吏张之洞曾在军队中挑选了几个知识分子，送往日本学习陆军），或升入本省的陆军学校，后来因接触革命思潮，便感觉到握有武器可成为发难的基础。还有些同志，先抱有革命思想，再投入军队，做宣传联络的工作。此外，学界和新闻界的同志亦不少。武昌、汉口间革命风气，原自学界和新闻界开始。宗教界同志仅三四人。

日知会在几个月间曾开演讲会多次，有时放演电影或作物理、化学的试验，文华书院（是圣公会所设的一个中等学校）中的教师张纯一（汉阳县人）、余日章等，均参加上述的文化活动。张具有革命思想，多择星期六或星期日下午举行讲演会，每每延至初夜。到会人数，逐渐加多。演说内容，初系说明时势，暗示有革命的必要，以后就坦直宣传革命，辞意激昂，有时声泪俱下，很能吸引听众。讲演会的内容辗转传播至军队和学校中，不免风声敞露，为清吏所注视，因之会中同志多主慎重，遂少开会。延至一九〇六年三月（光绪三十二年二月），始开成立会，到会会员百余人。当时在武汉的革命同志，实不止此数。以后更少开会，看报人数亦少，静庵在表面上渐成为忠实教徒，实际上更努力推进革命工作。

日知会虽成为当时革命同志们的联络中心，但并未成为一个组织完整的革命团体，对于革命同志并未建立一个领导关系，同志们各以私人友谊及同乡关系结合为小团体多起。

中国人民政治协商会议湖北省委员会编《辛亥首义回忆录》第1辑，湖北人民出版社1957年版，第78～80页

熊十力在《日知会王刘余何朱诸传》一文中谓：

谨案：民国元年，今大总统黎公，时以副总统领鄂都督事。于是年冬，特设武昌日知会调查纪录所，创修日知会志。以孙武、蔡济民、季雨霖主所务，余亦兼编辑。搜集未竟，迄于癸丑，而南北战事起，余退耕田里，日知会调查纪录所亦无形消灭，集稿散佚矣。案：日知会始名科学补习所，则发起于清光绪甲辰夏，至乙巳四月改组为日知会，势遂大，自是会员多有东渡或散布各省者。海外同盟会成于乙巳之秋，其中要人，多出自日知会。如宋渔父，其最著也。当是时，日知会与同盟会内外策应。迄于丙午，日知会破坏，而会员继起，分设共进会、文学社，再接再厉。故辛亥武昌一呼，光复旧物，非偶然已。日知会诸子，多不羁之才。而王

汉、刘敬菴、余仲勉、何见田、朱元成皆天资过人,立身有本末。诸子但为未及古人,自一时之隽也。而敬菴尤卓荦,迺皆以年少遭惨变,不得竟其学,展其才,惜哉!余自弱冠与诸子相从忧患,昔尝论次其行事,以为之传,癸丑散佚,今不可忆。又年来心事恶劣,学殖荒落。兹为诸子传,盖十不得仿佛其一二,聊以备国史之採云尔。

熊十力《新唯识论》,中华书局1985年版,第9~10页

编者按:有关日知会作为革命团体正式成立的时间,一般认为在光绪三十二年正月,亦即1906年1月25日至2月22日之间。亦有史料称在同年二月间,即2月23日至3月24日之际,更有谓农历四月成立者,甚至还有谓在1905年夏天成立者。有关日知会的成员人数,说法不一,主要与统计标准不同有关。最多者如欧阳端骅《武昌日知会纪念碑》、曹亚伯《武昌革命真史》等称"万人",范腾霄、朱和中等人说是"数千"。而据张难先《湖北革命知之录》所载,名籍可考者仅118人,张国淦《辛亥革命史料》增补至140人,张玉法《清季的革命团体》列名182人,绝大多数为湖北人。又据学者研究,日知会正式会员当不超过千人,且被列名会员的吴禄贞与本会活动并无直接关系。(川村规夫《日知会研究》,武汉大学历史系1991年硕士学位论文;氏著《日知会的革命活动》,《近代史研究》1994年第4期)

△ 日知会员熊十力、熊飞宇、钟大声等倡议肄业武昌各学堂的黄冈籍学生与驻省各军兵员组织"黄冈军学界讲习社"于武昌正卫街,但社员并不局限黄冈人,实以联络乡谊为名而行串联革命活动之实。

熊十力《何自新传》称:

光绪三十一年春,王汉刺清亲贵铁良于彰德,不中,死之。语在汉传。是年夏,自新与前补习所同志,假武昌圣公会堂,成立日知会。及冬,十力由行伍考入陆军特别学堂。明年,十力与诸同志创设黄冈军学界讲习社,联络各军营兵士及各学堂学生,名为黄冈一县旅省人士之结集,以避警吏注目故也。

熊十力《十力语要》,中华书局1996年印行,第108页

居正《辛亥札记》中有《黄冈军学界讲习社》一文称:

清光绪丙午正月,有黄冈张炳南者,家仅中资,乃变卖产业,率其子海涛,在武昌正卫街租一宅,初为海涛住学堂之计,后闻革命之说而有感。同里熊十力,时在陆军特别学堂,与钟大声、冯群先、熊子襄、童澍、易介三、张其亚、涂觉民、邱可贞、童自纯、毕振英、郝大衡、邱介甫、杜玉成等数十人,因海涛说其父,就炳南宅,规设黄冈军学界讲习社,联络军营兵士及各学堂学生,每星期日,约各同志聚会一次,名为补习功课,实则密商革命进行事宜。入会者,实不限于黄冈人,而以黄冈为名者,避警吏耳目也。十力在营中,运动甚力,风声渐露,陆军学堂之队长湘人何锡藩者,密告张彪将捕之。有教习某系留日学生,于营务处得其消息,阴嘱十力急避,此丙午初夏事也。讲习社遂成昙花一现,然张氏父子则已为此废产矣。熊子襄与鄂城徐叔渊等,走伊犁,又约同志作革命运动。及武昌举义而伊犁首先响应云。

陈三井、居蜜合编《居正先生全集》上册,"中央研究院"近代史研究所1998年版,第19页

曹亚伯《武昌革命真史》一书则谓:

当时日知会分会密布于军队,尤以黄冈军学界讲习社为重要。先是鄂中军人与学子不相联络,军界中只有少数志士阴投身于其间,以无结合之故,不得大生影响。丙午春,日知会会员黄冈熊十力、熊飞宇、钟大声、邱介甫、冯群先、张海涛、张其亚、易介三、涂诰、童澍等,始倡议联合黄冈人之肄业于武昌各学堂(如两湖学堂、文普通学堂、武普通学堂、陆军特别学堂及四路高等小学堂等),及在驻省充各军兵役者,组成黄冈军学界讲习社,每星期日为大规模之集会演讲。多根据孟子与王船山、黄宗羲诸家之说,阐发民族、民权思想,而亡国之痛,实为人类最痛心之境,每每发挥无遗。又时援《周礼》倡地方自治之论。军队中则阴合十人为

一组,各组随时私聚,而为革命之计划。又密结同志谋团体之扩张。更广布宣传文籍,如《民报》及《警世钟》、《猛回头》、《革命军》、《孔孟心肝》诸书,几于各军兵士人手一本矣。初为黄冈人之结合,迨成立半月以后,则不分县界,而广结同气,故其宣传甚有力。盖以外县人而首先加入此团体居主干之列者,则有荆门季雨霖、沔阳赵光华(起义时佐季雨霖收复荆襄大有功,元年病卒)、蕲春郝可权(后在新疆伊犁间传播革命思想甚力,辛亥举义伊犁,为伊犁军政府之参谋总长)、鄂城徐叔渊(后在新疆伊犁间传播革命有力)、蕲水毕振英、孝感李实秉等。是年,清廷命南北军会操于河南,熊十力欲乘机举事,创议阴结荆襄、巴蜀及河南秘密会党如洪门与哥老会等,使之发难于各地,清廷必遣军队往剿之,而军中同志即可乘机以举义旗,中原不难定也。时熊十力肄业武昌陆军特别学堂,以此奔走军中甚力,又尝在同学中鼓动风潮。监督刘邦骥言之总兵张彪,彪立命混成协统领黎元洪捕之。陆军特别学堂学生皆就各营兵士挑选,熊十力故隶黎元洪部下。及黎元洪将捕十力,季雨霖时为黎元洪部下督队官,密白十力,得先遁。黎捕十力不得,悬赏五百金购其头。时丙午夏四月也。而黄冈军学界讲习社亦由此封闭。

曹亚伯《武昌革命真史》上编,上海书店1982年版,第135~137页

该社社员童愚后著有《记清末黄冈军学界讲习社》补充史实:

黄冈军学界讲习社以黄冈为名,主要是避免清警吏的注意,而社员本不限于黄冈一县之人。当时(除黄州府属军学界之志士外),外省在鄂军界、学界之志士,实皆参加其中。倡议者为熊十力(原名定中)、熊飞宇(熊子襄)、涂诰、童愚、钟大声、冯群先等。明亡后,黄冈有杜茶村、易明甫、何士云诸遗老皆不肯降清,至顺治、康熙间,犹秘密谋光复,联络长江数省义士反抗粮、税,后为汉奸于成龙所剿灭。熊十力等以黄冈为革命机关名称,乃以明季先烈激励后人而已。社员之结合,初取兰谱方式,旧俗:异姓为兄弟,必订立盟章。首次十人为一谱,此十人又各自约十人,以后逐渐推广。首创此法者为熊十力,而熊子襄、童愚、钟大声、童澍等皆赞成之。社之成立在一九〇六年(光绪三十二年)春,不过三数月即为清统制张彪所封闭。

清廷初仿西洋兵制,令各省练新军。一九〇六年秋八月,会操于河南彰德。熊十力倡议:乘清鄂军出动之际,即谋光复。先期派同志分头洽商本省荆、襄、施南各路及河南省内会党,在各道各府起义,清政府必派兵出剿。军中既多同志,自必滋长义兵声势;义兵日盛,援军日增,相反相成,则鄂、豫两省首先动摇。两省为南北关键,一经发动,足以号召四方,倾覆清廷,当无疑问。

其时,熊十力在陆军小学堂(熊在第八镇第三十一标入伍,考取陆军小学仁字斋)向军营士兵运动甚力,渐为张彪所闻。熊又在学堂揭示处痛骂张彪,洋洋千言,张彪益恨之,密令逮捕。得总部参谋官蓝天蔚派人示意,熊十力乃出走至彝陵(宜昌)。张彪悬赏千金购其头,且请于总督张之洞下令通缉。张之洞阅十力试卷及揭示处之文,心异之,斥张彪曰:"小孩子胡闹耳,何必多事!"遂不复究。张彪竟查封黄冈军学界讲习社。团体破坏,社员星散。事后得悉:社员中亦有奸细,否则亦不至破坏如此之速。

社员姓名能记忆者有:

熊十力、熊飞宇(原名兴亚,更名飞宇,号子襄)、熊持中(凯群)、童愚(原名震球,更名愚,号自纯)、钟大声(律丞)、冯群先(以字行)、张其亚(鹤亭)、涂诰(原名振凯,更名诰,号觉民)、童澍(慰怀)、丘可珍(以字行)、丘介甫(以字行)、杜玉成(以字行)、易戴羲(介三)、张海涛(以字行)、张炳南(以字行)、林武冲(以字行)、夏校(执中)、毛承诗(逵甫)、马某(名

佚)、何子云,以上均黄冈籍。蕲春郝可权(大衡),黄梅邢仲谦、邢叔谦,广济彭巨法,汉川梁耀汉(瀛洲),荆门季雨霖(良轩),孝感李实秉、李实秀,鄂城徐叔渊、徐达明,沔阳余镇楚(起平)、赵光华,河南刘起沛,湖南黄云龙。

其中季雨霖于辛亥起义时,为安、襄、郧、荆招讨使,旋改编为第八师师长。郝可权在伊犁独立,拥杨缵绪为都督而自长军务,为社中之最著者。又如童愚亦能奋不顾身,参加战斗。涂诰与熊十力等为光复黄州尽力。张其亚为黄、武各属招抚使(驻武昌县,即现之鄂城县),各州县相属反正,毫无惊扰。张海涛与其父炳南,在讲习社创办时,首破产租武昌草湖门内正卫街房屋一所为社址。林武冲、毕振英、童澍均具长才,各有贡献。居正《梅川日记》、张难先《湖北革命知之录》、曹亚伯《武昌革命真史》所记均不详,故特表而出之。

童愚《八月十九夜所见及其他》,中国人民政治协商会议湖北省委员会《辛亥首义回忆录》第1辑,湖北人民出版社1957年版,第112~113页

△ **吴贡三(之铨)、梁耀汉、殷子衡等在黄州创办鸠译书社,印刷《孔孟心肝》等宣传革命之书籍。**

殷子衡《狱中记》:

凡属有志于革命的人,我就跑去找他,若熊芷香、何季达、吴寿田、朱松坪、刘静庵等,我都与之时常见面,讨论一切。自从我刻了《六洲舆图》以后,就用原有的工匠,在秘密处所印刷革命反清的书籍。有的是翻印的,有的是自己和同志们编辑的,如《德占辽东》、《黑龙江》、《警世钟》、《猛回头》、《破梦雷》、《作新民》、《训兵谈》、《孔孟心肝》,以及老同志张纯一君交给我代印的军歌,等等。印成以后,我就坐小火轮送至武昌高家巷圣公会内的日知会,交与刘静庵,再由刘静庵交与朱松坪等,秘密分散于军学两界。凡属表同情于革命运动的人,看了我们印刷的书本,没有哪一个不参加革命的。有一次,我叫人背着一包袱革命书本和传单,同我一路到乡村里去分送。随时演说清统治者如何专制,如何残暴,也把《扬州十日》、《嘉定三屠》的故事讲给人们听,为的是要激起众人的爱国心,从事于革命工作。听众中有一个人认得我,他劝我说:"你不可太激烈了,怕的遭杀身之祸呢。"我当时回答他说:"恐怕我没有杀身的资格啊!我们处在二重奴役枷锁下过日子,有甚么意味呢?与其含羞忍辱,偷生世上,不如轰轰烈烈与清廷大战一场而死还好些。"那位胆怯如鼠的读书人,听了我这几句话,就抽身走开了。(辛亥武昌首义以后,听说这位劝我莫革命的朋友,也跑到黎元洪那里当秘书去了。)众人也随着他散了。

中国人民政治协商会议湖北省委员会《辛亥首义回忆录》第3辑,湖北人民出版社1980年版,第3页

殷子衡的学生程起陆《日知会在黄冈的活动》一文回忆:

当武昌日知会活动期间,吴贡三、殷子衡等人会同留日学生夏占奎、冯维周、邹翼之、吴昆等在团风创办坪江阅报馆,从上海、汉口订购各种报纸杂志,如《新民丛报》等,以及其他新书,供人阅读,以开民智。同时,殷子衡还办了一个半日学堂,对失学的民众宣传时事以及提倡和劝导妇女放足,编写禁止缠足歌,张贴传唱。那时武昌与黄冈、团风取得联系的是何季达,黄冈、团风与武昌取得联系的是吴昆和殷子衡。丙午年春,吴贡三、梁耀汉、殷子衡等,在黄州创办了"鸠译书舍",专门印刷鼓吹革命的书籍。最初印的是由吴贡三、梁耀汉等反复讨论,在石介所作《孔夫子心肝》一书的基础上扩充了的《孔孟心肝》一书,阐述春秋大义,辩论种族关系,凡谈到"满洲"二字的,为了避免纠纷,皆以黑点代之。《孔孟心肝》印了一万多册,由黄楚玉、张佩绅、吴安吉等人用竹箱装好,先后挑运到省城,秘密分发军学两界,大力宣

传。以后又有李在良在英山翻印了万余册,运往两广散发。当时又有武昌南路、西路高小学生周海珊、黄桐生、熊礼方等,常常购买《孔孟心肝》,每次三、五十册不等,分赠同学。由此革命宣传工作达到了空前的高涨。当年暑假,梁钟汉自日本回国后,又到黄州与吴贡三、吴昆、刘昊等翻印《猛回头》、《做新民》、《警世钟》、《嘉定屠城记》、《扬州十日记》、《德占辽东》、《黑龙江》、《训兵谈》、《革命军》、《太平天国史》等,由殷子衡密送武昌日知会交刘静庵再散发军学两界。这些宣传品对鼓动革命起了很大作用。殷子衡曾以三年苦功,刻了《六洲舆图》,并预见巴拿马必有开通运河的可能。当时殷子衡积极宣传革命,想谋刺铁良的王怒涛就趁殷到黄冈县城活动的机会,到孝介祠会殷,他们便积极筹划。湖北巨富刘石清,得知梁耀汉到了黄州,即在杨鹰岭开欢迎会,到会的有百多人,并设盛宴招待。当梁耀汉临行时,又赠厚礼五百元帮助进行革命。从此,黄冈革命更加活跃了。

吴贡三、殷子衡等还经常携带鼓吹革命的书籍和传单到黄冈乡间,有时也到大冶、鄂城去宣传散发。他们随时演说清朝如何专制残暴,腐化无能,对汉人实行残酷的压迫和剥削,汉族必须起来革命,把清朝统治者推翻,才能把四万万同胞从水深火热中拯救出来。为了激发群众的爱国热情,积极参加革命,殷子衡有声有色地向群众宣讲"扬州十日"和"嘉定三屠"的故事。在坪江阅报馆里,殷子衡与何季达共同拟了一付对联:"满地烟弥痴虎豹,汉江春暖跃鱼龙",贴在阅报馆的大门上。在阅报馆的墙上还贴着殷子衡用楷书写的宣传革命的诗:"大地沉沦几百秋,烽烟滚滚血横流。伤心细数当年事,同种何人雪此仇。"吴贡三当时在黄州城内教书,殷子衡在团风公立小学教书。他们在课堂上随时向学生灌输革命思想,殷子衡尤其注意身教,平日言行一丝不苟,对学生态度温柔和蔼,从无疾言厉色。他经常对学生讲:"要文明其精神,野蛮其体魄。"为了启发学生的新思想,还作了诗歌要学生背诵。事已隔五十年,我仅能记得以下两首:"新少年别怀抱,新世界赖尔造。伤哉帝国老老老,妙哉学生小小小,勖哉前途好好好。自治乃文明之母,独立乃国民之宝,新少年姑且去探讨。"还有一首是:"黑奴红种相继尽,唯我黄人睡未醒。亚洲大陆将沉没,一曲歌词君且听。人生为学须及时,艳李浓桃面目姿。蹉跎莫遗韶光老,老大年华徒自悲。近追日本远欧美,世界文明次第开。少年努力宜自爱,时乎时乎不再来。"为了启发学生对清朝的仇恨,殷子衡用"扬州十日"、"嘉定三屠"的故事编成算术题要学生演算,如清军在扬州屠杀,一次杀若干人,一天三次杀若干人?一年杀多少人?二百年的时间该有多少人遭到杀害?使学生脑海中更具体地刻印了对清朝的仇恨。殷在地理课程教学中,指出中国地大物博,人口众多,有悠久的历史,有灿烂的文化,如此可爱的祖国被清朝统治,受列强的压迫,能不痛心吗?以此启发学生的爱国主义思想。当时吴贡三、殷子衡的革命言行,起了很大的影响,所以后来他们的学生如詹振华、王鸿麟、秦镜青、方凤鸣、程起陆等都直接参加了辛亥革命的实际行动。

政协全国委员会文史资料研究委员会编《辛亥革命回忆录》第2集,中华书局1962年版,第75~77页

吴贡三所著《孔孟心肝》前半部(后半部今无考)全文是:

序

新书之出,近来不知凡几。为《浙江潮》、《新湖南》诸编,议论之宏,笔墨之富,固为众目共赏,然其字句高深,仅可供文人学士赏鉴。若商贾之流读之,其味如同嚼蜡,识者惜之。石决明先生,亚东志士也,恐中国人长眠不醒,爰用俚语,著为此编。字求其浅,句求其明,使学者读之,皆可悟其理而警于心,发聋振聩,诚至妙之法也,其可以不文而笑之乎?中国亡国后二百一十年,岁在乙巳,常山黄著谨序。

孔孟心肝

管仲相桓公，尊周室，攘夷狄，孔子直称之曰："微管仲，吾其披发左衽矣。"读其书，可知孔子有攘夷之志。

何谓夷狄？即外国人也。攘字作逐字解，言外国人皆宜逐去也。

呜呼！我中国之地，现被满洲人占去二百六十余年矣，照孔子之书，理应将满洲人赶逐归去。

仲尼祖述尧舜，孔子之学，无一不是尧舜之学也，故欲知孔子之为人，当先知尧舜之为人。

尧舜者，以天下为公共之天下也。故尧以天下让舜，舜见禹贤，亦以天下让禹。孔子祖述尧舜，亦欲以天下为公共之天下也。

何也？以国君贤能，则一国之政治必善。政治好，则夷狄自不能来欺中国。夷狄既不能来，则中国之君，万世皆是中国人自做，断不致有外国人来中国为君也。

自后世之人，以天下为自己的天下，不传于贤能之人，而传之于子，子传之于孙。此中国所以有争夺天下之事也。中国人自相争夺之后，则中国之君，每多昏暴。国无贤君，则政治必不能善。政治不好，则夷狄即来，此前明崇祯时，所以有满洲人夺我中国也。

孔子曰："雍也，可使南面。"何谓南面？言为君者，南面而立；为臣者，北面而朝，南面即为君也。孔子言雍也之才，可以使他为君，是中国之君，无人不可为之也。

或者曰：君臣之分甚严。孔子之为人，且无君无父者乎？此亦或人不思之甚也。此或人未知历史之故也。

满洲之鞑靼，固中国之臣也。当前明万历年间，我中国曾封奴尔哈赤为建州都督，给龙虎将军印，每岁赏给他俸银八百两。奴儿哈赤者，即清朝顺治皇帝之祖也，岂满洲人为中国之臣，可以夺中国之天下，我中国人争回中国之地，岂有不合之言乎！

即以君臣而论，吾且以君臣言之。

孔子曰："民之父母。"康诰曰："如保赤子。"言君之视民如子，民之视君，一如其父也。设有人来我家中，将我之父杀死，将我之母占去为妻，将我家之田地房屋产业，一概占去，还要我们叫他为父。我年少不知亦叫他为父，此所谓父不父子不子也。

满洲人来我中国，将我中国之地占去，将我中国之皇帝杀死，自立为君，还要我中国人为臣。他本来是个夷狄，不是我的君，要我称他为君，此所谓君不君臣不臣也。

明朝崇祯皇帝死后，满洲人遂将京城占去。

南京人乃立福王为君，即宏光皇帝是也，顺治二年，被满洲人所杀。

福建人见宏光皇帝被杀，又立唐王为君，即隆武皇帝是也，顺治三年，又被满洲人所杀。

厥后，两广人又立桂王为君，即永历皇帝是也。清朝乃令吴三桂捉之，桂王逃至缅甸国，又为满洲人所杀。

郑成功者，桂王封其为延平王。桂王死，郑成功不肯投降，与其死战。战败，逃台湾，其后又为满洲人所杀。

清朝占我土地，要我中国人剃去头发，打起辫子，换了他们鞑靼的衣服，此是披发左衽也，此夷狄之俗也。中国人不从，即将我中国人杀了。为了剃头一事，不知杀了中国几千万人。

扬州人不肯从他，满洲人就带了兵来。一连杀了十日，共计杀了八十二万四千余人。

嘉定人不服他，满洲人亦带兵来屠城。其余如义乌诸处被他屠城的地方，不知其数。

现在剃头担上犹有一枝旗杆,此旗杆即是明末清初时,杀人之令也。呜呼!我孔子尝言身体发肤,不敢毁伤。今满洲之鞑鞑逼我中国人剃去头发,是毁伤发肤也。我中国人读孔子之书,何不再想一想,仍然养起头发焉!孝经云:"非先王之法服不敢服。"是衣服不可不慎也。今满洲人要我穿他鞑鞑之服衣,是披发左衽也,是弃先圣之道也。我中国人读先圣之书何不再图改换,仍然穿我中国之衣?

满洲人来占中国,奸淫妇女,杀人放火,无所不至,此固无不有也。

呜呼!满洲人所杀之人,即我汉族之祖宗也。满洲人奸淫之妇女,即我祖宗之妻也,即我祖宗之姊妹也。

夫然,则满洲人非但不是我的君,实我中国人之大仇也。

既知满洲人是中国人之冤仇,我中国人固当报此大仇矣,何为乎鼓上睡不醒也?

俗语云:"有恩不报非君子,有仇不报枉为人。"既欲做人,此仇不可不报。或者曰:我既奉之为君,若以君臣而论,我又不敢如此也。此未读孔孟之书也。孟子曰:"民为贵,社稷次之,君为轻。"言一国之中,以民为最贵,社稷又次之,若所谓君者,固甚轻也。况且满洲人是个夷狄,不是我中国之君!孟子曰:"君子视臣如草芥,则臣之视君如寇仇。"今满洲人杀我祖宗,奸淫我祖宗之妻女,非但视我中国人如草芥,彼视我中国人如仇敌也。彼视我为仇敌,我中国人,还不知自思自反乎?

自明朝万历三十八年起,至康熙二十二年止,清朝与我中国,共计战争七十四年,共计杀死我中国人一万八千万,呜呼!满洲人与我中国汉种人,有不共戴天之仇,我中国人固当同心协力,驱逐此满洲之鞑鞑也,或杀此满洲之鞑鞑,以报其仇也。何为乎有仇不报?犹且奉之为君,甘心作为满洲人之奴仆?我中国人固亦无耻之甚矣。

或曰,为人宜忠,为人宜孝,为人宜爱国,呜呼!我中国之君已死,满洲人是个夷狄,是我中国之仇,又非我中国之君。孟子曰:"非其君不事。"我欲忠君,我已无君可忠,奈之何谓我不忠也?

呜呼!父之仇不能报,乃嘱咐于子,子不能报,乃嘱咐于孙。今满洲人为我祖宗之大仇敌,我不能报复其仇,我中国人固是不孝也。

呜呼!我中国已被满洲人强占,我中国之国已亡去二百余年,我欲爱国,我已无国可爱矣。如欲爱国,其必争回中国之土地乎。

或者曰,我欲起兵争回中国,人皆以我是造反,人皆以我是大逆不道,如何则可?

呜呼!中国者,中国人之土地也,今被满洲人强占,我欲争回土地是我自己取我自己之土地也,何得谓之造反?何得谓之大逆不道?谓之光复可也,谓之杀鞑鞑可也,谓之攘夷狄可也。

昔者武王伐纣,孟夫子直称之曰:"闻诛一夫纣矣未闻弑君也。"读其书,是暴虐之君,即可起兵伐之,况满洲人是个夷狄,不是我之君乎?

或者曰此事甚难,皇帝也不知何人可做。

呜呼!此亦不知古代之历史也,皇帝是无人不可不做也。

昔者汉高祖,是一个泗上亭长,汉朝的亭长,即今之地保也。他家中甚贫,后来机会凑巧,只是用人得当,不过五年之中,汉高祖就做了皇帝,一统天下。

昔者朱洪武,是一个小和尚,后来因刘伯温、徐达等人帮助他,朱洪武将元朝的鞑鞑赶归蒙古,就做了明朝的皇帝,一统天下。

现在只要中国人自己和气,中国人不要杀我自己中国人。

满洲人共计五百万，我中国汉人三万七千五百余万，比他们已多至七十七倍。只要中国人不帮助满洲人，则满洲人即可赶逐归去。

奉劝中国之兵，不要杀自己中国人。奉劝中国人，不要杀自己中国之兵。夫然，则当兵之人，可以不死，中国之人，可以争回中国之天下。中国之皇帝，可以中国人自做。

满洲鞑靼之来历

满洲在中国北京之东，其人种类，是一个夷狄，与中国之汉族不同。当尧舜之时，中国人称满洲人为肃慎；至汉朝、唐朝时，称满洲人为奚契丹；当宋朝时，中国人称满洲人为契丹；后契丹为满洲之女真国所灭，女真国又改名金国。当宋朝之时，我中国岳飞去打金兀术，即是满洲人之祖宗也。后金国降了元朝。厥后，朱洪武将元朝赶归蒙古，中国之土地，仍归中国人自管。明朝永乐皇帝，将元朝鞑子扫除之后，又带兵打辽东，于是女真遗种，皆降明朝。辽东者，即满洲也。满洲人自投降我明朝之后，历代受封明朝，至万历皇帝，乃封奴儿哈赤为建州都督，给龙虎将军印，每年赏他俸银八百两。奴儿哈赤者，即清朝顺治之祖也。奴儿哈赤虽然受封明朝，尝带兵谋反，屡次平之。奴儿哈赤之子皇太极，亦屡次谋反，来打明朝，入山海关四次，杀我山东、直隶、山西百姓数百万人。至崇祯时，中国有李闯之乱，满洲人遂入山海关，占我中国之京城，我中国在南京立福王为君，被满洲人所杀，又在福建立唐王为君，又被满洲人所杀，又在两广立桂王为君，又被满洲人所杀。郑成功者，桂王封其为延平王。桂王死，郑成功不肯降清，与其死战。战败，乃逃至台湾。其后康熙二十二年，又被满洲人所灭。至此，中国之国遂亡；中国之土地，皆为满洲之鞑靼争去。呜呼！此仇不报，我中国人真是无耻之甚矣！

忍令上国衣冠，沦于夷狄？相率中原豪杰，还我河山。

编者按：《孔孟心肝》曾被收入曹亚伯所著《武昌革命真史》与《黄冈文史资料》第1辑（1985年印行，第75～82页），但无“满洲鞑靼之来历”一部分，今据张玉法《清季的革命文学》（台湾经世书局1981年版，第245页）校订补充。张书称《孔孟心肝》印刷地在上海。根据殷子衡的说法，实际印刷之处当在湖北黄州。

△ 留日江苏籍归国学生创办健行公学。同盟会江苏分会会长高旭（天梅）任教校中，以此为同盟会秘密机关，教师、学生多倾向革命。

《发起健行公学校友会启事》：

上海健行公学创办于中华民国纪元前六年之春，至翌岁暑假后并入南洋中学。溯其前后，生命不足两年。然以教育坛场而提倡革命，上承爱国学社之余绪，下开上海大学之先声，不可谓非革命历史上一纪之物也。顾三十年来，旧人星散，声气鲜通；论世之士，慭然忧之。同人等爰发起此校友会，借设筹备处于上海白来民蒙马浪路三十九号恒社，并推定湘宾为筹备主任，即日开始办公，于二个月以内开成立大会。伏望旧时教职员暨全体同学惠然肯来，共襄盛举，不胜颂幸之至！

中华民国二十五年二月十六日。

陈陶遗　柳亚子　瞿绍伊　朱少屏　张清樾　汪千仞　任味知　谭志刚　洪雁芳　同启

《申报》1936年2月22日

柳亚子《自撰年谱》记1906年事：

春，至上海，入钟衡臧先生所办理化速成科，习实用化学，思制爆裂弹，以实行暗杀，学未成而中辍。又思赴日本学陆军，得伤寒病几殆，遂不果行。病愈后，欲入健行公学读英文，又为高天梅、陈陶遗所拉，使主国文讲席，始识马君武、孙竹丹、苏曼殊、刘申叔诸人。邹威丹先生墓上纪念碑落成，率健行公学同学数十人往赴之。高才生参与者，有杨伯谦、赵伯贤、朱季恂诸人。

柳无忌、柳无非编《柳亚子文集》（自传・年谱・日记），上海人民出版社1986年版，第10页

柳亚子《致蒋慎吾函》（1934年12月7日）：

讲起健行公学，倒是值得一提的事情。原来，一九〇五年，日本政府对中国留学生实行取缔规则，一时留学生都愤而归国，在上海创办了中国公学。但中国公学的主持人，忽然有排斥江苏人的举动；于是一般江苏籍的归国留学生又在一九〇六年春天，创办了健行公学。健行公学事务上的实际主持人，可说是朱少屏先生，而表面上的校长，却是姚子让先生（但实际上他是不来校中的）。此时高天梅先生是中国同盟会江苏分会的会长，他在健行公学教国文，就把这学校当作了革命的机关。我的加入同盟会，就在这个时候。健行公学在西门宁康里，我们在学校后面租了一所房子，名曰"夏寓"，是贮藏秘密文件的地方，也曾秘密地召集过会议。后来有人主张，和学校地址太近，有一网打尽的危险，于是把"夏寓"搬到八仙桥鼎吉里四号。在那儿住的最初是我和高天梅先生、陈陶怡（编者注：原文如此）先生。后来湖南人宁太一、傅钝根、陈汉元都住过；再后来便是曼殊上人在那儿弄梵文的地方了。我是一九〇六年旧历九月还乡下去的（陈先生是那年冬天去日本的），以后事情不大清楚。一九〇七年暑假后，健行公学停办，高先生也在松江，以后同盟会江苏分会的事情，大概是另外换人主持了。好像在江苏分会之外，另有上海分会，是马君武、梁乔三几个人主持的，地址是中国公学。在一九〇六年下半年，健行公学和中国公学两方面，已经是言归于好的了。

蒋慎吾《我所知道的柳亚子先生》，《越风》第14期。引自杨天石、王学庄编《南社史长编》，中国人民大学出版社1995年版，第50～51页

柳亚子《健行公学纪念会启》则云：

三十五年，海上以讲学坛为宣传革命之大本营者有三：爱国学社为前茅，上海大学为后劲，而健行公学实中权也。健行成立于一九〇六年（清光绪三十二年）春，至一九〇七（光绪三十三年）即解散，寿命短促，又无赫赫之名，然校中鼓吹革命，实无所不用其极。中国同盟会江苏支部借斯校为机关，教员学生争言攘夷排满，《民报》、《复报》暨《醒狮》、《洞庭波》等几乎人手一编。余忝执教鞭，至以《黄帝魂》为课本，其猖狂可想见矣。当是时，上有巨人长德、坐啸画诺之校长姚志让先生；中有志同道合、推襟送抱之同事高天梅、陈陶遗、朱少屏、瞿绍伊诸君；而同学少年、崭然露头角者以杨伯谦、赵伯延、朱季恂辈为尤著。三十年来新陈代谢，天梅先殁，姚先生继之，而伯谦、伯延、季恂辈亦既墓有宿草矣。感人事之靡常，慨时艰日亟，黄垆向笛，难忘嵇吕清游，祖楫刘鞭，忍负逖琨远志。爰发起此纪念会，凡我同事、同学庶几惠然肯来，不我遐弃乎？是为启。公元一九三六年即中华民国二十五年一月七日，吴江柳亚子撰。

中国革命博物馆、上海人民出版社编《磨剑室文录》下册，上海人民出版社1993年版，第1170～1171页

陈去病1912年撰《高柳两君子传》云：

及余主《江苏》杂志、《警钟日报》，高柳均时时为文章，鼓吹革命。于是两君子之声气通，而踪迹亦日并。当是时，高方与孙中山创同盟会于江户，回国号召。柳与之遇，遂共设机关部于海上新八仙桥，诡其名曰夏寓。又设健行公学于西门宁康里，以培植年少。又为《醒狮》、《复报》以指斥当世。虏吏端方闻之，心弗善也。乃发侦骑，将按名逮捕，而两君子挥金亦垂罄，乃散其众归于家。然其梦想共和求光复固如故也。至丁未冬，复与余结南社于海上。

殷安如、刘颖白编《陈去病诗文集》上册，社会科学文献出版社2009年版，第306页

△ 孙中山任命郑祖荫为同盟会福建分会会长，旋派人回国发展成立福建同盟会组织。

据福建私立光复中学所编《福建辛亥光复史料》一书云：

汉族独立会代会长郑祖荫，于丙午春，以旅东诸同志之介绍，由刘揆一、方声涛二先生之副署，奉先总理任命为中华同盟会福建支会会长，派王荫堂同志由东京密赍委状及各种文件来闽。遂于丙午夏间，在福州成立同盟会支会，以林斯琛同志为主盟人。遂将汉族独立会取消，全体会员依同盟会誓词，加入为同盟会会员。是时各会员有散处各地者，如会长郑权同志则在厦门福建日报社，由黄乃裳同志主盟加入；李树藩同志，则先由施明同志介绍，于乙巳秋间在某处加入同盟。故福建之同志，有不在东京加盟，亦不在福州加盟者，为数颇多。于是福州有丙午俱乐部之成立，而要亦秘密集会所在之名义。迨光复后，乃将此名义于中洲地方设所榜而出之。

中国国民党福建省执行委员会文化事业委员会《福建辛亥光复史料》，建国出版社1940年版，第21～22页

△ 吴春阳（旸谷）自日本回国后，在南京安徽籍军、学两界中发展同盟会组织。

《吴旸谷传》一文谓：

吴旸谷，原名春阳，以字行，合肥人也。父少庵公，慷慨有大志，内行纯笃，清季举孝廉方正不就，一以学行励诸子。旸谷生有至性，慕岳武穆、文文山之为人，读书通大义，不屑屑章句，声色货利蔑如也。尝伸邻邑士子冤狱，义声振乡里。因鉴甲午、庚子诸役，国事益败坏不可收拾，乃集同志创自强会。谓清廷不足恃，国人当亟起自救。继念其身不正，如正人何？乃服膺阳明良知学说，刻苦自励。甲辰避地海上，纠合同志刱设青年学社，于是东南革命之风大盛。是年冬，清大吏王之春潜居沪上，密谋联俄，乃与万福华狙击之，不中。福华逮入狱，青年学社被解散。脱身东渡日本，与其民党巨子宫崎寅藏相接纳。爰晤先总理，组织同盟会，任安徽支部主盟。旋返国。所至纠合同志，招收党员，不遗余力。丙午春，至金陵，联合第九镇军官柏文蔚、倪映典、赵伯先、林述庆等，暨陆军将备师范各校同志，密会于鸡鸣寺，加入同盟者数十人。是年冬，安徽创办新军，旸谷潜投身三十一混成协，以炮马步工辎弁目养成所为运动基础，而渐及于各营。炮营管带吴介璘首先入党，测绘陆军各学员相继加入，至数十百人，而安徽革命之潜势力以固。嗣为大吏所侦，只身走淮南，因得遍交淮上豪杰。（下略）

邹鲁《中国国民党史稿》，商务印书馆1947年版，第1448页

5月21日（四月二十八日）　署贵州巡抚岑春蓂奏报清廷，处理遵义、大定府红灯教徒聚众反教抗官情形，以改练新军为当务之急。

奏折云：

署理贵州巡抚、湖北按察使臣岑春蓂跪奏，为遵义、大定二府境内邪匪先后聚众，欲图抢劫滋事，获案讯明惩办，现在地方一律安靖，恭折仰祈圣鉴事。

窃据遵义府知府袁玉锡、署遵义县知县张镐禀称：该府属境与四川毗连，前闻有川省红灯教匪余党潜匿境内，即经严禁查拿，未得踪迹。讵本年三月初九日下午，突有头裹红巾匪徒十人，小孩二人，各执刀、矛、拂尘，由东乡拥至城外盐行街，称与教堂为难。该府县闻报，立即会营暨分统西路练军、补用游击蒋一忠，督率兵役上前擒拿。该匪自恃邪术，手持符箓，形同疯魔，直前用标刀抗拒，致伤勇丁。当饬开枪迎敌，立毙周木匠、黄兴顺、胡女、张老末四匪，余即夺路狂奔。兵役穷追数十里外，拿获王文六、胡荣发、田丑等三名，旋又续获樊春廷并幼孩田老旺、樊来弟三名。审据樊春廷供称：县属苦竹坝人。本年三月初五日，雇已被枪

毙之四川中江县人周木匠至家箍桶,周木匠自称系红灯教余党,会打神拳,画符念咒,能避枪炮。该犯被惑心喜,遂拜周木匠为师,邀同王文六等及在逃之姚闰喜、姚兴顺,一同在家学习。初九日,黄木匠纠约其同乡黄兴顺等,并该犯等共十二人,各执刀械进城,图打教堂,抢取银物。甫至城边,即被官兵拦住,周木匠等拒捕被枪毙命,该犯等均被拿获等语。提讯王文六等,亦皆供认同习邪术不讳。如何惩处,禀请核办。声明田老旺、樊来弟,年皆不及十岁,毫无知识,请交家属领回,严加管教。

又据贵西道文悌、署大定府知府石廷栋、毕节县知县江良醇先后电禀称:该道、府等前因访闻府属浪鸡坡地方,有邪匪徒煽惑愚民情事,即经派弁前往侦缉,一面严密戒备。讵三月二十一日夜上更时,有匪徒数十人,执持旗帜、枪械,由南门闯入县城,直赴道署前喊杀,当经该道督饬护勇在辕门迎击,该县闻报,立即会同毕赤营游击蒋福珍,管带练军、补用都司萧金声各率兵练、差役,分头捕拿。该匪等竟敢拒捕,当被格毙三匪,拿获喻升、喻元善、喻老五、蒋牛耳、路老么、葛小银等六名,匪势不支,旋即溃散逃逸,追捕无踪。当时夺获旗二面,火枪、抬炮、梭标数件。营兵陈荣升被拒,伤重殒命,兵丁受伤数名。道署左近民房,被匪打毁四处,内有一家,放火烧毁一角,当即扑灭。旋又续获喻小秀、喻林、傅小六、罗焕亭、喻小英等五名口。该府石廷栋亦拿获喻小双弟、喻牳猪、喻元良、喻麻么四名口,解县归案审办。喻元善、蒋牛耳、喻牳猪三名因拒捕被格,受伤较重,旋各身死。由该县江良醇审,据喻升供称:大定府属浪鸡坡人。本年正月间,该犯之妹喻小秀患病,称有牡丹仙师附体,医治就痊,从此时常念咒,与人禳解。其堂伯喻老心、堂兄喻南亭,倡言仙传法术,纠约该犯与其父喻元善,及弟喻林、弟喻小双、妹喻小秀,又另邀已获之傅小六等,在逃之徐二喜等二十余人,日往喻老心家操习枪刀。喻元善有老祖之称,喻南亭有仙师之号,该犯与傅小六均称先锋,喻小秀、喻小双弟称有妖术。三月二十一日,喻南亭起意纠约该犯等数十人,各执旗帜、枪械,于是晚闯入县城,欲思打毁教堂,抢取财物。走至道署前,毁坏民房数处,放火烧毁一角,即被文武各官率领兵役截拿被获等语。质之喻小秀等,供亦相同。电请分别正法。其喻元良、喻麻么,讯属无干,喻小英年幼无知,请予保释各等情,具禀前来。

臣查樊春廷等胆敢拜川省红灯教匪周木匠为师,窝留在家,练习拳咒;喻升等听从喻老心等倡言仙传邪术,操习枪刀,妄立老祖、仙师、先锋等名号,先后听从,执持枪械,伙众入城,思欲打毁教堂,抢劫滋事,实属形同叛逆,未便稍事稽诛。当即分别批行电饬各该府、县,将樊春廷等四犯,喻升等九犯,一并就地正法,以昭炯戒。喻老心等为案内要犯,与姚闰喜等并饬购觅眼线,缉拿务获究办,以绝根株。喻元良等二名,讯明既属无干,应与年幼无知之喻小英、田老旺、樊来弟,准予分别保释,领回管教。至此案地方文武各官,于该匪等潜在境内练拳操枪,先虽失于觉察,迨经纠众赴城,欲图滋事,均各立时截拿,捕获惩办,居民、教堂不致被害,功过尚足相抵,应请免其置议。

方今时局艰难,迭奉谕旨,外国财产、教堂,饬令认真保护,该匪等辄复阴谋毁抢,希图扰害治安,于大局殊有关系。现虽先后破获,地方未被蹂躏,而民情浮动,不能不思患预防。改练新兵,实为当务之急。现经查照练兵处章程,先就省防练军酌量裁并添募,改编步队三营,先成一标,勤加训练,以资镇慑。一面剀切出示,晓谕百姓,切勿被匪煽惑,传习妖术。并通饬各府厅州县,督率团绅认真编查保甲,互相告诫,以靖邪慝而正人心。臣仍当随时督饬,严密稽查,切实筹办,总期匪戢民安,断不敢稍有疏虞。

除将练兵事宜另容恭折具奏,并咨四川总督转饬中江县严禁查缉,暨饬该府、县速拿逃犯喻老心、姚闰喜等务获究办外,谨会同云贵总督臣丁振铎,恭折附驿具陈,伏乞皇太后、皇上圣鉴,训示。谨奏。

光绪三十二年闰四月二十五日奉朱批:著即督饬切实筹办,毋稍疏懈。仍严拿逸犯徐二喜等,务获惩办。余依议。钦此。

中国第一历史档案馆、北京师范大学历史系编选《辛亥革命前十年间民变档案史料》下册,中华书局1985年版,第703~706页

5月25日(闰四月初三日) 河南西平、遂平起事之会党首领苗金声在鹿邑县被俘,旋被处死。

《中外日报》报道:

昨得信阳州通信员报告云,闻仁义会匪头目苗金生,已于日前在归德府属之鹿邑县境内,被官兵拿获,现已送交地方官研讯确供,禀请上台核办。

《仁义会匪首就擒》,《中外日报》1906年6月5日

河南巡抚张人骏奏报清廷,谓:

臣抵豫接任,查该匪等诱胁愚民入会,仓猝起事,竟敢负嵎抗拒。虽立就击散,斩擒匪党多名,然匪首苗金声等在逃未获,其中悍党以张延得、刘梆荣、王金闲、于行、吴太山、郭扎娃、张沨山、夏子贇,王汶明、胡汶建等为最。查刘梆荣于攻破槎牙山寨当时杀毙,张延得随即追获,王金闲即王葆贤、夏子贇、王汶明被获后,因伤身死,郭扎娃、张沨山、胡汶建捕获讯明正法。唯首要各犯尚多漏网,涓滴不塞终成巨浸。

臣维豫南素多刀匪,风气强悍,该匪首等向以结会诱惑愚民为事,捕急则四散潜踪,治缓则复聚煽扰,若不趁此铲除根株,必致萌蘖滋蔓。叠经严饬各营县悬赏购线,竭力搜捕。旋据遂平县拿获匪首于行;豫正左军分统田振邦选派游击单恩云,带领眼线,探确匪踪,在鹿邑县境任庄地方,将匪首苗金声等拿获;并据各营县陆续拿获匪党苗偏、张振家等多名。均经饬令南汝光道朱寿镛提讯,分别惩办。苗金声供认起意倡乱,与已死之刘梆荣、王金闲即王葆贤,暨现获之张延得、于行,在逃之吴金山、张有得等,各纠股党,竖旗起事,伪称开国大元帅等项名号,并派现获之苗偏、张振家为头目,分途掳掠放火,胁人派饭,抗拒官兵各等情不讳。质之张延得等,供亦相同。业经饬令朱寿镛将苗金声、张延得、于行、苗偏、张振家即袁僵蒽五犯就地正法,以昭炯戒。其余被胁及情尚可原各犯,均饬分别年限,递籍监禁,或收入习艺所予以自新。此外情节尤轻者酌量保释。逸匪吴金山、张有得等,仍饬一体严拿,务获,另案究办。所派各营择要留防;并饬各州县晓谕居民,安分守业,勿得被诱入会,致罹法网。现在地方一律静谧,堪以上纾宸廑。

伏查该匪首苗金声倡乱起事,各处会匪同时响应,势甚猖獗。西平一带适当铁路冲要,各属教堂林立,幸赴机迅速,即就扑灭,不致蔓延,首要各匪次第拿获惩办,民情照常安堵,而隐患可冀消弭。所有在事文武员弁,或冒险立破坚围,或跟踪擒获要匪,均属异常勤奋,不无微劳足录。合尤仰恳天恩俯准择尤酌保,以示鼓励,出自鸿慈逾格。

理合将拿获西平首要会匪分别惩办缘由,恭折具陈,伏乞皇太后、皇上圣鉴,训示。谨奏。

朱批:准其酌保数员,毋许冒滥。

中国第一历史档案馆、北京师范大学历史系编选《辛亥革命前十年间民变档案史料》上册,中华书局1985年版,第213~214页

编者按:《辛亥革命前十年间民变档案史料》一书收入的《河南巡抚张人骏奏拿获西平会党起事等折》,系年于光绪三十二年四月初一日,从其内容判断,当误。苗金声被俘获日期,据《东方杂志》第3年第6期"杂俎"所记。

5月28日（闰四月初六日）　浙江宁波米业工人因索加工资罢工，聚集千人，捣毁米铺，围困知县。

浙江巡抚张曾敭《奏宁郡短班米工叶昌才聚众停工殴官片》（6月28日，五月初七日）云：

再，据兼署宁绍台道、宁波府知府喻兆蕃禀称，宁郡米铺舂米短班，每日工资二百六十文。近因停工索加，禀经鄞县知县高庄凯，断令加至三百文，已具结遵允。讵短班叶昌才复于闰四月初六日纠约俞阿三等，聚众挟制，不准工作。一时麕集千数百人，声势汹汹，推至执年老协兴米铺，肆行捣毁。该县高庄凯前往开导，叶昌才等恃众逞凶，将高庄凯围困铺内。迨城守营都司刘瀛洲、宁防管带、把总戴锦堂闻风驰往弹压，叶昌才犹敢指使各短班，用木柴凶击，致将刘瀛洲、戴锦堂殴受重伤。经署道会商提督，带队亲往解散，并饬县拿获叶昌才。讯据供认起意为首聚众，捣毁米铺，围困县官，殴伤营员不讳，禀请惩办前来。臣查刁民假事出期，聚众逞凶殴官，为首例应斩决枭示。一面具题，一面将犯正法。

此案叶昌才起义聚集千数百人，捣毁米铺，围困县官，并指使殴伤各营员，实属首恶渠魁，目无法纪。该郡五方杂处，人心浮动，最易滋事，若不立予严惩，不足以昭炯戒而资镇慑。已饬将叶昌才即行正法，免其枭示。现在地方安谧，短班照常工作。

除饬严拿逸犯喻阿三等务获究办外，理合附片具陈，伏乞圣鉴。谨奏。

光绪三十二年五月十九日奉朱批：知道了。钦此。

《奏为审明叶昌才纠约俞阿三等聚众捣毁宁郡米铺殴伤营员案即行正法事》，《光绪朝朱批奏折》，档号04－01－01－1081－043

编者按：此片曾收入《辛亥革命前十年间民变档案史料》（上册），该书将具片时间定为光绪三十二年五月十九日，现据原片，改定为五月初七日。

5月29日（闰四月初七日）　禹之谟等率湖南学生在岳麓山公葬陈天华、姚宏业，此举招致湖南学务处的反对。

姚渔湘《禹之谟传》一文谓：

丙午（清光绪三十二年，一九〇六年）年夏，为反抗日政府颁布取缔中国留学生而投海之新化人陈天华，及为创办上海中国公学失望而投海之益阳革命志士姚宏业，二人之尸同时归榇湖南，之谟主张应公葬于岳麓山，以表崇敬，清大吏禁止此举。陈、姚二榇到日，之谟约全城学生穿制服行丧礼，万余人整队送葬至山陵，当道及乡绅咸为惊异，以为民气伸张至此，殊于政府及官绅不利，非严加制裁不足以杜绝祸根。但清大吏畏之谟名，迟迟不敢发。

民国湖南文献委员会编《湖南文献汇编》第1辑，湖南人民出版社2008年版，第168～169页

《中外日报》先有报道：

姚陈二烈士旅榇归湘，湘人大为哀迎，开追悼会于左文襄祠，遂葬于岳麓山。全学界会葬者五千余人，并有欧洲牧师二人及日本小连氏亦来与葬，敬致哀辞，并为演说。湘抚庞劬帅亦表同情，甚盛事也。

《陈姚烈士归葬盛仪》，《中外日报》1906年6月9日

旋刊《纪陈姚两烈士迁葬风潮》一文谓：

陈姚两烈士柩于前月到省，各学堂学生大开追悼会，公议葬于城岸之岳麓山（此山据顽固之人，称为名山，非贵族不能葬此）。送葬者万余人（皆学界中人），不在学界者，亦不下数千人。近有国子监祭酒王先谦邀求政府（已电告北京）及本省学务处，惩办学生，压制众论，迫令迁葬。已派长、善二县迁改。各学生正在支持，现尚纷纷未决。官立之实业学堂学生，

已被监督陆运仪开除二十余名。

《中外日报》1906年6月20日

湖南学务处行札各学堂，阻止学生干预迁葬陈姚二人。文曰：

为札知事。访查近日各学堂学生，因埋葬已故游学生陈天华、姚宏业一事，纷纷扰动，任意出堂，游行城市，开会喧嚣，漫无规则，骇人听闻，于平日学生资格，全然放弃不故，殊堪浩叹。查此事，先由不明事理之人轻举妄动，学界人力持正论，遂致意见反对，尤复冒称学界公认，运动学生，一哄成市，相与附和，致使是非颠倒。须知此次举动，各学堂监督以下办事员绅士苦心劝导，三令五申，其为冒称公认，不辨可决。在倡发之徒，怂恿多人，凭持意见，欲藉此扰乱学界全局，以快其私。诸生静言思之，当明其故。苟能束身自爱，方将避远不暇，何至堕其术中。不料我已受教育之学生，从风而靡，奔走如狂，察理之知识骤昏，自治之能力全失。此固由诸生之程度浅薄，亦本处监督、教员豫教不先，养之无素，致使学界贻此大戚，皇然引为疚心之事，所当长存警戒，念念毋忘者矣。夫往者既谏而不悟，来者则悔犹可追，诸生之自待如何？在诸生宜早为计，本处之与诸生，谊同一体，休戚相关，又岂能不代诸生预计。现已札饬长善两县督饬该故生等家属亲友迅将灵柩克期迁葬，如有违抗之人，严拿到案惩办。如此办理，在无知者指为严切之干涉，而有识者必悟为宽容之贻诮。盖诸生重整秩序，恢复令名，在此时矣。为此仰各学堂一体遵照，毋得再行干涉，自取咎戾。本处职司教育，深望诸生深维大义，互相劝勉，互保文明，学界前途庶几有豸。如或再事嚣张，是甘堕数人扰乱之诡计，永为全湘学界之罪人。教育之道穷，则专任法律。文明之体丧，则纯用强权。国法具在，万难姑容，即本处爱人以德，为力维大局起见，亦断不以姑息出之也。其各懔遵。

《湖南全省学务处札各学堂公文，为阻止各学生干预迁葬陈姚二君事》，《中外日报》1906年6月21日

编者按：公葬陈、姚时间，各家回忆有多种说法。据刘泱泱《关于公葬陈天华、姚宏业时间的订正》（《辛亥革命史丛刊》第5辑，中华书局1983年版）一文考证，定为此日。

5月31日（闰四月初九日）　江西临川县荣山地方有会党五百人聚集，准备起事，擒拿前往侦探的县役营兵五人。是日遭清兵镇压，旋平。

《中外日报》报道：

闰四月初九日，本馆南昌电云，江西省抚州与清江相间之荣山有滋乱之事。其故实因米贵所致。会党遂乘机行事，居民乃向城内逃避。

《江西匪乱近情》，《中外日报》1906年6月2日

该报刊登江西巡抚、九江镇调兵前往镇压文电：

九江刘镇台鉴：顷据临川县黄令禀，该县荣山地方聚有匪徒五百余人，希图起事，并捉去县役营兵五人，不法已极。已饬派巡防右军右营并省地常备第一军第三营分投驰往剿办，应请飞饬抚建各营，会同认真围拿，务获解办，以靖地方。并复。抚提部院庚印。

《赣抚致九江镇电为抚州匪徒作乱事》，《中外日报》1906年6月4日

九江镇复电称：

江西抚院吴鉴，庚电已遵，飞饬抚建各营会同认真围拿，务获解办，毋任窜扰。万胜青印。

《九江镇复电》，《中外日报》1906年6月4日

《中外日报》后又报道：

日来抚州府亦有匪乱。王聘三太守飞禀上台，略谓阵斩三人，生擒八人，余匪溃散，请即派兵剿办云云。仲帅立即派兵三百名，星夜驰往抚州，帮同剿办。

闰四月十四日南京电云,华兵已将抚州清江之乱全行平定。译闰四月十五日《文汇西报》。

《志江西建昌、抚州两府匪乱情形》、《抚州清江乱事已平》,《中外日报》1906年6月7日

《中外日报》刊出《江西乱匪平靖纪实》:

江西抚州荣山乱匪,前经营县会合,乡团剿办后,已将匪徒击溃,奔往傅姓家祠。又往围拿两次,击毙、生擒匪徒三十余名,现官兵复驰往茅排山,攻其巢穴,目下已可无虞。

《中外日报》1906年6月22日

江西巡抚吴重憙《遵旨查覆剿办抚州会党缘由折》报告清廷该事经过:

江西巡抚臣吴重憙跪奏,为剿办抚州会匪完竣,并遵旨查复缘由,谨恭折具陈,仰祈圣鉴事。

窃臣于光绪三十二年五月初四日,承准军机大臣字寄,光绪三十二年闰四月十九日奉上谕:有人奏,江西临川县南乡腾桥一带有会匪窜入,知县黄锡光纵匪殃民等语,著吴重憙严饬派出员弁,迅速剿办,毋任滋蔓;并将黄锡光被参情节确切查明,据实具奏。原片著抄给阅看,将此谕令知之。钦此。遵旨寄信前来。等因到臣。

遵查本年闰四月初八日,据署临川县知县黄锡光禀报:三月间,建昌营拿获会匪吴兴茂,解由建昌府督同南城县讯供,匪首康星田潜匿临川县境,移由抚州府行饬该县拿办。先闻东馆地方有匪徒潜匿情事,即经会营亲诣该处,匪徒已闻风远扬。沿途察访,严饬各处绅董地保随时探报。闰四月初四日,据该绅董等禀:荣山地方有匪徒五六百人,在吴姓祠堂勾结起事。当派兵役密往侦探,被匪拘去数人,余逃回县禀报属实。附近村民亦各纷纷迁避。以存城兵数无多,飞禀派营星驰赴县剿办。臣即檄调驻防建昌之巡防队右军右营管带蔡世衡就近赴援;复拨省城常备军一标第三营管带刘清泰带兵三百名,由省驰往;加派巡防水师右军统领张季煜,率带师船星夜驶赴抚州,责成该统领会督各营妥速办理。续据抚州府知府王乃征禀报:该县黄锡光已会同城守千总王国杰,率带营兵县役出城会合乡团,力将荣山之匪击退,斩获三十余名,匪已回据茅排山一带。维时谣诼纷传,迭准外务部电询,以英、法各国驻使均请保护抚州教堂教士。当于五月初一日,将办理大概情形电请外务部代奏,借以仰慰宸廑。旋钦奉前因,臣即遵旨严饬派出督军之张季煜,迅速会督各营剿办,毋任蔓延;并将黄锡光被参各节,密饬该员就近确查去后。兹据先后将首要各匪犯拿获禀请惩办,并将饬查各节详晰具复前来。

臣伏查此案,于本年三月间,匪首康星田在抚州府属临川县之东馆、腾桥、茅排一带散卖票布,胁人入会。该处与建昌府属南城县之西阮枧、下刘家湾等地方相接壤,遂延入建昌境内。建昌府县先经访闻,会营拿获票匪吴兴茂,搜有红绫伪扎[札],供出康星田是昆仑山忠义堂大头目,抚、建一带地方归其管理,住居临川县属。即移会抚州府转饬该营县一体严拿无获。至闰四月初间,临川县知县黄锡光据报:荣山地方有匪徒在吴姓祠勾结起事,派役查探属实,一面飞禀赴省请兵,一面同千总王国杰出城联合乡团,击退荣山之匪。因黄锡光中途染患疯症,王国杰护送回城,不及追击。而未起事之先已谣言四播,各处张有伪示,声言欲赴南城劫狱夺犯。各处匪徒闻风响应,以致裹胁甚众,纠聚至数百人之多,公然竖旗鸣号,游行各市镇,抢劫银米。两郡居民仓皇避走,人心震动,一夕数惊。迨调拨水陆各军先后驰抵该县,由张季煜会合调度,查得该匪等以茅排山为巢穴,该山绵亘数十里,深林密箐,路径崎岖,非乡团响导未能深入。并以匪踪聚散靡定,兵少则聚而抗拒,兵多则散而为民,刁健绝伦,搏击不易。因酌分三队:一由西路凤岗墟出河埠桥,经荣山镇以达腾桥;一由东路流坊、许湾,经老山岭、车[东]馆以达腾桥;一由中路上阳排,经界山一带,以达腾桥。沿路搜查匪类,均有捕获。再由腾桥会集入茅排山,经大路游焦坑、西坑、金竹窝各地。该匪等闻知大兵

四集,均各窜匿。复分军穿各山僻径,大事严搜,越三日而出。该山东西约六七十里,南北约三四十里,西坑为匪徒窝藏之所,附近有居户十数,悉皆妇孺,无一壮丁,诘以匪纵,均不肯吐。遂将军队暂扎荣山、腾桥、茅排三处,以资镇慑。于是迁徙者陆续来归,人心乃获安辑。

臣复饬悬立重赏,购拿首要,不准稍涉松劲。张季煜以巡防队管带蔡世衡及抚州城守千总王国杰情形最熟,缉捕必可得力。适王国杰以炎暑奔驰,积劳呕血而亡,因督责蔡世衡购线远出,设法密拿。积两月有余,始将首要各匪康星田、谭文青、徐喜义、郭云卿、李开、彭四俚、彭长才等拿获,并据临川、南城各营县先后获解各匪党三十五名,均饬委张季煜会同抚州府知府王乃征、建昌府知府李士瓒,督县审讯明确,拟议禀报到臣。查康星田供认入会已数十年,创立昆仑山忠义堂名目,自称伪山主大元帅,散卖票布,制造军火器械,纠众起事。谭文青、徐喜义、郭云卿、李开、彭四俚并先获之吴兴茂,均认听纠入会,授有伪职,或称帮元帅,或称伪军师,名目不一,并散卖票布展转纠人。除吴兴茂获案在先外,余俱随从康星田起事各等情不讳。以上七犯,批令照章即行就地正法,俾昭炯戒。彭长才一犯,虽据供认听纠入会,授有伪职,惟由其子彭四俚煽惑所致。姑念彭四俚业已正法,该犯年近七旬,从宽贷其一死,批令永远监禁。其情罪较轻之曾益儒等二十八犯,批令照拟分别年限监禁,俟限满查看能否安分,再行核办。吴罢熹等七犯,批令发交习艺所,罚作苦工示儆。所有派出常备军撤回归伍,调拨巡防队右军中前营两哨前往填扎。仍饬张季煜督令蔡世衡缉拿在逃匪党胥广元等,务获惩办。此剿抚州府属会匪完竣之实在情形也。

至黄锡光被参各节,已据张季煜查称:黄锡光莅任之初,颇自奋勉,上年五月,曾因事驱逐家丁数人,尚非颟顸纵容可比。惟冬间患病,年力就衰,听断稀疏,外间遂滋议论。业经由司委员接署,迄未到任。此次匪事,黄锡光先经访拿未获,迨探报属实,复会营驰往荣山将匪击退,因力疾从事,致中途感患疯症,至今未愈。并无报案不理及纵匪殃民情事,亦查无因事受财贪劣实迹等情,具复到臣。查黄锡光衰庸多疾,办事竭蹶,曾据该管抚州府知府王乃征禀,经前抚臣胡廷幹饬司遴委万载县知县张之锐调署在案。及黄锡光感患疯症以后,臣已饬司查明张之锐因交代稽延,尚未回省。临川正当匪风甚炽之时,由司改委另补知县李克铼克日前往署理。现黄锡光已因另案奉旨革职,应请毋庸置议。

今年米价虽贵,临川土地膏沃,山泉四出,无忧旱潦,竹木繁盛,人亦善贾,王乃征称其富甲全郡,自属可信。乱非因饥而起,可以无须筹办赈抚。惟该县山乡僻处,风俗日偷,以致富厚如彭长才等,尚受匪所愚,甘为接济。业由王乃征督饬李克铼劝令绅富出资,于要镇数处实力举办保甲,以资捍卫;并令倡办学校、善堂,以化恶俗;不准派及中下各户及小本营生之人。臣已批饬照所拟章程认真办理,务收成效。此查复黄锡光被参各节,及整顿该县之实在情形也。

臣维江西界连六省,会匪常出没其间,以卖票为敛钱,以甘言为诱惑,乡愚利其所费无几,买票一张,既可以保身家,又可到处吃饭,趋之若鹜,深信不疑,虽文告频颁,终莫能解其惑。裁兵、散勇、地棍、土豪缘以为奸,阴谋倡乱,借图抢掠。故一经剿办,立见逃亡,兵去匪来,习以为故。臣此次办理不敢稍涉敷衍,必欲勒拿首要,以绝根株。故复奏稍迟,未敢遽以空言塞责,虑蹈欺饰之咎。

所有剿办抚州会匪完竣,并遵旨查复缘由,谨缮折据实具陈,伏乞皇太后、皇上圣鉴,训示。谨奏。

光绪三十二年九月十六日奉朱批:知道了。钦此。

中国第一历史档案馆、北京师范大学历史系编选《辛亥革命前十年间民变档案史料》上册,中华书局1985年版,第310～314页

6月9日(闰四月十八日)　江苏东台县民众以米贵,聚众毁学。

《中外日报》报道:

十八日夜分,东台县土民滋事,拥至河垛场彩衣街夏太史宅。自十一点钟撞门入宅,殴至一点钟始散。又一起至东台场高等小学堂,自十二点钟撞门入内,焚毁自习室两进,饭堂一进,抢掠物件过半,该堂师生均于睡梦中惊醒,裸衣而出,涉水而逃,凄惨之状,目不忍覩。不料,安丰初等小学堂受其影响,昨今两日平地风波,忽有地痞纠集多人,入堂乱窜,凶横之态,门役不敢阻,教员不敢言,管理者亦无如之何。现已一律散学。

《扬州安丰小学堂报告被毁情形》,《中外日报》1906年6月22日

京师大学堂师范生鲍诚毅等人禀请学部查办本籍毁学,学部批示(6月30日,五月初九日):

禀悉。该生本籍小学堂如果被奸徒谣煽,藉端焚毁,自应由地方官按律惩办,仰候电询苏省抚部院查明核夺可也。此批。

同日,学部致电江苏巡抚,请查东台毁学情形电云:

苏州陈抚台鉴。据大学堂学生鲍诚毅、王荣官等禀称,东台官立小学堂被奸徒谣煽藉端焚毁,并将学堂总理夏编修寅官家抄掠一空等情,此事是否属实,原因若何,现办情形若何,即乞电示为荷。学部。佳。

《学部官报》第2期,1906年9月18日

6月11日(闰四月二十日)　湖南宝庆府邵阳县饥民因米价暴涨,连日冲击富豪开办之典当店等,并与县勇发生冲突,饥民被杀伤者数人。

《中外日报》报道称:

湖南宝庆府去岁歉收,今岁乔[荞]麦又不丰稔,饥民遍野,几同庚子辛丑之岁。幸城内官仓共存积谷万余石,经富商领粜,四乡进城买谷者日有千数。每石制钱一千七百文,每人按家口多寡发粜,乡民称便。讵于闰月二十日,谷价徒涨至二千七百文,饥民咸求富商平粜不允,致饥民群起将安顺典打毁。念一日,将震昌钱店打毁。念二日上午,将福昌典招牌打毁,幸即时解散。念二日下午,协和纸店在邵阳县署请勇八名弹压发谷,饥民口角以致被勇杀伤五六人,比时并将被伤饥民抬送县署收押,饥民遂散。细查其涨价之故,实因新署邵阳县令施启宇揹发官谷,与富商为难,富商每贿五百金,乃可领谷一千石,因此昂价,而遂酿成饥民滋事被县勇杀伤之祸。施令见势不佳,遂以匪徒朦禀抚台。庞渠帅已发武字一旗,前往宝庆防堵云。

《记宝庆府饥民被县勇杀伤事》,《中外日报》1906年7月15日

6月13日(闰四月二十二日)　贵州提学使朱福铣上奏清廷,以为德国伯伦知理所创立之国家学说,可以安靖中国士习,以致国家强盛,请定为全国学生所奉行的宗旨。

奏折云:

臣维近年以来,国家以兴学育才为急务,各直省皆已设立学堂并咨送学生出洋游学,留学日本者至八千人之多,学界之兴,可谓速矣。然近世学术多歧,士气不靖,学堂诸生见异思迁,往往眩于新入之奇衺而忘夫本来之纯粹,其始争言平等自由,其后遂至于革命排满,逆节悖理,习为固然。其说浸淫恣肆,大率以日本留学生中为原动力,而内地各省学堂亦多渐染,虽有纯谨之士亦祗自救不暇。业经朝廷严谕禁止,不啻三令五申,而学部所定新章,于游学诸生尤再三□慎,其于订硕防弊之法,不为不至。惟以臣所闻,始基不慎,习俗易移,后来之

人,一入其中,辄与俱化。每见有斤斤自守之士,其于家庭亦至违悖,一至东洋游学数年,遂习为放言高论,于其父兄妻子亦若泛泛相值,与前日循循弟子之职业,已判若两人。此以见风潮所趋当之在靡,而大过独立不惧之君子,为不易得也。臣考日本所治维新之时,醉心欧化之士多为法兰西之自由学派,有所谓书生风者,每陷入无政府一流。有识之士忧之,以国家学说提倡,遂一变而为德意志之国家学派,各学校始一轨于正。案,国家学说者,创于德之伯伦知理,与卢梭之民约论相反对。在当今之日本,上下一心,忠君爱国,出于至诚,战胜攻取,士皆用命,每推国家学说有以致之,其可备详于明治教育史中。臣近观世变,远察邻封,辄敢献其一得之愚,合无请旨饬下学部,明定宗旨,勒为章程,令全国学生一律为国家学派,并由各省疆臣选派学生数名,前赴德国游学,学成归国,即以所习学说传播全省。宗旨既归画一,即学派不致分歧,窃意游学诸生嚣竞之风,各省学堂冲突之事,从此当不禁自止。需之岁月,习与性成,庶学生皆有爱国之忱,而国家亦可收得人之效矣。抑臣更有请者。窃闻日本人有言,中国尚无教育独立之基础。臣谓欲定基础者以宗旨,恭阅学部请定学堂宗旨:一曰忠君,二曰尊孔。以此开宗明义,实是以握伦理之要,而立道德之纲。臣窃于此二端有所申明其意。孝经云,资于事父以事君,有子亦云,为人孝悌,必不好犯上作乱。谙云,求忠臣必于孝子之门。是以先儒皆以孝悌为小学之事。朱子小学以修身明伦为大纲,而其题词有云,小学之方,入孝出恭,盖以子弟必有父兄,孝悌可以实验。由此一理推之,则事君必忠,事上必顺。近世家庭教育,于此多有欠缺,对于社会以上,即不能尽其义务。此于伦理之学,所当申明者,一也。中国之教,以孔子为宗,古今莫之易也。今之学者,决无与孔孟直接之人,则必由程朱陆王以间接矣。程朱之学,主教穷理;陆王之学,明心见性。程朱为正宗,而陆王则可以亟救时弊。窃维科举之弊,昔人以为禄利路,然陆九渊白鹿洞讲义专指科举之士,切中隐微深锢之病,朱子亦谓科举不废,人才不出。今之所以废科举而立学堂者,以科举之不胜其弊也。然学堂诸生,学师范则以得教习为目的,习专门则以得出身为目的。且科举之士费出自私,为以本而就利;学堂之生费出自官,为无本而获利,所以趋之若鹜者,臣敢决其皆为利来耳。泰西学说颇趋于乐利一派,以水济水,名曰益多,臣见其害未见其益。夫以此等自私自立之人,即使学贯中西,而患得患失之鄙,夫何是以胜艰巨之任?此以知义利之辨,学生不可不明。修身之学,所当申明者,又一也。臣之愚见,拟请各学堂皆以朱子白鹿洞学规为宗旨,并取陆九渊喻义喻利事讲义,及王守仁对宗周学案中辨析义利之精者,揭示于堂,俾诸学生有以植根本而端志趣,此后肄习各种科学,至于专门名家,皆约之身心,而后施之事物。臣闻日本之伊藤博文、东乡平八郎皆为王守仁之学者,将相之业,盖有由来。天下未有垂本之学,亦未有垂辞之用,未可目为迂阔也。恭阅学堂章程,视教育原理一科极为重要,如果臣言可采,并请饬下学部,为议施行。所有请定学派并明宗旨缘由,理合恭折具陈,臣管窥之见,是否有当,伏乞皇太后、皇上圣鉴训示,谨奏。

《奏请定国家学派并明定宗旨事》,《光绪朝军机处录副档案》,档号 03－7217－044

6 月 15 日(闰四月二十四日)　江西瑞昌乡民因厘税分卡抽税过重,毁卡殴官,并武装抵抗清军镇压,相持数日,旋告失败。为首之姜能勇等人,为清廷严惩。

《东方杂志》刊出《瑞昌都昌等县乡民滋事》新闻:

瑞昌县厘税分卡抽税太苛,致洪下源民情不服,竟将该卡抢毁。九江府孙太守奉委督兵前往查办,饬令缴赃交犯,许为从宽发落。讵冯何二姓交到之犯,皆系顶名搪塞,非真正凶犯。太守饬县签派兵差指名往拿,随又派常备军进驻山口。乃兵差入山后,拿获姜姓三名,究被姜何二姓纠众夺回，周姓亦出而附和，反将兵差擒去六名，殴伤六名。常备军闻信往救，该三姓鸣锣出队，约二百余人，首先开炮轰击，官军放枪还击，伤其数人，余即奔逸。当即擒获三人，并夺获刀矛枪炮等多件。未几，各姓又聚百数十人分路来攻，官军复开枪击伤多人，该民复各逃逸。近仍兵民相持未下，孙太守已电禀省宪，请示办法。

《东方杂志》第3年第8期，1906年9月

江西巡抚瑞良奏《瑞昌县民姜能勇聚众毁卡伤官折》云：

头品顶戴江西巡抚奴才瑞良跪奏，为刁民毁卡伤官，获犯讯明惩办，恭折仰祈圣鉴事。

窃照瑞昌县刁民姜能勇，纠众抢毁统税分口一案。据卡员候补知县王祖彝、瑞昌县知县叶在鎏会禀情形。当经前抚臣吴重憙批饬该管道派委九江府知府孙毓骏，酌带营勇前往督办。旋获首从各犯，由府督同委员候补知县吴鸣麒，提讯明确录供，议拟禀经批。据按察使秦炳直会同统税总局司道核详请奏，奴才复加查核。缘姜能勇、何庆万、冯承逊、柯耀贤均籍隶瑞昌县，务农、手艺、佣工度日不等。瑞昌县地方向设有统税分卡一所，委员补用知县王祖彝于光绪三十二年闰四月初四日到差。该县洪下源乡民强悍，从前各委员于零星货物多免其收税，王祖彝因初到差，未悉情形，不肯减免。姜能勇心怀不服，起意纠众打毁税卡。是月二十二三两日，姜能勇以统税抽税太重、米价昂贵为词，与在逃之高先猛、冯毕岩、何仁爱备办酒肉，分投邀人，商议打卡以后，可免完税。在逃之何仁宽等，及已被格杀之沈绍鉴，监故之何仁勋、何仁德、姜道春，现获之何庆万，均各应允各到各村约齐族众，冯承逊、柯耀贤被胁勉从，分执扁担禾刀枪棍，于二十四日天明时分行至统税分卡门首，声称究税，一拥而入，将器具什物打毁，并将衣箱帐被分投搜抢，并抢及卡后居民曹李氏家。该委员及司巡人等喝捕，其时人多手杂。不知何人用扁担将委员王祖彝右臂膊、右腿拒伤，并刃伤司事王荣清及巡丁人等。该县叶在鎏闻报会营驰往，当场拿获数人，正拟带回迅究，因绿营兵少，刁民众多，旋被挤脱，姜能勇等逃走出城。查看赃物，已经各乡民分散，该印委飞报到省，即经吴重憙饬局遴委妥员前往接办税务，一面电饬九江府知府孙毓骏督带防营，驰往查办。姜能勇恃其地形险固，仍敢鸣锣纠众抗拒官兵，致伤营勇。我军不得已开枪还击，格杀沈绍鉴一名，格伤数名，该乡民始知畏惧，四散逃逸。孙毓骏驻乡数月，出示解散胁从，勒交首要，追起原赃皮衣等物，饬令委员王祖彝等认领。旋又督同叶在鎏等会营将首犯姜能勇拿获，并获从犯姜道春等多名，迭提研讯，据各供认前情不讳。开列供折，禀经吴重憙批饬，将姜能勇一犯就地正法，何仁勋、何仁德二犯永远监禁，何庆万一犯监禁十五年，玛承逊、柯耀贤两犯监禁十年，姜道春先已监故，沈绍鉴业已格杀，应无庸议，转饬遵照去后。兹据该府县先后详报，已提姜能勇正法，何仁勋、何仁德均因患病在监身故，批由司局详请核办前来。

奴才伏查此案姜能勇一犯，如因抽税过重，应即禀官核办，乃辄起意纠众毁卡，拒伤员司，搜抢衣物，实形同土匪，志在得财，事后复敢抗拒官兵，按例罪应拟斩，已经批饬正法，足昭炯戒。何仁勋等听从毁卡，抢分财物，既饬分别永远及限年监禁，何仁勋、何仁德并已据报病故，应毋庸议。委员王祖彝等伤均平复，该委员办理不善，咎有应得，业已另案革职，亦无庸议。起获原赃已分别认领，未获各赃照估追赔，逸犯高先猛等饬缉获日另结。该县叶在鎏事前虽疏于防范，惟已会营拿获首要多名，讯明究办。绿营迭经裁汰，存兵无多，文武职名应请从宽邀免开报。

除犯供录送法部查核外，所有刁民毁卡伤官获犯讯明分别惩办缘由，理合恭折具奏，伏乞皇太后、皇上圣鉴，敕部查照施行。谨奏。

《奏为拿获纠众毁卡伤官之瑞昌县刁民姜能勇讯明惩办事》，《光绪朝军机处录副奏折》，档号03－7420－074

△ **直隶正定府平山、灵寿县民聚众抗捐，拆毁县署，殴击知县。**

《中外日报》报道云：

直隶正定府属平山、灵寿两县因捐办巡警，百姓聚众殴官，拆毁大堂各节，曾登本报专电，现在接详函，为录如后。直隶外府各州县未办巡警者颇多，月前经大府严催，各县不得已，方开始创办。平山、灵寿，本属邻县，僻处山内，地极瘠贫，风气未开，而巡警经费又须捐自百姓。平山县吕大令庆坡本纨绔子弟，捐纳出身，毫不知民间疾苦，与灵寿令会商，专用压力，按亩抽捐，并不预先劝谕。于是百姓不服，而本地匪徒复从中煽惑，聚众数千人，同日分赴县城与县官为难。先将两县之大堂拆毁，即以排衙棍殴击县官。幸经县队救出，书差逃散。县队因抵御百姓并救护县官，受重伤者两名，轻伤四五名，余均逃避。该百姓等误会捐款为创办学堂，复将该县旧有之学堂两处一同焚毁。平山、灵寿两县连夜飞禀津保各大吏，请兵弹压。现闻已派巡防队前往，并饬捐款姑从缓办云。

《直隶县民抗捐殴官详志》，《中外日报》1906年6月22日

6月20日(闰四月二十九日)　中法议结南昌教案，订立善后合同。中国共赔款银25万两，承认江召棠系自刎而死，查办滋事人犯。

《那桐日记》是日记：

未刻进署，同少川、春卿与法巴使、端参赞、穆翻译签定江西南昌教案合同，申正签就。瞿中堂列衔而未到，酉刻散归。

北京市档案馆编《那桐日记》下册，新华出版社2006年版，第572页

《荣庆日记》是日记：

南昌案今日签押，公理不伸，国权不振，无力补救，为之气塞！

谢兴尧整理《荣庆日记》，西北大学出版社1986年版，第100页

《中外日报》记者北京专电报道称：

南昌教案定于二十九日(即今日)议结，较原议止[只]减少赔款四万两，又将原议所叙紧要案情删去。按，南昌教案，法使原议计共数款：一，惩官；一，惩绅；一，赔款七十三万五千两；一，服礼。已见四月初一日专电内。

《中外日报》1906年6月20日

7月3日(五月十二日)，庆亲王奕劻等具折奏明议结经过，并将合同照会上奏，文曰：

臣奕劻等跪奏，为南昌教案现与法使议结，谨将合同照会缮单恭呈御览，仰祈圣鉴事。

窃臣等前据江西巡抚胡廷幹，先后电称本年正月二十九日，法国天主堂神甫王安之函约南昌县知县江召棠便饭，谈及教案，忽闻江召棠颈受刀伤，随饬员赴堂，验视伤痕甚重，民情不服，议论沸腾，叠经出示开导，派兵保护绢压。二月初三日，忽有匪徒乘机煽惑滋事，致毁法国教堂三处，伤害法人六名，波及英国教堂一处，伤害英人三名。各等因。初五日奉旨：著胡廷幹督饬严拿首要，按律惩办，仍将各处教堂极力保护，毋得再有疏虞。至英法两国人口伤害多名，深堪悯恻，即著妥为抚恤。江召棠现在伤势如何，并著查明电奏。等因。钦此。

江召棠旋于初七日因伤殒命，亦经该抚电奏在案。臣等以事关重要，当经奏派直隶津海关道梁敦彦前往南昌，查明商办。法使吕班亦派参赞端贵前往。梁敦彦抵省后，即会同江西按察使余肇康造次与端贵面议。如惩办凶犯处分及奖励文武员弁、赔恤各款，并将旧案一并拟结，均已商有大略。至江召棠受伤缘由，叠经臣部电令该道确切查明，以成信谳。而江召棠、王安之均已殒命，事无质证。该道拟提出另议，端贵必先声明，现已查明此事全不归咎教

堂,只因江令自尽而起。所有查办情形均经梁敦彦与胡廷幹等电达臣部,随时恭录进呈,已邀圣明洞鉴。嗣梁敦彦回京面奏,三月二十二日钦奉谕旨,此案仍著臣部悉心妥办。臣等以案情重大,当与法使吕班屡次争辩,设法磋商。稍有头绪,而该使起程回国,未能遽定。复与署法使顾瑞等一再磋磨,屡议屡辍,事经四阅月之久,若再宕延,更难结束。且恐枝节横生,有妨大局。

旋准署江西巡抚吴重憙电称,江西众绅前江宁布政使李有棻等呈递说帖,以现值大水为灾,民情困苦,加以案悬未结,商贾裹足,市肆萧然,恳请速结,以定人心。等因。情词甚为谆切。兹值新任法使巴思德到京,臣等叠与晤商,该使亦愿和平早结,就前议略为磋改,议定法教习等恤款川资五万两,新旧赔款前议二十四万两,减为二十万两,分期交付补给。教堂红契借予教士房屋一所,以待盖屋迁移,并由江西巡抚出示晓谕示稿,经臣部电商吴重憙,拟复会同订定。以上各节,共立合同五条,其余惩办凶犯及处分员弁等事,均备照会声明,并将新昌等旧案另用照会一律了结。臣等即于闰四月二十九日会同法使巴思德将合同彼此签字讫,谨照缮合同一件,照会七件,恭呈御览。伏候命下臣部,即咨行江西巡抚遵照办理。

所有南昌教案现与法使议结缘由,理合恭折具陈,伏乞皇太后、皇上圣鉴。谨奏。

光绪三十二年五月十二日奉朱批:依议。钦此。

附件一　南昌教案议结合同

照录臣部与法使巴思德议结南昌教案合同,恭呈御览。

为立合同事。

近因南昌滋事杀毙法人焚毁教堂学堂一案,大清国政府、大法国政府均愿将此案公平议结,以期两国交谊益敦和好,已经商定各派委员会同查明办理。大清国外务部奏派直隶津海关道花翎二品衔梁敦彦、大法国钦差特派三等参赞官世袭子爵花翎头品顶戴端贵前往南昌,详细查明南昌县知县江召棠到天主堂与法教士王安之商议旧案,彼此意见不合,以致江令愤急自刎。乃因该令自刎之举,传有毁谤法教士之讹,以致出有二月初三日暴动之事,中国国家已自将有罪之人惩办。兹将外务部与驻京法国钦差议定各条开列于左,免致嗣后彼此或生异词。

第一条　应给被害教习五人家属抚恤银四万两,另给一万两作为后来新教习等川资路费之用,其款应以库平库色兑交驻沪法国总领事收领。

第二条　新昌等旧案及南昌新案所有被毁教堂、学堂、养济院等处,及教内之人房屋,并一切物件,总共赔偿银二十万两整,交由教堂提款,偿补各案教内之人之损失,作为一律了结。

第三条　第二条所载库平库色银二十万两,分为十次交付,每三个月为一期二万两,交由法国主教在九江收领。

第四条　所有被毁教堂各红契,应由地方官从速补给管业执照,并在南昌县城内借予教堂房屋一所,以待教士盖有房屋,即行迁移。

第五条　江西巡抚应行从速出示晓谕,其告示底稿,已经外务部与法国驻京钦差会订。

以上五条分缮华文、法文各四份,其一存外务部,一存驻京法使公署,一存江西巡抚衙门,一存九江天主教堂。

附件二　外务部致法使巴思德照会七件

照录臣部致法使巴思德照会七件,恭呈御览。

为照会事。

江西南昌教案所有杀人放火正凶刘狗子、吴红眼睛、周之秀、任廷发、吴金生五名拟就地正法,以昭炯戒,其为从情节较重之杨大盛、罗中秋、吴老五三名均拟永远监禁,其余犯内之周正大、卢高财二名均拟监禁十年,杨起堂、魏大水二名均监禁五年,戴河水、胡长生、袁才官、谢锡连、涂宜洲、胡中元六名拟各监禁三年,谢袁洲、周得胜、彭炳生、吴友鹏四名均拟罚作苦工二年,刘东林子一名拟罚作苦工一年,胡明应、罗声孜、李老三、熊荷子、郭毛头、万叶林、胡廷学七名均拟罚作苦工半年,以示惩儆,而期了结此案。未获之麻子二草包、朱勇源等三犯,俟获时严行审讯,按律惩办,相应照会贵大臣查照可也。须至照会者。

为照会事。

江西南昌教案其防护未能得力员弁,自应量予处分,拟将城守营峃城守备刘国梁、新建县把总严尚忠、右营外委吴廷贵拟以革职,左营外委李洪元、陆军第一标第三营管带刘清泰、队官魏定安均应摘去顶戴,城守营云骑尉世职程云岫、项观榜均应罚俸一年,城内警察南局候补知县黄钟拟记大过三次,以示惩儆,相应照会贵大臣查照可也。须至照会者。

为照会事。

江西南昌教案此次救出男女各教士之员弁,查有右营官洪占魁,工艺厂委员许德芬、陈夔,警察局分巡刘隆麟、程云鹏,分巡沈福衡,巡目熊家望、朱象臣,巡兵王清泉、邱正兴、胡献明、李寿安、朱文彬,并尤为出力之县差杜和、陈和等,均应分别奖赏,以示激励,相应照会贵大臣查照可也。须至照会者。

为照会事。

照得贵国政府素关怀有益华民之善举,兹江西省愿助善举银两以表歉忱,特议明由该省拨银十万两为在该省省城建造医院之用,将来由该省巡抚奏请给予敕建字样,以示优异。此医院延用法国医士一名,无论何等华人患病赴院就医者,一律施治。建院地址,宽横各以四十丈为限,由该省于省城外沿河一带觅取彼此合宜地方送与医院,不另取值。此外另给银五千两,为法文学堂门内建造碑亭,追念被害法人。以上两款共计银十万五千两,分为十二次交付,每三个月为一期,交由驻沪法总领事查收。为此照会贵大臣,请烦查照。须至照会者。

为照会事。

此次南昌教案,业经本部与贵大臣商定,应由江西巡抚出示晓谕等因。相应照录告示底稿照会贵大臣查照备案可也。须至照会者。

附告示

为出示晓谕事。

照得南昌一案,经外务部会同驻京法国钦差大臣各派委员查明,南昌县知县江召棠因本年正月二十九日与天主教堂教士王安之到堂商议旧案,彼此意见不合,以致江令愤急自刎。乃因该令自刎之举传有毁谤法教士之讹,以致出有二月初三日之事。两国国家深以不幸而有此事,尚愿以后民教永远相安,勿再生此毁谤教堂谣言,惑人闻听。是以彼此订明合同,声明新旧各案一律完结,并由本省出示晓谕,更正以前所起谣言,由外务部咨行到本署部院承准,此合行出示晓谕。为此示仰阖省士商军民人等一体知悉。自此示谕后,务各安本分,勿得再轻信妄造谣言,动滋事端,自取咎戾。尔等须知教堂本以劝人行善为宗旨,传教之士皆以礼法自守,教民无论从奉何教,均系中国子民,仍应遵守中国法律,遇有户婚田土钱债以及口角细故争讼事件,彼此应自赴地方官衙门控诉,由官持平判断。教民亦不得挟嫌诬告,隐匿实情,央请教士出头违约干预,总期民教相安,并无轩轾,彼此自可相安无事,其各遵照毋违。特示。

中国第一历史档案馆、福建师范大学历史系编《清末教案》第3册,中华书局1998年版,第890~895页

南昌教案议结告示刊布后,为江西人民不满。《中外日报》报道云:

南昌教案在京议结,经外务部电商吴抚,拟定示稿,照会法使允准。现由吴抚将该告示刊印,张贴通衢。赣民见之,大为不平。

《南昌教案告示被毁》,《中外日报》1906 年 8 月 28 日

△ 安徽南陵县民众截夺过境谷米,捣毁衙署。

△ 浙江仙居县灾荒,饥民抢米,商店罢市。

6 月 24 日(五月初三日) 浙江新城县民因米贵暴动。

浙江巡抚张曾敭致军机处电(7 月 4 日,五月十三日)云:

浙省自闰月以来,米贵民饥,匪徒乘机劫抢,叠饬严办。访闻五月初三日,新城县近城地方,有匪百余人滋扰,并毁松溪镇华教民房数间,当由省派队驰往剿办。兹据该县沈惟贤禀报,业经该令会团击毙数匪,并拿获匪首史炳生等,匪众溃散。同时富阳、临安等县,亦获匪党数名,已由曾敭饬将所获各匪讯明正法。所毁教房无多,亦易了结。现仍严饬营县搜诛余匪,以绝根株。谨请代奏。曾敭肃。元。

《为剿办新城县地方事》,《电报档》,综合类—收电档—光绪—03,档号 22 - 04 - 12 - 032 - 0764

6 月 29 日(五月初八日) 因苏报案系狱上海西牢的章炳麟期满释放,同盟会派人前来迎接,旋赴日本。

《复报》报道:

五月初八日上午十一时出狱。先是,民报社有特派员来沪,延之主笔政,待已数日,即于是晚登轮,翌日就道,香港各处专电来致贺电者十余起云。

《生章炳麟与死邹容》,《复报》第 4 号,1906 年 9 月

蒋维乔回忆:

五月初八日,章炳麟监禁期满,将于是日出狱。事前数日,会中先行预备,购定船票,送往日本。是日之晨,蔡孑民,叶浩吾及余等在沪会员十余人,均集于河南路工部局门前守候。十时,炳麟出,皆鼓掌迎之。速由浩吾陪乘马车,先至中国公学。即晚,登日本邮船。

《中国教育会之回忆》,上海通社编《上海研究资料续集》,上海书店 1984 年影印,第 97 页

熊克武回忆:

东京同盟会总部委任但懋辛和我负责往来日本、上海、内地同志的联络接洽工作。丙午(一九〇六年)春我和但懋辛奉命迎接章太炎出狱,我们问章:“你准备去哪里?”章说:“中山在哪里,我就去哪里。”我们告诉他在日本,他就到东京去了。

政协全国委员会文史资料研究委员会《辛亥革命回忆录》第 3 集,中华书局 1962 年版,第 4 页

景梅九则谓:

大家知道苏报案中,章、邹二君同被囚于上海;后来邹君病死于监中,相传为中毒身亡的,多少人为章太炎担心,所以打听得出狱日期,同盟会派人预先到上海安排一切,才把先生平平稳稳迎接到东京来,住到民报社里。正值《民报》对《新民丛报》激烈笔战的时代,忽然得一位学问渊博、文章朴茂的章先生,来主笔政,大家怎能不分外欢迎;别的先莫说起,单是一篇《革命之道德》,便把学界全体激动起来,有多少顽固老先生见了这一种议论,也都动魄惊心,暗暗地赞成了种族主义。我乘这时候,才联络人入同盟会,绍介陕西、四川的朋友

最多。

景梅九《罪案》,国风日报社1924年版,第58页

编者按:同盟会派来迎接章炳麟赴日者为何人,有不同说法。据《总理年谱长编》为龚炼百、时功玖、胡国梁、仇亮。据熊克武回忆,则有熊克武、但懋辛。学者汤志钧疑熊说为误。(汤志钧《章太炎年谱长编》上册,中华书局1979年版,第210页)

△ 日知会开会欢迎受孙中山派遣赴长江流域考察革命实力的法国武官欧几罗(Ozil)。孙中山派遣乔义生与法武官欧几罗到武昌,在日知会讲演革命。

乔义生《革命史实回忆》一文谓:

法国乃西方革命国家之先进,殷望东方及早产生共和国家,因此,法国政界中遂有请国父游法一事。国父抵巴黎时,备受欢迎,法国陆军部长以极诚恳对国父表示,愿以法国在东方之势力,协力中国革命成功。一面电谕驻天津、上海、汉口、广州湾及安南等处法军,随时保护中国革命党工作人员。又敦请国父在法国驻扎之各营中,派革命党员常川留驻,以便协同该地军官办理党务。旋国父返国,即委派廖仲恺驻天津,朱葆康驻上海,乔宜斋驻武汉,广州湾及安南二处所派人员姓名已忘矣。此系一九〇五年春之事也。

一九〇六年春,余同吴昆、刘家运二同志,暨军方同志季雨霖、江亚兰、蔡济民,刘玉堂等开始发动工作。当时余充黎元洪之医官,在军中创办演讲会,并分散各种书籍,如《猛回头》、《亡国新法》、《警世钟》、《中国魂》等。刘家运充武昌文华书院汉文教授,同志组织日知新会,内附设留日预备学校于高家巷圣公会内,借此遮盖耳目而防汉奸与侦探。该会以联络各界同志为目的,故定每星期日午后聚会,除演讲外,并备有本党各种杂志,以供同志参阅,余即兼任该会义务英文、算术教授,学生四五十人。

一九〇六年夏,法国同志欲知中国革命之程度如何,乃派驻天津法国武官、陆军少将欧极乐(编者注:即欧几罗),来武汉调查长江之革命工作。同时,余亦接国父来信,嘱妥为招待欧同志,余因谙英语,被推为专责招待。武汉同志假圣公会开大会欢迎欧君,赴会者有军学两界,约数百人之谱,在前清压迫和言论不自由之下,可谓空前之大会。欧君用英语演讲反清及革命之言辞,余加以翻译,会终摄影纪念。不料是次竟有奸细混杂与会,呈报两湖总督张之洞,而张以事关系重大,且牵连外交问题,未敢作主,遂上奏北京政府。余偕欧君离武汉前,赴长沙逗留数日,得周同志道腴之招待,至沙市得朱同志松萍之招待,并阐述本党之工作情形,欧君聆悉之余颇为满意。盘桓数日,返回汉口,转赴南昌九江,欲与该地同志相会,承钟振川、蔡公时之招待。惟是年春,南昌适逢天主教案,当余等至南昌时,该地长官以为吾人乃来查教案者,故殷勤招待。

乔义生《革命史实回忆》。黄季陆主编《革命人物志》第6集,中央文物供应社1971年版,第238~239页

1907年2月25日,法国驻汉口领事喇伯第致法国驻华公使的信中称:

在上个月给您的报告中,我曾向您提到过一个姓刘(编者注:即刘静庵)的人的被捕和受审情况。这位革命党人的诉讼还没有结束。他开始时曾在美国传教士们那里避难,美国传教士们把他视作自己的基督教徒,对他的命运十分关心。这个人所受到的指控中最严重的罪行起源于他同一个外国人的关系,那个外国人于去年7月途经武昌时曾在美国基督教布道团建立的学校里作过一次讲演。那个外国人尚未被辨认出来,但由于人们说他是法国人,美国传教士杰尔曼(Gilman)神甫便来找我询问有关此人的情况。为此,他还给了我一张此外国人在学校里作讲演时拍下的相片。相片上他坐在一张桌子后面,刘在离他不远的地方。他们被该校学生围在中间。

我回答杰尔曼神甫说我不认得此人。但实际上,我当即就认出了他,他是布加卑考察团的奥琪尔(Ozil)上尉。而且,当局知道他的中国名字(音译为"欧几罗"),并肯定,不用多久便会知道他是谁。他所作的演讲内容仿佛是法国大革命,并乘此机会对中国现状作了许多影射。其中有一句话大致如此:"跑遍了你们美丽的国土,尤其是欣赏了人口众多、物产丰富的长江流域风光后,我感到惊讶的是你们居然还在忍受满清的桎梏!"

遗憾的是,我完全有理由相信这些情况是确切的。去年7月,奥琪尔上尉确实到过汉口,并在汉口逗留了两周。我也承认,他的不慎并不怎么令我感到意外。我曾在东京住过相当久,在那里,我学会了了解我们在印度支那的那些军官的精神状态,领教过他们的下意识。无意之中他们会使自己的国家蒙受不白之冤,使人以为它在执行一种实际上它从来没有执行过的政策。

章开沅、罗福惠、严昌洪主编《辛亥革命史资料新编》第7卷,湖北人民出版社2006年版,第51页

殷子衡《狱中记》一文回忆:

一九〇六年(光绪三十二年)农历五月初四日,法国民党的领袖欧吉罗(系孙中山先生派来的)由烟台拍电报到武昌日知会,定于本月初八日到武昌来。我就与刘静庵、朱松坪、季雨霖等商量怎样欢迎。到了初八日,欧吉罗果然来了,到会的人约有数百。欧吉罗演说,朱作梅翻译,言辞激烈,听众多受感动。后闻会场中有清巡警道冯启钧派来的侦探,密查日知会究竟有无革命的举动。

中国人民政治协商会议湖北省委员会《辛亥首义回忆录》第3辑,湖北人民出版社1980年版,第4页

6月30日(五月初九日)　署理贵州巡抚岑春蓂上奏清廷,言都匀府属苗民聚众抗捐反教之事。

奏折曰:

署理贵州巡抚、湖北按察使臣岑春蓂跪奏,为都匀府属苗民因派捐聚众,闯入府署滋闹,旋复分党报复团首、抢[枪]杀教民,先后弹压解散,获犯审明惩办,现在地方安静,恭折仰祈圣鉴事。

窃都匀府属汉、苗杂处,风气素称强悍,全在地方官善为抚驭,始可相安。臣前因访闻该府苗民以派捐过繁,有聚众入署滋闹情事,即经札委补用知县岳衡驰往查办。旋据都匀府知府潘家怿禀称:上年冬间,谕饬团绅就地筹款,多设蒙养学堂。嗣闻内外套团绅蒙廷魁有苛虐苗民情事,当即革退。本年三月十五日午后,忽有苗民多人拥入,声称求免派捐学堂经费,并请将借端苛扰之革团蒙廷魁严办,语近要挟。一时观看人多,将头门外习艺所挤坏。该府饬令查拿,一哄而散。十七日,该苗民等复麕聚近城地方。饬委都匀县知县江若梁会营弹压开导,被兵役击毙两苗,始各退散等情。当以查核所禀苗民聚众情形,语极含混,其中显有隐饰,即经饬司将该府潘家怿撤任,委候补知府刘寅浚驰往接署,并札饬委员岳衡确查详细情形,据实禀覆;及饬府将滋事顽苗首要各犯查拿究办。

接署府刘寅浚于四月初二日到任后,该苗民等复各纠党在府属凯国等处聚众,有报复团首、抄毁教民情事,并及贵定县属之都六等处地方。臣据报后,以此事虽由地方官派捐而起,第该顽苗等屡次聚众滋事,目无法纪,非慑以兵威,难期解散驯服。且都匀府城及府属平浪、贵定县之平伐等处,均设有教堂,尤须分别保护。当即檄调驻扎独山州分统东路练军、补用游击宋振铎,酌带所部练军,就近驰往弹压拿办;一面饬派中路先锋队哨长、拔补把总岑鑑清、易荣黔等分率练军一百名,前往平伐等处驻扎,保护教堂;并以署粮储道、贵阳府知府严

隽熙昔年曾任贵定、都匀各篆，深得民心，情形熟悉，饬令该署道带弁兵四十名，继往贵定、都匀，居中调度镇抚。兼因署知府刘寅浚禀报办理情形，未能亲往各乡开导解散，复饬司撤任，委素为苗民信服之都匀县知县江若棵兼护。由臣颁发告示，饬令该县暨委准补绥阳县知县方峻前诣各苗寨，剀切开导。兹据该署道严隽熙等以各处所集苗民业已一律解散，首犯李阿友等先后拿获惩办，地方安静如常，酌拟善后事宜，禀请核办前来。谨将查明该府迭次派捐，致顽苗一再滋事，及拿办解散各情，为皇太后、皇上缕晰陈之。

查都匀府属地方，苗民居多。该府潘家怿于上年七月间禀报团营，谕饬团首，每堡一百家选派壮丁一名，赴府练习洋操，各乡共派丁二百四十七名，定以六个月卒业。每丁月需伙食银二两四钱，由一百家内分上、中、下三等捐缴。旋因操丁纷纷告假私逃，该府勒催归营，团首催人应操，月需银五六两，所费既多，派捐愈重。劣团复私抽入衙、路用各费，苗民不胜其扰，无不嗟怨。十月间，举办初等小学堂，该府示谕，每二百家公设一堂，饬令团首承办。其经费除著名各场取给牛肉各捐外，余分三等捐缴：上户每年捐银二两，中户捐银一两，下户捐银五钱。各团因该府以多为贵，遂先后报开百余堂，率多依势作威，抑勒苛派，如不照捐，即以阻挠讦控，苗民怨讟更深。嗣因团首蒙廷魁、陆宗尧浮勒较各处尤甚，有凯口苗民李阿友等出头敛费，扬言上控。该府闻之，将蒙廷魁等革退；另谕吴献珍并习教之汪秉铎接充。旋饬陆宗文、陈定章将李阿友等拿获，发县收押。遂有张老七等以求减捐款为词，于本年三月十五日早，纠集苗民数百人，先至蒙廷魁家，将其长子蒙价卿杀毙。下午，各执枪械，假送盗为名，直入府署，将头门内习艺所、大堂、二堂等处打毁，并将押犯胡学渊劫放。经都匀县江若棵闻信，会营赴府弹压，苗民让道，当即解散，铺户居民毫无惊扰。十七日，该苗民等复集于城外护城场，又经该县会营出城开导，该苗民等求禁团首苛派，该县允其示禁。因内有顽苗罗会沅、罗老汝，见潘家怿在城上巡防，施放鸟枪，当被弹压营兵击毙，余人畏惧逃散。此三月十五、十七等日，苗民因求免捐款，两次聚众，均经该县江若棵前往弹压解散之情形也。

当该苗民等二次在城外聚集，该府潘家怿恐其进城劫犯，将李阿友开释，冀以遣散苗众。李阿友回家后，其耕牛已被陆宗文等拉去，向索不还，时存报复之心。暗与前次伙同敛钱之莫阿哩相为表里，并勾结干谷陇之赵开云、拉陆之罗发先等，纠集党与，逼胁愚苗各百数十人，于四月十日齐到凯口，鸣锣聚众，扬言打团泄忿，不与平民相干，外来匪徒亦多溷入。先将革团陆宗文父子兄弟及学堂教习抢毁七家。因团首中有习教者，于是将教民林么杀毙。所到之处，令人煮饭给价，却未扰累平民。然居民惊惶，纷纷迁徙。该署府刘寅浚闻信，当即出示开导，并于十六日，约同东路分统宋振铎所部，分扎平舟之右营管带、补用都司谭洪兴，前往弹压。行至离城三十里之大河地方，因闻张老七、刘名得等亦在普林、枣鼎等处聚众，该处距城较近，虑城防空虚，恐有疏虞，遂留练勇五十名扼扎大河，当与谭洪兴折回布置城守事宜。讵张老七等即至凯口，与李阿友、莫阿哩各股会合，将窑上寨散民黄开儒等家抢毁。十八日，李阿友一股与赵开云等同赴贵定，沿途裹胁越多，将与龙里县交界之犀头岩、经堂都六学堂，并该处平日借公苛敛之团首宋文彬等、教民宋广居等家一并打毁，吴春元并被致伤殒命。追至平伐，欲图攻打教堂。维时派往保护之先锋队哨弁岑鉴清已率练到平，因该顽苗等不服弹压，当被格杀罗大、莫老么、何炳雨三名，夺获鸟枪、标刀各二件，旋即退去。该哨弁因所部人数不多，未便追拿。其时署粮储道严隽熙已抵贵定，率同该县斌木，由旧县分赴各处，督饬团首安抚开导，解散胁从，苗民悦服。张老七等股，复于十九等日抄毁府属坉脚、新州、上寨习教团首陈定章等家，另有赵云发等将大谷硐平民周子贵等家抄毁，杀毙其婿陈桂生一人。经谭洪兴督率哨弁刘元堂前往捕拿，格杀罗云齐、陈光前二名，余众窜逸。宋振铎统率所部练勇,于二十二三等日抵郡,人心遂安。被胁各苗闻知兵到,多有畏惧散疏者,惟张老七等尚麇集羊角塘、窑上寨等处。时臣所颁告示已到都匀县,知县江若樑随与委员方峻,同往各该处及内外套王司地方,督率团保,亲赴各寨,剀切开导,将胁从苗众数百人一律遣散,被捉教民江乔林饬令交出,拿获乘机抢掠之外匪刘老五一名,讯明正法,张老七等逃逸无踪。该署道旋由平伐前赴都匀,一路妥为安抚,民心大定。首犯莫阿哩,因党与已散,潜往独山,被教民林六四等拿获,送交宋振铎督押解府监禁。至是,该分统闻李阿友穷促无归,匿于牛角坉地方,督饬哨弁宋鸿章往拿,格毙金老大一名,将李阿友拿获。经严隽熙督饬江若樑等提同莫阿哩研审,据供前情不讳。禀经臣批饬就地正法,以俨儆凶顽。现在地方一律平静。此该苗民等续又聚众,报复团首,抢杀教民,打毁经堂,先后解散之情形也。

臣查此案,顽苗张老七等,始则因劣团蒙廷魁等借端苛派,以求减捐款为名,聚众持械,杀死蒙价卿,闯入府署,打毁大堂,已属目无王章;迨后李阿友复挟陆宗文等拿送拉牛之嫌,与莫阿哩并张老七等各纠党与,屯聚凯口等处,肆意报复团首,毁抢教民多家,致毙三命;并将贵定县犀头岩经堂打坏,尤为凶顽不法。统计已被兵练前后格毙罗会沅等八名,拿获首要李阿友等三犯,讯明正法,足以昭炯戒,而寒匪胆。其在逃之张老七等,应饬该府、县严拿,务获惩办。其余被胁愚苗,概予免究,以安反侧。斯事当李阿友等窜赴贵定时,沿途裹胁甚多,而都匀所聚之苗尚复不少,远近震动,几成巨患。该署道严隽熙到贵定后,即督饬该县斌术,分赴各处,开导解散,筹画措施,深合机宜。而都匀县知县江若樑,于府境苗民本非所辖,前两次聚众,均经该县出为谕散,此次经臣饬令与委员方峻前诣各寨,将屯聚顽苗分别遣散,办理甚为妥速。宋振铎督率弁勇弹压保护,俱属得力,并将首犯李阿友拿获惩办,均不无微劳足录。相应请旨敕部,将署粮储道、贵阳府知府严隽熙、都匀县知县江若樑、准补绥阳县知县方峻、补用游击宋振铎,分别从优议叙,以示鼓励。都匀府知府潘家怿,办理团营学堂虽均为公起见,惟府属苗民居多,率皆散处山僻,地方既极贫瘠,性情又复顽梗,平日治理,自当以抚绥为主;即劝办学堂,亦应体察情形,择场镇人烟稠密之区,劝谕有力之家,合资公投,庶免阻障。乃该府并不加以区别,经费不论贫富,与团丁伙食,均按上中下三等,比户抽收,又信用劣团,任意苛派,致张老七等聚众闯入府署滋闹,李阿友等继又纠党抄抢团首教民,打毁经堂,酿成交涉之案,本属咎无可辞,已于撤任后据报病故,应毋庸议。接署知府刘寅浚,到任甫经旬日,即值李阿友等纠众报复团首滋事。该府行至大河折回,未能亲往弹压解散。查因张老七等所聚之处距城较近,城内设有教堂,备御空虚,回筹防护事宜,尚非畏葸可比,业经撤任,请免置议。贵定县知县斌术,于该苗民等猝至县境,将犀头岩经堂打毁,虽疏于防范,第当与严隽熙将胁从各苗设法解散,地方得以安静,功过尚足以相抵,亦请免议。府属团首,其声名最劣,苛派酿事者,如蒙廷魁、陆宗尧等,自应饬拿究办。其余或有办理不善,或系教民充当,饬令查明更换,另举老成之人接充,不准借事苛派,以杜衅端。各寨苗民虽多愚蠢,然抚驭得法,诚信亦易相孚。该兼护知府江若樑,勤奋廉明,民苗畏服,现值办理善后事宜,应改为兼署,饬令妥为抚绥,毋许寻仇报复,滋生事端;并令督饬团保清查户口,以别良莠而靖地方。犀头岩被毁经堂,现据该县勘估禀报,修费为数不多,已饬洋务局与法教士妥商议结。教民被抢各户,亦据县查报,饬令分别抚恤。团丁既已散归,捐款应即停止。其各乡学堂,前虽报开百余处,大率有名无实,应由该兼署府体查情形,查系著名乡场确有的款者,饬令公正绅士照旧开办,贫苗概予免捐,俾示体恤。此外各属劝办民立小学堂,现经臣通饬各地方官,务须亲历各乡,细考地方情形,查明向有义塾善举筹款者,酌量提充经费,督饬素有乡望团绅,妥为办理;或劝谕绅富,量力捐设,加以奖励,不准劣团刁生从中干预,抑勒苛派,用杜弊端。现在都匀虽安堵如常,惟苗民屡次滋事之后,不可无兵练驻扎,已饬宋振铎将带往练军留驻郡城,并分扎凯口等处,认真巡防,以资镇慑。

除将其次出力武弁由臣酌给外奖,并潘家怿病故,照例取结咨部开缺外,所有苗民因派捐聚众闯入府署滋闹,旋复在乡报复团首,抢杀教民,现已一律解散缘由,谨会同云贵总督臣丁振铎,恭折由驿驰陈,伏乞皇太后、皇上圣鉴,训示。谨奏。

光绪三十二年六月初十日奉朱批:仍著随时督饬妥筹办理,不准借端勒派。余著照所请。钦此。

中国第一历史档案馆、北京师范大学历史系编选《辛亥革命前十年间民变档案史料》下册,中华书局1985年版,第706~712页

7月3日(五月十二日)　革命党人邹容纪念塔于上海华泾落成,蔡元培、刘季平、黄炎培等人参加典礼。先是义士刘东海献出宅旁空地为邹容墓地,公议为其建纪念塔。

《蔡元培年谱长编》据蒋维乔《退庵日记》手稿、《中国教育会之回忆》所记,云:

3月11日(二月十七日)蒋维乔到蔡先生沪寓,商谈中国教育会为邹容墓上立纪念塔及开周年追悼会事,"因蔡君将回绍兴,而余本为曩者被举干事员,故将此事担任;会计一事,则有蔡君嘱托严练如君"。

3月16日(二月二十日)下午3时半,蒋维乔与严练如同至广明学堂,晤蔡先生及刘东海(刘季平之堂兄)、黄炎培,详商在邹容墓上建立纪念塔之事。

又记是日经过:

早晨6时,蔡先生与蒋维乔、严练如同至上海南市大码头,黄炎培及中国公学、健行公学的学生三十余人已先齐集在那里,遂一同登舟,航行约三小时,到华泾镇,上岸,步行二里许,至刘东海家。午餐后,群往墓前。"所建纪念塔及铁栏,甚壮观瞻。"先在邹容墓前行一鞠躬礼,次纪念塔揭幕,次报告,次演说。"蔡先生是日之演词,特别警策。因此,陈英士闻而感愤,回里变卖不动产,从事实际革命工作。后来成就伟大事业,发端乃始于此。"散会后,商议每年修墓及举行纪念会等事,公举刘子贻为负责人,并募集捐款,存入信成银行生息,作以后各年整修墓地的费用。

高平叔《蔡元培年谱长编》第1卷,人民教育出版社1999年版,第310、315页

7月6日(五月十五日)　江西吉安府庐陵县数千乡民入城,要求免征旧欠赋税,与官兵发生冲突,毁断电线,商铺罢市,人心摇动。清廷旋谕命巡抚吴重憙查办,为首之欧阳亨衢、郭恩庆等遭致"就地正法"严惩。

7月11日(五月二十日),清廷电谕江西巡抚吴重憙:

奉旨:外务部呈递吴重憙电称,吉安乡民因清赋聚众滋闹、抢劫营库店铺,折毁电线等语。其中恐有匪徒借端煽惑,著吴重憙仍派妥员会同地方文武,妥为弹压解散,勿稍疏虞。钦此。

《著为吴重憙仍派妥员会同地方文武妥为弹压吉安聚众滋闹乡民事谕旨》,《光绪朝军机处录副奏折》,档号03-7383-112

江西巡抚吴重憙后奏报清廷称:

江西巡抚臣吴重憙跪奏,为吉安府属乱民聚众滋闹委员查办完结,恭折具陈,仰祈圣鉴事。

窃臣于本年五月十五日,据吉安府知府胡祖谦,庐陵县知县彭锡蕃,统领巡防队左军、补

用副将袁坦电禀:清赋委员赴乡催征旧欠,乡民误为十四年后均属豁免,不应再征,将委员殴逐,遂鸣锣聚众千数百人入城滋闹,文武弹压、劝解不服,围抢营存军装,防营拦阻,互殴各伤,旋抢劫两店铺,聚散靡定,谣言纷起,各铺罢市等情。当即电饬先将清赋委员撤省听候查办,迅即出示晓谕解散,勿许再行聚众,倘敢不遵,即饬防军拿究,如恃众抗拒,准予照例格杀勿论。一面密查纠众为首之人,及围抢营库店铺各要犯,务获解办去后。旋据吉安府电局禀报:十六日乡民来者更多,皆手持兵具,上段电线已为所毁,吉事可危语。当又电饬吉南赣宁道江毓昌,克日带队就近驰往查办。比发电而吉安下段电线亦为所毁,不能通报。遂饬省城电局将江毓昌之电,改由粤线来往寄递。并由省派拨常备军三百名,委第一标统带官刘槐森、曾署吉安府后补知府沈璘庆于十七日率带前往会同办理。十八日,吉安电线已通。据胡祖谦等电禀:文武协拿伤毙数人始散。现渐平静,仍出示安民,市面已照常贸易。请饬省兵勿往,免致惊惶等情。又经电饬刘槐森速带省兵折回。并据江毓昌电禀:已遵饬前往查办。臣恐各国驻使轻听谣传,是以电达外务部请告各使,以教堂教士均属无恙。二十日,准军机处电开,奉旨:外务部呈递吴重憙电称,吉安乡民因清赋聚众滋闹,抢劫营库店铺,折毁电线等语。其中恐有匪徒借端煽惑,著吴重憙仍派员会同地方文武,妥为弹压解散,勿稍疏虞。钦此。臣又将十九日续据该府县电禀(编者注:此句原文如此),铺户全行开市,四乡绅士佥称乡民已回家安业;并电饬江毓昌密查主谋为首各要犯,务严拿获办,以儆刁风;仍派沈璘庆驰往确查肇事起衅实情,以资考核;暨钦奉电旨后,饬再查明有无匪徒借端煽惑,妥为办理;及地方现已安谧如常各情形,电请外务部代奏,以慰宸廑。迨江毓昌、沈璘庆先后驰抵吉安查明,系刁民游痞煽惑乡愚,希免钱粮,尚无匪徒勾结。江毓昌以挽回颓风最为要务,惟事必核实,办必平允,始无偏胜之弊。已勒绅送交首要,并劝办义图,以善其后。沈璘庆以此事起于委员催征旧欠,取怨招尤,丁差需索亦所不免,始而冲突,继而鸣锣聚众数千人之多,蔓延至六乡之广,要挟官长,顽悍已极,若不从严惩办,此后愈长刁风,均不为无见。适沈璘庆另有要差,因先行电饬回省。查办吉安事件,即责成江毓昌督同地方文武详查妥办。

兹据江毓昌查获首要各犯,审讯明确拟议禀请核办前来。缘本年三月间,办理吉、临两府清赋分局后补知府何师吕,谕令委员试用从九赵彝鼎催征旧欠钱粮,该员先赴县属之延福乡征起旧欠钱数百千文,乡民尚无异议。闰四月初间回郡,以办有成效,复于是月二十九日带同庐陵县亲兵二名,及总役赖生、都差罗兴赴儒行乡之四十八都催征旧欠。该四十八都向分为上半都、下半都,该下半都之龙头冈,张、欧、曾、宋四姓已完旧欠钱一百千文,并允给公馆花费钱十四千文,交过钱七千八百文。五月初七日,上半都之院前村,郭炳乾、郭栋廷、郭良栋等允完旧欠钱三十千文,公馆花费钱十三千文。该役赖生等另索差费钱四千文未遂,耸令赵彝鼎将郭栋廷等管押,乡民不服。适上半都之小湖村欧阳亨衢允完该姓旧欠钱五十千文,公馆花费钱十千文。又银湾桥胡姓允完旧欠钱十五千文,公馆花费钱十千文,均无钱付给。欧阳亨衢于初八日邀集上下两都,在欧姓祠堂议分该都文会存款完粮,下半都欲分一半,而上半都不允。郭恩庆复因下半都首先完纳,以致牵累上半都,遂迁怒下半都之欧阳淇等,向其索借钱一百千文完粮,欧阳淇等亦未应允。欧阳亨衢起意纠众,于初九日到马鞍山议事,并令大村带钱或一千、或八百、或五百文,小村带钱三百文,作酒饭费用。是日郭恩庆首先鸣锣传知各村,到者三百余人,商议先向委员求免完粮,若不允准,合力抵抗。初十日,本都到者愈众,独下半都之欧、曾、宋、张四姓未到,乃有多人赴欧阳淇家滋闹。欧阳淇向委员赵彝鼎请兵差前往弹压,致被殴逐。赵彝鼎曾声称候回城请兵剿办,乡民是晚各村传锣,小湖村欧阳均德等并传至外都,令均到马鞍山商议,何村不到,即到该村坐食,与之为难。十一日,到者千余人。刘安人先亦传锣,后见人太众多,往请绅士彭子轩劝说。彭子轩面斥欧阳亨衢之非,欧阳亨衢不听,仍有委员若不邀准即行打毁之议。是日,赵彝鼎闻知,恐闹至寓所,即将郭栋廷等释放,回城告知该县彭锡蕃,当缮给告示,令在城之上半都绅士罗振霄、彭树葛赴乡劝解。十二日,罗振霄等正在劝令解散,乃欧阳亨衢又出传单,约各村十三日赴马鞍山会议。是日,罗振霄等仍往劝各村不可聚众滋事。十四日,忽谣传城内业已闹事,各村又皆传锣。欧阳亨衢复令欧阳振廷传往别村,并令挨村接传,六十岁以下、十六岁以上,均于十六日到城外公车局议事,以致愈传愈远,各都纷纷来城,莫能阻止。十五日,公车局到有数百人,局绅畏惧,赴县禀报。追乡民再欲入城,府县已会同标防各营出城弹压。人多势众,掷石抛砖,该县彭锡蕃被击未伤。经兵勇殴逐,仍未见散。公车局绅复力劝乡民赴张仙庙暂息,讵该庙旧有防军军装库,派勇驻守,大众突入,勇丁不知来历,严行阻拒,因而口角互殴。该军统领袁坦闻而赶救,误为抢劫,所带小队用刀驱逐,致毙一人,伤及数人,始各散去。十六日,乡民来者愈多,各持竹枪木棍,拆毁电杆,沿街传锣,迫令闭市。乌合之众塞途盈衢,是乡是城,是良是莠,无从分别。其人数多少,有谓数千,有谓近万,更无从查考。城厢痞棍素与防营有隙,唆令向营滋闹,经该营击毙三人,枪伤数人,乡民畏而奔逃,袁坦率队出追,乃各闻风星散。十七日,文武各员四出稽查,有避匿试馆者,咸驱令回乡,并令各街铺户开市,人心渐定。查明福兴隆烟店被商民吵闹失去铜元有限;肖恒益铜店仅强取铜锣两面,亦非被抢,均属当时谣传,致误禀报。此肇事起衅之始终实在情形也。

该道江毓昌抵郡查办,传集城乡各绅开诚告诫,谓钱粮为维正要供,照例不容拖欠,催征乃委员专责,不法原准控官。乃竟聚众传锣,要挟多端,已属大干法纪;复敢殴官掷石,不服弹压,形同化外。乱民刁恶,法所当诛,胁从自可罔治,伤毙咎由自取,首要仍应勒交。各绅俱大感悟,遵谕拿解。先后据该绅等公同交出欧阳亨衢、郭恩庆、王蠢俚、刘安人四名,并查有欧阳均德、彭乌猪俚、欧阳砥廷、刘观有、刘作人、郭山鸡、欧阳振廷七名,禀明委实畏罪潜逃,无从交案,恳请讯结。经江毓昌督同府县提讯,欧阳亨衢供认起意纠众敛钱,商殴委员,并令欧阳振廷传锣出都;郭恩庆供认,首先鸣锣聚众,并带人来城,行至城外,因闻乡民被击,始行折回;王蠢俚供认,连日帮同欧阳亨衢会议,并迭次传锣;刘安人供认,两次传锣各等情不讳。复提差役赖生、罗兴严讯,均供认索诈公馆花费钱文,并耸委员将郭栋廷等管押属实。江毓昌以此案起于差役之讹诈妄为,成于欧阳亨衢之迭次纠众,郭恩庆之首先鸣锣,欧阳亨衢并经绅士劝解不听,悍然罔顾,郭恩庆平日无恶不作,本非安分之徒。拟请将欧阳亨衢、郭恩庆、赖生、罗兴均予就地正法,俾昭炯戒而肃法纪。王蠢俚于欧阳亨衢迭次纠众,均随声附和,与众传锣,平日亦不安分,拟请永远监禁,以免再滋事端。刘安人虽两次随同传锣,然在马鞍山恐人众滋事,曾经往请绅士解劝,情尚可原,拟请监禁三年,限满查看,果能改悔,再行禀请释放。其当场拿获之裴品三、周兴发二名,讯明因形迹可疑,兵差误拿,业经保释。在逃之欧阳均德等,已饬府县严拿,务获解究另结。并劝谕各乡举办义图,将每年应完钱粮,由图长催交,免受差役追呼扰累。酌定章程二十条,阖县绅民均各踊跃遵办。俟图长举齐开办后,另禀立案。具禀请示到臣,复加严核,所拟情罪均尚允协,未敢拘牵例案,即经批饬将欧阳亨衢、郭恩庆、赖生、罗兴四犯即行就地正法。王蠢俚、刘安人两犯分别监禁,余照所拟办理。此查办讯结之先后实在情形也。

伏查江西每年应征地丁槽米,向不过收至七八分,积欠太甚。光绪二十八年四月,经前抚臣李兴锐奏明整顿,在省城设立清赋局,委员经理。各州县政务殷繁,许于所属丞、簿、巡检等官,禀派帮办。所需夫马,由该州县平余内给用,不得丝毫派累民间,尤不准书差借端骚扰。并以吉安、临江两府为通省著名疲玩之区,设立清赋分局,专司其事。初时办理认真,亦颇著效,讵日久生弊,渐失其真。此案实由该分局总办何师吕,派委赵彝鼎下乡催征旧欠,纵容差役于应征旧欠外,索取公馆花费钱文,并听信差役怂恿,饬将郭栋廷等管押,乡民不服,遂肇衅端。相应请旨将试用从九赵彝鼎即行革职,从重发往军台效力赎罪,以儆官邪。候补知府何师吕,先已由臣记过停委,并将该分局裁撤;惟办理此事,实属用人未当,咎有应得。庐陵县知县彭锡蕃,亦先由臣严行记过,虽闻信即行出示,派绅劝谕,办理尚无不合;惟签差不慎,未免失于觉察,咎亦难辞。应仍请将该二员敕部察议。吉安府知府胡祖谦,弹压未能即时解散,实由于人多势众,难以理喻,尚非办理不善,已由臣酌予记过,应毋庸置议。统领巡防队左军补用副将袁坦,本有保护地方城垣及教堂之责。此次乡民聚众至数千人以上,拆毁电杆,实非寻常刁民聚众可比。该统领见弹压未散,乱象已成,势不能不示以兵威。其击毙四人,伤及数人,一由于护救军装,一由于保卫营垒,情非得已。若非该统领稍加惩创,猖獗更不知伊于胡底,酿成大祸,则杀伤更多。前署督臣周馥致臣之电,亦云此等情事,非当时严惩不足正乱,江西近年诸事每多含混将就,以致巨案迭出等语。臣深韪其言,应请将该统领袁坦及其余文武各员概行免议,免长刁风。

除照录犯供咨送刑部查照外,所有吉安府属乱民聚众滋闹,及委员查办完结各缘由,谨会同两江督臣端方,恭折具陈,伏乞皇太后、皇上圣鉴,训示。谨奏。

朱批:著照所请,该部知道。

中国第一历史档案馆、北京师范大学历史系编选《辛亥革命前十年间民变档案史料》上册,中华书局1985年版,第299～304页

八月初十日(9月27日),御史江春霖附片上奏朝廷,谓:

江西吉安府庐陵县本年五月民变之案,办理亦未平允。中间府县警报、抚臣电奏,事关机密,臣不得知,但访查此案在官指为聚众抗粮,实则事由清赋局委员贪横而起。同官相护,诬良为匪,纵兵杀人,言之深堪痛恨。先是该县粮票,每张止收制钱四十文,近又加钱三十文,花户完纳分厘,扰累已甚。此次清赋局总办、候补知府何师吕,又信任委员赵彝鼎,于水灾之后、农忙之际,派赴儒行乡四十八都合田地方,催收旧欠,每纳百千,勒加二十千文,名为夫马费,民更不堪其扰。是月十四日,扶老护幼,相率入城,至公车局,以缓征旧欠、酌减票钱、严惩差役三事,要局绅转求该县,当经局绅答应遣散。十五日,乡民以未见县示,恐为绅诳,仍率入城。甫及聚魁门时,参将徐文科及防营统领袁坦已带兵在城弹压,复经绅士前往劝谕,兵勇以木棍、刀背、枪柄示威,亦即退去。惟城外南关因队勇击卖菜佣,激成众怒,吵闹一番。张仙庙兵民口角,袁坦带小队二十余名追击,伤平民七八人。号呼称冤而已,聚众有之,始终并未执械抗官也。乃该府县风声鹤唳,过于惊疑,而袁坦、徐文科又欲见好同僚,邀功上宪,捏称匪徒啸聚,意图报复。十六日黎明,竟藉解散为名,领兵驰出西关,杀伤十余人。饭后,又驰往公车局各处杀伤十余人,统计前后乡民死伤四十有奇,而兵勇无一伤者,谓之抗拒,将以谁欺?伏思激变良民,处分綦重,无论该民并无抗拒,即使有之,亦由何师吕任用劣员赵彝鼎科派陋规,袁坦虐杀无辜,激成此乱。律以激变良民,尚复何说?乃民间死伤至四十余人之多,而府县将弁不谪一官、不镌一级,何以惩贪酷而安善良?拟请谕旨饬下江西抚臣查开职名,交部察议。其旧欠应否缓征、票钱应否核减,并著体察地方情形,明白复奏。臣为察吏安民起见,谨附片具陈,伏乞圣鉴。谨奏。

卢金城注《江春霖御史奏稿简注》,厦门大学出版社2001年版,第40～41页

《梅阳江侍御奏议》上,1919年印行,第79～82页。收入本书时,以两本书互校

九月十六日，江西巡抚吴重憙复奏称：

为遵旨查明江西庐陵县民变一案办理情形，据实复陈，恭折仰祈圣鉴事。

窃臣于光绪三十二年八月二十八日，承准军机大臣字寄，光绪三十二年八月初十日奉上谕：有人奏，江西庐陵县本年五月民变之案，办理未能平允等语，著吴重憙确切查明据实具奏，毋稍徇隐，原片著抄给阅看。钦此。遵旨寄信前来。等因到臣。伏查此案大概情形，业于五月间电请外务部代奏在案。现甫据吉南赣宁道江毓昌将查办获犯讯拟各情禀，经臣核访，先将纠众鸣锣首犯欧阳亨衢、郭恩庆二名，讹索肇衅差役赖生、罗兴二名，即行就地正法，俾昭炯戒。正在查案具奏间，钦奉前因，除将全案会同两江督臣端方另折陈奏外，谨再按原参各节，敬为皇太后、皇上详陈之。

一、原参该县粮票每张止收制钱四十文，近又加三十文，花户完纳分厘扰累已甚一节。查上年十二月，前抚臣胡廷幹、前学臣黄钧隆会奏筹办学务情形案内，陈明学堂经费、游学官费需用浩繁，非另筹常年有著巨款，不足以持久远。据在籍各绅集议，请将各属钱粮串票，每张加收钱三十文，以二十文提充省城各学堂经费，其余十文仍留作中小学堂之用，其零星小户粮数无多者，免其加收，以示体恤。在绅民所费无几，且又出于乐输，而积少成多，于兴学不无裨益等因在案。是以本地之财，兴本地之学，出于众绅公议，并免小户加收，似尚不致扰累。

一、原参清赋局总办何师吕信任委员赵彝鼎，于水灾之后、农忙之际，派赴儒行乡四十八都合田地方，催收旧欠，每纳百千，勒加二十千文，为夫马费一节。查何师吕总司局务，用人未当。赵彝鼎纵差索扰，滥行管押，臣已据实分别参办。惟今年春夏霪雨为灾，河水盛涨，而庐陵县属并无报灾歉之案。至催征旧欠，系因上年十一月前抚臣任内，据清赋局司道查明各属自光绪十三年恩诏豁免以后，历年征收丁漕，除灾缓外，积欠约在七百余万，时势艰难，库藏告乏，此项旧欠本系民间早应完纳之款，详明责成各州县先行出示晓谕，邀集绅董设法劝导，陆续认完。该县于今年三月始行开收，正是宽缓民力，并无不合。

一、原参十四日扶老携幼相率入城，至公车局以三事要局绅转求该县，曾经局绅答应遣散一节。查乡民纠众至公车局系于十五日之事，并非十四日，该县于十一日即已缮给示谕，派城绅罗振霄、彭树葛赴乡劝解。十二日，罗振霄等正在劝令解散，而欧阳亨衢又出传单。十三日，罗振霄等到马鞍山会议处，仍劝各村不可聚众滋事，而十四日各村又复传锣。是官绅于乡民未入城之先，早经劝谕，无如悍然不听，实属意存挟制，并非仅止要求。

一、原参十五日乡民入城，甫及魁聚门，时参将徐文科、防营统领袁坦带兵在城弹压，复经绅士劝谕，兵勇以木棍刀背枪柄示威，亦即退去，惟城外南关因队勇击卖菜佣，激成众怒，吵闹一番。张仙庙兵民口角，击伤平民七八人一节，核与该道江毓昌等查复情节，大致尚同。惟因乡民不服弹压，抛砖掷石，未肯散去，是以公车局绅劝往张仙庙暂息，又与该庙军装库勇口角互殴，袁坦赶往救护，误为抢劫军装，所带小队用刀驱逐，致毙一人，伤及数人。至所称南关队勇击卖菜佣，激怒吵闹，即指福隆烟店被乡民吵闹，失去铜元一事。先因队勇与卖菜佣龃龉，乡民群起而攻，队勇逃入该烟店，由后墙逸去，乡民遂与吵闹，致失铜元，为数有限。当日谣传被抢，事后始查系误报也。

一、原参十六日借解散为名，领兵驰出西关，杀十余人，饭后又驰往公车局各处杀伤十余人，统计前后乡民死伤四十有奇，而兵勇无一伤者，谓之抗拒，将以谁欺一节。十六日，臣即据吉安电局禀报：是日乡民来者更多，皆手持兵具，上段电线已为所毁，吉事可危等语。旋即下段电线亦为毁折，不能通报，其居心叵测，声势颇众，已可想见。嗣据江毓昌等查复，虽人数多少无从查考,总在数千人以上,复敢向营滋闹,致被击毙三人,枪伤数人,袁坦带队出追,始各奔散。而两日共毙四人,伤及数人,并无死伤四十有奇,自系传闻之误。若谓无抗拒情状,则持兵具、毁电线意欲何为,此亦不问可知矣。

臣惟此案,催征委员虽纵差索扰,并无迫激重情,该乡民理应控告上司为之伸理;即以民力拮据,旧欠欲求展缓,亦应据实呈诉。何得遽行鸣锣纠众,以一乡而播及各乡,并勒令六十岁以下、十六岁以上者均须到集,何村不到,即与为难,绅劝不依,官示不顾,纷纷扰扰,纠众七八日之久,人众至数千之多,掷石殴官,不服弹压,持械毁电,形同乱民,若非惩创于登时,猖獗更不知伊于胡底。谓之激变良民,固不可;谓之纵兵杀人,亦不可。是以臣酌核情罪,将该局员及地方官分别参处,以正法纪而儆刁风,亦惟期其平允而已。

所有遵旨确切查明,据实具奏缘由,谨恭折复陈,伏乞皇太后、皇上圣鉴。谨奏。

朱批:知道了。

《奏为遵旨查明江西庐陵县民变一案办理情形据实复陈事》,《光绪朝军机处录副奏折》,档号03-7420-060

7月12日(五月二十一日)　江苏南京等地风传孙文派人至长江流域运动会党起事,两江总督周馥饬令密查。

《中外日报》报道云:

省垣官场近日似颇有秘密之谋议,查其原因,系由督辕风闻上星期及星期六等日,有千余人或七八百人聚集朝阳门外明陵地方开会演说革命。玉帅因疑有大宗会党潜来内地,除密饬文武严密访查踪迹外,复深虑各学堂、军队,或有受其煽惑者,并饬秘密调查,以弭隐患。惟各学务[堂]现俱放暑假,学生都已纷散。至军队纪律极严,无故不准出营,均万无与会党通气之理。若会党之踪迹,则又无从指名是何姓氏,寓何地址。此等谣传,似不足信。玉帅之密查,究不知据何人之报告也。

《纪江督密查会党事》,《中外日报》1906年7月12日

7月15日(五月二十四日)　中国留日学生在神田锦辉馆召开章炳麟欢迎会,约1600人到会,日人清藤幸七郎、清藤高、萱野长知、宫崎寅藏与会。演说者有章炳麟、宫崎寅藏、覃鲤门、田桐、吴弱男。

有人目睹此会经过,向日本政府报告:

清国留学生何天炯、田桐以及此外二十名发起人,本日上午九点在神田锦辉馆召开大会欢迎章炳麟(系清国改革派康有为、梁启超之同仁),到会留学生约一千六百人,每人征收会费十文。本国人清藤幸七郎、清藤高、宫崎寅藏、萱野长知(清藤、宫崎均系熊本县人,与孙逸仙、康有为有交往)等四人列席会议。作为发起人之一的何天炯致开幕辞,之后来宾章炳麟以及宫崎寅藏、覃鲤门、田桐、吴弱男(女)等作了演说,下午一时散会。其演说大意如下:

第一位章炳麟

吾曾以本国文明进步为目的向政府进谏,然以意见触犯当权者之大忌。吾知自身难保,便遁入上海英租界,并向领事自白,遂依英国政府法律,受到处罚,并于前不久释放。同仁均说留居本国之危险,吾自忖也如此,便在英国政府保护之下东渡日本。自此,吾依然坚持应取之主义,并应为逐步达成之而努力。而且为了使本国的普通学生能了解该主义,我们应该发行机关杂志,交换吾辈之意见,养成文明思想。从我们做起进而积极地改革国政,如此势必遭到当前政府的压迫。因而对于过激行事应万分谨慎,等待时日。吾辈极端过激只会徒

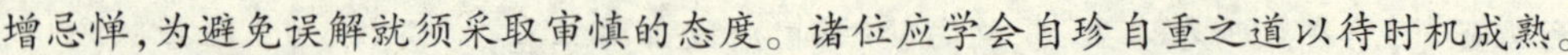

增忌惮，为避免误解就须采取审慎的态度。诸位应学会自珍自重之道以待时机成熟。

第二位宫崎寅藏

诸位，今日能够来参加章炳麟先生的欢迎会，相信都是同志仁人。依吾辈之言，以清国今日之状况已近乎亡国，此非诽谤，实乃担忧。如满洲之为各国市场，不断遭到蹂躏，竟未有敢言者。均系诸位所知。作为其结果就是日俄战争爆发，日本作为战胜国而受到欢迎，而此前的日本曾战胜清国因而被列为强国之一，现存政府与国民均以此自豪。其实我国尚未脱离未完全开化的半文明、半野蛮国状况。诸位作为留学生东渡日本来求学，无非是为了日后的抱负，或是为了掌握一些资料。因此诸位必须养成文明思想，以彻底变革顽固不化的清国政府。担此重任者即诸位。我相信，一方面有孙逸仙，这里还有章炳麟先生，二人协力，渐次图之，在不久的将来，建树一个文明国度。凭诸位之意志，定可达此目的。诸位自重！

第三位覃鲤门

诸位，吾辈一介学子，其意见确无什么可取之处，然而也不必妄自菲薄。现在吾辈所求，是清国政府之大革命，如不为之，再也不能救国。为此，作为改革之次序，必须养成道德思想并采取进取的行动。我们平素所称"排外主义者"之"排外"，并非意指诸国，而是指满洲之爱新觉罗氏之辈。此辈如不能除之，则终无成为文明国之一日。希望诸位奋起为国尽力。

第四位田桐

本日欢迎章炳麟先生之辞，有诸君之演说，吾已无须多言。吾乃《民报》记者，《民报》以清国革命之企划为使命，作为机关杂志而创刊。现在我还想说一句，清国任职之官吏，并未将国家置于眼中，而是为了一己私利私欲。如海关税等高额收入均不过中饱私囊而已。于各国而言，实乃莫大耻辱。清国之腐败已至巅峰，应该说革命时机临近了。奋起吧！诸位！

第五位吴弱男

我作为留学生，也想说一句，勿论立身处世，言及国家大事非女子所为。虽外部之事不得不寄望于男性，但致力于内部之事却是女性之义务。因而，吾辈女学生在《民报》创刊之时，应该付出劳力，并担当起募集馈赠资金之任。希望得到诸位的支持。

章开沅、罗福惠、严昌洪主编《辛亥革命史资料新编》第6卷，湖北人民出版社2006年版，第115～116页

有史料则译宫崎寅藏演说词为：

诸位，今天来参加章炳麟先生欢迎会的，我相信，当然都是信奉同一主义的人们。请允许我说，清国目前的状态不能不使我们有亡国之忧。就是我不说在满洲的各国市场之类的事情；诸位也都知道中国所受到的蹂躏。也正因此爆发了日俄之战，日本作为战胜国受到欢迎。先前，日本战胜了清国，我国现政府和国民都自夸日本已晋入一等国之列，其实我国仍未脱离半文明半野蛮国的领域。然而留学生诸君来日本学习，当然在于为今后实现远大目标而搜集资料。所以诸位必须培养文明的思想，以彻底的大革命对付冥顽固陋的清国政府。这一责任已落在诸位身上。我相信，一方面有孙逸仙，这里有章炳麟先生，只要两者相结合，踏踏实实工作，那么，于最近的将来创造文明国体一事，决非难事。毫无疑问，将依诸位的意志而达成这一目的。诸位，要自重！

近藤秀树编、禹昌夏译《宫崎滔天年谱稿》，《辛亥革命史丛刊》第1辑，中华书局1980年版，第141页

章太炎《自定年谱》自记欢迎会情形：

时孙逸仙与善化黄兴克强，已集东京学子千余人设中国同盟会，倡作《民报》，与康氏弟子相诘难。主之者，溥泉及桃源宋教仁遯初、番禺胡汉民展堂、汪兆铭精卫、朱大符执信也。余抵东京，同志迎于锦辉馆。来观者七千人，或著屋檐上。未几，以寿州孙毓筠少侯之请，入

同盟会,任《民报》编辑。余以胡、汪诘责卓如,辞近诟谇,故持论稍平。

汤志钧《章太炎年谱长编》上册,中华书局1979年版,第208页

章炳麟演说词为:

今日承诸君高谊。开会欢迎,实在愧不克当;况且自顾生平,并没有一长可恃,愈觉惭愧。只就兄弟平生的历史与近日办事的方法略讲给诸君听听。兄弟少小的时候,因读蒋氏《东华录》,其中有戴名世、曾静、查嗣庭诸人的案件,便就胸中发愤。觉得异种乱华,是我们心里第一恨事。后来读郑所南、王船山两先生的书,全是那些保卫汉种的话,民族思想渐渐发达。但两先生的话,却没有甚么学理。自从甲午以后,略看东西各国的书籍,才有学理收拾进来,当时对着朋友,说这逐满独立的话,总是摇头,也有说是疯颠的,也有说是叛逆的,也有说是自取杀身之祸的。但兄弟是凭他说个疯颠,我还守我疯颠的念头。

壬寅春天,来到日本,见着中山,那时留学诸公,在中山那边往来,可称志同道合的,不过一二个人。其余偶然来往的,总是觉得中山奇怪,要来看看古董,并没有热心救汉的心思。暗想我这疯癫的希望,毕竟是难遂的了,就想披起袈裟,做个和尚,不与那学界、政界的人再通问讯。不料监禁二年以后,再到此地,留学生中助我张目的人,较从前增加百倍,才晓得人心进化是实有的。以前排满复汉的心肠,也是人人都有,不过潜在胸中,到今日才得发现。自己以前所说的话,只比得那“鹤知夜半,鸡知天明”。夜半天明,本不是那只鹤、那只鸡所能办得到的,但是得气之先,一声胶胶喔喔的高啼,叫人起来做事,也不是可有可无。到了今日,诸君所说民族主义的学理,圆满精致,真是后来居上,兄弟岂敢自居先辈吗?只是兄弟今日还有一件要说的事,大概为人在世,被他人说个疯颠,断然不肯承认,除那笑傲山水诗豪画伯的一流人,又作别论,其余总是一样。独有兄弟却承认我是疯颠,我是有神经病,而且听见说我疯颠,说我有神经病的话,倒反格外高兴。为甚么缘故呢?大凡非常可怪的议论,不是神经病人,断不能想,就能想也不敢说。说了以后,遇着艰难困苦的时候,不是神经病人,断不能百折不回,孤行己意。所以古来有大学问成大事业的,必得有神经病才能做到。诸君且看那希腊哲学家琐格拉底,可不是有神经病的么?那提出民权自由的路索,为追一狗,跳过河去,这也实在是神经病。那回教初祖摩罕默德,据今日宗教家论定,是有脏燥病的。像我汉人,明朝熊廷弼的兵略,古来无二,然而看他《气性传》[《气性先生传》]说,熊廷弼剪截[简直]是个疯子。近代左宗棠的为人,保护满奴,残杀同类,原是不足道的。但他那出奇制胜的方略,毕竟令人佩服。这左宗棠少年在岳麓书院的事,种种奇怪,想是人人共知。更有德华士马克,曾经在旅馆里头,叫唤堂官,没有答应,便就开起枪来,这是何等性情呢?仔细看来,那六人才典功业,都是神经病里流出来的。为这缘故,兄弟承认自己有神经病;也愿诸位同志,人人个个,都有一两分的神经病。近来有人传说,某某是有神经病,某某也是有神经病。兄弟看来,不怕有神经病,只怕富贵利禄当面现[现面]前的时候,那神经病立刻好了,这才是要不得呢!略高一点的人,富贵利禄的补剂,虽不能治他的神经病,那艰难困苦的毒剂,还是可以治得的,这总是脚跟不稳,不能成就甚么气候。兄弟尝这毒剂,是最多的。算来自戊戌年以后,已有七次查拿,六次都拿不到,到第七次方才拿到。以前三次,或因别事株连,或是普拿新党,不专为我一人;后来四次,却都为逐满独立的事。但兄弟在这艰难困苦的盘涡里头,并没有一丝一毫的懊悔,凭你甚么毒剂,这神经病总治不好。或者诸君推重,也未必不由于此。若有人说,假如人人有神经病,办事必定瞀乱,怎得有个条理?但兄弟所说的神经病,并不是粗豪卤莽,乱打乱跳,要把那细针密缕的思想,装载在神经病里。譬如思想是个货物,神经病是个汽船,没有思想,空空洞洞的神经病,必无实济;没有神经病,这思想可能自动的

么？以上所说，是略讲兄弟平生的历史。

至于近日办事的方法，一切政治、法律、战术等项，这都是诸君已经研究的，不必提起。依兄弟看，第一要在感情，没有感情，凭你有百千万亿的拿破仑、华盛顿，总是人各一心，不能团结。当初柏拉图说"人的感情，原是一种醉病"，这仍是归于神经的了。要成就这感情，有两件事是最【要】的：第一，是用宗教发起信心，增进国民的道德；第二，是用国粹激动种性，增进爱国的热肠。

先说宗教。近来象宾丹、斯宾塞尔那一流人崇拜功利，看得宗教都是漠然。但若没有宗教，这道德必不得增进，生存竞争，专为一己，就要团结起来，譬如一碗的麨子，怎能团得成面？欧、美各国的宗教，只奉耶苏基督，虽是极其下劣，若没有这基督教，也断不能到今日的地位。那伽得《社会学》中，已把斯宾塞的话，驳辩一过。只是我们中国的宗教，应该用那一件？若说孔教，原有好到极处的。就是各种宗教，都有神秘难知的话杂在里头，惟有孔教，还算干净，但他也有极坏的。因为孔子当时，原是贵族用事的时代，一班平民，是没有官做的，孔子心里，要与贵族竞争，就教化起三千弟子，使他成就做官的材料。从此以后，果然平民有官做了。但孔子最是胆小，虽要与贵族竞争，却不敢去联合平民，推翻贵族政体。他《春秋》上虽有"非世卿"的话，只是口诛笔伐，并不敢实行的，所以他教弟子；总是依人作嫁，最上是帝师王佐的资格，总不敢觊觎帝位。及到最下一级，便是委吏乘田，也将就去做了。诸君看孔子生平，当时摄行相事的时候，只是依傍鲁君，到得七十二国周游数次，日暮途穷，回家养老，那时并且依傍季氏，他的志气，岂不一日短一日么？所以孔教最大的污点，是使人不脱富贵利禄的思想。自汉武帝专尊孔教以后，这热中于富贵利禄的人，总是日多一日。我们今日想要实行革命，提倡民权，若夹杂一点富贵利禄的心，就像微虫霉菌，可以残害全身，所以孔教是断不可用的。若说那基督教，西人用了，原是有益；中国用了，却是无益。因中国人的信仰基督，并不是崇拜上帝，实是崇拜西帝。最上一流，是借此学些英文、法文，可以自命不凡；其次就是饥寒无告，要借此混日子的；最下是凭仗教会的势力，去鱼肉乡愚，陵轹同类。所以中国的基督教，总是伪基督教，并没有真基督教。但就是真基督教，今日还不可用。因为真基督教，若野蛮人用了，可以日进文明；若文明人用了，也就退入野蛮。试看罗马当年，政治学术，何等灿烂，及用基督教后，一切哲学，都不许讲，使人人自由思想，一概堵塞不行，以致学问日衰，政治日敝，罗马也就亡了。那继起的日耳曼种，本是野蛮贱族，得些基督教的道德，把那强暴好杀的心，逐渐化去，就能日进文明，这不是明白的证据么？今日的中国，虽不能与罗马并称，却还可称伯仲，断不是初起的日耳曼种可相比例。所以真正的基督教，于中国也是有损无益。再就理论上说，他那谬妄可笑，不合哲学之处，略有学问思想的人，决定不肯信仰，所以也无庸议。孔教、基督教，既然必不可用，究竟用何教呢？我们中国，本称为佛教国。佛教的理论，使上智人不能不信；佛教的戒律，使下愚人不能不信。通彻上下，这是最可用的。但今日通行的佛教，也有许多的杂质，与他本教不同，必须设法改良，才可用得。因为净土一宗，最是愚夫愚妇所尊信的。他所求的，只是现在的康乐、子孙的福泽，以前崇拜科名的人，又将那最混账的《太上感应篇》、《文昌帝君阴骘文》等，与净土合为一气，烧纸、拜忏、化笔、扶箕，种种可笑可丑的事，内典所没有说的，都一概附会进去。所以信佛教的，只有那卑鄙恶劣的神情，并没有勇猛无畏的气概。我们今日要用华严、法相二宗改良旧法。这华严宗所说，要在普度众生，头目脑髓，都可施舍与人，在道德上最为有益。这法相宗所说，就是万法惟心。一切有形的色相，无形的法尘，总是幻见幻想，并非实在真有。近来康德、索宾霍尔诸公，在世界上称为哲学之圣。康德所说"十二范畴"，纯是"相分"的道理。索宾霍尔所说“世界成立全由意思盲动”,也就是“十二缘生”的道理,却还有许多哲理,是诸公见不到的。所以今日德人,崇拜佛教,就是为此。在哲学上今日也最相宜。要有这种信仰,才得勇猛无畏,众志成城,方可干得事来。佛教里面,虽有许多他力摄护的话,但就华严、法相讲来,心佛众生,三无差别。我所靠的佛祖仍是靠的自心,比那基督教人依傍上帝,扶墙摸壁,靠山靠水的气象,岂不强得多吗?

有的说中国佛教,已经行了两千年,为甚没有效果?这是有一要点。大概各教可以分为三项:一是多神教,二是一神教,三是无神教。也如政体分为三项:一是贵族政体;二是君主政体;三是共和政体。必要经过君主政体的阶级,方得渐入共和政体;若从这贵族政体,一时变成共和政体,那共和政体必带种种贵族的杂质。必要经过一神教的阶级,方得渐入无神教,若从这多神教一时变成无神教,那无神教必带种种多神教的杂质。中国古代的道教,这就是多神教。后来佛教进来,这就是无神教。中间未经一神教的阶级,以致世人看佛,也是一种鬼神,与那道教的种种鬼神,融化为一。就是刚才所说的烧纸、拜忏、化笔、扶箕等类,是袁了凡、彭尺木、罗台山诸人所主张的。一般社会,没有一人不堕这坑中,所以佛教并无效果。如今基督教来,崇拜一神,借摧陷廓清的力,把多神教已经打破,所以再行佛教,必有效果可见的了。

有的说印度人最信佛教,为甚亡国?这又是一要点。因为印度所有,只是宗教,更没甚么政治法律。这部《摩拿法典》,就是婆罗门所撰定。从来没有政治法律的国,任用何教,总是亡国。这咎不在佛教,在无政治法律。我中国已有政治法律,再不会像印度一样。若不肯信,请看日本可不是崇信佛教的国么?可象那印度一样亡国么?

有的说佛教看一切众生,皆是平等,就不应生民族思想,也不应说逐满复汉。殊不晓得佛教最重平等,所以妨碍平等的东西,必要除去,满洲政府待我汉人种种不平,岂不应该攘逐?且如婆罗门教分出四性阶级,在佛教中最所痛恨。如今清人待我汉人,比那刹帝利种虐待首陀更要利害十倍。照佛教说,逐满复汉,正是分内的事。又且佛教最恨君权,大乘戒律都说:“国王暴虐,菩萨有权,应当废黜。”又说:“杀了一人,能救众人,这就是菩萨行。”其余经论、王贼两项,都是并举。所以佛是王子,出家为僧,他看做王就与做贼一样,这更与恢复民权的话相合。所以提倡佛教,为社会道德上起见,固是最要;为我们革命军的道德上起见,亦是最要。总望诸君同发大愿,勇猛无畏。我们所最热心的事,就可以干得起来了。

次说国粹。为甚提倡国粹?不是要人尊信孔教,只是要人爱惜我们汉种的历史。这个历史,是就广义说的,其中可以分为三项:一是语言文字,二是典章制度,三是人物事迹。近来有一种欧化主义的人,总说中国人比西洋人所差甚远,所以自甘暴弃,说中国必定灭亡,黄种必定剿绝。因为他不晓得中国的长处,见得别无可爱,就把爱国爱种的心,一日衰薄一日。若他晓得,我想就是全无心肝的人,那爱国爱种的心,必定风发泉涌,不可遏抑的。兄弟这话,并不像做《格致古微》的人,将中国同欧洲的事,牵强附会起来;又不像公羊学派的人,说甚么三世就是进化,九旨就是进夷狄为中国,去仰攀欧洲最浅最陋的学说,只是就我中国特别的长处,略提一二。

先说语言文字。因为中国文字,与地球各国绝异,每一个字,有他的本义,又有引申之义。若在他国,引申之义,必有语尾变化,不得同是一字,含有数义。中国文字,却是不然。且如一个天字,本是苍苍的天,引申为最尊的称呼,再引申为自然的称呼。三义不同,总只一个天字。所以有《说文》、《尔雅》、《释名》等书,说那转注、假借的道理。又因中国的话,处处不同,也有同是一字,彼此声音不同的;也有同是一物,彼此名号不同的。所以《尔雅》以外,更有《方言》,说那同义异文的道理。这一种学问,中国称为"小学",与那欧洲"比较语言"的学,范围不同,性质也有数分相近。但是更有一事,是从来小学家所未说的,因为造字时代先后不同,有古文大篆没有的字,独是小篆有的;有小篆没有的字,独是隶书有的;有汉时隶书没有的字,独是《玉篇》、《广韵》有的;有《玉篇》、《广韵》没有的字,独是《集韵》、《类篇》有的。因造字的先后,就可以推见建置事物的先后。且如《说文》兄、弟两字,都是转注,并非本义,就可见古人造字的时代,还没有兄弟的名称。又如君字,古人只作尹字,与那父字,都是从手执杖,就可见古人造字的时代,专是家族政体,父权君权,并无差别。其余此类,一时不能尽说。发明这种学问,也是社会学的一部。若不是略知小学,史书所记,断断不能尽的。近来学者,常说新事新物,逐渐增多,必须增造新字,才得应用,这自然是最要,但非略通小学,造出字来,必定不合六书规则。至于和合两字,造成一个名词,若非深通小学的人,总是不能妥当。又且文辞的本根,全在文字,唐代以前,文人都通小学,所以文章优美,能动感情。两宋以后,小学渐衰,一切名词术语,都是乱搅乱用,也没有丝毫可以动人之处。究竟甚么国土的人,必看甚么国土的文,方觉有趣。象他们希腊、梨俱的诗,不知较我国的屈原、杜工部优劣如何?但由我们看去,自然本种的文辞,方为优美。可惜小学日衰,文辞也不成个样子。若是提倡小学,能够达到文学复古的时候,这爱国保种的力量,不由你不伟大的。

第二要说典章制度。我个[们]中国政治,总是君权专制,本没有甚么可贵,但是官制为甚么要这样建置?州郡为甚么要这样分划?军队为甚么要这样编制?赋税为甚么要这样征调?都有一定的理由,不好将专制政府所行的事,一概抹杀。就是将来建设政府,那项须要改良?那项须要复古?必得胸有成竹,才可以见诸施行。至于中国特别优长的事,欧、美各国所万不能及的,就是均田一事,合于社会主义。不说三代井田,便从魏、晋至唐,都是行这均田制度。所以贫富不甚悬绝,地方政治容易施行。请看唐代以前的政治,两宋至今,那能仿佛万一。这还是最大最繁的事,其余中国一切典章制度,总是近于社会主义,就是极不好的事,也还近于社会主义。兄弟今天,略举两项,一项是刑名法律。中国法律,虽然近于酷烈,但是东汉定律,直到如今,没有罚钱赎罪的事,惟有职官妇女,偶犯笞杖等刑,可以收赎。除那样人之外,凭你有陶朱、猗顿的家财,到得受刑,总与贫人一样。一项是科场选举。这科举原是最恶劣的,不消说了,但为甚隋、唐以后,只用科举,不用学校?因为隋、唐以后,书籍渐多,必不能像两汉的简单。若要入学购置书籍,必得要无数金钱。又且功课繁多,那做工营农的事,只可阁[搁]起一边,不能象两汉的人,可以带经而锄的。惟有律赋诗文,只要花费一二两的纹银,就把程墨可以统统买到,随口咿唔,就象唱曲一般,这做工营农的事,也还可以并行不悖,必得如此,贫人才有做官的希望。若不如此,求学入官,不能不专让富人,贫民是沉沦海底,永无参预政权的日子。这两件事,本是极不好的,尚且带几分社会主义的性质,况且那好的么?我们今日崇拜中国的典章制度,只是崇拜我的社会主义。那不好的,虽要改良;那好的,必定应该顶礼膜拜,这又是感情上所必要的。

第三要说人物事迹。中国人物,那建功立业的,各有功罪,自不必说。但那俊伟刚严的气魄,我们不可不追步后尘。与其学步欧、美,总是不能象的;何如学步中国旧人,还是本来面目。其中最可崇拜的,有两个人:一是晋末受禅的刘裕,一是南宋伐金的岳飞,都是用南方兵士,打胜胡人,可使我们壮气。至于学问上的人物,这就多了。中国科学不兴,惟有哲学,就不能甘居人下。但是程、朱、陆、王的哲学,却也无甚关系。最有学问的人,就是周秦诸子,比那欧洲、印度,或者难有定论;比那日本的物茂卿、太宰纯辈,就相去不可以道里计了。日本今日维新,那物茂卿、太宰纯辈,还是称颂弗衰,何况我们庄周、荀卿的思想,岂可置之脑后？近代还有一人,这便是徽州休宁县人,姓戴名震,称为东原先生,他虽专讲儒教,却是不服宋儒,常说"法律杀人,还是可救;理学杀人,便无可救。"因这位东原先生,生在满洲雍正之末,那满洲雍正所作朱批上谕,责备臣下,并不用法律上的说话,总说"你的天良何在？你自己问心可以无愧的么？"只这几句宋儒理学的话,就可以任意杀人。世人总说雍正待人最为酷虐,却不晓是理学助成的。因此那个东原先生,痛哭流涕,做了一本小册子,他的书上,并没有明骂满洲,但看见他这本书,没有不深恨满洲的。这一件事,恐怕诸君不甚明了,特为提出。照前所说,若要增进爱国的热肠,一切功业学问上的人物,须选择几个出来,时常放在心里,这是最紧要的。就是没有相干的人,古事古迹,都可以动人爱国的心思。当初顾亭林要想排斥满洲,却无兵力,就到各处去访那古碑古碣传示后人,也是此意。

以上所说,是近日办事的方法,全在宗教、国粹两项,兄弟今天,不过与诸君略谈,自己可以尽力的,总不出此两事。所望于诸君的,也便在此两事。总之,要把我的神经病质,传染诸君,更传染与四万万人。至于民族主义的学理,诸君今日,已有余裕;发行论说刊刻报章的事,兄弟是要诸君代劳的了。

《演说录》,《民报》第6号,1906年7月25日

7月15日(五月二十四日) 《中外日报》刊载署两江总督周馥致军机处电,报称江南筹办米谷以应民间抢米,派员缉拿会党及革命党人事。

《中外日报》报载周馥电文云:

北京军机处钧鉴,闰四月二十日电传上谕一道,仰见深宫为湘粤水灾,民生困苦,宵旰焦劳,薄海感颂。江苏、安徽、江西等处,本年雨多晴少,上游水发,江水日涨。近来无三日不雨,沿江、沿湖多系产米之乡,深恐水溢溃堤,有损秋获。本年麦秋,已属歉薄。因各省运米太多,以致米价日见腾贵。馥等前奏镇江禁米出海,内地仍照常流通,而民间怵于米价太昂,间有私禁出境之事。俱饬官妥为劝导,并谕各处购买振[赈]米委员与地方官妥商,相机办理,不准图速多购。现查各属尚属安静,惟前日□江□□有拦抢米船,滋闹米行之案。已派员查明,现镇江、芜湖一带米价每石六千内外,除九江、镇江已禁出口外,芜湖不便再禁出口,随后体察情形酌办。惟恐米价再长[涨],贫民度日维艰,情殊可虑。现督饬州县禁商囤积居奇,或动公款积谷,办理平粜,或免税厘,招商贩运,或由州县出示平价,皆系暂时补苴之计。惟望江水渐落,天气多晴,以翼转歉为丰。馥等处此时艰,不胜焦灼,惟当竭力维持,以期有备无患。至沿江一带情形,向有票匪、哥老会匪出没,近来枭盗之案,层[屡]见迭出。前日谣言孙文党羽有入长江,勾引匪类之事。馥现派员密访,未通踪迹。日前苏属绅董翰林院修撰张謇等二十人禀称,已革狼山镇总兵李定明长于缉匪,素有威声,熟习沿江一带情形,公恳委用。并据运司赵滨彦禀同前由,拟调李定明来苏带领乡团及巡警兵,来往长江,巡缉匪类,另派擅于缉捕员弁分路梭巡,仰慰圣主除暴安良之至意。谨会同陈夔龙、恩铭、吴重憙具陈,请代奏。

附军机处覆电:"奉旨,周馥等电奏悉,著照所请,该署督等随时妥筹办理,钦此。

《江督呈军机处电,为筹办米谷暨委员缉匪事》,《中外日报》1906年7月15日

7月17日(五月二十六日) 孙中山自日本赴南洋,是日抵英属马来联邦芙蓉(Seremban)埠,召集华侨同志谈革命情势。孙中山以为,近年革命"大有一日千里之势",清廷维新、立宪,"为笼络人心之手段,实假立宪之美名,以实行中央集权"。

邓泽如记叙孙中山与芙蓉华侨的谈话如下:

5月26日，总理拟往欧洲，道经南洋芙蓉埠，寓矿务会馆。本欲演讲革命宗旨，惟碍于居留政府之干涉，而欢迎革命主义者，如朱赤霓、黄心持、李梦生等，不过数人，只与表同情之数同志作谈话会。总理谓近一二年，内外赞成革命者大不乏人，大有一日千里之势。彼满虏处此，万不能与风潮相抗拒，而又不能守一成不变之成法，以保子孙帝王之业。乃始下诏维新，以觇汉人之志向；继则公然宣布立宪，预备九年之开国会，为笼络人心之手段。实假立宪之美名，以实行中央集权。稍有眼光者，多能知之。是所谓非我族类，其心必异，亦无怪乎其手段之辣矣！坐中有问总理，以中国通商口岸无省无之，若革命军起事，外国有无干涉，借口于内乱而行瓜分中国？何法可以抵御？总理答曰：瓜分之原因，由于中国之不能自立，以中国不能自立，则世界和平不可保也。《民报》精卫有论说《驳革命可以召瓜分说》，可购一份《民报》，便知其道理也。

邓泽如《中国国民党二十年史迹》，上海正中书局1948年版，第1页

7月19日(五月二十八日)　安徽霍山县张正金等因民教相争，"半由教士之迫索，半由官吏之酿成"，乃联合湖北罗田、麻城等地会党首领，以二千余众，攻击清军。安徽、湖北及河南三省震动。

《中外日报》报道称：

皖省某教士有电到申，略言皖抚所派之兵队与霍山匪目张正金接仗，甚不济事。刻已逾漫水河，请速电致皖抚添兵助剿。该处所招之乡团，甚不得力，故日来民心惶惶，且杨林岩教堂势必难保云云。闻皖抚亦接到上海法领事来电，略谓屡电请兵保护，并速除匪目张正金，承覆已饬马队孙管带、步队李管带剿办，又多方购线密拿，如此则应可见效，何日来匪势益甚，而该处杨林岩教堂又毁，人心愈为惶惑。如华兵见匪畏怯，则法国亦可派兵协助云云。

《记教士报告、法领催办霍山匪乱事》，《中外日报》1906年6月25日

7月30日(六月初十日)，安徽巡抚恩铭具折上奏此事经过，云：

安徽巡抚奴才恩铭跪奏，为陈明霍山匪徒滋事情形，并将办理乖谬之印委各员请旨惩处，恭折仰祈圣鉴事。

窃查湖北罗田民人张正金，寄居霍山县西乡，与该处法国教堂素有微嫌。上年冬月因教民郑长应等意图反教，该堂石教士函请该县知县秦达章，传案罚赔了结。而教士复听教民李万生之言，指控张正金主唆，该县又为之差传，屡次避匿不到，本年正月辄将其弟张正银及其妹夫戚显俊一并羁押。乃张正金竟敢纠人要挟释放，于是教堂疑惧，上海法总领事电请保护。经升任抚臣诚勋调寿春镇马队前往弹压，叠派大挑知县余鼎镛、新任六安直隶州知州熊祖贻查办。

迨奴才三月抵任，法领事又屡电诘责，复经札饬该印委迅速和平办结，其时各乡绅董群以张正金主唆无据，愿措洋钱二千圆，向教堂恳请免究，并出结力保平安，欢迎教士回县。而教堂乃必欲张正金到案，委员余鼎镛复至其家缉拿，大言恐吓，并以铁链锁其幼子。该县派出之差亦四出滋扰，并拘其父张芝兰等为质。奴才当将该印委各员先后撤省，讵张正金自知不为教堂所容，忽于闰四月十八日由原籍纠约多人，回霍搬取眷属，顺至教民李万生家捣毁器具，仍复逃回罗田。奴才虑其扰害教堂，派令参将李振标、管带巡防军一旗，并饬营务处道员杨奎绶前往，相机防缉。旋据禀张正金在籍纠结罗麻匪党金同德等为之主谋，遍贴伪示，沿途勒索米粮，于五月十四日窜至霍邑之千罗畈，焚毁该处无人居住之传教分堂。

该军适到，匪党拒捕，当即枪毙数名，生擒放火匪首二名，夺获枪炮多件、名册一本。追

至与湖北交界之瓮门关，因山路歧杂，未能前进，探闻该匪首有至河南商城勾结匪党之说。奴才复恐兵力太单，一面添调寿春镇步队一营至英霍一带保护教堂，一面电请鄂豫两省，派营协拿去后。

续据李振标禀报，据罗田绅士陈姓函称，张正金又添勾麻城匪首李仕英等，并罗田商城各匪，约期来霍。二十八日果见有“辅清灭洋”旗帜，约二千余人，由罗田僧塔寺而来，经青苔关至霍邑之黄石河踞扎。该军乘夜猛攻，天明时匪势不支，始退出青苔关，一向麻城，一向商城，分两路而遁。计阵毙九十余人，据闻李仕英亦在其内等情。奴才当以匪徒虽经击散，而该处界连鄂豫，窜扰堪虞，非将匪首弋获，三省边疆皆难安谧。札饬李振标严防要隘，侦缉渠魁，复电鄂豫请饬兵队一体兜拿，解散胁从，以杜后患。此办理该处匪徒滋事之情形也。

奴才伏查此案衅起细微，养成巨患。推其原始，半由教士之迫索，半由官吏之酿成。该县知县秦达章于教士函控之时，未能婉为劝导，乃复叠次擅押无辜，纵差滋扰，致成巨案，实属昏愦糊涂。委员大挑知县余鼎镛奉札查办，措置无方，诸多荒谬，均未便稍事姑容，相应请旨一并即行革职。六安直隶州知州熊祖诒，查办此案迟至数月，一筹莫展，亦属无能，应即撤任察看，以示惩儆。至扰民之差役，已饬按名提省究办，被累之户口亦由奴才派员查明抚恤。

所有霍山匪徒滋事情形，并参处印委各员缘由，理合会同署两江总督臣周馥恭折具陈，伏乞皇太后、皇上圣鉴训示。谨奏。

光绪三十二年七月初四日奉朱批：著照所请。该部知道。钦此。

中国第一历史档案馆、福建师范大学历史系编《清末教案》第3册，中华书局1988年版，第901~903页

9月15日(七月二十七日)，浙江道监察御史石长信上奏朝廷，称官员办理张正金一案大肆株连：

浙江道监察御史臣石长信跪奏，为霍山教案民惧株连，逃于六望山者甚众，请旨饬派干员设法解散，恭折仰祈圣鉴事。

窃安徽霍山县风气浑朴，民教相安。乃有张某奉教，张氏修谱，族长张正金不刊入谱，教士以为阻教，请逮正金。知县秦达璋拘提到案，绅董说合，罚银二千两，将正金释放。适六安知州熊祖诒到霍，谓此案教堂教民毫无损伤，何得赔银？其议中止。教士怒，遂以正金聚众图毁教堂，上告抚臣诚勋，即派寿春马队保护，札委知县余鼎查办。余令家寓寿州，回家留连日久，正金闻风先逸。及到霍即拘正金家属，杖毙其子，母妹妻女交差管押，不堪凌辱，遂激众怒，将正金母妹妻女抢回。

抚臣恩铭因案情重大，加派一旗，于是霍民惊惧，讹传搜剿，弓影杯蛇，转相惶惑。续因聚众愈多，又加派一旗，枪毙逃民二百余，于是霍民愈惧，其逃于六望山中，盖有万数。六望山者，形势险要，可屯六万人。明季避乱者结寨自保，俗呼为六万寨。近因案久未结，特委知府陈某，教士不愿，改委郭某。倘游移无定，恐办理未善，变将不测，拟请饬下江南总督，选派廉明干练之员一同查勘，果系聚众滋事，势非用兵不可。若为避祸，愚民自应设法解散，宽其生路，庶不致殃及无辜。兹幸未伤教民一人，未毁教堂一瓦，惟重惟轻，权衡在我。

查此案正金肇衅，信有罪矣，然罪止及身，奚为戮拿？甚矣，余鼎之酷也，余委滥刑罚已重矣。然案可上控，奚为劫狱？甚矣，霍民之愚也，以愚民而逢酷吏，酿成大案，比比皆然。是在封疆大员，凡有教案，务选贤能，秉公讯断，以昭平允，庶民安而教亦安矣。

臣为安民保教起见，是否有当，伏乞皇太后、皇上圣鉴，训示。谨奏。

中国第一历史档案馆、福建师范大学历史系编《清末教案》第3册，中华书局1988年版，第932~933页

1907年1月14日(十二月初一日)，两江总督端方奏报如下：

头品顶戴、两江总督奴才端方跪奏，为查明霍山教案情形，并现筹办法，据实复陈，恭折仰祈圣鉴事。

窃奴才前在京师承准军机大臣抄交光绪三十二年七月二十七日奉上谕：有人奏霍山教案，民惧株连，逃聚六望山，请饬设法解散。著周馥、端方严加查明，妥筹办理，原折著抄给阅看。将此谕令知之。钦此。并另准军机大臣字寄到宁，当经前督臣周馥派委江苏候补知府桂殿华往查。奴才到任后，又派委江苏候补道陶森甲前往复查，妥筹办法。兹据先后查明禀覆前来。奴才复加察核，并与安徽抚臣恩铭往返函商，妥筹办理，谨将此案原委并现拟办法，为我皇太后、皇上陈之。

查原禀内称，霍山县张某奉教，张氏修谱，族长张正金不刊入谱，教士以为阻教，请逮正金。知县秦达璋拘提到案，绅董说合，罚银二千两，将正金释放。适六安知州熊祖贻到霍，谓此案教堂教民毫无损伤，何得赔银，其议中止一节。查前霍山县知县名秦达章，原奏所称秦达璋自即指此。霍山教堂城乡共有九处，平日均相安无事，西乡十八道教堂距城窎远，教士法国人石资训，驻此已十余年，武断喜事。前数年该处教民张建和，砍伐坟树，张正金诉于教堂，与石资训争辩口角。石资训请县提究。正金惧，遣弟正银服礼悬匾挂红，得以寝事，非因修谱起衅。上年教民张耀宾等怨石资训苛罚，约其同党数十人反教，问计于正金。正金答以反教似不犯法，张耀宾等遂出教。石资训请知县秦达章提办正金，正金逃避未获。至绅董说合，罚银二千两等情。系教堂已毁之后，秦达章邀集绅董，与教堂议和，已允给洋二千元，作为惩罚。教堂始允旋翻，六安州知州熊祖贻到霍，与教士言语龃龉，事遂中变，并非初起之事。

又原奏称教士以正金聚众图毁教堂，上告抚臣诚勋，即派寿春镇马队保护，札委知县余鼎查办。余令家寓寿州，回家留连日久，正金闻风先逸。及到霍即拘正金家属，杖毙其子。母妹妻女，交差管押，不堪凌辱，遂激众怒，将正金母妹妻女抢回一节。查抚臣诚勋所派委员系大挑知县余鼎镛，原奏所称余鼎，自即指此。抚臣诚勋接准上海法总领事电请保护，故调寿春镇马队前往弹压。迭派大挑知县余鼎镛由省至霍，五日而到，并未经过寿州。抵霍后带领兵役下乡，因正金已逸，拘其父及其妹与幼子交董事看管，以期勒交正金，并无杖毙之事。而正金在罗田藏匿，潜约多人，突来黄栗杪，将教民李万生房屋打毁，并波及教民数家，挈其父及其妹、子，由原路而逸。

又原奏内称，抚臣恩铭因案情重大，加派一旗，于是霍民敬惧，伪传搜剿，弓影杯蛇，转相惶惑。续因聚众愈多，又加派一旗，枪毙逃民二百余一节。查核臣恩铭因闻正金逃回罗田，勾结匪党，虑其复来滋扰，加派防军一旗。正金果纠约罗麻匪首金同德等，窜入霍境之千罗坂，焚毁无人居住之传教分堂。兵队适到，匪党拒捕，即枪毙数名，擒获放火为首者二名，夺获枪械十余件、名簿一本，余党由与湖北交界之瓮门关而逸。探闻该匪，有至河南商城勾结匪党之说，复添调步队一营至英霍一带，保护教堂。正金又添勾麻城匪首李仕英并罗田商城各匪约二千余人，往青苔关进至黄石河。该军乘夜猛攻，天明时匪势不支，始退出青苔关外而遁。计阵毙九十余人。查询枪毙之人，大率罗麻人居多。据董保禀称，保内并无一人，其为系罗麻匪党，非本境逃民，已可概见。

又原奏内称，霍民于六望山中，盖有万数，六望山形势险要，可屯六万人。明季避乱者结寨自保，俗呼为六万寨。近因案久未结，特委知府陈某，教士不愿，改委郭某。倘游移无定，恐办理未善，变将不测一节。考之县志，无六望山之名，有四望山、六万寨二处。四望山在县治南六十里，六万寨在县治西三十里，均距正金肇衅之地甚远，并无民人逃避该处，原奏自系传闻之误。至派员更改缘由，因始委陈麟瑞署六安州，而陈现在滁州本任，故委办理盐河厘金候补知府刘沛然署滁州。继因展转交替，恐需时日，故改委郭育才署六安。郭系截取本班，并无别情，尚属可信。此查明原奏所陈各节之实在情形也。

此案起衅甚微，如地方印委办理得宜，本不致酿成重案。乃该县知县秦达章不知奉教听民自便，载在约章，辄徇教士之请，操切于前。而委员余鼎镛复因正犯远飏，擅拿其合家老幼，纵容差役扰累于后。以致群情惶惑，激成事端，实属办理荒谬。业经抚臣恩铭会同前督臣周馥将秦达章、余鼎镛二员奏参革职，并将扰民之役从重惩办，无庸再行置议。张正金穷无所□，铤而走险，纠结匪党，聚众焚掠，拒捕抗官，自不能不用兵力。现今查明所格杀者，皆系邻境匪徒，并无良民在内，亦无庸议。现在张正金逃匿无踪，地方民情已安靖如常，抚臣恩铭业将兵队陆续撤回，惟暂留一营弹压保护，并拨款抚恤被扰之民。叠经剀切晓谕，张正金纠众滋事，实为祸首，罪止一人，不得不行拿究，其家属戚族概免株累。闻正金家属已陆续相率回里。抚臣恩铭拟将被焚教堂先为修复，一面密拿张正金，获日另办，而教士必欲先拿犯而后修堂。现正饬令六安、霍山各该牧令，与该处教士就近磋商，以期就范。

霍山县治偏在东北，距西乡十八道等处，有一百八九十里之远，民事诉讼，极为不便，故民教积嫌，日深一日，而无官主持，易滋衅隙。今拟将先经移设之上土司巡检移回原设之上土市地方，以资控制。容奴才会同抚臣，另行具奏。奴才仍当会同抚臣，督饬所属访拿正犯，安抚良民，申明约章，奉教听民自便，不得禁阻，亦不得抑勒。教民犯事，与平民一体，按中国律例，归地方官核办，教士不得干预。以期民教永远相安，仰副圣朝绥辑怀柔、一视同仁之至意。

所有查明霍山教案实情并妥为筹办缘由，理合恭折复奏，伏乞皇太后、皇上圣鉴，训示。谨奏。

光绪三十二年十二月十一日奉朱批：知道了。钦此。

中国第一历史档案馆、福建师范大学历史系编《清末教案》第3册，中华书局1988年版，第947～950页

△ 署两广总督岑春煊奏报清廷办理三年以来清乡情形，以为"广东盗风之炽甲于他省"原因在于容易逋逃洋界及本地士绅庇护。

其奏折曰：

太子少保、头品顶戴、兵部尚书衔、署理两广总督兼管广东巡抚、粤海太平两关事务臣岑春煊跪奏，为广东省历年剿办股匪，清查匪乡，在事出力人员择尤酌请奖叙，以鼓士气而励将来，恭折具陈，仰祈圣鉴事。

窃照广东盗风之炽甲于他省，小则抢劫掳赎，大则纠党置械，显著逆谋。历年办理清乡不能大著成效者，多由兵力不能持久，而匪得逋逃洋界，或借庇劣绅以暂避兵威，迨勇营他调又潜回肆虐，故非严办久办，不能搜剔根株。微臣待罪粤中，瞬经三载，叠奉明诏催办清乡，深惭弭盗之无方，亦屡筹清乡之要策。二十九年，由桂回东，见各属营勇之腐败纷杂，因改定通省营制，概以二百八十八人为一营，分派中、东、西、南、北五路，划清地段，各办各乡，有汛守则责成较专，少更调则情形易熟。中路为广州府属。北路为南雄、韶州、连州三属。南路为琼州、雷州等属。东路为惠州、潮州、嘉应三属，而以肇、阳、罗、高、廉、钦六属统归西路。西路汛地广，营勇较多，而匪乡亦较他路为最夥。廉、钦两属游勇土匪遍地蔓延，光绪二十八年，经前督臣陶模派道员秦炳直带营专办，甫报肃清。及西省游匪蜂起，由南宁、太平转注于廉、钦者，牵引句煽，死灰复燃。著匪滕八、彭十二、黎糖米焦十等，起为魁首，号召党羽，二十九年七月，攻防城县治。十二月，戕害署龙门协副将傅建勋，势益鸱张。适道员秦炳直引见

回粤,臣复檄委率营剿办。其时西匪为提督丁槐所追逼,奔集于钦州边界之十万大山,深藏潜匿,负隅自固。丁军拊其背,不使回窜。钦军仅数千人,连日进山追击,血战三昼夜,莫能制其死命。秦炳直因严禁接济,多放间谍,使诸匪穷饿携贰。沿山复张兵大索,毙贼无算,余党遂杀彭十二等缴枪归诚,著酋滕八旋亦格毙。其戕害傅建勋之凶匪尖头李,逃至琼州,纠党肆劫,为官军擒获惩办。大股既歼,侦缉余党,往复搜剔,两年之久,地方始安靖。三十年八月,西省怀集之匪窜扑广宁县城,击散后,严饬地方文武督率营团清除伏莽。一年以来,陆续获办著匪五百余名,匪风始为之衰。此外高州、阳江、罗定等属,攻剿搜捕同时并举,其著名各匪半已惩办。此近年西路办匪之大概情形也。

东路潮州斗风最盛,劫掠掳赎之案则以惠州尤多。自二十六年三洲田股匪剿平以后,余党潜匿香港,暗通会匪,时图蠢动。三十一年,巨匪戴莲香纠劫龙川县之老隆墟,戕害巡检、千总。同时归善县属之梁化墟,有会匪何乃文纠党起事。龙门县之路溪墟,有会匪罗觉山等揭竿思逞。经派驻防营勇分投追剿,署惠、潮、嘉道沈传义,由潮州率领一营,臣复于中路抽派一营驰往邀截,连日痛剿,首逆先后就擒。沈传义于惠州情形极为熟悉,因设暗捕队梭巡侦探,先在博罗埔下乡起出铸银机器,复在东莞企石乡起出制造军火机器及伪银、枪码、火药等件。此皆会匪根据之地,利用之资。一旦倾其巢穴,四出窜逸,布网兜拿,斩擒过半。潮属斗案迭经严惩,近亦少息。此又近日东路剿匪清乡之大概情形也。

中路自歼除著匪区新、戴梅香、徐大亡志、陈马王海后,复痛剿沙匪,惩办著酋林瓜四。一年以来,匪党略知震慑。三十年六月,韶州府之曲江县属桂头一六墟,有三点会匪侯金养等约期起事,经营勇剿散擒办首要。北路一带近无警报。南路自三十年拿办窜匪尖头李后,洋匪亦颇敛迹。

然粤省盗患根蒂已深,查拿稍松,则窜越勾结,立酿巨患。他省侦捕盗贼,多由州县差役任之,至剿办大股强徒,始调兵队。广东之盗,散则为小匪,聚者为大股,一星之火,倏可燎原,各属不必皆有肇乱之事,而随在皆有可以肇乱之人,故侦捕、攻剿无不一于营勇是赖。其剿大股也,则整队迎击;其捕散匪也,则暗查侦缉。人人有奋勇敢战之性质,而又有细密机警之心思,始足以克敌制胜。以言粤营弁勇之难且苦,迥非他省防营所可同日而语。

现计三年以来,中路获办著匪二千九百余名,南、北两路获办一百六十余名,东路一千四百余名,西路五千四百五十余名,均系积年打单、抢劫、掳勒之匪,而中、东、西三路尤多拜会谋逆首要。经此认真拿办,虽不敢谓各路竟无盗警,有肃清地面之功;而各员弁明击暗捕,寒暑奔驰,其劳绩实未可泯没。至如秦炳直所统各军,办理廉、钦攻剿搜捕,历久不懈,尤为始终勤奋。若不择尤请奖,无以鼓舞戎行。据各路统领、统带将历年剿匪清乡尤为出力文武各员弁,列单请奖前来。臣严加核汰,以曾剿大股巨匪得胜者作为异常劳勋,以侦捕出力虽获著匪多名作为寻常劳绩,择尤开列四十一员,委无冒滥,酌拟奖叙,谨缮清单,恭呈御览。合无仰恳天恩俯准照奖,以彰劳而励将来。其千、把以下出力人员,另行咨部核奖。

至广东盗风之盛,一由密迩洋界易于逋逃,一由本地劣绅暗中包庇。洋界逃匪,现已迭次照会洋官代缉,提回讯办。其庇匪之劣绅,经臣严饬营县于清乡之际,查有确实证据者,立即严拿斥革究惩,庶匪徒无可倚赖,邻族敢于指攻,于捕务当有裨益。

所有广东历年剿匪清乡情形及请奖出力人员缘由,谨缮折具奏,伏乞皇太后、皇上圣鉴,训示。谨奏。

朱批:该部议奏,单并发。

《奏报广东历年剿匪清乡情形及请奖出力员弁事》,《光绪朝朱批奏折》,档号04-01-01-1077-033

7 月 24 日(六月初四日)　清廷军机处收两江总督周馥等人电,上报近来米价昂贵,江北民情不靖。

电文云:

馥等奉外部艳电,谨悉。近因米价昂贵,已将镇江一口封禁出海,内地仍照流通。并饬各局卡免米厘一个月。又饬各州县开仓碾谷,或买米平粜。乃十九、二十一等日,宝应县及汜水镇有匪徒因米贵,借口抢夺多家。经馥与永庆派淮扬道蒯光典等带兵前往弹压,旋报安静。二十五六等日,扬州城内又出抢米之案。深恐匪徒借米为名,扰乱地方。当即饬由镇江就近拨兵三百余,前往查禁,认真保护各教堂、学堂,严拿首要各犯重办,倘或拒捕,或聚众抢劫,不服解散,准其格杀勿论。并拨米二万石运往平粜,派知府方政前往,会扬州府县查办,仍听运司调度。二十八日,迭接来电:兵到分扎,人心大定,各盐商亦办平粜等语。二十九日,又据江都县属之仙女镇商民电禀,南岸米行被抢,当电饬府县查办,并电镇江道陶森甲,就近派员弹压。又拨银万两,买米平粜,旋亦安谧。现查各处教堂均未扰害,惟米行或因口角细故,致刁民借端抢夺,此风万不可长。

查扬州一带本系产米之乡,何致缺米?只因外运太多,又值霪雨兼旬,米价增涨,现每石六七千文内外。若不惩犯保商,则米不流通,价必再涨,其不产米之处,将何所购?现在抢米者并非饥民,所抢之米间有抛掷水中者,俱是痞棍滋事,兵到虽经窜匿,仍饬严拿重惩。并通饬各州县,不准遏籴。如果米少,准其零卖,不准大宗贩运。若外省委员办米,应会同地方官绅,察看情形,酌定行止,但不准各县、各乡擅自封禁出境,免致商贾裹足,停市滋乱。

现在天气晴爽,江河之水虽大,可望渐消。已分饬苏、皖沿江沿河各县极力防守圩堤,如果一月不再霪雨,秋收可望,米价必落。

诚恐远道传闻失实,特将现办情形详达,应否代奏,请定夺。周馥、刘永庆、陈夔龙。江。

《为弹压扬州等处事》,《电报档》,综合类—收电档—光绪—03,档号 22-04-12-032-0864。

7 月 25 日(六月初五日)　《中外日报》发表题为"综论前月各省乱事"的论说,综论其时长江流域各省发生变动之事。

文章云:

前月一月之中,江苏、安徽、江西、浙江数省,乱事迭起。值国步之方艰,顾民岀之可畏,此我政府、我疆吏、我士大夫所当夙夜兢兢,忧天悯人,鉴已往之覆辙,为将来之挽救者也。兹特将乱事所在之地名详列如下:初七日,浙江新城县;初九日,浙江武义县;十九日,江苏宝应县;二十三日,江苏泰州;二十四日,江苏扬州府。□□日,安徽霍山县;□□日,江西庐陵县。

以上皆据本报所已载者言之,其稍远省分,或有乱事为本报所未载者,不之及也。亦止就其时日稍久,声势稍大者言之,其寻常扰乱之事,或有见于报者,亦不之及也。试为区别言之,则初九日武义之事,毁学也。念三日泰州之事,毁官盐店也。十九日宝应之事及念四日扬州之事,藉米贵而抢劫也。某日霍山之事,平民与教民不相能也。某日庐陵之事,官与民不相能也。惟初七日新城之事,则真作乱矣。然无论如何,苟非有人为之倡率,则蚩蚩者氓,断不敢轻于发难,此则其所同者也。志乎作乱者,固不免于劫掠,而志乎劫掠者,其势亦可以作乱。此又发端虽异,而结果则同者也。

念及此而补救之法,可以思矣。总之,近日游民之多,实无以复加。地方平靖,良民之所喜,而若辈之所恶也。风潮迭起,良民之所畏,而若辈之所幸也。夫聚无数游手好闲之人,于兵备不修、警政不完全之地，本为至可危险之道，故无论何时，亦无论何地，皆有可以作乱之势，特无辞可藉，即无以为号召之资。故必择一事端，资为名目，先播散谣言以激动人心，次小试其端，以觇官民之何若。使当其发难之时，商民有以自卫，官长当机立断，立诛其首要，则若辈亦自慑伏而不敢动。观于新城之事，首匪就诛，余匪即时败窜。扬州之事，始终未戮一人，而地方至今不靖，此其证矣。是故地方之官绅，对于若辈，平时宜有安顿之道，防遏之法，不宜掉以轻心，视为细故。一有乱事，则无论其所诵言者为何事，所藉口者为何故，而创首之人，决不宜加以宽恕，以中其因风纵火之心，幸灾乐祸之计，此则决然其不可易者也。执笔人屡持此论，盖所谓急则治标之策，而当局诸公能留意于是者卒鲜，此所由哓哓而不已也。

《综论前日各省乱事》，《中外日报》1906年7月25日

8月4日(六月十五日)　有新闻披露广州八旗驻兵腐败不堪之状。

《岭东日报》刊出《旗兵之怪现象》一文，报道云：

粤省满汉八旗，由旧有洋操队挑选一千人，送督辕亲军队，交李道训练。先挑三分之一，于去月廿四日带往北校场，由李道点验。惟闻此次挑往之旗兵，多非本人情愿，因所立军令既严，不如旗中之粉饰，可以苟且了事。况月饷有限，人多觖望，故不愿往者，实占多数。因此所挑选者，大半不合军人资格，且兼有疾病者。册载廿五岁，及向本人诘问，则四十有奇。李道向该队官诘问，则称旗中旧习。多有以子顶父，以兄顶弟，以弟顶兄之名等语。李道即令全数退回，另行挑选，并将点验情形，具禀岑督，移咨将军，认真挑选。寿留守因此大怒，将该管协佐领，大加申饬，致有摘去顶戴者。后至初一日，始行再挑前往云。

《旗兵之怪现象》，《岭东日报》1906年8月4日

8月7日(六月十八日)　孙中山抵达吉隆坡，建立同盟分会，以陆秋泰为会长。旋派人到槟榔屿建立同盟分会，推吴世荣为会长。

张永福《同盟会之扩大及遭遇之荆棘》一文云：

孙先生这回因为有胡汉民君同来帮忙，就想扩张同盟会的会务，巩固本党的基础。就带了李竹痴、陈楚楠、林义顺往吉隆坡，在青年益智会居住，认识了陈占梅、陆秋泰、陆秋杰、阮英舫(年七十余岁)、王清江、邱怡领、彭镜波、刘禖等人，借了陆秋泰的花园开会。当时举出王清江任会长(其他职员我忘记了)，阮英舫君的儿子阮德三、阮卿云兄弟闻风兴起，相继加入，这是吉隆坡有同盟会的原始。

及后，孙先生一行人等，沿途往大霹雳、怡保进行会务。到了怡保，行装已搬入“新改良”安歇。想不到这时候怡保的势力完全被康有为党徒占据，那大资本家胡子春与岑春煊有多少关系，希望帝统万年，又要藉康氏力量居官满廷；而那些聪明的资本家势利之见极深，富了想贵，认康有为为保皇领袖，自然想巴结康氏，以为做官的终南捷径。他们这样着想，同时就做着我们的敌人。一闻孙先生到来，就想给我们以极大的打击。然而我们因同处于他人治下，力量比较薄弱，敌不过这海外土豪劣绅的胡子春，当然以避免冲突为上策。所以孙先生看出风色不对，乘夜偕林义顺、陈楚楠、李竹痴搬迁行装往别家旅馆暂住，这显见我们办理党务在在所遇的困难。

迨后过了好久时间，孙先生派汪君精卫、吴君应培重入马来各埠展拓同盟会。汪君深入霹雳埠，以广长舌解释革命之意旨，乃得该埠要人同意，于是同盟会又得一精神上之新殖民地矣！越日早晨，孙先生、楚楠、义顺等即折回吉隆坡商量了一回，乃委义顺、楚楠两君由吉

隆港口搭船往槟榔屿,晋见吴君世荣。吴君本来是槟城的殷户,人极豪爽,在商界上占有很高的位置。他与林、陈两君一见如故,又见孙先生的手函,更加欢喜,便招待他们在小兰亭居住。旋通知他那边的朋友黄金庆君等许多人,由陈、林两人主盟,秘密加入同盟会。举了吴世荣君为会长,黄金庆君为财政员,槟城的同盟会就算成立了。嗣后林、陈两君回星报告一切,孙先生闻后当然喜笑颜开。

这之后孙先生仍在晚晴园会同胡汉民等人照旧策划一切。此时在星加坡又加了许多同志联盟,有许子麟、张仁南、刘七辉、刘运三、吴悟叟、邱继显、刘任臣等许多人。

张永福《南洋与创立民国》,中华书局1933年版,第15~16页

冯自由《英属七洲府同盟会》一文则谓:

七洲府即英属海峡殖民地之总称,凡新加坡槟榔屿(又名庇能)、吉隆坡、怡保、毗叻、坝罗大小各埠均属之,其首府设于槟榔屿。丙午,总理派陈楚楠、林义顺至槟榔屿设立同盟分会,先后加盟者有吴世荣、黄金庆、陈新政、辜立亭、林志诚、丘明昶、薛木本、陈民情、徐洋溢、熊玉珊、吕毓甫、徐宗汉、王寿兰、丘有美、林福全、丘又绍、潘弈源、丘能言、郑玉指、林世安、陈璧君、王得清诸人,公举吴世荣为会长,黄金庆为副会长,金庆等旧设《槟城日报》系商界中立性质,然于革命宗旨隐然赞成,又设槟城书报社,地址在甘菜园九十四号,条理整然,足为南洋各埠书报社之模范。

冯自由《革命逸史》下册,新星出版社2009年版,第742页

8月10日(六月二十一日)　同盟会湖南分会会长禹之谟,前因公葬陈天华、姚宏业,组织游行,又因领导湘乡学界抗争盐商浮收捐税,触犯官忌,是日被捕。学生为之不平。禹在狱遭酷刑,卒被杀。

《湖南官报》第46册刊出学务处牌示:

照得湘乡人禹之谟,恣行不法,劣迹多端,假地方公事,强行出头,聚众多人,直入衙门,哄堂塞署,现经访拿到案,发府讯办。查该犯在省城设有唯一学堂,一时无人经理,应即将该学堂封停。所有该堂学生,限日内一律搬出。如有品诣端方、情殷向学者,一俟官立各学堂暑假期满招考时,准取具保结,报名投考,以凭录取。毋违!特示。

又有告示:

照得湘乡人禹之谟,为畅远盐行讼案,聚众数百人,哄堂塞署,不以已极,昨经饬长沙府、县拿获到案。一俟讯实之后,自当按律惩办,是该犯咎由自取。乃访闻湘乡学堂,竟敢擅发传单,开会演说,违背钦章,又不遵本处诰诫,实属不成事体。除移警务处将擅发传单之人严密查拿外,为此示仰各学堂学生一体知悉。自示之后,务当各安本分,毋得听人煽惑,自干咎戾。切切!特示。

陈新宪等编《禹之谟史料》,湖南人民出版社1981年版,第158~159页

陈家鼎(署名"铁郎")撰《禹狱之构成》论及禹之谟被逮捕前后事云:

禹之谟者,湘学界之南洲翁也;俞诰庆、周震鳞、罗永绍、陆鸿逵者,近世之十常侍也。不有南洲,则日本之维新不成;不有十常侍,则东汉之党锢不起。此禹所以为湖湘伟人,而俞、周等必置禹死地也。造成禹狱之材料,曰湘学会也,曰唯一学校也,曰俞诰庆之案也,曰陈、姚葬岳麓之案也,而湘乡畅远盐事不与焉,不过其发端耳。禹以此等公事犯而被捕,海内外正论纷起,佥责湘抚之不能容天下士也宜矣。然而葬麓山之最后结果,清上谕所认可也;湘学会之组织,庞抚所许定札办也;唯一学校之开办,俞案之究惩,学务处所牌示批定也;禹所

为初固无害于官界，而亦官界所赞成者也。所苦者，禹之正党一日不死，则周等三丁拐之会一日不安(先是，监督同设秘密会，人谓之为三丁拐轿子会)；周等朋比一日不休，则禹三字之狱一日不脱。群阴构陷，正气为昏，此古今所以有牢狱之英雄欤！

初，群小之耸[怂]范濂源唆学部责庞也，庞以禹已逃复之，又面托湘乡绅士邀禹入署言之；张臬且曾面请某君转致禹珍重，留为他日大用，亦可见湘中官界之惮禹负学界英名而不敢发难，且希望之、敬惮之、爱惜之于不置也。自群小以禹之所为不利己，前则相率面庞抚曰："不杀禹，无以正学界人心。"且群以学堂去就要之，又贿禹本邑陶令诬详之；继则虑禹狱平反，置我辈于何地，罗、俞等乃在湘运动绅界、官界罗织之，周、陆等则出没金陵、沪上、苏、杭等处，运动报界诬陷之。有前之举，而禹六月二十一日被逮之祸成；有后之举，而禹十年监禁靖州之案定。嗟嗟！宋道学之祸，君子不咎徽宗而咎蔡京、童贯之构陷；清汉口之变，君子不恨那拉氏，而恨张之洞、梁鼎芬之深文。吾于禹狱亦然。

《洞庭波》第1期，1906年10月

柳亚子发表《呜呼，禹之谟》一文评说：

天津杀吴、范，热血未干，而湖南又杀禹之谟。年来历历英才，尽人虐天饕两若何，人之云亡，邦国殄瘁，湘兰沅芷，未免有情。阮步兵死，空山无哭声且千年，安得登君山之顶，大哭十日，倾泻我胸中亡国之泪耶？

禹祸之发，始于陈天华、姚宏业之会葬，而忌者复以他事中之，遂成大狱。闻原议定十年监禁，继有人进言于张之洞，谓不杀禹，不足寒革命党之胆，乃移常德府正法云。嗟嗟！男儿死耳，江山大好，当以颈血浇之，放一朵自由革命之鲜花。吾侪生此世，抱此志，宁甘以斗大头颅槁死牖下？求仁得仁，禹君诚何所憾！而吾之所以栖皇欲绝，痛哭无声者，果别有感触也。祖国沦亡，沉沉黑狱，有为国流血之心如禹君者，寡矣。禹君一意孤行，竟殉其目的。凡在同胞，谁无狐兔之悲与夫崇拜豪杰之感，必当痛心疾首，誓谋报复，乃为无负于禹君。奈何起视国民，大多数之驯奴方醉心立宪，群祝爱新觉罗氏亿万年有道之长，宁复知世界中尚有为民族而殉者？萧条门户，顾问无人，即有二三孤愤之士，赤手空拳，无裨世运。一点灵犀，负尽芳心寸寸矣。对此茫茫，安得不百端交集耶？

虽然，我国民其勿以我一篇消极之空文，遽阻其进取之气也。天命方新，人心不死。民族主义如布帛菽麦，不能一日绝于天壤。一禹君死，安知无百禹君生？我向者尝言之矣，天下大矣，何患无人？特鸷鸟将击，方戢翼而待时，一旦盘空而来，犬羊之肉不足供其一饱，而社会表面之腐败，亦可一扫空之矣。吾独笑彼狗彘不食之张之洞，茫然于革命党之真相，而欲杀一禹之谟，以遏其气焰。彼宁知惧死者必非革命党，革命党果置死生于度外者乎？法杀革命党，而王头缢于绞台；俄杀革命党，而炸弹轰于御道。蠢尔民贼，无徒快意也！

《复报》第7期，1906年12月15日

时靖州知州金蓉镜后编《破邪论》一书，言禹之谟案成经过：

惟光绪丙午(原按：一九〇六年)，湘乡禹之谟挟学界、工界、商界为重，主张民权。初，汉军赵中丞(原按：赵尔巽)抚湘时，以官款千金贷禹之谟办工艺厂，始有名称。及乙丙(原按：即乙巳、丙午之际，一九〇五至一九〇六年间)之际，抵制美货，电阻割闽换辽，党羽始众。其葬陈天华、姚宏业于岳麓也，聚众万人，官不敢诃。殴抚署武巡捕于途，辱学务处道员张鹤龄、学堂监督俞诰庆，迫湘乡县陶福曾提盐厘，挟刃劫持，又在天心阁演说大同会，刊刻传单，物论大骇。于是，学部始下电拿之令。禹先托迹教堂。后以六百金贿教士，始向圣公会捕获。

论曰：《王政》："道在安人，害马必除。"在法律有：抗官致死者，谓之不义；聚众抗官者，谓之刁徒;其不利于国者,谓之谋反;背本国潜从他国者,谓之谋叛。今禹之谟干犯名义,立会惑众,聚党抗官至再,实有害治道,为法制所不容。应明正典刑,以全治本。

《湖南历史资料》1980年第2期,湖南人民出版社1980年版,第166页

冯自由《丙午靖州禹之谟之狱》一文谓:

禹之谟,湖南湘乡人,少有大志,博学能文,生平喜读先儒王船山遗著,谓胡、曾、左、彭好大喜功,误入歧途,皆由不善读书之过,闻者多目为狂徒。弱冠尝游江浙,饱览长江沿岸形势,油然萌故国河山之感。甲午(一八九四年)清日构衅,慨然投笔从戎。湘军某统帅以其文弱书生,使任运输事务,因得往来关内外及辽东西各险要,军食赖以无缺。战后以劳绩保知县,因见国是日非,辞不受命。旋赴上海,专心研究各种实业。半年后复游日本,投身大阪千代田等工厂学习工艺,日有精进。寻以其父春轩病重,忽遽归国。戊戌(一八九八年)政变,谭嗣同等六人死之。之谟谓非我种类,其心必异,倚赖异族政府改行新法,等于与虎谋皮,遂力倡革命救亡之说。庚子(一九〇〇年)七月唐才常、林锡圭谋起兵武汉,之谟亦与其谋。事败,尚不知,入唐寓,所见逻骑满室,知有变,乃从容作寄信人得脱。旋往来宁沪间,有所计议,久无所成。癸卯(一九〇三年)归湘潭筹设毛巾厂,延技师教导乡民以各种纺织事业,邑人多受其惠。甲辰(一九〇四年)复推广至长沙,并附设工校,次年更添设工场,整理机织,皆亲自操作,职工咸乐为之用。又借湘乡会馆创办惟一学堂,城中各校赖其力成立者甚多。适日俄媾和,清廷谋以福建向日抵换辽东,湘人群电北京政府抗争,之谟实为之倡,以是湘中教育会商会皆推为会长。乙巳(一九〇五年)秋,孙总理、黄克强、陈天华、宋教仁等组织中国同盟会于东京,克强密函之谟,使在湘设立分会及推销《民报》,湘中民党由之谟绍介入会者,颇不乏人。《民报》亦由其一手代理,销路甚盛。丙午(一九〇六年)夏,为反抗日政府颁布取缔中国留学生而投海之新化人陈天华,及为创办上海中国公学失望而投海之益阳人姚宏业,二尸同时归榇湖湘,之谟主张应公葬岳麓以表崇报。清大吏禁之,二榇到日,之谟约全城学生制服行丧礼,万人整队送之山陵。当道及乡绅咸为侧目,以为民气伸张至此,殊于政府及官绅不利,非严加制裁不足以杜绝祸根。时有长沙学务处总监督俞诰庆者,素行卑污,尝用学务处灯笼为前导,宿娼于下等妓馆,为群学生所窘,捕至濂溪阁,黥其面,裸其体,拍其照于土娼胯下。事后,之谟曾当众斥其无耻,指为士林败类。至是俞挟前恨,乘机向湘当局告密,谓之谟为革命党魁首,专派送《民报》邪说,勾结军学两界谋起事。清大吏惮之谟名,迟迟不敢发,会六月湘乡学界抗争盐商浮收,风潮甚烈,之谟力言食盐加税,已违人道,浮收巨额,民命更危,倘不能根本撤销,亦应将浮收之款移充办学,免入贪囊,湘乡知县陶据以上详,坐之谟以率众塞署罪,湘抚遽下令逮捕。长沙基督教圣公会牧师黄吉亭与之谟相善,力劝之避。之谟不可,曰:吾辈为国家为社会死,义也。各国改革,孰不流血,吾当为前驱。遂于丙午六月二十一日被捕,士绅等为之营救申辩者日数十起。清吏格于清议,监致常德,复移靖州。靖州府金蓉镜(嘉兴人,字甸丞),性极残酷,虽之谟已定罪永远监禁,仍欲杀之以媚长官。故抵靖后更酷刑十余日取供,始以针刺指甲,继倒悬之,熏椒烟于其口鼻。之谟仍不屈,金愤甚,自烧烙铁,烙其肤肉,全身焦烂,胥役皆不忍睹。未几,萍醴革命军起,全省戒严,党狱因而大兴。金牧更借端罗织,再四刑讯,断指割舌,身无完肤。至十一月二十一日,之谟卒被缢杀于靖州之东门。就义之先,犹手书绝命辞,虽拇指已断,字迹仍端好如恒。死时指金牧曰,我要流血,为何绞之?辜负我满腔心事矣。观者多为感动。狱中尝先后作遗书多通,分致全国同胞及亲友,叙述舍身救国经过,读之足以廉顽立懦……

冯自由《革命逸史》上册,新星出版社2009年版,第304~305页

姚渔湘《禹之谟传》言：

会六月湘乡学界抗争盐商浮收风潮甚烈，之谟力言："食盐加税，已违人道，浮收巨额，民命更危；倘不能根本撤销，亦应将浮收之款，移充办学，免入私囊。"湘乡知县陶福曾据实报告，坐之谟以"率众塞署"罪，湖南臬司庄庚良、巡抚庞鸿书遽下令逮捕。长沙基督教圣公会牧师黄吉亭与之谟善，力劝之谟躲避；之谟神色自若，徐曰："余之躯壳，久已看空，何惧为？吾辈为国家为社会死，义也。各国改革，孰不流血？吾当为前驱（编者按：原文为"躯"，似误）！"遂于六月二十一日被捕。问官诘其主诘陈姚事，之谟厉声曰："今台湾及胶州、广州、大连等处，皆为外人占领不惜；独以中国人葬中国一抔土，反不能容乎？"慷慨辩论，问官辞屈。是时庞鸿书惜之谟才，不欲加害。士绅等为之谟营救申辩者日数十起，清吏格于清议，监送常德，八月初二日复移靖州。靖州府官金蓉镜（嘉兴人，字甸丞），性极残酷，虽之谟已定罪永监禁，仍欲杀之以媚长官。故之谟抵靖后，更酷刑十余日以取供。今录其所受酷刑情形于后。据其书函自云："十一月十六日下午四时，靖州牧金蓉镜提余讯问，……十八日三时金牧又提余讯问……所答动遭无理之斥驳，谓左右曰：拿长刑来，即当面钉镣，且曰：你既说不出原因道理来，即如牛马一般，牛马之肉人欲食则食何爱焉？押下去……十一月十八夜三鼓睡中，提禹之谟，余乃着衣前进，至二进之右侧小厅。金牧云：湘抚鄂督有来文云，陈某供称孙文派你在湖南为虚无党，你从实供来，还有什么人？余曰：余在湘省办纺织事，三年于兹，不知孙文、陈某为何许人。金牧即呼拿梆子来！褫去余衣，跪于铁链（编者注：原文为"练"）之上，两手左右伸开，于膝后湾处横压一棍，两端入柱之孔。又以棍横于脚尺处，板上三叠，计一湾高，使重压力尽在膝盖，胸前横一棍，使不得动移。金牧即呼以打荆条，鞭背至九百，血耶肉耶？余不得见。金牧即问：你是孙文党乎？余曰：孙文之党可也，余即孙文亦可也，请速杀！此苦不能受矣。金牧曰：何必杀？就是这样打死！……时转五更鼓，有管禁董某在侧，余托其至金牧前代求，称余能书愿死状，请释此刑。久之，便签放下。自三更至四鼓，赤身跪压，加以鞭背，几遗矢溺，数兵扶之下架，脑虽未死，而四肢已不知谁属。比抬入禁，置于床。至十九日午刻，自膝而下，尚冷如冰。同禁张福二以酒磨三七按摩之，不知有痛，至晚轻摩之，犹麻木不知，重按之始觉有痛。不能步行，如厕必负之而入。""昨二十夜二鼓后，金牧提讯，至二堂，梆子已具。金牧即呼上梆子，裸其体，照昨书所书情形，而加用大椒末熏口鼻，金牧亲持扇香一大把烧吾背约二时之久，无所供。抬至戏厅，吊吾右大指及大脚趾，悬高八尺，数刻绳断，大指已经破烂，寻亦断；又换系左大指悬之，再用香火灼吾背及膊，遍体无完肤。……金牧曰：你不实供，分明你是孙文党羽，你为何不说？又用香火乱烧。余曰：既说是他的党羽，即是他的党羽，我不得清楚。金牧曰：昨天你认说是孙文的党羽，为何不知他的凭据口号？又拿火来烧。余只得诬供有口号。金牧曰：是何口号，从实供来！余曰：记不得清楚了。言未了，即用火乱烧。余即诬供曰：口号叫做中国人。金牧曰：不止此一号，尚有何号？我见他势又执香火近前，余又诬供曰：以手加额为相见之礼。……金牧曰：他说你在湖南是个头目，究竟你是何等头目？余曰：我不是头目。又拿火来烧。不得已又诬供曰：我是上等头目。……金牧曰：总还有些，你不说，我又要你上火炕！我见其势太猛，又诬供曰：同志即是伙计。……金牧曰：你们几时起事？余曰：我不知期。金牧又来烧，余信口曰：十月间。我求他释放下来，徐徐讲出。金牧曰：放下来不讲，再上火炕。众役放下，不知有无四体。时俯卧在地，气息奄奄。金牧催说曰：我晓得放下来你就不讲了。他说：就要把你打死。我即述说一些救国的话。时已五鼓，金牧即标牌收押。兵役抬下，人事不省，遗屎在床，至今二十早七时始苏。"不久萍醴革命军起，全省戒严，党狱因而大兴；金牧更藉端罗织，再四刑讯,体无完肤。至十一月二十一日,之谟卒被绞杀于靖州东门外。就义之先,犹手书绝命辞,虽拇指已断,字迹仍端好如恒。死时指金牧曰:“我要流血,为何绞之,辜负我满腔心事矣!”金牧曰:“尔辈素讲流血,今日偏不把你流血,何如?”之谟笑曰:“好,好!免得赤血污坏。”遂慷慨就义,观者多为流涕!之谟享年四十一岁,后葬于岳麓山。

民国湖南文献委员会编《湖南文献汇编》第1辑,湖南人民出版社2008年版,第169~170页

8月13日(六月二十四日)　有志士谋划次日于广州万寿宫行刺清方官员,事泄不成。

《中外日报》报道:

六月念五日,香港德臣西报接得广州来电云,有人欲行刺广州官员,但其事已于昨日发露,以致民心惶恐不已。闻缘次日系万寿圣典,地方官员必须循例往万寿宫朝贺。其行刺之法,系拟俟各官齐习[集]万寿宫时,即以炸弹毁之。幸其事早已为人告发,不致成灾。同谋此事者,约有二十人。今警察已奉命尽力查办此案。

忆德寿督粤时,亦有同等之事,其谋亦未得成。译七月初二日《捷报》。

《记广州匪徒谋害官员未成事》,《中外日报》1906年8月22日

8月16日(六月二十七日)　康有为于1904年派出以梁铁君为首之暗杀慈禧太后团体为清方侦破。是日梁铁君、范履祥由北京押送至天津,旋被袁世凯所杀。梁铁君谋刺一事,保皇党人多有闪烁虚饰之词。

章士钊《吴道明案始末》记:

吴道明者,光绪末造,保皇党人潜踪北京,烜赫一时之一大间谍也。往者吾阅梁君漱溟记彭翼仲一文,称彭在北京所办之《中华报》,曾揭露康梁党人吴道明,由日本回国活动,被袁世凯之天津北洋营务处秘密处死。以袁世凯言,此实为一忍无可忍之刺激,袁因密令新设之巡警部,饬外城警厅捕人封报,由是彭翼仲及另一办报人杭辛斋得罪。而《中华报》被封,乃一九〇六年阴历八月十二日事也。与彭翼仲同被捕者,别有一范履祥,详见《文史资料选辑》第四辑百〇三页。

夫公历一九〇六年,即前清光绪三十二年,时余亡命日本,吴道明事从报纸上略有所见,即揣知吴道明为伪托之名,至其人为谁,无由确定。翌年,即一九〇七年夏,吾由东京经沪赴英,有僚婿梁元(梁元,字蕴侯,年近八十,尚存)自承吴道明为乃父铁君,受康有为命,入京谋画,备举大事,不幸终为袁世凯所卖,中毒身死。因己身为党人子,沿途恐遭不测,求余携彼返国奔丧云云。所谓僚婿,乃余妻妹吴亚男方议嫁之,而并未成婚。余重违其意,慨然承诺。顾余苍黄就道,元摒挡未就,不果所愿。今阅梁文,追怀往事,事越五十余年,亦在若芒若昧之中。又知梁文所指外城警厅,当时厅丞为吾友朱君启钤,或者朱知此事綦详,拟往就询一切。不谓朱见梁作,恰有同感,寒暄甫接,滔滔为余缕述办案经过,而却不知吴道明究为何人。今为行文之便,朱说暂置后幅,不予多叙。夫梁元老矣,流浪南中,苦无聊赖,吾今岁骤尔相遇,借谈往事,事切己身,印象朗朗,临别以所撰或他人代撰概略一篇交余。

梁尔煦字铁君,广东顺德县麦村乡人,少时与康有为同游朱九江(次琦)门下,喜谈天下大势及古今王霸史略。因意见不合,遂尔割席。无何,康设教坛于广州长兴里,颜其馆曰万木草堂,得弟子陈千秋、梁启超、徐勤等十二人,尔煦视之蔑如也,数年不相往还。尔煦有兄曰霞轚者,雄于财,承办广西盐务,创立林全大江公堂于梧州,总持桂林、全州、大黄江等处盐柜,署尔煦为堂总,广为肆应,如是者有年。一

日，尔煦以事返广州，与康遇于涂，久别重逢，赓续曩谊。不意立谈之顷，尔煦为康折服，形势顿变，尔后二人形影不离，情逾刎颈，管鲍之交，不过是也。广西梧州府知府梁彤云者，尔煦之友也，彤云读康所著书，心服其言，尔煦因挈康与彤云相接。康赴桂林，在依仁坊学官内部署讲堂，宣扬教义，听者如云，一时称盛，凡此皆彤云游扬之力。亦即尔煦奔走先后之所为也。盖有为本寒士，而尔煦利用其堂总之资地，出财力辅之，一如有为意无阻。此自公车上书以迄戊戌政变，有为随手挥斥，几无处不惟尔煦是赖，而尔煦亦曲意应之无吝色。迨有为自北京幸脱名捕，由英舰送至香港登陆，尔煦即囊括所有，弃家偕亡。初适新嘉坡，邱菽园主之，颇有所佽助；再适他处，有人逢迎亦如之；最后到美洲，成立保皇会，捐得会款不下美金一百六十余万元。时则尔煦私财匮尽，而有为于广众得所借手，足以挥霍裕如矣。有为志得意满，旋即经始会务，宁滥毋阙。在香港设总机关，名华益公司，出纳由梁少娴、邝寿民司之；上海设《时报》馆，狄楚卿、刘孝实主之；横滨设《新民丛报》及大同学校，梁启超主之；澳门设《知新报》（由孔昭焱言：澳门《知新报》乃继上海《时务报》为之，梁启超、徐勤等，初期都在编纂之列。至《世界日报》之梁某，吾见康诗集中，有从亡诸子梁元理等，不知是元理否？），何寿田主之；美洲设《世界日报》，别一梁某主之。至是保皇会闳规大起，机关遍大地，有为以教主遨游数州之间，恣意谁何，人莫予迕矣。顾尔煦翻有隐忧，时则唐才常汉口勤王失败，有为重返新嘉坡，与党人筹商善后，尔煦昌言："军事既无把握，唯余步武荆轲、聂政之一途，庶彰绩效。"有为以为然，然荆、聂难其人，尔煦拍案以起曰："此吾之责也。"众嘿然，而议遂定。寻于天津开一照相馆（朱启钤言：照相馆设于北京灯市口，乃承顶日本人旧馆扩充为之。此文顾言天津，或者京津皆有机构），北京颐和园外亦设支店，尔煦易名吴道明，捐一候选道头衔，厕身政地。园内有尚衣监马总管者，西后嬖人也，而尔煦与之交往綦密，因应咸宜。久之，遣江浩然赴日本，与浪人宫崎寅藏谋，造一重量炸弹，展转运达园内，密埋戏台隐处，以备西后诞日，朝贵丛集看戏时，一举轰之，光绪帝因得从瀛台步出，重理朝政。史称"夺门复辟"，及所谓荆、聂秘计，大抵如是。顾尔煦有旧识粤人朱祺（此人梁漱溟文中亦提及，字作淇，与朱启钤言合），在杨以德部下任侦探，偶于天津阛市，彼此相遇，朱甚骇异。苦加诘问，尔煦语塞，因据实以告。夫尔煦者，一心无城府人也，朱既佯和其说，尔煦亦竟与嬉游无间。以致朱得乘间抵隙，搜出尔煦密码电本及其他秘件，为卖友希荣地，闻尔煦在京骤尔被捕以此。袁世凯初不知吴道明即尔煦（此言语病甚大，袁世凯似不可能先知有梁尔煦），讯供之日，尔煦直言无隐，且面对袁世凯多所质责，词连戊戌六君子旧案。世凯畏事泄得祸，因即遣人以盛筵款接尔煦，阴置毒其中，数小时顷，尔煦暴毙，而袁世凯以用法闻。

由右观之，吴道明者原姓梁，其名与字确切可考，惟其中所述情事，显有保皇党人借题宣传厚加粉饰之嫌。取南海跋梁铁君遗札一文，比较参核，语多雷同，不知孰先孰后？要而言之：铁君事发，彼党将假借宣传一番，甚至不恤变造史实，张皇号召，一面扩充党势，一面供给捐款一百六十万美元之报销资料，似为事实之无可置疑。南海跋文如下：

戊戌夏秋间，德宗以救中国，数冒那拉氏之怒，舍身变法，遂被幽废。吾奉德宗密诏曰："今朕几不保，望与同志筹救。"时与谭京卿谋，令大刀王五入自宝月楼，至瀛台救上。数日间，六烈已诛，事中断。己庚间，频遣人入京办此未成。及庚子勤王败,唐才常遘难,遂决不用兵,而专意京师夺门复辟,移宫幽后,如唐明故事,吾亡友梁尔煦铁君任之。铁君古之烈侠也,长身玉立,目光如电。冠年来九江,谒先师朱九江先生,佩剑如虹,遂相识,铁君以王景略、陈同甫自负。已而率吾登粤秀山五层楼巅,强吾从所学,否则绝交,而吾乃沟瞀小儒,不能从也,交遂绝。君益谈王霸大略,进而讲王阳明学佛学,盖高旷超迈,天性然也。越五年,重相见,与谈天人之故,君大惊服,折节亲交。暨戊戌难作,君业盐至丰乐,乃弃而从亡,日访侠士,任此大举。此其在京时甲辰,乙巳、丙午间所图者,书札几千数百,门人徐君勉为余收拾。凡布置之密,深入之险,小心大胆(尔煦大胆或有之,小心则决非是),尤可推见。而调人于粤既难,而粤侠多不通语尤难,故久而未发。君易姓名为吴道明,而戴文诚为君至戚,乡士夫多识之。以诡姓名被疑讦,为怨者贪功被捕。袁世凯亲鞠之,君面数其背上卖友之罪,袁世凯令四将陪饮而鸩杀之,呜呼烈哉!时光绪丙午七月十四日也。垂今二十年,格于时,未敢表君之烈,此则余之罪也夫。今睹君遗墨,芒寒色正,如见古张子房、张柬之,天下人士应皆致敬于此舍身救国之烈侠也。

甲子腊二十日康有为流涕题。

南海行文,类多夸大之词,其性习使然,亦政治作用为之也。如光绪帝衣带诏一款,南海每涉及此,必大肆鼓吹,实则此类重要史迹,得者何能漫不矜心,听其遗佚;且诏书中明使"同志"字样,以专制之敕书,行钩党之称谓,岂非自吹自擂之伪造证迹?制造炸弹,尔煦遗札曾言之。园内密藏,其为与浪人宫崎所谋同一事否?殊难证实。夫浪人直浪人耳,彼不谙科学,不解技术,将欲从而取得精密无比、累黍不差之杀人利器,诚不胜缘木求鱼之感。况宫崎与中国革命党为友,向薄保皇党之为人(吾与宫崎相习甚稔,其人向不作伪言),尔煦身佩康符,标榜君宪,遽尔料简宫崎,与共秘密,大是南辕北辙匪夷所思之事。又重磅炸弹,暗置宫内,当事者经办此案,岂有如此庞大要证,熟视无睹之理?吾与厅丞朱君谈及此节,彼摇首者再,认是不经之词。梁文郑重言之,而康跋一字不提,还是南海常识比较充沛处。其他梁文康跋同声揭橥者,尔煦与袁世凯庭辩,而袁鸩杀以求灭迹是也。朱君以谓:吴道明自被捕以至移解,始终僵卧佯死,一言不发,因而本案绝无一字口供,庭辩云云,直同梦呓。又朱君解案至津,世凯卧病在床,当时延入寝室言事,本案曾经世凯亲鞠,更是故意砌辞。如实论之:保皇党处心藻饰尔煦之烈侠,从而装点门面。高一层言之:使其死事有足供后人逐款凭吊之故实,与之相配;低一层言之:向美洲捐款华侨作报告,亦应有表里相称之历史资料,餍饫人情。二者相乘,于是铺陈如右之梁与康二文乘时而出,此倘非毫发不爽,殆不中亦不远已。

南海诗文,向欠洗伐之功,笔端起处,即倾河倒峡而出;其勉强趁韵处,往往活剥生吞,无暇咀嚼,以诗律言,诚达不到一个细字。吾读其吊死友梁铁君五古长篇,杂沓在百韵以上,用语裨益掌故,或铺叙烈侠者,每觉气盛而言不宜,生硬矫强,瑕瑜互见。如云:"吾冠游礼山,矩步事礼学。"此言九江先生讲学之地名,已与铁君首同学于此也。下云:"时年二十二,君我同庚发。"康生于咸丰十年庚申,铁君当是同年生,以时考之,康梁绝交,应在光绪辛巳岁。下云:"忽忽越五载,法警惊城郭。"此指甲申中法之役,是役蝉联至乙酉仍未了,统言五载,亦去史实非远。下云:"泛海吾至港,英置警署堂;君乃舍资业,弃家来从亡。"此言戊戌之难,康自北京逃至港,英人安置亡人于警察署,而铁君与之偕亡也。"下云:"纵翼遂飞去,三度入帝乡;入关称张禄,养士同子房;圣主起居注,一一来报商;安否吾皆知,调护君谨将。"此诚南海平生得意之笔,而言铁君在北京诡姓名,作间谍,与光绪帝打通关节,互易消息也。就中真实性几何,殊难断言;而凡康遣梁入京之主要目的,与其宣扬海外之夺门秘计,及吞炭有人,不啻和盘托出。下云："是时袁世凯，拥兵领津疆；君作渔阳挝，击鼓目睒旸；袒衣骂桧奸，数罪如钟撞；谓言圣恩厚，自臬迁侍郎。"此康面对世人，必需将本案牵涉到戊戌政变线上，大声疾呼，咸使闻知。因而比铁君于祢衡，况世凯于曹操，打鼓大骂，自鸣忠愤，乃完全遵循王充三增九虚之例，不惜造作语言，意存诳汝也。他又云："权奸虽枭雄，闻雷汗如浆；四将陪之下，优礼邀宴觞；毒谋加鸩酒，毅魄返帝旁；柏林梦见君，玉立而上扬。"此南海身在柏林，偶然一梦，从而嵌入诗句，如数家珍，当亦自笑为乌有先生，而潜蓄下意识中依稀仿佛之相者也。一言蔽之：天下事不诚无物，夫南海一代高名，而妄蹈文人作伪之习，一至于此，可为太息。且张禄入秦，别开一局，本身史值，自有千秋，铁君原不需更生先生谬妄蛇足，以变易其身分。而南海行文，终于涂改他人面目，以迁就其自定格律，殆素王之我行我素使然，铁君又奈之何？

友朋间缄札烦数者，所在多有；然有为言尔煦致书千数百，亦妄言也。顾梁元所装乃父遗札手卷，其中四五札，吾皆阅过，所言大抵不出铺设及索款二事。此可见尔煦固无综理微密之才，亦不具备豫不虞之警觉，如有关宫廷动辄得咎之历史大事，责之旷荡颟顸不知彼己如尔煦其人，欲事之不败，又焉可得？兹录其中一函如下：

> 横滨来信，已拨汇三千上光明（光明谅是照相馆字号），仆乃先送默庵下船，即附轮入津，拟安置各件，并带碧臣、唐增二人出都，在武昌开设商务，以羁縻此两人故也。惟上游生意，非得子刚速行布置花园不可（计款六千，断不能少），以备朴兄一切制造及进退之路也。现统计款项，既因武昌一局，多费数千，与前议不同。倘现汇之三千不足，希预汇三二千交石芝处，俾得中途接应，至要至要。仆俟明年正月后，乃出长江，入都布置未晚也。计期子刚花园，及朴兄药料亦足，阿蓉与椒堂亦抵光明，然后再筹东洋车公司可也。顷阅报十月初七往园，乘小火轮，十月十二回宫，与皇上同坐小火轮到西直门（朱启钤言，光绪帝从来不得与西后同坐小火轮，西直门是小火轮下水起点，光绪例先在此跪送，然后乘车急赴火轮停泊处跪接，该母子之相厄如此），则沈庆亭处甚为重要矣。东洋车公司已托晴生与沈庆亭谋之，若洋车不成，即荐人入小火轮，如朴兄者亦可成功。总之多备资本（至少五万乃足），款项充足，我乃有办法（如今年电港不应，我不能不行），若不接济，我不能为无米之炊，虽极好文章，亦付之流水。今年已失去数月机会，明年预布，岂可失之？子刚沈毅有谋断，朴兄忠勇可靠，除此之外，椒堂尚不肯任事也。如默庵临事变性（我原意安置东洋，而公不会意），则又岂仆所能逆料哉。余详子刚兄面谈，不赘（仪侃可用，而远在数万里，必调君勉往接其手，速其回来，与子刚谋之），此颂大安。两浑。

此函不注年月日，亦无发函地址，以情揣之，尔煦大约在汉口发函，而有为则滞留横滨也。函中大谈生意经，地域廓至长江上游。他函并言："此项商务，断无亏本，必有大利，可以持久，办法不用添本"。市侩口吻如绘，此全与专意夺门之说不符。又经营之初，即预备"一切制造及进退之路"，此阴怀临阵脱逃之念，去必死之志弥远。所涉同人如子刚、石芝、阿蓉、椒堂、默庵、朴兄及仪侃等各别号，不知所指何人。梁文所称派赴日本之江浩然，是否其中之一，无从知晓。然有为曩称"调人于粤既难，而粤侠多不通语尤难"，大抵是指此辈人而言。又函中屡及款项事，所谓："电港不应，我不能不行"，谅指香港华益公司。揆厥词意，尔煦贯通南北，大展经纶，大有捉襟见肘、钱不应手之感。夫尔煦固业盐巨商，私财既罄，狧糠及米，不得不向有为本人及其干仆梁少娴、邝寿民辈丐求施予，即下至三两千元之小数，亦再三渎请而唯恐其不诺。昔闻保皇党人以分赃不匀，师弟成仇，至以禽兽见诋（吾于光绪壬寅，在南京见有为致其徒钱维骥函,即骂梁启超为禽兽。(有为诋启超诗句云:鸱枭食母獍食父。刑天舞戚虎守关,逢蒙弯弓专射羿,坐看日落泪潸潸),今观尔煦此函,略得证成流言不虚。前引梁元一文,窥其语气,似于有为有所不满。以理推之,尔煦在有为心目中,既为舍身救国应得人人敬重之烈侠,堪与古之张子房、张柬之鼎足而立,则凡尔煦之生前身后,有为所当致敬尽礼,唏嘘感叹,竭股肱心膂之力以为之助,自不待言。顾梁元告我:彼于丁未秋(即一九〇七吾赴英伦之岁)间关赴英,拟面见有为,筹商乃父善后各节。时有为明明流寓在英,坚决避而不见,却遣乃婿麦仲华(仲华字曼宜,当时在伦敦留学)以虚辞慰藉,并出四十英镑,定购一三等舱位,强遣东归,有为之复手无情如此,元言下极为愤慨。元并言:后数年,彼在有为港寓,挺立中庭,大骂一通,经异籍保镖人挟之而出,凡此皆足证明有为平日之吝而薄,事多不堪枚数。观于尔煦言及“若不接济,我不能为无米之炊”,则有为曾声言不予接济可想。死生之交,不及市道,尔煦当时之抑塞磊落更可想。函内小火轮云云,据吾友朱君言:此豪华游艇,为日本三菱公司所承造,马力大,吃水深,仅能驶至高梁桥闸而止。自高梁桥以达倚虹堂,需换另一小火轮赓续驶行,惜倚虹堂久已拆毁,遗址今无可考。沈庆亭云云,夫庆亭者尔煦他一函说到,谓是那拉小火轮之管带,与庆王之婿为督办者有连,朱君言:不知此人。此类琐碎散实,皆当时事迹。

尔煦一豪放不羁人也,志有余而才不足,实不胜荆聂大任。汪兆铭同为粤人,其谋炸载沣,略后于尔煦。观尔煦在京所部署,缜密似远逊于兆铭。虽所设机构,同一用照相馆为护符,而尔煦利用内监。又乘印度马戏拟在园内供奉之际,相片晒印频繁,日不暇给,自光绪帝以至妃嫔内竖,无不喜其新奇,相竞捋扯。迹尔煦所为,颇极交通声气曲意承迎之致,并无处心积虑旦夕风云之突出施为,所谓密致炸弹,亦从后为之辞,增造史迹,使尔煦既死而不为徒死而已。凡有为大言欺人,而内心冷淡,矛盾显露于命意遣辞间,职是之故。

然则炸弹之说,即全属子虚矣乎?曰:是亦不然。尔煦有函致有为云:

> 到东洋十日,筹议办法,任已无款。前款数千,尽办炸药。阿蓉既病不能行,人才寥寥。适朴池在日本同办炸药,已略有头绪,但未经试验。兹即著朴回东择地试验,倘可用,即带来都,顷先派子刚入都办花园(以为藏人制炸药进战退守之路),在京第三站火车头左右也。计期,尽十月内花园大概成功,朴池试验亦回。如不可用(试验过,不成功),即偕智若走西省,觅好手数人来津,入子刚花园住,以为常久办法。……

据此,尔煦在日本确在试办炸药中,其经手人曰朴池,他函作朴兄,谅是一人。函称试不成功,则距制成运抵北京之阶段尚远。朴池试制此物,不能无日人相助,但其人不可能为白浪庵滔天,已如前述。且尔煦制炸弹将作何用,亦不可晓。有为明言志在幽后,则其无弑后之意可知。或者康主幽而吴主弑;抑或吴函所谓大举,无需包括西后在内,俱未可料。但据厅丞所述案情,并未查出有何爆炸痕迹,则其意中之炸弹,尚未试制成功,至少未运进北京一点,至堪认定。且厅丞言:颐和园新造戏台共三层。上层出神仙,中层普通爨演,下层演水漫金山一类戏,其间绝无可藏重磅炸弹之隐处,不致觉察。梁元之文云云,亦事后想当然,并为乃父涂抹脂粉已耳。

尔煦少游朱九江之门,其读书通大义,似不待论。所遗各札,固非有意为文,特言事亦复流转自如,虽泥沙俱下,而意无不达。书法略近有为一派,急就为之,而姿态不掩。其人不失为粤品通才,良非过言。康跋所谓戴文诚公,应指戴鸿慈而言。粤人自海通以来,多能以财辅学,复以学诈财,展转相生,哗世取宠,如人艳称潘、卢、伍、叶皆是。尔煦虽位业不逮四家,而其为好名好事半官半商之浮浪文人，不难断定。至斯人才疏意广，沾滞名利，不堪荆聂一流之锄非大业，亦可牵连断言。寻有为利用尔煦之浮光掠影，钻穴隙于京师声利之场，原不必期其成功，抑或早知其必不成功，以至彼于尔煦失败后，依旧肠肥脑满，行无所事，不恤大犯清议，悍然屏遗孤而不录，凡此皆有为自行其素，明眼人殊无意严加责备。于是尔煦虽不幸为宵小所卖以死，然卒以此一死也，而声扬于天下后世，不可谓非不幸中之大幸。不然，天下滔滔，流光如驶，就中鸡虫得失，何止亿万，吾究何从就京雒间之弹丸剡注（朱君坚谓吴道明为枪毙，绝非鸩杀，详见后）而得妄有论列哉。噫嘻！

遗札有罗普一跋云：

……及庚子汉口事败，余以谋善后，走谒南海师天槟榔屿，则先生又正为座上客，得共计事，绝不料从此一别，遂与先生永无见期也。越数稔，先生以庆父不去，鲁难未已，因易姓名北行，慨然以荆聂自任。先生苦心孤诣，布置累年，功垂成矣，不幸以一竖子泄其谋。时余在上海主《时报》笔政，忽接吴道明在京被捕消息，余以与闻密勿，吴道明为先生诡名，则不禁惊痛欲绝，卒以无力营救，而先生竟殉义保定狱中。……

罗普字孝高，有为高第弟子也。彼以与闻密勿自豪。（，）可见保皇党移宫幽后秘计，应无弗知。顾云"庆父不诛，鲁难未已"，所谓庆父，不能舍袁世凯而别有所指。然则该党当时剚刃指标，究为武曌，抑属本初？其负责人中，竟无斠若画一之传说，岂不非常可怪。又斤丞解案到津，其卸囚地为北仓，处决地为韩家墅，皆湛然明白（详见后），而罗普翻以"殉义保定"闻，亦系谬妄奇谈。由此看来，尔煦末期生命之所安排，如园内置弹，如四将陪饮，不外有为临时编造，以满足该案之传奇性，资人谈助，其中绝无何项既定故实为之张本，从可知已。竖子泄谋之说，普虽未指名何人，然大抵暗示梁元文中之朱祺。据斤丞君言：朱淇广东举人，长沙张尚书门下士，名作淇，非祺（梁漱溟述朱淇有云：彭先生办《中华报》，有外因凑成。一九〇四年秋《京话日报》销路扩大，原有印刷力感到紧张，适有广东人朱淇，需办一号称《北京报》之大型报纸，与彭商量增加机器设备与工人。合同签定，并受其委托与资金。寻知朱以德商名义，申请登记，似另有背景，因而语言冲突，合同取消。但机器技工，都已抵京，不能中途而废，遂移以办第三种报纸，定名为《中华报》。据此，朱淇之为何等人可想）。此与梁文所举是一是二，殊难定。彼回銮后经营《北京日报》，以贪诈知名于时，其与杨以德有所酬醋，自在意中。顾杨以德虽充天津探访局长，其时未能大露头角，赵秉钧帐下一小卒而已。谓彼与朱淇合从，搜出吴道明密件等，似不可能是事实。据此，罗普竖子云云，殆与梁元同自道听涂说得来，亦难深信。

清末革命、保皇两党之争，壁垒森严，至为激烈，在东京留学生中，形迹尤彰。汪精卫抗论于《民报》，梁任公之《新民丛报》，勉作守势以应之，其著例也。任公之徒，初创政闻社，假神田锦辉馆开演说会，导扬宗风，革命党张溥泉辈，毁其坛遗，冲击甚厉，事过几一周甲，吾心印犹新。时宫崎滔天诸浪人，从旁邪许，声势汹汹，所为左梁右张之动作极显，此而遽指保皇党阴于斯时提挈诸浪人，商造秘器，快意于与革命宗趣极端相反之一击，非患有心疾人，殆不能为是言。今夏余向梁元索取乃父遗札，重阅一遍，见丙申即一九五六年冬余跋云：

……先生踵武荆聂，余尔时志在革命，并不以此举为然。……

此两党分野之显目，亘五十余年如一日，保皇党人自乱其例，任意浑淆，抑何可笑。由是证成彼党宣传文字，如本件康跋梁文之不衷于实，亏损史值不少，无待烦言而喻也已。

尔煦就死日期，言者不一其说，康跋谓是七月十四日。夫丙午者，公历千九百〇六年也，跋文题于甲子腊，甲子为公历千九百二十四年，去丙午十八载，与康所谓垂今后二十年成数相合。独死期之七月十四日，厅丞君言：期太远，不足信。盖君忆解案之日，恰值光绪帝诞辰，是晨百官在颐和园仁寿殿叩头申祝，君以三品参列在殿门外，随班行礼，礼毕，即奉到军机处密札，命押解吴道明、范履祥二犯赴天津交案，以军法立时处理。君因脱卸朝衣，苍黄就道，抵津时，津门亦正演剧恭祝如仪，万头攒动，袁世凯称病室处，并未临场。君入督署寝门，交代公事，时乃六月二十八日也。君随押吴、范两犯驰往北仓交卸。时洋兵充斥京津道上，独北仓韩家墅一带仍由华兵驻守。查北仓与韩家墅间，中隔北运河，约二十里许，君虽以北仓为行程终点，而预计该犯到墅，遵照军机字寄之严厉指示，应须立刻如法处置。君言：翌日即六月二十九日，至多推迟到三十日或七月一日，当无不勾当竣事。复次，案到津后，并无何等审讯过程，何来与袁世凯面质是非之事？微论世凯以督宪身分，未尝面犯，即襄办军务如段芝贵辈，亦未看到吴道明正身。要之七月十四日之说，距离实况太远，不足信据。吾问厅丞君：自案发以至解案，曾经过若干时日？君言：案在提督衙门连审三日，然后移交警厅，吾初疑该犯曾经刑讯逼供，以至狼狈不堪，到厅后倒身长卧，暗症不言。旋反复检查，并无鏖刑受伤痕迹。约略计之，该案在京经程，多亦不过七日而已。君又言：吴道明身材高大，虬眉甚伟，惟鼻梁折痕宛然，美中不足；虽死囚枷锁在身，而一举手投足间，仍似有力贯之。闻其平日鸦片烟瘾綦重，顾连亘数日，坚强忍耐，绝食无声；全案既不见只字供辞，即监房亦不闻呻吟微息。或谓道明武功训练有素，精于技击，慕虬髯公之为人，似亦可信。康跋称其长身玉立，又誉之为烈侠，语非泛泛，颇足状其为人。

厅丞君言：吴道明案之决以军法处理，乃鉴于沈荩案之受到公使团及一般西人之恶评，谓清廷故意摧折新党，淫刑杀人（详见鄙著《沈荩》一书）。时值庚子之后，联军尚未撤尽，洋人势张如虎，对小朝廷指挥恣意，斥责频加，奕劻、那桐之流，唯恐吴案酿成沈案之续，一误再误。又以案情牵涉帝后之争，一面严防西后闻知，以致光绪帝益形困辱；一面饬知袁世凯，用快刀斩乱麻手法，案到即以军法从事，秘不公布。凡吴案之所以若隐若现，知其底蕴者绝罕，而彭翼仲偶于事后，微露刊章，即遭严法遣戍，职是故也。厅丞君又言：西后回銮，大阿哥新废，后为障翳西人视听，乘便即推光绪帝出面，使中外人共见，以回虏怒而释群疑。颐和园门楼外，铺设大幕，分期演出英使介绍之印度马戏，两宫俱得耸身群僚之上，公然平视，外宾且在邀请之列，东西仕女，举目齐观，凡以此也。帝好折视钟表，亦好摄影技术，吴道明结连宫监，献媚妃嫔，携苛达克出入禁园，随意取影，无形之中，获与瀛台囚人耳鬓厮磨，投其所好，借口冲晒相片，迹近奸随。保皇党人因而造作文字，增益本事，描绘少主逋臣之心影合一，号称宫廷秘息，广事宣扬，以扩大该党药笼中之夺门声势，为进一步从海外打捞金钱之计，大抵利用此一形势为之也。斯偌大形势，确为近代史乘中之所罕见，一旦失败，惨逾张子房之一击不中，康先生流涕而记，诚非无因。倘若奕劻辈当时稍欠矜慎，案交刑部，依证迹触类株连，殊不难酿成戊戌政变第二之险恶局势，厅丞君之言如此。

厅丞君之言，其足为本案佐证者，犹未可一二数。范履祥者，六品主事，而外城西分厅第四区警官也，广西人，与梁漱溟乃父梁济先生有连。西分厅林知事者，履祥直隶其下为掾属，两人皆是警厅前身五城协巡公所委员，留用在厅，又同膺广西省籍，同为梁济先生亲戚，熟知地方情形，担任保卫宣南红门大宅事宜，得心应手，舆论翕然。不意履祥阴与康党结纳，知法犯法，驯致酿成大案，几于国本动摇。林知事本身不胜恐惧，三堂又虑其偷隙串供，转生障碍，因而会审不令与闻。查吴道明之被捕，由提督衙门侦缉队，怀疑宫监与照相师行踪过密而起。时九门提督为那桐，案送南衙侦讯，又往灯市口照相馆搜检证据，发现履祥有同党勾结之嫌。外城警厅初知案连本厅之严重性,而开始认真侦察。履祥供称:与吴道明朋友往还是实,平日知其为康门弟子,至真实姓名为何,委实不知,供词十分狡展。寻于粪坑内觅得残余半毁信件,知吴、范彼此投递缄札甚密。又外国通过客邮到达北京之书函,大抵由范经手,谍报嫌疑,轩豁呈露,而履祥与吴道明并案发落之局以定。而《中华报》胡乃同情于保皇党,急于报道这线索亦明。漱溟谓范履祥与彭翼仲同被捕,系前后事倒置之误(彭翼仲遇难,在八月十二日,而范履祥早在六月二十九日以前,已受审讯,何得谓彭范同时被捕)。杭辛斋与吴案无涉。姑不赘叙。

吾阅尔煦遗札跋尾诸文,保皇党人较重要者,仅徐勤、罗普、伍庄、唐恩溥数子微有分量,独梁任公未见一字留题。凡任公于尔煦情感如何?及参与尔煦之北京政治运动至何程度?举无由知。顾尔煦札中涉及任公者,止于筹款一事。一则曰:"到东洋十日,筹议办法,任已无款。"再则曰:"此刻任电借商款五千,倘吾兄有款,即汇任处,无庸汇港,专注津局,以任为粮台耳。"似此,任公左右支绌,涓滴惟乃师是赖,情势显然。寻当年保皇树党,康梁并称;且文字鼓吹之力,足以招致华侨使之响往者,师翻远不如弟子。顾一呼而集百五六十万美元之巨款,独南海一人掌之,他弟子无从问津;甚至位望相埒,出力独多如任公,即事业内之必需支出,及微数调拨,亦必请命唯谨。倘或港局华益公司无理控抑,竟亦未如之何。此种无形暗潮,可得于尔煦字里行间窥见一二。吾曩引南海私缄,诋任公为禽兽,正在尔煦着手活动时期。其他如狄楚卿经营《时报》,总持东南粮秣,卒乃仇深似海,为康梁两派集中诟辱,虽楚卿别有致谤之由,其总因在支配公款难于公平,毫无可疑。伤哉伤哉!金钱为万恶之源,不谓新运初启,保皇党首当此冲,竟至师弟横决,私仇急于公愤,卒之烬落油干,一事无成,抑何可叹。

顺德伍庄字宪子,为康门中能读书者,晚年与张君劢分割民社党,在香港闭门却扫,无疾而终。吾滞港时,数数与见,言虽迂阔,究去事情不远。彼跋尔煦札云:

> 光绪三十二年丙午,余执笔《香港商报》,忽得天津友人电,电文止雪铁遇难四字,译者将雪铁二字连读,遂成大错。盖雪者指收电人言,即雪庵也。铁遇难三字本文。适余所用笔名为雪铁二字,一时遂有海外东坡之谣云。

此种跋文,足见宪子之迂,然以无伤大雅,遂为津津乐道如右。文中尚有数语可录。"铁丈习内功,精点脉,发无不中,有师传手钞秘本,记人身穴道与运用方法,世间瑰宝,惜已亡失。"此与厅丞朱君办案时所得印象相合。

三水徐勤跋云:"汉口之败,先师痛军事之不成,乃变易方针,收罗侠客,去逆后那拉氏,一切由铁君先生总其成。"其言适与曩引罗普之语相反。岂普所谓庆父,能抹煞男女之别,泛应而曲当者欤?此非鄙陋之所敢知也(或云:南海以二张比梁铁君,就张子房言:当然指收养死士,副车一击。就张柬之言:又当然指怂恿睿王,显戮韦氏。皆足证明康之痛恨那拉氏,其程度已透过幽后一层)。

总而言之,吴道明案之起,起于保皇党人谋泄戊戌政变之愤,同时为华侨捐款设一开支项目,以塞众望而辟利源,毫无疑义。迨吴道明到京爨演,手法节次开展,广通声气,迹近招摇。上而提挈大小宫监,以照相或其他西洋小术煽惑内廷;下而创开公司,如花园东洋车等项,棋布南北通都,树立群众声势。三两年间,挥斥巨量金钱,外汇源源不绝,寄件通过客邮,本邦检验无从。主持人自恃豪迈,欺秦无人,掉鞅王城,隐现仿佛。此纵无宵小朱淇辈之生事告密,或北衙缇骑之怒目凝视,燎原之火已成,破败事有必至,秘密形诸眉目,路人一望而知。案发之日,清廷鉴于城下盟成,强邻环伺,责言倘至,申释维艰。既不敢如汪兆铭案之正式宣付刑部,久羁诏狱;复不敢如沈荩案之半夜急传密旨,立毙杖下。因而朦蔽东朝,求泯帝后之争于无形,假借军法,幸绝间谍之源于一旦。勗、桐凡庸鄙妄,情急偶亦智生,全案自始至终,无过七日而了,其间并无何种爆炸物品,形成证左,且说不上公庭对簿,辩论是非。举凡党人事后驾言,东讲西画,无非狐埋狐搰,欲一手掩尽中外人之耳目,吴道明案之始末,大体如此而已(吴案在维新派人视之,认为含有极重要之政治意义。彭翼仲曾宣言:当时方奉预备立宪之明诏,乃复有此暧昧杀人之事,立宪希望,岂非虚语?宁牺牲报馆之营业,以杜绝其将来。维持人道,即所以维持国体也。语依梁漱溟引)。

《章士钊全集》第8卷,文汇出版社2000年版,第154~170页

8月17日(六月二十八日)　端方所居北洋公所宅内因试演电影操作不慎,发生爆炸。北京各处谣言四起,谓有人故意投放炸弹。

许宝蘅《巢云簃日记》六月二十九日记:

闻昨日端午帅宅内演试电气影戏,电筒爆裂,姚振三副将及何某竟被炸死,奇极,惨极。振三为人颇沈毅,训军颇严肃,其才可用,兹乃死于非命,可惜!可惜!

《近代史资料》总第115号,中国社会科学出版社2007版,第23页

《中外日报》报道:

二十八日申刻,北洋公所因收拾水月电灯,疏忽贻误,以致姚统领身受重伤,又机器匠等三人亦受伤甚重。

又称:

六月念八日,北京电云,端大臣宅内,有以脱一瓶,忽然炸裂,以致姚统领、代理天津关道均遭炸毙,其外负伤者尚有三人。北京各处立即谣言四起,谓有炸弹之变,实则并非炸弹。不过偶然出有此事而已。译六月念九日《文汇西报》

"专电",《中外日报》1906年8月19日

《中外日报》又报道:

端制军回京后即暂时居住北洋公所。昨电所言电灯失事一节,实因将演活动写真影戏,而主者遽以依脱料代电水,故至轰炸。死者为三等参赞姚广顺及津海关道委员何昭华并仆役一人,另有受重伤者三四人。

"专电",《中外日报》1906年8月20日

《中外日报》刊《详记北洋公所炸毙数人事》详细报道事件经过:

此次端午帅到京,因有随员及办事人等,以大[illegible]鸪胡同住宅不敷,故暂寓北洋公所(前门在东华门外丁字街,后门即在锡拉胡同,本系前粤海关某姓之住宅,袁宫保以四万余金购得。宫保入京即寓此,去年与日本全权议约亦在此)。午帅行箧中携有活动写真,中多学堂及海陆军诸像。回京将演之,以示都中官绅及学生等,冀扩眼界。过津时向梁菘生观察求能为此之人。梁荐某君(向在京津以电光演活动写真娱客),并派委员何昭华一同入京。

念八日三四下钟,方在试配药料,在公所中第一进后窗之外。时午帅适坐窗内炕床会客,乃某于此次忽不用电而用依忒(此物最烈,稍不慎即致祸),不知如何,轰然一声,众皆惊仆失措。及起检视,则何及三等参赞姚广顺(直隶人,尝为湖南参将,随午帅出洋,管出入度支事),并一仆人皆死,尸分为三。又三人受重伤而仆,而某君以远立未死,伤亦甚重。四面窗之玻璃皆破,板及墙壁上皆溅血,并有一肉块飞堕他所,状甚惨。外间听闻声疑有异,故警员及警兵麕集,后察知其故,乃散。

《中外日报》1906年8月28日

8月18日(六月二十九日) 山西左云县雕落寺村民赵拮、范敖等人因煤窑利益,率众入城见官,反对传教士包庇教民、欺压百姓,旋因教士开枪致十一名民众死亡,引发事端。

10月14日(八月二十七日),山西巡抚恩寿奏报清廷办理此事经过:

头品顶戴、兵部尚书衔、山西巡抚奴才恩寿跪奏,为左云县匪徒滋事,格杀多名,擒获余匪,分别禁释,现在地方一律安靖,谨陈明办理情形,并将怯懦不职之知县随案参处,恭折仰祈圣鉴事。

窃照光绪三十二年七月初三日,准大同镇咨开:据左云县禀称:该县南乡有土匪进城为乱,恳速派兵队前往剿除,业经酌带骑队星夜赴县弹压等因。随据朔平府、左云县先后禀同前情。奴才因明晰批示,指受机宜,并饬司先将疏于防范之署理知县陈鸿筠撤任,遴员前往接署;一面飞饬雁平道缪彝克日亲诣该县督饬,妥为办理,暨确查该匪等起事实情禀办去后。兹据该道查明此案情形,提讯现获各犯详晰禀复前来。

缘已死匪首赵拮、范敖均籍隶左云县,素相亲昵。赵拮以画符治病为事,即在范敖家供奉财神,朝夕烧香祈祷,为人治病,间有愈者。因令范敖为之传扬,故神其说以惑众,意在敛钞,愚者亦遂信之。先是该县雕落寺村山内县民赵喜元等,于上年四月集资开挖煤窑,议定六十六天为一轮,以六十天利归窑户,六天利归山户。范敖即山户中之一,分利一日有半。迨赵喜元等资本不足,将此窑卖给教民陈四喇嘛等,该教民减去范敖半日之利,但留一日,范敖遂怨之而不敢较。又近窑各村民每卖炭一驮,向章减钞一二十文,窑口碎炭准贫农拾取。自窑归教民后,乃尽反其所为,复刻[苛]待窑内佣工之人。范敖乘村民积不能平,遂商同赵拮,诱煽乡愚,将报复教堂以泄己忿。教堂闻之,赴县禀报,指为拳匪。该县派巡警管带唐桂芳赴村查访。赵拮知系教民报县,又闻欲将伊等拿办,计无所出,即与范敖、崔俊、常宽、王三丑仔、王四丑仔等起意向教堂滋事。以平民与教民共事种种吃亏等语,激动众怒,约定六月二十九日在范敖家齐集同赴教堂。是日清晨,闻教士已赴县属,因即纠约进城,有愿与同行者,有被其诓诱者,有先不允从后复逼胁而去者。赵拮自持帅字黄旗,余人皆头扎黄巾,腰束黄带,手执斜尖大黄旗一对,斜尖小黄旗二十二根,上书"飞虎天兵"字样,又有持刀械及徒手者若干人,约共五十余人。赵拮行至县署门首,令范敖与众人在外守候,独自只身入署欲见县官,声称与教堂为难,该县未敢出见。经巡警什长贾珍劝赵拮暂退,从长计议,赵拮即带同众人往西街大庙住歇。适是日德人斐特勒游历过境,访知教士正在县署,因亦住于署内。斐特勒商允该县将匪剿办,于三十日黎明,匪徒无备之时,带领防军即巡警兵进庙查拿。赵拮警觉,喊同范敖、崔俊、王三丑仔、王四丑仔、崔仲英、麻沾沅、张四孩仔、阎志四仔、甄大薅、胡二孩,持械出院抵御。斐特勒即率同兵丁开枪,击毙十一名。又有常宽一名,在庙梁躲避,跌落身死。其余秦天汭等四十一名均俯首就擒,并未抗拒。该府县禀报到省。经奴才饬据雁平道调同署崞县知县章同、署右玉县知县谭家骏驰往查明,并提集现获各犯讯悉前情,禀由奴才批行按察司覆核无异,应即议结。

查此案,赵拮假托神道,画符治病,与范敖等惑众敛财,经教民告知教堂,禀县派弁查访,辄挟煤窑前事之恨,起意与教堂为难,虽无聚众传拳及潜谋不轨情事,惟其纠集多人进城寻衅,且旗帜装束诡怪离奇,及官兵查拿仍复出而抗拒,实与土匪无异,自应按律惩办。今该犯赵拮等十二名业被格毙及跌落身死,应毋庸议,并遵照新章免其戮尸。秦添汭、马连幅、曹先沄、王纹涣、王渔、刘汭、柴沅等七名,虽听从赵拮进城助势,惟一经官兵捕拿,即俯首伏罪,情稍可原,应各监禁十年。连发、甄定汉、王牛仔、李得花、李汉儒、王葆仔、王帼权、温应、任鹞漳、范魁等十名,系由范敖诓骗进城,并非甘心助恶,情节尤轻,应各监禁三年,与秦添汭等七名均俟限满保释。常毛旦、孟毛旦、李八九仔、崔万得、李并衡、李和尚、杨麻根、甄二满即李二满仔、张喜薅等九名,均系被胁同行,惟查该犯等向不安分,应各收厅习艺二年,限满释放。张五仔、李七蝌仔、张汰泙、张楞旦、刘拴仔、尤幅仓、王左、李真、杨根坪、乔钱旦仔、王赋魁仔、殷银针、高举、孙存赋等十四名,均系良懦村民,吓逼随行,情实可悯,应一律保释。阎俊一名,因其子阎志四仔进城,跟踪追寻,致受连累,应即释放。案外无辜从宽免究。

该署县陈鸿筠事前既疏于防范,迨匪徒赵拮来署,该县若即出面谕,开诚布公,晓以利害,未始不可解散;乃竟畏避不出,反商同外人剿办。在匪徒等顽梗狂愚,固系咎由自取,而该县之识见不明,措置失当,实属荒谬糊涂。应请旨将卸署左云县事、候补知县陈鸿筠即予革职,以肃官常。

此案肇衅之由,实自煤窑而起。已饬现署左云县查明该县窑户行规,邀集公正绅耆与教士等妥商办法,总期民与教宿怨平释,免成莫解之仇,由县再行剀切示谕。在平民果有屈抑,尽可控官伸理,而不可逞忿以忘身;在教民宜睦乡邻,亦必与众协和,而不可恃符以贯怨。此中调护维持之道,要不得不责诸有司。至该县地厅,当匪徒就获派员查办之时,民间不免惶惧,自经出示抚慰,人心大定。现已四民安业,静谧如常,堪纾宸廑。

所有左云县匪徒滋事,格杀多名,擒获余匪分别禁释,谨陈明办理情形,并将知县随案参处缘由,理合恭折具陈,伏乞皇太后、皇上圣鉴,训示。谨奏。

光绪三十二年九月初六日奉朱批:著照所请,该部知道。钦此。

中国第一历史档案馆、北京师范大学历史系编选《辛亥革命前十年间民变档案史料》上册,中华书局1985年版,第140～143页

△ **巡警部查验各厅警官执照,防止革命党混入。**

是月底或七月初考察政治大臣端方密奏清廷,请平满汉畛域。

端方《请平满汉畛域密折》云:

奏为统筹全局,永策治安,请降明诏,举行满汉一家之实,以定民志而固国本,密折沥陈,仰祈圣鉴事。

窃奴才奉命考察政治,其职固在广求各国利病,以资采择,尤在按切本国情事,以备折衷,使事所及,辄尝熟考欧美日本诸邦兴替之由,旁察内外人士舆论变迁之迹。窃见有一事焉,为中国新政莫大之障碍,为我朝前途莫大之危险,苟非我皇太后、皇上今日立行英断,销患未萌,则数年以后,事势所趋,将有为臣子所不忍言者,用敢披沥陈之。奴才闻家无论贫富,而兄弟阋墙者必败;国无论大小,而人民内讧者必亡。欧美日本诸邦,前此无不经过内讧之时代,其能防祸未然,使内讧不至决裂,而旋以销弭者,则其国安全发达,莫能御焉。若内讧既决裂,胜败立判,胜败判而内讧旋熄者,则国中一部分之人,虽受其损害,犹不至危及国家。若夫蓄怨已深,发之非骤,绵延岁月,相持不下,国民互相携贰,无有固志,同处一邦,有如秦越,则无论迟早,终必有土崩瓦解之一时,而国遂至于不可救。即在将溃未溃以前,而以猜嫌嫉妒之故,百废无一能兴,而国亦奄奄不振,奴才每读列国兴亡史,未尝不感慨系之也。内讧之原因不一端,而以种族之异同为最。苟一国之中有两民族以上,各怀畛域,动相携贰,则其祸害所极,大者召分裂,小者即衰颓。如七十年前比利时与荷兰原为一国,以两族积不相下,道光八年,比利时脱而自立。又如一年前那威与瑞典原为一国,以两族积不相下,去年秋冬间那威脱而自立。又如奥大利与匈牙利合为一国者已二百年,两族积不相下,近年革命

屡起,奥政府以全力镇抚之,仅免分立,而杌陧之形,不可终日。此皆两民族共处一国不能调和,而国基因以动摇,前车之最可鉴者也。其次焉者,虽幸未致国家之分裂,而国中诸族,尔诈我虞,人各有心,不能并力一致,以谋国家公益,则国亦日趋萎弱而无自图强。如奥大利当百余年前,本为欧洲第一雄国,但国中种族纷歧,除匈牙利外,尚有波希米、波兰、德意志、拉丁、斯罗奔舍鲁比亚、意大利、罗马尼亚、马几亚诸族,互不相下,是以全国离携,屡经挫败,降为第二等国。其施行宪政,虽阅五十余年,而至今议院犹日相倾轧,咸先一族之私利,而后一国之公益,宪政名实不相副,而国日以颓。又如俄罗斯,数年前以炙手可热之势,睥睨全球。然其国中有大俄罗斯、小俄罗斯、芬兰、波兰、德意志、犹太、鞑靼诸族,言语不同,宗教殊异,各相携贰,人无固志。故与方兴之日本遇,一蹶不振,贻笑万方,而乱民叛军刺客相属于道,君相无一夕之安。近虽鉴于时局,不得不采用宪政,而讥者谓其议会将来之棼乱,或将过于奥大利,其能否收宪政之成效,未可知也。由此观之,一国人民畛域之见不化,其贻祸国家若此。顾奴才又尝泛观各国,其合两民族以上成国,而能致强者,又非绝无也。如英国本为盎格鲁与撒【克】逊两族所共建,而今已合同而化,绝无内讧。如美国为欧洲诸邦殖民尾闾,各国各族辐辏麕居,而耦俱无猜,熙熙相洽,曾未闻有区种族以分党派,怀私忿以忘大计如奥俄诸国者,此其故何欤?盖其国中无论何族,皆受治于同一法制之下,权利义务,悉皆平等,故种族虽异,利害不殊,民自乐于趋公,而以阋墙为大耻。不然者,利益轻重,稍有偏畸,相形之间,动生携贰,往往以薄物细故,互挑拨其感情,憾隙日深,杌陧日甚,终必至有溃裂之一日。彼英美与奥俄得失之林,盖在是矣。由是观之,苟合两民族以上而成一国者,非先靖内讧,其国万不足以图强;而欲绝内讧之根株,惟有使诸族相忘,混成一体,此实奠安国基之第一义,而各国大政治家所黾勉以图者也。伏惟我朝龙兴辽沈,抚定中原,列祖列宗,大公至仁,不分满汉。举国涵濡圣泽,至优极渥,微特满人以从龙之余荫,感戴独深,即汉人亦明率土之大经,忠爱罔替。故以今日中国满汉两族,与欧洲之荷、比、瑞、那、奥、匈并论,实为拟不于伦。独惜国初以来,满汉通婚之禁未开,故此两族者,虽相友相助,二百余年,言语宗教习尚罔不大同,而种族一线之界,犹未尽泯。近以列强交通,国威稍挫,人民何知,惟有责难政府。而当此宪法未布,责任内阁制度未立之时,其所谓责难政府者,实不外责难君上,爱戴所集,觖望相缘。而一二不逞之徒,竟敢乘此时机,造为满汉异族权利不均之说,恣其鼓簧,思以渎皇室之尊严,偿叛逆之异志。加以多数少年,识短气盛,既刺激于时局,忧愤失度。复偶涉西史,见百年来欧洲二三国之革命事业,误认今世文明,谓皆由革命而来,不审利害,惟尚感情。故一闻逆党煽动之言,忽中其毒而不觉,一唱百和,如饮狂泉。以奴才使事所及,明访暗查,见夫无知青年,惑其邪说,什而七八。逆贼孙文演说,环听辄以数千,革命党报发行购阅,数千逾万,其演说之言,报纸之语,无非诬谤君父,煽惑愚民,种种狂悖,非臣子所忍闻,尤非奴才所敢述。方以为悖逆至此,凡有血气,宜无不痛心疾首,不与戴天,而孰知所至欢迎,争先恐后,人心之变,至是而极。近访闻逆党方结一秘密会,遍布支部于各省,到处游说运动,且刊印鼓吹革命之小册子,或用歌谣,或用白话,沿门赠送,不计其数。入会之人,日以百计,踪迹诡秘,防不胜防。其设计最毒者,则专煽动军营中人,且以其党人投入军队,其第一策则欲鼓动兵变,其第二策则欲揭竿倡乱之时,官军反为彼用,否亦弃甲执冰不与为仇。以奴才所闻,各省练军防勇熏其逆焰者,已不乏人,而皆深自秘藏。孰为良民?孰为逆党?虽极明察之将领,亦苦于辨别末由。彼等又秘造炸弹,广募死士,思以冒犯乘舆,下逮政府百僚稍有势力者,咸将施其强暴。奴才等去年车站遇险,即其发端。将来此等鬼蜮之行,且将日出而不知所底。以上所述,皆奴才钩稽查访所得确实消息,始知外间传播之说,确有原因,其邪说传播之广,逆党蔓延之速,绝非内地官吏所得闻知,亦非奴才初意所能料及。奴才闻此,痛愤之余,继以忧虑。窃以为今日中国,大患直在腹心,纵任之则溃决难收,芟夷之则全局糜烂。若不立筹所以善后之策,则此外一切设施,皆为空言,而国家前途,譬彼舟流,真不知所届也。奴才窃计善后之策,不出两途:一曰用严峻之法,摧锄逆氛;二曰行公溥之政,潜消戾气。夫以列祖列宗之深仁厚泽,我皇太后、皇上之一视同仁,为臣子者,不知感戴,乃反造作逆谋,图危社稷,则投畀豺虎,以御魑魅,正天罚所宜尔,亦人心所同然。惟彼倡乱渠魁,逃匿异域,国权不及,久稽显诛,是严峻之法之难行者一也。若其附和者流,虽甘心从逆,未始无人,然大率皆年少气盛,辨理不真,激于一时之感情,误犯弥天之大罪,迹虽可嫉,愚实可怜。其中且有出于爱国热诚,觇强邻之侵陵,愤官吏之泄沓,始责望于政府,旋铤走于险途。若此之辈,苟一旦破其执迷,导以希望,或反能为国效力,变为有用之才;若竟弃其终身,徒以资夫逆焰,是严峻之法之难行者二也。彼等既以秘密为手段,鬼蜮出没,捉摸綦难,党羽既繁,遍地而有。甲非乙是,已费稽查,逃墨归儒,更难辨别。虽有极才之警吏,未从察见夫渊鱼。徒使无罪者屡受嫌疑,有罪者每逃法网,骚扰愈甚,怨毒滋深,如救火而抱薪,譬扬汤以止沸,是严峻之法之难行者三也。就使司隶得人,凡从逆者必伏其辜,逮捕者必当其罪,但彼辈既以破除专制为藉词,以抵抗满人相号召,多戮一人,则彼辈多一煽动之口实,一逆党戮而百逆党生,虽欲诛之,庸可尽乎?是严峻之法之难行者,四也。夫以俄罗斯警察之干练,法网之密严,号称世界第一。近三十年间,其政府之所以穷治革命党者,不遗余力,而其势卒未尝稍挫;非惟不挫,且愈摧而愈萌蘖,愈遏而愈横流。驯至炸弹匕首,岁数十见,君相疆吏,屡遇凶残,罢工兵变,日有所闻,一方揭竿,全国云扰,其致斯之故,盖有由矣。考各国贵族与平民相讧之陈迹,贵族恒始胜而终败,平民恒始败而终胜。贵族握固有之威权,故常制胜于先;平民拥最大之多数,故终决胜于后。就英法两国之已事言之,平民而不与贵族为难则已,既与为难,则为贵族者,包以大度,以平其气,而销其焰,转可以相安无事,乐利偕同,如英国是也。若贵族恃其威权,与之对抗,则激而横决,终必灭亡,如法国是也。然此犹就内讧而言耳。今者,列强环迫,伺隙相乘,不幸而四境之内,忽起乱端,则正予外国以绝大机会,有满汉两败俱伤、同归于尽已耳。斯非惟两族之不幸,抑亦国家之不幸也。夫以我皇太后、皇上之圣明,满汉一体,视若赤子,曾未尝变更旧制,有所畸轻畸重于其间,久为天下所共见。即满籍臣僚,入关以来,久与汉族耦俱无猜,亦曷尝有挟亲挟贵,故分疆域。乃无端而忽有此种邪说,披靡全国者,不过一二逆贼,希冀非常,借此为题,以惑人心耳。此一二逆贼,釜底游魂,亦何足畏。所可虑者,逆说横流,如疫传染,从逆愈众,肃清愈难。为今之计,惟有思一良法,能使已中其毒者,幡然悔悟;未中其毒者,与国同仇。则解散党羽于未成,自销弭乱源于永久。奴才悉心访察,颇闻从逆之辈,多有少年有志之士,身家清白,学业亦优。窃以此辈品质,原可取裁,何乃病狂丧心,自外生成至此?及深考其故,则亦有焉。盖缘觇外国之富强,愤中国之积弱,既绝望于维新,乃丛怨于政府,此政治革命之说,所以得乘间而入也。既丛怨于政府,乃迁怒于满人。而我朝旧制,虽满汉一视同仁,而尚有一二小节,为满汉之间权利义务不甚均平者,逆党即假为口实,肆其鼓簧。后生小子,激于感情,被其利用,此种族革命之说,所以得乘间而入也。既知受病之根,即能得治病之法。奴才以为,今日欲杜绝乱源,惟有解散乱党;欲解散乱党,则惟有于政治上导以新希望,而于种族上杜其所藉口;则凡草茅中爱国之士,确然知政府之可以有为,喁喁然思竭其才以应国家之用,而不肯委其身于叛逆,而彼挑拨满汉感情之邪说,自无所容其喙;即更肆狂吠,亦莫或信从。如此则逆焰自衰,逆首一二人孤立而见摈于天下,无复能为患矣。夫所谓于政治上导以新希望者,则奴才等前此所谓宣布国是,定十五年

实行立宪是已。若所谓于种族上杜其所藉口者,则奴才私计有二事焉,敬为我皇太后、皇上陈之:

一曰改定官制,除满汉缺分名目也。国初定制,于官职中间,有满缺汉缺之名,本鉴元代独私蒙古色目人之弊,故定满汉以同等相当之权利,使毋或向隅,用意良苦也。然所规定者,惟在京官及边徼要地。若各省官吏,上自督抚,下至佐贰,皆因才器使,无复区分,汉人居职十而八九。朝廷大公无私之心,既为天下所共见,乃逆党犹藉以为词,谓满籍五百万人,而与汉籍之四万万人有同数之官缺,一则升转甚易,一则疏通为难,持此比较,强指为偏私之据。在此等桀犬吠尧之论,亦何必引为顾虑。惟是国家设官本意,原以为国事处理之府,而非以为臣僚迁转之阶。如今制一部而有两尚书、四侍郎,乃至院寺科道监司,上自堂官,下及司员,莫不两缺并悬,职权相等,不能收监督补助之功,而惟有掣肘推诿之弊,似此制度,本非适宜。故近者新置外商学警四部,已更此制,惟设一尚书、两侍郎,其丞参郎员主事,亦复司设专职,咸无满缺汉缺名目。诚以因时变通,必如是而事乃易治也。此外各旧衙门,或已经裁撤归并,即其现存者,势亦当重定职权,更张庶务。以奴才愚见,谓宜乘此机会,将京师各衙门,悉依外商学警四部成例,除满汉缺分名目,所有堂官司员,不问籍贯,惟才是用。又如边徼要地各官职,自昔惟属旗员专缺,然近来如盛京官制,固已大变,不分满汉,悉能授职。又如驻藏使节,亦已采用汉人,凡此皆出自朝廷为地择人之权衡,亦隐示两族耦俱无猜之明效。然则就此意而推广之,举凡京外一切官缺,悉裁旧定满汉之名,事固易行,无所窒碍,而既以收职权统一之效,复以示满汉一体之仁,法至良意至美也。或疑缺分混淆,将来要津,恐尽为一籍人所占;又旧缺既骤减其半,则郎员以下出身愈难;殊不知任官惟才,万无限于某籍人可以独占之理,即如现今之督抚藩臬,何曾有满汉分缺之事?京员何以异是!又如各部尚侍,各旗副都统,近间亦满汉并用。但大官稍示变通,而百吏仍循旧制,是已洞明此事,必当如此处分,而尚虑有所牵掣,而不能遽行,此最可惜者也。至旧缺裁减,虽似有仕途壅塞之患,然今日中国官制,实未整备,苟实行改革,则所须添置之新署,不知凡几,为国宣力,何患无途,其不足虑,盖章章也。伏请涣降明诏,自后京内京外一切官缺,皆满汉并用,惟才是择,毫无分歧,则举国晓然于天地之无私爱,而人心之感戴永固矣。

二曰撤各省驻防也。国初大难甫平,人心未靖,萑苻窃发,往往而有,故于各省会及诸冲要地特设驻防。其时所以必用旗兵者,原因旧有绿营,类非劲旅,藉以镇守,或有疏虞,故不得不用亲贵重臣,统胜兵以责捍圉。惟是二百年来,事势变迁,今昔大殊,薄海内外涵濡圣泽,反侧久安,监守之职,成为赘旒者已百余年矣。尔来时局迁移,战术大变,前此骑射火器,凌厉无前,今则刍狗弁髦,一无所用。若使四方有变,其不能藉驻防以销兵气,此又五尺童子所能知也,而犹悬此空名,久而不撤。就国家方面言之,则岁糜巨帑,以养有名无实之冗员,徒为财政一漏卮,其不利者一也。就旗人方面言之,既注名于兵籍,而农工商诸业皆在所禁,不能独立以谋生计,仰食司农,区区口粮,曾不足以自给,仰事俯畜,尤不待言,游手无依,徒以自累,其不利者二也。就汉人方面言之,名曰驻防,而所驻者在腹地,所防者为何人?既已天下一家,又何防之与有!虽朝廷决无此意,然名称所播,授逆党以口实,而益其挑唆煽动之资,其不利者三也。夫使今日驻防之设,而于皇室之尊严,地方之安谧,果大有关系,则虽不更其实,而犹当易其名。况其无丝毫之实益,而有莫大之漏卮哉。奴才以为宜速下明诏,将各省驻防永远裁撤。其现任将军、都统等员,依前此裁缺之盛京侍郎等例,遇有品级相当缺出,尽先调补。其各旗丁之挂名兵籍者,悉令仍居原驻地方,编入民籍,依前此裁撤绿营成例,特加优待。绿营受裁,不过补给口粮数月。驻防则自裁撤之日起,仍给以十年口粮,为之安顿生计，一切善后事宜，责成该管督抚，妥为筹办。如此则彼此相安，而天下之视听亦一新矣。论者或谓各省驻防，实繁有徒，祖父相传，皆仰官廪以自赡，一旦被裁，生计路绝，虽为要政，无乃厉民。不知现在旗员所领官帑，为数甚微，万不能恃以为活，徒以禁营他业之故，如束湿薪，末由自立。以奴才所闻，各省驻防旗员，大抵憔悴瘠贫，借贷度日，困苦之状，良不忍言。然则旧制所规定，虽若爱之，实乃害之耳。国家之所以爱民者，在使民各能独立自营，而国家任扶掖保护之责也。若举所爱之民而悉饩廪之，非惟国力有所不给，而受赐者反以受困矣。今若于裁撤之后，仍颁十年之余粮，则此十年中，别谋职业，绰有余裕，此不徒为目前政策切要之图，即二百年来屡劳宸虑之八旗生计问题，亦从兹解决，所谓一举而数善备也。昔日本维新伊始，废藩置县，前此藩士，皆有世禄，更新之后，一概裁撤，而政府别给金禄公债以为之酬。金禄公债者，政府量其旧受之禄，酌给成数，以后即不复给养于官，而使之别谋职业也。然当时日本政府，以贫乏之故，不能拨以现银，故予以一纸债券，作为政府借彼之国债，岁取息焉，分若干年由政府偿还，当时士族多怨以为厉己，十年以后，乃感政府再造之恩。盖彼之藩士，前此不能营农工商等业，正与我驻防旗员同，其区区微禄，不足自给，亦与我驻防旗员无异。及停止旧禄，受领公债，始共矍然兴起，以从事实业，其不至以游民终者，实此举赞之也。若略仿此意，而易彼之债券为现银，则仁至义尽，视日本又有加焉。夫以今之驻防旗员，散居各省而不受所在地方官之统辖，一若国际上之享有治外法权者。然就行政论，既动多窒碍，就国法论，亦稍失均平，故奴才谓非毅然撤之，不足以成治体也。以上二事，在今日万不可以不加处置，固非徒为箝逆党之口，折凶徒之焰也。而因此之故，足以示朝廷之大公，定全国之舆论，使不逞之徒，骤失其煽动之凭藉，不期销灭而自销灭，效无有捷于此者矣。奴才一得之愚，理合密折奏闻，伏乞皇太后、皇上圣鉴，训示施行，谨奏。

中国史学会主编《中国近代史资料丛刊・辛亥革命》(4)，上海人民出版社、上海书店出版社2000年印行，第39～47页

编者按：据学者夏晓虹考证，端方此折或系熊希龄代拟。熊希龄《明志阁遗著》收录有《代拟化除满汉畛域折》一文，字句文意与端方此折多有所同。（夏晓虹《梁启超代拟宪政折稿考》，《现代中国》第11辑，北京大学出版社2008年版）

8月20日（七月初一日）　云南学生代表电禀政务处等，诉云贵总督丁振铎昏髦庸劣，内政外交俱归失败，请据实密查严参。后两次再电朝廷，请换丁振铎以维危局。

《中外日报》先是报道：

滇民电诉丁制军

云南各府州县学生及绅商等，因滇督丁振铎内政外交俱因循昏髦，屡次损失权利，极为愤激，致电政务处陈其罪状。又以日前政府因驻法使刘大臣参劾滇督，有令川督查覆消息，故并致电川督锡制军等。兹录其所发两电如左：

政务处王爷大人钧鉴：滇患迫极，丁督昏髦，凡内政外交俱因循失败，确有实据，恳密查严参，以延滇命。否则滇民决不公认。云南全体学生代表全省人民公叩。

成都督帅鉴：查覆滇督事，恳勿徇情，致误大局。禀邮呈。

《中外日报》刊《滇督不安于位》一文：

顷得滇友函，滇督丁循帅于闰四月下旬上一封奏，谓以云南全省绅民意见不合，请另简贤能，准其开缺云云。按，滇督至与全省绅民意见不合，其德政可知矣，况出之于老髦昏庸之丁振铎，尤可想见。近云南人民有四语歌谣曰："欲求云南宁，须拔眼中钉。欲求云南安，须去刘雨三。"刘即云南藩台刘春霖也。

《云南要闻汇录》，《中外日报》1906年8月10日

《中外日报》又有专电称：

云南留日学生呈政务处电

政务处王爷大人钧鉴：丁督昏耄，贻误封疆，云南危在旦夕，吁恳另简才干大员，以扶滇危而保大局。云南留日学生公叩。

《云南留日学生呈政务处电》，《中外日报》1906年8月21日

编者按：云南学生电禀政务处日期，《云南》杂志"第一号中外大事表"记为是日。韩信夫、姜克夫主编《中华民国大事记·第一册》（中国文史出版社1997年版，第22页）亦系于是日。但据《中外日报》所载，此似与云南留日学生呈政务处电混淆所误。云南各府州县学生致电日期当在农历七月之前，实际日期待考。

8月21日（七月初二日） 辽西杜立山、田玉本各股相继剿除，东三省总督徐世昌、奉天巡抚臣唐绍仪奏报清廷，并为在事出力职员请奖。

徐世昌、唐绍仪《奏辽西杜立山田玉本各股相继剿除折》云：

钦差大臣、东三省总督兼管三省将军事务臣徐世昌，副都统衔、奉天巡抚臣唐绍仪跪奏，为剿获积年著名匪目，恭折奏闻，仰祈圣鉴事。

窃奉省比年以来，屡遭胡匪之害，绑票勒赎，民不聊生。臣等抵任后，即饬新旧各营扼要填扎，以搜剿匪徒，保安地面为要务。访闻著名匪目杜立山即杜天义与田玉本等，各率党羽盘踞辽西，绑掠横行，飘忽无定。庚子乱后，该匪等各率党羽千余分帮剽劫，官军进剿，列仗拒捕，诱兵设伏，屡为所乘；任意恣睢，烧杀奸淫，无恶不作。新民、镇安、辽阳、海城、辽中、广宁、彰武各处，民物骚然，控案山积。田玉本名为就抚，而屡抚屡叛，出没无常。杜立山则在匪巢筑建炮台，阴结死党，到处设卡，以为负固之计；复借巡警为名，广购枪炮，勒索居民，实为元恶大憝。经前将军赵尔巽檄饬巡防营务处严密访拿，复经臣等到任后严饬防剿务获去后。

兹据巡防营务处本任东边道张锡銮等报称，该匪杜立山所部匪党与积匪田玉本，在小北河地方互闹滋扰。经右路统领张作霖带领队兵，与丁忧知县殷鸿寿等驰往该处，乘其不备，将田玉本在贼中击毙，并阵死夥匪杜洛疙疸、郑淀才、宁黑子等及余匪数名。我兵受伤者二名，阵亡一名。旋将杜立山生擒至营，即在新民府地方，会同该署知府沈金鉴，讯明就地正法，以昭炯戒。并一面搜剿该匪巢穴，起出军械，平除碉卡，余匪投诚。现在地方安静，商民称快。理合将情形具报，并开单择尤请奖前来。

臣等查该匪目杜立山、田玉本等，以积年巨匪屡与官军接仗，恶贯满盈，久为地方之害。今兵不血刃，渠魁授首，不但辽西安枕，即他处匪徒亦闻而知惧。该统领等赴机迅速，实属异常出力，奋勇可嘉，应准其择尤请奖，以昭激劝。核其所开五员，均系在事出力，委无冒滥。除在事出力之巡弁兵丁由臣等酌赏银二千两以资鼓励，及伤亡兵丁照例抚恤外，合无仰恳天恩俯准，将蓝翎游击衔补用都司张作霖，请免补都司，以游击尽先补用，并请赏换花翎；候补知县殷鸿寿，请免补本班，以同知直隶州补用，并请赏加四品衔；尽先补用佐领依钦保，请候补佐领后，以协领尽先即补，并请赏戴蓝翎五品顶戴；尽先补用千总张景惠，请免补千总，以守备尽先补用；五品顶戴尽先把总汤玉麟，请免补把总，以千总尽先补用，以为剿匪奋勉者劝，出自逾格鸿慈。

所有剿获巨匪正法，地方安静，并择尤随案请奖缘由，谨恭折具奏，伏乞皇太后、皇上圣鉴，训示。谨奏。

光绪三十三年七月初九日奉朱批：著照所请，该部知道。钦此。

中国第一历史档案馆、北京师范大学历史系编选《辛亥革命前十年间民变档案史料》上册，中华书局1985年版，第105～106页

8月28日(七月初九日)　清廷帝后召见大学士、军机大臣、直隶总督等,讨论出使各国考察政治大臣各折件,商讨实施立宪事宜。

《中外日报》报道:

七月初八日电传初七日军机大臣面奉谕旨,考察政治大臣回京条陈十折件,著派醇亲王载沣、军机大臣、政务处大臣、大学士暨北洋大臣袁世凯公同阅看,请旨办理。钦此。

"电传上谕",《中外日报》1906年8月28日

9月1日(七月十三日)　清政府颁诏预备仿行宪政,宣布"大权统于朝廷,庶政公诸舆论",开始官制改革。

清廷发布上谕全文:

光绪三十二年七月十三日内阁奉上谕:朕钦奉慈禧端佑康颐昭豫庄诚寿恭钦献崇熙皇太后懿旨,我朝自开国以来,列圣相承,谟烈昭垂,无不因时损益,著为宪典。现在各国交通、政治法度,皆有彼此相因之势,而我国政令积久相仍,日处阽险,忧患迫切,非广求智识,更订法制,上无以承祖宗缔造之心,下无以慰臣庶治平之望,是以前派大臣分赴各国考察政治。现载泽等回国陈奏,皆以国势不振,实由于上下相睽,内外隔阂,官不知所以保民,民不知所以卫国。而各国之所以富强者,实由于实行宪法,取决公论,君民一体,呼吸相通,博采众长,明定权限,以及筹备财用,经画政务,无不公之于黎庶。又兼各国相师,变通尽利,政通民和,有由来矣。

时处今日,惟有及时详晰甄核,仿行宪政,大权统于朝廷,庶政公诸舆论,以立国家万年有道之基。但目前规制未备,民智未开,若操切从事,涂饰空文,何以对国民而昭大信。故廓清积弊,明定责成,必从官制入手,亟应先将官制分别议定,次第更张,并将各项法律详慎厘订,而又广兴教育,清理财务,整饬武备,普设巡警,使绅民明悉国政,以预备立宪基础。著内外臣工,切实振兴,力求成效,俟数年后规模粗具,查看情形,参用各国成法,妥议立宪实行期限,再行宣布天下,视进步之迟速,定期限之远近。著各省将军、督抚晓谕士庶人等发愤为学,各明忠君爱国之义,合群进化之理,勿以私见害公益,勿以小忿败大谋,尊崇秩序,保守平和,以豫储立宪国民之资格,有厚望焉。将此通谕知之。钦此。

故宫博物院明清档案部编《清末筹备立宪档案史料》上册,中华书局1979年版,第43~44页

上年12月25日(光绪三十一年十一月二十九日),张謇在日记中记立宪近事:

立宪之机动于铁、徐之入政府,端之入朝,振贝子又助之陈于两宫。慈圣大悟,乃有五大臣考察政治之命。既盛宣怀于召见时首倡异议,袁世凯亦依违持两可,会八月廿六日车站炸弹事发,慈圣大震,而小人得乘势以摇之,然六大臣之命不可遂收,故反复延宕至三月之久。徐入政府,袁所荐也,闻于此事不甚附袁。既又留徐、绍,而易以尚其亨、李盛铎佐泽公西行。李颇有自命为宪政党之意,亦时时示异于袁,盖善占气候人也。然又贰于端,殊自表襮,观其戊戌之已事,性质手段略同于袁,而地位不同,所已成就者亦遂小异。留学生归国事,李颇采余说,而又忌余之亲端,乃略解之。要之,宪政之果行与否,非我所敢知;而为中国计,则稍有人心者不可一日忘。此事将于明年秋冬之际卜之。

张謇研究中心等编《张謇全集》第6卷,江苏古籍出版社1994年版,第564页

荣庆日记记预备立宪谕旨出台经过:

七月初八日,入值,袁督请安。巳初饭后小眠,未正至外部公所。醇邸,孙、世、那三相,冶秋尚书,慰亭直督同本处公阅出洋大臣折件。申后归,慰亭来访,夜有所拟(原书注释:与

袁世凯过从甚密。所拟即预备立宪谕旨)。

七月初十日,入值,邸已到,醇邸以次诸大臣有起。巳归,饭后眠起,所拟脱稿。

七月十一日,未初至外部公所,同阅拟谕,庆邸决定。

七月十二日,卯初见,与庆邸再谈。辰初归,滋老到,午桥来,三叔饭此,午眠不稳,未正再眠。晚饭后与宝臣访慰亭夜话。上还宫,午回园。

七月十三日,卯入值,巳到。辰正后见邸,再见宣预备立宪懿旨,晓示天下,督饬臣民。

谢兴尧整理《荣庆日记》,西北大学1986年版,第103页

那桐日记记过程是:

初八日,巳刻到颐和园,世中堂公所同饭。到外务部公所会同军机大臣、政务处大臣袁宫保公同阅看考查政治大臣折三件,酉正归。初十日,传递膳牌。卯刻赴园,两宫在仁寿殿召见,公同阅看考查政治。王大臣十三人,分为两起,军机六人一起,醇亲王,王、孙、世、那四中堂,张大人百熙,袁宫保世凯七人一起。太后垂询立宪事,醇王等奏请即[及]早宣布立宪,以慰天下臣民之望。两宫嘉许,约刻许同下。世中堂、端制军来外务部公所同饭。

北京市档案馆编《那桐日记》下册,新华出版社2006年版,第577~578页

孙宝瑄日记记载此事:

(七月初)六日,昨夜雨,晨起犹未止。慕兄自园归,昳往谈。时考察政治五大臣已还自海外,各上疏请定立宪及改官制。是日薄午,得电语,诸公所上折奏,奉旨交军机政务及北洋各大臣会议,再请旨决行。

(七月初)十日,微雨,即止。晨,作日记。薄午,趋署,则人心惶惶,皆因迩日将有大变革,惧不保。

孙宝瑄《忘山庐日记》下册,上海古籍出版社1983年版,第909、912页

是日,梁启超致信蒋观云,谓:

今夕见号外,知立宪明诏已颁,从此政治革命问题,可告一段落。此后所当研究者,即在此过渡时代之条理何如。若大著者,正应于此时代最急之要求也。伫盼全书杀青,以为一国之向导,非直弟一人私祝而已。弟对于大著,尚未细读,未能遽下评论。惟其中不无异同之点,如任限说,弟所不敢主张;议政机关之组织,弟亦以为未善(非谓宪法实施之民选也,彼自属别问题,今在过渡时代,自不能以此论。而公之组织,弟尚有异同);中央与地方之联络,亦微有鄙见稍殊料者。其他小节亦有之。俟精读后,更当乞教也。

梁启超《致蒋观云先生书》。丁文江、赵丰田编《梁启超年谱长编》,上海人民出版社1983年版,第365页

8月31日(七月十二日),陶湘致信盛宣怀,言宣布立宪过程之曲折:

立宪之说,自五大臣将次回国之时,外间宣传,已知一准大有举动。泽(编者注:载泽)、尚(编者注:尚其亨)回京后,尚则无庸议,泽于召见时破斧[釜]沉舟,剀切陈奏。两宫大为之动容。其时甚秘密,但闻政府颇以立宪尚非其时为虑。及端(编者注:端方)、戴(编者注:戴鸿慈)回京,又复申说。端召见三次,为时甚暂。渠素与青莲(编者注:李莲英)契合,后来居然做到可以随时见太后,且可长谈。而铁(编者注:铁良)与端甚为反对,端能随时进见,铁竟能随时阻止,彼此权力均属两不相下。政府中荣(编者注:荣庆)、铁一起,瞿(编者注:瞿鸿禨)则中立,鹿(编者注:鹿传霖)则如聋如聩,城北(编者注:徐世昌)则四面周旋。至于领袖者,本属无可无不可,一听命于北洋(编者注:袁世凯)而已。铁于北洋心中本有芥蒂,近与端不合,不免因新旧而益形水火。初七,北洋进京,见铁开首即说,“老弟大权独揽”。自此以后,铁与北洋议亦不合。北洋召见时,面参铁谓:“若不去铁,新政必有阻挠”,且谓铁揽权欺

君。慈圣未加可否。上则笑容可掬，默不一言。北洋出，邸堂单进，亦附和北洋，力言铁之不是（此皆道听涂说，是否如此，无从得确，而袁、铁意见不合则实在也）。慈圣谓，铁尚无大过；邸则称，铁为聚敛之臣。据说已由瞿拟旨，御前会议时，不准荣、铁、孙、王数人与闻。而此谕计算初九即应颁发，后因邸、袁相继面参铁，此旨即留中。即此可知两宫之意。而当时上笑不言，又觉颇有深意云。总之，袁则非立宪不可，曾言"官可不做，宪法不能不立"。铁、荣亦非谓不应立宪，以为不宜过急。至因如何而屡屡冲突，难以尽知。两公俱掌兵权，外间以此生谣，则不堪入耳矣。王与议一次，即请假而回。孙固守旧者。大约荣、铁、王、孙、鹿数人之外，即系那、徐随波逐流。此外均注意立宪。又闻日使曾对振言："日本立宪时，第一有五十万兵，第二能有治外法权，第三百姓脑中皆有此想，然后宣布；今中国土地之广十倍于日本，而兵力之微则不及日本十分之三，边陲无防，民情皆懵，将何以收回治外法权，遑论立宪？恐不能图治，适足速乱"云云。闻者称是。然又称：舍此，更将如何？于是，长沙（编者注：张百熙）上折：首请立宪，应宽定年限；次请学生要给予出身，以定人心；三请先更官制，以一政令；亦是人云亦云者。近来谣传纷杂，摘要而言，必以更官制为首。据说设内部、外部为各部之冠，吏、礼（以太常、鸿胪、光禄并入）、户（以工部之半及财政处并入）、兵改为军（练兵处、太仆寺并入）、刑改法（大理寺并入）、巡、学、商（工部并入）共八部（各部设丞、参、尚书一，侍郎二）。外省不论督、抚，有一省即设一总督，藩改财政司，臬改法司，提学、巡警、盐务、军政、察吏共计七司。府、厅、州、县各仍旧而不相统属，悉直隶各司。大约有府即不设县，而皆听命于总督。部选则永远不办，佐贰、佐杂一律更名。州县之下设七所或四所，名目与司相同。又谓，已捐而未到省者，将部照到部更换国债票，永远取三厘息，本则永远不准收回。或云，此系北洋主见，铁则不云然。以上皆近数日之谣说较入情入理者。昨闻日内即将宣布，且看如何。朝市之间莫不皇皇如。竟有人言戊戌将见者，未免过甚。然而不能说不扰乱也。日内市面且因此而生观望之心焉。一切随后再详。（今晨已宣布，全篇空衍，惟先从官制入手为实在。）公此刻坐岳阳楼，未始非福也。

又谓：

昨见各报馆传单谓：今明两日即将宣布立宪之旨，以三年为准率，三年之后再行宣布定期实行之旨。然未见示下，不敢说何者为是也。……

11月22日，陶湘再致信盛宣怀言宣布立宪内幕：

立宪之举，始而恢张，继无消息，终成敷衍。当时传啄［诼］，莫衷一是。内廷秘密之甚，亦无从而知其底蕴。现在事已揭晓。谨将所闻明确者，逐一条列于后。

一、本初（编者注：袁世凯）素来手段尚专制，午公性实守旧，泽在青年，李（编者注：李盛铎）眷甚微，戴、尚固无论也。中央各领袖者毫无成见，城北善事周旋，善化乃见机之流，定兴安于聋聩，荣、铁守旧，而铁则铮铮。所以上下均以立宪持议者，实为上年炸弹所逼，况目今排满之横议频兴，始说立宪以息浮议。然本初另有深意，盖欲借此以保其后来，此固人人所料及者。端借此可以安于南洋之位，倘不力赞立宪，恐有刺客随之。泽为留学生所迷，极力推陈出新，专为沽名钓誉起见。此外均无足道。当端、泽等将回之际，众心共有一更变之举动，深勒脑筋，报纸持议尤甚。近年来，内廷阅报，意亦游移。后来端等先后回华，莫不以变法敷陈，持论痛切，两宫动容。向来疑难之事多取决于本初，荣、铁先期发电，请本初平议，讵意本初尚新更甚，两宫更无主意。当七月初以前，京津秘使往来甚繁，本初向来大权独揽，所发莫不中的。今"立宪"二字，上既摇动，以为此种好机会，略一布置，即可成功。在津即预计到京后如何入手，如何改官制。官制改，则事权亦更，数百年之密网，一旦可以廓除。意中自许如此,手下人等莫不相许如此,枢府亦料彼必如此,领袖更随声附和,报纸又竭力怂恿,惟恐彼不如此。不过报纸之意见与彼之心迹相背耳。到京后连召四次,有"若不及早图维,国事不堪设想"之语。退食后,且有"官可不做,法不可不改"。又云,"有如此贤主在前,乃国家之福"。又云,"当以死力相争"。一时气焰可想而知矣。廷议两日,更无眉目。第一日,仁和(编者注:王文韶)等有未去者,慈圣不悦;次日,仁和赶即前往(礼王即由此开差)。询问许久,莫不称具表同情。寿州、仁和均不发一言。慈圣问及且不知,经同人在后知会,始同对具表同情。慈圣遂问及醇邸,邸即碰头奏称:"奴才实在年幼无知,不敢妄陈。"慈圣即长叹曰:"如何汝亦可如此?汝即不知,可问大众。"言外仿佛汝再如此无用,亲贵竟无人,所以长叹也。邸但惶恐碰首,所以后来即未预议。外间不知,且谓邸奏劾本初,皆是捕风捉影之谈。当初,卧雪(编者注:袁世凯)之与铁,铁之随卧雪,以及上之向用铁,各有深心。所以袁、铁决不能表里水乳。近来,铁司户部,钩稽精核,北洋财政竭蹶,不免牵萝补屋,铁则处处掣肘之,意见由此而起。至军务,则铁尚在敢[甘]拜下风之时,然彼此手下,俱有一各不相下之势隐在心中。初预廷议,本初气概如虹,退后与铁意见不合。铁有"如乃公所谓立宪,实与立宪本旨不合"之语。所谓冲突者,即由此。本初与领袖先后劾铁聚敛,已拟谕着荣、铁同出枢廷,忽然不应,本初始觉得有异。至二次集议,本初意兴稍衰,出而告人,有"我又何苦受人唾骂,京中事真不能办"等语。然第一次长谕又系本初拟稿,九公(编者注:瞿鸿禨)改削。此谕发后,本初即知此事稍难,然又以为虽不能十分完足,目的必能达到也。端本有裁宫省之议,泽等均附和之。内监大危,终日在慈圣处泣诉,并谗以许多不相干之谈论。宵旰忧勤,真至废寝忘食,七月中,有两日早膳未进。据说有一夜,慈圣云:"我如此为难,真不如跳湖而死。"本初等闻之,始有内务府及内三院、宗人府等与政治无关得失,一概不议,上意稍释。此际忽有人严劾疆臣揽权,庸臣误国。慈圣于枢廷召对时将折发阅,即碰首请发政务议。慈圣谓:"此又何必?"即时收回留中。各官闻之,乘隙交劾,共几十余次。上意大回。本初邀端、泽诸公坚持前议,传说有"改旨之旨不下,则不能出京"等云云。后来端知内意已变,即时请训。本初则进退维谷,于是竭力设法欲入内为协理,以陆军专属于铁,北洋交那。盖初议臬司属法部,藩改名后属度支、民政两部,外交属外部,轮、电、路、邮设专部,军务属军部,则督抚不过监察而已。权力大去,有何趣味?所以,非入内为协理不可。无如其跋扈之形迹太露,猜疑已启。本初定议总理一人,属现在之领袖。协理两人,现在有五人,能令何人出去为是,所以议令各专部务,庶几要出同出,可无痕迹。于是有唐为外尚,泽为邮尚,那为北洋,九公与彼为副理。讵料归根有大谬不然者。说者谓本初败绩,其信然欤?

一、议改官制,领袖暨寿阳、九公为督理。寿阳本守旧,领袖则向来无可无不可,故一切均九公专主。第一次编纂处议上时,系内阁、军机、政务大臣皆归并,改为总理一人,副理二人,并设资政、集贤两院,大理为大审,陆军部皆武职,不以尚书、侍郎为名,步军等衙一律议裁。善化朝夕持《会典》详核,稍事更动。十六日折进,本初故意候进折之日请训,以备召询,讵意上意尚不为然。本初走后,四日始发出,则又更改。

一、四大臣出军机,在徐、荣本无所短长,鹿则早有此说,铁系注重陆军起见。财政、兵权只陈雨苍(编者注:陈璧)汉人,此中大有深意。陆军侍郎本拟士珍(编者注:王士珍),及见明文,乃系廕昌。虽令王署,总使汉族无兵权耳。至世中堂之入军机,乃宸衷独断,或谓青莲大力赞成。林中丞(编者注:林绍年)系因电奏称旨,措词:"不必更张,果能实事求是,何一不可自强,徒纷纷更名何!"甚称上意。

一、本初此番入都,颇露跋扈痕迹,内廷颇有疑心。迨官改制揭晓,练兵及铁路、电政均设专部,而军机仍旧,大失所望。邮传部既设,即应将督办大臣归并,而本初不肯交出,善化嘱长沙赴天津亲见本初,并先到邸堂处请示,邸云:"慰廷本欲辞兼差,我说且至各设专部再议,渠不致不交;汝可告,既设专部,部中应有全权。"于是长沙廿八赴津。三藏(编者注:唐绍仪)系廿七前往,渠系本初提拔,受恩深重,但在旁静观,毫不建议。杨杏城本系邮部右堂,讵料临时改变为胡云楣,闻系世中堂说:"云楣办铁路多年,似应给彼,以昭公允。"木易失望,会办大臣并将不保,十分着急,因连夜赶赴天津,为本初竭力设法。于是,本初一面具折,辞各项兼差,杨则廿九赶回都中运动,但求暂管,意想将邮部如商部向章办理,各路不撤。讵料未能达到目的,本初兼差尽行撤去。本初并奏:"所有各镇各军应请归入陆军部,惟第二、第四两镇请归臣督饬训练"等情。奉朱批:"现在既设专部,应归部属,惟第二、第四两镇暂归该督训练。"面子大不好看,心境甚为恶劣。候补各官谒见者,动辄得咎。说者咸谓:本初从前谋夺宪台权利,一再营图,不肯稍留,今日亦然,出尔反尔,且系自己送去,天道不爽,云云。

陈旭麓、顾廷龙、汪熙主编《辛亥革命前后:盛宣怀档案资料选辑之一》,上海人民出版社1979年版,第26~31页

9月2日(七月十四日) 寄寓在北京中华报馆的藤堂调梅(任文毅)被清朝侦探指为孙文予以逮捕,旋由日本驻华使馆交涉释放。

《中华报》主办者彭翼仲,1913年撰《彭翼仲五十年历史》一书追记事情经过:

某(编者注:巡警部探访局管带史云)欲报馆作机关,一再来商。是时,北京报馆仅三家。日商《顺天时报》,德商《北京报》,惟《中华报》不挂洋旗。初以为作政界机关,藉以维持警务,无伤名誉,与之订立合同,划清权限,不得干预言论。某一一应许,又托代聘高等侦探员。适李豫如(钟毓)赋闲无聊,急于谋事。李久居京门,熟习各界情形,足以胜任,力荐之。受聘后第一报告,即为"孙文到京"之骇闻。李之报告,本为假日本人藤堂调梅。某邀功心切,遂以"孙文到京"捏报。设层层陷阱,必欲致之死地者,冀蒙不次赏耳。

藤堂携日妇梅子抵上海时,往谒端大臣(编者注:端方),不得晋见。端之护卫夏鸣皋,本系伶界中人。藤与名优汪笑侬谂,由汪介绍与夏交。夏劝其来京静候,俟端考查宪政回国,必为之汲引,并致书田际云,托其关照。某之居心,余不得知,乃自访藤堂。闻其言论,信为眷爱祖国之男儿,对某力保,并浼其说项于赵侍郎(编者注:赵秉钧),留用此人,未始无裨于时。某传赵意甚厚,待徐尚书(编者注:徐世昌)回京,为之设法。藤旅居无聊,川资告罄。约之到馆,代译日文书籍,遂下榻焉。

一夕,某忽招藤及余并辛斋(编者注:杭慎修,彭之妹夫),饮于同和馆。藤妇适病,延西医诊治。席未终,藤即归馆伴西医。辛斋亦归。某坚留,不使余行,强约至他处小坐。迨余回馆,时已三更。辛斋猝问余曰:"藤堂之事,知之乎?"余茫然。盖藤堂归后,即被警察厅捕去矣。余大诧。藤堂入日籍,又携有日妇,不能止其不报告公使,因此牵动国际交涉,殊失体。遂偕辛斋赴警察厅力争:"警察逮捕人犯,必有确凿之理由。既无证据,即不应随意侵入报馆,妨害居住之自由。外城警厅为侦探所舞弄,但奉长官命令,贸然执行,初不知被捕者究犯何罪也。"争之不允,即请并余等一同扣留。朱厅丞(编者注:朱启钤)殊为难,全厅官吏纷纷引避。独余与藤堂、辛斋,三人相对默坐。时将天明,警部堂官传来电话:令余等将藤堂带回。藤堂就捕时,赤足短衣。至是,某警官解衣衣之,派数警簇拥而归。

余喘息稍定,与藤堂开正式谈判,请其推心置腹,沥罄生平,以筹善后。据云:"本姓任,名文毅,北京汉军旗人,幼随义父山东人某赴镇江为商。义父之亲子渐长,积不相能,遂出

奔,转徙至福建。值甲午台湾之役,投孔副将麾下,赴台防堵。割台之后,无力内渡。照约,二年后应入日本籍,遂为日本之台南人。因其善操京语,聘至西京(编者注:日本京都),为清语学校教员,入赘于藤堂氏。日俗:赘婿可以承嗣,因姓藤堂。日俄战争,波罗的海舰队沉没,捷报到西京,举国若狂,睡梦之中,闻欢呼万岁声如潮涌。妇梅子披衣出户,鼓掌高唱。我独坐床隅,伤心落泪。盖日、俄因东三省而开衅,东三省为谁家之土地?祖国守中立,正所以弃置陪都也。无论日、俄孰胜,皆非中国之福。触景伤情,悲不自胜。梅子入屋,诮我曰:'汝已入籍为日人,何独不欢?'告以故。梅子益鄙我,谓:'中国人向无爱国心,汝尚知有祖国乎!'于是,夫妇反目。壁间悬手枪,夺持向妇,将与之拼一死,经岳氏劝阻而罢。从此,归心决定,誓不再作日本人。梅子亦颇自悔,愿随我返国。抵申后,恐妇心游移,诱使吸鸦片,绝其归路。"由申而津,而京,一切情形如前述,不赘。

余再问之曰:"何以日使不认汝为入籍?此事乃某某对余言者。"藤曰:"别有苦衷。今不得已,只得和盘托出。自决定主意不作日本人,归国后,到申、到津,均未赴领事署挂号。领事处无名,公使馆焉敢有名?一经公使承认,便坐实日本籍,永世不能脱离矣。初不料祖国预备立宪,竟演此黑暗之恶剧。"又问之曰:"然则,在京之日本人,无一知汝者乎?"曰:"君问此何为?"余曰:"警厅捕人,手续不完,被我等质问词穷,始得开释。窃以为中国官吏之性质,最不服从公理。必有二次逮捕之事,不可不防也。"反复长谈,未及交睫,而东方明矣。

藤闻余言,筹思至再,曰:"必不得已,有花冈者,为当日清语学校之学生,现来此调查北京旧惯,住东城十条胡同阿宅。倘再来捕,花冈悉余之历史,必肯出而为证。"遂对其妇操日语,述此意。语甫毕,警厅果派佥事汪立元著礼服来,出传票一纸,传藤堂警厅问话。因其形迹可疑,照警章有盘诘之权,别无罪名。余对汪云:"政府是何居心?非待外人干涉不休。真不可解也。"二次逮捕,虽不似昨夕之野蛮,然逮捕嫌疑犯,出之以揖让,亦全球创闻创见之事。

藤既随去,余即持藤妇亲笔书访花冈。花冈阅书毕,长叹而言曰:"藤先生久抱返国之志,将欲大有所为。曾力劝之,谓:'贵国政府尚未开化,志士不能达其目的,徒送死耳。盍先图谋一己之事业,立定脚根,再谈爱国?'藤不从余言,致有今日。虽属政体不良,知其不可而为之,亦自取之辱也。无已,当往公使馆为之作证,得公使一纸书,不畏贵政府不唯命是从耳!"花冈之语意如此,余闻之愧忸无地。救友心急,不得不觍颜忍耻听之。

有冯某者,曾游日本,与藤堂相识。贸贸然而来,探知警部拘藤于南分厅,亟往见之。手提照像器,欲留藤被拘之纪念。看管委员朱成勋疑其手携之物,详细睇察。冯诮之曰:"不识照像器乎!"初不允入视,强之始可。冯归,告余曰:"尚属优待。"余候花冈回音至,知日公使已出头,谅无意外。虽然,国权损失,谁之过欤!遂往南分厅探视,与之痛谈国事,号啕大哭。语意侵官吏,分厅官陈秉璋切齿顿足,而无如之何。午后,警厅备公函送藤堂至日使馆。委员二人临使馆门而不敢入。日夕,藤回报馆,相向咨叹,藤曰:"今而后,知中华人之不易作矣。"备述日使之言,询问被拘之情状,饮食坐卧,细微毕至,嘱其即刻移至日本旅馆;派使馆卫兵二人,取其行装以去。

藤堂夫妇来馆未一月,遽遭此祸,殊出意外。事后访查,始知警部堂官实被探访某君所蒙蔽。而某之胆敢出此者,则由党禁严苛,悬赏太优。上有好者,下必甚焉。自古党祸,无不由一二细人所造成。朝政昏黑,实菌生党人之媒介。当时畏党人如蛇蝎,杀党人如仇雠。而后世论事,无不唾骂当日权要,而必为党人昭雪者,历史循环,如出一辙。抑又何也?公道有时不明,人心终究不死也。若藤堂者,虽异于此,然无头无尾之嫌疑案,其发生之原,何尝不因一二人之富贵心浓,离奇变幻,演成恶剧?吁,可慨已!

姜纬堂、彭望宁、彭望克编《维新志士、爱国报人彭翼仲》,大连出版社1996年版,第119~122页

《香港华字日报》报道:

十六日,日本驻京公使函询外城巡警总厅,略谓藤堂条梅(编者注:原文如此)籍隶台湾,实为日本国民,请于翌日午后三点钟送交本使馆云云。总厅朱厅丞以藤堂既非孙文,亦无革命党证据,由厅迳行开释。嗣因此次疑藤堂条梅为孙文,系由北洋侦探员报告,当请于袁世凯,而袁坚执送交日使之说。遂派委员黎宗岳、丁春皋送往日本使署。

该报后又报道:

前日本报纪中华报馆被扰一节,其中尚有传闻异辞之处。兹接京函云,藤堂条梅原名任文毅,系华人,流寓台湾,入籍日本,曾充西京清语学校教习。兹因华人在日本者殊被藐视,平日所受激刺,甚多感念。故在今春携其妻藤堂梅子来京,思投效巡警部,以尽义务。乃京师警界中人以其截发西装,疑其为会党之侦探,不敢任用,而又不令出京。调查数月,迄无端绪。前月二十日,移寓五远庙中华报馆。该报馆即报明巡警部,蒙允可而后留之。乃前数日,忽有北洋之侦探由东京来电,谓藤堂条梅即系孙文,现寓京城,与杭辛斋及巡警部右堂赵,均有往来云云。警部堂官遂密谕外城巡警总厅拘捕。总厅于十四日晚八点钟派参事许世英至报馆搜捕。乃该参事至馆并不告该馆主人,竟闯入内院,遇藤堂即加擒捕,求易衣着履,均不许,遂跣足就捕。于是该馆主彭翼仲、杭辛斋以该参事违背法律,侵人居室自由之权,竟擅入内宅捕犯而并不告知本主逮捕之由,殊为蔑视人格,非今日预备立宪时期所宜有。即偕赴总厅与厅丞再四辩论,谓藤堂有罪无罪且置不论,彼既寄居馆中,决不能擅自捕拿而不告知本馆主人,昨甫奉明定权限之上谕,而今日巡警即行蔑视人权之事,将何以示信于人?请将藤堂释放,交其带回,至明日再行正式之拘捕,以清界限。厅丞自知理屈,即允释放。彭、杭二人遂携藤堂而归。至十五日,复派警官传藤堂,暂拘于南分厅。而藤堂之妻即报告日本公使馆,使馆以此人曾入日籍,且为西京人藤堂藤助之养子,出为干涉,询其被罪之凭据,而巡警部虽拥有报告,实非确据。且藤堂确有根底,决非孙文可知,故甚属为难云。

《误疑党犯已释》、《中华报馆误被扰累续志》,《香港华字日报》1906年9月18日、9月20日

9月3日(七月十五日)　京师学界全体开大会庆祝朝廷颁诏立宪。

《中外日报》报道:

本馆北京专电,七月十五日十一点十五分钟发,十二点二十五分到。京城学界全体因朝廷宣布立宪谕旨,拟特开大会,公伸祝贺之忱。本馆谨按,京中学界,既已举行祝典,上海居全国之中枢,为中外观瞻所集,学商两界中人,似宜特行庆祝,以表示郑重其事之意,固礼之不可缺者也。

"专电",《中外日报》1906年9月4日

9月5日(七月十七日)　宫崎滔天(寅藏)所办《革命评论》在日本东京创刊,该刊以宣传和支持中国与俄国的革命为重点,附录专登"土地复权同志会纪事",刊头由章太炎题写。杂志社事务所设于东京神田区美土代町三丁目一萱野长知宅,发行所在宫崎寅藏宅。

辻润《忆宫崎滔天》:

因为是二十年前的事,时间记不太清了,大概是在滔天先生和一些朋友们租下神田美土代町青年会馆旁边的小屋刚开办刊名叫《革命评论》的杂志的时候。我的一位青梅竹马之交

N带着我到《评论》社，拜访了滔天先生。记得当时天还热，滔天先生穿着一件睡袍似的宽大的白衣服。房间矮小，当先生从里间走进来的时候，他的头几乎就要顶住天花板了。N似乎和他很熟，很亲密，至于他当时说了些什么我已记不起来了。但是，我却记得清清楚楚，他和我说话的态度，是郑重其事的；虽然他还是第一次见到我——我当时是十八岁或是十九岁。他的头发像琉球人那样盘成一堆，插着银簪子。他仪表堂堂，却丝毫也没有令人讨厌的那种东洋豪杰装腔作势之处；他春风满面，脸带微笑，语调安详；这或许是因为他是属于支那浪人类型的原故吧。当时还见到一位穿着和他相似服装的人物，我想那多半是萱野长知先生（陶陶亭主人）。

从《评论》社出来时，我已变得颇为激动，怀里还装着二十几部刚出版的《革命评论》第一期。《革命评论》的封面题字是印成红色的，并且我记得很清楚，里面有一页巴枯宁肖像，还登着那有名的屠格涅夫散文诗的译文。在路上，我就把其中几部给了看来会读它们的人。确实，我那天真的青年人的热血，那时刚被点燃；如今回想起来，还不胜感动。

《自由评论》，昭和二年十月号。引自近藤秀树编、禹昌夏译《宫崎滔天年谱稿》，《辛亥革命史丛刊》第1辑，中华书局1980年版，第142页

9月9日（七月二十一日） 上海学界、商界举行祝贺典礼，庆祝预备立宪。是日，南京江南商务总会、杭州商务总会也分别在南京、杭州举行庆典。

《中外日报》报道：

上海总工程局祝典纪事

本月二十一日，总工程局庆祝预备立宪典礼。是晨九点钟，诸董咸集，商业体操会暨商学补习会体育部先后排队来局，鸣炮奏乐，欢忭踊跃。旋由李董平书将奉诏预备立宪及总工程局试办地方自治之现状演述大略。其词如下：

上年，朝廷尚未简派大臣出洋考查政治，我上海已创设总工程局试办地方自治为立宪基础。数月以来，凡所设施，虽未尽如人意，幸赖群策群力，得以粗具规模。似乎人民程度未尝无尺寸可凭籍焉。今者明诏下颁预备立宪，则试行地方自治之举，当不止上海一隅矣。然他处若以上海为先事之师，来此效法，则我大惧焉。夫议会所订章程，未尝不日求完善，然以行政机关如驾驽下之马，如行逆水之行舟，用尽气力而进步实难，且前途障碍甚多，扫除不易，超越不能，日防颠覆之不暇，使他人视我内容，不知者必腾讪笑，其知者必灰热心，然我等所朝夕希望者，立宪耳。今朝廷明降谕旨，或者鼓动国民之心，人人欲储一立宪国民资格，则我行政机关庶有望乎？请与诸君拭目俟之。

电文如左：

政治馆王爷中堂大人钧鉴：奉诏预备立宪，绅商欢忭踊跃，谨于本日举行祝典，恭祝大清国立宪国万岁！皇太后、皇上万岁！请代奏。上海总工程局总董李钟珏等，学务公所总理姚文枬等，商务分会总理曾铸等，商业体操会会长李厚垣等全【体】叩。箇。

上海商务总会祝典志略

十三日恭奉预备立宪明诏，凡属臣庶率士欢腾。沪上商学两界，不谋而合，均于二十一日开特别会，悬旗燃炮，大张筵宴，以志我中国数千年未有之旷举。午刻，全体会员会友齐集商会公议，电请政务处王大臣、商部贝子爷代奏。恭进大清立宪国万岁！皇太后、皇上万岁！祝词后，总理曾少卿君起而演说，略谓政府非广求智识，更订法制，无以慰臣庶治平之望，而众庶非研究学术、保卫国家，亦无以赴合群进化之机。在商言商，今日我商界开宗要义，厥有

二端,曰振兴实业,曰泯化界限。实业兴,则商情发达,既[即]可容纳无限食力之人;界限化,同业交融,又可捐除不尽,排济之习。界限化,实业兴,万众一心,则争成人格,人格成矣,立宪实行。我商界因应裕如,此不佞今日于我商界之希望,亦即政府异日信赖国民,尊崇秩序,保守和平之希望。至此,众皆拍手欢呼,比及散会已鸣钟五下矣。

电文录下:

北京政务处王爷大人、商部贝子爷大臣钧鉴:欣奉立宪明诏,普天同庆,职会谨于本日行庆贺礼,恭颂立宪万岁!大清国万岁!皇太后、皇上万岁!商务总理曾铸、协理朱佩珍偕全埠商民合词叩请代奏。

《记本埠学界商界恭祝立宪事》,《中外日报》1906 年 9 月 10 日

9 月 16 日(七月二十八日)　上海《申报》、《同文沪报》、《中外日报》、《时报》、《南方报》联合发起举行报界庆祝立宪会,到千余人,要求清廷迅速实行立宪。

《中外日报》广告:

本馆特别广告

谨启者:敝馆等谨择七月二十八日下午一点钟,假座味莼园开庆祝立宪会,敬祝朝廷宣布立宪之盛典,公请郑苏龛及马相伯两先生演说,三点钟后谨备茶点,兼演名剧,以志盛德而宣下情。是日谨备入场券,奉请沪上官绅商士届期惠临,同申庆祝,谨此布闻。申报馆、同文沪报馆、中外日报馆、时报馆、南方报馆同启

《本馆特别广告》,《中外日报》1906 年 9 月 16 日

《中外日报》刊《报界恭祝立宪会记事》论说:

光绪三十二年七月二十八日,本馆与申报、同文沪报、时报、南方报各馆,假座味莼园恭祝立宪。是日在该园内外,遍悬灯彩,并恭录十三日上谕悬诸门首。午后商约大臣吕尚书、上海道瑞观察、海防厅秦司马、上海县王大令,英法租界会审公堂关、系、陈三委员,又电报总局总办周金箴观察、沪局总办周翼云观察、轮船局总办徐雨之、沈子梅两观察、闸北工程局徐孝余观察先后莅至。此外,学商界诸同人到者约共千有余人。午后开会,奏军乐,先由各馆公请施子英观察宣读开会祝词。次由郑苏龛京卿、马湘伯观察演说,听者鼓掌之声,如雷贯耳。次由上海道瑞观察倩施子英观察读颂词。末由文君实甫代表各馆宣读答词。再奏军乐,礼毕。乃由丹桂部开台演剧。丹桂部潘、夏二氏系创办榛苓学堂者,故是日所演,皆改良名剧,足以启发社会。诸名伶并愿各尽义务,尤为热心,傍晚散会。兹将祝词、颂词、答词照录如下:

开会祝词:

今日为报界同人举行庆祝立宪之礼,荷本埠官绅商士诸君惠临,同人不胜忻幸。伏读本月十三日上谕,仿行立宪,万年至计,决于崇朝。具见朝廷有百度更新之意。又观本月二十一日,本埠各省学商两界,同日举行庆祝礼,足见中国国民近已大有进步,深知宪政之利益,同深感企,有实行宪法之一日。谨按,上谕有云,庶政取决于公论。夫公论虽源于社会,而枢机之司,实在报章。是以报界同人,谨择于二十八日,就味莼园举行庆祝礼,恭祝立宪万岁!皇太后、皇上万岁!立宪国民万岁!

郑苏龛京卿演说文:

今日承贵公会约孝胥来观盛会,不自意边戍余生,在光绪纪元年间,尚得与诸公为此一日之欢聚。今日我等所处之地位,与七月十三日以前,已如隔世,真堪为中国贺,为诸公贺。

此会乃我中国上等国民第一次之聚会，故孝胥敢为国民略尽忠言。所愧学识粗浅，不足动听，请诸公原谅。从来各国要求立宪，无如此之易得者。此次仰赖朝廷独断，实有救亡图存思想，而累年以来，报馆、学生先导之功，尤为特色。但凡事得之太易，必有难处在后。今日所谓立宪者，初托空言，距法度完备之日尚远。就使从今以后，日有进步，以至于法度完备之一日，若将此极完备之法度，付之目前之国民，则其资格，断然不足承受。譬如将英德日本各国政府社会完具之全体，换以中国国民居之，则不过月余日，必变为朽败紊乱，与我国今日国内之情形无异。此实鄙人稍有阅历之言。孟子所谓徒法不能以自行，正谓此也。孝胥闻宪法之为物，无此爱彼憎之性情，无偏轻偏重之作用，一切有生命无生命，凡在宪法保护之下者，必不使有意外之危险。故立宪之国，必使全国人民皆有尊敬宪法之能力，皆有服从宪法之思想。如果全国国民之思想能力，与宪法合为一体，然后其国之宪法乃为世界所公认，无论何国人民，皆不得侵犯我国宪法之权力。既居吾国，必在吾宪法约束保护之界内，无论何国人民，其性命财产，皆可托庇于吾国宪法之下。其人为我之亲友，以至为我之仇雠，凡在吾国宪法界内者，皆可得平等之利益。何以故？因此宪法中，皆含有哲学、群学之公理，绝无种族、门阀一切侵凌欺压之意气，故国民能自尊敬宪法、服从宪法者。其道德日进，资格日高，自然练成大国人民一种高尚严重之风气，决无轻佻任性、暴动野蛮之恶习。若徒有宪法，而无尊敬宪法、服从宪法之人民，则其国之宪法断不能独立，以得世界万国之信用。然则此等人民，谁为培养，谁为造就？若专候国家所办教育发达以后，恐世变不能相待。区区之意，甚望我社会中自为培养，自为造就，务使此等人民于十年之内，风气渐成，资格渐深，庶令今日空言之立宪，一变而为实行立宪。诸公须知索此等空言之立宪，报馆、学生诚有大功。若至实行之立宪，则全国程度，皆形不足，我等所深恃为引导全国之进步者，仍不得不望之于报馆、学生而已。目前急办之事，鄙意必以研究科学、主持清议为二大端，似宜设法提倡。速立一大学会，分为二科，其一须设高等科学传习所数处，以备二十余岁至三十余岁，汉文已有根柢之人，择其性所近者，专门研习；其一须设多处法律、交涉、财政、工商各研究所，与报馆合为一体。除日报外，另出旬报，将研究所得之实学，精选登报，使各省可以报纸为教科书，一切空疏、迂谬、浮嚣之议论不能荧惑众听。最要者须认定宪法之原理，随时发挥，使全国之心思耳目，悉注射于此学会。上可以补助国家之进步，下可以造就国民之资格。鄙意尤望诸公，时时提醒今日我等已在预备立宪之时代，一切道德学问，万分不足。从今以后，专以忍辱合群为宗旨，痛除前此排挤倾轧之习，以立全国国民之模范。因在座诸公，今日担荷之责任，比之七月十三日以前，其重何止百倍，愿诸公即以今日开会之日，为中国国民改良进步之记念日，我等忝为今日之座上客，亦可附骥以传留，为他年实行立宪之记念，曷胜荣幸。

上海道颂词：

伏颂明诏宣布立宪以来，朝野上下欢喜赞叹，东西各报亦皆联牍载笔，播为美谈。此诚我国家震古烁今之盛典，足副我国民延颈企踵之希望。使者今日得与诸君同此嘉会，其为忻忭，非言可宣。导扬上德，鼓吹文明，则亦与诸君同其热诚，相期于无穷也。夫预备立宪之秩序，纶帛所布，大哉皇言。窃谓议定官制，厘订法律，此立法与司法者之专责也。广兴教育，清理财政，整顿武备，普设巡警，以行政者之专责也。明悉国政，发愤为学，此国民之公责也。若各明忠君爱国之义、合群进化之理，勿以私见害公益，勿以小忿败大谋，为诏令特以昭示天下者。使者与诸君所当相勉相励、相告相诫，旦夕而讨论之。至于预储公民之资格，实行自治之规划，则当归于实际，而不在于理想，尤必于风俗习惯，先为注意。使者职分所能尽，材力所能及，亟愿随诸君之后，而有所建白也。况今日之会，发起于报界诸君，报界为舆论之代表,亦愿诸君循其职分,竭其材力,发为言论,以先天下。光辅清时,润色鸿业,阐明法意,和导齐萌,斯欢祝之意,诚永永而无极。将来实行立宪之后,又即可举此一席之谈宴,为一大纪念日矣。敢进一觞,为在座诸君贺。

报馆公会答词:

今日敝公会在此开会,举行庆祝立宪典礼,承官绅士商诸君子惠然偕临,并蒙郑苏龛先生、马相伯先生代为演说,上海道台瑞观察为之颂词,于以见诸君子爱国之忱,敝公会与有光荣,不胜欣幸之至。伏念立宪之事,既重且大,于全国人皆有关系,故非全国人同心同德、群策群力不为功。今者此会,诸君子聚处一堂,怡怡蔼蔼,形神无间,即为全国人同心同德之起点,其于立宪前途影响甚大。窃冀由此扩充,推之于全国人,莫不怡怡蔼蔼,形神无间,咸如今日诸君子聚处一堂之时。同心同德、群策群力,立宪实行,其功效可计日而待,则此会实为之嚆矢矣。谨拜手而为之颂曰:立宪万岁!中国万岁!皇太后、皇上万岁!诸君子康祥逢吉!

《报界恭祝立宪会记事》,《中外日报》1906年9月17日

孙宝瑄评论此事:

自立宪诏下,东南士商贺立宪,海外侨民贺立宪,迩日日本又遣博恭亲王来觐,亦贺立宪。辉辉乎我祖国,亦有立宪之一基础乎?虽然,立宪二字,非空言可以塞人望也。必其民体育发达,能任战陈[阵];实业炽盛,能荷赋税;智慧充周,能参政谋;材艺精致,能尽职守;道德完全,能循法律。然后聚众多分子,上自宰相,下及平民,组织酝酿,而成大立宪社会,谈何易邪!谈何易邪!噫!

孙宝瑄《忘山庐日记》下册,上海古籍出版社1983年版,第930页

又有议论:

我国此次议宪法,厘定官制,政党中有无形之冲突,相持不下者,几月余矣。卒之两党人皆失所望,而成今日之结果,抑亦奇矣。

竞争海中,波涛起伏不常,冷眼人自旁观之,颇得无穷之妙趣。

编制局所议定之草案,人人知之,及诏旨又似全然改易,则朝廷收权之微意也。

孙宝瑄《忘山庐日记》下册,上海古籍出版社1983年版,第941~942页

9月21日(八月初四日)　《中华报》以"保皇党之结果"为题详细报道梁铁君谋刺一案。此案《中外日报》之前也有所揭示。

《中外日报》报道:

前月二十八日,北京解送至天津之会党二人。一为吴道梁,一为严某(系警部文案)。现据供共同党七人,内有女学生一人。又粤藉两人,一区某,一曾某。

"专电",《中外日报》1906年8月23日

《中外日报》后又报道:

警部拿获会党吴道梁(闻吴系假姓,实姓梁)及某部文案严某解京讯办各节已屡登本馆专电。解津后,袁宫保以事体重大,恐有泄露,若在津讯办不免走漏消息。乃将该会党解往韩家墅,借讲武营地方严讯。并委探访局总办杨敬林观察以德专办此案。现已供有十余人,内有区官范某,吉升照像馆逃走之欧某,及一女子名细银女史,并词连宫监。闻访太监现尚充要差,已由当道托故,将其诱津归案。至其详情,外闻均不得而知。盖办理此案之员,因奉有严谕,如有泄露,定行参办,故供词异常秘密云。

《北洋密讯会党消息》,《中外日报》1906年9月5日

《中华报》报道云：

保皇党吴道明（真名梁纬卿）、范履祥（真名范羲谋）解津在韩家墅讲武堂内审讯，各节曾登本报。七月初五日，将二人解至天津，某大臣亲自讯问，上下人等悉令回避。约一点钟，吴某说至紧要关节，某大臣汗流满面。当云：我令人将汝等送往营中，暂避数日。言毕，立派夏庚堂军门之少爷（夏印辛酉任云南提督，现充淮军中路巡防队总统，驻扎沧州）率同探访队十余名护送，即刻动身，由水路前往。吴则送至马厂，交陆军第四镇。范则送至沧州交淮军中路巡防营。吴于初六日晚一点钟到马厂，下船后乘人力车赴营。范则于初七日晚始到沧州（赴沧州亦由马厂过）。船中并未带刑具。范系穿便衣，吴则洋装，衣帽均白色。二人均四十余岁，中外学问均有根底。吴貌尤伟，当二人由津起程时，督署已密电四镇统制吴凤岭及淮军中路统领夏辛酉，俟两人到营按上等差使接待。故四镇统制及淮军统领均连夜派差，预备住室。屋内均用绶裱，每饭酒席极为丰盛。陆军四镇统制因吴之衣服已为汗浸透，须换身上小衣服。问之，吴云薯良绸即可。当饬缝工连夜制就。计在营羁绊六七日（吴在马厂、范在沧州），吴谈笑自若，毫无畏葸之状。唯对人（本镇官长有往谈者）云：观某大臣之汗流满面，将来与吾不利。然人皆以案情重大，无敢问其底细者。七月十三日上午十钟，该镇忽接到京中密码急电（吴范两人初五日由津起解，初七日早八钟袁宫保晋京），著将吴某处死，限一点钟事毕复电。四镇执法官陆某知吴豪杰之十[士]，断不用他人动手。当将来电示吴。吴云：既如此，速拿毒药来，以了君等公事。陆以他种毒品均不能速死，乃向人和镇药铺购红矾三钱（人和镇即马厂首村，统制衙门在焉。药铺名生春堂，铺东刘姓）。铺果因系毒品不敢出售。后经护兵告以原委，始敢卖给护兵。回镇后，当即研开，吴一饮而尽。腹中不受，当即吐出。吴云：可急速多买，复买五钱，饮下不过数分钟，即疼痛难忍，就地乱滚。不到一点钟，七窍流血而死。于十二钟复电：吴已处死。执法处乃饬人买薄棺一口立即殓埋于马厂南围门外乱土内（该处有官地一段，专埋正法兵丁及由津解往处决之盗犯）。外边则咸云得急症死。而范在沧州，亦同时处死。闻吴到京后，即交通内监某姓（或云张，或云崔，未知孰是）。闻吴、范解津后，某内监曾派人到津具保。直督未允，亦未追究（外边传言将内监诱至天津归案盖即因此）。或云某内监必与吴、范同日毙命矣（按内监姚姓，曾随吴学洋文，并无别情，今已在逃）。危哉！

《保皇党之结案》，《中华报》1906年9月21日

9月23日（八月初六日）　郑孝胥、张謇等人在上海发起成立“宪政研究公会”，次月21日改名为“预备立宪公会”。

9月10日，郑孝胥日记称岑春煊致信张謇发起此会：

刘厚生邀宴于商学公会，晤陆伟士，在岑云帅（编者注：岑春煊）幕中，云：云帅有信与季直，欲立法政研究会，愿助开办费一万元，仍筹常费岁一千。同席有陆仲芳（将入都，在户部计学馆）、董懋堂（入都应学部辟）、胡雨人（在新马路办商务中学堂）、白振民、沈友卿等。余为众言：上海宜立国民会，会中集股，设科学高等讲习所及大报馆一区，而设法政、交涉、财政、工商各研究所隶于报馆，其宗旨以研治实业、主持清议为主。众皆赞成，振民、厚生、友卿皆言愿先立会以谋此事。

次日，记：

过狄楚青谈国民会事。

9月23日，郑孝胥日记：

赴刘厚生、沈友卿之约于商学公会，在座者王丹揆、张季直、王胜之、曾少卿、李平书、陆

伟士,议立宪政研究公会。曾少卿、李平书先去,余人皆署名入会为发起人,各捐入会费五十元。

后又记:

(九月初四日)午后,诣公会,会议改会名曰"预备立宪公会",入会者凡二十七人。

中国国家博物馆编、劳祖德整理《郑孝胥日记》第2册,中华书局1993年版,第1056~1057、1058、1061页

张謇日记:

(八月)三十日,邀子培、恽叔明、郭小山、梧冈、子华、寿田、郭□□、万欣陶饮。楚青立宪政研究会。会客。

(九月)四日,苏堪同议预备立宪公会简章。

(九月)十一日,复会议预备立宪事,仆谓与其多言,不如各图实地施行,得寸则寸。

(十一月)一日,预备立宪会议事,公推苏堪为会长,蛰先与余副之,辞不获已。

张謇研究中心等编《张謇全集》第6卷,江苏古籍出版社1994年版,第579~580、582页

9月23日(八月初六日)　中国留日女学生会在东京成立。该会以团结女界,普及女子教育、增长女权为宗旨。初选黄华为会长,杨庄为书记。后改选李元为会长,燕斌、唐群英为书记。

《中国留日女学生会成立通告书》云:

我中国女界,以全地球上八分之一人口,不能独立于社会,其原因有二端焉:一曰无教育,二曰无团体。故无教育则无智识,无团体则无公义。无怪乎茫茫数千年,如奴隶,如散沙,极人生之苦趣,虽有英才,无以自拔,以至于今日也。

幸世界交通,国人鉴欧美妇女社会之发达,竭力提倡,沉迷渐苏。复不惮辛苦,跋涉重洋,只身万里,留学东瀛为吸取文明,归布种子计者,比年以来亦日以众。非吾中国女学界脱旧社会、入新时代之一大关键耶?

丙午秋,留东女学界同人聚谋所以拯救祖国女同胞之策,佥曰:是非普及教育不可,非结大团体不可;然准登高自卑,求远自迩之理,则当自先结留东团体始。

议既决,遂于西历九月二十三日,组织中国留日女学生会,订立规约,选举干事,而告成立。

开始之晨,当场互誓曰:吾辈远别宗邦,留学异国,所担负之责任何如?国内同胞之希望何如?今日既以此团体始,他日幸勿仅以此团体终。愿共牺牲个人之私利,尽力致死,务为我女同胞除奴隶之徽号,革散沙之性质,以购取最尊严、最壮丽无上之位置,勿使至二十世纪之中,犹不入世界优胜民族之列也。

嗟夫!以此志愿,敢敬告于我国内学界女同胞:请共努力,互为声援,发挥学术,推开公理,增长人权,速求进境,则吾中国女界,庶有裨乎。此本会同人所涕泣恳切,不能已于言者矣。

谈社英《中国妇女运动通史》,妇女共鸣社1936年9月版,第13~14页

《中国新女界杂志》刊《留日女学生会》一文谓:

我们中国女士,留学日本东京,在各学校肄业者,据最近的调查,已经知道的不满一百人,其余在校外预备的尚多。因东京地面太大,调查甚不容易,从前女留学界又未有团体,所以不能尽知呀。自从西历去年暑假时候,有一位女留学生,姓李名元,湖北人,年方十九岁,在日本留学已经好几年了,现在女子第一高等学校肄业,他[她]因为女留学界没有个团体,

不惟机关不灵通，精神也难振作，所以当放假时，四处奔走，调查运动，要组织一个留日女学生会。后来得了诸女士的赞成，签名于簿子上的共有七十几位，于是议订了章程，在中国留学生会馆开了第一次大会，公举黄华女士为庶务（即会长），杨女士庄为书记，余外还有几位职员，这会就才成立了。正待要登报发布，忽然黄女士因事辞职，杨女士因要回国，故也辞职，遂又于西历十一月二十日开第二次大会于会馆，补选干事。当场公举了李元女士接任庶务，燕斌女士接任书记，又修改章程，诸事议妥，方才散会。

今将留日女学生会现任干事开列于后：

庶　务　李　元

书记二人　燕　斌　唐群英

会　计　汪　平

学务二人　陈德馨　吴亚男

招待二人　龚圆常　胡蕴庄

弹正二人　王昌国　李瑛

以上一共十位职员。自此以后，同心努力，按着章程上所规定的做去。虽说各人皆有学校内的功课，不能整天去做事，然学课余暇及日曜，彼此时常聚聚，研究些办法，认真去做，自然是日见其兴旺了。况且从前因为没有团体，没人招待，以致初来留学的，人地生疏，言语不通，有多少苦处。今后有了这个会，凡是内地女同胞要来留学的，不怕没有来过。只要由上海或天津动身之前，寄一封信来，说明白来的人姓甚么，名甚么，年岁、籍贯，何日动身来日本，坐的是甚么名字的船，大约那一天可到横滨，或是只坐船到神户，由神户坐火车来东京，只要此信一到，立刻就可以知会招待员，届时去到横滨海岸上招待。若是由神户换作火车的，则只可在新桥火车站招待。到东京后，如要买日本衣服，为一切的事件，都不至于叫初来的为难。如若要上学报名，或在外面预备日语，一切交涉，有学务干事哩，即或干事不得闲，其余会员中帮忙的也很多。但是既经招待了，可是必须入会。及至过了几个月，日语能说了，可是更须尽点儿义务，也照应照应后来的人。总之，去乡离土，远渡重洋，游学异国，在男学生初来到，这个滋味已经很苦的，何况我们女学生。然而男学生一到东洋，他的同乡很多，亲友也必不少，尚可有个依靠（今男学生总数一万八千多人）。惟独女学生，素来与男学界很疏远，即男学生虽有热心的，也不便十分周旋。所以我们女学界，若没有个独立的团体，彼此互相提携，不惟对不住后来留学的女同胞，也见得我们女学界太无资格了。现今所以能有留日女学生会，尽皆是李女士爱同胞的热力所铸成的，留下这一个大大纪念，诸位可别忘了呀。

《中国新女界杂志》第1期，1907年2月5日

10月7日（八月二十日）　江苏海州会党领导饥民数百人暴动，安东、阜宁、盐城等县饥民响应，清军即前往镇压。

两江总督端方为筹办海州防务事致海州府电示（光绪三十二年九月十四日）云：

海州汪直牧元电悉。惟近闻该州盗猖獗异常，有匪首严歙恒等，党与众多，白昼抢劫，多至数十余起，并有匪众数百名，围攻王姓，一昼夜抢去银钱、衣物、粮食约数万金。前经王直牧曜带队会同该直牧往捕，匪众公然拒捕，格毙三名，捕获五名。且闻有安沭土匪勾结本地匪徒，图抢各镇当典烧锅情事。

似此盗匪横行，居民受害，闻之已堪发指。且灾歉之余，更恐穷民被匪所诱，愈聚愈多，断非大加惩创不可。现已电请荫提台严饬所派两旗，会同认真查缉。如有不敷，并加派营旗

驰往会办。该州粜款二万五千两已经拨付,务速会同沈、许二君妥为核实办理,先定人心。一面会同派来营旗严密设法查缉,务将首要各盗匪拿获禀办,不可稍涉延纵,致贻后患。其余胁从人等,设法解散,勿多株累,尤不得扰及无辜,倘不妥慎办理,以致别酿巨患,定惟该直牧是问。至由绅富筹款设立筹防公所,最为查缉盗匪要举,应即会同沈、许二君妥办,仍将详细情形禀报查核。督院。删。

中国第一历史档案馆、北京师范大学历史系编选《辛亥革命前十年间民变档案史料》上册,中华书局1985年版,第273～274页

端方等为江北饥民聚众抢粮抗拒官军之事致电军机处(九月十九日)云:

淮、海等属,伏莽素多,际此灾荒,咸思蠢动。八月二十间,海州有匪徒数百人,肆行抢劫;且将抢获米粮半价贱卖,希图勾结饥民滋事。即经前署总督周馥会商,饬派韩承灏率步队两营,驰往会缉。方到任,查悉匪党愈众,掳有民船百余只,分布各口,持械拒敌。又经与昌会商,方加派参谋鄢玉春,率步队两营、马队四棚、卫队六棚,王曜率所部缉私营队,速住合力兜拿;并派东海、淮海水师各船,分堵海口,均归鄢玉春节制调遣,俾昭周妥。一面酌派兵轮,在海属灌河口、羊山口等处,严密梭巡,以防窜越入海。此外安东、阜宁、盐城等县,亦各有匪徒聚众滋扰,均经严饬地方官,会同防营认真查缉。

复查本年江北水灾奇重,各处灾民无虑数十万,深恐被匪诱胁,致酿巨患。现在广筹赈抚,以定人心;严饬缉拿,以寒匪胆。傥有文武员弁办理不力,以致疏纵贻患,当奏请从严治罪;如有异常出力之员,亦当恳恩给奖,以靖地方。请代奏。端方、夔龙、詹昌叩。巧。

中国第一历史档案馆、北京师范大学历史系编选《辛亥革命前十年间民变档案史料》上册,中华书局1985年版,第274～275页

△ **清军在萍乡、浏阳、醴陵交界之麻石严行搜捕,会党首领李金奇投醴陵白兔潭死难。**

10月9日(八月二十二日)　署两广总督岑春煊行札九龙关税务司,告以水师提督探知孙中山等革命党欲图在惠州一带起事,应严防私运军火到粤。

其札文云:

钦命太子少保、头品顶戴、紫禁城骑马、赏穿黄马褂、兵部尚书、署理两广总督部堂兼管广东巡抚、粤海、太平两关事务岑,为水师提督文开:昨奉密咨,敬悉一切。孙文逆党邓子瑜在香港、南洋一带卖售军事债票,潜谋起事。前奉咨会,当即分饬所辖水陆各营严密梭巡,妥为防范,并派颜令辂伍、前直牧秉诚、毛县函(编者注:原文如此,疑当为"丞")秉科前往香港密为查探,尚无踪迹。现饬令颜令等仍来往香港,并会同邱、林两分统、杨副将设法访查,如有消息随时密电,以便预为之备。访闻孙逆前月曾来港一次,现在早已离港。近日惠州之往星架坡者,每船动辄千人。逆党潜谋不轨,必在惠州、归善、新安一带起事。新安僻近海隅,沙岸延亘,随处可登,而且水面半属租界,只可在岸上巡缉。现经派委亲军左营管带隆世储、游击关在田督率亲军左营往新安一带,会同新安营马游击扼要巡缉。并请饬令惠州巡防队各营严为之备,驻扎处所无论昼夜,均须派勇瞭望,夜间尤须放飘。二十六军哨弁陈天保因贼匪猝至,提防不及,以至军械为匪徒所夺,全军亦几覆没,可为殷鉴。

查水路由香港到惠,以沙鱼涌、澳头、平海一带最为紧要,前已派有镇涛轮船巡缉。现经札饬邱、林两分统加派广庚兵轮会同梭巡。镇涛在平海、澳头、沙鱼涌一带,广庚在神泉、甲子、汕尾一带。遇有来往渡船、渔船,均须切实搜查,以防匪徒私运军火,并多购眼线,如有形

迹可疑之人,随时拘拿讯究,并与岸上各营联络办理。平海去年添募水陆缉捕勇百名,缉捕尚称得力,亦经密饬平海营刘参将督饬该弁勇严密巡缉。归善、博罗、海丰、陆丰一带均关紧要,日昨吴镇祥达晋省,已商请赶回惠州,督饬各弁勇严紧防范。香山毗连澳门,又系逆首故里,会匪滋多,难保无勾串滋扰,亦已分饬香山协副将施光廷、香山县郑令及清乡委员陶令严密稽查。省城北路会匪,往年曾有通同孙党之事,现在中协张副将在番禺北路清乡,花县以上亦有李参将驻扎,亦经饬令留心防察,以免疏虞。虽匪首潘祺李、豆皮周等均已获办,仍不可稍涉大意。至私运军火,必须由洋关严查,应请札饬粤海关、九龙、拱北关税务司加意搜检。

再,查惠州客民,每有结队一、二百人搭船来省者,形迹多有可疑,现饬中路第六营管带李得铭在石龙一带严密侦缉,并移惠安水军统带王道饬属协同查缉。至由港澳来省渡船、帆船,尤为繁杂,二十一年孙逆倡乱,即用保安夜火船载惠州游民五百余人来省,每人有红巾一条为记,幸经李革牧家焯拿获,不致成事。现在孙逆图谋起事,难保不故智复萌,应请札饬广州协黄副将、水巡警局及杨副将洪标,如有此等形迹可疑之人,必须查明来踪去迹。似此严密防范,当可无意外之虞。

窃念孙文逆党屡谋不轨,宫保督粤以来,招练新军,扩张武备,逆党首谋滋事者迭经严密查拿,匪党知无隙可乘,数年来帖服不敢起事。地方得庆安何?莫非宫保所擘画。现因奉命调滇,匪徒以为有隙可乘,竟敢借此煽惑人心,希图滋扰,亟应严加防范,以保治安而纾宸廑。等因。到本部堂。准此。查核所议布置防范情形,尚属妥协,亟应照办。除分行外,合就札饬。为此札仰该税务司,即便遵照,严饬司巡认真搜查军火,毋稍懈弛。切切。须至札者。

广东省档案馆选编《两广总督等查缉孙中山革命活动密札》,《历史档案》1986 年第 3 期,第 34 ~ 35 页

10 月 11 日(八月二十四日)　巡警部订定《报刊应守规则》九条,规定“不得诋毁宫廷”,“不得妄议朝政”,“不得妨害治安”。

10 月 15 日(八月二十八日)　云南留日学生李根源等在日本东京创办《云南》杂志,月刊,分论说、译述、记事、外交等目,以反对英、法侵略为宗旨,同时主张地方自治、争回路矿权利。1911 年 10 月停刊,共出二十三期。

《云南》发刊词:

呜呼,《云南》杂志!《云南》杂志是云南前此未有之创举,而今日之救亡策也;是故乡父老引领翘足、朝夕期待者也;是留东同人枯脑焦心、日夜经营者也。而今乃璀然灿然如朝日之离苍海,涓涓汩汩如长江之下岷山,以出现于我云南杂志界,凡为云南谋者,喜当何如,凡我父老,凡我同人,其愉快又当何如。虽然,是编也,非仅商榷学术、启发智识之作,实为同人爱乡血泪之代表。非激越过情之谈,实不偏不颇,具有正当不易之宗旨。非草率无责任之文,实苦心孤诣,抱有绝大之希望者也。

据云岭之余脉,控金沙之长流,昆明六诏之遗墟,黔蜀两粤之保障,形势突兀,虎踞龙骧者,夫非禹域神州西南一隅之所谓云南者耶夫非我祖我宗筚路褴褛,斩除狉榛以开辟经营之云南也耶?言风景,则苍山昆海,天然之优美素著;语气候,则寒暑雨旸,小民之咨怨弗闻。山林原野,半是丰饶之区;玉石药材,久负中原之誉。且矿脉蜿蜒,矿山崔巍,五金石炭,遍地皆是;而铜铁之富,尤为世所惊羡。天何独厚滇人,而使得之大好江山、极乐世界,以生、以长、以歌、以游,以养其父母,以畜其妻子,以托祖宗之坟墓,以营个人之产业耶?而吾人与云

南之关系，遂若地球之有太阳，肉体之有灵魂，有之则以存以生，失之则以灭以死以永劫而无复。乃孰知乌拉山西、地中海北之碧眼黄发儿，携其友朋，率其丑类，挟其远洋殖民之政策，奋其膨胀势力之野心，雷惊电掣，海沸山崩，竞随十九世纪之欧风美雨以东来，鹰瞵虎视，各争要区。而此大好江山、极乐世界，遂不幸成福兰克、萨克孙两族相争之焦点。一试其虎狼毒威，而倒云南之屏藩；再逞其鬼蜮狡计，而食云南之边疆。萨克孙得志长江流域，福兰克乃更肆意吞噬，强索铁路，云南之腹心溃；攘夺矿权，云南之命脉绝，教语言以收人心，屯重兵以胁官吏，势力范围之图，只见法国之云南，不见中国之云南也。环球万国之心，只知法国之云南，不知中国之云南也。于是我祖宗所开辟，我同胞所生聚，生死攸关若太阳、若灵魂之云南，遂气息奄微，颜色黯淡，仅残其名曰云南人之云南而已。今且有著书劝法政府并其名而速取之者。呜呼！莽莽大地，已化红羊劫灰；哀哀同胞，行作白人奴隶，彼苍者天，谁实为之，而使我至于此极也。

抑吾闻之，物必先腐而后虫生，人必自侮而后人侮。云南之将为他人之云南，非他人能使为已有也，惟我不能自有其所有，斯他人得乘虚攻敝以有我所有。则谓之由我使之也可，则谓之由我赠之也可。胡为乎使之赠之，吾将兴师罪政府视边疆如秦越，政府何能辞其责？吾将鸣鼓攻官吏在其位而废其职，官吏尤难逃其罪。虽然，里有富人，托家于所亲。所亲弗事事，家以日落。富人方且攸焉忽焉坐观成败，既不起而自理，且骄奢淫佚，从而为毁瓦墁画之举。则家之败也，又岂尽其所亲者之罪哉？国家学曰，积人成国，人民之能否，国之荣枯系焉。书曰："民为邦本，本固邦宁。"然则捧云南以与他人者，罪不在政府，不在官吏，实在我栖息于云南之云南人也。云南人之罪，诚难辞矣。而其情则未姑不可以曲恕。何则？物竞天择，优胜劣败，适者为优，不适为劣，天演之公例也。以我与西人较，我主彼客其位异，我守彼攻其势殊，虽无必胜之方，却有不败之理。而竟不然者，则中西人种之性质之行为判然若云泥。彼以适于今日而占优胜，我以不适于今日而归劣败。故耳是使吾人负兹重戾者，又吾人之性质之行为阶之厉也。

居今日而曰救亡，而曰偿罪，其唯改良思想之一法而已。夫根于遗传，成于习惯，种种思想，相组织、相集合以为其内容者，是人之性质也。受中心之命令，以发现于外者，是人之行为也。而思想者则发命令之本部，成性质之要素，握两者之枢要者也。性质之于思想，若化合物之于元素，气流固体因元素之种量，而可变；行为之于思想，若影之于形，大小方圆随形之所成而互异。然则吾人之以性质行为不适于今日而归劣败者，岂不可改良思想求其适合今日，因以变其性质行为而获优胜乎？且吾常闻今之爱国之士，日奔走国中，陈其救亡之策曰：改良政治，改良法律，兴学校，兴工厂，兴农商，兴海陆军，造铁路，开矿山。皇皇切切，以为当务之急莫急于是，国舍是且将陵夷而莫救。是固然矣。虽然，吾以为思想者，万事之根本也。于此而不加之意以剔垢去污、舍短从长、痛行改革焉，则政治也、法律也、学校等等也，改之弗能良，兴之弗可成也。何则？徒法不足自行成功，根于起信。使以旧思想行新事业，事与志违，心冷力怠，欲其不敷衍了事，是犹望贪者饮廉泉，责酷吏行宽法，吾知其必无济。众擎易举，众志成城，合力协谋，成事要诀。使于旧思想充满之社会中，而创一欧西惯见之举，是犹与夏虫语冰，告蟪蛄以春秋。吾知一人倡之，百千万人阻之且不从，而破坏之不止。谓余不信，则今日之新歧，倡而弗行，行而弗效者，又何说之辞？故曰，居今日而策救亡，亦唯改良思想之一法而已。

心理学之言曰，思想者，知之极则。观念供其材料，经验促其发达，根本则出于知觉、感觉。而所谓知觉、感觉者，语其来源，则又不在内而在外。与外物相接触，受外物之刺激，而始生者也。夫人生天地间,不能离群独处,自有生以至老死,耳之所闻,目之所见,身体之所接触,无非其群之人之事、之习惯、之议论,以为其刺激物。刺激物若何,则知觉、感觉随之。思想亦自不能超群而独异,否则必其当受他群之刺激而然。盖群者,实有一种无形势力,冥冥中管领思想,不使越雷池一步也。然则,思想不可变乎?曰,乌有是。思想之为物,固随刺激物以为变者也。吾人不欲变则已,若其欲之,则现世优胜民族之思想,足为吾人刺激物者,且万万有心人所当精心研究。撷其精华,抽其神髓,以输入传布之。持以定力,竭其热诚,人非木石,孰能无动。苟得一二人焉,蒙其影响,受其感化,则由我及人,由此及彼,心心相印,脉脉咸通,若水之动波纹,若声之传大气,思想丕变可期日待也。输入思想,厥道有二:曰学校,曰新闻杂志。学校,王道也,其功缓,且一时难普及,中年以上又弗暇从事。苦新闻、若杂志,则以文明高尚之思,环球治乱之故,日日噪聒其耳,刺激其心。使阅者如亲承恳切之教,心领神会,如足履文明之土,耳目一新。薰习既久,潜移默化,其功之伟,真莫与焉。乃反观故里,学校既寥寥有限,新闻杂志且并萌芽而弗之见。噫!以滇事之危急,改良思想之切要,而其设备乃若此,此同人所为忧心如焚、洒泪成血、不得不努其绵薄之力,效其款款之诚,以出此编也。

本编宗旨改良思想。思想之要,厥有数端:

一、国家思想

积人成国,国人一体。强弱存亡,责任在己。人果无国,人何以存?人竟忘国,国乃凋残。

二、团结思想

物竞酷烈,势强者胜。乱石散沙,何以能竞?同心同德,群策群力。万死不懈,以抗强敌。

三、公益思想

与群栖息,相维相系。一举一动,宜为群计。群己之间,轻重有在。宁为己损,勿为群害。

四、进取思想

世界进步,一泻千里。不进则退,不奋不起。保守迟疑,沦亡难免。绝影而驰,庶几不远。

五、冒险思想

盖世事功,成败难忆。失败是忧,何事能济?吾志吾行,艰苦弗顾。为鲁滨孙(编者注:今译“鲁滨逊”),为哥仑布(编者注:今译“哥伦布”)。

六、尚武思想

执戈从戎,男子义务。为国为家,无海无陆。裹尸马革,葬身鱼腹。光荣无限,愿望乃足。

七、实业思想

商工农矿,立国之基。腐心仕宦,弃此弗为。五金遍地,物产丰腴,善取利用,富甲四夷。

八、地方自治思想

利害迫切,惟桑与梓。躬亲部署,心诚政举。养我势力,振我精神,立自治制,比美强邻。

九、男女平等思想

茫茫造化,两仪同生。道丧俗敝,女卑男尊。卑而不竞,乃愚乃弱。民废其半,国何以国。

上所胪陈,其大较而已。然欧美文明之大启,国势之勃兴,绎厥根源何能外此。同人等抱此宗旨,誓竭诚效死以输入之、传布之、提倡之、鼓吹之。或正论、或旁击、或演白话谋普及、或录事迹作实证。东鳞西爪,尽足钩稽;断简零篇,亦寓深意。激来太平洋上之潮,洗净陈陈脑髓;树起昆仑山顶之旆,招归渺渺国魂。他日者民德日新,百业蔚起,内足以巩国基,外足以御强敌,云南复为云南人之云南。斯即《云南》杂志收效成功之日,而今日所顶礼膜拜,以祷祝以希望者也。

《云南》第1号,1906年10月15日

△ **江苏拿获著名盐枭、会党首要范高头等,巡抚陈夔龙奏报清廷,称业已审明拟办。**其奏折云:

江苏巡抚臣陈夔龙跪奏,为拿获著名枭、会各匪,审明拟办以靖地方,恭折具陈,仰祈圣鉴事。

窃苏省盐枭、会匪,频年到处充斥,蔓延勾结,深为地方隐忧。臣自到苏后,即严饬文武认真缉捕,有犯必惩。近复因米价翔贵,人心不靖,格外加以申儆,示以责成。各文武等颇能奋勉争先,踊跃效命。查苏省枭匪,内河以董道蔼为首,沿海以范高头为首。董道蔼已经官兵追捕负创而毙,迭获彼党供无异词。而范高头则屡经前抚臣端方、陆元鼎通饬严拿,迄未就获。去年在海门地方经江巡缉私营掩捕,几已得手,竟被开枪拒敌,戕杀勇丁而逸。该匪初犯枪毙人命,经上海会审洋员拟以监禁。嗣复释放,投入枭党,身充头目,贩私行劫;又为青龙山会首。该匪恃其多财,结纳亡命,沿海各属满布爪牙,自造船只及潜购军械甚伙,犯案累累,屡致外人口实,甚有在黄浦一带私收棉花捐情事。其积恶之稔,漏网之久,早为华洋所共愤。该匪一日不除,地方一日不靖,于上海租界治安尤有关系。当饬总领飞划营、开缺河南河北镇总兵官郎桂林设法拿办。该总兵因密饬所部之飞划右旗都司职衔凌秉忠、沈葆义二弁,先将该匪随身通信之十余人逐渐翦除,以孤其势;复选派得力员弁,带同眼线,在浦东、上海、吴淞、通州、崇明及山东之烟台、青岛,凡系该匪素所游弋及潜踪之所,处处埋伏侦探。嗣经探悉,该匪潜回浦东旧窟,即禀经臣拨派小轮,由郎桂林带同员弁,督率兵勇,跟踪踩缉。旋闻该匪已离浦东,将远逃海参崴一带,又经添线踩访,督队尾追,直至通州之姜赵港,该匪无路可逃,率党开枪拒捕。各员弁奋勇向前,并力鏖斗,并在四面严密堵截,使彼党不能相顾,该匪计穷力竭,甫得成擒。由郎桂林押解来省,即经讯明正法,以昭炯戒。

又据溧阳县知县刘佐宸禀报,拿获会匪朱长菁、周德汶二名,并起获飘布、盟帖、名单等件。讯据朱长菁供称:先后入泰龙山聚兴堂、大名山忠信堂、聚贤堂充为心腹,曾散飘诱收数十人入会。周得汶供称:身入天龙山五湖四海堂,充为当家,曾散飘诱收百余人入会。核其飘内字句,诸多悖逆等情。即经派员前往会讯明确,批饬就地正法。

又据江阴县知县承厚禀报,拿获盗匪文汉湘、龚俊祥、萧长寿三名,起出飘布、木戳、伪印等件。讯据文汉湘供称:身入红帮,在沿江贩卖私盐,伊兄文汉同是帮中正龙头,有事他出,即将飘布等件交该匪收管。据龚俊祥、萧长寿供称:均系革勇,游荡度日。该三犯曾经伙同行劫,或在外把风,或入室搜赃等情。复派员前往会讯相符,批饬就地正法。此近日拿办枭会各匪之情形也。

臣复查该匪范高头,既系巨枭,又为会首,平时以财结众,甘受笼络者殆不可以数计,自浦东以至崇海一带均为该匪盘踞之所，声气之广，势焰之盛，较三十年拿获正法之高东山尤为过之。上海洋人屡经受其滋扰，几至酿成交涉。此次凶恶贯满，迅速就擒，提省之日，百姓观者如堵，同声称快。既已明正典刑，实为地方除一巨患。至朱长菁、周德汴、文汉湘等，亦均为会帮头目。值此年岁告歉，民气浮嚣，若任其乘机煽惑，到处滋事，为患将不可胜言。兹既先后拿获惩办，匪胆为之一寒，闾阎可期安枕。

查拿获会匪本有准保章程，而光绪三十年擒获高东山一案，曾经前抚臣端方专折奏奖，仰蒙谕允在案。今苏省拿获枭会巨匪范高头，与高东山事同一律，合无仰恳天恩俯准，将尤为出力之都司职衔凌秉忠、沈葆义二员，均以千、把总归于苏省补用，以彰劳勖。至其余出力员弁，及溧阳、江阴拿获会匪案内出力人员，或跟踪追逐，或购线擒拿，均不无微劳足录。相应请旨，可否由臣并案择尤酌保数员，俾资鼓励，出自高厚鸿慈。

除仍督饬各营县搜拿余党，以期净绝根株外，理合会同署两江总督臣周馥恭折具陈，伏乞皇太后、皇上圣鉴，训示。谨奏。

光绪三十二年九月初九日奉朱批：著照所请。余著择尤酌保数员，毋许冒滥。钦此。

中国第一历史档案馆、北京师范大学历史系编选《辛亥革命前十年间民变档案史料》上册，中华书局1985年版，第271～273页

10月21日（九月初四日）　康有为等创办的保皇会以"皇上不危，无待于保"而宣布将于明年农历正月初一日更名为"帝国宪政会"。此举曾遭到梁启超的反对。

康有为是日作《布告百七十余埠会众丁未新年元旦举大庆典告蔵保皇会改为国民宪政会文》，略谓：

仆审内外，度时势，以为中国只可行君主立宪，不能行共和革命，若行革命，则内讧纷争，而促外之瓜分矣。若立宪法，君民同治，满汉不分，则以万里之地，四万万之民，有霸地球之资焉。于是吾党专以倡宪政为义，力障横流，虽数年来屡为革党大攻极诬，然救国何事，大义所在，虽举国皆变，亦当独立以镇之；尽人皆醉，亦当独醒以解之。幸吾会众同德同心，既坚既好，不以风雨漂摇而改变，不以浮波浩大而震惊，卒能挽狂澜于既倒，作底柱于中流。今者举国同心，咸言宪法，遂至使臣周咨于外，朝廷决行于上。顷七月十三日明谕，有预备行宪政之大号，以扫除中国四千年之秕政焉。薄海闻之，欢腾喜蹈，民权既得，兆众一心，君民同治，中国从兹不亡矣。

…………

吾党宗旨所定，志愿所期，虽不敢贪天之功，亦庶几从心所欲。天从人愿，大喜欲狂，由晴天朗日之后，追思风凄雨晦之辰，自歌舞行乐之余，追想兵戈流离之苦，九渊沉溺，岂知重睹天衢，属纩弥留。不意生还人世，鄙人与吾党万死余生，患难与共，挥泪而谈在［往］昔，破涕而笑方今，诚不意中国有立宪自存之日，君民有保全安庆之时，不知手之舞之足之蹈之也。虽皇上未尽复权，而圣躬必无复后患，虽中国未能强立，而国民皆望得政权，吾保皇会之期望既伸，吾同志之目的亦既达矣。皇上不危，无待于保，归政虽要，尚属更端。就本会之义务言之，此后当无所事事，而成立大党，遍于五洲，实居举国之先河，而为政党之前导者也。昔际艰难，当以保危为事，今逢安晏，当以图强为功，时异事移，境迁义易。然则从今切近之急务，莫如讲宪政矣。

康有为同时拟定《行庆改会简要章程》云：

一，本会以救中国为旨。昔以皇上变法，舍身救民，（编者注：据《宋教仁日记》此处脱一

"几"字)蒙险难,会众咸戴,以为非保圣主,不能保中国,故立会以保皇为义。今上不危,无待于保,会务告蒇,适当明诏,举行宪政,国民宜预备讲求,故今改保皇会名为国民宪政会,亦称为国民宪政党,以讲求宪法,更求进步。

二,择丁未新年元日,五洲各埠,保皇会所,行大庆典,告蒇旧保皇会而开国民宪政新会,以祝中国之盛强,国民之荣乐。

三,行庆日先于除夕,各洲总会,合出各埠名电北京商部,贺旦赞宪政之成,祝中国万岁,皇上万寿,并告保皇会改为国民宪政会。

四,此次为吾会大庆典,各埠于会所悬灯结彩,备极华丽,衣冠齐集,列班肃敬,总董或书记演说,叙明保皇会缘由,及今皇上无虞,宪政将行,保皇会事喜慰告蒇,新改为国民宪政会,激励大众,讲求宪法,尽国民之义务,以成中国最先最大之政党,为最古最强之国民,于是总董与大众举酒祝皇上万岁,中国万岁,国民宪政万岁,吾党万福。各人次第演说,饮酒歌诗,穷极欢乐,此举为除旧更新大典,若丙午除夕,于九点齐集,十点演说,十一点即已交新年,于是时间行礼毕,即于是夕或元旦大宴,各因其地之便。

五,党中各报,皆布告保皇会告蒇,改新会名、会章之事,以公众听,而慰众望。

六,将本党改定会名、会章,禀呈御前大臣泽公、商部振贝子、两江总督端方,及两广总督存案,然后分设支会于内地各省各府各县。(按:泽公并非亲郡王贝勒贝子,以公爵而为御前大臣,从古所无,朝夕随侍皇上,尽知吾会众之忠义矣。此次立宪,尽赖其坚持之力。)

七,旧会以保危为义,故战兢惕励,有冒险之行。今会以图强为旨,但蹈厉发扬,为进取之事,今尤易矣。然宪政为国民合集之点,国民先尽义务,定其名分,讲求国事,同担荷之,宪政乃可望美备,此我会之责也。凡我同志,生逢此时,为宪政之国民,岂非至幸,当共发愤,以为宪政之资格,以为地球第一大国之资格。

八,保皇会所有旗匾印章名称,自后一律用国民宪政会新制,由广东省城总局制成,按埠颁发,以归一律通行,而免歧异,而易认识。自光绪三十三年丁未正月以后,所有保皇会旧印章,俱谨藏之本会,以示纪念。或将来存之博物院,以资观感,不复行用。旧旗不必悬挂,以示更治维新大观。惟保皇会本匾仍旧悬挂,以示不忘创始之本意。

九,各宪政国,不论君主民主,其通行之例,一国大政,俱归政党执权,其党多得政者,所有行政职事,俱为本党人所允。不入本党者,不得享受。凡一切铁路、矿山、银行、工厂开辟大利,俱给本党人承受。就美国而论,乃至邮政寄递电信之夫,至微矣,亦必为现任总统同党之人,乃得充补,其大者无论矣。政党之权利之大而且专,实为可骇,中国人未之闻也。今中国尚无政党,吾党实为之先。若筹款有厚力,各省府县中能开办报馆支会,则吾党众愈大,将来所得之权利,不可思议。以欧洲各国皆极小,仅比吾一省一府,则其政党得权,亦不过享一省一府之利。美国大如吾国矣,然四十五洲各自独立,非中央政府所有,故美政党所享受亦无几,惟中国政党而得权,其所享之权利,奄有全欧英、德、法、俄、奥、意、荷、比、丹、瑞、那、希、瑞士、突厥、罗马尼亚、布加利牙、塞尔维西、门的内哥十八国之比,真地球之所无,而为欧、美人所艳羡而不可得者也。凡事先者得,后者失,吾党有此先基,以图此大权利,各同志岂心恶之乎。然凡人购器物之微,必出资本,欲得此大权利,必出大价值乃能得之。然则筹款以开各省府县支会及报馆,所以发愤图之,自有在矣。

十,保皇会事告蒇,宣行大赉。各埠同志,奔走会事,累年勤劳,或创始艰难,或守成竭力,或始终如一,或有变心,仍著微劳者,不论其地为总董干事,值理散员,皆酌其劳肄分别报酬,望由各本埠公议核实,列等开名单前来,无徇无滥,无畏无匿,公好公恶,如能得邻近至近之埠，出名具结，尤昭大信。邻埠愈多愈贵，酬劳之礼，应如何举行，亦由众议，或赠金银铜之宝星，碗碟器用，或立石碑，雕铜像，塑油像，立史传，或诗文字书，务以旌异存远，将来皇上亲政后，留为禀奖之次第。

十一，保皇会史可印刻以葳旧事，存旧劳，印成，每埠会所各存一部。其著有勋劳者，由公赠之。装钉精美，俾其传示子孙。

十二，各埠保皇会，旧存名册数部记事簿、一切书札，不论会所所存及同志搜[收]藏，分存无用，皆汇寄香港总局，俾资编辑《保皇会史》，史成，建石室于国民宪政会所永远储藏，俾勋劳事迹永昭天壤，以无负义士之心。其有各埠本会现需查考，或应留备本会观感者，移交总会与否，各听其便。

十三，自改国民宪政党后，享政党之权利渐大，入会之规费，俟明年正月后当更议增定。其在丙午年内愿入会者，暂从宽大，不增入会之费。

十四，国民宪政会票，一经由总局改发，所有从前保皇会票作为废纸。既为新会，则会票必当更换，以丁未六月为止。其换票之费应收若干，皆候公议。惟丙午年新换之会票，已经劳费，应否酌收，或免收，再议。惟至丁未年六月以后不换新票者，如再欲领票，当照新入会者补给会费，其因在远有故未闻，有会员二人担保者，格外准其给票，仍收倍费。

十五，新定宪政会章程，宜求备美，欲重开大会集议。惟吾会遍于五洲，实难全集，望各埠多为集会，各具意见议论，寄来采择，以集公益而成完美，限于十二月初十截取，以便汇齐选择，刊印施行。其先寄到而论佳者，当格外酬答。

十六，各同志条陈新会章程稿，皆发交本党机关报登录，以公同志观览辨难，亦可听同志寄文驳诘，如议院然。俾磨砻切磋，精益求精。但报纸有限，来稿或太多，不及登录，则听各报记者择精要之论登之。

十七，各同志有拟出章程，精美切实可行，有大益于本会及同志者，加增彩金千百十数。今难定，视卷数多寡，议论如何为额，于正月元日至十五前，须发榜名彩金，以助欢庆。

十八，吾国龙国旗，本于古昔。《诗》称"龙旗扬扬"，原为天子之用，与国无关。同治初时，新定国旗，乃用黄龙，实为未合。且万国交通，彼不能喻吾国俗，而在彼以龙为大兽，黄为病旗，不见敬重，反为轻讥，将来在所必改者也。吾会三色旗，于立宪之义无取，故吾会新旗，当更求精良之式，且以为将来国旗商旗采用，望各同志，各抒意义，绘旗式寄来，以择良取定，其佳式可用，当赠银百元，为国旗酬报。

十九，吾会报馆十余，遍于海内外，从此实力发本会主义，更当筹款增设各报于各省，此为推广会事要着，各同志欲享政党权利者，宜留意焉。

二十，中国今日大变新法，渐望强立，皆皇上舍身所致，盛德大功，国民永戴。今以无复灾难，不须言保，然会名虽改，感戴仍同，其圣像之供奉，庆典之称祝，及奉诏书、称同志，一依旧会之例，不须再议。

二十一，六烈士以身殉难，以救国民，永念不谖。八月十三日之纪念祭典，照旧举行。其七月诸烈士之纪念，各埠已举行者，皆照旧行，不待再议。

二十二，宪政会本于保皇会，名虽异而实则同，六月十三日创会之大纪念日永远举行，其各埠保皇会所，颂圣歌、爱国歌照旧奉行。至各《上书记》、《戊戌政变记》、《保皇会史》，各埠会所永藏一册，以为纪念。其有勋劳之义士，他日论定行赏，皆永榜之各埠会所，其各埠同志互寄之像，皆照旧悬挂会所，以资激劝，皆不待议。

二十三，省城拟建会所，即定为国民宪政会公所，即为公学之地，名正言顺，规模光大，久经募集,迄未能成,望同志踊跃助成,以光新会。

二十四,海军之最关强国之本,各国兵费皆由国民担荷,故海军捐宜踊跃捐输。

以上章程为吾党第一大事,凡《维新报》、《文兴报》、《新中国报》、《东华报》、《总汇报》、《新民丛报》、《国事报》一律立登勿迟。再者,寄仆文札,皆寄交纽约总局汇寄可收。

汤志钧编《康有为政论集》上册,中华书局 1981 年版,第 598 ~ 599、600、602 ~ 606 页

梁启超致康有为信谓:

写至此,忽接纽约《维新报》,知保会改名事既已宣布。何不用帝国之名,而用国民之名耶? 岂赶不及耶? 窃以为及今改之,未为晚也。又报告文及章程,属登《新民报》中,窃以为此文及章程万不能用。其章程非章程之体制,不过会中之布告耳。(章程体制当如会中宪法,然所以定一会之组织法也。)此不必论,其报告文,则弟子有大不谓然者。东西各国之言政党者,有一要义:曰党于其主义,而非党于其人,此不刊之论。而我今日欲结党,亦必当率此精神以行之者也。今此次报告文全从先生本身立论,此必不足以号召海内之豪俊也。夫结党之宗旨,必欲收其人为先生之党,此何待言。然有其实,不必有其名。且惟不居其名,乃能获其实,此用兵之道,不可不察也。夫先生既标此主义以号召天下,天下之人悦先生之主义而来归焉,则党于此主义者,即其党于先生者也。然其人则自以为先生之倡此主义而党先生也,非以主义由先生所倡而后党此主义也。因先生倡此主义而党先生,则其言曰某人倡此主义,吾亦同此主义,而因相与为党耳。而在此主义之中,其可以领袖统率者,舍先生无他人,则虽欲不推戴先生,而安可得也。(秉三、皙子、观云辈所以不能不相谋拥戴先生者,正以此也。)惟不矜莫与争能,惟不伐莫与争功。今此次布告文,若自矜其能而伐其功,此最足以失天下之望也。为海外人言,不妨如此,若在内地,必不可行,此弟子所以欲别撰一文也。弟子别撰一文,其大意欲揭三大纲:一曰上崇皇室,二曰下扩民权,三曰中摧不负责任之政府。即就此三义而畅发之,不必述自己之历史,而人亦孰不知之者。就此立论,先生谓何如? 将来先生复皙子之信,则东京即[及]上海之豪俊,能归心与否,将自此系焉。鄙意以为宜畅发"党于主义,不党于人之义",大约自陈政见如此。今诸君既与我同,而欲推我统率,我虽无似,又安敢辞? 自今以往,惟尽瘁以忠于此主义,尽瘁以忠于本党,冀无负诸君推举之诚意云云,如此措词,似为最合。板垣、大隈等之对于会员,其就职演说大率用此语,不可不仿之。

《与夫子大人书》,光绪三十二年十一月。丁文江、赵丰田编《梁启超年谱长编》,上海人民出版社1983年版,第374 ~ 375页

梁启超致蒋观云信则谓:

海外之保皇会,今已改名"帝国立宪会"。(南海拟改国民立宪会,秉三主改此。)将来我党(编者注:指政闻社)若成,此亦可为应援也。知念并告。

《致蒋观云先生书》,光绪三十二年十二月二十日。丁文江、赵丰田编《梁启超年谱长编》,上海人民出版社1983年版,第376页

10 月 22 日(九月初五日)　清廷集合湖北、河南、直隶及山东四省新建陆军在河南彰德举行秋操大典。袁世凯、铁良为总校阅官。

袁世凯等《校阅本年陆军会操先将大略情形恭折复陈折》(九月十一日,10 月 28 日)云:

奏为遵旨校阅本年陆军会操,谨先特校阅大略情形,恭折复陈,仰祈圣鉴事。

窃臣等接准练兵处咨称:光绪三十二年七月二十四日,本处会同兵部具奏,本年秋操,拟在河南彰德府一带举行,订期于九月办理,等因。并附片奏请简派大员,前往校阅。钦奉朱批:著派袁世凯、铁良认真校阅。钦此。咨行钦遵前来。当经臣等将秋操各项重要职任人

员,分别遴选奏派,并奏准刊用阅兵大臣木质关防,以昭信守各在案。

臣等于九月初一日陛辞请训后,初三日由京起程,取道京汉铁路,驰抵河南彰德府,即于该府城内,暂设阅兵处为驻扎办事之所。初四日接见各省各国观操人员,中外计共四百八十七人。初五日南北两军马队,在汤阴县东南后小滩、士得村之间,演习冲锋战法。初六日两军马步炮队,在汤阴县东北十里铺附近,演习遭遇战法。初七日两军全军在彰德府城东南马官屯一带,演习攻击防守各法。操战既毕,臣等即于是日颁发命令,解散战列。复于初八日举行阅兵仪式,并萃集两军将佐暨中外观操人等,设筵会宴,藉修军礼而联欢情。现在一律竣事。臣等已饬各军队仍回原防。

除将本年会操详细情形,续行专折缕晰具奏,并将阅兵大臣关防咨送练兵处收存外,理合先将校阅大略情形,恭折复陈。伏乞皇太后、皇上圣鉴。谨奏。

光绪三十二年九月十一日奉朱批:知道了。钦此。

袁世凯等《复陈校阅陆军会操详细情形折》(九月十五日,11月1日)谓:

奏为续陈校阅本年陆军会操详细情形,分别缮单、绘图呈进,恭折仰祈圣鉴事。

窃臣等钦奉简命,校阅本年陆军会操,业经先将大略情形专折奏报,并声明续行详细缕陈在案。

臣等伏查会操宗旨,盖使各军官之调度指挥,各军人之动作服习,一一实验诸经历之地,而平日各行省督练之成绩,各部伍教育之程度,亦得以课其殿最,较其短长。东西各国,不惜繁费,岁岁举行者,诚以多一次战役,必多一次改良,多一次会操,必多一次进步。中国各省军队,向来畛守域分,不但此省与彼省殊观,亦且此军与彼军异趣。自奉旨设立练兵处后,厘定章制,整顿操法,各省遵章编练,渐改旧观。上年秋征调近畿陆军各镇,会操河间,风声所树,耸动寰球。此次复举数省已编之军队,萃集一处而运用之,使皆服从于中央一号令之下,尤为创从前所未有,系四方之瞻听。凡夫运筹之略,作战之方,固须详加研究,期臻于善而去其疵,尤在使人人有尚武之精神,并人人有合群之能力,而后可以联散为整,转弱为强,固非徒饰外现,循行故事已也。

顾会操之始,必注重编制。此次系在驻扎山东之第五镇内,抽拨步队一协,马队一标,工程队一营;在驻扎南苑之第六镇内,抽拨步队一协;在驻扎直隶之第四镇内抽拨炮队一标,编作混成第五镇。又在京旗第一镇内抽拨步队一协,马、炮队各二营,工程队一营,编作混成第一协,合成为北军一军。派统制段祺瑞暂充总统官。复调集驻扎湖北之第八镇全镇,驻扎河南之第二十九混成协全协,合成为南军一军。派统制张彪暂充总统官。共计两军官佐弁兵夫役三万三千九百余员名。此外,两军之大小接济、架桥、卫生、军乐、电信等队,均亦配置相等。该镇协原系分扎数省,一经饬令编定,遂使南北数千里声势相联,气脉相贯,骎骎乎有长驾远驭之观焉。此编制之情形也。

编制既定,则筹备军需,实为要务。此次两军炮械、车辆、马匹、服装等项,均由各该省督练公所先期筹备。计南军用过山炮五十四尊,陆路炮三十六尊,步枪九千二百九十四杆,马枪一千零八十杆,接济车三百九十三辆,弹药车三十六辆,乘用马骡一千二百四十三匹,军服皆系蓝色。北军用陆路炮五十四尊,过山炮三十六尊,步枪九千二百八十八杆,马枪一千一百一十六杆,接济车四百一十五辆,弹药车五十四辆,乘用马骡一千五百匹,军服皆系土黄色。至应给无箭子弹,照章每枪五十出,每炮八十出。军粮一项,会操期内,除照常支给外,另备新法配制之干粮,按时发给,而皆用大小接济队以往来输送于其间。此筹备之情形也。

南军第八镇于八月十五日在湖北开拔。由京汉铁路至河南卫辉府,旋分队赴新乡以北,淇县以南,自行演习。第二十九混成协则先期自开封拔队至郑州西北一带操演。十六、十七等日始开行至新乡与第八镇会合,三十日在卫辉府附近全军合操一次,九月初三日齐集淇县北关一带。北军混成第五镇于八月初六、十七等日,各由驻防地开拔,二十日后,全抵广平府,旋分队在广平府北界之曲甫市及邱县自行演习。混成第一协,则于八月二十日自保定拔队,由铁路至邯郸转赴邯郸所属之码头镇操演,三十日在码头镇与混成第五镇会齐,亦全军合操一次。九月初三日,即齐集彰德府北界之刘家辛庄及丰乐镇一带。至此,两军既成对垒之势,于是南攻北御,乃得就阵局所布,以各施其战略。此调拨之情形也。

用兵之道,因敌情地势而异,非侦骑得力不为功。马队者,师之耳目,全军所恃为向导者也。故战斗之始,必先用马队尝敌。初四夜,南军马队宿营于淇县北方之大赉店,北军马队宿营于彰德南关,彼此均摩厉以须,跃然欲试。初五日各按方向,搜索前进,至汤阴东南后小滩士得村之间,两军相距约八九里,旋各发现展布变换队形。南军腾踔而前,奋呼突阵,北军好整以暇,按辔徐发。一转瞬间,蹄迹交错,几于挺刃相寻,遂即鸣号停战。是为交锋之始。初六日南军由汤阴北进,比知北军将次南下,遂分队迅速渡河。北军闻南军已逾汤河,于是停军汤阴县属之十里铺迤东,分队占据要地。南军既与北军相遇,遂以右翼占据杨庄东北,以左翼全力进攻十里铺等处,并先以炮队轰击北军于洪唐口一带。北军亦开炮应之。继而两军步队,逐渐进攻,互争胜利。卒以南军动作稍形迟缓,其右翼枝队,致受北军猛烈之攻击,颇蹈危机,斯时北军似较得手。臣等虑其长驱锐进,迫压敌营,将无以为回旋之地。因令北军约师而退,暂止于彰德所属之二十里铺、小关庄一带。亦令南军即在汤阴之滦村、十里铺分投屯扎。初七日北军因地为守,并施防御工作,依据沟垒,凭险负固。先以少数步队,散布于彰德二十里铺及小营耳、马家庄等处诱敌致师,再以步、炮队布置新庄山东迤东,预备侧击。另派大枝步、炮队分占钟官屯、王官屯、北马官屯一带为伺便夹击之计。南军势在逼攻,自其屯营地方,分队驰进,陆续北发,先占凉水井、郭村集等处,再以凉水并炮队向北军新庄山地之炮队遥射猛轰,旋用步队乘虚逆袭,攻扑二十里铺、小营耳、马家庄等处,并于郭村集南、马官屯、丁家坡西北一带同时展开。北军遂反守为攻,炮队在钟官屯发炮应战。右翼步队亦向二十里铺前进展拓,意在牵制敌军,抄其左翼。南军乃复增军队,向北马官屯尽锐攻击。此时北军左翼、南军右翼皆各加厚兵力,争衡对抗,战况最为激烈,迨至鏖斗愈酣,势将不可分解。于是发号令其停止,至此战局为之一束。此实行演战之情形也。

臣等驰驱战地,连日纵观,并饬各审判官依据战理,秉公详断,如初五日南军马队,距敌尚远,遽尔冲锋,既致紊乱队形,复易疲敝马力,未免稍涉张皇。北军较为稳固,然过于持重,亦觉有误时机。至两军侦探、搜索,未能十分得力,则皆同坐此弊。初六日南军分队渡河甚合机宜,但炮队射击,未足以制敌之命,又进军较缓,致右翼受敌围困,诚不免于失利。然于炮火互施之际,北军右侧暴露过甚,亦属近于危险。初七日北军先据高地,预备侧击。另以枝队诱敌,而于左翼厚集重兵以待之,布置甚是。然枝队未战先退,是使敌军易于觉察,未必即堕其术中。南军先用炮队斜击新庄山地,然后攻扑二十里铺等处,可谓善于捣虚。但各纵队之距离过远,形势转孤。前锋各队,亦未能互相联络,以致团结无力,运动困难,是均有不甚完密之处。臣等综观三日战况,虽属各有短长,要皆未臻美善。当于操毕时聚集各官长据实裁判,奖其所已至,勉其所未能。并刊发训词,反复告诫,指示行军用兵之要义,激发忠君爱国之天良,俾皆振刷精神,力求精进。又念各将士长途跋涉,辛苦备尝,因即敬体朝廷德意,每镇颁发赏银五千两,每协二千五百两,饬该统将等采购牛酒,犒士劳军,以广皇仁而作士气。此评判战状之情形也。

会操已毕，于是进行阅兵仪式。初八日南北两军，全部厉兵秣马，赳赳桓桓，齐集阅兵场，遵照预颁教令，依次排列，肃静无哗。臣等率诸将佐衣军礼服，佩刀乘马，周巡阅视。中外观操人员，亦相率敬谨参观。乐奏崇戎，礼隆收伍，声容既极其壮盛，部勒益见其精严。迨阅兵礼成，复于彰德城内，设宴大会，觥筹交错，宾僚尽欢。于班师振旅之先，寓饮至策勋之意。至是，而臣等校阅之事，始一律告竣焉。

是役也，发纵指示，练兵处实操其总权，各省镇协，禀承于该军总统，各该总统听命于练兵处，无町畦之各别，若指臂之相从。今年虽只集四省以会操，将来即可合全国以肄武。以视去年河间一役，规模宏远，殆为过之。惟是事属创举，而军旅之学，极精深亦极繁难，无论计划如何周详，而实施者殊难尽餍人意，此自关乎教育之深浅，历练之多寡。虽在东西各国，亦只能因时因事逐渐改善，而断不能旦夕竟功。至就四省军队分析衡论，湖北一镇，经督臣张之洞苦心孤诣，经营多年，军容盛强，士气健锐，步伐技艺，均已熟练精娴，在东南各省中，实堪首屈一指。其犹不无疵累者，则以越疆远出，地形生疏，故于作战应敌，部署未能悉当。河南一协，剽悍劲整，亦颇不示弱于人，但编练未久，一切措注，究难责其完备。直隶、山东各镇协，系就上年未经预操者抽编。虽能运掉自如，布置多合，而于战略战术，亦尚时有疏漏。要而言之，小疵均在所不免，大致皆渐有可观。总期故步勿封，庶能日新月异。若夫统筹全局，则治兵之道，必须可分可合。分之有普及之教育，合之有共同之范围，而后兵事能精，兵力能强，国势乃益臻于巩固。此次四省会师，已明示天下以通力合作之义，从此推行愈广，何难积健为雄。此又各省有柄兵之责者，所宜交相砥砺，力图振作者也。

臣等业饬各镇协分起回防，其暂充总统以下各员，均复旧差。嗣后仍当随时督饬该统将等认真教练，精益求精，勿稍懈忽。并由练兵处通行各省，将所练新军迅速遵章编报，以期仰副我皇太后、皇上训戎奋武，宵旰勤求之至意。谨缮具阅兵处办事人员衔名职守，暨南北两军编制清单各一件，方略、命令、报告清单一件，战状评判训词清单一件，中外观操人员清单各一件，并绘图六幅，祗呈御览。

所有校阅详细情形，理合续行恭折会陈。伏乞皇太后、皇上圣鉴，训示。谨奏。

光绪三十二年九月十五日奉朱批：练兵处知道。仍著督饬认真训练，以振戎行。单、图并发。钦此。

廖一中、罗真容整理《袁世凯奏议》下册，天津古籍出版社1987年版，1387~1394页

《顺天时报》刊登《彰德观操纪》则称：

此次秋操，外国观操各员定于九月初二日上午五点钟十五分，由京东车站开车，适因未整备，迟至六点钟二十分方始开车。计外宾日、英、美、俄、比、德、奥、法、美、荷等十国，均由驻京使署派定武官各三名，另有报章通信员日五名、英四名、德一名、奥两名，马夫、仆从等共五十二名。车栈为优待外宾，一切预备分外清洁，自然快适。此观操中宜特笔之事，一也。车栈另派专员充接待官，蔡君绍基实为东道，外有参赞数名，均在车内来往周旋，无稍疏慢，用意颇为周到。车内另设食堂，自各国随员至参赞等，围桌坐叙，谈谐畅甚，有世界集于一堂之想。此观操中宜特笔之事，二也。自京抵彰德一路车站，所到均有哨兵之设，三五点缀，由车栈内望之，每车过即示敬礼。已抵车站时，兵员排列，迓于站左，一见已觉纪律森严。车站内外，用红布悬彩，以壮观瞻。大车站例由府巡警局派干员警备，以示慎重。此观操中宜特笔之事，三也。又所到车站，每有各处学堂生徒，迎来送往，诵国歌，呼万岁，有序不紊。学皆知兵，群结团体，将来为国家干城者，必由此学阵中组织。一念至此，吾侪访员，不能不为各学生徒诸君前途祝，旋为呼万岁而过。亦[此]观操中宜特笔之事，四也。大抵车路一带，警

备各军员又见有若干淮军杂入,携有枪械,概系日本三十年式连射枪,间杂斯拿义特尔枪。盖枪械之不齐一,或因军镇互有统属,而整理未就绪欤,只令人怪且疑而不已。此观操中宜特笔之事,五也。

车抵彰德,适下午七点钟二十分,由京至此,历十四点时之久。苍然暮色自远至,初三新月如眉,似笑相迎,足畅旅怀矣。余等下车,换乘人力车入外宾馆。全城人士,倾堵相看,热闹情形,笔难罄述。东洋车统由华官预备供用,共有六十余辆,皆由津雇去,观操各员随便乘坐,以供驱驶,利便更不可言。此观操中宜特笔之事,六也。闻彰德一府,户数约二万余,繁华殷富,占省中第三位,古所谓三国邺都,实在于此。此观操中宜特笔之事,七也。外宾馆旧址,实系曹氏故址。现就此地址筑中学堂,所教所习,总以文明为期,今暂用以假馆外宾焉。

彰德府大街小巷均挂红彩,悬明灯,过路无点尘。或涂饰门楣,或高揭旗帜,真觉面目之新。自车站至馆,约六华里,例皆有警兵防护。有自津调来警兵约四百余名之多。一府分内外,其内由津巡警防卫,外警有该府巡警扎守。由暮至朝,剑佩锵然,人马杂遝,一时安谧之区,忽变作战场驰驱之地矣。

外宾馆一切装饰,皆系工匠精心造成。自食堂茶点室以至澡室、烟室皆完备,异常鲜洁。如膳羞一项,珍馔奇味,尤不胜食指常动之感。鸽子、鸡鹜、鹅鸭及七面鸡子,概设棚畜之。肉脯必设冰室贮之。一欲其新,一防其败。此外罐肉菜等属,在两房堆积。如烟酒等属,约有三十五六种之多。包[庖]厨调味,用法国之法,又复参酌英式,佣役、跑堂、厨夫等亦多至一百三十八人。或闻外宾接待经费约二万两,比去年北洋秋操,何啻霄壤。装备之盛如此,虽外国观操员皆将证中国待人有礼,绝非优孟衣冠矣。并闻北洋督练所兵备处医务股提调何君守仁,承袁大臣之旨,策划一切,筹备莫不以慎重卫生为要。又其会记一项,统由该提调核办,虽极微细,必以用意周密出之。略不许丝毫鲁莽。吁,此一事虽云关系非大,而念中国军务之前途,孰不贺其军威一振,占优势于全球耶?

《彰德观操记》,《中外日报》1906年10月30日转录

10月26日(九月初九日) 署黑龙江将军程德全奏报朝廷,言该省"马贼"滋扰,请求筹款募兵,令各属加紧防捕。

程德全《奏续报江省各属防捕情形折》云:

奴才程德全跪奏,为续报剿捕窜贼大概情形,并添募马队以资游击,恭折仰祈圣鉴事。

窃江省马贼滋扰,叠经奴才分饬各军合力痛剿,业已先后奏明在案。滋[兹]查六月间,贼首东霸天之义子小胜子,乘右军统领巴英额出防剿贼,突以大股窜入木兰县、巴彦州一带,声称为伊义父复仇。经该两处保甲张永贵、杨得胜等率勇堵剿,一击于金家冈,再击于老耶岭、西北河等处,纵横决荡,所向无前,贼锋为之一挫。迨巴英额督同营官傅岐标,哨官双全、赵青山等,回顾追踪至右期河截击,贼势大窘,意图窜过松花江。因吉安军统领苑春华防次空虚,乘机抢掠。适试署木兰县知县辛天成预将沿江船只尽移南岸,断其去路,贼乃回窜五台、西北河一带。正在追击之际,而天灭洋一股率步贼六七十名,由青山内横截而出,大肆猖獗。我军稍有挫折,幸士卒用命,奋勇直前,击毙贼首占北一名,余贼死于丛草间者不计其数。嗣又分路追剿,于小银河击毙贼首黑虎一名,从贼三名。于伊济密河击毙孟常均一名,从贼二十余名。又左军统领恒玉报称:探知该匪等自小银河败后,必向井字荒窜扰。七月初二日,该统领复率队亲往,历在宽字三井、海伦河岸、莽鼎卡伦等处接仗。初九日晚间,追至镶红旗十二井,探悉各匪会合二百余名,因督队夤夜追捕,将贼匪击败。哨官双全德中枪阵

亡,该统领右足亦受枪伤。计击毙夥匪四名,打毙贼马九匹,打伤贼匪十余名。又七月初八、九等日,绥化府南乡巡弁赵永山、范魁升等,在双龙泉、姜粉房地面巡查,拿获贼探一名,探知股匪将自姜兴桥南窜而下,当经奋力兜捕,击毙悍贼六名,获马六匹,余匪纷纷溃散。而巡弁明春因猛进击贼,中枪阵亡。又八月初一日,中军统领吉祥甫回省防,探悉匪首天边洋、金山等纠伙一百余名,携带人票向西而行。当饬该统领督令马队星夜驰追三百余里,于八月初二夜三更时,追至崔家地房子,正值贼众在屋安歇,骤闻兵至,仓猝出拒,开枪乱轰,冀图脱逃。幸我军前后围攻,击毙匪首金山并伙贼十一名。其时天已微明,余贼逃窜,遂即拔队追击三十余里,匪首天边洋与夥匪五名同时阵毙,即在樊家地房子造饭暂歇。一面将救回人票十一名,酌给川资,饬回安业。又右军左营管带英顺,在张振邦屯阵毙匪首山绷撬子,并夺回人票十七名,马二十一匹。至呼兰府肇州厅、兰西县各地方官均各报有剿贼情形各等情,先后禀报前来。

奴才查黑龙江幅员辽阔,与奉天、吉林两省连界,向来盗匪极多。本年春夏间,各军分路兜剿,大小百余战,阵毙首要动逾数十,擒斩不可谓不多,统领营哨各官阵亡相继,击捕不可谓不力,只因兵单力薄,以致兼顾难周。此次贼又南窜,本欲乘势过江,幸我军预为堵截,不致扰及江南。惟余孽忽聚忽散,防不胜防。前经奴才电请外务部代奏,请拨部款,暂挑团练马队六百名作为游击之师,以靖萑苻,实出于万不得已。然此不过暂济眉急,若论练兵防边,尚须妥筹的款,大加整饬。合无仰恳天恩俯念边地紧要,此项添练马队应需饷乾,饬部立案,准由荒价项下垫发。一俟地面平靖,再行酌量裁留,断不敢稍涉铺张,致糜饷项。除咨练兵处,兵、户两部查照外,理合恭折具陈,伏乞皇太后、皇上圣鉴,训示。谨奏。

光绪三十二年九月二十五日奉朱批:该部知道。钦此。

中国第一历史档案馆、北京师范大学历史系编选《辛亥革命前十年间民变档案史料》上册,中华书局1985年版,第91～93页

10月28日(九月十一日)　江苏巡抚陈夔龙通行各营,告以孙中山"在南洋各埠及内地各省并沿江一带,勾结会匪,私运军火,意图起事",饬各属认真防范。

《中外日报》刊《苏抚通行各营密拿孙汶文》报道:

光绪三十二年八月二十九日,准军机大臣佥电,内开辰密奉旨,闻逆匪孙汶蓄谋不轨,在南洋各埠及内地各省并沿江一带,勾结会匪,私运军火,希图起事,并有煽惑官场及营伍学生等情。著各该抚严密查拿,随时认真防范,不得视为寻常文件,仅以通行了事,致有疏虞,钦此。等因。准此,除通饬外,咨请查照移行,一体严密查拿,随时认真防范,毋稍疏虞,是为至要,望切施行。

《紧要新闻》,《中外日报》1906年10月29日

△ 安徽巡抚恩铭奏报清廷,在皖南拿获江西省鄱阳县洪莲会首领等人。

奏云:

安徽巡抚奴才恩铭跪奏,为赣省会匪扰及皖南,派兵拿获分别惩办,并越境会缉情形,恭折具陈,仰祈圣鉴事。

窃查前因江西鄱阳县洪莲会匪黄淑性在时山地方竖旗起事,扰及皖南之建德县境,于四月十四日接据该建德县知县李长郁禀报,当派缉捕营前往截拿。讵该营甫于十六日驰绕建德县,而该匪徒已先于十二、十三、十四等日,先后焚折该县境内之洪家亭、杨林河、木搭口三处传教分堂。经该县督同勇团,拿获汪荣周、江荃贵、曹光太、柳先德、江先仪、汪良忠六名,

并搜获飘布、名单,余匪回窜。奴才据禀,复添派巡防一营驰往会捕,并电请外务部代奏。奉旨:著恩铭、吴重熹督饬各属严密堵拿,迅速惩办,期尽根株,毋稍大意等因。钦此。钦遵。复饬派出各营队不分界域,越境会缉。乃建德击退之匪,绕由江西浮梁县境,窜祁门县之闪上地方,向茶商强索银米。经兵团与浮梁团勇协力兜拿,该匪开枪拒捕,登时格杀金项匪目一名、余匪二名,生擒江三沅,王有淋、汪石池、张大有四名,并获逆示、匪飘各一纸。复据巡防营管带刘利贞陆续捕获著匪余沄、杨从枝、王必发、方千灵、陈彩汉、黄明治、柴受淋、汪和尚八名。迭经批饬府县覆讯明确,照章分别拟议惩办,由司汇详请奏前来。

奴才伏查建德获匪汪茶团即汪从昭又名汪星、江荃贵即江花腊瘇、充伪军帅之余沄即余训羽,并杨从枝、王必发五犯,均入洪莲会,或领受飘布,随同烧毁教堂,或伙劫得赃,妄称五千岁伪号。又祁门获匪江三沅,入会充伪军棚头,王有淋入会充伪勇,俱在建德打毁教堂,讯各供认不讳。实属甘心从逆,愍不畏法,核与就地惩办部章相符。未便稍稽显戮,当于审明后批饬一并就地正法,以昭炯戒,仍遵新章免其枭示。曹光太即巢助幅、柳先德即柳尼姑二犯,均入洪莲会,伙劫江西都昌县李姓家得财,拒伤事主,已由都昌县迎提归案审办。其余方千灵、陈彩汉、黄明治即临江老、柴受淋、汪和尚即王和尚五犯,或系屡窃分赃,或系被逼入会,情节稍轻,应与祁门所获裹胁背枪当勇之汪石池、张大有均照章分别年限,递籍监禁。汪先仪、汪良忠二名,讯系无干省释。所有焚折传教分堂已抚恤修复。匪首黄淑性,经赣省拿获正法。时山匪巢,并经巡防营管带刘利贞、张春元越境入山,一面禀由奴才电请江西抚臣饬令赣军会合搜查,并无匪踪,即将各营队陆续撤回。

此次赣省匪徒窜越建、祁一带,该处教堂林立,若非派营驰赴迎头击散,几至不堪设想。幸经该营县堵缉尚力,未致蔓延。当饬各该县随时督率乡团认真巡防,以靖地方,而安人心。所有拿获邻省斩决会匪汪荣周等二名,应叙职名系建德县知县李长郁拿获;邻省斩决会匪江三沅等二名,应叙职名系署祁门县事、候补知县张奎汉拿获;邻省斩决著匪余沄等三名,应叙职名系管带巡防新军、副将衔、尽先补用参将刘利贞,相应一并随案声请敕部从优议叙,以示鼓励。

除分咨查照外,理合会同署两江总督臣周馥,恭折具陈,伏乞皇太后、皇上圣鉴,训示。谨奏。

光绪三十二年九月二十五日奉朱批:著照所请,该部知道。片并发。钦此。

中国第一历史档案馆、北京师范大学历史系编选《辛亥革命前十年间民变档案史料》上册,中华书局1985年版,第255~257页

△《竞业旬报》在上海创刊,为竞业学会刊物。初由傅熊湘主编,后由胡适主编。该刊注重思想道德风俗的除旧布新,间亦有民族、民权主义宣传和对立宪派的讽刺。

11月4日(九月十八日)　山西留日学生李培仁在东京蹈水死,时晋人反对福公司攘夺矿权,留东学生开追悼会,大力宣传,誉为争矿烈士,隆重追悼。

《时报》刊载启事谓:

启者:晋矿相持年余,终未争回自办,八月下旬,自同乡会突接内地来函,言外部庆、那诸权要,受福公司运动,函嘱晋抚,强迫晋人承诺,该公司在山西平定州开采五十英方里矿砂云云,敝会合四省职员方筹对付之策,忽来李君培仁蹈海殉矿之惨报。先是解君荣辂代表留东全体晋学生回国争矿,李君偕同乡送之新桥,归即不语,涕泣两日夜,后至新宿海岸,彷徨不去,有日老人见而怜之,强送之归,盖其蓄有死志也久矣。至是闻此噩耗,遂投身八重桥下而

死，时中历八月二十六日也。经一周之久，始觅得尸骸，备棺检殓，暂厝于横滨华侨之义地。本月十一日，先由山西同乡开追悼会，十八日由豫晋秦陇四省开追悼大会于日京神田锦町锦辉馆。是日来宾甚多，除由总会馆干事派来十八省留学生代表外，到者尚千有余人，挽联哭词，百有余幅。上午九点钟，先由敝会【干】事长龚君秉钧报告开会追悼缘由，即略述李君历史，次邵君修文读追悼文，闻者皆泣下，至有失声大哭者，次全体起行鞠躬礼，次来宾致悼词，次留学生监督吴君春康、贵报馆主笔程君育、江苏私塾改良总会干事张君鹤芽及十八省留东学生代表人，依次演说，皆极沉痛。次敝会庶务长党君积龄、评议员长狄君楼海、景君定成，以次答悼词，并详述晋矿巅末及筹议此后对付方计，以成李君未竟之志，至下午二点钟始散。夫李君家有八旬老父，三岁孤儿，而竟不惜以身殉矿，我等偷生旦夕，不肯拼死救死，虽开千百追悼会，于李君何荣？于矿事何补？顷由敝会职员等共同筹议，拟将李君遗书及晋矿档案等件，登之内地各报，俾供众览，藉以坚此后争矿者之志，而慑卖矿者之胆，庶山西一片干净土，终不令外人插足。山西之幸，抑亦中国之幸也。豫晋秦陇会职员等同启。

《详述李君培仁殉矿蹈海事》，《时报》1906 年 11 月 20 日

11 月 6 日（九月二十日）　清廷发布上谕，宣布厘定京官制，续订直省官制并预筹地方自治。

上谕云：

钦奉慈禧端佑康颐昭豫庄诚寿恭钦献崇熙皇太后懿旨：前经降旨，宣示崇立宪之预备，饬令先行厘定官制，特派载泽等公同编纂，悉心妥订，并派庆亲王奕劻等总司核定，候旨遵行。兹据该王大臣等将编纂原案详核定拟，一并缮单具奏。披览之余，权衡裁择，用特明白宣谕：仰惟列圣成宪昭垂，法良意美，设官分职，莫不因时制宜。今昔情形，既有不同，自应变通尽利。其要旨惟在专责成，清积弊，求实事，去浮文，期于厘百工而熙庶绩。军机处为行政总汇，雍正年间，本由内阁分设，取其近接内廷，每日入直承旨办事，较为密速，相承至今，尚无流弊，自毋庸偏改内阁。军机处一切现制，著照旧行。其各部尚书均著充参预政务大臣，轮流值日，听候召对。外务部、吏部均著照旧。巡警为民政之一端，著改为民政部。户部著改为度支部，以财政处并入；礼部著以太常、光禄、鸿胪三寺并入。学部仍旧。兵部著改为陆军部，以练兵处、太仆寺并入。应行设立之海军部及军咨府未设以前，均暂归陆军部办理。刑部著改为法部，责任司法。大理寺著改为大理院，专掌审判。工部著并入商部，改为农工商部。轮船、铁路、电线、邮政应设专司，著名为邮传部。理藩院著改为理藩部。除外务部堂官员缺照旧外，各部堂官均设尚书一员，侍郎二员，不分满汉，都察院在指陈阙失，伸理冤滞，著改为都御史一员、副都御史两员。六科给事中著改为给事中，与御史各员缺，均暂如旧。其应行增设者，资政院为博采群言，审计院为核查经费，均著以次设立。其余宗人府、内阁、翰林院、钦天监、銮仪卫、内务府、太医院、各旗营、侍卫处、步军统领衙门、顺天府、仓场衙门，均著毋庸更改，原拟各部院等衙门职掌事宜及员司各缺，仍著各该堂官，自行核议，悉心妥筹，会同军机大臣奏明办理。此次斟酌损益，原为立宪始基，实行预备，如有未尽合宜之处，仍著体察情形随时修改，循序渐进，以臻至善。总之，时局艰危，事机迫切，非定上下共守之法不足以起衰颓，非通君民一体之情不足以申疾苦。所有新简及原派各大臣，责无旁贷。惟当顾名思义，协力同心，尽去偏私，真任劳怨。务使志无不通，政无不举，庶几他日颁行宪法，成效可期。倘仍视为具文，因循不振，则是上负朝廷，下负国民，不能为尔等宽也。特此通谕知之。钦此。

是日上谕又云：

此次裁缺之堂官,均著以原品食俸,听候简用。其裁缺衙门之实缺、候补、司员、笔帖式,或由他衙门调用,或分别班次,分发外省补用。著吏部即行妥议具奏,钦此。

是日上谕又命奕劻等续订直省官制、预筹地方自治:

各直省官制著即接续编订,仍妥核具奏。方今重困,皆因庶政未修,州县本亲民之官,乃往往隔阂,诸事废弛,闾阎利病,漠不关心。甚至官亲幕友,肆为侵欺,门丁书差,敢于鱼肉。吏治安得不坏,民气何由而伸?言念及此,深堪痛恨。兹当改定官制,州县各官关系尤要。现在国民资格尚有未及,地方自治一时难以遽行,究应如何酌核办理,先为预备,或增改佐治员缺,并审定办事权限,严防流弊,务通下情。著会商各省督抚一并妥为筹议,必求斟酌尽善,候旨遵行。朝廷设官分职,皆以为民,总期兴养立教,乐业安居。庶几播民和而维邦本,用副怀保群黎,孜孜求治之至意。钦此。

"电传上谕",《中外日报》1906年11月8日

11月7日(九月二十一日)　贵州省贵定县苗民前与清军相抗衡,是日攻打教堂,以反洋教为号召,各苗寨百余处数万人加入。旋即遭官兵镇压,首领罗法先死。

护理贵州巡抚兴禄《奏贵定苗民聚众仇教抗官折》云:

头品顶戴、护理贵州巡抚、按察使奴才兴禄跪奏,为贵定苗匪纠众滋事,业经派委文武员弁,督率练军,驰往分别解散搜捕,谨先将办理情形恭折具陈,仰祈圣鉴事。

窃查贵定县属苗匪罗法先,住居拉陆,与都匀府境接壤。本年三月间,苗民李阿友等,因该府劝办学堂派捐过繁,聚众滋事,罗法先乘间与李阿友勾合党与,报复团首,杀掠教民多家。李阿友被拿惩办,该苗匪在逃未获,经前抚臣岑春蓂于五月初九日奏报在案。

嗣罗法先潜复归巢,踞险筑碉,逼胁土苗入伙,敛钱置械,拥众自卫;且借仇教为名,煽惑远近,抢掠勒索,无所不至。该县先后驰禀,迭经前抚臣檄饬分统东路前后营、兼带游击副营宋振铎,派拨弁练,严为防范;一面选派员绅,会同地方文武,前往开导,解散胁从,相机掩捕。正筹办间,适前抚臣卸事。奴才履任后,复饬印委、哨弁认真办理,并缮具简明告示张贴晓谕,以期悔悟解散。乃该匪等负隅抗拒,跳梁滋甚。八月初九日,率党四五十人至小罗寨萧罗发、胡老二家掳抢。该县据报,饬令练团将夥匪龙井保拿获。罗发先辄使其子罗朝安追夺,捉去练军团丁关禁,声言统众进城劫狱,并打教堂。三五日间,环近村寨苗民裹胁较前更多,据险抗拒,民心惊惶,势将滋蔓。自非慑以军威,不足以戢匪焰而遏乱萌。爰添调先锋队及常备营管带陈嵩高带练驰往,扼要防堵,以杜句结窜扰;并饬署贵阳府知府倪惟钦、本标中军参将王锡吉前往布置调度。

九月十六日,哨长岑鉴清赴都陆协防,行至坤阻望地方,突遇匪党百数十人,掠去练军三名,余匪开枪轰击,官军奋力抵敌,毙匪数名,匪众不支,四散逃逸。二十一日,匪至瓜栗堡,谋攻平伐教堂。岑鉴清闻报,督队往援,遇匪于途,鏖战移时,伤匪十余名,生擒三名,阵斩二名,割取首级,余党奔逃。是日午后,罗朝安率匪二百余人,由马家洞突出,经队长张绍渠、方云彪击退,官军受伤三名,夺得刀标三件。二十三日,罗法先率领匪党一千余人出报复,岑鉴清会合队长周连彪抵御,匪徒多持快枪洋炮,列阵猛扑,凶悍异常,枪弹如雨,阵亡练军二名,受伤练团八名,队长一名。各营奋力冲击,队长刘德清抄袭其后,该匪等腹背受敌,枪毙悍匪十余名,伤者甚多,生擒十三名,匪始溃败,夺获洋枪码、刀标多件。

据该营、县禀报:各匪连日受创,慑服兵威,多已悔惧思散,拟趁此分赴各寨剀切开导,使乡愚不致再受煽惑等情。奴才查该匪罗法先,借名仇教,勾结党与,私筑碉堡,聚蓄军火,拒

敌官兵,种种不法,属实形同叛逆。幸官兵一再挫其凶锋,匪势已衰,当不难渐次歼除。惟苗性愚顽,如捕之过急,诚恐铤而走险,窜结为患;且附从者中多良懦,若遽加剿洗,亦难免多所杀戮,荼毒生灵。现饬该府等,调遣各营扼要屯扎,解散附从,妥为筹办,俟匪党瓦解,设法搜捕首要,以靖地方。

所有贵定苗匪纠党滋事,现经派员率练驰往办理各缘由,谨会同云贵总督臣丁振铎,恭折由驿驰陈,伏乞皇太后、皇上圣鉴,训示。谨奏。

光绪三十二年十月二十八日奉朱批:著令严饬扼要防堵,解散胁从,擒除首要,以靖地方。钦此。

中国第一历史档案馆、北京师范大学历史系编选《辛亥革命前十年间民变档案史料》下册,中华书局1985年版,第712～714页

兴禄《奏剿平贵定仇教抗官苗众折》又称:

头品顶戴、护理贵州巡抚、按察使奴才兴禄跪奏,为续陈贵定苗匪滋事,业经派军兜击,首恶伏诛,胁从解散,地方一律平靖,恭折驰陈,仰祈圣鉴事。

窃照贵定县属苗匪罗法先,借仇教为名,聚众滋事,奴才派委文武员弁,督率练军驰往相机筹办,业将办理情形奏报在案。旋于本月十三日,据署贵阳府知府倪惟钦、本标中军参将王锡吉、管带常备军程嵩高,会同署贵定县知县胡瀛涛禀称:该匪罗法先,自九月二十一、二十三等日,率众出巢拒敌,经官军击败后,所纠党羽均已溃散。其裹胁附近各寨民苗,亦俱闻风詟慄,悔罪输诚,争缴枪械。并探知罗法先因受枪伤身死,其长子罗朝德亦经阵斩,次、三两子已尽室搬逃。遂觅土民向导,直抵拉陆匪巢,查看已虚无人,仅遗木刻规条,检视语多狂悖。旋传集邻寨团甲罗元清等,引至罗法先父子尸所查验,尸经藁葬,尚未棺殓,均各受有枪伤。饬令罗元清等认明确系罗法先、罗朝德正身,取具识认切结。当将所筑碉堡木牌平毁,一面缮发简明告示,遍行抚谕。远近受害及胁从民苗,莫不同声称快,咸庆更生。计具悔投诚大小各寨一百三十二处,缴呈刀矛枪械二百一十六件。讯据连日被擒之罗芳伦等供称,均系被胁入伙,情尚可原,当予从宽释放。惟罗法先尚有次子罗朝印、三子罗朝安,均尚不知下落,应请暂留兵队驻防搜捕,俾杜后患。现时地方安靖,民心已定等情,禀报前来。

奴才查该苗匪罗法先,以漏网渠魁,竟敢借名仇教,号召百余寨之多,拥众负嵎,抗官拒敌,迹及种种罪状,实属凶悍异常,若非迅速歼除,势必裹胁益众,解散愈难。今幸仰赖天威,将士用命,得以即时扑灭,不致蔓延,实为地方之幸。在事出力各员弁,亲冒锋镝,艰险不辞,不无微劳足录,应候饬该匪次、三子罗朝印、罗朝安获日,再恳恩施甄叙,以昭激劝。其前后伤亡练勇团丁,亦俟查明汇案请恤。至善后一切事宜,仍当饬地方官统筹办理。

除由驻绿营扼要分防,严缉逸匪,务获惩办,以绝根株,并咨部查照外,所有贵定苗匪,业经派兵兜击,首恶伏诛,余党悉散,地方一律平靖各缘由,谨会同云贵总督臣丁振铎,恭驿驰陈,伏乞皇太后、皇上圣鉴,训示。

再,贵定与都匀府接壤,此次在逃余匪难免不窜匿府属,潜与土匪勾结。该府为贵东道辖境,现署巡道瞿鸿锡,勤敏果决,熟谙苗情,饬督驻府城居中控制,并督率所属认真防范,以清余孽,而定人心。合并陈明。谨奏。

光绪三十二年十一月十八日奉朱批:仍著严拿逸匪罗朝印、罗朝安,务获惩办,以净根株。钦此。

中国第一历史档案馆、北京师范大学历史系编选《辛亥革命前十年间民变档案史料》下册,中华书局1985年版,第714～715页

11 月 14 日(九月二十八日) 江苏巡抚陈夔龙奏报清廷,省城苏州拿获会党首要易翰、奚承先,照章惩办。

其奏片云:

再,苏省为水陆通衢,五方杂处,匪徒本易藏踪。近以火车通行,此辈恃其便利,尤复无处不到,倏往倏来,迨经觉察扑拿,早已远飏他处。臣稔知其弊,是以严饬各营,多购眼线、随处侦探;于省会要冲、城市繁盛之处,格外认真防范,如有匪徒溷入,立即设法擒拿,不得稍有疏纵。

兹于本月间,据总领飞划营、前河南河北镇总兵官郎桂林禀:据哨弁杨起元带勇在省城铁瓶巷谷树桥地方,拿获红帮会匪正龙头易翰一名,并起获伪印、飘板、木戳、盟贴等件。又据飞划副旗官凌秉忠在省城盘门外拿获光蛋奚承先一名,即经饬发府县分别审讯。据易翰供称:湖南湘乡县人,曾充营勇,保有把总微职,曾至浙江定海、嘉兴各处开立山堂。目前来苏图事未成,起意设立天龙山堂号,自称南天元帅,开堂放飘。伪印、飘板、木戳等件,系与逸匪喻光明商量刊刻。收过徒弟颜桂等九人,放出飘布三百七十余张等语。据奚承先供称:系川沙厅人,绰号小天王。先在上海游荡,嗣即纠合党羽,各处聚赌,并购置船只,蓄有洋枪。曾被前任川沙厅带勇往拿,起意率众开枪拒捕,伤及厅官,枪毙勇丁,开船逃往上海,复逃至山东青岛地方。今年偶回上海,数日前方到苏州等语。当以该两犯供认确凿,案卷相符,先后批饬正法。

伏查该匪易翰,以营勇保有武职,先至浙江开立山堂,未经破案;复敢前来苏省开堂放飘,广收徒党,刊刻伪印,洵属胆大妄为,目无法纪。万一发觉稍迟,勾结日众,后患何可胜言。该匪奚承先,结党持械,到处聚赌,并敢起意拒捕,戕勇伤官,亦属罪大恶极;此次潜来内地,若依然听其漏网,必更肆无忌惮,为害日深。今得同时拿获授首,实足以靖人心而寒匪胆。各该营员弁缉捕认真,不无劳勚,应查照获匪章程存俟汇案酌保,以励将来。

除仍督饬严缉各逸匪务获,并出示解散胁从,准其缴飘免罪外,所有拿获各匪惩办缘由,谨附片具陈,伏乞圣鉴,训示。谨奏。

光绪三十二年十月十六日奉朱批:知道了。钦此。

中国第一历史档案馆、北京师范大学历史系编选《辛亥革命前十年间民变档案史料》上册,中华书局1985年版,第275～276页

11 月 15 日(九月二十九日) 孙中山与俄国社会革命党领袖该鲁学尼(G. Gershunl)在东京会谈,主张在中国实施立法、司法、行政、考选、纠察五权分立的共和政治。

据当时在座的萱野长知著《中华民国革命秘笈》一书记载,谈话为:

孙逸仙:希望在中国实施的共和政治,是除立法、司法、行政三权外还有考选权和纠察权的五权分立的共和政治。

该鲁学尼:纠察权本属于国民,并非由议会行使。中国为什么需要特别设立这种制度呢?况且,考选事务不是作为行政的一部分就够了吗?凭什么理由还需要单独设立呢?

孙逸仙:因为要通过考试制度来挑选国家人才。我期望能根据这种办法,最严密、最公平地选拔人才,使优秀人士掌管国务。如今天的一般共和民主国家,却将国务当作政党所一手包办的事业,每当更迭国务长官,甚且下至勤杂敲钟之类的小吏也随着全部更换,这不仅不胜其烦,而且有很大的流弊。再者,单凭选举来任命国家公仆,从表面看来似乎公平,其实不然。因为单纯通过选举来录用人才而完全不用考试的办法,就往往会使那些有口才的人

在选民中间运动，以占有其地位，而那些无口才但有学问思想的人却被闲置。美国国会内有不少蠢货，就足以证明选举的弊病。

至于纠察制度，是除了要监督议会外，还要专门监督国家政治，以纠正其所犯错误，并解决今天共和政治的不足处。而无论任何国家，只要是立宪国家，纠察权归议会掌管，但其权限也因国家不同而有强弱之别，由此产生出无数弊端。况且从正理上说，裁判人民的司法权独立，裁判官吏的纠察权反而隶属于其他机关之下，这是不恰当的。

考选制和纠察制本是我中国固有的两大优良制度，但考选制度被恶劣政府所滥用，纠察制度又被长期埋没而不为所用，这是极可痛惜的。我期望在我们的共和政治中复活这些优良制度，分立五权，创立各国至今所未有的政治学说，创建破天荒的政体，以使各机关能充分发挥它们的效能。

广东省社会科学院历史研究室、中国社会科学院近代史研究所中华民国史研究室、中山大学历史系孙中山研究室合编《孙中山全集》第1卷，中华书局1981年版，第319～320页

10月—11月(九月—十月)　江苏海州会党起事日盛，人数不下万人之多。清兵加紧镇压。

清军参谋鄢玉春《为办理海属起事各事致端方电》(十月初一日)云：

南京督宪鉴：沁电、勘电均悉。

查海属匪势蔓延，东以周步恒、耿祝三、孙耀田、胡殿喜、黄廷香、郑贤曰等为巨，群窝聚东堆、东陬山等处，各率党羽多寡不等。而小股匪首如王恒昌等，尤不胜计，各霸一方，设卡勒捐，掳人放火，已非一日。自夏秋以来，该匪借口凶年，益肆劫抢，并通常熟、崇明、宝山等处各匪。西以赵小桂为巨，盘踞羽山、西驼峰一带，戴红顶花翎，率党亦数百人，兼充官兵，横行不法。马林山为上山东大道，行人无不截劫。风闻各匪拟乘提宪未到任以前，揭竿起事，群拥逆匪朱念祖为扫海王，购运枪械，骎骎有叛据之势。海属绅民惊惶无措，被扰呈控，官不能理，匪反寻仇，暗无天日。绅民咸疾首痛心，望兵若渴。及大兵来海，始犹狐疑，经春出示招告，剀切晓谕，乃稍安堵，渐敢来营指控。

现会商汪牧分路办理，东已派巡防六队，顺潮河进捕，搜索东堆，兼顾苇荡营租务，以出河汛收租所为根据地；巡防一队接应，兼捕新安镇、吐水口、双港一带各匪。巡防五队顺五图河进捕，搜索东陬山，兼顾苇荡营租务，以南北汛为根据地；得胜营接应，兼捕杨家集一带各匪。西已派巡防四队及马队索捕羽山一带各匪，卫队驻大伊山，以备不时策应，并兼捕大伊山、张家集一带各匪。于廿六日黎明同时进围，先一日获潘步岭等，经失主指认，人赃两确，电请正法。绅民无不称颂帅宪威德。嗣又擒获匪首孙耀田、耿祝三、胡殿喜、王恒昌等与其党数十名，并枪械、子弹、盟书、帮票、奇门盘，均经分别研讯，俟有确供，统当电陈。

现海属遍地皆匪，共计不下万余人，首要有百数十起，其访闻及指控者已六百余名。行踪非常诡秘，见兵力较大，层层包围，均弃枪四散，捕鱼采樵。其狡黠者竟敢来伊密布侦探，当经拿获徐首仁等。又饬队购线密捕，以冀搜索净尽。致民命自当慎重，苟可贷死者应妥筹安插之法，俟定再禀。民情现稍安谧，匪卡已撤，商船畅行。所有办理情形，谨先电呈。玉春叩。宋。印。

中国第一历史档案馆、北京师范大学历史系编选《辛亥革命前十年间民变档案史料》上册，中华书局1985年版，第276～277页

两江总督端方《为拿获海州起事首要致军机处电》(十月十五日)称：

电北京军机处。

辰密。海州匪徒滋扰,当经会派参谋鄢玉春、缉私营王曜等率带营队,并水师兵轮分赴剿办,一面电请钧处代奏。奉旨:督饬将灾民妥为抚恤,严拿匪党,务获惩办。等因。钦此。查海州匪党,迭据探报,东以严步恒、耿祝三等为首,窝聚州属东堆、东陬山等处。西以赵小桂等为首,盘踞州属羽山、西驼峰一带。此外零匪多起,党与众寡不等。因朱念祖素患狂疾,群推为首,希图煽惑人心,私购枪械,掳掠船只,设卡勒捐,到处焚抢。迭经各营协同地方官设法搜捕,先拿获匪首潘步岭及其党二十二名,即将潘步岭、潘步俊、潘步和三犯就地正法。继拿获匪首耿祝三及其头目孙宝善等十七名,饬解清江浦发交营务处审明,将耿祝三、孙宝善、庄四篓、徐香仁,雍玉贞、孙耀田,王小矮子七犯正法。旋又将朱念祖擒获,一面解散胁从,勒令尽缴枪械,以省株累,而弭后患。现在匪卡已撤,商船畅行,地方居民亦渐静谧。

伏查本年海州水灾奇重,此次匪徒滋事,深虑勾煽饥民,致酿巨患。兹经鄢玉春等奋力查缉,迭获渠魁,匪党慑伏,人心始定。所有未获各匪,仍由方等饬令严密搜捕,勿稍疏纵。并由地方绅士设立筹防公所,举办团练,随时实力清查,以善其后。余灾赈办法另行专折具奏外,所有海州办匪得手情形,谨请代奏。方、龙、昌叩。咸。

中国第一历史档案馆、北京师范大学历史系编选《辛亥革命前十年间民变档案史料》上册,中华书局1985年版,第278页

编者按:十月初一日电收入《辛亥革命前十年间民变档案史料》上册时,题名作"江苏巡抚陈夔龙为办理海属起事各事致端方电",然考其内容,似非陈夔龙来电,当系参谋鄢玉春致电。

11月23日(十月初八日) 翰林院侍读学士吴士鉴奏请清廷,应饬江西巡抚访拿该省会党。

奏片云:

再,近日湖南、江西之交匪徒暴动,萍乡、醴陵、浏阳诸县同时戒严,闻江、鄂两省派兵助剿,乌合之众谅不难立行解散。惟江西兵力本单,所练新军闻尚不及湖南之精锐。臣前数年出差该省,据官绅所言,各属时有私立会党。袁州万载一带有所谓洪江会者,临江属县有所谓鞭刚会者。赣州、南安以上风气强悍,与闽、广两省为近,又有三点会名目。伏莽遍地,窃发堪虞。当兹人心不靖之时,深恐乘机煽动,大则仇教启衅,小则扰乱治安,就臣所闻,实多隐患。可否请旨饬江西巡抚,督令地方文武各官严密查访,设法预防,务使此等匪徒随时消弭,毋令养痈贻害,江西幸甚,大局幸甚。

臣管见所及,谨附片上陈,伏乞圣鉴,训示施行。谨奏。

中国第一历史档案馆、北京师范大学历史系编选《辛亥革命前十年间民变档案史料》上册,中华书局1985年版,第316页

12月2日(十月十七日) 《民报》创刊周年庆祝大会在东京神田锦辉馆举行,到会者数千人。黄兴主持会议,章炳麟读祝辞,宫崎寅藏、池亨吉、北辉次郎、萱野长知致贺辞,孙中山作演说,黄兴致闭会辞。

孙中山作《三民主义与中国之前途》演说:

今天诸君踊跃来此,兄弟想来,不是徒为高兴,定然有一番大用意。今天这会,是祝《民报》的纪元节。《民报》所讲的是中国民族前途的问题,诸君今天到来,一定是人人把中国民族前途的问题横在心上,要趁这会子大家研究的。兄弟想《民报》发刊以来已经一年,所讲的是三大主义:第一是民族主义,第二是民权主义,第三是民生主义。

那民族主义,却不必要什么研究才会晓得的。譬如一个人,见着父母总是认得,决不会

把他当做路人,也决不会把路人当做父母;民族主义也是这样,这是从种性发出来,人人都是一样的。满洲入关到如今已有二百六十多年,我们汉人就是小孩子,见着满人也是认得,总不会把来当做汉人。这就是民族主义的根本。

但是有最要紧一层不可不知:民族主义,并非是遇着不同族的人便要排斥他,是不许那不同族的人来夺我民族的政权。因为我汉人有政权才是有国,假如政权被不同族的人所把持,那就虽是有国,却已经不是我汉人的国了。我们想一想,现在国在那里?政权在那里?我们已经成了亡国之民了!地球上人数不过一千几百兆,我们汉人有四百兆,占了四分之一,算得地球上最大的民族,且是地球上最老最文明的民族;到了今天,却成为亡国之民,这不是大可怪的吗?那非洲诸国不过二十多万人,英国去灭他,尚且相争至三年之久;菲律宾岛不过数百万人,美国去灭他,尚且相持数岁;难道我们汉人,就甘心于亡国!想起我汉族亡国时代,我们祖宗是不肯服从满洲的。闭眼想想历史上我们祖宗流血成河、伏尸蔽野的光景,我们祖宗很对得住子孙,所难过的,就是我们做子孙的人。再想想亡国以后满洲政府愚民时代,我们汉人面子上从他,心里还是不愿的,所以有几回的起义。到了今日,我们汉人民族革命的风潮,一日千丈。那满洲人也倡排汉主义,他们的口头话是说他的祖宗有团结力、有武力,故此制服汉人;他们要长保这力量,以便永居人上。他们这几句话本是不错,然而还有一个最大的原因,是汉人无团体。我们汉人有了团体,这力量定比他大几千万倍,民族革命的事不怕不成功。

惟是兄弟曾听见人说,民族革命是要尽灭满洲民族,这话大错。民族革命的原故,是不甘心满洲人灭我们的国,主我们的政,定要扑灭他的政府,光复我们民族的国家。这样看来,我们并不是恨满洲人,是恨害汉人的满洲人。假如我们实行革命的时候,那满洲人不来阻害我们,决无寻仇之理。他当初灭汉族的时候,攻城破了,还要大杀十日才肯封刀,这不是人类所为,我们决不如此。惟有他来阻害我们,那就尽力惩治,不能与他并立。照现在看起来,满洲政府要实行排汉主义,谋中央集权,拿宪法做愚民的器具。他的心事,真是一天毒一天。然而他所以死命把持政权的原故,未必不是怕我汉人要剿绝他,故此骑虎难下。所以我们总要把民族革命的目的认得清楚,如果满人始终执迷,仍然要把持政权,制驭汉族,那就汉族一日不死,一日不能坐视的!想来诸君亦同此意。

民族革命的大要如此。

至于民权主义,就是政治革命的根本。将来民族革命实行以后,现在的恶劣政治固然可以一扫而尽,却是还有那恶劣政治的根本,不可不去。中国数千年来都是君主专制政体。这种政体,不是平等自由的国民所堪受的。要去这政体,不是专靠民族革命可以成功。试想明太祖驱除蒙古,恢复中国,民族革命已经做成,他的政治却不过依然同汉、唐、宋相近。故此三百年后,复被外人侵入,这由政体不好的原故,不是[做]政治革命是断断不行的。研究政治革命的工夫,煞费经营。至于着手的时候,却是同民族革命并行。我们推倒满洲政府,从驱除满人那一面说是民族革命,从颠覆君主政体那一面说是政治革命,并不是把来分作两次去做。讲到那政治革命的结果,是建立民主立宪政体。照现在这样的政治论起来,就算汉人为君主,也不能不革命。佛兰西大革命及俄罗斯革命,本没有种族问题,却纯是政治问题;佛兰西民主政治[体]已经成立,俄罗斯虚无党也终要达这目的。中国革命之后,这种政体最为相宜,这也是人人晓得的。

惟尚有一层最要紧的话,因为凡是革命的人,如果存有一些皇帝思想,就会弄到亡国。因为中国从来当国家做私人的财产,所以凡有草昧英雄崛起,一定彼此相争,争不到手,宁可各据一方,定不相下,往往弄到分裂一二百年,还没有定局。今日中国,正是万国眈眈虎视的时候,如果革命家自己相争,四分五裂,岂不是自亡其国?近来志士都怕外人瓜分中国,兄弟的见解却是两样。外人断不能瓜分我中国,只怕中国人自己瓜分起来,那就不可救了!所以我们定要由平民革命,建国民政府。这不止是我们革命之目的,并且是我们革命的时候所万不可少的。

说到民生主义,因这里头千条万绪,成为一种科学,不是十分研究不得清楚。并且社会问题隐患在将来,不像民族、民权两问题是燃眉之急,所以少人去理会他。虽然如此,人的眼光要看得远。凡是大灾大祸没有发生的时候,要防止他是容易的;到了发生之后,要扑灭他却是极难。社会问题在欧美是积重难返,在中国却还在幼稚时代,但是将来总会发生的。到那时候收拾不来,又要弄成大革命了。革命的事情是万不得已才用,不可频频伤国民的元气。我们实行民族革命、政治革命的时候,须同时想法子改良社会经济组织,防止后来的社会革命,这真是最大的责任。

于今先说民生主义所以要发生的原故。这民生主义,是到十九世纪之下半期才盛行的。以前所以没有盛行民生主义的原因,总由于文明没有发达。文明越发达,社会问题越着紧。这个道理,很觉费解,却可以拿浅近的事情来作譬喻。大凡文明进步,个人用体力的时候少,用天然力的时候多,那电力、汽力比起人的体力要快千倍。举一例来说,古代一人耕田,劳身焦思,所得谷米至多不过供数人之食。近世农学发达,一人所耕,千人食之不尽,因为他不是专用手足,是借机械的力去帮助人功,自然事半功倍。故此古代重农工,因他的生产刚够人的用度,故他不得不专注重生产。近代却是两样。农工所生产的物品,不愁不足,只愁有余,故此更重商业,要将货物输出别国,好谋利益,这是欧美各国大概一样的。照这样说来,似乎欧美各国应该家给人足,乐享幸福,古代所万不能及的。然而试看各国的现象,与刚才所说正是反比例。统计上,英国财富多于前代不止数千倍,人民的贫穷甚于前代也不止数千倍,并且富者极少,贫者极多。这是人力不能与资本力相抗的缘故。古代农工诸业都是靠人力去做成,现时天然力发达,人力万万不能追及,因此农工诸业都在资本家手里。资本越大,利用天然力越厚,贫民怎能同他相争,自然弄到无立足地了。社会党所以倡民生主义,就是因贫富不均,想要设法挽救;这种人日兴月盛,遂变为一种很繁博的科学。其中流派极多,有主张废资本家归诸国有的,有主张均分于贫民的,有主张归诸公有的,议论纷纷。凡有见识的人,皆知道社会革命,欧美是决不能免的。

这真是前车可鉴,将来中国要到这步田地,才去讲民生主义,已经迟了。这种现象,中国现在虽还没有,但我们虽或者看不见,我们子孙总看得见的。与其将来弄到无可如何,才去想大破坏,不如今日预筹个防止的法子。况且中国今日如果实行民生主义,总较欧美易得许多。因为社会问题是文明进步所致,文明程度不高,那社会问题也就不大。举一例来说,今日中国贫民,还有砍柴割禾去谋生活的,欧美却早已绝迹。因一切谋生利益尽被资本家吸收,贫民虽有力量,却无权利去做,就算得些蝇头微利,也决不能生存。故此社会党常言,文明不利于贫民,不如复古。这也是矫枉过正的话。况且文明进步是自然所致,不能逃避的。文明有善果,也有恶果,须要取那善果。欧美各国,善果被富人享尽,贫民反食恶果,总由少数人把持文明幸福,故成此不平等的世界。我们这回革命,不但要做国民的国家,而且要做社会的国家,这决是欧美所不能及的。

欧美为甚不能解决社会问题?因为没有解决土地问题。大凡文明进步,地价日涨。譬如英国一百年前,人数已有一千余万,本地之粮供给有余;到了今日,人数不过加三倍,粮米已不够二月之用,民食专靠外国之粟。故英国要注重海军,保护海权,防粮运不继。因英国富人把耕地改做牧地,或变猎场,所获较丰,且征收容易,故农业渐废,并非土地不足。贫民无田可耕,都靠做工糊口,工业却全归资本家所握,工厂偶然停歇,贫民立时饥饿。只就伦敦一城算计,每年冬间工人失业的常有六七十万人,全国更可知。英国大地主威斯敏士打公爵有封地在伦敦西偏,后来因扩张伦敦城,把那地统圈进去,他一家的地租占伦敦地租四分之一,富与国家相等。贫富不均竟到这地步,"平等"二字已成口头空话了!

大凡社会现象,总不能全听其自然,好像树木由他自然生长,定然支蔓,社会问题亦是如此。中国现在资本家还没有出世,所以几千年地价从来没有加增,这是与各国不同的。但是革命之后,却不能照前一样。比方现在香港、上海地价比内地高至数百倍,因为文明发达,交通便利,故此涨到这样。假如他日全国改良,那地价一定是跟着文明日日涨高的。到那时候,以前值一万银子的地,必涨至数十万、数百万。上海五十年前,黄浦滩边的地本无甚价值,近来竟加至每亩百数十万元,这就是最显明的证据了。就这样看来,将来富者日富,贫者日贫,十年之后,社会问题便一天紧似一天了。这种流弊,想也是人人知道的,不过眼前还没有这现象,所以容易忽略过去。然而眼前忽略,到日后却不可收拾。故此,今日要筹个解决的法子,这是我们同志应该留意的。

闻得有人说,民生主义是要杀四万万人之半,夺富人之田为己有;这是他未知其中道理,随口说去,那不必去管他。解决的法子,社会学者所见不一,兄弟所最信的是定地价的法。比方地主有地价值一千元,可定价为一千,或多至二千;就算那地将来因交通发达价涨至一万,地主应得二千,已属有益无损;赢利八千,当归国家。这于国计民生,皆有大益。少数富人把持垄断的弊窦自然永绝,这是最简便易行之法。欧美各国地价已涨至极点,就算要定地价,苦于没有标准,故此难行。至于地价未涨的地方,恰好急行此法,所以德国在胶州湾、荷兰在爪哇已有实效。中国内地文明没有进步,地价没有增长,尚若仿行起来,一定容易。兄弟刚才所说社会革命,在外国难,在中国易,就是为此。行了这法之后,文明越进,国家越富,一切财政问题断不至难办。现今苛捐尽数蠲除,物价也渐便宜了,人民也渐富足了。把几千年捐输的弊政永远断绝,漫说中国从前所没有,就欧美日本虽说富强,究竟人民负担租税未免太重。中国行了社会革命之后,私人永远不用纳税,但收地租一项,已成地球上最富的国。这社会的国家,决非他国所能及的。我们做事,要在人前,不要落人后。这社会革命的事业,定为文明各国将来所取法的了。

总之,我们革命的目的是为众生谋幸福,因不愿少数满洲人专利,故要民族革命;不愿君主一人专利,故要政治革命;不愿少数富人专利,故要社会革命。这三样有一样做不到,也不是我们的本意。达了这三样目的之后,我们中国当成为至完美的国家。

广东省社会科学院历史研究室、中国社会科学院近代史研究所中华民国史研究室、中山大学历史系孙中山研究室合编《孙中山全集》第1卷,中华书局,1981年版,第323~329页

章太炎演说:

今日是《民报》纪元节大会。目下言论渐已成熟,以后是实行的时代。但今日实行上,有一种魔障,不可不破。因以前的革命,俗称"强盗结义",现在的革命,俗称"秀才造反"。强盗有力量,秀才没有力量,强盗仰攀不上官府,秀才仰攀得上官府。所以强盗起事,没有依赖督抚的心,秀才就有依赖督抚的心。前此数年,遍地是"借权"的话。直到如今,讲革命的,也想借到督抚的权,好谋大事,这真糊涂得很。

颇有人说:"学界中人不如会党,会党中人不如强盗。"依兄弟看来,知识高下,且不必说。

但强盗从没有靠官造反的心,会党略有数分,学界中人,更加数倍。论他志气的下劣与自信力的薄弱,较之会党、强盗,不免有些惭愧。(大拍掌)只是思量办事的人,没有不舍难取易的。他看自己革命,不如借用督抚略为容易,不知不觉,这下劣的思想,就随地涌现出来。殊不知志气果好,便万分险阻艰难的事也办得去。若依赖督抚,倒比自己革命更难百倍。(大拍掌)这是什么原由?

第一,督抚引用学生,不过充当文案、预备顾问。就有练陆军,办警察的,总不能自成一部。原象从前的督标中军一样,也不能得他的亲信。若善于谄媚的呢,还可以侥幸得几分。假如才气略长些,议论略多些,风骨略高些,就永远不能得志。若要得志,除是想几件压制革命党的政策,或杀戮几个革命党人,方得有小小权柄到手,这还靠得住么?(大拍掌)

第二,今日的督抚富贵尊荣,与皇帝相差无几,难道放着平坦大路不走,反去革命。自寻荆棘?从来藩镇不是逼到没路的时候,断不轻易造反。远大且不必说,就看近来吴三桂,本要想步石敬瑭的后尘,做一个干儿皇帝。但不到撤藩的时候,吴三桂尚不敢举兵作难。因吴三桂自己有这心肠,将士却不肯应,故只得迟迟不发。后来有撤藩的事,此时平西王也去,将也去,兵也去。滇藩一部的人,没一个不失了饭碗,才能够激成大举。请看今(日)的督抚,权力比得吴三桂吗?就象袁世凯,是最有兵权的,满洲政府也不敢轻易动他。就动了他一人,北洋将校仍是依然无恙。一人愿革命,人人都不愿革命,这是万不得成的。(大拍掌)

第三,那老耄昏瞶的督抚,往往有几个儿孙出洋留学,与学生通同一气。学生见他可用,就推心置腹,奉承个人了。这一班纨绔子弟,也趁他祖、父老耄昏瞶,卖差卖缺,无所不为,一面又与学生同谋举义。试想此辈胸中,究竟所思何事,起得事来,他的权力岂肯轻轻送你?奉这蝇营狗苟的顽童,作为革命首领,还成个世界吗?(大拍掌)

因此三事,所以督抚革命万无可望。

再说向上一层,假如督抚革命果然成事,虽则种族问题可以解决,那政治改良的事仍是不成。且看从古革命历史,凡从草茅崛起的,所用都是朴实勤廉的人士,就把前代弊政一扫而尽。若是强藩内侵,权臣受禅,政治总与前朝一样,全无改革。因为帝王虽换,官吏依然不换,前代腐败贪污的风俗流传下来,再也不能打扫。(拍掌大喝彩)象现在官场情景,是微虫、霉菌到处流毒,不是平民革命,怎么辟得这些瘴气?(拍掌人大喝彩)若把此事望之督抚,真是其愚不可及了!(拍掌大喝彩)

目下满洲政府正有中央集权的意思,要把财政兵政,都归几个满员掌握,外省督抚不过留个空名,有几个识见不到的人,都说此事若行,革命愈难措手。若依兄弟看来,正是相反。以前满洲将士曾打准噶尔、回部、青海等处,每战必胜。到得川、楚教匪起来,满洲兵就不能抵敌,全是杨芳、杨遇春等为虎作伥,方得制教匪的死命。太平王起来时候,赛尚阿、乌兰泰辈,没一个不一败涂地。竟靠着几个湖南督抚,就地捐厘,兼办团练,才能够打破洪氏。照这样看,督抚无权,革命军正是大利,有什么不好呢?(大拍掌)

从今以后,我汉人兄弟,请把依赖督抚的一念,早早打消。但想当兵,不要想当奸细。但想做将士,不要想做参谋。这革命大事不怕不成,中华民国不怕不立,何必怀着那下劣心思,为会党、强盗所笑呢?(拍掌大喝彩)

《民报》第10号,1906年12月20日

黄兴演说:

今天,孙先生所说的,是革命的宗旨及其条理;章先生所说的,是革命实行时代的政策;各位来宾所说的,是激发我们革命的感情。大抵诸君听见,没有不表同情的。但是兄弟所望

于诸君的，却还要再进一步。“表同情”三个字，不过是旁观的说话。凡是革命的事业，世界人人都表同情的。惟有自己的国民却不是要他表同情，是要他负这革命的责任。（拍掌大喝彩）诸君现在都是学生，就拿学生的责任来说。一千八百十七年的时候，奥国宰相梅特涅利用俄皇的势力结神圣同盟会，压制革命党，得普王的赞成，到了十月，开宗教革命三百年祭同利俾塞战胜纪念祭，耶路大学学生齐去市外运动各州响应，革命党从此大盛。这样说来，欧洲大革命的事业是学生担任去做的。（拍掌大喝彩）日本的革命，人人都推西南一役。那西乡隆盛所倡率的义师，就是鹿儿岛私立学校的学生。这样说来，日本革命的事业也是学生担任去做的。（拍掌大喝彩）诸君莫要说今日做学生的时候，是专预备建设的功夫，须得要尽那革命的责任。（拍掌大喝彩）今天这会，就是我们大家拿着赤心相见，誓要尽这做学生的本分的。（拍掌大喝彩）

《民报》第10号，1906年12月20日

参加会议的景梅九则谓：

《民报》开周年纪念会，适逢孙中山先生重到日本，大家想望风采，无缘接近，听说这纪念会有先生的演说，把全学界人震动起来，有同志和我商量，这一天早起先约同志，据了演坛左右，并由多人招待来宾，看看情形如何，再请孙先生来。我很是赞成，但以为这时正是种族主义昌明时代，人人都怀着一片愤激的心，一定是踊跃争来，还怕什么意外反对？同志说，也不得不预防一二；于是那一日早起，和许多同志，先到锦辉馆安排一切，四壁悬挂欢迎及庆祝的对联，万国旗帜，交悬在中间，很是庄严灿烂。曾记某女士集一联赠孙先生道：“岂有蛟龙愁失水？不教胡马度阴山”倒也有弦外的余音。七八钟，人还不甚多，我和几位同志坐在演坛右边，不一时，到会的潮涌而来，不下数千人，后来的实不能容，都徘徊馆外，伏窗而望，人语嘈杂，似乎都带些革命的声浪。一时摇铃开会，满场寂然，有万木无声待雨来的光景。先请章太炎读祝辞，气度沉雄，声音弘朗，掌声因之雷起。读毕，先请日本来宾演说，有一位作舌人的翻译颇有点迟钝，听众多不明了，大家遂耸动我代替这位先生；我便自告奋勇，上了演坛，将他换下来，代各位来宾翻译了一场，大家倒还听得值，掌声不绝，我也不觉困倦。以后便是孙先生的两小时的长演说，把三民主义发挥一番；对于民生主义，尤说得详肯。且态度安详，声音清爽，不愧为演说名家；听众欢迎，自不待言。随后有田君、乔君的演说，却是慷慨激昂，令坛下大众狂呼起来，实在可算留学界空前的盛会。这会场有公使的侦探，报告开会的详情，并说山西有两个演说的，就是指我和乔君。但好在不知道我姓名，不然怕不取消了官费！

景梅九《罪案》，国风日报社1924年版，第60～61页

亦曾与会的谭人凤在《石叟牌词》则有文谓：

吾湘游学始梅城，二三士子往还频。报道孙黄和同志，聚居三岛结同盟。陈天华小说动众，曾抟九大言欺人。也曾闻风向慕，俯首倾心。由内地到东京，屈指一数，已是十一月初旬，闻道同盟会（《民报》）一周年纪念，越六日举引。排班列队会场临。满堂红绿彩，十二颂扬声，锦辉一馆四座盈，人如山海挤纷纷，真像个六合同春。可惜身栖异地，纵夸耀威风八面，本事十分，终是类重阳风雨，飘斜无定凭。比不得三五尧蓂，说不到一生六成，二五偶难亲。无人相应有知真，因一月三捷实力存。五夜孤灯一盏，三番四复推寻。暂把双双冷眼，局外看前程。

又有回忆：

先是余在家时，闻革命大家孙先生，淹滞横滨行医，经黄克强约各同志邀赴东京，组织同

盟会，旋由陈天华邮寄《民报》及所著《猛回头》，得悉颠末。曾抟九寄友人各函，于革命事亦说得天花乱坠，颇倾慕焉。到东时，适届同盟党员开（《民报》创刊）周年纪念会，入场观察，祝词颂语，多涉夸张，莅会者不下千余人，实极一时之盛。余以为在海外虚张声势，于实际无补，大有失望意。伫立片刻，即归，盖已等闲视之矣。后唐镜三三次相挽，始与克强晤，畅叙至二小时，情颇洽，遂亦加入焉。余之从事于同盟会从此始。

石芳勤编《谭人凤集》，湖南人民出版社1985年版，第337～338页

△ 秋冬间，孙中山与黄兴、章太炎等在东京编制《革命方略》，以应国内革命运动需要。

《革命方略》包括《军政府宣言》、《军政府与各处国民军关系条件》，《军队之编制》、《战士赏恤》、《军律》、《招军章程》、《招降清朝兵勇条件》、《略地规则》、《因粮规则》、《安民布告》、《对外宣言》、《招降满洲将士布告》、《扫除满洲租税厘捐布告》等。

最重要者是《军政府宣言》，阐释同盟会之十六字纲领及孙中山之革命程序论：

天运岁次　年　月　日，中华民国军　军都督奉军政府命，以军政府之宗旨及条理，布告国民。

今者国民军起，立军政府，涤二百六十年之膻腥，复四千年之祖国，谋四万万人之福祉，此不独军政府责无旁贷，凡我国民皆当引为己责者也。维我中国开国以来，以中国人治中国，虽间有异族篡据，我祖我宗常能驱除光复，以贻后人。今汉人倡率义师，殄除胡虏，此为上继先人遗烈，大义所在，凡我汉人当无不晓然。惟前代革命如有明及太平天国，只以驱除光复自任，此外无所转移。我等今日与前代殊，于驱除鞑虏、恢复中华之外，国体民生尚当与民变革，虽纬经万端，要其一贯之精神，则为自由、平等、博爱。故前代为英雄革命，今日为国民革命。所谓国民革命者，一国之人皆有自由、平等、博爱之精神，即皆负革命之责任，军政府特为其枢机而已。自今以往，国民之责任即军政府之责任，军政府之功即国民之功，军政府与国民同心戮力，以尽责任。同特披露腹心，以今日革命之经纶暨将来治国之大本，布告天下：

一、驱除鞑虏。今之满洲，本塞外东胡。昔在明朝，屡为边患。后乘中国多事，长驱入关，灭我中国，据我政府，迫我汉人为其奴隶，有不从者，杀戮亿万。我汉人为亡国之民者二百六十年于斯。满政府穷凶极恶，今已贯盈。义师所指，覆彼政府，还我主权。其满洲汉军人等，如悔悟来降者，免其罪；敢有抵抗者，杀无赦！汉人有为满奴以作汉奸者，亦如之。

二、恢复中华。中国者，中国人之中国；中国之政治，中国人任之。驱除鞑虏之后，光复我民族的国家。敢有为石敬瑭、吴三桂之所为者，天下共击之！

三、建立民国。今者由平民革命以建国民政府，凡为国民皆平等以有参政权。大总统由国民公举。议会以国民公举之议员构成之。制定中华民国宪法，人人共守。敢有帝制自为者，天下共击之！

四、平均地权。文明之福祉，国民平等以享之。当改良社会经济组织，核定天下地价。其现有之地价，仍属原主所有；其革命后社会改良进步之增价，则归于国家，为国民所共享。肇造社会的国家，俾家给人足，四海之内无一夫不获其所。敢有垄断以制国民之生命者，与众弃之！

右四纲，其措施之次序则分三期：第一期为军法之治。义师既起，各地反正，土地人民新脱满洲之羁绊，其临敌者宜同仇敌忾，内辑族人，外御寇仇，军队与人民同受治于军法之下。军队为人民戮力破敌，人民供军队之需要及不妨其安宁。既破敌者及未破敌者，地方行政，

军政府总摄之,以次扫除积弊。政治之害,如政府之压制、官吏之贪婪、差役之勒索、刑罚之残酷、抽捐之横暴、辫发之屈辱,与满洲势力同时斩绝。风俗之害,如奴婢之畜养、缠足之残忍、鸦片之流毒、风水之阻害,亦一切禁止。并施教育,修道路,设警察、卫生之制,兴起农工商实业之利源。每一县以三年为限,其未及三年已有成效者,皆解军法,布约法。第二期为约法之治。每一县既解军法之后,军政府以地方自治权归之其地之人民,地方议会议员及地方行政官皆由人民选举。凡军政府对于人民之权利义务,及人民对于军政府之权利义务,悉规定于约法,军政府与地方议会及人民各循守之。有违法者,负其责任。以天下平定后六年为限,始解约法,布宪法。第三期为宪法之治。全国行约法六年后,制定宪法,军政府解兵权、行政权,国民公举大总统及公举议员以组织国会。一国之政事,依于宪法以行之。此三期,第一期为军政府督率国民扫除旧污之时代;第二期为军政府授地方自治权于人民,而自总揽国事之时代;第三期为军政府解除权柄,宪法上国家机关分掌国事之时代。俾我国民循序以进,养成自由平等之资格,中华民国之根本胥于是乎在焉。

以上为纲有四,其序有三。军政府为国戮力,矢信矢忠,终始不渝。尤深信我国民必能踔厉坚忍,共成大业。汉族神灵,久焜耀于四海,比遭邦家多难,困苦百折,今际光复时代,其人人各发扬其精色。我汉人同为轩辕之子孙,国人相视,皆伯叔兄弟诸姑姊妹,一切平等,无有贵贱之差、贫富之别;休戚与共,患难相救,同心同德,以卫国保种自任。战士不爱其命,闾阎不惜其力,则革命可成,民政可立。愿我四万万人共勉之!

《对外宣言》云:

中华国民军奉命驱除异族专制政府,建立民国;同时对于友邦各国益敦睦谊,以期维持世界之平和,增进人类之福祉。所有国民军对外之行动,宣言如下:

一、所有中国前此与各国缔结之条约,皆继续有效。

二、偿款外债照旧担认,仍由各省洋关如数摊还。

三、所有外人之既得权利,一体保护。

四、保护外国居留军政府占领之域内人民财产。

五、所有清政府与各国所立条约,所许各国权利及与各国所借国债,其事件成立于此宣言之后者,军政府概不承认。

六、外人有加助清政府以妨害国民军政府者,概以敌视。

七、外人如有接济清政府以可为战争用之物品者,一概搜获没收。

广东省社会科学院历史研究室、中国社会科学院近代史研究所中华民国史研究室、中山大学历史系孙中山研究室合编《孙中山全集》第1卷,中华书局1981年版,第296~298页、310~311页

12月4日(十月十九日)　会党洪江会头目廖叔宝率众二三千人在湖南、江西交界的醴陵麻石发难,起事波及萍乡、浏阳、醴陵。洪江会首领龚春台旋以"中华国民军南军革命先锋队都督"名义,发布檄文,称"破除数千年之专制政体","建立共和民国","地权与民平均"。另一会党领袖姜守旦三日后在浏阳永和市率队起事,发布《新中华大帝国南部起义恢复军布告天下檄文》。两部起事宗旨、名义不尽相同。

陈春生1931年发表《丙午萍醴起义记》一文谓:

丙午十月十九日,革命军起义于江西之萍乡。军兴不过一月,而张之洞、端方、岑春蓂、吴重熹等诛戮革命党人,及冤杀平民累万,惨烈极矣。

是役起义之原因,实缘马福益同志为清吏所杀。马同志生于湘潭之碧水湾,少时读王船

山遗集,引起革命思想。及张之洞、俞廉三等歼戮此邦俊秀,如傅良弼、何来保诸烈士,遂唤起中国东南半部之舆论,知革命为人道之至大事业。其时马福益方为小兵官,与其同党豪俊,组织一小队,为矿山防守兵,驻扎萍乡,常往来长沙诸郡邑,日与乡中游学海外之士研究革命方法;秘密联结扬子江上、下游同党,立革命军纪十条,如:不杀人,不扰商市,不惊远客等,纯乎人道主义者也。乙巳冬,马福益为端方所捕,施以酷刑,然后杀之。同志既抱哀思,又负后死者之责,因于日本东京市大开追悼会,刊布其革命军纪十条,流行者数十万册。耳目最近之湘楚人士,愈大感动,诸同志遂就其计划素定之萍乡为正式之革命行动。

是役革党起义地方,为湖南之浏阳、醴陵,江西之萍乡三地,人数约有三万。其起事之动机,则因是年中国中部凶荒,江西南部,湖北西部,湖南北部,及四川东南部,即扬子江上游沿岸,皆陷于饥馑。该地工人因受米贵减工之打击,遂由萍乡矿工首先发难,四虎[处]徒党起而应之。此次起事,原非奉同盟会东京本部之命令,如刘道一、蔡绍南之返湖南,鼓吹革命,亦不过出于个人之热心行动,非有统系之一定计划也。中山先生与黄克强同志,闻萍醴起事,始先后分遣胡瑛、宁调元、孙毓筠、杨卓林、段书云、权道涵、禹之谟、李发根、廖德璠诸同志入苏、皖、赣、湘、鄂各省运动军界,以图响应。无如事机不密,为汉奸所破坏。刘道一在衡山闻萍醴起事,驰往长沙,为清吏捕获,斩首于浏阳门外;胡瑛被逮于汉皋(判监禁终身);孙毓筠、段书云、权道涵等被逮于南京(均判监禁终身);杨卓林被逮于苏州(直供认革命党不讳,即被斩首);赵声督师往萍乡,未至而事已败;柏文尉[蔚]几为端方所杀,东走满洲;范传甲等在安庆布置亦归失败。是役也,吾党中英俊死者数十人,诚可痛惜也。

当举事时,革军之行动,极有节制。以如此举动文明之军队,故各地居民,不特不生嫌怨,反多表同情焉。计党军分三大股:在萍乡起义者多煤矿工人,在醴陵起义者多防营兵勇,在浏阳起义者多洪福齐天即洪江会党。每股约万人,以浏阳一股为主力,督师者为龚春台同志。浏阳党军于二十二三等日发难于文家市、牛石岭、永和市、红绫铺、官庄等处。占领南街市、西乡、潭塘、高址、官眼、大光洞诸地。与萍乡上栗市、案山关等处党军相策应。驻萍乡、浏阳、醴陵等处湘军,屡为党军所败。于是党势如风发泉涌,蔓延至于醴陵、九溪、衡山、宜春、万载诸地,苏赣湘鄂各疆吏,大为震动,立即飞符召兵出而应敌。清军之最先出马者,为由袁州而来之兵,计一万六千人,袁州府城几为之一空。后此则有江督端方之援军,命统制徐绍桢统率,计步兵一联队、骑兵一小队、炮兵一中队、工兵一小队、辎重兵一小队。湖广总督张之洞亦派来湖北新军步兵四大队及炮兵一中队。此即日前参预大操之新式陆军,为清国陆军中最精锐之兵。计清军总数不下五万人,屡有败贼斩获千余名之报告,多由官吏之虚报军情所致,清军盖屡为革军所败也。

至革军之所以始胜而终败者,查革军战略,本拨分三路进兵:一据浏阳、醴陵,进攻湘垣;一据萍乡之安源矿路为根据地;一由宜春、万载东出瑞昌、南昌诸郡以进取江南。及萍乡一军先期发难,浏阳、醴陵继之。其指挥军队者,皆会党渠魁,未有军事学识,故发难后虽能击败清军,而不能占据县城。且枪法虽工,而人自为战;清军则素有训练,故党军终非其敌。最可惜者,清军如徐绍桢所统之江南新军,其中多有革命思想如赵声(伯先)、倪映典等,阴为党军效力;而党军未经训练,散漫无常,虽欲与之互通消息,亦无门径可寻,殊失千载一时之机会。

当党军起义之初,不数日而集众数万人,蔓延数县之地,清廷恐惧,派江西按察使秦炳直节制三省之兵相机剿办。乃党军株守萍、浏、醴三县,不能进攻,卒被清军合围猛攻;党军首领萧克昌、龚春台、蔡绍南等,或被捕杀,或为马革裹尸,党军渐以解体,终为清军所扫荡。是役起事声势之大，为从前革命诸役所无；而牺牲革党之众多，亦为从前所未有。

《建国月刊》第6卷第1期，1931年10月

龚春台发布《中华民国南军革命先锋队都督檄文》：

黄帝纪元四千六百零四年，岁次丙午十月吉日，中华国民军南军革命先锋队都督龚，奉中华民国政府命。照得鞑虏原系东胡异族，游牧贱种。自汉、隋、唐、宋以来，久为我中华汉族之寇仇。有明末造，鞑虏逞其凶残悍恶之性，屠杀我汉族二百余万，据我中华，窃我神器，奴沦我同胞。我黄帝神明之胄，四百兆之众，隶于奴界，已二百六十年于兹。汉族为亡国之民，中华隶犬羊之宇，凡我叔伯昆仲诸姑姊妹，曷任伤心！太平天国起义师于广西，誓必驱逐鞑虏，恢复中华，以雪灭国之耻。乃曾国藩、胡林翼等不明大义，罔识种界，认盗为父，呼贼作君，竭湘军全力，自戕同种，致使汉族得恢而复湮，胡氛将灭而又振。湘人之罪，涸洞庭之水，不能洗其污，拟衡岳之崇，不能比其恶。凡我湘人，实无以对于天下。今者划清种界，特兴讨罪之师，率三湘子弟为天下先，冀雪前耻，用效先驱，特数鞑虏十大罪恶，昭告天下，以申挞伐。

鞑虏逞其凶残，屠杀我汉族二百余万，窃据中华，一大罪也。

鞑虏以野蛮游牧之劣种，蹂躏我四千年文明之祖国，致列强不视为同等，二大罪也。

鞑虏五百余万之众，不农不工，不商不贾，坐食我汉人之膏血，三大罪也。

鞑虏妄自尊大，自谓天女所生，东方贵胄，不与汉人以平等之利益，防我为贼，视我为奴，四大罪也。

鞑虏挟汉人强满人亡之谬见，凡可以杀汉人之势，制汉人之死命者，无所不为，五大罪也。

鞑虏久失威信于外人，致列国乘机侵占要区，六大罪也。

鞑虏为藉外人保护虏廷起见，每以汉人之权利赠给外人，且谓与其给之家奴不若赠之邻封，七大罪也。

鞑虏政以贿成，官以金卖，致政治紊乱，民生涂炭，八大罪也。

鞑虏于国中应举要政，动以无款中止，而宫中宴饮，颐和园戏曲，动费数百万金，九大罪也。

鞑虏假颁立宪之文，实行中央集权之策，以削汉人之势力，冀固虏廷万世帝王之业，十大罪也。

其余种种罪恶，不能尽书，特举大略，以昭天讨。凡我汉族同胞，无论老少男女农工商兵等，皆有殄灭鞑虏之责任，务各尽尔力，各抒尔能，以速成扫除丑夷恢复汉家之鸿业。现在为虏廷官吏者，宜革面反正，出郊相迎。若仍出曾、胡之故智，为虏出力者，以鞑虏视之，歼杀无赦。现在为虏廷将弁营勇者，宜闻风响应，倒戈相向，若仍湘军之故智，死力相抗者，以鞑虏视之，歼杀无赦。本督师建立义旗，专以驱逐鞑虏，收回主权为目的。凡本督师所到之处，即汉族恢复之处，农工商贾，各安其业，不稍有犯。外国人之生命财产，竭力保护，不稍有犯。教堂教民，各安其堵，不稍有犯。当知本督师只为同胞谋幸福起见，毫无帝王思想存于其间，非中国历朝以来之草昧英雄，以国家为一己之私产者所比。本督师于将来之建设，不但驱逐鞑虏，不使少数之异族专其利权，且必破除数千年之专制政体，不使君主一人独享特权于上，必建立共和民国，与四万万同胞享平等之利益，获自由之幸福。而社会问题，尤当研究新法，使地权与民平均，不致富者愈富，成不平等之社会。此等幸福，不但在鞑虏宇下者所未梦见，即欧美现在人民，未曾完全享受。凡我同胞，急宜竭力以扫除腥膻，建立乐国。须知中国者，中国人之中国人，汉族者，世界最硕大最优美之民族，被鞑虏奴隶之，宰割之，天下之耻，孰有

过于此者?况鞑虏用意险恶,自咸、同以来,利用以汉人杀汉人之手段,当锋刃御炮弹者,汉人;论功行赏,握要权执大政者,则仍满人。我汉人何罪,当为满奴?汉人何劣,当被鞑虏食其肉而吸其血?故鞑虏一日不歼灭,即主权一日不收回,汉族一日不存活。今政府已立,大汉即兴,鞑虏罪恶贯盈,天所不佑。凡我汉族,宜各尽天职,各勉尔力,以速底鞑虏之命,而赞中华民国之成功,用申大义,布告同胞,急急如律令檄。

冯自由《中华民国开国前革命史》,上海良友印刷公司 1928 年版,第 247 ~ 250 页

姜守旦发布《新中华大帝国南部起义恢复军布告天下檄文》:

自明室不竞,汉统中斩,犬羊窃据禹鼎,腥膻弥漫中原,四百余州,胥遭屠毒之祸,二百余载,不睹日月之光。虽然,夷狄猾夏,何代蔑有?罪大恶极,穷凶极暴,上干天心,下悖人道,为天诛天讨所必加,九征九伐所不赦者,未有如现世觉罗满清之甚者也。昔在胡元将亡,中原豪杰四起,我大明太祖高皇帝,扬三尺之剑,奋七尺之躯,以淮右布衣,赴义淮上,遂能扫荡胡虏,复我冠裳,洵所谓志继虞夏,功迈陶唐者也。今满虏之罪,浮于胡元,中原人心,向于明祖,诚英雄豪杰建功立业之候,志士仁人奋迹雪耻之秋也。至今岁洪水横流,滔滔皆是,我同胞因之丧家失业,转徙沟壑者,北跨兖豫,南及江淮,哭声震于郊原,饿殍载于道路,使闻者酸心,见者堕泪;皆莫非天厌胡运,降此厉灾,以示洗污除旧之征。惟是非常之举,贤者慕之,愚者惑焉。况满贼窃据已久,鬼蜮日深,惯用以汉杀汉之毒技,坐收渔人两获之功。故前人有格言曰,汉人作官,谓之太平鬼;汉人当兵,谓之替死鬼。兹即征之目前天下共见共闻之事:问庚子以来,为彼满贼出死力,保残局,内得罪于同胞,外见忌于暴邻,有如袁世凯、岑春煊诸人者乎?今者兔死狗烹,鸟尽弓藏,非我辈举义湘[江]南,彼等今已不知窜流何所,遑云稍留体面,聊保闲散之声也哉?今征调兵勇,日有所闻矣,然亦不过曰湖北出兵几何,江苏出兵几何,江西、湖南出兵几何而已。而荆州、南京之驻防,不闻出只人匹马者,何也?夫我辈之起,志在驱满贼耳。今彼乃舍最近之荆州、南京驻防,而必以我兵敌我恢复军者,其居心何等,不问可知也。然则我同胞亦可以此自反矣。昔宋祖黄袍加身,实当出征之际。大丈夫生逢乱世,攀龙鳞,附凤翼,图像凌烟阁上,列坐凯旋门前,亦云得时则驾,弃逆效顺而已矣。至豪迈公子,豁达少年,亦当知唐室龙飞晋阳,盖以太宗为嗣子。汉家崛起丰沛,毕有大造于太公。化家成国,达权即所以守经;因祸得福,致人不为人所致。勿自委于无寸尺柄,明祖亦徒步布衣;勿畏胡虏毒焰凶张,胡元实跨欧兼亚。夫中国者,中国人之中国,而非夷虏之中国也。今与我四万万同胞约,有能起兵恢复一邑者,来日即推为县公;恢复一府者,来日即推为郡主。外而督抚,内而公卿。有能首倡大义,志切同袍者,则我四万万同胞欢迎爱戴,如手足之卫腹心,来日不惜万世一系、神圣不侵、子子孙孙世袭中华大皇帝之权利以为酬报。勿狃于立宪专制共和之成说,但得我汉族为天子,即稍形专制,亦如我家中祖父,虽略示尊严,其荣幸犹为我所得与。或时以鞭扑相加,叱责相遇,亦不过望我辈之肯构肯堂,而非有奴隶犬马之心。我同胞即纳血税,充苦役,犹当仰天三呼万岁,以表悃忱爱戴之念。窃惟我三湘风气刚劲,人知礼节,意必有衡岳降生,拯济同胞,以驱除胡虏其人者。南达浔桂,西通巫峡,纠合同志,北定神州,戮为虎作伥煮豆燃萁之枭獍,拔面奉心图欲取姑与之英杰。待舟楫一备,粮械已整,出东路者,由巴陵以洗荆州之狐穴,然后通徐、沛,以过开、洛,捣幽、燕以系单于之颈,责彼偿我扬州、嘉定千百万之生命;平朔漠而擒颉利之渠,责其偿彼坐食安享数百年之奉养。明祖下燕之檄曰:"为我者,永安于中华;背我者,自陷于夷狄。"今日之事,内地之驻防,必诛戮净尽,以绝后日夷狄窥伺觊觎之心;塞外之孽,宜略从宽大,以示中华天地覆载生成之量。檄到之地,我同胞其投袂而起,共复中原,用成我新中华大帝国,不亦庥乎!

冯自由《中华民国开国前革命史》,上海良友印刷公司 1928 年版,第 252 ~ 254 页

起义之初，清军败绩。《忘山庐日记》十月二十七日记：

江西萍乡革命军起，官军一战而败，巡抚吴重憙以电奏迟，受申饬。盖地方防营皆不可用，须合他省兵会剿。

孙宝瑄《忘山庐日记》下册，上海古籍出版社1983年版，第948页

编者按：有学者认为，《中华民国南军革命先锋队都督檄文》与《新中华大帝国南部起义恢复军布告天下檄文》均是伪托赝品。前文作者应为其时身在东京，并与同盟会主要领导关系密切的革命党人，檄文祖本在1906年12月29日即在日本出版《革命军报》刊出。后文则是1910年之后的"游戏文章"，借以刺激煽动民众反满情绪。（王学庄、周秋光《萍浏醴会党起义檄文辨伪》，《历史研究》1989年第5期）亦有学者提出质疑，认为两文不存在所谓"时空冲突"问题，并确切指出前文作者为蔡绍南。（饶怀民《萍浏醴起义史料的真伪问题》，《历史研究》1995年第6期）

△《盛京时报》报道革命党人在东北活动的消息，称"革命之势，蒸蒸日上"。

《革命党羽散投》报道谓：

日前本报北京专电，有孙文党羽张某来奉之消息，奉省官场为之惊动，尔来奉省官场警戒甚严，正在悉心物色。兹据极东通信云，此之孙党之来东三省者，不但张某一人，前由营口潜入辽西各属游说者，尚有二三人。又闻前数日有革命党员三人，由铁岭赴吉林，又安东地方亦有革命党数名，暗中游说，颇有轰动，各属学堂学生、缙绅等表同情者，为数不少。且占据山泽之豪客匪魁，均踊跃入党。然而，革命党更派员赴蒙古游说，各旗以期推广党势。盖该革命之势，蒸蒸日上，而其规模渐大，虽外未见波澜，终未保其何时起一大活动，故赵次帅深虑加危害于振、徐两使，札饬各属整顿地面，似尚未有把握。但闻革命诸人意见，以上年吴樾之举为无谋之拙策，拟改变手段，雌伏待机，大举崛起，故冀勿加危害于两钦使云云。

《盛京时报》又补充报道：

革命党孙文派张某来奉，暗中运动招徕党羽，已据北京专电志于前报。兹闻张某寓奉十余日，热心调查东三省情形已毕，由奉起程搭车东渡。据闻，革命党拟劝令各属胡匪入党，以倡党势。盖此次钦使招降胡匪，亦有见于此乎？

《革命党之用意》，《盛京时报》1906年12月12日

12月7日（十月二十二日）　盛宣怀先后致电湖广总督张之洞、两江总督端方，湖南巡抚岑春蓂、江西巡抚吴重憙等，请派兵镇压萍、浏、澧起义。清方官员多有文电往复，共议弹压之策。

是日，盛宣怀致端方、岑春蓂、吴重憙、张之洞电文：

顷据总办萍矿兼代萍潭铁路林道电禀："醴陵拿获匪首，萍乡境内聚匪数千抢劫，匪势浩大，路矿洋员甚多，通禀请派营队扼扎"，谅已鉴核，匪起仓猝，尤恐地方痞棍合串，与路矿洋员为难，酿成巨案，惟有请尧帅、仲帅电饬附近营队星夜驰往，会同萍醴营县严拿为首，以散胁从，迟恐滋事。

盛宣怀电张之洞：

林道转电想已览，张道箇电：二十一，匪聚数千人，夺据萍境上栗市，尽用白旗书"革命军"，距萍矿甚近，已将洋人男女二十一名护赴长沙。现在萍紧于醴，江西调兵不及，已电尧帅连夜派兵赴萍，尚恐以越境为嫌，务乞飞电尧帅就近速派，如能由尊处调精队二百人，乘小轮至株洲，由铁路驰往萍境会剿，必更神速，乞示。

12月8日（十月二十三日），盛宣怀又电张之洞：

午帅祃电称："长沙新军，近多会党，不甚可恃，萍醴铁道尤恐匪徒乘间折毁"等语。高牌店

故事可虑。昨电请尊处派军轮船运往,未知蒙允否?萍矿路共值八百万,关系重大,焦急之至。

又电端方、吴重熹:

尧帅漾电,已加派常备军一营赴株,相机越剿云,此次事起于萍湘,已派营越剿,务望贵省速派营就近会剿,否则路矿不保,非数百万不能恢复。

12月9日(十月二十四日),张之洞电盛宣怀、岑春蓂、吴重熹及萍乡矿局道台林志熙:

各路来电均悉。萍乡会匪勾结浏、醴等匪滋事,诚为可虑。敝处已派第八镇协统参将王得胜、标统李襄邻等,率步队三营、炮队一队,即日起行。惟上水迟缓,湘水又涸,大轮不能行,现设法觅小轮,拖至靖港,舟行抵株洲,乘铁路车径到萍乡,会合赣、湘各军,相机剿办矣。敬。

12月11日(十月二十六日),盛宣怀电吴重熹、沈曾植(江西布政使):

安源防勇只有百余人,而矿众数千人,恐难镇压。无论何军先到,务请电饬留防,安源矿众若免内讧,可保无虞。

同日,张之洞致电端方:

再,浏、萍匪盛,鄂已派步队一标、炮队两队往会剿,并派一营赴岳州填扎,腾出湘军赴萍、醴矣。宥。

12月12日(十月二十七日),盛宣怀电张之洞:

汉厂电:鄂军已乘轮进发,感极。尧帅电:湘军已改赴浏阳,仲帅又将驻萍防营二百五十名调出一半会剿,只有百余人驻矿,而矿丁数千人聚集一隅,全匪大头目龙定住,江西人,难保无勾串。昨醴兵到厂拿一匪党,矿丁几致鼓噪,此岂百人所能镇压?现在保护矿厂,只望鄂军早到,务求飞饬先到一营驻扎安源,后到者进剿,方可无虞。宣已电张、林道,如有矿丁滋事者,即行严办不贷。

12月13日(十月二十八日),盛宣怀电端方、张之洞、岑春蓂、吴重熹:

矿局宥电,浏醴已有大兵进剿,深恐匪穷窜萍,烧毁矿厂是意中事,日内谣言甚重,德国、日本均来问信,因有借款之故。安源本有驻防一营,现已调赴前敌,只剩数十人,虽屡饬局员镇静,但须有兵,方保无事,尚求各大帅迅筹维护,全局之幸。

同日,张之洞电岑春蓂:

顷据萍乡矿局林道、醴陵汪令先后来电称:"匪众现均窜入浏阳,势甚猖獗。"现又由敝处添派步兵一标三营、炮队一队,即日速行往剿。惟到长沙后,或由省径赴浏阳,或由醴陵再行赴浏进剿。道路情势以走何处为便,长沙赴浏有水路否,匪踪应先取道何处为宜,并望详示,以便电饬该营相机办理,至感。俭。

12月15日(十月三十日),盛宣怀电张之洞:

萍报,尧帅派炮队九十名,二十九抵安源,甚形单薄。蒙派王协统之军全赴萍乡,专保矿厂,剿萍匪,具感大德。鄂军精锐驻防安源矿厂,一营便足树威声矣,鄂军到后,湘队九十名当可他调。

同日,张之洞电岑春蓂:

萍矿关系万分紧要,诏旨严切,设有扰毁,无从补救,不比他处一战之利钝也。王协统得胜所部步三营、炮两队,必须赶紧星夜驰赴萍乡,保矿局,剿萍匪,万勿截留。鄂军一到醴陵铁路,浏匪必夺气,湘军必鼓勇获胜,前敌匪破,省城何忧?如必欲护省,以后尚有续到队伍,再商办,切恳切恳。再,用余、张办团,极好,有团自可保省安民。卅亥。

夏东元编著《盛宣怀年谱长编》下册,上海交通大学出版社2004年版,第853~854页。国家清史编纂委员会·文献丛刊《张之洞全集》第11册,武汉出版社2008年版,308~309页。收入本书时,以两书互勘

12 月 14 日(十月二十九日)　两江总督端方电奏清廷,拿获萍醴起事会党首要袁有升等九人。是日同致电江西巡抚吴重憙,言进兵会剿之策。

致军机处电:

北京军机处:午。

近因萍醴匪徒倡乱,长江伏莽素多,尤虑乘机勾结,密图应附。昨经方密饬员弁拿获票匪袁有升、江佑泉、龙见田、傅义成、赵太周、江载春、黎贵和、黎贵兰、徐福荣九名,起获票布伪印。讯据供认:该匪正龙头为东洋士官学校自费学生刘震即刘春江,副龙【头】为黎兆梅即[黎]肃清,该匪袁有升为会办,江佑泉为执堂元帅,龙见田为圣贤,傅义成为盟证。会中经费按年由孙汶接济,令在沿江各处煽诱。旋又拿获票匪曾斌一名,据供在会为坐堂大爷,其票系康逆党羽滕元寿散给各等语。

查该匪等,一系孙逆伙党,一系康逆党羽。滕元寿主使领受票布,希图煽乱,实属悖逆不法。袁有升、汪佑泉、龙见田、曾斌四犯名目较大,罪不容诛,已饬就地正法,以靖人心。并将傅义成监禁,俟拿获黎兆梅时备质。余犯赵太周、江载春、黎贵和、黎贵兰、徐福荣等五名情节较轻,分别监禁,递籍管束。刘震现在东洋留学,已电致杨使查明,该犯如果尚在士官学校,即勒令退校,密饬沪道就沪设法截拿。黎兆梅,湖南宁乡人。据傅义成等供,现回湖南运动,已电岑抚密拿务获。滕元寿系东洋装,曾自称已入洋籍,现回日本,已派得力员弁追拿,诚恐闻风在洋避匿,不易就获。

此外逆党头目不止一起,踪迹诡秘,侦察甚难,业经密电鄂、湘、赣、皖督抚协商密拿,务期净绝根株,用纾宸廑,请代奏。端叩。艳。

致吴重憙电:

南昌吴抚台:辰密。

东电悉。常备军张道均已抵萍,现以一枝会剿浏、醴匪党,以一枝扼防边境,搜剿逃匪,并饬防军前营回驻安源,荩筹甚佩。赣边兵力素单,此次匪乱起于仓卒,公审度布置,煞费苦心。杏翁因萍矿关系甚重,利害切身,初或不免责望过当,久之亦必能共谅也。徐统制准今晚率队乘轮上驶,所有道陆应由何道前进?已属令面陈左右,静候指挥。江。

中国第一历史档案馆、北京师范大学历史系编选《辛亥革命前十年间民变档案史料》上册,中华书局1985年版,第317～318页

12 月 16 日(十一月初一日)　江苏、浙江及福建等省官绅正式组织第一个立宪团体"预备立宪公会",举郑孝胥为会长,张謇、汤寿潜为副会长,后出版有《预备立宪会公报》等。

郑孝胥记岑春煊为之捐款开办事:

(11 月 20 日)至苏路公司,晤王丹揆,出示云帅致余及蛰仙、季直、菊生来函,捐款一万两于立宪公会。夜,诣公会,商拟收据、证券各式。闻云帅已到,遂诣舢板厂,晤谈久之,子益、伟士皆在座。

是日,郑孝胥记经过大略:

过岑云帅,谈上海开为杂居地事,小坐即赴愚园,是日,为立宪公会第一次开会,会员、来宾二百余人。马湘伯、柯贞贤、雷继兴、伍昭扆相继演说毕,会员自行选举会董十五人,余得四十六票为最多。继复由会董十五人互举,余得十四票,应为会长,而张季直、汤蛰先为副会长。

中国国家博物馆编、劳祖德整理《郑孝胥日记》第 2 册,中华书局 1993 年版,第 1065、1068 页

张謇日记:

预备立宪会议事,公推苏堪为会长,蛰先与余副之,辞不获已。

张謇研究中心等编《张謇全集》第6卷,江苏古籍出版社1994年版,第582页

1907年,郑孝胥、张謇等为预备立宪公会立案一事禀请民政部,言其组织经过:

王爷、大人钧座:敬禀者:窃孝胥等寄居沪上交通四达之区,商工辐集,时受外界之激刺,悲忧日积,群相晤语,每至流涕。愚者千虑,皆谓非实行立宪,无以救危亡。爰于光绪三十一年,集合同志,讲求宪法。三十二年七月,奉上谕:我国政令,积久相仍,日处阽危,受患迫切,非广求知识,更订法制,上无以承祖宗缔造之心,下无以慰臣庶治平之望。及今惟有使绅民明悉国政,以预备立宪基础。著各省将军督抚晓谕士庶人等,发愤为学,合群进化,以预储立宪国民之资格。等因。钦此。益用奔走相庆,破涕为笑。旬月之间,薄海内外,欢呼庆祝之声动天地。孝胥等上承诏旨,下察舆情,感动奋发,不能自已。伏念立宪之恩命必出自宫廷,立宪之实力必望之政府,立宪之智识必责之人民。人民之智识,何由而进,则非得士农工商四民之中,撮集几许有智识之民,以发愤为学合群进化之旨,为之提倡,无以答宫廷宵旰之忧劳,无以承内外官司之训令。爰将此意,转相传播,闻者感奋,争愿为中国立宪国民之前导,因即名斯会曰预备立宪公会。期年之间,入会者计一百五十三人,皆士农工商四民之中,较有智识,有志倡导国民以仰承朝廷德意者也。前者组织未备,此百数十人,果能实力倡导与否及如何倡导之法,皆未有成规,故未敢轻渎大部,率请立案。近数月来,倡导之法渐可推行,并闻革命风声远近哄起。孝胥等愚昧,以为天下希望立宪之良民多于鼓吹革命之乱党,何啻千倍。但希望立宪者多和平,和平故隐没而不彰。鼓吹革命者多暴烈,暴烈故喧嚣而易动。流风所煽,世患方滋。故为大局计,正宜利用多数希望立宪之人心,以阴消少数革命之患气(编者注:原文如此)。重以王爷、大人仁慈闳达,爱国则思立亿万年有道之基,布政则思饮亿万众和平之福。区区愚忠,益思自效。旋又伏读本年八月二十三日上谕,饬令臣工,亟筹教育普及、地方自治并申明君主立宪政体。等因。钦此。仰见朝廷孜孜求治,实行立宪之至意。用敢渎陈钧座,仰恳察核奏明立案,俾希望立宪之人心迎机而大畅,鼓吹革命之患气不遏而自熸,似于立宪前途,不无小补。敬将会中所编地方自治应用各书及本会章程等汇呈钧鉴,伏希察核立案施行,不胜屏息待命之至。肃禀。恭请钧安,伏维垂鉴。

敬再禀者:本年八月二十三日,奉上谕:著学部通筹教育普及善法,编辑精要课本,以便通行。并著民政部妥拟自治章程,请旨饬下各省督抚,择地依次试办。务使议员资格,日进高明,庶议院早日成立,宪政可期实行。等因。钦此。窃维预备立宪公会所编书籍三种:一曰地方行政制度。一曰地方自治纲要,皆取之日本,可为中国试办自治之根据者。一曰公民必读,则依据法理参以中国惯习及现行制度,以便各地方宣讲之用者。似尚切于时用,拟恳大部审定。如蒙甄录,即祈饬发通行,为增进人民智识之一助。是否有当,仍候钧酌。伏希察夺。再请钧安,环叩崇闳,诸维垂鉴。

预备立宪公会职员:郑孝胥、张謇、汤寿潜、伍光建、李钟钰、王清穆、张元济、沈同芳、陆尔奎、胡琪、李厚祐、白作霖、刘垣、黄继曾、李家鏊、高凤谦、孙多森、狄葆贤、王震、刘树森、徐庆沅、孟昭常等谨禀。

中国第二历史档案馆编《中华民国史档案资料汇编》第1辑,第2辑,江苏人民出版社1991年版,第100~102页

1912年,日人宗方小太郎《辛壬日记》记有关预备立宪公公事,称:

中国在政治上觉醒,有志于采纳东西方先进各国之制度、文化,有志于实行所谓变法自强之宪政,迄今不过十余年。盖中国人民之政治思想极为幼稚,一般人不仅不了解宪政为何物,即政府当局亦处于不充分理解宪政意义之状态之中。故有如伴随宪政发达而产生之政

党组织亦属于最近之事。在形式上之出现系于光绪三十二年预备宪政之上谕颁布后，以江苏、浙江、福建之官绅为核心之预备立宪会(光绪三十三年成立)为嚆矢，以前虽有康有为等之保皇党(光绪二十四年间成立)及杨度等组织之宪政公会(光绪三十二三年成立)与梁启超之政闻社，但有如同盟会、光复会，带有秘密结社性质，故仍应以预备立宪公会为嚆矢。

《辛壬日记》又谓：

本会为中国内地最早组织之政治性团体。在某种意义上可称为政党之滥觞，创立于光绪三十三年。其宗旨为按照预备立宪之谕旨，使绅民通达国务，为预备立宪准备基础，就宪政展开种种研究，共图进步。确切言之，该会尚非政党，但其组织、入会之手续、会员之职务等已大略具备政党之实质。该会有会长一人、副会长二人、干事十二人、名誉干事若干人，并且设置常驻事务员、书记、会计等职员。当时之会长为张謇，副会长为郑孝胥、张元济。干事有朱福说(编者注：原书如此)、孟昭常、汤寿潜、雷奋、许鼎霖、周廷弼，陶保霜等二十四人。会员主要网罗东南各省即江苏、浙江、福建、广东等地朝野名士计二百七十四人(现该会尚存，但已不如当初统一)。兹试举其主要人物如下。

张謇：前农工商部大臣、南京临时政府实业部总长。

郑孝胥：前湖南布政使。

汤寿潜：前江西提学使，南京临时政府交通部总长。

张元济：前学部副大臣。

赵凤昌：现大总统顾问。

伍光健：前学部咨议官。

温宗尧：前西藏参赞大臣，前驻沪交涉使。

周延弼：前农工商部顾问。

陈宝琛：内阁学士，皇帝师傅。

高而谦：前云南布政使。

孟昭常：前资政院议员。

沈林一：前宪政馆统计科长。

瑞澂：前湖广总督。

沈懋昭：信成银行协理。

谢远涵：前江西谘议局议长。

章宗元：翰林院编修。

庆山：吉林谘议局议长。

以上通过各阶级罗致有力人士一事，形成当时预备宪政时期一大势力，同时又成为行将出现之政党源泉。盖以各会员均为中国智识比较发达之东南各省之著名人士故也。

本会之主义最为稳健，少急进破坏分子。平素主张君主立宪。然而今日帝政没落，确定民主共和，标榜此一主义者有趋于自然消灭之概，但该国各种事业恐有不得不俟该会会员之力者也。征诸既往，例如提倡并发起速开国会请愿运动；在东三省总督锡良幕下计划[瑷]爱铁路，以及筹建连山湾港口者均为该会会员郑孝胥。又如提倡移民实边计划时参与枢机者乃汤寿潜。计划开办美华银行、美华航业公司及东三省拓殖银行者乃张謇，致力于铁路国有者又非郑孝胥乎？该会于各方面确颇有坚实之根基，而且共和政府成立之后，南京、北京均有不少该会会员参与枢务。汤寿潜由浙江都督调任南京政府交通总长，后辞职前往南洋向华侨募捐，在共和党内占有重要地位。张謇由南京实业总长下野后，现任共和党理事，执该党之牛耳。赵凤昌现任大总统之顾问,章宗元参加帷幄,此外在中央、地方、政党、实业中无不有该会会员,大有掌握新政府要害部门之概。兹再列举该会所派生之政治团体如下:

1 国会请愿同志会　宣统元年第一届谘议局开会后,有速开国会请愿之举,组成国会请愿同志会。(编者注:下略)

2 谘议局议员联合会　本会于宣统二年成立,由各省谘议局中有代表性之议员聚会于北京组成。(编者注:下略)

宗方小太郎《辛壬日记·一九一二年中国之政党结社》,中华书局2007年版,第105、113~116页

1925年,谢彬所著《民国政党史》一书则谓:

预备立宪公会,成于前清光绪三十二年,以江苏、浙江、福建三省为中心,而奉戴上谕立宪之旨趣,开发地方绅民之政治知识为目的者也。自其思想上之系统观之,与当时康、梁一派之保皇党,颇表深厚之同情。其干部人物,会长为朱福诜,而副以张謇、孟昭常,干事为郑孝胥、汤寿潜、许鼎霖、雷奋、陶保廉、周廷弼诸人。其会员类多江、浙、闽知名之士,与政界实业界之代表者,会势隆隆,颇极一时之盛。后更网罗广东、湖北、湖南诸省之同主义者,厚植声援,殆隐然君主立宪主义者中一有势力之团体也。光绪三十四年,清廷怀疑实行立宪,恐不利彼满族,欲将预备立宪之上谕,藉故取消。一般人士,群致不满,起为国会请愿之运动,以图对抗。预备立宪公会,因即移书湖南宪政公会、湖北宪政筹备会、广东自治会,与夫河南、安徽、直隶、山东、山西、四川、贵州诸省同志,约于是年七月,各派代表,齐集北京,以请愿书呈请都察院代奏。虽值光绪帝不豫,奏未得达,然清廷颇为所动,八月二十七日,遂下九年后公布宪法之上谕,其请愿前驱之功,殆亦有足多焉。

谢彬《增补订正民国政党史》,学术研究会总会1925年版,第26页

编者按:从时人日记和相关档案史料可知,宗方小太郎所记预备立宪公会成立之时间,谢彬所记本会干部职员组织似有误。

12月17日(十一月初二日)　四川总督锡良上奏清廷,业已擒获南部县纠众抗官首要何如道等。

奏折云:

头品顶戴、四川总督奴才锡良跪奏,为南部谋逆邪匪,业将逆首暨紧要匪目拿获严惩,各属地方一律安靖,请将出力员弁酌给奖叙,恭折仰祈圣鉴事。

窃维乱萌不遏,祸患立致蔓延;首恶不除,根株无由净绝。川省南部县邪匪何如道,纠众谋逆,窜扰剑州,经该文武立时扑灭,并严缉首要各情,业已专折奏明在案。

查逆首何如道,叠经奴才察阅所获伪示、逆函等件,并据讯各匪口供,其情形之悖逆,党羽之繁多,踪迹之诡秘,志固不仅在惑众敛钱、杀人越货,设任漏网,隐患何穷。且其时适有温江县吕尚彬等倡演邪拳,又平武县梁兆祥等勾匪劫杀场保,甫经获犯禀办;又有渠县陈鸿图聚众习邪,抗毙差勇,虽将匪党分别惩治解散,首犯未获,尤虑勾煽潜滋。爰悬立重赏,并严饬南部前后任知县,缉拿何如道,期于必获。旋据委员、候补直隶州知州张俊生等先后探讯明确,何如道倚为死党逋薮,在各处纠众助逆者,盐亭县为达星五,资阳县为陈孝先,昭化县为邓守桢、邓巩生叔侄,梓潼县为马少武。并讯据匪党供出,何如道于败窜后,约党潜逃资阳县,商邀陈孝先再图举事。奴才查资阳县为曩年拳匪倡乱之区,稍纵即滋祸变,饬据省城警察局正警官赵鹤皋等购获眼线,立派正警官路广钟、副警官张星堪、李齐宾,队官嵇祖佑密选得力目兵,改装分道,驰赴资阳县掩捕。适前南部县知县王廷赞、前署南部县知县宝震亦觅线派人踵至其地,遂即协同兜拿,当将陈孝先拿获。讵何如道又先期潜飏,路广钟等侦明

踪迹,星夜绕道疾驰,追至百余里外之大麦铺附近地方,立将该逆首擒获解省。当由署按察使黄承暄督同提犯审讯。据何如道供称:本姓黄,名世礼,南部县人。幼年曾继唐姓为子,旋自名何如道,又名吴如道,在资阳县复诡名赵西楚。历将其如何托名治病,左道惑人,其后如何刊刻伪示,到处纠约匪类,谋为不轨,暨在南部、剑州如何率众派队抗拒官兵,一一供认不讳,当经批饬就地正法。一面并据张俊生督饬守备赵绍武、千总易运庆及各属,先后将在逃匪目达星五、邓巩生、马少武,暨受有伪职,随同拒敌之陈占魁、蒲定川、汪三杰、李应堂、王锡三等一并缉获。已饬与获犯陈孝先分别讯明惩办。现计此股邪匪,除尚有匪目邓守桢等数名仍饬密缉外,渠魁无复逋诛。其余被惑愚民一概予以自新,免再穷究。现在各属一律安靖,各教堂亦安堵如常。仍严饬各地方官随时认真清查保甲,开导愚蒙,以善其后。

惟查此次南部邪匪起事,先幸立时扑灭,获免燎原。然逆者一日在逃,即乱萌一日不绝。非得该员弁等赴机迅速,奋勇立功,曷克弭此巨患。拟恳天恩,将拿获首要出力之分省试用路广钟免补县丞,以知县分省补用;四川试用巡检嵇祖佑,免补巡检,以县丞仍留原省补用;分省试用知县张景堪,仍以知县分省补用;尽先守备赵绍武,免补守备,以都司尽先补用;邛州千总易运庆,以守备在任尽先补用;督标额外外委李其宾,以把总尽先拔补;警察巡目方占彪、张斌如均以外委尽先拔补;购线得力之四川试用府经历赵鹤皋,俟补缺后以知县用,俾资鼓励。此外,缉获匪目出力各员弁,由奴才另行酌给外奖。至前请革职之南部县知县王廷赞、署南部县事、崇庆州知州宝震两员,曾经声明,倘能奋勉图功,再乞恩施。兹该革员等购线派人,协获匪首,洵属克知愧奋。拟请均予开复原官,归部铨选。查系原案开复,并请免其送引及免缴捐复银两,出自逾格鸿慈。

所有南部滋事逆首、匪目业经拿获惩办各缘由,理合恭折具陈,伏乞皇太后、皇上圣鉴,训示。谨奏。

光绪三十二年十二月初二日奉朱批:著照所请,该部知道。钦此。

中国第一历史档案馆、北京师范大学历史系编选《辛亥革命前十年间民变档案史料》下册,中华书局1985年版,第766~768页

12月21日(十一月初六日)　两江总督端方致电清廷,萍醴之事逐渐平息,但应调拨兵轮巡防长江各埠,查拿革命党人。

电文曰:

北京军机处:午。

萍醴匪乱,遵旨派兵会剿,并捕获长江匪党惩办情形,先后电请代奏在案。宁省所派兵队已次第由浔进发。顷接岑抚、吴抚来电:萍乡已无大股匪踪,浏阳一带经岑抚派兵分剿,毙匪甚多。鄂省第一次派兵一标两队,已开赴萍醴。臬司秦炳直所带之兵亦已将抵萍,体察情形,但使剿捕著著应手,不难立时扑灭。

惟长江各埠逆党潜谋运动已非一日,不可不加意侦防。顷已商明直督,先后调拨海圻、海筹、海容、海深、飞鹰五艘入江。因九江水浅,饬令飞鹰与南洋建威一艘驶往驻泊。余船分泊芜湖、镇江等处,以资镇慑。至萍境各匪现已趋注浏阳,该处军情尚非吃紧,但余孽未尽,且击败之匪乘机窜扰,尤须加意严防。所有搜捕余匪各事宜,仍当随时商同张督、吴抚、岑抚妥筹办理,期副宸廑,请代奏。端叩。鱼。

中国第一历史档案馆、北京师范大学历史系编选《辛亥革命前十年间民变档案史料》上册,中华书局1985年版,第318~319页

12月30日(十一月十五日)　清廷发出上谕,命各省将军、督抚应整顿吏治,关怀民生,以防民变频繁发生。

其内容为:

光绪三十二年十一月十五日内阁奉上谕:从来治国之道,惟以保民为先。方今时局多艰,民生重困,本年两广、两湖、江西、安徽等省,屡告偏灾,近日江苏淮、徐、海一带,被灾尤重,叠经发帑谕令妥筹赈抚。深宫倦怀民瘼,无时不轸切痌瘝,每念各直省情形,率皆元气凋伤,生计窘戕,哀我黎民,颠连穷困,岂可胜言。其不逞者,又或迫于饥寒,流为盗贼,扰及乡里,贻害善良。全在地方文武各官,平日加意抚绥,勤求疾苦,兴养立教,禁暴诘奸,庶闾阎可期安堵。

乃闻各省州、县,往往习于蒙蔽,疲玩因循,或吏胥苛虐而若罔闻知,或寇贼横行而不为惩办。民转以告匪为惧,匪更以劫民为生。愚氓无知,被其鼓惑,放票入会,结党日多。迨至酿成事端,不得不派兵围剿。其甘心为逆执迷不悟者,固属罪不容诛;而胁从之众,伏匿山村,负嵎顽拒,难免波及无辜,玉石俱焚,言之亦殊可悯。近如山东曹州,匪徒肆掠,尚未擒除净尽。江西萍乡,湖南醴陵、浏阳等县,匪党披猖,节经江、赣、湘、鄂各军,合力剿捕,首要各犯均已拿获正法,渐就敉平。惟起事之初,必非骤发,若地方官缉捕严明,防患未然,早为扑灭,何至势成燎原。各省伏莽尚多,皆当引为前车之鉴。

著责成该将军、督抚等,整饬吏治,严定考成,务令各该州、县及军队等官,于平时必当周知民隐,剀切拊循,讲求地利以厚其生,兴办巡警以除其害。遇有匪徒骚扰,立即查拿惩治,并随时认真防范,豫遏乱萌。傥文武互相推诿,养痈贻患,纵匪殃民,即行据实严参,从重惩儆。如或察吏不严,瞻徇情面,不为纠发,一经查出,决不宽恕。将此通谕知之。钦此。

中国第一历史档案馆、北京师范大学历史系编选《辛亥革命前十年间民变档案史料》上册,中华书局1985年版,第58页

12月31日(十一月十六日)　萍浏醴起义主要策动者、同盟会员刘道一在长沙遇害。

章太炎作《刘道一传》云:

刘道一,字炳生,湖南衡山人,少端慧,五六岁时,读《孟子》,能成诵;稍长,志益厉。时海内外多故,道一年少气壮,所思辄轶常轨。读《汉书·朱虚侯传》至"非其种者,锄而去之",遂自署曰"锄非"。时美人凌霄志设校湘潭,道一受学三年,学既通,英语尤习;以乡里无良师,游湖北,不合,去之日本。道一聪听而有口,所至,数月辄能效其方俗语言,至湖北,即为湖北语,至上海,即为上海语,声气密合,莫审其何所人。与兄揆一,密谋光复事,道一始与会党马福益相知,引兄与立盟誓。甲辰冬,马福益起兵浏阳,事败,揆一乘间走日本,时道一已前至,而父以马福益事系狱,求揆一益急,揆一既不得归理父事,乃遣道一返。比至长沙,狱事解。道一侍亲凡数月,复东渡。念其父素多疾,无奉养者。丙午春,道一复归国,欲迎居上海,得就近省问。留数月,父病偏枯甚,遂趋赴家,十月初七日抵长沙,乡里无赖,疑为揆一,欲呵取金钱。不与,乃致之有司,有司亦不省,呼以揆一;后知其非是,无以罪也,欲借虚言罗织其事,以刑具示之。道一呼曰:"士可杀,不可辱。"乃罢。狱中与人书曰:"道一必不忍以父母所受之躯,为毒刑所坏,彼若刑讯,否则自承为刘揆一,以死代兄,吾志决矣!"有司既不得道一事,视其所佩印文曰"锄非",遂以定狱。十一月十六日,狱吏呼道一,浏阳会党有引若者,今传至浏阳质之。以竹轿舆道一,出长沙东南浏阳门,渡隍,遂曳以下,仓猝未反缚,魁刽举刀斫之,四击乃断其头,道一死。时年二十二矣。明年春,其父亦死。

章炳麟曰：道一兄弟，皆醇厚，其数归乡里，垂饵虎口，终以致戮者，为其父耳。余见世之言革命者多矣，各偷薄寡孝友之谊，或有言当践蹴二亲者，闻道一之风，可愧耳。

谭廷闿后亦作《刘道一传》，谓：

刘道一，字炳生，湖南衡山人。生而智慧殊绝，读书过目成诵。稍长，倜傥豪迈，不可绳以法度。尝读《汉书》，壮朱虚侯之言，因自署曰"锄非子"。光绪甲辰，随兄揆一，游学日本江户，密谋举义，因与马福益通。马福益者，湖南会党头目，强力多智，拥徒众数万，雄视江湘间。揆一兄弟，见世变日亟，而清廷自戊庚后，顽闭益甚，万无足为，阴与福益深相结，尽识其渠魁，稍稍教勒以兵法，福益及其徒均感激为效死力。揆一总其成，道一主画策。一日，献计曰："英雄举事，必据险要地为根据，湖南前瞰洞庭，背负五岭，地形制胜，起义之地也，党人然之。议分宝庆、衡州、岳州、浏阳五路同时并举。是年冬，道一偕福益起兵浏阳，诸路势远力涣，猝不能应。事败，福益死之。道一乘间走日本，深疚事之不成，蓄势养精，不欲轻试。时天下多故，四方豪杰多渡海避居江户，徒派朋兴，江湖会党如华兴、同仇会、三合会、三点会诸魁桀，各立帜志，不相通问。道一往来其间，语以合力进行之要，纵横上下，其词甚辩。诸党人皆大喜，以为刘生可属大事。丙午秋，受揆一命，归湖南，与会徒萧克昌等，图再举，择萍乡、醴陵、浏阳为首义地。部署稍定而谋泄，道一被逮。巡抚岑春蓂发司道会审，按察使庄赓良、巡警道赖承裕，故酷吏；又承春蓂意，威以严刑，道一奋然曰："汝辈安知革命事，盍取吾佩章谛视之！"则"锄非"二字也。司道即用是定谳；且欲连多人，兴大狱，道一坚不肯吐，榜掠之甚，则厉声曰："士可杀，不可辱，死即死耳！"系狱半月，舆之浏阳门杀焉！时在清光绪三十二年十一月十六日也。揆一闻变，愤不欲生，作哭弟八章，其语绝痛。道一口舌敏辨，各土方言及外国语，闻辄领解，尤善操英吉利语。居江户时，从事问学，能知其深，游学者识与不识，皆心服之。性孝友，丙午之役同时，其父病，趣之还，时道一方谋举兵，势锐甚，不得归慰其亲，每与揆一从容语家事，道老父衰病思子之状，未尝不相对涕泣也，及被杀，父痛甚，仆地中风，月余亦卒。

谭廷闿曰：自古奇伟非常之人，奋臂起田间，奔走国事，岂能预计其成败哉？冒死犯难以与暴政相搏，幸而济，则吾事举；不济，则以身殉之已耳。戊庚以还，游学书生中倡言种族革命者遍海内外，清吏虽横暴，亦未敢公置之死，第锢辱之而已。自君死而天下学子愤激哀伤，卒有辛亥武昌之役。事会相所乘，相激使，然而君适当其厄，则所谓命也。君授命后，余杭章炳麟氏曾为之传，道君内行甚悉。余乃别揭君志事如此，以待修国史考详焉。

刘揆一编《衡山正气集》，1912 年刻本。引自政协湖南省湘潭市委员会文史资料研究委员会编《刘道一烈士就义八十周年纪念专辑》，湖南大学出版社1988年版，第7～10页

南京临时政府成立后，孙中山发布《临时大总统令》，令陆军部奖恤刘道一（1912 年 3 月 27 日）：

兹据汪兆铭等呈称：湖南烈士刘道一，游学日本，与其兄揆一密谋光复，结会党首领马福益，于丙辰冬起兵浏阳。事败乘间走日本，苦心计划，联络会党，传播革命思想。岁丙午复与党首萧克昌等起义于萍浏澧等处。事败被逮，狱吏用酷刑讯供不得，遂以烈士佩章所镌锄非二字定狱，从容就义，死事极惨。方今民国成立，共和永建。凡从前为国死义之士，均已先后表章各在案。烈士尽瘁革命，屡蹶愈奋，联络会党，鼓励民气，厥功甚伟，而惨遭亡清官吏之毒杀，遗骸至今未掩，行路悲哀，允堪悯恻。自应准予列入大汉忠烈祠，同享祀典，并将事实宣付国史院立传，应得恤典，仰陆军部查照恤赏章程，从优核办，以顺舆情而慰忠魂为要。此令。陆军部总长黄兴知照。

陆军部申复稿文(1912年3月29日)如下:

陆军部为申复事:本月廿七日,奉大总统令开:云云等因。奉此。遵即饬由军衡局核议去后。兹据覆称:刘烈士道一,尽瘁革命,为国捐躯,应请援照给恤杨烈士卓林例,优给刘道一恤金一千元,并附祀大汉忠烈祠,以示体恤,而慰幽魂。部长覆覈无异,理合备文申请鉴核,是否可行,仰候批示祇遵。此申大总统孙。元年三月廿九日

中国第二历史档案馆编《中华民国史档案资料汇编》第2辑,江苏人民出版社1981年版,第272～273页

12月　河南留日学生最早创办的刊物《豫报》在东京刊行,由同盟会会员刘积学等编辑,宗旨为"改良风俗,开通民智,提倡地方自治,唤起国民思想为唯一之目的"。

署名"仗剑"撰《豫报之原因及其宗旨》云:

自我国与外洋交通,垂六十余年。其间之任外交者,率皆庸暗无识,不谙外国情形,故事事吃亏,处处退步,博外人之欢心,不知我愈退彼愈进,我让一寸彼争一尺,相迫相逼愈缚愈紧,至于今日,而国之大局,大堪言矣,朝鲜、台湾、越南、缅甸、暹罗、两[西]藏、蒙古,皆我国世代属地也。今则朝鲜、台湾被割于日,越南被割于法,缅甸被割于英,暹罗脱衔勒而自主,西藏实权已在英人掌握之中,蒙古半境已入俄人势力之圈矣。除通商五口不计外,旅顺、威海、胶州、九龙皆我国重要海港也。今则旅顺夺于俄,旋夺于日,胶州掠于德,威海占于英,九龙据于法[英]矣。夫国有属地,犹人有四肢也,国有要港,犹人有七窍也,属地失则四肢斩,要港割则七窍塞,斩四肢而塞七窍,虽头腹无恙,躯壳庞硕,亦不过一块无情肉耶!况此一块无情肉犹复日削月朘已成千孔百疮,不可收拾,尚能生而不死乎?我国情势,何以异此,而谓尚能存而不亡乎?立必死之地,而为求生之计,处必亡之日,而为图存之举,一发千钧,稍纵即逝,欲解决此问题非易易也。然人虽下愚,断无甘于死而不求生者。国虽积弱,断无听其亡而不图存者。求生容有不免于死者,断无不图存而可以不亡之道,惟是求生心切不切,恒以死期之至迫不迫为衡;图存之念急不急,恒以亡国之祸惨不惨为断。外洋势力其来以渐,先在海外,继则海口,继在沿江,至今日则无地无欧人之足迹,所至之地,吸收菁华、驱驾人民,久而不振则人民失自主之性,不能与并生存。松柏之下,其草不殖,理固然也。以近今欧人已灭之印度、荷兰、安南、诸国证之,有一能逃此羁绊乎,其内容惨酷情状,实有三寸管所不能达者。现在我国虽未至如此之甚,而一误再误,几与邻,彼诸国者,即我之写真蓝本也。沿江沿海各省,受此刺激较早,知非奋发必不免死亡之惨,故学堂铁路公司工厂等类皆次第兴办,具有明效。此虽受外界逼迫,不得不然,其实学界鼓吹之力,亦不为小。吁嗟乎,优胜劣败,天演公例,处竞争之世,而无进取之心,一切生命大权皆听人攫取,而曾不少介意,且拱手以援之,是速死也,其何以能生?夫不亲见剥肤之惨,不亲受剖腹之创者,不知剖腹之痛。我河南据中国之腹,受外界之刺激也缓,故人心之觉悟钝,而风气之开通亦最迟。今日之河南与五年前之河南大不相同矣,剥肤之灾、剖腹之创,相因并至矣。五年前之河南犹是完全无缺一片干净土,今则芦汉干路成,而我完全无缺之河南,破而为二矣。汴洛支路修,而我已破为二之河南复分为四矣。试披我河南地图,如切西瓜,横竖两刀,恰成十字,我父老兄弟尚能安然无事,寝处其间,食息以终老乎?加以大河以北之矿产,已捧于英商福公司开凿,此皆利权之大端,最是促吾生计者。不宁惟是,会匪满地,乘势窃发,今日毁学堂,明日杀教士,种种惨剧言之寒心。三五年间世局之变,至于如此,再十年后,我河南将成如何现象,已属不可设想。此当为父老兄弟目睹耳闻身受,而无待愚等之喋喋也。夫时势之迁转,与四时之推递,其事虽殊,其理则一,河南情形,既与前数年不同,则居今日河南之地面者,即不能复以前数

年之法行之，父子兄弟夫妇朋友人道基本，虽在必遵，而营业谋生之计，则不可不变。如四时之中，饮食男女，无时能缺，但寒暑既易，而因应之方，亦不能一，夏葛冬裘，实世界一大普通知识。今日河南之情形既变，而居此地面者，其法不变，是犹夏裘裘而冬衣葛也。中国之危迫，至于如此其亟，我河南之受刺激，又如此其甚，愚等深恐我父老兄弟僻处乡里，或不能知，或知之而不详，或虽能知其详，而不知所以因应对待之法，满腹蓬蓬，肠一日而九回。因与同人商酌于功课之暇，各抒耳目所及，汇集成帙，专供我河南父老兄弟披阅作扩充见闻之用，此《豫报》之所以出现也。至其体例，则直是一封家书耳。愚等皆河南人，凡河南地方，皆愚等之家也。人之欲善其家，岂以海洋阻隔而遂忘之。愚等一切用度，虽资官费，其实何莫非吾父老兄弟所供给？吾父老兄弟不自恤艰辛，岁出巨资，供愚等游学万里外，愚等顾能忘家乡之事，而置诸不议不论之列乎？留学界中，所出各报，如《浙江潮》、《汉声》、《直话》、《晋话》，虽主义不甚相同，无非以唤醒桑梓为目的。愚等对于学界；虽无出报之程度，而对于内地则有应写家书之责任，是以报中文语白话，兼收并采，亦以家人父子之间、相聚絮语殊无嫌于复杂也。且愚等在东，见有内地来书，言及某处旱，某处雨、某处歉、某处丰，某官留意学务，某绅热心教育，必走相告语，乐忧痛痒，一体相关，故内地每来一函，凡河南人无不欢迎者。吾愿内地之对于此报也，某言合某言不合，某事当兴，某事当革，亦如愚等之欢迎内地来函，则幸甚矣。渺渺寸心，迢迢万里，我父老兄弟其垂察之。

《豫报之原因及其宗旨》，《豫报》第1号，1906年

冯自由《河南志士与革命运动》一文谓：

丙午十月，萍乡、醴陵革命军起，声势颇盛，留日各省同盟会员自动回国参加或谋响应者数十人。车钺亦慷慨归国，濒行贻书河南留学生同乡会，极言国事之危急及根本改革之必要，语极沉痛。车返国后，不知所终，有谓其投身革命军，在路上为清吏杀害者。河南同乡会得车钺书后，诸生多为感动，遂集资发刊《豫报》，以为启导本省文化之宣传机关。及丁未年（一九〇七年），朱炳麟、曾昭文、刘积学等以《豫报》内部分子复杂，社员中有主张君宪者，同盟会员鼓吹革命之文字时受干涉，深感不便，乃借口基金不足，遽将《豫报》停版，另由河南同盟分会组织《河南》杂志以代之。众推刘积学为总编辑，张钟端为发行人……

冯自由《革命逸史》上册，新星出版社2009年版，第567页

邹鲁《中国国民党史稿》亦谓：

萍乡革命之役，车钺殉焉。当车之未赴萍乡也，曾致书河南留日同乡会，凡万余言，极言革命之不可稍缓，留日河南学生大为感动，遂集资创办《豫报》，以为宣传机关。车复有留别刘积学书，沉痛言革命事。河南留日同乡会，方拟开大会为车送行，车已先一日返国。比抵开封，在家小住三日，遂与其妻子及安沼白洒泪而别，当时人颇怪之。未几，江西萍乡事起，清廷调数省大兵扑灭之。同盟会同志死者数十人，车与焉。车尝曰："吾愿作无名之革命家"。果如其言。

河南留日学生虽曾办有《豫报》鼓吹革命，然社中份子过于复杂，有保皇党人参加其中，同盟会党员极感不便，因将《豫报》停版。适同盟会总部，因《民报》被清廷查禁，不能向内地输入，议决令留日各省同盟会支部分途筹设言论机关，以传播革命种子。于是河南同志遂决定创办《河南》杂志及《女界》杂志二种，并派人往河南省设立书局，以便售报及代销新书之用。书局名大河书社，总局设开封。共推张钟端（字毓厚）为《河南》杂志总经理，刘积学为总编辑，余诚、潘印佛、曾昭文、陈伯昂、王传琳等分任编辑发行等事。

邹鲁《中国国民党史稿》，商务印书馆1947年版，第982页

是年　孙中山派黄格鸥、魏会英回国建立同盟会江西支部。会址设于南昌鸭子塘,黄格鸥任支部长。

蔡复灵《同盟会江西支部史略》一文谓:

江西夙称文物之邦,唯以僻居腹地,民智稍迟,庚子乱后,骤感激刺。有志之士,知人心尚可为,遂由蔡复灵、彭素民、张维和、张维圣、姜伯彰、肖家修、邓文辉、周养浩、熊公福等创结易知社于南昌,结我群社于宜丰;巡防统领廖名缙设兴中会分部于吉安,互相联络,极力提倡民族革命。复灵家宜丰,与其弟锐霆烈士,倾资养士畜马,联合会党,勾结防营,为策进革命之枢纽。与湖南焦达峰、刘揆一声气相连。丙午,复灵全家刺血,加入同盟会。先总理以湘、赣同心合作,相关綦切,遂委刘揆一为赣军大都督,复灵为副都督,摄行大都督职权。寻创设同盟支部于南昌鸭子塘之某陋室,烈士之母刘大慈任易知社设立之义务女学校长,坐办支部事务,制造炸弹备用。烈士兄弟,常奔走于瑞、袁、临、吉各属。高安、宜丰、万载、铜鼓、峡江、清江、新淦、丰城、樟树等处俱设分部。烈士妹仲兰东渡赞襄同盟会党务。烈士之父美民封翁,以其德望与文学相号召,大为当世所崇仰,后讨袁被处十年监禁,既没,首膺一门,义烈褒扬。丙午年萍乡之役,仓猝发难,江西军务部署未周,而虏廷张皇六师,全力以赴,遂以不支败绩,同志牺牲甚众。吉安往来人密,风声所播,清吏将兴党狱,名缙得信,亟遣散诸同志,清吏查无所获,然终疑忌名缙,竟罢免之。征兵统领林之夏、管带董福开等,复与烈士兄弟策划,将合征兵与防队举事,为清抚冯汝骙所闻,遂免林、董,官兵逃亡者实繁有徒。呜呼!是役不败,满虏命运,久无辛亥矣。复灵任永新师范教授时,深得士望,入会者风起云涌,乃设分部于县城及石灰桥等处。同列左某,素嫉其能,时窥其隙,欲中伤之,适本部遣专使潘震甲赍送密书及共进会宣言至,左某于其子箧中搜获宣言一纸,遽密告知县吴鸣麒。吴故贪污,知巡抚冯汝骙好钩党狱,喜得其间以贾荣也,遂据密呈于吉安知府武育德。武与复灵素昧生平,然久耳其名,且不欲助长党狱,遂不受理,退回其文。吴老羞成怒,复以呈文上,更通告于四司。武亟遣人追返其传卒,获诸省城公文投递所,稍缓即不及矣。武召吴赴府,质之云:宣言从何获得耶?果得诸蔡某耶?吴少间,徐云:是固有人密进者。武云:如此,须将侦获详情确据,切实陈叙,勿得含混,以明责任。否则,党狱重事,余诚不能任若缓急随意也,倘讯不得实者,若将何以自处?吴避席答云:然则卑职且更徐图耳!忸怩(编者注:此处疑有脱字),遂仓皇回县,更事罗织。亟与潘震甲及其弟康国烈士,鸡鸣出走,门人段锡朋、左文凤、吴孝达等率众数十人,沿途警戒,护送百里而遥,吴不敢逼,事遂寝。次年提学使委复灵任吉安中学教授,武知府又莅校报告,学生皆喜,而复灵不敢往,遂改任抚州中学兼师范教授。设同盟分部于临川、宜黄、崇仁、李家渡、棠阴等处,门人王镇华、陈宗杰、吴鑫等为部长,党务猛进。复灵借科学与音乐鼓舞革命,夙学之士亦感动,教化益博。当僧侣华镫、队长张芾廷先后罹惨案于省城,冯汝骙未加详鞠,遽付斩决,故无株连。迨黄再生就义于萍乡,被抄得名册,首列复灵别字,次锐霆烈士,又次为熊公福、潘震甲等。冯得京官胡思敬书,谓吾省乱党日肆,请予严处云云。乃按图索骥,密委专员赴宜丰及各县查捕。一时风鹤相惊,人心汹汹。有某绅告冯云,华等均已伏法,足警其余,若复扩大党狱,反侧子愈不安,因而激起骚动,朝廷督遇愈备,则不胜其烦矣。冯悟,始召回各委员。复灵初得公福密报,亟驰赴省密集同志,欲趁诸官僚赴江南会馆团拜蒲节,饷以炸弹,与之偕亡,素民来告之故,乃止。是时,锐霆烈士窜吉安,公福、震甲等窜临江,仍复急进联络,号召不辍。羊城败后,江西准备益亟,征兵一夕被惨杀者数十人。武汉发难,九江、南昌、瑞州次第响应,卒成光复之功。冯汝骙失城惧罪仰药死,人心大快,崛[倔]强者果何益哉?嗣后湖口起义讨袁,败绩,时倚方、徐秀钧、黄九言、蔡锐霆诸烈士就义，新华社诸烈士继之，江西遂以亡省垂十数载。武力专权，文物扫地，章贡沉冤，匡庐蒙耻，诸同志艰苦卓绝，百折不回，行者居者，各行其是。北伐告成，虏氛净扫，始比死者一洒，而老成凋谢，亦复寥若晨星，未免有情，谁能遣比?!

丘权政、杜春和等选编《辛亥革命史料选辑》上册，湖南人民出版社1981年版，第254～256页

△ 同盟会云南分会成立，旋即展开革命活动。

张大义《同盟会云南分部之成立及其活动》一文谓：

民国纪元前七年(即乙巳年)，总理东渡日本，与黄兴、胡汉民、汪精卫等各同志改组兴中会为同盟会。设本部于日本东京。云南留日学生杨振鸿、吕志伊与焉。为滇人入同盟会之始。

民国纪元前六年(即丙午年)，留日各省同志各设同盟分会，吕志伊为云南同盟分会会长。云南留日学生李根源、罗佩金、殷承瓛、张开儒、叶荃、黄毓成、李伯庚、唐继尧、庾恩旸、张含英、张华澜、何畏、何汉、李儒、段雄壮、钟琦、张乃良、杨飞霞、周传文、周德容、马标、王毓嵩先后加入同盟会。

同年，留日云南同乡周钟岳、吴琨、李根源、杨振鸿、李长春、张含英、姜梅龄、孙志曾、赵伸、吕志伊、刘钟华、张乃良、李守先、华封祝、王承浚组织云南留日同乡会。发刊《云南杂志》，为鼓吹革命之机关。举赵伸为总经理，吕志伊为总编辑。

同年，总理由日本抵安南，与黄龙生、甄吉庭、黎仲实、张焕池各同志组织安南同盟分会。云南留越巴维学校学生夏绍曾、徐濂、张翼枢、徐之琛、张邦翰、赵端、杨友棠、吴传声、董振鳌、文宝奎先后加入同盟会。

同年，云南高等学堂学生张大义、黄嘉果、庚元义、周仲良、丁怀瑾、李琛、彭嘉猷、李伯东、李金木，法政学堂学生李员伯、马骧、赵泽扬、谢树琼，警察学生王九龄、董承志，东文学堂学生杨大铸、王懋德，师范学堂学生高岩等，因阅《民报》及邹容之《革命军》、陈天华之《醒世钟》，恍然有革命思想，无从入党，乃发起组织留省学生同盟会，为团结同志秘密工作之机关。大理同乡会先成立，各属同乡会接踵而起。以同乡联合会名义，迭次上书指摘时弊，辄数万言，词意慷慨激昂，为当道所嫉视。

同年，巴维学生徐濂秘携盟书回滇，沈钟、张大义、杨大铸、唐元义、王九龄、黄嘉梁、董承志、李员伯、赵泽扬、马骧十人在大观楼亲填盟书，歃血以誓，为云南内部入同盟会之始。

同年，组织文明演说会。举徐濂为会长，周仲良、李廉方、李伯东、张大义、唐元义、刘九畴为干事，王九龄、杨大铸、李员伯、周从锡、赵泽扬、黄嘉梁、马骤为讲演员。每晚自携桌椅，在各通衢登台演说，痛陈安南、印度、缅甸亡国惨状，借以引起民众种族主义。驻滇英法领事，力请滇督丁振铎禁止；各同志亦虑英法两国借端要求他事，乃停止通衢演说，汇集亡国惨状及邹容之《革命军》、陈天华之《醒世钟》为一册，开明书局负责刊印，密寄各属学堂辗转宣传。徐濂、李增、李伯东、谢树琼、张大义、唐元义编刊《云南旬报》，于旁敲侧击中输入革命主义；李伯东著《新云南》、《醒滇梦》两书，言尤痛切；杨大铸编就《血泪书》、《党人血》、《盗图报国》、《木兰从军》各新剧；赵泽扬、王应元、张大义、唐元义编就《靖康耻》、《崖山痛》、《嘉定屠》、《永历殉国》各新剧。名伶翟海云慷慨捐资，改制装饰，在各舞台陆续排演，戏剧深入人心较报纸为尤易，云南民众已大多数趋于革命运动一途。

同年，留日云南同志李根源、罗佩金、吕志伊、赵伸、张含英等十余人以滇督丁振铎庸懦无能，军政废弛，滇省国防重要，练兵为当务之急，推举杨振鸿回滇训练新军。与丁振铎往电

商,得其同意。杨振鸿回国,沿途调查各省新军情况及滇越交界各要隘地方,以供参考。丁督顽固异常,杨振鸿抵滇后着洋服谒见,颇滋不悦,不肯假以兵柄。然欲和缓留日同乡之反对,不能置之闲散,开办专修体操学校,任杨振鸿为校长。就职后,招考体操学生,遴选忠实干练之同志,特别加授军事学,借以造成革命军事人才。一面与陈文翰、刘九畴、李员伯、张大义、李伯东、王懋德、唐元义、李治、董鸿勋、周从锡、李廉方、王九龄、董承志组织云南公学会,以研究科学为名,其实际则积极从事革命工作,并设公学分会于各县。革命种子遂传播于省内各属。

同年,云南考取保定军官学生刘九畴、彭肇纪、杨名遂等数人,到保定入校后首先剪发,被校长查觉,星夜遁往日本,入同盟会参加革命运动,屡次失败。刘九畴忧劳成疾,卒于日本顺天医院。

同年,滇省举行大操,丁督往校场巡阅,杨振鸿欲刺之,乘机举义,因沿途戒备甚严,无隙可乘。事后丁督已有所闻,未得实据,又以投鼠忌器之故敬而远之,委充西防驻腾管带。是时留日云南同乡会禀揭滇督误国误滇、失地丧权罪状;推举张耀曾、席聘莘赴京请愿,联合同乡京官一致进行,誓去滇督。清政府调粤督岑春煊督滇,移丁振铎督闽,各同志拟具兴滇十策,推举董鸿勋、徐匡周赴粤贡献于岑。杨振鸿寻即赴腾,所经楚雄、大理各属,物色同志,密与结合。抵腾越后,整顿边防,以新式操法训练士卒。董鸿勋由粤赴腾,任为哨官,与张文光、彭蓂,何兴、吴品芳、杨荣斋、杨发镜及干崖土司刁佩生昆仲秘密布置:先据腾越,进占永昌、大理为根据,再窥省城,发难有日矣;嗣因盏达土司与族人争承继权,镇道受贿主剿,杨振鸿主抚,亲往按问,争端解决,镇道不得遂其贪欲,衔之甚深,乃密令人揭帖,言将起革命军,遽上变,请逮治。杨振鸿闻讯愤不可遏,欲作孤注一掷。众同志以布置未周,事必无成,徒害地方,力促之行。乃避至九保,住李根源家;风声甚急,间道走蛮允,出八慕,绕道至日本。云南革命前途,至此受大顿挫。

丘权政、杜春和等选编《辛亥革命史料选辑》上册,湖南人民出版社1981年版,第236~239页

△ 同盟会派黄复生、熊克武、佘英等人返回四川,发展革命组织,集聚革命力量,其总机关设于叙州府泸州,党人且有拟攻江油之举。

向楚撰《四川党人革命大事记》称:

纪元前六年(光绪三十二年丙午),日本同盟会派黄复生、熊克武回川,介绍党人入会。范秋岚、陈漱云、杨兆蓉、刘永年等邀佘英东渡谒中山先生,入同盟会,旋返国。谢奉琦、佘英、熊克武、黄方、杨维、淡春谷、程德藩等计于各地起义,以叙州府为要枢。

秋八月,四川党人李实领、何如道、李映宗、李云麟、达星武、蒲定川等以众数百人,发动革命于江油。事泄,被清吏掩袭,败退剑州,州守率队截击,战不利,转据南部小燕山,来归者约千余人。南部吏上其事于总督锡良,檄巡防统领张孝侯率众攻实,拒战数日力竭阵殁;如道等被执,先后死狱中。

隗瀛涛、赵清主编《四川辛亥革命史料》上册,四川人民出版社1981年版,第431~432页

熊克武《辛亥前我参加的四川几次武装起义》一文回忆:

七月,同盟会总部派我和龚铁铮(湖南人)去南京调查新军和警察冲突的案件,任务完毕返沪,但懋辛告诉我,东京派董庆伯来上海,带来总部命令,委派我和谢奉琦、黄树中为川省主盟人。我即离沪回川。

那时候,四川留日学生有好几百人。加入同盟会的也有百数十人,归国后,大多数分散在省城和各县任职,他们在地方都有一定的声望、地位和影响,可以发生不小的作用。因此

总部给我们的任务是:先把散处各地的同志联络好,并设立机关,吸收党员,扩充力量,作为起义的领导和骨干,然后组织学生,联合会党,运动新军,发动起义。因为总部根据中山先生的指示:"扬子江流域将为中国革命必争之地,而四川位居长江上游,更应及早图之",所以把在四川发难的责任交给我们。

我首先到重庆,同朱之洪、宋绍尊、张佐丞、冉君谷、陈兴之等面谈,再到成都和谢奉琦、佘英(号竟成,曾去东京,中山先生任他负责联络云贵边会党之责)、黄树中等面商,决定集召同志会议于成都草堂寺,到三十余人。讨论起义问题时,有人认为:我们手无寸铁,不要轻易冒险,作无谓的牺牲,主张稳健从事,等待时机。但大多数人则认为革命就要冒险,就要流血,失败了再干,主张积极准备,准备好了就动手。于是计议分工负责,分头进行,主要的有三个方面:

1. 学界:同盟会会员和留日学生任学堂监督(校长)、教习的甚多,而学生多系富有爱国思想,易于接受革命的青年,大有发展的前途。同时,自庚子八国联军之役后,政府提倡学生练军事体操,有些学堂已多少领到一些枪枝,更为我们所注意,就推定黄树中、张培爵、黄金鳌、谢持、曾冠等负责策划。

2. 军队:川省为创办新军曾设立武备学堂,训练军官,推选学生中同志龙光、黄成璋、王子均负责联系。又成立了一个弁目队,训练班长级干部,推选学生中同志秦炳、姚国樑(秦、姚两同志系黄花岗烈士)、伍安全、易中、程德藩、但坚、朱麤等负责联络。那一年正值弁目队招生,规定要有一定的文化知识,又限制只招川北人,因为清吏认为川北人老实可靠。我们就发动了一批青年学生投考,这样同盟会在新军基干中才有了点基础。

3. 会党:四川帮会的势力很大,散布的地区也广,这是我们必须争取的社会力量,推佘英、曾省斋、黎靖瀛、佘切等负责。四川帮会主要的有四部分:在重庆、泸州、叙府一带是佘英的势力范围。帮会内分仁、义、礼、智、信五堂,仁字辈最大称太爷,信字辈最小。佘自日本回川后,倡导"仁、义"不分上下,另创立"义会",自为首领,声势日大。佘本是有民族思想的汉子,他常在茶楼酒馆公开宣读《警世钟》、《革命军》,自他在东京会见中山先生付予重任后,更为积极活跃,奔走革命。这是同盟会可以直接运用指挥的一股力量。其次,以刘天成为首的刘西成、刘子成、刘炳云等一帮占据云、贵、川边境,党徒甚多,且有五子枪数十条,为当时最有实力的一部分。再有府河、铜河、雅河一带的王松廷、毛长兴,下川东一带的项大鼻子,号召力都不小,也是我们要联系的重要对象。此外,巡防军和警察中帮会的弟兄不少,仍由佘英等负责联络。

初步的全盘布置确定后,我即出发川东南重要城市,联系同志,了解情况,设立机关,发展党员,推定负责人,从事建立基础的工作。我到过成都、重庆、泸州、叙府、屏山、井研、永宁、永安等府县,详情从略。但可以一提的(是),当时我化名为邱济川,为了与会党接洽方便,取得他们的信任,我在赴泸途中的白沙,由佘英介绍,加入了哥老会,但未公开我的身分。泸州是我们认为可以首先发难的地区,佘是泸州人,就留他主谋其事。其次,到起义前,同盟会在各地吸收了大批有声望的爱国人士,重要人物如泸州的席成元(盐商,担任筹措起义的经费)、邓邦植(官宦世家,秘密机关设在他家里,掩护党人的活动)以及黄宗幹、杨兆蓉、罗绍图;他如叙府的刘永年,屏山的杨世尊、徐岱宗,荣县的黎靖瀛、邹固元、王天杰、赖君奇,井研的吴嘉读、鄢奉先、税钟麟、曾济民、陈树岚、陈策、陈绍伯,永宁的马图,永州的皮相全、黄宅安,巴县的朱之洪、冉君谷、陈兴之,富顺的邹丰三、曹笃、罗醒予,荣昌的胡树文、但懋庚、杨亚东、杨群玖,忠州的吴因鸿、江晓岑、江晓岚,涪陵的高亚衡,长寿的廖子亚、涂海珊,大竹的陈凤石、萧静轩,广安的张观风、王巨渊、蔡体平、陈云九、吴梦耕、温口,隆昌的黄万里、郑辉武、曾省斋、薛瀛海等。同盟会的实力日见增强,对于发动各次起义和辛亥革命都有很大关系。

政协全国委员会文史资料研究委员会编《辛亥革命回忆录》第3集,中华书局1962年版,第4~7页

《清史稿》补编之《佘英传》云:

佘英,字竟成,四川泸州人。世居泸城对江之小市,家务农,性慷慨,好任侠。读书粗知大义,弃而讲武,娴剑击骑射,应试,得游武庠。泸为直隶州,地当长江沱江之交,为川南重镇。英广结远近豪隽,尝为乡人及地方公益争不平。州牧以其为地方所重,擢领卫队,缉捕匪盗,捍御桑梓,屡获保奖武职。时清政日非,外祸日迫,革命风潮亦深入川境,获读《革命军》、《警世钟》诸书,民族大义因之而生。时以其书播讲于市,听者动容。州牧示禁,复驰乡宣传,不稍畏避;而更结客,以待有为。川省留东同盟会党人黄复生等闻其声名,乃函招东渡,由黄复生、熊克武介见孙文,遂加盟。孙文深契重之,召日本志士宫崎寅藏与之合摄一影,宫崎并赠倭刀以勉焉。丙午,孙文嘱以四川革命重任,乃偕熊克武、谢奉琦回川,密设同盟会总机关于泸州,以为全川革命活动之中心。奔驰各地,入盟者日众,是为四川推动革命之始。

隗瀛涛、赵清主编《四川辛亥革命史料》下册,四川人民出版社1982年版,第281页

陈新尼《记佘竟成事》云:

佘竟成,泸州人,不能详其出生本末。故为哥老会渠魁,蜀人呼哥老会为袍哥,渠魁则俗谓之大爷,亦称大哥也。竟成跳梁叙泸间久,为地方官吏所购捕者数矣。清光绪间,以避吏赴日本,哥老会谓为拣豪。适同盟会方事恢张,有会员置竟成于逆旅,颇闻其言纵肆,问知其姓名,归语同舍川南人某,某亦似闻其名行,即以告董修武,修武曰:"革命固需此辈以为助也。"遂辗转致之入会。竟成则盛称蜀中某所有众若干人,力能驭之,各州县哥老会皆得关连为一气,即欲还蜀首义。修武壮之,急与总会及四川支部建议,资其归国。竟成既行,修武复咨于诸同志曰:"竟成之气,壮则壮矣,然其虑事易而言夸,需有善谋而力富者监助之,使无躁动,不则偾事而徒丧众矣。"皆推熊克武,时克武肄业上海中国公学,乃遣同志往告克武与之偕行,并授克武方略,未几而有广安之事。

隗瀛涛、赵清主编《四川辛亥革命史料》下册,四川人民出版社1982年版,第284页

《蜀中先烈备征录》之《李实传》谓:

李实,字君孺,四川绵州人。少倜傥有大志,多奇行。初业读,以不乐困居乡里,故改习商。及长,挟资游沪上,始闻种族之说,且日疾于清廷腐窳横毒之状,私心恚之,遂奋身入同盟会籍。以光绪三十二年弃商返里,益锐志于革命之业,乃遍游龙安、绵竹、保宁、顺庆间,日以排满革政之说相传播,逢人辄娓娓道之。悉散其财,以为革命之用。得豪杰之士数百人,将以是年八月建大义于江油,未至期,事泄。知江油县某飞书密报,清川督锡良遣兵来袭,实几不免。率众退至剑州,剑州守张某亦率队来截,实与战不利,乃逃至南部之小燕山,率众居之。实虽屡败,而志卒不挠,益锐进不已。四方豪杰,归之者益众,若水之趋于壑,旬日之间,众至千余人。其最以才杰著者,为何如道、李映棠、李云麟、达星五、蒲定川诸人,皆远来归之,与共策大计。知南部县事闻风上报,锡良飞檄巡防军统领张孝候悉众来攻,实拒战数日,械尽力竭亡于阵。时年三十有一。而如道、映棠、云麟、星五、定川皆被执,先后死狱中。初实以奔走革命故,耗其资财略尽。及死,上有白发之衰亲,下贻襁褓之孤儿,同出三弟亦皆幼弱。属清廷党禁严,几视同枭鸟破獍之孽,邻里莫敢顾,亲戚不之恤,遂至流离,几于失所。呜呼,是则尤可哀也已!

隗瀛涛、赵清主编《四川辛亥革命史料》下册,四川人民出版社1982年版,第313页

1907 年(清光绪三十三年·丁未)

1月2日(丙午年十一月十八日) 宗人府汉主事王宝田等人,因山东会党声势日大,具呈朝廷,请求添调劲旅予以镇压。

其呈文云:

具呈宗人府汉主事王宝田等,为东省土匪劫掠日甚,民不聊生,亟宜添调劲旅以靖地方而维大局,仰恳代奏事。

窃维山东疆域辽阔,北负群山,南跨淮徐,固中原之襟喉,而畿辅之屏蔽也。曹州一带,土风刚猛,其民雕悍习兵,一有风尘之警,枭孽相挺而起,放兵干纪,远近居民皆畏之,而地方有司玩视民瘼,相与姑息讳饰,幸其不发,以苟一日之安。至于积数十年应办不办之贼,任其纵横于下;又积数十任当参不参之官,而听其搏噬于上,以致民穷财尽,盗劫四起。万不得已乃始仓卒调拨,而防营练队大半怯懦不任战守,甚至视民如仇雠,而奉盗贼如骄子,以致凶锋披猖,酿成今日横溃不可收拾之势,此尤区区所大惧也。职官乡里,见闻较确,用敢披沥肝胆,一一陈之。

伏查盗贼之起始于郓、巨,盛于菏、曹,南扰归德,东走丰、沛,而东北蔓于兖、沂、泰安诸属。其头目名者马在田、孔广增、朱宝钦、祝明等。众或千余人,少则数百人,最下六七十人,收招同恶,始敢与兵吏抗。夏初贼窜曹之洪川口,攻杀居民四十余人,防兵不战遁,遂致贼益炽。自川口以北周袤百余里,土著者皆弭从,诸小贼附丽之者倏至五千人,胁从者万余人。嗣贼攻曹之沙土集、徐庄,杀伤及掳去五十余人。知府率兵尾击之,获二十余贼,然阵亡队长二人,什长数人,贼自是益轻官军。九月初,贼以伪书索战,知府合马步队五百余人驰剿,前锋与战不利,侦事者皆被获,贼擒府署厨役,以洋油炙杀,知府避入砖窑仅免。十月二十三日,兖沂道率游击四营,兖州镇率镇标全军,进至巨野,而与贼三十余人战于康家集,相持至暮,贼弹药尽始败,获贼二十余诛之。镇道合军用开花炮击三庄,焚掠平民百余户,势汹汹且激变,而当道以为奇功,盖至今始获一胜也。其他若曹之李寨、袁楼、高地圈以及黄河滩一带,无一处不被扰,无一家不受害,而贼更无所忌惮矣。此曹属盗贼之实在情形也。

至别股贼窜泰安之东平州、肥城,其头目名者土地爷、陈二毋牛、吴三桂、严海清、王恩树等,马步约十余队,队少者二三十人,多则五六十人,分合不定。秋八月十三日,窜东平沽台寺,击毙郑姓一人,掠三人,勒银五千两,又劫尚庄尹姓,掳去孤子,勒万金。是日,贼大队数百人连劫大村、沙河站、清水坦,对京古寺、范村、后屯、井家仓,皆虏数人,索多金。越日贼益北窜肥城,分劫刘家所、野场所等处。其别部贼娄苦瓜,率邳贼二千余人,匿徂徕山,出没新、泰间,与曹贼相应。其出掠皆摇旗鸣鼓,整队而前,所过村镇皆大张伪示,禁淫掠,居人皆奉酒食唯谨。地方官闭城惴惴,恐不自保,以贼不来攻为幸。此东平、肥城一带盗贼之实在情形也。

至贼之窜入兖州、济宁州,如金乡、嘉祥与曹之郓、巨毗连,贼出境即扰之,固已一日数惊。及冬,金乡知县带防营与贼战不利,营官战死,知县伤。而别支贼勾结湖团渡微山湖,入兖之峄县,土匪孙憨、颜住等导之。夏四月,连劫峄西乡之上郭姚姓家,又劫西南乡之古邵镇店铺数家。五月,贼五六十人渡运河,突入新闸河防营,杀死练勇一名,尽夺其炮械。嗣贼复率众逾县北山,窜费之平义镇,劫钱店六七家。六月,贼大队百余掠运河南大杏窝四村,衣物皆尽。翌日,复率众至孙家楼、韩庄数村,勒令各出钱数百贯。秋七月十九日,贼目李二率马步百余人,伪张官军旗帜,扬言办差,疾驰至县西三十里之逍遥村,将官解钱粮万余金劫去,击死护勇二名，解役惊溃。是后，土匪四起，而本地乡社之狡猾顽劣者复与相首尾，而远近益骚然矣。此济、兖诸属盗贼之实在情形也。

然此以上情形犹属一方疥癣之疾也，至于内奸为宄，涉心狡毒，其能为患于大局者更有四端焉：旧日土贼蹈隙出掠，非有异常之觊觎也。洎至近岁，刁劣生监困于失所，又以资绌不得推择为吏，始有甘心从逆者，遂教贼部分其众，申以约束，所至张贴伪谕，除一二大户外，余皆安堵无恐；复出所掠资财分给贫者，检其丁壮胁与同逆，以故贼势张甚。而官军尾贼行，所至骚扰尤甚，又妄指良懦为窝主，擅为抄掠，辱及妇女，遂使民之畏官军更甚盗贼，而内讧之势将成。此可患之端，一也。旧日土贼器械不备，而炮火尤少，近时下劣营弁与贼为市，往往以新式枪械潜贻之，以取其财，而奸商复有与通者。前朝城令查出军火两车，讯系青岛教民为贼包办，以故贼火器精甚，远过官军。至学堂革命党闻东贼日盛，潜相结纳，复持重利啗诸国使，接济军火，并闻诸国颇有认可者。如此，则外侮将启，而内祸更不可量矣。此可患之端，二也。近时官军颇持招降之说，而贼渠狡猾者即假投诚以愚官，今日受抚，明日出掠，兵役皆不敢诘。如峄县贼目颜拴等，居民皆知社长某贿庇，且阴招其党入城。运河南社长某更挟贼势持官短长，以此远近人心时摇。至郓所立自新学堂，收留著明[名]巨盗，其出抢劫皆假学堂之名。官吏不惟不敢捕，且相与讳之，防营知其然，亦相与勾连，暗中分肥，以致兵去则为贼，贼去则为兵，而兵与贼不复分矣。此可虑之端，三也。旧日土贼虽多，地方匪徒不肯遽从者，以年谷丰，贼虽游间，皆可谋生也。洎今秋兖、曹歉收，而江、淮奸商假官檄采买杂粮，以致市价飞涨，米斤值七八十文，面斤值百数十文，长老皆言咸丰初大饥亦无此重价。现在冬令，小户已不可得食，明春情形更不可问。而贼复出所掠食物招之，以故羽翼寖众，渐生逆图。尤可虑者，淮、扬里下河流民近百万，而长江千里，会党、革命党纷纷串结，又不十余万，大乱之剡匪朝伊夕。今曹属诸贼日出大队，南走徐、铜，若使煽动饥民，进与会党相构，则江湖上下一片逆氛。使贼中奸狡能兵者掠取要隘，纵扰江浦，则中原藩篱尽撤，而大局中折更不可收拾也。此可虑之端，四也。

职官目击心伤。窃以此四府二州受害最久，为患亦最深，即此区区数百里间，村庄之被劫者数万户，人民之杀伤者数千口，地方勒赎之钱又数十百万贯，其他牧令、将弁以及兵丁、壮役之临阵伤夷者不与焉。东抚闻耗，遂发府标练军至曹助剿，既又咨调北洋得力将弁赴东领队，而地方官缉捕不力者亦量予撤任，其督师不可谓不力，办贼不可谓不严，而数月以来，贼焰愈张，兵锋更挫，终无功效之可言。何也？盖以新练之军未经战阵，所至纪律不严，侦候不明，向与贼遇，望风溃退，以故征调数千，糜饷巨万，剿抚一无所施，而居人不堪其扰，良以此也。

窃以贼势猖獗如此，非简任贤将，申严军律，付以前锋专征之任，则地方后祸将有不可知者。伏查提督夏辛酉一军驻沧州，与东省毗连，其在北洋未尝任新军训练之事。该提督原籍郓城，曹州民情土俗皆所素悉，而所部兵骁悍善战，尤为群贼所惮慑。若使督率旧部办贼，必能歼厥渠魁，迅奏肤功，内以杜革命诸党畔逆之谋，外以弭邻敌诸国窥伺之祸，则所关天下大局者非浅鲜也。惟是军权贵一而恶二三，该军入东以后，所有兖、曹剿匪事宜，应责成该提督专办。如所部兵单，即请将前敌诸军战守可恃者概归调遣，以一事权；其诸骄惰不得力者，量行裁汰，以节饷需。至该军粮饷军械，应请旨敕下直隶总督、山东巡抚妥筹接济，以资饱腾而利戎行。

再，东省荒歉，细民无以糊口，思乱者十室而九。至乡村中户衣粮牲畜不为贼掠，即为兵劫，明春必至失耕，一有煽动则远近响应。若不慎简贤员，预筹抚恤，则失业之民横溃四出，恐前贼未及扑灭,后贼又复续起,虽有健将劲兵,亦有不能善其后者。是故不务讨贼,则乱之流不塞;不务察吏,则乱之源不清;不务抚民,则乱之根株不断。吏敝民偷,因循苟且,酿成瑕隙,至于群丑陆梁,负禁弄兵,凶党逆会闻风而起,则目前兵力势必不足抵御,而强邻抽兵干预,则后患固有不可知者,此尤职官所为长虑却顾而不能已于言者也。

职官不揣冒昧,谨将东省盗贼关系大局安危,据实沥陈,伏恳代奏,不胜悚惶感激之至。谨呈。

宗人府汉主事王宝田、内阁中书赵录绩、王在宣、赵英、张绪基,度支部郎中李经野,员外郎管象颐,花翎候补郎中丁麟年、鲁景龙,主事王宗元、朱家祯、朱钧声,礼部主事张梅亭,陆军部员外郎马毓祯,花翎员外郎衔候补主事陈鼐、主事尹式丰,法部主事李步沆、王肇修,候补主事王恩衍、丁毓骥,司狱聂宝林,农工商部主事吕正斯、高广基,三等侍卫张秀崇、黄清洲、寻龙闹、李守身、张秀昆、赵心田。

中国第一历史档案馆、北京师范大学历史系编《辛亥革命前十年间民变档案史料》上册,中华书局1985年版,第154~159页

1月4日(十一月二十日)　黑龙江将军程德全奏报朝廷,该省"马贼"依然嚣张,饬令派兵会同防捕。

程德全《奏派兵会同防捕情形折》云:

奴才程德全跪奏,为续报江省马贼滋扰,暨官军剿捕大概情形,恭折具陈,仰祈圣鉴事。

窃查江省马贼虽经分饬各军合力追剿,而贼踪散后复聚,乘虚窜扰,防不胜防。前经奴才续将击捕窜贼情形,并添募马队以资游击,于本年九月初九日奏明在案。自拜折后,探闻匪首天灭洋即天边洋仅受微伤,并未击毙,以被统领吉祥击散后,因夥匪伤亡过多,意图报复。乘吉祥拔队回省,该匪首与长江等复在井字荒内啸聚大股,率领伙党三百余名,于九月十九日直扑绥化府属之上集厂地方。维时该厂署分防经历杜荫田因公赴府,驻厂左军右营管带李庆禄奉调出街,所留营队及巡警兵为数无几,被匪乘虚闯入北街,纵火烧抢。北街为中下等商户,均系草房板院,致被焚毁草房并木税局房共十七处,绑去商民五名,枪毙商民六名,税巡一名,经历署内书役二名。幸中街商铺土墙坚固,留营中哨哨长宋德督兵会同众商持枪截击。与贼相持之际,李庆禄闻警折回,奋勇夹击,始将此股凶贼击败散走。旋又窜扰海伦一带。海伦以新辟之区,无城可守,械绌兵单,贼势张甚。迭据代理海伦厅同知黄钰禀请收抚,旋又据报十月初一日、初七八等日,该匪闯入海街,盘踞市面,并入署劫去未定罪囚犯六名,要挟乞降。奴才一面批驳,一面飞饬前委行营营务处总理兼中军统领吉祥,移队会合左军及新挑马队,相机进剿。并委调江差委湖北试用通判潘恩霖为策应,委员联合兵团,协力兜击去后。

先是九月十三日,省城西南一带,有匪首占一、天和等股匪二百余名,由蒙荒窜入,攻击多耐站暨他尔哈站。两站驻兵同练会出剿,贼众我寡,阵亡哨兵三名,会勇五名,致匪等闯入多耐站,肆行掳掠,枪毙兵丁、商人等十六名,该站垦务行局为贼占据。适该局总理骑都尉庆恩先期赴都尔伯特贝子府议事,闻警单骑回站见贼,晓以大义,该匪等居然敛戢,遽留庆恩为质,矢誓求降。奴才据报后,适吉祥由东荒闻警,星夜驰回,檄令带队前往,相机剿抚。不料该站附近另股贼匪骚扰车站,伤及俄兵,致俄派炮队追寻,误以该站之贼为仇,开炮远轰,该匪惊走。虽庆恩乘间出围,而占一等复向南窜,吉祥带队至彼知已无及,又恐窜赴呼兰,扰及东荒,于十月初九日特自兰西进兵。探闻该匪正窜泥河一带,遂密饬督队官孙学武带兵九

名,诈叛官军,混入匪伙,作为内应,乘机枪毙匪首占一、燕字、黑得腾、压五营等渠魁四名,击散股匪百余名,夺获贼马二十九匹,仅阵亡什长刘得胜一名。至是,吉祥接奉移队剿海之札,于十五日行抵厢蓝旗二井。探得匪首九江等一股六十余贼,正驻西屯,当即分队兜剿,阵毙盗匪十余名,并毙贼马十余匹,救回人票二名。哨官纪万春因下马擒贼,中枪阵亡。二十日,吉祥至海伦西之赵掌包村,因黄钰飞书坚求缓剿,进止两难。又有海伦厅警察总巡王翰卿亲至军前,设词恫喝,不得已暂允缴械收降,限其次日回信。乃越日渺无消息,吉祥遂激励士卒,督兵前进,猛入街市。右军统领恒玉、练会马队管带张永贵等,亦各由绥化先后趋至。左军左营管带怀塔喜奋勇争先。该匪见官军云集,登时纷散,由东南、东北两路窜去,共二百余名。其未窜者有常占等二十余名,在吉祥马前缴枪求降,察其真诚,已为收抚,分拨各哨安置。一面将被扰商民妥为抚辑。此者九月以后马贼窜扰,各军剿办之实在情形也。

奴才伏查江省兵力过单,军械复绌,故该匪等竟敢如此鸱张。海伦一城幸经吉祥等用谋袭攻,深合机宜,得以保全,商民转危为安。吉祥等商定,以恒玉专任海伦东北一路,由哈尔巴山探剿,中军副中营管带宋桂山专任西北,练会管带张永贵驰往西南,吉祥驰赴正南。现据探报,恒玉等各路均甚得手,多有斩获,已由奴才严饬分头跟踪兜击,务期搜剿零匪,净绝根株。其铁路一带已拨马、步队各一哨,分驻安达车站及安达厅等处,扼要防堵。又马队两哨专驻东道一带,断贼四窜之路。所有省南三蒙旗界一带,则专责垦务马队营官春山,及中军前营管带双全率队往来游击。惟贼踪飘忽无常,兵合则兼顾难周,兵分则军力愈薄。现由奴才妥筹办法,另行奏明办理。其应行奖恤各弁兵,统容汇齐奏咨。

除将此次擅离职守之员另行参处,并俟各军将如何搜剿得手报到,随时再行上陈暨咨陆军部查照外;所有续报马贼滋扰暨官军剿捕大概情形,理合恭折具奏,伏乞皇太后、皇上圣鉴。谨奏。

光绪三十二年十二月初三日奉朱批:著即严饬认真兜剿搜捕余匪,务净根株,馀依议。钦此。

中国第一历史档案馆、北京师范大学历史系编《辛亥革命前十年间民变档案史料》上册,中华书局1985年版,第93～95页

1月6日(十一月二十二日)　吉林地方自治研究会成立,以松毓为会长,庆山、文禄为副会长。该会以预备立宪,准备地方自治,养成立宪国民为宗旨,其章程仿照上海宪政研究会。8月改名为吉林自治会。

《吉林省地方自治会沿革录》(光绪三十四年五月二十二日)叙述该会成立过程:

吉林省自治会之成立也。于光绪三十二年十一月二十二日,吉林绅士松道毓,联合同志,开会组织地方自治,以预备立宪,养成公民为宗旨,计到会者百余人。遂投票公举松道毓为正会长,庆道山、文道禄为副会长,此外参议三人,并设总务、法制、文书、会计、调查、慈善六课,每课举职员一二名不等。职员按日到会任事,遇有特别事故,临时开全体会,以从多数,决其可否。旋拟定试办章程共十二章,呈报民政部、吉林将军各在案。是为自治会成立之始。

…………

其沿革如左:

一、自治会初、二次章程,申请民政部、公署查核存案。奉督、抚宪批:呈折均悉。查地方自治与官治行政相为表里,亟宜竭力兴举。该道等先从研究入手,颇征审慎。章程内事业及

职任两项，条理秩然，分配周密，尤得研究之精神。惟经费一层，应先就地筹划，以地方之钱办地方之事，极为公允，如稍有不敷，可由公家暂为补助。仰即遵照，仍候民政部核示遵办，缴。

一、请在省城立自治研究所，由各属选送士绅肄业，以四个月为期，于光绪三十三年十一月十九日开学，俟毕业后仍归各属办理地方自治。奉督、抚宪批：禀悉。该会研究从讲习宪政入手，允为探本之论，应准照办。惟宪政范围稍广，非自治所能包括，不如即冠以自治二字，为名实相符也。所陈饬令各属选送学员为普及计，无逾于此。惟只能以府厅州县标（编者注：似应为"示"）准，酌定名额。若以珲春等五城列入，未免重复。仰再酌度情形，明定学额，按属分配，列表详陈，呈候札饬各属选送可也。章程大致尚为妥洽，惟学期只四月，学课只四时，所定学科太多，应仿照天津自治研究会定章，专习宪法、自治制与选举法、户籍法为专科。仰即遵照办理，此批。

一、由会编辑《自治报告书》，每月三册送阅，不取报资。并呈送民政部、吉林公署暨移送各局、署、学堂。现由第七期停止，公议改为《公民日报》，戊申年六月初一日出版。

一、于省城设宣讲所三处。一在东区河南街，一在南区白旗堆子，一在北区牛马行。延聘明通士子，自光绪三十三年九月起，每日宣讲新学，以期开通风气。

一、本省各庙产急须派员各处调查，并拟变价，以作自治经费，申报督、抚宪备案。奉批：呈悉。该会创办自治，于会议执行机关尚未确实成立，本无自行筹款之职权，第念需款甚亟，全恃官款接济，亦属后难为继。所请清查庙产，补助经费，应与照准。即选派妥实干练绅董，分往各处，确切查明实数，妥拟办法，开单呈报备核，缴。

一、声复一年期满，修工开支等项需过经费钱共拾陆万柒千余吊，申报督、抚宪准销立案。奉批：据禀已悉。查该会所有收支各款，本应以上年七月禀准之日为断。惟据称，前需各款，均由特别捐项下开支，且以该道经营提倡，特具苦心，姑准照销。现在经济困难，此后尚须撙节动用，以重公款，仰即知照，缴，册存。

《自治会会长松毓等禀设立吉林地方自治研究会各缘由》：

督、抚宪钧鉴：

前职等恭读上谕："预备立宪以十五年为实行宪政之期，又谕以朝野联为一气，君民得以相安，以为实行立宪之预备各等因，钦此。"仰见朝廷孜孜图治，不惮求详，薄海欢呼，感戴曷已。窃维立宪之基础，始于地方自治。而地方自治之基础，始于人人有普通之知识。事关创举，既贵因地而制宜，尤期推行而无碍。苟缙绅先生不能深知其意，恐无以资表率，必致阻力横生，而事倍功半。查吉林近数年来，学堂次第设立，风气渐开，故奉诏预备立宪之日，无不额手相庆，踊跃期成。各绅等旋将商会、劝学所、讲演会、阅报处分别敷设，以为四民提倡。而外府绅耆及乡曲士夫，或以距省稍远，局于见闻，于地方自治制度未能洞悉利害，或于新学稍有涉猎，而法律上事又多未尽研究。职等现拟筹设地方自治研究会，延集各属品学较优、富于经验而孚于乡望之绅董入会，研究、讲习分课治事。其暂时经费，现由职等就地捐筹，如有不敷，再呈请酌拨，总求款不虚糜，事归实济，上以体君臣同德之休，下以重根本藩篱之计。俟成效稍著，再将会员中研究法律已有心得者，分别列表呈请咨部核定，以备咨回原籍，赞助地方官办理自治事宜。以多数智浅之人，而办桑梓切身之事，必能官民联为一体，地方赖以相安，似于宪政实多裨益，即将来一切新政，亦可推行而无碍矣。除禀明民政部外，合将设立吉林地方自治研究会各缘由并章程、规则及职员衔名，另缮清折，一并附陈备案。是否有当，伏乞鉴核。

吉林省档案馆、吉林省社会科学院历史所编《清代吉林档案史料选编·辛亥革命》，1981 年内部发行版，第 106～109 页

1月7日(十一月二十三日)　因上年萍浏醴起事返国活动的朱元成(子龙)在汉阳被清方逮捕,随即胡瑛、刘静庵、梁钟汉、季雨霖、李亚东、吴贡三、殷子衡、张难先诸人系狱,日知会被封禁。

《中外日报》报道:

会匪朱子龙,系张宫保出示悬赏严拿之犯,二十三日下午四点钟,在汉口迎宾江馆经眼线李庆生拿获。是夜九点钟,即在江汉关道署签押房提审,所有一切人等,均不准擅入,只桑观察与夏口厅冯丞、汉口都司陈士恒及朱四人而已。直审至二十四日下午三点钟始毕,当即解送至武昌省城。朱年约三十余岁,湖南人,剪发西装,由日本来汉,仅止六日。初讯时,供称系请假回籍省亲,讯诘再三,始供认为革命党,但与湖南匪党并不通气云云。审讯时,已用双镣锁于足上矣。

《汉关道审讯乱党朱子龙情形》,《中外日报》1907年1月13日

《中外日报》再报道:

会匪朱子龙,日前来汉,意图起事。因需经费,托郭姓代为挪借。郭佯为允诺,约期偕往汇丰银行取款,而暗与缉捕哨弁李庆生商定。俟朱将近银行,李突出将朱缚住,送至道署桑铁珊观察讯其一切。朱云,既已就缚,亦无可辩,请给纸笔,自缮亲供。历一点钟之久,稿始脱。闻词句畅达,颇有才思云。

《补述汉口拿获会匪朱子龙事》,《中外日报》1907年1月21日

《中外日报》又报道:

悬赏严拿之长江总头目刘家运,已经督捕营在黄陂县木兰山拿获。连日提同朱子龙、胡英[瑛]、丁桂兰对质,皆无一语口供,见面即骂官场腐败,不知造新世界云云。问官亦无如之何。

《审讯乱党情形》,《中外日报》1907年1月23日

张难先《湖北革命知之录》谓:

(一九〇六年)秋,湖南党人刘道一、蔡绍南等,自日本归,在醴陵、浏阳一带鼓吹革命。其会党首领李经其、龚春台等闻而壮之。适长江旱灾,人心浮动,乃乘机联络,于十月十九日,举义于浏阳、萍乡等处,有众数万,以白旗为号,号革命军。长江数省震动,东京党人,莫不激昂慷慨,亟思飞渡内地,身临前敌。此役本党人之自动,故东京总部,事前无听闻;然事已至此,亦不能不派人指导。总理派胡瑛、朱子龙、梁钟汉三人来湖北,负责进行。抵鄂,而总督张之洞已悬赏通缉朱子龙等矣。其札文曰:

> 鄂督张札臬司文:为札饬悬赏严拿会匪事:照得近来长江一带乱党滋多,前承准军机处电传,钦奉谕旨,严拿会匪党羽,当经通饬领遵在案。上月江西萍乡,湖南浏阳、醴陵,各处会匪起事,其头目即是该匪一党。现已派拨大兵,驰往剿办。叠接北洋大臣袁、湖南抚院岑先后函电,访问会匪党羽,潜布长江一带,意图勾结逆党起事,近有大头目王胜、陈金等匪,由湘潜来鄂境,请严防密捕等因。准此。该匪等纠党倡乱,实属罪不容诛,亟应严拿重办,以正国法,而遏乱萌。合亟札行出示晓谕,悬赏严拿,并详列该匪姓名踪迹,分别赏格。如有将后开真正匪首擒获送辕者,立即照格赏发。其知风报信,因而拿获者,照原开赏格减半发给。本部堂储款以待,决不食言。为此札行该司,即便饬属遵照,切切此札。

计开赏格:

王胜(系湖南大号目,年三十六七岁,长沙人,身中,面圆,无须假辫);陈金(与

王胜同行,年三十二三岁,湘潭人,身矮,面胖,无须假辫);姜守旦,即万飞鹏(年约五十余岁,系浏阳东乡人,瘦,有须);陈绍庄(年约五十余岁,亦系浏阳一带人,身高大,无须,像极凶恶)。拿获以上各匪者,各赏银一千两。

宗黄,又名夏灵(年四十岁,系长沙富商,为黑帮头目);刘家运(系湖北全省会首);曹玉英(年二十九岁,系沙市油皮富商,为沙市会首);黄庆武、柳际贞、刘林生(以上三名,系湖南匪目);郑先声、李燮和、朱子龙、萧克昌、卢金标(以上五名系长江一带之匪目)。拿获以上各匪者,各赏银五百两。

查赏格中只有朱子龙一人。萍醴事起仓卒,湖北党人,事先均未与闻,瑛、钟汉亦总理临时指派,清廷尚未探悉,故赏格中无刘静庵、余诚、胡瑛、梁钟汉等名,而瑛等仍积极进行也。十一月十一日,刘静庵乃召集日知会同志与瑛、子龙、钟汉等会议于汉阳之伯牙台,皆以财政困难为忧。有无赖郭尧阶者,具言彼有办法,云六合锑矿公司经理刘小霖愿纳十万元佐吾辈革命,同志信之。尧阶告密于巡警道冯启钧,于二十三日晚,诱捕朱子龙于汉阳。二十四日由刘小霖宴胡瑛于汉口名利栈捕之。随导捕刘静庵、梁钟汉、季雨霖、李亚东、吴贡三、殷子衡、张难先诸人。语载各人事略中。

严昌洪、张铭玉、傅蟾珍编《张难先文集》,华中师范大学出版社2005年版,第90~91页

殷子衡后自述被捕经过:

我为甚么事被捕入狱呢?就是因为运动革命的机关——武昌日知会破了案。刘静庵等先后入狱,我也随着被捕了。

…………

一九〇七年一月二十六日(农历丙午十二月十三日),何季达由省城到团风小学校里找我(此时我在该校教地理兼国文)。何君走进校门与我见着面,即牵着我的手到操场角去,边走边谈,向我说:"我们革命机关破了,静庵、松坪等都被捕了。你可到日本去躲避一下。本月二十日,胡维世要来约你的,你暂且在这里等候几天。"我听了他这一段话,起居坐卧总觉不安。到了三十一日(十八日),有鸭蛋洲的霍雄飞与学校附近的秦少溪,约我出外走一走。我就同他们走了好多处所,转身到紫荆山庙中商筹一切,并在道人那里吃晚饭。约午后四点钟,我们三人站在神龛前谈话,忽然有两个穿便衣的人从侧门里进来,问殷先生在哪里?我看见这两人是从来没有会过面的,心中很疑惑,猜想是拿我的人来了,就连忙扯谎答应他们说:"殷先生不在这里,他回家去了。"我就转身向后门外边走,秦君也跟着我走出来了。(后来听说:那两个侦探见我走后,又曾追问那庙中的小道人。小道人指着我说,那前面走的就是殷先生。)在回转学校的路上,忽然看见体操场中站着一队兵,心中越发怀疑,很想几步走到人家屋里去躲一躲。不到几分钟的时候,那先前问我的两个人从庙里跑出来了,口里连声喊:"殷先生,殷先生!"我听见他们喊,明知躲不脱,就只有答应说:"你们喊我有甚么事?"我口里一面与那喊我的人讲话,一面以目示意,嘱秦君快快走开。秦君见此情况,就从岔路逃走了。那操场中站着的兵士,有一个抢步跑拢来,开口问道:"你是殷子衡先生么?"我说:"是的,你们找我做甚么?"那个兵士说:"张宫保有命令,特派测海兵船叫我们来请先生到省城里去。"随后那些兵士都跑步赶到我面前来了,有的用手捉住我的臂膀,有的牵着我的辫子。我说:"你们不必如此,男儿救国,岂爱惜生命么?我去就是了。"他们才把手松开,许我往前走。走到江边,踏上兵船,看见我的舅父吴贡三先生已经在仓[舱]中坐着了。我与舅父对坐,没有一句话说。远看太阳渐渐要落土了,暮色苍茫,令我百感交集。我自问自道:"我若是死了,从事革命的人岂不是少了一个么!我若不死,我这患病以后的身体,又怎能受得

住他们残酷的刑杖呢!”左思右想,觉得生则为其难,死倒是一件很容易的事!船过白浒山下,我就跳入江心。清兵见我跳水,赶忙将兵船转过头来,驶近我的身边,将我从水中提了起来。他们脱去我的湿衣服,送我到火[舱]里去烤火,并用四个强壮的兵丁看守我。我如醉如梦,不知东方之既白,直到看守的兵叫我起来,才惊醒坐起。我的舅父吴贡三先生也起来了。岸边有两顶轿子在船侧,我与舅父各坐一顶,从汉阳门进城。轿子走得很快,径抵一座公馆门口。我们下轿后就步行进去,看见门内两边排列刀斧,威武异常。走过花园,到了一间屋子,环列许多兵卒。过一会,屋子内面走出一个人来,大约有三四十岁,面白无须,穿的皮袍子和缎子马褂,口里衔着烟卷,鼻子上架着金丝眼镜,用好言饵诱我们说:“你们不要紧。不过要你们证实刘静庵是日知会的‘匪首’,把他的罪状都说出来,就可以放你们回去。此案与你们没有干涉。”当时我觉得他是向我们诱供,我岂肯把千斤的重担,推在刘一人的身上,自求释放?我就支吾其辞。那个问我的人,听见我这样答应他,很不高兴,就叫人拿出纸笔来,要我写日知会的始末。我因这样关系很大,明知已经被捕的人是无法可逃的,未被捕的人,岂可任其罗织!遂信手涂鸦,所答非所问。那人以不得真情,现出很不满意的样子,就走开了。那人走开以后,内面又走出一个人来,面色黄黑,头颅很大,身材魁梧,穿的是军服,手中拿着两尺多长的木棍,走到我的面前,用各种手段恐吓我。我就闭着口,一句话也不说。那个穿军服的人看我不说话,就把我和我的舅父带到警察局里去了。这时约午后一点多钟,这里预备了午饭给我们吃。我们正在吃饭的时候,有一个守卫兵士对我说:“这里有一个胡瑛,听说是与你们一党的,他很会做诗。”他出门去四处一望,转身就把胡瑛做的诗念给我们听。我听了胡瑛悲痛的诗句(胡瑛被捕后数日,有拟斩讯,故于狱中赋诗,以示绝笔),心中越发难过。到了午后两点多钟,那个拿木棍的人引我们出外坐人力车子往前走。走到长街,遇着同邑的冯群仙。我不与他说话,即怒目示意,叫他赶快走。我们的车子走得很快,不知不觉就到了武昌府的衙门口,那人把我们引到靠右边的屋子里坐着。有好多人问道:“是甚么案子?”看守的人答应他们说:“这是昨天在黄冈县拿来的两个革命党,与刘家运、朱子龙是一案的。”于是众人拥挤着,攒头瞪目的看着我们。有的说:“可怜啊!”有的说:“他们想杀皇帝哩!”有的说:“这样的好人,为什么要革命呢?”当时,我看着那些人,有很大的感触,心中默默的向他们说:“同胞们!你们常受统治者的压迫,到如今还不觉悟,实在是可怜极了。”过了一会,就把我们提进内堂,坐在走廊下候审。又坐了许久,觉得太阳已落了土时,堂上的灯点着了,呼喊的声音不绝于耳,想是预备法堂审判我们呢。我过细的思考着,若是只为我一身打算,死于刀下倒是极爽快的事。又想,这未免太软弱了,对于同胞太不负责了。要从万变中灵活机智,保全生命,将来更好的做革命工作。这样,我的胆气就增加百倍,一点惧怕的心也没有了。于是抬起头来朝上望,看见堂上的差役往来如织,三五成群的唧唧哝哝,声音莫辨。

约过一点多钟,差役把我们引到审判的堂前。堂上陈设着长案一张,案上排着冬瓜式的琉璃红灯一对,笔架、签筒各一。案后当中坐着的是清巡警道冯启钧和武昌知府双寿;案侧坐着的是江夏知县王士卫。先提我的舅父吴贡三先生审问,审毕,另押一处。再提我到他们面前审问,我就盘脚坐在地上。开始由冯启钧审问:“你是殷子衡么?”我说:“是的。”冯问:“你有几大的年纪?”我说:“今年三十二岁。”冯问:“你平素做些甚么事?”我说:“我平素喜欢读书,以教书为职业。”冯问:“你为甚么与刘静庵提倡革命呢?”我说:“我国的疆土,被清统治者占去二百多年,政治非常的腐败,人民非常的痛苦,做官的人又没有甚么知识,我们想改革专制的政体,建设共和的国家。”冯问:“你们想在几时起事呢?”我说:“我们不过只有这样的思想,还没有甚么行动。”冯问:“刘静庵就是刘家运么?”我说:“不是,他只有一个名字,叫静庵。”冯问;“日知会是刘静庵创办的么?”我说:“是的。”冯问:“他办日知会是甚么作用呢?”我说:“日知会的宗旨,是想把欧美各国的文化搬进中国来。里面陈设新书、新报和外国的书籍,所以有军学两界的人常常进出。”冯问:“前者萍乡、醴陵叛变,是不是刘静庵的指挥呢?”我说:“不是。”冯问:“你何以晓得不是呢?”我说:“从来没有听见说过。”冯说:“你袒护他。”继而又喊:“你们拉绷子来,把他绷起,看他照直讲不照直讲。”那些站着的差役,就把我抬到绷子上,把我的左右手拴在两旁的木柱孔中,把我的辫子悬系在绷子上。又有一个人走拢来,折我的双膝跪在铁链子上,后用长棍垫于两脚之颈,二人用力上搬,实在是痛不可耐。双寿前来对我说:“你讲,你讲,你只讲萍醴的革命军是刘静庵的党羽,刘静庵就是刘家运这几句话,我们即刻放你回去。”我总不开口,双寿又对我说:“这种痛苦是很难受的,你讲,你讲,我们即刻放你下来。”我忍着痛,还是不开口。在绷子上约有半点钟,他们才把我放下来,我把脚伸开坐在地上,脚颈、膝头、两膀骨肉,遍身都痛,心中焦灼,如同火烧一样,悲极愤极,几不欲生。王士卫斜坐案旁,先用好言劝慰我说:“你要放明白些,这件案子与你毫无关系。听说刘静庵是长江上下游的匪首,势力很大,军学两界他已联络好了。准备几时起事呢?你对我说实话,马上就放你回去。”我听见他用这种欺骗的话来诱我入壳[彀],愤怒不能自禁,打算死在他的刑杖下,就放大声音说:“你们想把别人的血来染自己的顶子(清廷官制,能多杀汉人立功,升至头品顶戴者,赏红顶),那是不可能的事。甚么长江‘匪首’,我一概不知。”王士卫看见我说的话太厉害,他就变了脸说:“我和你说好话,你还发气么!”他就又喊:“再把他绷起,拿条子来鞭他的背,看他照直讲不照直讲。”于是差役就把我的衣服脱掉,只留单裤一条,依然把我绷起。皂隶左右站着,有两个差役拿着一把细竹枝的条子打我的背。那两个人的气力很大,对面更换着乱打。打至数百下,血流如注,痛入肝脾。王士卫、双寿、冯启钧三人先后到我的面前,带着笑容对我说:“你照直讲,免得受刑呵。”但刘静庵是我们的同志,我不能说他是“匪首”,使他身遭惨戮;也不忍说出同党中的任何一个人来。他们看见我不肯说,用刑就越发厉害。我的血肉横飞,头上的冷汗不住地往下流,鼻子内的呼吸也非常短促,四肢百体,都失了常态。这个时候,我以为不能再活了。他们看见我要死的样子,就叫人把我从绷子上解下来,我好象从死里复活一样,又把脚伸开坐在地上。差役中有一人用自己的脚摩擦我的膝头,我的心还是跳动不止,身体麻木,不知疼痛。忽有警士前来向冯启钧报告:“某处的墙倒了,压死好多人,请大人前去相验,以免途人堵塞,致起惊慌。”冯就当时退堂,左右的差役把我扶到帘子外面,坐在一矮凳上,给我汤饭一碗。我仅喝了几口水,饭一粒也吞不下去。过了一会,气息稍长,心跳略缓,似有一线生机。在我以为必死,忽然活转来了,可算得不幸中之大幸!

深夜三点钟,差役四人押着我往前走,两个人提着灯笼,一个人在前面引路,一个人在后牵着我的辫发。走出了大门,就叫我坐人力车子,车子走得很快,不知不觉又到了一个衙门。从旁边的门里进去,过了一条深巷子,才走抵栅栏门(是江夏县狱)。守卫的人把门打开,收我进去。里面人声嘈杂,听见有声音说:“又收了一个犯人来了呀!”牢头、禁卒一齐拢来,拆我的辫线,脱我的衣服,摸我的袜子和鞋,搜洗我的全身,然后打开号房门的大铁锁,把我推进去。又用大链子一条,一头锁住我的颈项,一头系在便桶旁边的柱子上。链子长不过三尺,使我不能站,也不能睡。我住的号房长宽不过五六尺,内面连我共住了九个人,有吃鸦片烟的,有捉臭虫的,有咳嗽痰涕不止的,有时来大小便于桶中的,有出恶声吵闹的,且有向我敲诈的(这是“桶字老板”,新入狱的人,归他敲诈取财)。我坐的地方,四周都被尿水润湿了,一种腥膻臊臭的气味,扑鼻而来,不可向迩,实在令人难得呼吸。我心下叹道:“这是甚么地方,不是十八层地狱么?哀我同胞,受此惨痛,终不觉得,还是自相鱼肉。毒哉,专制的政体呀!”

二十日早九时,朱松坪(朱子龙)到我的号房门前来看我,他说:“你也来了。”我答应他说:“我不入地狱,谁入地狱?”松坪安慰我说:“你的心要放镇静些,我在这个号房已经锁过十八天。你来了,还有我在这里,可以照顾一下,不要着急。”松坪说完这几句话就走了。过了一会,他叫人送来稀饭一碗、馍馍两个、酱菜几片,我从栅栏的洞儿里接过来,勉强吃了一碗。象这样的生活,过了三天。到了二十三日早晨,忽有人声喊着:“朱子龙、殷子衡提堂呀。”差役把我们引出门外,各坐轿子一顶。走不多时,轿子就停住了,我们就从轿子中出来。抬起头来一看,知道又是到了武昌府。我与朱君一同走进去,坐在西花厅的走廊下,有时傍着栏杆小步。守卫森严,不敢谈话。我看见厅前柱头上有一联云:“看阶前草绿苔青,无非生意;听墙外鸟啼鹊噪,恐有冤声。”我当时心中说:“清室入关,屠杀我人民,强占我土地,数百年来,冤声载道,鬼哭神号,你还没有听见么?你们的思想仅及于阶前、墙外,无怪乎你们到处捉拿革命党啊!”到了十一点多钟,我的肚子饿得很,就向差役要东西吃。他跑出去买了几个锅魁进来,我与松坪分而食之。吃罢,要一点水也没有,实在是渴得无法。到了十二点钟以后,就把我与松坪提到后花厅,各坐一间房子。忽然听得脚镣的响声走近我的坐处,抬头一望,是胡瑛由此经过。随后我的舅父吴贡三也由此经过。他们都坐在对面的小房里。这个时候,我听见看守的人彼此谈话说:“刘静庵、季雨霖、梁钟汉、李亚东、张难先,他们都来了,也是分别禁坐,以待会审。”这次,鄂中大吏齐集武昌府的衙内,巡警道冯启钧守门,门前的卫兵很多,承审员计十三人(即梁鼎芬、陈树屏、冯启钧、赵以楠、杨寿昌、王士卫、熊家麒、程笙,还有五个人不认识)。午后八点钟就将我们提审,刘静庵受刑最重,死去活来有好几次。因为官场急求了案,刑逼刘静庵为“匪首”,要他直供是刘家运,鞭背至一千四百下,肉尽见骨,面目青肿,卒无所得。众则按次刑讯,尚无大伤。审张难先时,张索纸笔直供,约一千多字,大意即吾不革命谁革命,吾不革命不仅负吾辈,且负天下人。他投笔厉声说:“斩便斩,索供何为。”冯启钧说:“久闻先生名,是革命党中的健将。郭尧阶曾经对我说过,果然不错。”审梁钟汉时,梁笑骂官场说“你们是做官的,不是做事的。干天下事,还是要我们革命党呢。”承审员问:“你不怕死吗?”梁答:“笑话,岂有怕死的革命党么!”李亚东手书一卷,气冲牛斗,清吏竟哄堂大笑。朱松坪供说:“我为革命而来。元璋的天下,失之胡人。即不还之元璋,也当还之汉人。”问官想把他推出斩首,朱松坪厉声说:“革命党遍天下,杀之难,杀尽更难。不杀革命党,革命党就不多,革命党不多,革命就不容易成功。革命党的血,就是灌溉汉人自由的肥料,杀,是我求之不得的。”遂伸颈大呼曰:“杀!杀!”其余的四个人所供的话,我未听见。审至午夜十二点钟还未退堂,到了钟鸣四点,在上座的梁鼎芬忽腹泻满座,会审的人相对不言。梁鼎芬即提裤下堂,承审员也随着他散去了。我们就各回原监,未久天就亮了。后闻这次会审,预备分别治罪:或枭首,或监禁,或有期徒刑。我们九人静候他们决断执行,就各自处理后事:或赋诗见志,或自挽鸣哀,或预备家书,与世长别。过了几天,有一个朋友到监狱中对我说:“十二月二十五日(一九〇七年二月七日),北京外务部有电报给湖广总督张之洞,说关于美国圣公会内的日知会刘静庵一案,‘从缓办理’。因为美国公使曾向清廷抗议,吴禄贞、程家柽等又请庆王、肃王设法施救,所以有这样的电报来到。”我听了这个朋友的一段谈话,心中觉得稍安。

殷子衡《狱中记》。引自中国人民政治协商会议湖北省委员会《辛亥首义回忆录》第3辑,湖北人民出版社1980年版,第4～12页

1月14日(十二月初一日) 《中国女报》在上海创刊发行,该刊由陈伯平任总编辑,发行与总务由秋瑾一人承担。

秋瑾撰《中国女报发刊词》云:

世间有最凄惨、最危险之二字曰:黑暗。黑暗则无是非,无闻见,无一切人间世应有之思想行为等等。黑暗界凄惨之状态,盖有万千不可思议之危险。危险而不知其危险,是乃真危险;危险而不知其危险,是乃大黑暗。黑暗也,危险也,处身其间者,亦思所以自救以救人欤?然而沉沉黑狱,万象不有;虽有慧者,莫措其手。吾若置身危险生涯,施大法力;吾毋宁脱身黑暗世界,放大光明。一盏神灯,导无量众生,尽登彼岸,不亦大慈悲耶?

夫含生负气,孰不乐生而恶死,趋吉而避凶?而所以陷危险而不顾者,非不顾也,不之知也。苟醒其沉醉,使惊心万状之危险,则人自为计,宁不胜于我为人计耶?否则虽洒遍万斛杨枝水,吾知其不能尽度世人也。然则曷一念我中国之黑暗何如?我中国前途之危险何如?我中国女界之黑暗更何如?我女界前途之危险更何如?予念及此,予悄然悲,予怃然起,予乃奔走呼号于我同胞诸姊妹,于是而有《中国女报》之设。

夫今日女界之现象,固于四千年来黑暗世界中稍稍放一线光矣;然而茫茫长路,行将何之?吾闻之:"其作始也简,其将毕也巨。"苟不确定方针,则毫厘之差,谬以千里。殷鉴不远,观数十年来,我中国学生界之现状,可以知矣。当学堂不作,科举盛行时代,其有毅然舍高头讲章,稍稍习外国语言文字者,讵不曰"新少年,新少年"?然而大道不明,真理未出,求学者类皆无宗旨,无意识,其效果乃以多数聪颖子弟,养成翻译、买办之材料,不亦大可痛哉!十年来,此风稍息,此论亦渐不闻;然而吾又见多数学生,以东瀛为终南捷径,以学堂为改良之科举矣。今且考试留学生,"某科举人"、"某科进士"之名称,又喧腾于耳矣。自兹以后,行见东瀛留学界,蒸蒸日盛矣。

呜呼!此等现象,进步欤?退步欤?吾不敢知。要之,此等魔力必不能混入我女子世界中。我女界前途,必不经此二阶级,是吾所敢决者。然而听晨钟之初动,宿醉未醒;睹东方之乍明,睡觉不远。人心薄弱,不克自立;扶得东来西又倒,于我女界为尤甚。苟无以鞭策之,纠绳之,吾恐无方针之行驶,将旋于巨浪盘涡中以沉溺也。然则具左右舆论之势力,担监督国民之责任者,非报纸而何?吾今欲结二万万大团体于一致,通全国女界声息于朝夕,为女界之总机关,使我女子生机活泼,精神奋飞,绝尘而奔,以速进于大光明世界;为醒狮之前驱,为文明之先导,为迷津筏,为暗室灯,使我中国女界中放一光明灿烂之异彩,使全球人种,惊心夺目,拍手而欢呼。无量愿力,请以此报创。吾愿与同胞共勉之!

《中国女报》第1期,1907年1月

秋瑾撰《创办〈中国女报〉之草章及意旨广告》:

一 本报之设,以开通风气,提倡女学,联感情,结团体,并为他日创设中国妇人协会之基础为宗旨。一 本报内容,以论说、演讲、新闻、译编、调查、尺素、诗词、传记、小说为大纲。一 本报以中外各国古今女杰之肖像及名景胜迹,有关于女学者,按期印入首页,以供赏鉴。一 本报以中外各学校之章程、情形、服饰等类调查,详细登录,以备采择。一 本报以洋装精印,月出一册。一 本报以文俗之笔墨并行,以便于不甚通文理者,亦得浏览。一 本报志在扩充普及女界之智识,另编译各种有益女界之书文、小说印行,以供购阅。一 本报以从前有办报者,财力未充,遽行开办,往往有中止之弊,鄙人有鉴于此,欲募集股金万元为资本,先固基础,免有中止之虑。然如集有三四千金,即先行试办。一 本报以所募万金为五百股,以廿元为一股,祈同胞协助。一 本报开设沪上。执事除经理、撰述、调查、校对等员之外,又另设招待员一员。如有我同胞往东西洋游学,经过沪上者,及就学沪上者,人地生疏,殊多不便,当为尽一切招待之义务。一 本报除入股之外,如有热心志士,以资捐助,当推为名誉赞成员,与入股诸志士大名,同登诸报首;并按助资之多寡,敬赠书报。一 本报如有海内外同志以所著诗词、传记、小说及新闻等类见赠,当择尤登录。一 本报章程草创,诸未完善,后当由入股诸同志会议改良。一 本报收股处现因未租房屋,暂假定中国公学会计部代收,掣付收条。一 本报以期达完善美满之目的,各执员需人正多,如入股诸君及海内外热心诸君愿担认事务员及撰述、访查诸员者,或义务,或延订,俱祈函达为荷。一 收股处:虹口北四川路厚德里九十一号蠡城学社。一 本报第一期纸料太低,殊不雅观,因于第二期,不惜重资,特求精美纸料印刷,以图爽洽人意,售价仍旧。俟经费完足之后,必须更求改良,特此声明。发起人秋瑾拜启。

1907 年初刊于《中外日报》,《中国女报》第 2 期补登,1907 年 3 月

秋瑾之弟秋宗章《六六私乘》谓:

《中国女报》创办之始,原拟集股万元,以二十元为一股,置办印机,聘请名人,担任撰述,印报编书,同时并进,基础既固,然后可期久长。当时曾将所订章程,刊登上海《中外日报》,并分送各女学堂。意谓女界风气已经开通,不乏同志相与邪许。讵越时甚久,入股者仅四五人,集款才数百元。事与愿违,势将中辍。姊既悲且愤,益知开浚民智,潜移默化,则女报之创为不可缓。复勉筹数百金,赁庑于上海四川路厚德里,仓卒筹备出版。自撰《发刊辞》曰(编者注:见上文,此略)报既印行,集编辑、校对、发行之责于一身,不辞劳怨。除躬任撰述外,旌德吕碧城女士之文,石门徐寄尘女士之诗,会稽挽澜女史(陈伯平烈士之妹)之小说,均有投寄。卒以资金不充,销路甚滞,且无丝毫广告收入,仅出两期,即告停顿,锻[铩]羽而归。家从兄美章,无力就学,姊独任其难,佽助学费,命入吴淞中国公学肄业,晚间即寄宿《中国女报》馆,俾助理庶务。至是,亦中途退学焉。

浙江省辛亥革命史研究会、浙江省图书馆编《辛亥革命浙江史料选辑》,浙江人民出版社 1981 年版,第 389 ~ 390 页

徐双韵《记秋瑾》一文谓:

一九〇六年冬初,秋瑾为了唤醒广大妇女,在上海创办《中国女报》,预定集股一万元,购置印刷机件,准备印报编书,同时并进。无如尽量征求,入股的仅四五人,款股只筹到数百元,同预期目标相去甚远。我姊妹两人勉力捐助一千五百元,才在北四川路厚德里开始编印。创刊号于农历十二月初一出版,采取杂志形式,每月一期,售洋二角,总编辑为陈伯平,余任校对,发行及总务由秋瑾一人支持。她并亲写了发刊词,还写了一篇《告姊妹们》在第一期发表。

第二期在一九〇七年农历正月二十日出版,改用道林纸印刷,相当精美,内容更加丰富,刊登了署名黄公的《道德说》,钝夫的《女子教育》,志群的《恭贺新禧》,挽澜女士(陈伯平之妹)的《女革命英雄独立传》,吕碧城的《女子宜急结团体》,秋瑾的《女权歌》,附以简谱,以便大家歌唱。

《中国女报》刊行了两期,因销路与资金关系,便告夭折。

在此我不能已于言的是:浙江人民出版社一九五七年朱耀庭所写的《秋瑾》第十九页一四至一七行说:"袁世凯在天津选娶侍妾……秋瑾决定牺牲自己,参加应选……"云云,不但没有这回事,并且未免侮辱先烈。吴惠秋老同学在《中国女报》停刊后,随侍秋瑾,深知秋瑾当时绝对没有到过天津。为此郑重声明,以正误传。

周芾棠等编《秋瑾史料》,湖南人民出版社 1981 年版,第 30 ~ 31 页

对于陈伯平襄助办理《中国女报》一事,蒋继云因秋瑾案被逮捕后供称:

绍兴人陈伯平即陈墨峰,是个大头目,最有热心,不怕死的,与秋瑾最要好的,秋瑾在上

海开女报馆,曾邀陈墨峰主笔。陈墨峰也能制炸弹的。

周芾棠等编《秋瑾史料》,湖南人民出版社1981年版,第187页

1月15日(十二月初二日) 《香港华字日报》发表署名"昙花梦主"所撰论说《论派员分查各省会党之无济》,评论清廷在萍浏醴起事后之政策。

文章云:

自萍乡乱党倡乱以来,旗上现有革命军数字,政府诸人遂以其狮子搏兔之力,调动江鄂湘赣四省大军,以赴剿而堵防,甚且有命袁世凯率师南下之意。噫嘻,其重视乱党耶?抑以乱党有革命数字,故不觉痛心刺目,以张皇而遣师耶?以政府目前之兵力,平初起之内乱,吾知其力亦游刃而有余,而各疆臣偏不惮张大其词,仓皇奏报,动言某党若干人,某地又派有党羽若干众,遂使风声鹤唳,草木皆兵。今日下一廷寄,则命某臣严查会党也,明日传一密谕,则著某官密缉会党也。吾不敢谓各省会党为数甚少,吾亦不敢言各省会党为数竟如各省督抚所奏之多,吾更不敢信各督抚所奏会党有如是之大运动,然其纷纷扰扰,捕风捉影,则政府与各督抚固同一视为重大之问题也。岂真天下本无事,庸人自扰之哉?揆厥由来,毋亦曰各会党利用谣言以为倡乱之资,各督抚又利用会党之谣言以为讨功之地,故政府据奏批谕,亦惟有大加震动,严饬查拿,以稍纾内顾之忧而已。

迩因江西省及南京均获有会党之侦探多名,据其所供,则奉直鲁豫等省均派有党徒若干人前往串通土人,以希图起事。其言之真否,事之有无,尚在不可知之数。而获此等会党供词之督抚,遂以为事泄机先,连章入奏几若为朝廷干一莫大之功劳,更不惜张大其词,以为邀功之地步矣。政府方怵干[于]革命军三字之将酿巨患,今无端又接此四省均有党人窜入串同土人起事之虚声,安有不信以为真而作预备不虞之举动乎?密饬南北洋大臣选派干员分赴各省,以密查会党,此固政府照章办事,不得谓其非有防祸未然之心也。然窃以为,派员分查,非徒无济,适足以摇动人心而益形滋扰耳。今试问所派委员,其果能辨为谁是会党,谁非会党乎?又试问会党中人,其有分别我是会党,我非会党乎?委员既不能代辨,会党又无分别,然则奉派查侦之员计,惟有作出差一次,观随所至之地,择一二形迹可疑者,拘获之,研讯之。其不能自辨为非会党者则又可奏报上司,谓已缉得会党首领几人,将于何时起事。督抚据情入奏,而此派查之员又可以升官而发财矣。实则所谓会党中人即无耳目,亦有声气,既曰派员分查,夫谁则露出会党之形迹,以头颅而□尔委员博头衔耶?多一官弁行查,即多一骚动。其各处会党有真为革命,党羽暗中运动,必先窜避无踪,以俟查缉官弁去时再回煽动。吾不知有何法以善其后,且更有何法以预为防也?然则今日派员分查,亦何济于事哉。

要而言之,政府果实行立宪,予民以权,则会党或可不查而自解,革命党或可不戢而自消。若犹是以立宪为口头禅语,长此终古,则潢池弄兵,东起西发,亦有如铜山西崩,洛钟东应之势,微但各督抚有疲于道路之劳,即政府亦有不遑日昃之忧。中国此时局面,忧不在内乱之多生,而在内治之无术,徒防会党,无济于事也。

《论派员分查各省会党之无济》,《香港华字日报》1907年1月15日

1月19日(十二月初六日) 湖广总督张之洞致电直隶总督袁世凯,询问所逮捕的刘敬庵是否即是号称湖北全省总会首的刘家运。

张之洞《致天津袁宫保》电:

前准大函并抄折内开革命匪党名目,湖北全省会首为刘家运。昨据拿获匪党朱子龙等

供称,武昌运动革命机关,仅有刘贞一即刘敬庵,并无刘家运其人。当将刘贞一拿获,得有悖逆佐证极多,迭讯,仅据供认名贞一,号敬庵,在武昌省高家巷圣公会充当教习,曾经办日知会,聚众演说多次,夏间并有法国人到会演说等情,似与来函有法人分头来武昌运动之说相符,惟该匪坚不承认为刘家运。查洋员报告姓名,当系拼音译出,请将原报尊处洋文抄寄,或请转询原报洋员,所报何自得来,所称湖北全省总会首刘家运,与敝处现拿之刘贞一即刘敬庵是否一人?请速电复,切盼。歌。

国家清史编纂委员会·文献丛刊《张之洞全集》第11册,武汉出版社2008年版,第318~319页

1月20日(十二月初七日) 《中国新报》在日本东京创刊,每月一册,共发行有九期,且有上海版。杨度任总编撰,胡茂如、熊范舆、薛大可、李侻、方表、谷钟秀等人为之撰稿,多鼓吹召开国会,实行君主立宪,参与对《民报》的辩论。

杨度撰《中国新报叙》:

今地球上以大国被称者十数,而中国居其一。虽然,以中国之大言之,固有非各国所能及者,若以言乎富与强,则反在各国下数等。此其故何也?则以中国之政体为专制之政体,而其政府为放任之政府故也。何谓放任之政府?则以对于内惟知窃财,对于外惟知赠礼,人民之生命财产,非其所问。一言以蔽之,则曰不负责任之政府也。

今中国之谈政治者,率多依赖政府之心,日注意于国民所以被治之途,而不从事于国民所以自治之道。此不惟不通治体,抑且增长国民之放任心而减少国民之责任心,于国家之进步,必有损而无益矣。是不知政府之所以不负责任者,由于人民之不负责任;使人民而愈放任,斯政府亦愈放任矣。于此而欲求政府之进步,是犹欲南行者而北其辙也。故谋国者之所宜主张者,惟国民责任论而已矣。虽然,国民之责任,亦不可以空言而负也,尤必有能力以附之。

今试问中国国民中之能力如何?则其程度至不齐一,而其所以为差异者,则大抵由于种族之别。合同国异种之民而计之,大抵可分为汉、满、蒙、回、藏五族。而五族之中,其已进入于国家社会而有国民之资格者,厥惟汉人。若满、蒙、回、藏四族,则皆尚在宗法社会,或为游牧之种人,或为耕稼之族人,而于国民之资格,犹不完全。盖极东西通古今之人类社会,无不经蛮夷社会、宗法社会、军团社会之三大阶级而以次进化者。

蛮夷社会无主义,宗法社会为民族主义,军国社会为国家主义。此西儒甄克思所发明,一定不移之公例,无论何种社会,而莫之能外者也。今世西洋各强国国家之程度,皆已入于完全之军国社会。而以中国之国家程度言之,则其自封建制度破坏后,由宗法社会进入于军国社会者,固已二千余年,惟尚不能如各国之有完全军国制度耳。而国民之中满蒙回藏四族,则皆犹在宗法社会之中,有民族主义而无国家主义,与中国国家之程度不相应。惟汉人则手创此中国者,其程度乃独高,而与国家同有国家主义而无民族主义。故以其能力而论,则政治能力、经济能力、军事能力,虽在今不能及于西洋,而自古无敌于东洋。当其内政整理时,而与他民族遇也,则他民族必劣败于其军事能力之下;当其内政不理时,而与他民族遇也,则他民族虽偶优胜于军事,而旋必劣败于其政治能力、经济能力之下。汉族数千年来之历史,可以此数语包括之。盖进化者优胜,而退化者劣败。宗法社会之族,一遇军国社会之族而立败,民族主义之种人族人,一遇军国社会之国民而立败,此自然淘汰之理。而中国为东方数千年惟一之国家,汉族为东方数千年惟一之人种者,即以有此惟一之特色也;而其可一蹴以跻于完全军国社会者,即在乎此。吾人欲言国民责任,则必取其能力足以组织完全军国者而与之言,势不能不于国民中,后满、蒙、回、藏而先汉族,以汉族负此先忧后乐之义务

焉。此亦事势之不得不然者也。

夫吾人之所以欲国民负责任者，乃欲以国民之能力，改造一责任政府耳。其所以欲改造责任政府者，欲使中国成一完全之军国社会，以与各军国同立于生存竞争之中，而无劣败之惧耳。虽然，今世各国虽曰军国，然岂其专以军事立国为无意识之战争者乎？盖皆以经济之争而有军事，又以军事之争而有经济，不仅为军事国，又已为经济国。合言之，则曰经济战争国，又曰经济的军国，非此则不足以自立于世界。故吾人所欲建设之完全国家，乃为经济战争国，故吾人之主义乃世界的国家主义，即经济的军国主义。以此主义，可以立国于世界，而无不适故也。然欲成一经济的军国，则不可不采世界各军国之制度，而变吾专制国家为立宪国家，变吾放任政府为责任政府。

然一言立宪，则有一问题发生，即立宪云者，君主立宪乎？民主立宪乎？因此问题而又有二问题发生，即：其一为君主立宪与民主立宪，所须国民能力之程度，孰为多寡乎？其二为君主立宪与民主立宪，所得之国民幸福，孰为多寡乎？是二问题者，吾人以一语解决之曰：国民所须能力之多寡，不以君主立宪、民主立宪而异；国民所得幸福之多寡，亦不以君主立宪、民主立宪而异。其有异者，以宪而异，而非以主而异也。其能力可为民主立宪国之国民者，即可为君主立宪国之国民；可为君主立宪国之国民者，即可为民主立宪国之国民。此其所同者也。而君主国民之幸福，有多于民主国民之幸福者，如英之与法是也；民主国民之幸福，有多于君主国民之幸福者，如美之与德是也。同为君主国民，而幸福之多寡有不同者，如英之与德是也；同为民主国民，而幸福之多寡有不同者，如美之与法是也。此其所以异也。盖幸福者，民所自取，而非主所畀与，则所问者在宪而不在主矣。

然则中国宜为君主立宪乎？抑宜为民主立宪乎？曰：是不当以理论决，而当以事实决；又不当以他日之事实决，而当以今日之事实决。若吾人之所主张者，则以为今日中国之事实，但能为君主立宪，而不能为民主立宪。此于理无可言，惟据势以为断耳。其势如何？曰：若为民主立究，则有困难之二问题：一曰满、蒙、回、藏人之文化，不能骤等于汉人；二曰汉人之兵力，不能骤及于蒙、回、藏人。盖共和国民于宪法上有人人平等之权利。今满、蒙、回、藏之人，方言民族主义，国家观念最为浅薄，欲其与汉人并立，五族平等，共选举议员，共选举大统领，此其事他日或能行之，而今时必不能也。今既不能，则汉人组织共和国家，满人无复有土地之可守，必以反抗而尽败灭；蒙、回、藏之人，则必以民族主义而各离立。是非谓满人为君主，则可以统制之，汉人为君主，则不能统制之也；又非谓汉人为君主，可以统制之，汉人为民主，则不能统制之也。乃以旧政府初灭，新政府未强之际，其兵力必不能制服各族，使仍为我领土。而蒙、回、藏者，持民族主义者也，无欲与汉人同立于一国家一政府之下以为生活之心，则必乘此以解纽而各离立。是其时必以汉、蒙、回、藏四族，分为四小中国。此四小中国中，其始终能立国者，惟汉人，而蒙、回、藏皆不能。若有一不能者，而为强国所并，则世界诸国中所倡支那领土保全、各国势力均等主义，则必被其所破坏，而生各国之纷争。于时，俄必得蒙与回，英必得藏，法、德、日本等必下手于二十一行省，其影响遂波及汉人之国，亦就灭亡。以内部瓜分之原因，而得外部瓜分之结果，此皆欲成民主国所必至之符也。是一言立宪，则以就现有之君主立宪为宜，而以汉满平等，蒙回同化，以实行国民统一之策焉。故吾人之所问者，不在国体而在政体，不争乎主而争乎宪。果能为立宪国，则完全之军国可以成，而与吾人之经济的军国主义无悖矣。

然而立宪之事，不可依赖政府，而维恃吾民自任之。世界中无论何国之政府，未有愿立宪者，此不必希望，亦不必责怨。希望之与责怨，皆倚赖政府之性质也。凡立宪之国家无不有责任之政府者,故吾民今日之事业,惟有改造责任政府为惟一之事业。而改造责任政府之方法,则有一至重极要之物,为必不可缺者。其物为何?则议会是也。夫议会者,所以代表人民监督政府之机关。使一国无此机关,则欲政府为责任政府,不可得也,是乃吾民今日所最急者。然反对此者,必有二说焉:其一为人民程度说,以为今日人民程度尚不足以为此也。然吾人以为进行一步,即程度高一步,鼓其进行,即所以养其程度,若不进行,而待程度之足,虽再历万年,犹将不足也。且中国人民之程度与中国政府之程度为对待,而非与各国人民之程度为对待也。今谓中国人民程度尚为未足,而中国政府之程度乃为已足,其理如何可通?自吾人观之,则非因人民程度之不足之故,而政府不必进行;实因政府之程度不足之故,而人民不得不进行耳。此人民程度说之非也。其二为政府势力说,以为政府可以为人民进行之阻力。此不知中国政府之能力,既不足以为开明,复不足以为野蛮,惟能为放任之政府,此其与俄罗斯等之专制国异者也。观其窃财赠礼,则其放任之情状可见。天下惟放任者最易劣败,此进一步,则彼退一步,有退让而无抵抗。今中国之权利,以政府之放任而遍地皆是,人民但群起而自取之,斯其势力已足于左右叱咤之声中,而促政府之倒矣。盖天下易倒之政府,莫中国政府若,有武力固可,即无武力,亦易易耳。此政府势力说之非也。有此二者,故吾人以为国民未有自负责任之心,以改造责任政府耳,不然,何难之有?

夫以责任之人民,改造责任之政府,是之谓政治革命。居今日而谋救中国,实以此为至易至良之惟一方法。而吾人之所笃信,欲有以此贡献于我国民者,此《中国新报》之所以作也。吾人惟以二三之同志,无党无势而与政府宣战,虽以若何无能力之政府,亦岂无方法以御之。然国家之事,人人有责,吾人亦以此为尽吾少数人之责任,以冀国民之或听之,而有起而共谋吾国者。嗟我同胞,其盍听诸!

《中国新报》第1号,1907年1月20日

梁启超撰《新出现之两杂志》一文,评介《中国新报》:

吾国出版界,近一年来,奋迅发达。即其定期出版之杂志,以东京学界一隅论,陆续出现已逾十种,且为分科发达之趋势,不可不谓进步之良现象也。以吾所见,其认为最有价值者得两种:一曰纯为政治上之性质者,湘潭杨氏所主任之《中国新报》是也;一曰纯为学问上之性质者,香山何氏所主任之《学报》是也。

《新民丛报》第88号,1906年10月2日

谭人凤《石叟牌词》曰:

重到三山无事闲,特插法政五期班。暂把天下事,仰仗党人担。却可恨二三妖孽,结合腐朽旧派,敢特地和我党为难。三五联盟倡宪政,机关四处设立,论说倒四颠三,一点丹心五内寒。叹若辈天良丧尽,红黑蔑心肝。只好就开会地点,打他个梅花乱落,稽首和南,抒我七情愤郁,禁彼邪说重刊。待异日澄清六合,还当剖他五脏六腑看看。五族共和大一统,仗乾坤二老偕六子奠定河山。九州歌复旦,四海庆安澜。庶俾我梅城老叟,展放双眉开笑颜。改造庄严世界,耸翠流丹,五光四色耀尘寰,好把民国高牌挂外间。

又谓:

余是时插入法政五期班,党务不曾过问。即倡保皇立宪之梁启超,经《民报》痛斥之后,既匿横滨,亦尚未敢入东京一步。自杨皙子取媚清廷,则办新报(编者注:即《中国新报》),博得五品京堂。梁启超官兴勃发,大出风头,结合腐败官吏与一切卑鄙近利之法政生,而有宪政党之组织。时同盟团体犹未涣散,而又有舌战之张溥泉君为各拳战之领袖,故每当其开

会之际，一言不合，即起而惩之，辄不免抱头鼠窜，而彼辈因以暴徒名色诬蔑我同人矣。

石芳勤编《谭人凤集》，湖南人民出版社1985年版，第340～341页

编者按：梁启超所撰评价之文，全文征引杨度所著报叙，但所署日期却早于《中国新报》发刊三个多月之久。此处当有两种可能：其一，《中国新报》的时间发行日期当比现在所知提前；其二，《新民丛报》第88号的实际出版日期并不在1906年10月，而应在1907年初。现在所知，《新民丛报》第89号标示于10月18日发行，实际却在1907年正月出版（据李国俊编《梁启超著述系年》，复旦大学出版社1986年版，第95页），则第88号当亦存在此种可能。

△ 两江总督端方致电外务部，请驻上海英国领事交解已获萍浏醴起义之会党首要黄易、张宝卿等。

其电文曰：

九月间拿获会匪李福斋，讯据供称，该匪本在长江上下充当扒窃首领，近有湘人刘震等开设团体会，希图谋乱，该匪听纠入会。谂知袁有升、黄易、张宝卿、江佑泉等俱系头目等语。当即将李福斋照章就地正法。十月下旬，萍醴匪党倡乱，自称为革命军，势甚披猖，谣言四起。遂拿获会匪袁有升、江佑泉、龙见田、傅义成等。据称该会正龙头为刘震，副龙头为黎兆梅，该匪袁有升系会办，江佑泉系元帅，在逃之黄易、张宝卿系军师，龙见田系圣贤，傅义成系盟证。拟趁萍匪扰乱，各处人心摇惑，或抢劫军火，或焚掠教堂，俾使官军应接不暇。黄易并曾在江宁为萍匪暗办粮台，豫备接济等语。即将袁有升、江佑泉、龙见田三犯就地正法，并因逸犯尚多，将傅义成监候待质。

旋探得黄易、张宝卿潜匿上海租界，密派守备夏鸣皋前往设法拿获，拘押捕房。即经由电请英国霍总领事交解，并电上海关道就近催提。接据瑞道艳电云，晤商巴副领事，反复辩论。据巴领云，照案本应开会公议，详请公使核示，然不免辗转稽迟。现拟一通融办法，请南洋大臣再将该犯案情并李匪口供录示，方可照办。并准霍总领事照复，语意与巴领同。并称，张、黄两人如果实系革命军匪党，本总领安有不为协办之理？惟近来湘、赣匪乱迭起，以后查拿匪党必多，今犹起始，应慎重从事，请迅将张、黄两人所犯案情并李匪口供详示会审公廨，俾过堂会审时查核办理等语。随将李福斋、袁有升等各供，摘要电饬瑞道照会去后。兹接瑞道微电云，顷英领照复初三来文录送南洋大臣电文一纸，属饬提张、黄两犯交解，因初二领事公会议定，所提之犯系犯国事，与中政府及上海驻领之各政府均有重大关系，须禀各国驻使核夺。已将道文译送领袖领事查核，俟接驻使复文照会等语。

查黄易、张宝卿两犯，乃系会匪乱党，有李福斋、袁有升等供词可凭，设非事前发觉，实有害于中外治安，与国事犯迥异。霍领初次照会曾称，果系革命党匪，安有不为协办之理？尚表疾恶同情。迨将犯供录告，忽称为国事犯，须请公使定夺。未免先后两歧，且各国约载，中国犯罪人民，一经华官照会，即行交出，并无留待请示之语。英领此举，似与约章未符。近来各处乱党咸假托为革命，实则扰害地方。张、黄二犯已经设法拿获，自应令其交解惩办。

除仍电饬瑞道力与磋商，期令交犯外，此案该领即禀公使核夺，特将案情始末撮要电陈，俾期接洽。虞。

《为拿获会党袁有升等事》，《电报档》，综合类—收发电档，档号2－05－12－032－0017

1月28日（十二月十五日） 宁调元等于上年受孙中山、黄兴委派，自日本回国参加萍浏醴起义，然至湖南时事已败，不得已逃亡，是日在岳阳被捕，旋转押长沙。

《中外日报》报道：

此次萍醴匪乱，牵涉日本东京民报社员宁调元，各处捕拿甚急。宁匿于岳州府城内任姓

家中（任亦留学生），当被岳州府豫太守拿获，解往省城审讯。

《民报社员被拿》，《中外日报》1907年2月23日

《中外日报》又报道：

去腊十五夜，岳州镇巡捕李千总荣俊督同差官谢玉璋，在利汉轮船拿获匪首宁调元、任智诚两名，送交巴陵县审讯。宁系醴陵县人，现充西路伪总统。学问渊博，才华富丽，在县署当向大令赋诗八章。任即巴陵县人，旧游东京，深通科学。闻者莫不惋惜云。

《拿获匪首》，《中外日报》1907年2月24日

宁调元《丙午除夕笔记》（1907年2月12日）云：

当今岁正二月之交，因公往返于长醴者七八次。涂路之人，皆相视成莫逆状。嗣在邑中，于学务稍效驰驱。四月之长沙，因陈、姚葬事，得罪当道。五月开湘学会，宵小中伤，几成一网打尽之举，遂孤装走上海。七月间为友人事，复变姓名，邸江宁，过九江，至于汉口。为人劝阻，不克返湘。时《感事》诗所谓"我今不乐岁云秋，独让钟仪作楚囚"，盖记实也。九月应某君召，再渡重洋。时在马关，《和汉元》诗有"前度桃花留旧观，万重云树认蓬山"之句。所成四律，颇称工稳。汉元以为拙集中从来和诗，得未曾有。至今思之，尤为怆然。十一月因事返湘。时萍、浏之役未靖，侦骑布于四境，无辜被累者尚不知其凡几。而余适前有李青控之上控，后有□□□之牵攀。一波未息，一波又起。风尘憔悴，容易一年。于是夫捕于巴丘，囚于湘垣，审判于臬署。觉水光山色，皆为我增不快之状，有不得不以今日之我忆昔日之我，昔日之我吊今日之我也。斯时如鸾在笯，如玉在椟。漫漫长夜，饿鬼与邻。我母我妻，孤影零丁，天各一方。未见我是况，当如何悲泣？倘见我是况，更不知如何沉痛？人生到此，天道宁论！是晚作《除夕叹》四什。

杨天石、曾景忠编《宁调元集》，湖南人民出版社2008年版，第364页

曾同时回国的谭人凤在《石叟牌词》中谓：

浏醴一役震三湘，克强速召湘人商。胡经武驻鄂联络，周道腴就地筹粮，何弼虞直趋桑梓，梅城叟允赴战场。叮咛语别后赞襄，愿苍天助我威风八面，提戈麾日挽斜阳。五六同人联袂返，半谈天，半说地，掬五衷一片热肠。眼望红云闪闪，绿水苍苍，波平浪静照梅妆。隔五六日望日本，天涯地角两杳茫。一年四季冒风霜，只为那邪魔当道，六合皆黄。冀凭红血黑铁，把九州禹城二重光。哪知未到前二日，已经各散五方。辜负我一番奔走，五夜凄怆，三番四复无主张。连天返上海，仍趁着五更三点，孤舟稳载渡重洋。丢却了双双同志，监禁牢房。

又云：

居东未久，即有浏醴起义之一事。时克强挽余与周道腴、洪春台、何弼虞、宁调元、胡经武等，归谋响应。余慨时势日蹙，亦亟思有机可乘，于是偕同返。周、洪担任驻省办内应，余与何、宁拟直赴浏、醴，胡则留武昌运动军队。及到省，事已消灭，无计可施，乃重赴东京，入法政学校。而宁与胡则一被逮于岳州，一被逮于武昌，两遭监禁矣。此丙午年十二月（一九〇七年一月）间事也。

石芳勤编《谭人凤集》，湖南人民出版社1985年版，第338～339页

△ 湖南留日学生廖子良、李发根等被逮捕，供出杨卓林运动革命，并同盟会江苏分会机关（夏寓）及朱葆康（少屏）、高某（旭）等人。

廖子良供词云：

学生廖德璠，号子良，年二十二岁，湖南醴陵人，住居西乡石亭。自去年八月十五往日

本。到东京时，杨卓林即来迎接，学生并不认识。继又与学生同寓。常言道人生在世，总要仁义二字，果然平常钱米不稍吝惜。至九月间夜在学生房中，道伊是革命党中之最有势力的人物，并道伊先未读书时，在外游荡，得晤长江一带会党的总头目，一年四季，无一时不是有大钱用，无一日不有大块肉大碗酒吃，此次出洋，特为会孙文的。孙文果识人才，即授我以副将之职。学生初闻之大为惊骇，久而久之，屡有所闻，故不觉成为习惯。十一月间，日本取缔事出，同乡即议抵制不成全体归国。学生故于二十日与同邑四人回国。当临行时，卓林即到横滨学炸药。至如何学法，学生不得而知。学生今年在中国公学肄业，四月间杨卓林即回申，到公学会学生，迫学生入会。学生当时畏之未应，既又运动马君武劝学生，至于再三，学生方允之。学生允后，卓林即往南京各军队内演说运动。九月间又到河南、天津、北京等处运动，后又到浙江、江苏等处运动。后即到沪寓法界鼎吉里夏寓总机关部，住有数天。得萍醴起事的消息，孙文即有信与卓林，使往广东起事响应，以牵制官军。卓林以无经济不果。后闻萍醴事败，到粤之举，拟作为罢论。正思议间，适萧亮、刘炎二人来投孙文，而孙文在东京，萧、刘二人即欲往见，卓林即止之。萧、刘即索得投孙文的凭据，卓林即代给萧、刘、赵三人照会与关防各二件。于是议往扬州，卓林即力劝学生同往，学生以事有关身家，不敢应之。后学堂放年假，学生欲归家省亲，以家乡祸起，家中信息毫无，屡次寄音，有如泥牛入海，消息毫无。因此之故，学生亦不敢回家矣。奈何财囊告罄，欲守株不能。卓林遂以三十元之金接济。

十二月十一日在总机关部，卓林持一个铁球与学生视，学生即问为何物。卓林随答之曰鹅蛋子。再问之，始曰是炸弹壳。学生又问此系何人的，卓林曰系萧、刘在上海机器局所买者。以上所述，皆可执证杨卓林。据卓林说，伊十五岁出身当兵，十八九岁始读书进学堂，稍染有一点新学派的气息，倡言种族革命，故孙逸仙封他为副将，伊就诩诩然自鸣得意。今岁又牵引学生入革命党。

此次萍醴事起，皆系孙逸仙之原动力。当起事时，孙即派某某等为上海之总机关部，又派有朱容卿（广东人）、文秀华（福建人）、刘镜堂（湖南浏阳人）、宁文昭（湖北襄阳人）到萍醴主谋。卓林本系孙逸仙派他到广东起事，卓林因萍醴事败，遂止之。后萧亮、刘炎二人来申，决意来投孙逸仙，卓林即为之主，刻有印信三颗：一南洋淮扬等处革命军总参议赵（绅士）之关防；二南洋淮扬等处革命军总执法兼参议萧之关防；三南洋淮扬等处革命军都督刘之关防。拟在长江一带起事，（由瓜州出江）乘南京之虚。湖南之党已成流寇，难以扑灭，若长江事起，广东响应，湖南之党又可复兴矣。

由九江至萍乡一带，皆系洪江会之薮，他如曹州之马贼、嘉应之帮党、东三省之胡子，皆系联络一起。淮扬党起，必先取扬州之粮，然后从瓜州出江。某某乃革命党之执法部。闻卓林所言制炸药之种类甚多，略举如左：

银入硝酸，或水银入硝酸，或木棉入硝酸，或酒精入硝酸。

闻杨卓林之言，吴樾之事未成，伊必成之。

炸弹之事，学生实未得其详，不过十一日下午，在卓林寓看见如鸡蛋形之铁球一个。学生即询其何物，卓林随应之曰蛋子。学生求其实，卓林始曰炸弹壳。学生又询其内装何物，卓林答曰：此非尔所知。学生即究其故，伊曰：此物最危险，非经试验者不可轻使。后伊复出一张字纸与学生看，乃制炸药之一种，大概是用水银溶解于硫酸，滤干即得。以之如何用法，学生未曾过问。

此回到扬州，学生有十分之八九不愿，因李发根怕卓林荒唐，不敢独随，故竭力挽学生同往一行。至于到扬州为何事,则曰聘学生等当教员开办学堂,继则曰为游历起见。不意祸从天降,学生等坐瓮不知,时也命也。及到扬州落客栈,学生等与刘炎到酒楼用餐,斟酒未干,巡警将学生等三人缚束矣。

邹鲁《中国国民党史稿》,商务印书馆1947年版,第705~707页

李发根供词:

李发根字芋禅,籍隶湖南省长沙府醴陵县东乡。年三十岁,家居东乡渣江境。父亲李青蕃,由拔贡中举,殿试考取景山官学教习,现任云南知县。学生向来在家读书,于去年八月间东渡日京,肄业宏文理化,夜班东京实科学校,日班理化专科。杨卓林向不认识,到东京后始面识。于十一月中旬到上海,适杨卓林在沪。这杨卓林系孙文党,伊在横滨学习英文,又闻学炸药。学生未得实在。伊自东京回,在上海组织革命机关部,孙文赏伊陆军大将,与萧、刘扎委一通,并有印信三只交萧、刘、赵收用。至于长江会匪多少,学生不得实情。但有欲响应萍醴之事,嗣因萍醴事败,又无军装火药,以致未动。此系闻杨卓林之实在情形也。学生与廖梓梁此次到扬州,卓林谓到萧、刘处过年,踏看该地情形,以见其势力,为日后之预备。(谓该处系一村落,有数十人家,无一不与同类,并各有土枪兵器)该处离扬州八十里,学生不知其地名。据杨卓林说,该处伊亦未到过。闻萧、刘二人说,平常有数千人在外抢劫,悬在离扬州二百里之外,所以该处数十年来,未曾犯案。学生在东京听柳颂云说孙党之好,以爱国保种平均地权为宗旨,故学生亦入之。现在带来之炸弹壳模样,闻萧子翼与杨卓林说在上海某铁店中做成。尝闻杨卓林说,此样不好,要桶杯形方合用。其中安银爆药,先须以胶水调药入之,方保危险。不然,身边不可带也。其银爆药有将水银与硝酸合成者。柳颂云在东京正则英文学校。法兰西租界鼎吉里第七号王寓,杨卓林常住此处。又英租界留学生招待所张保卿处,卓林亦常往。

上海机关部任事者为朱光环、张保卿、朱保康、高某、蒋保勳。

邹鲁《中国国民党史稿》,商务印书馆1947年版,第707~708页

1月29日(十二月十六日)　在上海以贩卖革命书报闻名的徐敬吾在老北门被督辕缉匪委员设法诱捕,被押往南京督署,旋被释放。

《中外日报》报道:

向在英界四马路升平楼下摆设书摊之徐□□,素喜西装,并剪去发辫。近日被人供徐为革命党,故督委某君于昨午在沪城老北门将其拘解到县。王大令(编者注:王念祖)谕饬钉镣收禁候示。

《拘获被供之革命党》,《中外日报》1月30日

《中外日报》旋刊《续记拘获革命党》报道:

昨报所纪拘获被供之革命党徐某,兹悉名敬吾,即前开也是花榜,人皆呼为野鸡大王者。其人之品格可知。近以贫极无聊,在升平楼下摆设书摊,藉以度日。不知此次如何被供,昨已由上海县王大令面禀道台,谕饬速解金陵,归案讯办,是以大令昨已饬吏备文,即于昨晚起解云。

《续记拘获革命党》,《中外日报》1月31日

《中外日报》又报道:

徐敬亭被拘解省各情,迭记本报。兹将徐被诱入城详情追录于后。当日华官以黄易、张宝卿二名,虽已由西官允交中国办理,然已煞费交涉,若再照章由华官出票,西官签字拘拿,又恐多所周折。十六日上午,由夏鸣皋所雇西装僧人某甲与徐遇诸租界,诡称有人托购书籍

千金，但书名甚繁，不能尽记，购书者现在城内，请往面询等语。徐信之，遂与该僧入老北门，即有多人推挽入县署，即饬钉镣收禁。徐既入狱，于翌日（即十七日）致书于友人，略述被诱情形，并嘱其设法辨白云。

《补述徐敬吾被诱成擒情形》，《中外日报》1907年2月1日

该报再报道：

绰号野鸡大王之徐敬吾，去冬被人供为革命党，由夏月恒诱拿解省后，闻某观察等向瑞午帅代为剖白，已准开释。惟应否留宁效用，须俟后命。

《徐敬吾已准开释》，《中外日报》1907年2月16日

徐敬吾解送南京后，由委员翁庆审问。供词：

【翁】庆持书三册问：此系尔物否？徐答曰：是。问：此种禁书，从何得之？何以发售？徐答以此书系拍卖所得，不过贪取微利，并无他意。庆言，此书乃无父无君，尔卖此书，亦系无父无君。徐答以总系利令智昏。庆又持信二封问徐：此函可是尔者？徐答云：是。庆问：何以称大王陛下，又是万岁？徐答以此系人与我顽笑而已。庆问：此等事岂可顽笑乎？徐答以因余前在上海开过野鸡花榜，所以人均呼余为野鸡大王。此等顽笑，均从野鸡大王之称呼而来。庆又持信一函闻徐：此可是尔手写者。徐答云：是。又问：信上所说的《洞庭波》可是禁书？徐答以是。又问：尔既知是禁书，何以再令彼等寄来？徐答：因知系禁书，故此信不敢寄去，所以此信今日尚在堂上。如果寄去，岂至今日被搜出而呈诸堂上乎？庆又持一日记问徐云：此册日记可是尔物？徐答云：是。问：此中所写之事，均从何而来？徐答以均由阅书时，检其佳者摘下。庆问：为何尔摘下此等好东西？徐答以余系卖书人，所阅之书，亦只摘录此二种，仅为好顽而已。

庆问：尔日日卖革命书，大约革命党人，尔必相识。徐答以此等革命党人，均系踪迹诡秘，彼之姓名，日日变易，余何从知之？余并非属革命党，即不能知其真姓名。余又不欲入革命党，何必欲知其真姓名？余又不欲邀功，更何必查其真姓名？庆又问徐云：尔虽不能知其真姓名，彼党人之内容，尔总能知其大要。徐答云：大凡党派之内容，非个中人，不能知其内容。即系彼党中人矣（编者注：原文如此）。庆问徐：何以剪辫？徐答以余系做印刷生意，欲往东洋学铸铜板，后因既至东京，始知学费甚大，学期甚久，家寒无力，是以即返。去时已将辫剪去，及至归国，所制洋服亦不便弃去，是以时作西装。今洋服已破，故复改华装，今已将辫发留起矣。庆又问：黄易、张宝臣，尔可相识？徐答以黄虽相识，而无交情，张宝臣素不认识。又问云：黄系何等人？徐答云：不知。又问：可是革命党？徐亦答不知。又问：既系相识，何以毫无知之？徐答云：不过在茶馆会面，并不来往，是以不知。又问：彼在茶馆同吃茶者，系何等人？徐答以均系不三不四之赌徒为多。庆又问：张宝臣，彼既与尔不相识，何以彼供尔为革命党，尔可与彼有仇乎？徐答云：既不相识，何从有仇。又问以果系何故？徐答以彼因见余卖革命书，故即误会余亦系革命党也。问至此退堂。

《野鸡大王供词》，《中外日报》1907年2月21日

冯自由《野鸡大王徐敬吾》一文谓：

在清光绪末年，凡住上海稍久者，莫不知有野鸡大王其人。大王徐姓，号敬吾，广东香山县人，上海《苏报》案前后最摇旗呐喊之革命宣传家也。尝手撰《野鸡花榜》揭载小报，时人遂以野鸡大王称之。大王专以出售革命书报为业，是时各种革命书报虽受社会欢迎，但各书局制于官力，咸有戒心，不敢直接出售，有志购读者，多无从问津。大王恒挈其女公子宝妣出入于福州路青莲阁等茶馆，叫卖各著名犯禁之书报，如《革命军》、《黄帝魂》、《驳康有为政见

书》、《孙逸仙》、《沈荩》、《自由血》、《女界钟》、《俄罗斯大风潮》、《猛回头》、《警世钟》、《扬州十日记》、《孔孟心肝》、《〈苏报〉案纪事》、《三十三年落花梦》、《廿世纪大舞台》等书,不下百数十种,行人趋之若鹜,至为畅销。又每于星期日假味莼园演说革命,听者如堵,海上耳目,为之震骇。其女公子亦议论风生,批评时政,淋漓痛快,大王之得力助手也。章太炎尝戏以《水浒传》人物作《上海志士梁山泊点将录》,号敬吾为鼓上蚤时迁。南洋公学退学生之组织爱国公学,敬吾父女均为之奔走甚力,人多称之。《苏报》案发生后,敬吾依旧到处演说,志不少懈,事为清吏密探所闻,乃设法诱致南京,欲借以罗织党狱。有某吏谓其人名不雅驯,必非真正革党,遂责其立功自赎。纵之回沪,诸志士闻之,颇怀戒心。然敬吾自是韬光养晦,不复如前此之狂热,亦不屑为清吏所用,后竟不知所终。

冯自由《革命逸史》上册,新星出版社 2009 年版,第 97 ~ 98 页

△ **革命党人、同盟会员杨卓林(霖)因谋刺两广总督端方不成,在南京被逮捕审讯,旋被杀。**

杨卓林供词:

国民杨卓林。我是孙文之副将军。杨卓林,革命党。从政治革命阅欧史。法国卢梭云不自由无宁死,佛家云众生一日不出地狱,即余一日不出地狱。白种迫我黄种,卓心存保黄种之议,俟百年史家评论。廖子良、李发根两人乃我骗来做教习的,受我之害,拖累无辜,恳各位审判官保全二人生命。制造棉花火药之硝酸酒精各药水,是我同萧、刘买的。十二月十六夜杨卓林供。

邹鲁《中国国民党史稿》,商务印书馆 1947 年版,第 705 页

冯自由《杨卓霖事略》一文谓:

杨卓霖字公仆,一名恢,湖南醴陵人也。体格魁梧,富有勇力,少以任侠闻于乡,邑中秘密会党多乐与之游,里有斗争,辄往劝解,谓同种不宜相仇。事亲孝,事师以礼。尝夜借邻烛读兵书及中外战争稗史,时拍案狂呼曰:大丈夫生不封万户侯,当赴锋镝死耳,安能与乡里小儿讨无谓生活哉!遂投张春发麾下为目兵。庚子(一九〇〇年)拳匪之乱,随张春发军防御京津,与八国联军接战,奋勇争先,手刃日卒数人,连发数十弹皆命中,军虽败而未至覆没,统军者莫之知,卓霖亦不自言。联军既捷,津沽为墟,卓霖愤清廷乱政误国,民气不振,乃周游诸省,求江湖豪侠,如关外之红胡子,山东之响马,长江之盐枭,江西之洪江,浙江之青帮,闽粤之三点,皆欲结其魁杰。既而察其时机未至,会党不足与有为,遂决心转学陆军,求入南京将备学堂,为军界革命运动之基础。是时周馥任两江总督,德国向之要求以南京之狮子山为租借地,馥将许之,苏沪人士集议反抗,以怵于官威,敢怒不敢言。卓霖谓国家土地不可以尺寸与人,倘周馥放弃主权,应以卖国论罪,辞甚激昂,听者皆惊。自是常以手枪自随,事为馥所闻,欲致之死。将备学堂提调陶森甲素器重卓霖为人,密告卓霖,谓当留此身以有待,徒死无益,幸勉学焉,乃资使东渡日本。而狮子山租借之议亦遂寝。甲辰(一九〇四年)卓霖至日本,入铁道学校,每遇困乏,则赖陶森甲及杜云秋助之。课余则日至横滨从粤人李植生学制炸药及炸弹之术,极有心得。乙巳(一九〇五年)七月,孙总理、黄克强等发起中国同盟会于东京,卓霖以黄克强介绍入会,未几日本取缔中国留学生事起。留学界全体异常激昂,陈天华更投海以励之,卓霖益思有所为,乃迁居横滨,研习制造各种爆裂弹及施用方法,刻苦逾恒。是时益阳人姚宏业被留学界举充归国设学代表,道过横滨,与卓霖别,相对泣下,各以死相勖。翌年宏业以上海中国公学事投黄浦死,卓霖益为感愤,遂偕同志李发根、廖子良二人

由日内渡有所活动。丙午(一九〇六年)十月萍醴革命军起,卓霖在沪闻讯,日谋联络各省党人大举响应,然萍醴革命军以事起仓裔,转瞬即败,卓霖不为气馁,乃大呼曰吾将觅死所矣,仍奋勇进行如故。吴淞有标统周维藩者,卓霖旧交也,卓霖亲往游说,使其率所部反正,周只允赞助革命,而不愿担任发难,卓霖大为失望。旋结识两江总督署密探萧亮、刘炎二人,萧、刘均湘人,亦留东学生,向充端方走狗,专在沪查探革命党动作,冒认洪帮会党头目,佯投入革命党,故设陷阱,使人入彀。卓霖不知其诈,遽用革命军副司令名义,委萧、刘以南洋淮扬等处革命军相当职务,复偕李发根、廖子良等携炸弹多具至扬州,联络该处会党头目,欲谋刺端方以举事,萧、刘等乃向端方告密,卓霖等三人遂在扬城某茶楼被捕。旋在所寓客店搜出炸弹八枚,制造炸药料多件,及革命军檄文刊物等等。端方委长沙人朱恩黻鞫其狱,三人各有供辞。卓霖供云:"我是革命党,尝阅欧洲历史,知中国非实行政治革命不足以救亡。法国卢梭云,不自由毋宁死。佛家云,众生一日不出地狱,即余一日不出地狱。白种祸我黄种,卓霖立志保种救国,是非俟百年后史家评论。廖子良、李发根两人乃我骗来做教习的,受我之害,拖累无辜,恳各位审判官保全二人性命。制造绵花火药之硝酸酒精各药水,是我同萧、刘二人买的。十二月十六夜杨卓霖供"等语。朱委取供后,以卓霖为同乡,欲为减罪,乃回报端方云:卓霖罪涉疑似,必欲诬杀,宁免我职。狱久不决,而警监何黻章欲邀功,力言卓霖罪证确凿,并及同逮之廖、李二人。乃故遣朱恩黻之沪上,亲讯卓霖等三人,卓霖知祸已迫,廖、李且不免,乃一以自任,且骂且起,前掀书案,案折,谓事与彼二人无涉,我志不遂,死耳。天下岂有畏死杨卓霖耶!速杀我,毋累及无辜!卒由端方判称"杨恢系孙文党羽,授为伪副将军,令往各处运动。李发根、廖子良游学日本,喜谈政治革命,被杨煽诱入会,未受伪职,杨即就地正法,李、廖各予监禁五年"云云。卓霖遂于丁未(一九〇七年)二月就义。死前四十日尝请其友傅熊湘寄书其母,温问有加,不知母逝世已久,未之告也。卓霖死后,无敢视其尸者,萍乡叶钧与邑人潘晋独收之,葬之金陵。

冯自由《革命逸史》上册,新星出版社2009年版,第297~298页

1月31日(十二月十八日) 奉天宁远州起事首要曹尚清等在老虎沟地方被清军击毙,余党亦先后就擒。

盛京将军赵尔巽《为毙获宁远州起事首要曹尚清等致陆军部咨文》云:

钦命镇守盛京等处将军、尚书衔、总督奉天旗民地方军务兼理粮饷赵,为咨请事。

案据奉天署宁远州知州赵令佩光禀称:案查在逃匪犯曹尚清等拒敌官兵,致毙巡丁王永贵等二命一案,业经卑前州柴牧禀报,奉批饬缉,迄未弋获。卑职到任后,设法踩缉。无如该匪耳目较多,侦探甚密,一经派队缉拿,即闻风远扬,迨收队后,复潜踪境内,数月以来,煞费苦心,未能就获。卑职与北洋陆军张管带利方密商机宜,协会搜捕。卑州巡警有巡目曹国芳,果敢血诚,缉捕奋勇,且山川道路较熟,信息亦灵。张管带素知其能,向卑职调去作为眼线。张管带向卑职云:屡次购眼密拿,皆被曹匪侦知逃逸,若用曹国芳为眼线,许以奖赏,必能收效。盖张管带认真缉捕踩获该匪之难,其情形正与卑职相同。现经张管带密派曹国芳访明曹匪踪迹,于十二月十七日晚,张管带亲自督队,改装易服,带同曹国芳引路赴老虎沟地方。于次日在该处四面围捕,讵曹匪开枪拒敌,张管带督队攻击,立时枪毙首匪曹洛焕即曹尚清并其第五子曹占先二名,又拿获曹尚清之长子曹占仁并侄曹万德,外柜郭广生三名。张管带随押带拿获之曹占仁等三名回州,向卑职告知击捕情形,并嘱卑职为曹国芳请奖,以示鼓励。张管带于十九日亲自押带获犯曹占仁等三名赴锦州,呈送西路营务处审办。卑职查

首匪曹尚清业经击毙,余犯就获,地面更可平靖。陆军张管带利方在卑州驻扎,纪律严明,商民感戴情形,前经卑职禀蒙宪台转咨北洋大臣奖励在案。

兹查卑州巡警巡目曹国芳,遵受张管带指授机宜,访明曹匪踪迹,引路布置,经张管带督队击毙首匪,拿获余犯,为地方除一大害。论巡目缉捕匪犯,本属应为之事,惟首匪曹尚清党与众多,非常凶猛,其难捕情形,早在宪台垂鉴之中。若非该巡目曹国芳奋不顾身,甘与曹匪结生死之怨,断难将首匪围捕击毙,盖曹匪凶焰甚炽,畏死退葸者不足与有功焉。该巡目曹国芳实属异常出力,可否仰恳宪恩俯赐,赏给五品功牌,以示鼓励。诚以信赏录功,原所以收众效,非独为受恩者一人已也。赏一人而众人劝,于卑州巡警必起感情,克收效果焉。卑职为激劝众心,平靖地面起见,区区愚忱,是否有当,除分禀外,理合禀请查核示遵等情。

据此,除批查巨匪曹尚清迭经饬拿未获,深为地方之患,此次张管带利方带领眼线,在老虎沟督兵围捕,卒将该匪暨匪子曹占先击毙,并拿获曹占仁等三名,为地方除一大患,殊堪嘉慰。该管带驻扎该州,缉捕得力,今复歼除巨患,绥靖地方,劳勚可嘉,候咨请陆军部、北洋大臣予以保奖,以示鼓励。该巡目曹国芳遵受机宜,随同立功,亦属勇敢可嘉,应如所请,赏给五品功牌一张,随批钤发。并赏给银五百两,由该营分别犒赏,以资鼓励,仰即一并查收给领,并传谕嗣后益当奋勉图功,是为至盼。余匪仍严加搜捕,以尽根株缴等因,印发并分行外,相应备文咨请,为此合咨贵部,请烦查照核办施行。须至咨者,右咨陆军部。

中国第一历史档案馆、北京师范大学历史系编选《辛亥革命前十年间民变档案史料》上册,中华书局1985年版,第95~97页

2月5日(十二月二十二日)　湖南巡抚岑春蓂电清廷军机处,奏报该省拿获革命党人刘道一事。

其电称:

窃据湖广总督咨直隶总督函,查得逆首孙汶谋为不轨,其党为黄近午、柳际贞、刘林生诸人,当分饬地方文武严密防缉。旋据抚标右营游击熊得寿缉获刘林生之弟刘道一,即刘炳生,又号锄非。护理臬司督同长沙府审讯,据称:刘林生,名揆一,又名棣华,是其胞兄。逃犯均系留学日本官费生。林生与孙汶曾商议革命事。上年,孙汶到日本开会,该犯慕孙名亦往,与黄近午、柳聘侬、张继、又湖南人廖公明、广东人汪兆铭、冯自由、湖北人曹亚伯、日本人白浪庵滔天及不认识者四五十人均入会为革命人。其会名曰中国同盟会,办法以广收党与为要,孙文为会长,黄近午为副会长。黄近午并欲自为南洋群岛中国人开学堂,藉此诱带入党,预备筹款购办枪炮。湖南人易羲、谷宁、调元、陈家吾均在其内。柳聘侬与章炳麟商办《民报》,以冀蛊惑人心。孙汶现在日本东京牛込区《民报》社左近地方。并据供,查《汉书》"非种必锄"之意,故号锄非等情不讳。查核所供,逆迹昭著,即饬就地正法,用昭炯戒。此等会党,行踪诡秘,到处勾结煽惑,潜图不轨,实为大局之患。《民报》湘省早经查禁,刘林生已电驻日本公使勒令退学,并确查黄近午等多名,如尚留学在东,均令退校,电饬沪道截留,并请咨沿海沿江各省一律严缉,即饬各关认真密查,以期消患未萌。再,浏醴股匪业经一律击散,可无他虞。现钦遵迭次电旨,严饬各军队搜捕著名匪党,实力清乡,俟办理就绪即另行恭折奏报。乞代奏。岑春蓂叩,二十二日。

《为剿办孙汶党众情形事》,《电报档》,综合类—收电档,档号2-04-12-032-1563

编者按:冯自由《革命逸史》第6集《丙午萍浏醴革命军实录》一文收入此电,记该电时间为十二月十七日(冯自由《革命逸史》下册,新星出版社2009年版,第1081页)。今与档案文献互勘,该书所记文字有所不同,尤其涉及的重要人名有异。档案中"与黄近午、柳聘侬、张继,又湖南人廖公明,广东人汪兆铭、冯自由,湖北人曹亚伯,日本人白浪庵滔天及不认

识者四五十人均入会为革命人"一句，冯书作："遂与黄近午、柳聘侬及湖南人万飞鹏，广东人冯自由，湖北人刘家运，日本人白浪滔天及不认识者四五十人均入会为革命"。

1月　《汉帜》在日本东京出版，由陈家鼎、仇亮及景梅九等人编辑。该月刊前身为《洞庭波》，曾拟改名《中央杂志》，后正式更名为《汉帜》。

宋教仁1月14日记：

陈汉元（编者按：即陈家鼎）来，言《洞庭波》杂志前改为《中央杂志》者，今以此名不善，又改为《汉帜》，属余为之，作发刊词一篇。余允之。

15日日记又云：

下一时回。接陈汉元片，催余作《汉帜》发刊词。余恐不能速作就，遂倩章枚叔作之。夜，枚叔交稿与余，余乃寄与陈汉元焉。

湖南省哲学社会科学研究所古代近代史研究室校注《宋教仁日记》，湖南人民出版社1980年版，第324～325页

《民报》刊《汉帜》杂志广告：

此报宗旨，在光复祖国，防护人权，唤起黄帝种魂，扫除白山鞑虏，建二十世纪民国，还五千年神州，而尤以维持各国公共安宁，鼓吹汉人实行革命为最大要素。

《民报》第11号，1907年1月25日

景梅九后来在《罪案》一书中回忆：

曾在取缔风潮中，记得归葬陈天华先生一事。那时经理葬事的，有禹之谟、宁仙霞、陈汉元诸君，都是革命党中热烈男子；在湖南轰动了各校学生全体罢课，并军界多人送葬衡麓；当着大众演说革命的道理，一时人心很是摇动，却被湖南当道知道了，说："这还了得，简直是要造反！"于是乎把禹君先捕拿了，宁、陈逃出，到了上海，和几个同志，组织《洞庭波》杂志，专鼓吹种族革命；议论精辟，文词清健，海内外的同志，争先购阅。后来听说宁君也在途中被捕，并赋绝命诗，传诵一时，内有"断头台近岳阳楼"之句。有一天小友回到公馆，说汉元来了，是老朋友，明天约会见面，我很是欢喜，相见后，把湖南的往事略讲了几句。说到《洞庭波》有继续在东京出版的意思；因为《民报》自太炎主笔后，文字渐近艰深，普通的人，往往看不懂。《洞庭波》用极显豁痛快的文字，写出革命宗旨来，所以欢迎的很多。大家和克强（黄兴）诸友商量，似嫌《洞庭波》名字限于一方，于是另想一个名称，叫做《汉帜》。立时组织起来，请太炎作了个发刊词，甚是冠冕堂皇，起句是："日本以太阳得名，中国以天汉立称"，同志诸人见了，莫不叹绝。于是汉元自撰论说，我担任译述，并作了一篇《清快丸》的短篇小说；小友等担任文苑，由同人捐助了些钱印出来，却也合一般社会的心理，所以销售甚广，不敷分布。出了一两期，因经济困难停刊，大家都道可惜！

景梅九《罪案》，国风日报社1924年版，第67页

2月6日（十二月二十四日）　两江总督端方注意搜捕革命党人，侦探大肆活动，任意擒拿，南京城内人心惶惶。

《中外日报》是日报道：

江督端制军，注意搜捕革命党，因寄其权于行营中军官及巡警总局、两首县。于是各属迫于命令，歆于富贵，又寄权于武弁、警兵、差役诸人。除由当道派人分驰长江各埠，秘密侦缉外，并在上下水各轮船巡逻搜捕，尤于省城内实力稽查，期无漏网。所派密查人等，品流甚杂，大半捕风捉影，倾陷无辜，因是屡有迹涉疑似而被捕获者。或查明，立时释放，而已身受玷辱。或竟付羁禁，尚未卜首领获保与否。有巡官朱廷燎者，本佐杂班，前月以获匪有功，得

保知县,尤以缉获党人自任。曾误拿一某省押犯过境人员,该员随赴巡警局辩争良久,其祸始解。近来省中官绅军学各界中人,均慓慓危惧,深虑无端祸及,虽欲辩护而已迟矣。

目下之现象,则人人相戒,毋轻言,毋泛交,减少宴会酬酢之事。因之各番菜馆颇受其影响,生涯大为减色。

至于客栈之中,鉴于长安栈之被封,尤有戒心,凡投止者必详询来踪去迹,更须有切实保人为之担保,始敢收留接待。

督署防范极严,卫队各兵日夜擎枪环守,有午帅之恐慌而后有上下士民之恐慌。盖自制军以下,已无不同在恐惧中,而岌岌不可终日也。

《南京人心因拿革命党颇不自靖》,《中外日报》1907年2月6日

△《岭东日报》发表《论造反》一文,以为当时变乱多由朝廷官吏所造成。

其文曰:

俗谓作乱为造反。有某君谓予曰:"此二字甚有意味,惜人囫囵去,不知咀嚼耳。此二字,当一字一读。造字当就上而读,造之自上也;反字当就下而言,反于下也。"反乎反乎,造之之术亦多矣!

州县之印官,厘卡之委员,纵百万虎狼于民间,以搏噬吾民,使民不得聊生,则其势足以致乱。政府但知筹款,不知恤民,敲骨吸髓之不已,必致无骨之可敲,无髓之可吸。民穷财尽,怨愤所积,煽惑乘之,则其势亦足以致乱。此造之之一原因也。

文官多杀无辜以张威福;武官好陷平民为会匪,以传殊奖;疆吏为防患未然计,日以捕杀革命党,督责其下,由是欲得红顶花翎者,益攘臂而起,争以捕获革命党自豪,不惜以他人之头颅,易自己之顶戴。用是稍露头角,与人有仇怨者,益陷入革命党之旋涡中,而无所逃罪。作乱亦死,不作乱亦死,则不乱将何待?此造之之又一原因也。

是故今日之官吏,实制造红顶花翎之大发明家也,亦制造乱源之大机器厂也。

今日方日以捕革命党为事,窃谓现时革命党正多,特人不敢捕耳。其姓名不必言,其品类可按籍而稽,一曰已得红顶花翎之大官,一曰希图红顶花翎之小官。虽曰官乎,固革命之原动力也。

诸君勿以吾言为戏,须知聚敛之臣,惨□之官吏,固甚足凶于而家害于而国也。

此篇盖有为而言,深愿封疆大臣,体念及此,稍存一矜恕之心,则国家之福也。

《论造反》,《岭东日报》1907年2月6日

2月8日(丙午年十二月二十六日) 《中外日报》披露刘静庵、吴贡三及殷子衡等人被逮捕、审讯情形。

报道云:

迭次所获会党,连日在臬署审讯,供词极为秘密。大约不承认赏格中所列之名,如刘静庵不认为刘家运。亦不认与萍醴匪党通气,惟承认主张革命,不认力言革命,并不叛逆,不过欲朝廷革专制为立宪,无论皇室为满为汉,总须革去专制政体云云。

又,黄州府拿获革命党二人,一名吴紫荃(编者注:即吴之铨,亦名吴贡三),一名殷子珩(编者注:原文如此)。昨已由楚泰兵轮解省。因吴、殷二人刻有《孔孟心肝》一书,在外散布,以致被拿。其书系木板,封面刻孔子、孟子之相,内容约七千余言,大致引证孔孟成语,以发明专制政体之非。

《记湖北近日提讯会党情形》,《中外日报》1907年2月8日

△ **直隶总督袁世凯密陈大计，以遏祸萌，请宗德国国家学派、申明国家主义。**

2月13日(丁未年正月初一日)　康有为等创办的保皇会以此时“皇上不危，无待于保”而更名为帝国宪政会。旋在美国纽约召开各埠代表大会，确定会章，以君主立宪、尊帝室、扩民权，监督政府、讲求宪政为宗旨。

《南海康先生年谱续编》记：

二月初一日，偕同璧自利物浦乘轮赴纽约，宪政会各分会特派代表来迎，并以六白马驾车，租寓华道大旅馆，悬中国旗以示欢迎。初五日，为先君五十诞辰，同人祝嘏上寿，是日召集会议，设立华益银行，各大埠亦纷纷成立，以资响应。

《南海康先生年谱续编》，《近代中国史料丛刊》第1辑第766册，文海出版社1972年版，第72页

《帝国宪政会大集议员会议序例》(1907年3月23日)谓：

光绪三十三年二月初十日，我会开大会议，康总长自欧洲来莅会，美东各支会群贤毕至，皆各会长及最热心有人望者也。预于二月四日电征各埠派员代表，以美东人望皆集，难于久候，亦难重来，逆计远方，难于毕至。故总长俯从众议，即先开议。一面展期至二月二十日，听各地代表员先后来议。先于初十日、十一日、十三日大集议员数十，咸至纽约，其道远如澳洲者，亦派代表人至。乃假会所为议堂，左右引长几，陈纸笔墨，为议员座，正中高座为总长座。及时众议员翼序纠仪肃立，观者如堵。总长出就座，书记唱名，穆然整肃，咸起敬恭，想见吾国议院将来之宏规也。

康总长乃起立演说改宪政会开会议之由，叙各国宪政之本原得失，明政党之结构重要，庆中国之将行宪政，同志须预为讲习，然后尽国民之义务，乃能收其权利。演凡三时，长十余万言，征引广博，发明详晰，如著一宪政党书。以太长，今不及录。演说毕开议，书记将提议各条，宣读三次，各议员加以评驳，各写赞成与否，交书记录之，从多取决。候至二月二十日议遂定。当庆成之宴，陈花大醉，群举酒颂中国万岁！皇上万岁！康总长万岁！帝国宪政党万岁！议员乃次第散归。今将各埠代表人名及决议各条录如下：

各埠代表员名录

内国	陈焕章	大埠	陈焕章
屋仑	陈焕章	澳洲	汤昭
檀香山	汤昭	表雪地	汤昭
满地可	汤昭	新村埠	汤昭
波市顿	陈国瑞　梅臻　梅安　丘观	纽约	赵万胜　余佳明　梁祖畅　源鹤亭　陈轩良　李功寓　吕贵海
哈佛埠	黄春山　黄荣业	美西北四省	李美近
市加高	梅宗周	气连拿	冯镜泉
比令士	冯镜泉	笠荣士顿	冯镜泉
域多利	张炳雅	费城	冯次焜　冯均翘　李君则
波利磨	陈以庄　谢恩彦　曾郁	华盛顿	谢礼彦
抓李抓鲱	梁文畅	沙加免度	梁文畅
胜普埠	梅胜杰	必珠卜	陈文惠
罗生技	谭良	香港	陈宜甫
埃士多利	林兆生	澳门	康同照

公议赞成,总长决定施行。

众议员公议赞成者

《帝国宪政会章程》:

第一章　定　名

第一条　本会名曰帝国宪政会。(如对外国则称中华帝国宪政会,亦可称帝国宪政会。支那即中华音转,故称中华,名至古雅,至通而确,将来永为国名)

第二章　宗　旨

第二条　本会遵奉诏书,定会名为宪政,以君主立宪为宗旨。鉴于法国革命之乱,及中美民主之害,以民主立宪,万不能行于中国,故我会仍坚守戊戌旧说,当以君民共治,满汉不分为本义。凡本会众当恪守宗旨,不得误为革命邪说所惑,致召内乱而启瓜分。

第三条　本会以尊帝室为宗旨。英为宪法国之先河。德日为宪法国之强霸。政党执政,皆以力尊王室为义,故致盛强。我国庞大,非有旧统君权,不能统一。美国新地新立,无可比例。故我国当以英、德、日尊王室为法,而当以法国革命、中美民主内乱为戒。

第四条　本会以扩民权为宗旨。国以民为本,宪政者,民权公议之政也。我国民权未张,当力图扩张,以成国会而参国政。

第五条　本会以监督政府为主。我国不强,皆由政府失政之故,国民当起而督责之。中国者,非政府数执政之国,而中国数万万国民之国也。坐视其腐败。非独执政者之罪,亦我国民之责也。不监督政府,与自弃其国、自弃其职无异。

第六条　本会以讲求宪政为事。宪政之为治,与中国旧制迥不相同,吾国人无此学思,即无从享宪政国之权利。故当讲求宪政之如何结构,政党之如何成立,宪政国民如何与国相依,与党相依,以尽义务而享权利。若不讲求,则口慕宪政,而身背宪理,是无由成政党,即无以强中国。

第三章　义　务

第七条　本会尽国民政党之义务。如何而谓之国民?欧日宪政之体,皆于人民之中,郑重特书一公民之名。公民者,能出租税以益国事,即能预选举而议国政。其不出租税者,不得谓之公民,以其无关国事,则与婴孩木石无异。我政党之员,久以国事为己任。若不出党费,则政党何能办事而扩张势力,即无以任国事而强中国,故必尽义务而后能享利权。

第八条　凡欲入会之员,收会费银十大元,金银各从其国币制。

第九条　党众必出常捐,以尽党员之义务。凡各国各政党各会,皆有年月之常捐,故源源接济,乃能行其政而举其事,故党事修而党势张。惟吾会只有入会之费,绝无常捐,故经费支绌,不能集事。今为宪政党,事体益大,需款益多,非有常捐,不能支持。今议凡会员每月每人各捐银二毫五仙,以办党事(金银各用其国币)。

第十条　凡交月捐之法,以凭帖为最重,其凭帖皆由总局印发,支会不得自制。总局制凭帖四连纸,各部编成字号,发交各支会。右为总局之存帖,左为会员之凭帖,中分四截,为按季分缴总局之证纸,上为横纸,为支会存帖。各帖必加以总局印,每年一易。

第十一条　一各支会收到总局月捐凭帖,以凭帖给会员,其存根留各支会,其每月某日如何收捐之法,听各埠自议。凡各会员来交月费,必持凭帖,各支会司理人,必打二小印于会员凭帖纸缝中,以为交银收银之据。一直印,在总会与会员凭帖之纸缝;一横印,在支会与会员凭帖之纸缝。其离埠稍远者,不能亲交,即将月费及凭帖交邮局寄支会,支会加印后,立即交邮局寄还,不得迟误。如会员能全交一年,或全交一季,尤为清妥。

第十二条　一月捐凭帖、纸缝凭印，一概由总局刊发支会，以便验认，以为划一。

第十三条　一清缴月捐。各支会限每月初一日，将前月所收之月费，汇缴总局，毋得延迟截留，以误公事。如各支会虑月收事繁，自为季捐，亦为简妥，则必于每年正、四、七、十等月，将春、夏、秋、冬全季之月捐款，于二、五、八、十一等月初一日，汇交总局。于每季缴银时，必将每季证纸汇缴总局，以便查□（编者注：此处疑脱一字）。各会员能将全年或全季费先交者，尤为简便，亦必将该会员全年全季交款证纸汇缴总局，年终将总局存根缴交总局，以易下年之凭帖，违者付交法律部议罚。其终年按月清交者，或预期先交者，公议酬赏。凡本会一切公款，各支会亦当按月清缴，其赏罚同。其欧美款交纽约代办总局。其澳洲、东南洋款则交港局。

第十四条　优免会员月捐。一各会员如有贫穷无工及重病者，如有会员两人为之担保，即听各支会免其月捐，仍不削其权利，此是特典。若有工病而非极贫穷者，不得引以为例。

第四章　权　利

第十五条　凡会员皆有应享本会之权利。一入会之员，在各支会可以被举为总理、董事、职员、值理议员，亦可举人为总理、董事、职员、值理议员，惟必以有月捐凭帖为据。若有一月不交月费者，司理人验其帖无印，削夺其一切本埠会所权利，不能被举为总董各职员，亦不能举人为总董各职员。

第十六条　一凡入会各会员，有游埠招待之权利。不论有事无事，往游他埠，凡亚洲、澳洲、美洲、非洲、欧洲，凡我会有支会之地，各支会即为招待。其有查问工商务，当告之，并为之助；其有疾病患难，皆力为扶救，惟必以凭纸有一季月捐者为合例。若月费凭帖无一季印者，即削夺其游埠一切之权利。

第十七条　凡入会会员，有返国招待之权利。会员若还祖国，应享招待之权利。香港设立招待员若干人，各埠船到时，招待人即下船访问，各会员以凭帖会牌，出以相视，招待员即为照料行李，及小艇登岸，至客栈安歇。及行时若出埠，至招待员处挂号，代为号船位小艇，及照料行李，以便来往，惟必以有一年月捐之凭纸为合例。若凭帖无全年清交月费之印，即削夺其省港招待之权利。前各埠按人数摊捐之例，皆作罢论。其省城自总会建成，酌设招待员若干，以招待同志，另议。

第十八条　一凡本会各总董有特别之权利。各埠总理、董事，可公称为会长。其有大事，宴会聚集，可以佩带本会功牌宝星。其于各埠支会一切聚集，可为议长。

第十九条　一凡本会学生有优待之权利。凡本会之学生，特免其捐月费。凡本会学生，自所在之埠，及游各埠支会，及归总会，皆为特别优待，惟以有本会凭票会牌为据。

第二十条　一凡本会学生，聪敏好学者，可荐入南京官学，供其食宿，而不取费。荐于查学官，加以优奖。已留学者如何益助，酌议。

第二十一条　一设立本会学生会，选立老成望重者，为学长、学董，凡待有益助学生之事，归其管理。

第二十二条　一凡入会员有发言之权利。凡本会所议事，准其入会所预议，依宪法内范定，听其发言。

第二十三条　一凡会员有投诉之权利。若在本埠或他埠，无辜被冤抑诬陷受亏者，准其到本会所投诉，受其词后酌救助之。

第二十四条　一凡入会员有保护之权利。本会员有患难，本会必设法保护。

第二十五条　一凡本会员，可享大宴会演说聚集之权利。凡有大宴会聚集，准其预列所在会所,听其登坛演说。

第二十六条　一凡入本会员,可享荣誉之权利。凡有本会员劳绩善举,则登报表扬,或赠金银铜牌。及勋级大者,旌以文字,入于史传,或悬影像,铸铜像,以示不忘。

第二十七条　一凡入本会会员,可享商务之权利。本会商会,只准会员预股,不入本会者,不得预股。

以上享受各权利,必须有月捐凭帖。若验无印者,削其以上各权利。

第五章　凭　认

第二十八条　一凡为宪政会员,不论新入会与旧入会。皆当领取宪政会票以为凭认。其新入宪政会者,交入会费后,给与宪政会票为凭认。

第二十九条　一会名既改为宪政,所有入旧会之凭票皆当更改,各会员皆当换取宪政会凭票,一律更新,以为凭认。其丙午年已换总局旧会票者,再来易宪政会票,不取分文。其并未经换旧会总会票者,今换宪政总会者,收换票纸墨费半元。转票之期,限至光绪三十三年六月三十日截止。若过期仍不转,则前入会之票作为废纸,再欲入会以新会员论。若有会员三人担保,准其转取宪政会票,仍取倍费。

第三十条　一宪政会凭票,皆由总会特制以三联票为之,一存总局,二发给各支会。由各支会以一凭票给会员,以一根存支会,各支会不得自制入会凭票。其初入会凭票及转票,皆须每月收存根缴回总会,无得迟误。

第三十一条　凡会员皆领宪政会牌,以为凭认。必由总会一律制发,领者收回费用银一元。值理以上牌,加美收回费银二元。所有牌费,皆支会每月缴交总会,无得迟误。

第三十二条　一制本会学生牌。凡已入宪政会之学生,必当领取悬挂。凡各会见本会学生,皆加礼优待,即以此牌为据。如无本会牌者,概不招待。凡学生欲领牌,即报由各该埠总董领取颁发。其非入本会学生领有凭票者,不得领此会牌。

第六章　法　律

第三十三条　一宪政以立法为主,若立法不行,何以为政。旧例已立有法律,部会中时有背叛反攻,或有身在会中而暗攻本会,扇[煽]诱会众以为难者,或有吞骗公款,或搁迟不交者,玩弛已甚,效尤成风。既为宪政,当严法律。宜恪奉宪章,乃得为宪政之党人。

第三十四条　一各会皆立法律部,公举法律员多名。其议长由总董兼之,抑或另行公举,由各埠公议。凡有遇该埠背叛反攻扇[煽]惑为难者,及不清公款者,即交法律部议罚。

第三十五条　一总会听总长随所在合数十埠设立法律部,其议员、议长由总长择各埠公正有望之员派出。所有会中叛攻扇[煽]惑之员,及公款不清者,皆付法律部议。俟法律议定,请于总长,法律部有权可决行罚。

第七章　权　限

第三十六条　一宪政所以美于专制者,为其权限分明,各行其职而不相侵,各助其力而不相怨。孔子作《春秋》,以道名分。名分者,即权限之谓也。吾国旧俗,鲜明权限,故轇轕不清,意见易生,所关非细故也。今特别嫌明微,分清权限,以联臂指而泯嫌疑。

第三十七条　一各支会有自治之权。其总理董事一切职员值理,皆听各埠自行公举,自行议例。惟当奉行总会定例,不得出总会条例范围之外。

第三十八条　一本政党有总会支会。其在各埠者,谓之支会;总事权者,谓之总会。支会之地,谓之支会所;总会之地,谓之总会所。支会之地立会所,不得为总会(即省城将来建成总会所,可称总会,然行政法令之权,皆以总长为主。总长若不在其地,则虽名总会,仍不得任总会之事权,如今香港总局然。其会员、总董、议员,只同支会)。若香港向为通汇之地,向称总局,亦止因总长委命收款,可称代办总局,仍不得为正总局。其余如加拿大之湾歌华、金山大埠等,因埠大人众,形势利便,小埠托以通书札汇兑,如英德有联邦,只可称联会,不得称为总会,以免混乱,而生嫌疑。

第三十九条　一总会支会职员,各有分限。凡本会之各会支会皆为总长所统辖,总局办理各会事,各支会办理各埠事。总会职员,悉由总长派出,皆听总长随时在各埠会所设立代办总局,收管一切公款,办理一切事务,与所在之埠不相关,职事各不相侵越。如总局员不妥,可禀告总长查办,而无直接干涉之权,以杜纷乱之弊。

第四十条　一凡不提议更改者,旧会议定之例,悉照奉行。

上海市文物保管委员会编《康有为与保皇会》,上海人民出版社 1982 年版,第 487 ~ 495 页

△ 上年安徽霍山教案为首之张正金,因法国教士屡向地方官员追索,终在年末被拿获,死于是日。霍山县赔款银七千两予教堂、教民,该案了结。

安徽巡抚恩铭奏报清廷称:

安徽巡抚奴才恩铭跪奏,为霍山滋事案犯获后病故暨修复教堂一律办结,恭折具陈,仰祈圣鉴事。

窃查湖北罗田县民张正金,寄居霍山,因被该处教堂教士石资训指控主唆教民反教,经已革霍山县知县秦达章饬差传讯,避匿不到,复勾结罗麻等处匪徒窜入霍境滋事,焚毁千罗畈无人居住之传教分堂兼扰及教民多家。当经奴才将前后办理情形会同前署督臣周馥详细奏陈,并将办理不善之印委各员分别奏参革职撤任。于光绪三十二年七月初四日奉朱批:著照所请,该部知道。钦此。钦遵恭录转行遵照。维时霍邑已无匪踪,而民心仍形惶惧,即经留兵弹压,出示晓谕,免究胁从,并派员携款前往抚恤被扰民教,以安人心,地方亦旋就安静。

惟张正金在逃未获,教士终以之借口。经奴才分饬印委营队,悬赏购拿,复密派六安州人游击王少卿,改装易服,各处侦缉。本年正月初二日据禀,上年十二月,踏实张正金逃匿在英山县边界陶家河地方,该处与太湖较近。即会同该县知县陆承镐,酌带乡团,知会防营,一同派兵前往,将该犯设法拿获,三十日解抵太湖县城。张正金畏罪情急,呕血数升,因而患病。经陆承镐提讯,供认不讳,一面拨医调治。奴才当即批饬解省讯办,讵该犯已于本年正月初一日病毙。旋饬怀宁县李振远、霍山县李维源、太湖县陆承镐会同验明,委系因病身死,并无别故。印有照片,填格备案。复经洋务局提调候补直隶州德昆,约同省城教堂法总司铎费善骞及霍山教士石资训,前往看明,确系正身,石资训并认明该犯在生额角疤痕为据。奴才即饬李维源迅回霍山晤商教士庞树明,先将千罗畈分堂估工修复。该教士以上年匪徒滋事,教民房屋亦多被扰毁,坚求抚恤。经该令竭力磋商,估计千罗畈分堂房屋及损失器具一切,共需银二千八百两,其余教民三十四家被毁房屋什物酌给抚恤,共银四千二百两,均由县汇付教堂,由该教士分别自行修复给领。先经缮订合同,签字互换,全案一律完结。据该县禀覆前来。

奴才伏查此案衅端,系由教士石资训请县提究张正金而起。其所指主唆反教尚无实据,乃已革该县知县秦达章操切于前,该犯复避匿于后。该教士遂借为口实,必以获案为要挟,以致愈激愈烈,酿成巨案。在张正金纠众抗拒,结匪焚掠,虽由自知不容于教堂,迫而出此,然究属目无法纪,本应从重惩办,惟获案后业已因病身故,应请免其置议。焚毁之教堂及教民之损失房物,已由该县李维源磋商教士,分别修复抚恤,议订合同,一律完结,自应准予销

案。前获之袁化泷、陈运开两名,现虽讯无不法实情,究系随同附和之人,未便稍涉宽纵,应以在乡滋扰之差役,分别酌予监禁。并饬将以后调和民教事宜,妥为筹议,无干省释,以免拖累。其办理不善之印委,前已分别奏参,亦请毋庸再议。至该县西乡距城窎远,民教控争,兼顾不及,以故积嫌日深,易滋事端。现拟将改驻诸佛庵保之上土司巡检,移回原设之适中上土市地方,以资弹压。

除附片陈明,并分咨外务部、法部查照及照会驻沪法总领事,并函知法主教一体查销案外,所有霍山滋事案犯获后病故,暨修复教堂一律办结缘由,理合会同两江总督臣端方恭折具陈,伏乞皇太后、皇上圣鉴训示。谨奏。

光绪三十三年四月二十日奉朱批:该部知道。钦此。

恩铭附片云:

再,前准督臣端方咨称,奏覆霍山教案情形。折内声请将霍山巡检移驻原处,奉朱批:知道了。钦此。钦遵转行遵照办理去后。兹据藩学臬三司核议会详,请奏前来。

奴才伏查霍山上土司巡检,原设于该县西乡上土市,嗣于乾隆年间移驻距城三十五里之诸佛庵保。霍邑县治偏于东北,距西乡各保有百数十里之遥,民事、诉讼极为不便。现拟将上土司巡检移回原设之上土市地方,责成稽查弹压,调和民教,保卫地方,所有一切应办事宜,均仍其旧。惟该巡检衙门兵燹后未经修复,现仍令于上土市地方择要隘之区,暂租民房办公,俟筹有经费再行修建。

除咨部查照外,谨会同两江督臣端方,附片具陈,伏乞圣鉴,敕部核覆施行。谨奏。

光绪三十三年四月二十日奉朱批:该部议奏。钦此。

中国第一历史档案馆、福建师范大学历史系编《清末教案》第3册,中华书局1998年版,第954~956页

2月19日(正月初七日)　同盟会员许雪秋等人试图在广东潮州饶平聚众发难,因布置不及中止起事,当地官府未深究。

许雪秋、方笑龙致孙中山函言:

今值鸿便,敢将饶平之事,敬为详陈焉。初是众议调齐各处,于三月同日举事,使官兵不暇兼顾,以备我军易于从事。讵料元月秘机微泄,官查颇急),又值饶平预备已妥,遂议乘此机泄之时,而官场尚在疑似之间,拟不若神速举事,袭其不备。先取潮城,兼占汕头以固边防,然后从事于各县。遂询于众,众均认可,故派张烜、郭公接两君往饶,后加李思唐、向大昌两君副之。拟约此处之兵赴潮,袭潮城,方姓两君则急往黄冈埠,调兵往占汕头。瑞麟、良牧两君,则同仆带三百人埋伏城边,六十人预伏城内,以为破门内应。是日则为元月初七日也。是夕两点候至黎明,饶众不至,故仆等不得不暂散回。

顷查饶兵爽约之故,查悉向、李两君到饶已睡,是事公事不之商及。初六传令云:初七四时齐兵。饶之头目正音不熟,误听为十点。在该头目虽错误之罪,而向君等亦难免有不以午后详示之愆。至初七早,诏安兵一千余名聚于浮山墟。至午十二点不见向君,彼等即散去大半。漳浦、云宵两处兵有数百至浮山左近,见诏安兵散,不知其故,亦从之而散。彭[坪]溪乡八百兵至八仙山,候至四点,方见李君等四位,郭君见人数仅存八九百名,胆怯为少,即命散去。斯时散者三百余人,方忆浮山有兵驻搭,随即赶至浮山。谁料浮山本处之兵千余名,命诏安散存之兵数百兵,自晨候至黄昏,不见李君等到浮调度,亦散去一半,仅存人四五百名而已。斯时彭[坪]、浮之兵聚在八仙山跟李君四位来浮山者,有数百人,兼以浮山所存之众,合有千余人,若此攻潮,尽有余力。无料张、郭、李、向四君,胆惊心怯,不敢举事,李君即拟私

逃,不通知同人,即先逸去。郭、张、向三君见李先逃,乃从而偕遁。郭君尚劝李君等将散存之兵先夺饶平以作根据,而谋再集。而李君不听,决定逃遁,而所存之兵紧随其后,请问所向。李君见势不美,恐难私逃,即将国票诈云银票,分发众人回去。仆派去之头目薛君见他等如此仓皇,故不得不保其出饶。此饶事之实是情形也。

所可惜者,饶事失误,仆调方君两位驻黄冈之兵,一经饶事,解散各兵目被黄乃裳之门生陈芸生等乘机谣惑(芸生即前在星洲谒先生之两潮人),兵不敢集,候至天明,饶兵不至,亦为散去。噫嘻,调度若是周密,而竟被误若如,苟张、郭、向、李四君肯实心任事,肯先分两人驻于浮山,则事亦免致此,一旦被误,遂尔冰消,可胜叹也。仆生也晚,阅世浅,而且识疏,故前曾面恳派人相助。在李君等见面不久,窃谓他等来东京,必是经练老成,故敢以重任托之。谁知反被其误,用人不当,仆之罪也。前所列之单共有数处,今仅饶地一处,便调有人数千,前单所列饶地不过数百,今得此效果,庶以明仆之前言非谬。

刻下饶事,若此刻决要办,别处共有三路,信不敢详,而饶平之事仍要续办,已派林君国英驻饶运动,一面派张、郭两君往嘉应州调人,良牧则往嘉应,运动才进,刻未有消息。仆等现暂住香港,与冯、任两君妥商一切也。惟是刻闻黄君乃裳要来香港,与冯君领办潮事,力荐其门生陈芸生、萧竹漪以办潮事,目下冯君意在两可。仆等深知陈等仅有揭阳之钱家寨一处,并黄冈埠两处,不过有人千余而已,仆则仍存海、陆、漳浦、云宵、河婆、汤坑、惠来、漳州、石马、海澄数处,俱未调动。今定续办,此数处之中,择出三路,以图再举,此遭定谋妥善,庶不负先生所委也。仆可虑者,恐黄、陈等难靠,他若举事,定于仆宗旨有碍。刻潮中官场其见疑于仆者,一因下等社会被执两名,供出者有之;一因陈芸生私递一函与潮镇,道及饶平之事是仆为首,故以潮中道台派委查仆事件,幸该委系仆熟交,故不致有失。陈芸生之恶,于此可见一斑。刻下将前镜秋兄所送与他之先生照片作为口实,藉先生之名以骗潮人,此辈诚有碍于大局不浅。此间情形如此,肃此报告,并候大安。仆等许雪秋、方笑龙同顿。

再者,何天翰君经仆请他数次,并未见面。后闻饶事,他竟不敢在家,已即前往省城。钟奇亦是如此,真可笑也。后来之两李君,仆见此人年太稚,不曾留用,他已回兴宁。温、梁两君在元月初六日到仆处,即于初九日往省,亦不敢住汕,因闻饶事之故。

张永福编《南洋与创立民国》,中华书局 1933 年版,第 115 ~ 118 页

冯自由《丁未潮州黄冈革命军实录》:

广东潮州饶平县属黄冈为三点会最盛之区,余丑、陈涌波、余通实为之首。丙午(民前六年)许雪秋受孙总理委任为国民军东军都督以前,夙与联络,是冬尝偕二余及陈涌波赴香港谒冯自由,介绍入同盟会。丁未(民前五年)正月初旬,余奉许命,在饶平属浮山墟聚众千余人,预备发难,因布置不及而止。当时饶平知县郑瑞麟闻警,曾禀潮州道府请防患未然,道府即派委员往查,而委员竟以所禀不实报。嗣后余等运动益力,专候香港机关部命令发动。

冯自由《革命逸史》下册,新星出版社 2009 年版,第 876 页

陈梅湖在《饶平黄冈革命记》一文中谓:

前清光绪三十二年,丙午之春,海阳许雪秋奉同盟会首领孙逸仙命,假以广东省东路军都督名义,主管潮州、两汕(即汕头、汕尾)革命事宜,兼理东路同盟分会,以詹盛波(揭阳人,长老会牧师,陈竟存入同盟会由詹介绍)、林善进(澄海人,长老会教徒,后名俊良)二人助理会务,派会员林鹤松(揭阳人,德国公司司马昭轮船买办)往黄冈运动陈涌波、余丑、余通、余永兴等加入革命,并邀涌波等四人出汕头。才抵汕即按香港来电云,孙逸仙、胡衍鸿、汪兆铭由日本东京到港,促雪秋赴港面商要事,雪秋乃挽涌波等四人同行,至港同住同盟会所办之

《中国日报》,而孙、胡、汪三人已先一日赴安南,仅陈少白、陈芸生、郑士良在焉。是晚加入同盟会,由陈少白主盟,当天发誓。嗣领取邹容所著之《革命先锋》一册,返汕头秘密宣传。

未几,雪秋命涌波就黄冈组织革命军,率数十人充潮汕铁路工人,待时举事,官厅稍有所闻,拟行捕拿,雪秋远避,涌波等亦陆续辞工归黄冈,以图后来。

陈阿包者,澄海人,为人豪侠不羁,于丙午之前尝到黄冈密设洪门会(即三点会),加入者数近千人。余众兴集涌波诸人而献议曰,欲谋革命须与洪门会联方易着手,众韪其议,乃共加入,遂举黄冈东路张三弟任之,西路余永兴任之。

迨丁未年春间,雪秋派人到黄云时机已至,催促即日举事,是以再举定:张三弟、张细、张牛屎、张跃、张唉、张猪、张约瑟、张和记、张缺目、张锡林、张老实、余御言、余通、余丑、余五戒、余卖、余燥、余耶、余永兴、余渭螺、余永顺、陈涌波、刘朝海、林钟临二十四人共主其事。时黄冈加入革命者已逾千人,以挑水巷泰兴客栈为总机关。推余通、余五戒主办内部事务,涌波、余丑任外交,永兴为主盟,余耶、张细为调查员。

永兴、余耶乃往西路外浮山乡说秀才吴炳文及吴捶、吴才气加入,伊亦在该乡纠合数百人待时响应。至二月中旬,雪秋又命人到黄,约定三月初一日合海阳、揭阳、惠来、澄海、饶平五县同时并举。涌波随住汕头领到大洋六百元,购火药千斤及铁弹铜引等物,分藏于林钟临、林拉师、张细、张跃家。永兴、涌波及余卖之妻张氏暗中赶造旗帜,一连数夜不辍,制成大红门旗一面,中书大元帅孙四字,青天白日旗、驱逐满虏旗各数十面(青天白日旗即在黄冈出世),并聘请黄旭东为秘书,林省吾为书记。

时黄冈防军有护理协镇绿营都司隆熙,守备黄其藻,左营存城千总许登科,右营存城把总萧世华,文官有海防同知谢兰馨,柘林司巡检王绳武在焉。黄其藻密奉潮州镇总兵黄金福命侦查黄冈革命党人举动,故派康弟仔、余耶林八十余人为侦探,因党人作事机密,终难得其底蕴。忽一日捕一小窃,名张尾弟,在守备署拷讯,方供出每夜有数百人或在山坳,或在海滨集会,于是风声稍露。有城绅余某秦与黄守备善,以为革命若起于彼不利,竭力查探,知泰兴栈系总机关,即密禀隆护协,请派兵拿办,适被该署书吏余三(五戒胞兄)闻知,亦禀隆护协谓泰兴栈非谋乱机关,况地方安静,何必自取烦扰,其事遂寝。

陈梅湖《饶平黄冈革命记》。引自《汕头文史》第10辑,汕头市政协委员会学习文史委员会1991年,第20~21页

2月25日(正月十三日)　驻日使节杨枢致电清廷,报告与日本交涉驱逐孙中山事,日方称只能劝说,不能驱逐,且告以孙中山将起程事。同日,日本政府授意内田良平是日宴别孙中山。

电文称:

奉初十日电,即往外部致谢。适大臣次官公出,晤山座局长,据称此系格外通融办法,只能劝孙出境,未能公然驱逐。现孙拟下月起程,仍请秘密等语。枢复往谒伊藤,握谈良久,所嘱与山座之意略同。谨闻,细情函详。枢。十三日。

《为外部称只能劝说不能驱逐并孙汶拟下月起程事》,《电报档》,综合类—收发电档,档号2-05-12-033-0026

孙中山自谓:

日本政府一面迁就清政府之请,一面亦欲示好意于吾党,探得弟将有事于两广、云南,不日离日,其外务省转托私人送程仪,开饯宴,殷勤备至。及弟船出日本境外数日后,日本政府遂通告清政府云,已下令逐弟出境。惟日本政府在日本国内未有宣布此令,而清政府一得日本政府之通告立即宣布,故弟至香港之日,已见中外各报载有此事矣。在日本政府本欲两存

好意:在清政府则云下令逐弟,而对吾党又示优容。惟各国政策无论如何文明,其对于与国必重于对民党,但日本政府有两方面皆存好意,几乎等相待,必至离境之后乃通告清政府以逐客之事,此已属格外优待吾党矣。无如清政府以为得此,已属外交非常之胜利矣。

孙中山《致檀香山同盟会员函》。引自《孙中山全集》第1卷,中华书局2006年版,第462页

宋教仁记有关情形:

三时至孙逸仙寓。四时同逸仙、章枚叔、刘申叔、鲁文卿、胡展堂等至赤坂三河屋,时内田偕宫崎、清藤、和田诸氏等已至。坐良久,遂各一席,有艺妓七八人轮流奉酒。又良久,歌舞并作,约三四出讫。诸人不觉皆醉,余亦带醉意矣。夜九时始罢。日人所记出席宴会名字相同,且谓"孙文根据由内田转达的在日本驱逐之前离国的劝告,决定离开日本"。

陈锡祺主编《孙中山年谱长编》上册,中华书局1991年版,第395页

汪东回忆:

一九〇七年,我在日本早稻田大学预科,正在举行毕业考试的时候,有一天去看中山先生,中山先生关照我明天下午到这里来。我不知什么事,第二天准时去了,已经有不少人会齐在那里。中山率领大家到赤坂区红叶馆。这比芝区的红叶馆规模小得多了,但排设还是很丰盛。日本式的宴会,照例有许多艺伎侍酒歌舞。舞衣歌扇和舞的姿态,以及旁边配奏的乐器,都和所见唐画差不多。送菜的人只能跪在房门口,一一由艺伎接过,亲手分送到各人面前。那天除主人及特客中山先生而外,同座的有黄厘午、章太炎、胡汉民、汪精卫、刘申叔、宋遯初、田梓琴、张溥泉、山西乔君(名字记不起了)和宫崎寅藏。还有一位日本人士,不认识,说是在东三省秘密工作的,倒留着一条辫子盘在顶上,我看了很奇怪。有人说他是头山满,不知是不是。当时我年纪最轻(十八岁),宫崎寅藏开玩笑,教艺伎们围着我轮流灌酒,我大醉了,被扶上车送回下宿(即旅舍)。第二天的学校考试,几乎耽误了。我心里疑惑,不知为什么有这次宴会,急欲知道究竟。等几天全部考毕,再去看中山先生,寓舍已经易主了。转赴《民报》社打听,据闻这次宴会是由日本外务省次官内田康哉出名请的,其原因是清政府秘密交涉,要日本驱逐中山先生出境,日本政府也不喜欢中山在那里搞革命,但对于政治犯是不能加以驱逐的,便劝中山先生暂时避到别处去。中山先生不得已应允了。这席酒等于暗中饯行,并传说还送了三千块钱作旅费。中山先生便带同汉民、精卫一起到南洋各处展开活动去了。

汪东《同盟会和〈民报〉片断回忆》。引自《辛亥革命回忆录》第6册,文史资料出版社1981年版,第28~29页

2月25日(正月十三日)　湖广总督张之洞电清廷外务部,通报有关查禁日知会及刘静庵一案之事,以备与美方交涉。

先是22日(正月初十日),外务部致电湖广总督张之洞,云:

美使照称刘家运案有关教会声名,鄂督照送七条供词,系刑讯迫取,不为确据。第一及第七株连教会预谋,第二条所载日知会实系圣公会所立,诬连美教最重。鄂督愿将连累该会之供删除,不足雪带累之声名,美政府断不能按此轻易了案,华官虽声明删除供词而供单内复列此刑取之供二条,有意牵连教会。美政府以此案有关在华美人名誉,不能漠视,照约有派员观审之权。俾得详查确据集证来堂质辩,舍此别无他法可保声名。请准复讯观审,不可稍缓。刘姓受刑最重,恐将就毙,请允美政府所请见复等因,并钞送供词七条前来。此案迭经电询情形,尚未见复,希将现在讯办各节详晰电复,以凭驳辩。外务部,蒸。

《为美称刘家运案有关教会声名希将讯办各节电复事》,《电报档》,综合类—收发电档,档号2-05-12-033-0019

本日,张之洞电外务部:

去年冬间探悉孙汶派人在鄂,潜谋与萍匪接应。复准袁慰帅函开,孙汶之同盟会党分布长江一带。湖北之总会首刘家运当经派员拿获。朱元成等供称,湖北只有刘贞一,即刘静安,在圣公会为教习,素与军人、学生熟习,阴谋革命,当饬查拿。旋据该教会声称,刘贞一已经逃跑,不知去向。后查知改姓潜匿黄陂县境,跟追始行拿到,非在教堂捕获。维时驻汉美总领事曾函请派人观审,业经据约拒绝。续又拿到吴之铨等。据供,刘贞一为同盟会内湖北总会首。经饬臬司督同承审各员提集各犯质讯。已据刘贞一供认,平日倡言革命,售卖孙汶同盟会党所著劝人为逆之《民报》及借银布置革命等事。前接钧电,适美马总领事来署面称,昨日函送刘贞一供词七条,内第一条及第七条所犯案情牵涉该教会,有损名誉,并谓刘贞一所供各情恐由刑求而得,请予详细照会等情。当告以刘贞一未获之先,有侦探之禀报。刘贞一既获之后,有佐证之凭据。考察既确,始委北臬司督员提集刘贞一等质讯,当时朱元成历数刘贞一种种逆谋,刘贞一言语支吾,任意狡持,问官始令用刑。刘贞一知无可遁饰,亦供认数条,录后刘贞一于供内字句一再考较,然后亲笔书名画押,毫未逼勒。查新律内有罪犯应死,供据已确而不肯供称者,准其刑讯等语,并将修律大臣原奏刻本给马总领事带回阅看其第一条、第七条两条。该教会既恐有损名誉,业已允为删除,以符该教会劝善之本指[旨]。正饬行间,复奉蒸电,美使照称各节殊堪骇怪。第一、第七两条,均允删除,尚未转饬照会,何以仍复列在内。其第二条日知会字样已在删除之内,查条约内并无华人在内地犯罪,准领事派员观审之条,又竟欲雇证来堂质辩,尤属条约所无,万难照允。刘贞一现在眠食如常,去年十二月三十日曾亲笔作书致承审委员声谢给予食物,岂有就毙之事。总之,刘贞一虽在该教会充当教习,行为极其诡秘,虽其父刘淇且不得而知,况以谋逆重情,安有告知教会之理?该教会恐损名誉,未免过于顾虑。前已允将供内牵涉教会字样,全行删除,并将刘贞一一犯所认供词照送美总领事转给该主教阅看,已属格外通融,系为保全美教会声名起见,舍此别无他法。总之,中国谋逆重犯于外国教会无涉,案情已定,即须惩办。事关大局利害,设稍有迁就,允其踰约要求,后患不堪设想。除另将刘贞一亲笔书名画押供词电呈外,切恳贵部据约辩驳,转复美使,大局幸甚。之洞肃,元。

《为湖北同盟会党事》,《电报档》,综合类—收发电档,档号 2-05-12-033-0028

次日,张之洞报送刘静庵供词,云:

据刘贞一,即静安,又号敬庵供,潜江县人,本名炳炎,入教受洗后改名贞一,不叫家运。年二十七岁,家有父母兄弟二人。小子居长,平日在家读书。壬寅年在黎协统当过书职,出营后始入教会,在文华书院充当教习。已考过学堂,在过营盘,遂联络军学两界中人为革命之预备,是为道德革命、学术革命。今年夏间,黄冈人吴崑从日本来鄂,带有法国人鄂西郎来鄂开会演说,大致言法国革命的事,谓路易十四为暴君,专制残虐,是以法人群起革命,中国今日亦当如此。是日照有相片。《训兵谈》、《占辽东》两书是小子用原本托黄冈人熊芷香交殷子衡在黄州印刷的,《民报》系友人从日本带来,存在小子处备人随便购取,报价是小子代收的。朱元成与小子向来认识,此次从日本回国后,曾到小子处告说,孙汶派他回鄂运动军队,以萍醴事起,湖北派去军队甚多,欲使以往者劝其倒戈,未去者劝其暴动。小子尝告以前曾向郭尧阶说过借款一万两,为运动革命费用,郭尧阶已经允许,并令朱元成往与商议及闻。朱元成被拿,小子就往黄陂去了,至熊芷香到各处说小子是湖北总会首,小子实不知道。以上俱是实供,愿画押等语。特电呈查核,洞,职。

《为湖北同盟会党刘贞一供词事》,《电报档》,综合类—收发电档,档号 2-05-12-033-0029

2月(正月) 孙中山和黄兴之间因国旗问题而发生冲突,此事以黄之让步而告结束。

章太炎《自定年谱》谓:

逸仙自南洋还东京,作青天白日旗,张之壁上。克强欲作井字旗,示平均地权意。见逸仙壁上物,争之曰:"以日为表,是效法日本,必速毁之。"逸仙厉声曰:"仆在南洋,托命于是旗者数万人。欲毁之,先摈仆可也。"克强怒,发誓脱同盟会籍。未几,复还,时日本人入同盟者八人,自相克伐。汉人亦渐有同异。

汤志钧《章太炎年谱长编》上册,中华书局1979年版,第240页

宋教仁1907年2月28日记云:

七时,至《民报》社与黄庆午言余辞职事,庆午不应。良久,庆午忽言欲退会断绝关系,其原因则以□□□(原书注:指孙中山)以己意制一新国旗,而庆午以为不善,请其改之。逸仙固执不改,并出不逊之言,故庆午怒而退会。时诸人均在,皆劝之。余则细思庆午不快之原因,其远者当另有一种不可推测之恶感情渐积于心,以致借是而发,实则此犹小问题。盖□□(原书注:缺字为"逸仙")素日不能开诚布公,虚心坦怀以待人,作事近于专制跋扈,有令人难堪处故也。今既如是,则两者感情万难调和,且无益耳,遂不劝止之。又思□会(原书注:指同盟会)自成立以来,会员多疑心疑德,余久厌之,今又如是,则将来之不能有所为,或亦意中事,不如另外早自为计,以免烧炭党人之讥。遂决明日即向逸仙辞职,庆午事亦听之。

湖南省哲学社会科学研究所古代近代史研究室校注《宋教仁日记》,湖南人民出版社1980年版,第342~343页

胡汉民则回忆:

濒行,议定革命军旗国旗。先生力主青天白日之徽帜;克强欲用井字徽帜,谓以井田为社会主义之象征。先生谓既不美术,又嫌有复古思想。党众悉从先生。克强争之不能得,则意颇怏怏。余既与克强分道行,克强犹有书致余,谓:"名不必自我成,功不必自我立,其次亦功成而不居;先生何定须执着第一次起义之旗?然余今为党与大局,已勉强从先生意耳。"余当时乃只求革命,对于尝有为之流血之革命旗,则赞成用之;惟成功不居之说,则余与精卫俱觉克强持论颇高,此意不因所争而废,盖余辈于时犹有书生之见也。因余与精卫力为克强解譬,克强后此亦不复言。

《胡汉民自传》,引自《近代史资料》总第45号,中国社会科学出版社1981年版,第21页

3月6日(正月二十二日) 江苏高邮饥民数万人抢米,并捣毁囤谷富绅多家。本月上旬至4月,苏、浙、皖、粤等省不少州县,均发生贫民抢米风潮。

3月10日(正月二十六日) 两江总督端方、江苏巡抚陈夔龙、署江北提督廕昌向清廷奏报,已经剿办流窜江苏徐州的山东曹州卞其为等股会党。

其奏折云:

头品顶戴两江总督臣端方、江苏巡抚臣陈夔龙、头品顶戴署江北提督臣廕昌跪奏,为山东曹匪大股窜至徐州沛县,经官军痛剿聚歼详细情形,恭折具陈,仰祈圣鉴事。

窃臣等于光绪三十二年十二月十九日,据署徐州镇总兵杨慕时、署徐州道袁世廉电禀,曹匪大股窜徐,经官军痛剿聚歼,当将大概情形电请军机大臣代奏。二十日恭读电传谕旨:端方、陈夔龙、廕昌等电奏悉,仍著严饬随时防缉,以靖地方。钦此。钦遵转饬遵办在案。

查徐州府丰、沛、铜、砀各属与山东曹州府郓城、巨野各县壤地相接,风气素强,又值上年水灾,饥民众多,深虞不靖。自曹匪蠢动,经臣等电饬徐州镇道,抽调驻徐马、步队,即日驰往

边境严防窜越,并饬署徐州镇杨慕时亲巡边境。仍虑兵力太单,商由臣靡昌,就近选派两营,委标统石佳华率往防御,仍饬由署徐州道袁世廉会同布置。嗣因东省剿捕得力,余匪四窜,丰县、铜山等处时有匪纵,迭经地方文武拿获收讯。并准山东抚臣杨士骧派队赴边同时逐捕。臣等谨遵谕旨,严饬扼要堵截,加意安抚饥民,时防煽胁。十二月十五日,曹匪大股由山东滕县窜踞沛县之下庄寨地方,标统石佳华率队往剿,擒获匪首卞其为等多名。余匪窜至沛县城西三十余里之张楼,该标统追至邢孤堆,遇匪迎击。有匪股三百余人,持快枪抬炮,占据该庄楼房三座。有持土枪者百余人,据该庄墙垣,开枪轰放,势甚凶悍。我军攻击至酉,夺得楼房一座。时值雨雪交加,督兵力战未却。十六日巳刻,又夺楼房一座,并获外着补服内着操衣之匪首陈振山一名,由署沛县知县陶瑞徵提讯,据供巨野县人,因伤重即行正法。是日申刻,我军全队猛扑且拟挖壕逼楼。匪知不敌,将楼房纵火自焚。复经枪毙匪首王九一名,悍党二三十名,生擒五十一名,余匪焚毙不计其数,并夺获枪刀四十余件,战马七匹。我军共阵亡七名,受伤二十一名。

臣等伏查此次曹匪大股窜至徐境,据楼鏖战,极为凶猛,设使官军稍却,势且蔓延。该标统石佳华督队围攻,相持至两日一夜之久,奋勇痛剿,匪众聚歼。署徐州镇杨慕时,署徐州道袁世廉调度有方,相与殄此群丑,声威所播,此后东匪庶不敢轻犯徐界,实于江北大局关系非浅。现准山东抚臣杨士骧派员来徐,与该处文武会商联络,嗣后匪警,两省军队约明不分畛域,各准越界追拿,务尽余孽。仍由臣等严饬该镇道等加意筹防,随时巡缉,以期地方靖谧,仰慰宸廑。

除候将伤亡兵丁查明抚恤,擒获各匪讯明严办,另行奏报外,所有山东曹匪大股窜至徐州沛县,经官军痛剿聚歼详细情形,谨合词恭折具陈,伏乞皇太后、皇上圣鉴。谨奏。

光绪三十三年二月初八日奉朱批:仍著随时认真防缉,以靖地方。钦此。

《奏为山东曹匪大股窜至徐州沛县经官军痛剿聚歼情形事》,光绪朝《军机处录副奏折》,档号03-5521-008

3月21日(二月初八日) 两江总督、南洋大臣端方,江苏巡抚陈夔龙电奏,报告拿获、惩处革命党人杨卓霖、权道涵、段沄、孙毓筠、李发根、廖子良六人。清廷旋发布上谕,令端方等仍侦缉黄兴等。

先是,端方、陈夔龙致军机处代奏电:

自上年十月萍醴匪乱之后,各处匪徒散布,踪迹极为诡秘。经方选派得力员弁,分投严密侦缉,业经拿获孙汶逆党头目袁有升等审明惩办,电请代奏在案。十二月间,探闻孙逆大头目杨恢即杨卓林现来上海,密派眼线肖、刘二姓佯投入会,诱至扬州拿获杨恢及李发根、廖子良三名并起有大、小炸弹八枚,制造炸药药料多瓶,一并解宁。又另由金陵巡警局拿获由东洋回宁之孙少侯、权道涵、段沄三名,迭经督同总办巡警局候补道何黻章、署江宁府知府许星壁及委员等悉心研鞫。缘杨恢即杨卓林,李发根即李芋禅,廖子良即廖德璠,均籍隶湖南。孙少侯即毓筠(又即孙筠)、权道涵、段沄均籍隶安徽。杨恢先年投江南福字营当勇,后在张春发营中充当随员,旋入江南将备学堂肄业,领有修业文凭。光绪三十一年游学日本,投入孙汶逆党,因议论兵事,孙汶深加称许,授为伪副将军,令往各处运动。上年十月萍醴作乱,即系孙汶主谋,并派杨恢赴广东起事响应,因萍醴事败中止。李发根、廖子良游学东洋,素多谈政治革命议论,杨恢煽诱入会,未授伪职,亦未参与逆谋。孙汶所设之会,分为三部:一造药;一筹款;一实行。所谓实行部者,以舍身暗杀为能。孙汶为三部总会长,未获之黄兴即黄轸为副会长。权道涵、段沄与未获之湘人王廷旨、柳聘农、黄赞亭,皖人金旭、陶茂宗等,先后投入实行部。权道涵、段沄均未授伪职,亦未辗转纠人。孙少侯尚有文名,尚未为匪,上年二月游学东洋,被人煽惑,忽变为政治革命宗旨。此次来宁,系欲调查江南陆军、警察是否得力,并欲利用陆军中人。因程度不齐,难资利用。又供称:闻孙汶军火本拟运入镇江,交哥老会朱姓存储,因查禁甚严,难以入口。江北饥民亦拟联为内应,乏人可托,未遂其谋等语。该六犯到案后,均未加刑讯,且有自书供招,略无讳饰。唯据孙少侯供称,曾由廪贡生报捐分省试用同知,并在天津加捐道员等语。电查直省并无报捐案据,亦未将捐照实收呈缴,其中恐有不实。查该犯杨恢即杨卓林,系孙汶逆党,授职伪副将军,粗知军务,狡悍异常。上年萍匪扰乱,孙逆曾派该犯赴粤起事,实为彼党巨魁。此次诱至扬州,始经拿获,得为地方除一巨患,未便稍稽显戮,已将其就地正法,以慑匪党,而遏乱萌。权道涵、段沄听从入会,来宁调查警察,亦属有心从逆,唯系少年,血气未定,至被邪说所惑,且未授有伪职,亦未辗转纠人,情罪尚轻。比照部定会匪章程,贷其一死,各予永远监禁。孙少侯、李发根、廖子良多谈政治革命议论,实不安本分,唯均系被人诱惑,其情不可不原,各予监禁五年,限满察看能否改悔,再行酌核办理。孙少侯所捐官职,另行咨部查明斥革。除将讯明供招,及该犯等自画原供,拍照咨呈钧处备查,并再设法侦缉逸匪黄兴等务获惩办外,所有拿获杨恢等六犯,分别惩办缘由,理合奏明,谨请代奏。端方、夔龙叩。

《为拿获孙汶党众六犯分别惩办事》,《电报档》,综合类—收电档,档号2-04-12-033-0123

军机处电:

奉旨:端方、陈夔龙电奏悉。仍著侦缉逸匪黄兴等,务获惩办,并随时认真防范,以消隐患。余依议。钦此。二月初九日。

《奉旨悉端方等电著侦缉逸匪黄兴等事》,《电报档》,谕旨类—电寄谕旨档,档号1-01-12-033-0032

3月23日(二月初十日) 陕西巡抚曹鸿勋上奏清廷,言扶风、同州、渭南、华州、华阴等处乡民聚众抗捐情形。

奏折曰:

陕西巡抚臣曹鸿勋跪奏,为匪徒聚众滋事,业经拿办首要,解散胁从,地方一律安静,恭折报明,仰祈圣鉴事。

窃陕西扶风、同州等处匪徒,借路捐为名,煽惑愚民,聚众滋闹,业经臣先后电奏,奉旨钦遵在案。现在为首滋事者已拿获惩办,无知被胁者已解散安业,其酿事官绅及办理不善之地方印委,亦分别撤参,归案究办,民情帖服,地方乂安。理合将案情原委及先后办理情形,为我皇太后、皇上缕晰陈之。

查陕省上年筹修西潼铁路,拟定集股筹款章程,内有麦捐一条。麦捐者,仿邻省铁路按租指股之法,即陕西向年旧有之积谷捐也。向年办理积谷,按粮户大小捐谷储仓,虽各属未能一律,而收成稍丰之处,无不遵办。近来年谷屡稔,积储有余,故拟将此项谷捐改作路捐,按粮户纳土粮一斗者捐麦三升,照市价收钞,作为铁路股本。仍按股给票支息,以为该地方兴办学堂之用。此条例章程咨明商部有案。及至下忙开征,饬属试办,先按四成征收,如应捐麦三升者先捐一升二合。乃陕民风气素未开通,一语铁路,即以洋务目之,因此不无观望,而扶风、渭南两处亦适有聚众求免之举。臣以民信未孚,不可遽强以所难也,因即出示各属一律停止;随又出示,准以已收之数充抵次年差徭,以免遍枯。盖事本试办,察其不便即毅然去之,则民无所苦,而匪徒亦无所借口。此上年十一月间事。时扶风正在查办,渭南事已平息,以为可从此无事矣。不图匪心思逞,煽惑无忌,路捐已停,无可以为口实,则指学堂、税局、电杆、洋教以为煽惑之具。愚民无知,从而附之,遂有华州、华阴、同州之事。而扶风为匪源所在,亦遂因而复起。以案情而论,则华阴电杆、同州教堂其名目为最重大。以匪势而论,则扶风一处劫犯围城,其势为最猖獗。谨先就扶风一案陈之。

扶风匪众初虽借口路捐,实因该县知县谭绍裘偏听不明,劣绅马临泰、杨新、侯廷干借公苛敛,以致激酿成事。该县修文庙、修马路、修小学堂,出易仓谷,皆临泰等是任。马临泰为里民局绅士,与杨新、侯廷干等朋比为奸,复串通县属账房胡姓,一切费用皆派民间。又复从中舞弊,私挪里局公款,众怨山积,无不欲得而甘心。因有匪首张化龙纠党帅大旗、管权大(即权占江)、张有才(即张保奎)、李化虎、昝纪熊、邓梦熊、张应虎、张和尚、赵八等,借免路捐为名,煽诱愚民,于九月二十六日聚会于张化龙所居之绛帐村,随即分散。后于十月十三日纠众来城,专以马临泰等为词。知县谭绍裘出城劝解,允为清算账目,始各散去,而算帐一语,竟托空言。该匪等旋散旋聚,复于十一月初一日晚至廒仓里地方,放火焚烧马临泰酒坊十余间;退聚远门山口,分党四出,逼众入伙。经地方文武往谕,胆敢抗拒,枪伤兵役,是时该匪等牵民以自固,愚民等畏祸而迫从。官兵在侧,因有百姓在内也,亦不敢遽用剿捕。使该县知县谭绍裘能早察酿事之源,先治马临泰等蒙蔽之罪,然后严拿匪党究办,则事机决裂,当不至为后来之甚。乃始终偏惑,致匪徒一聚再聚,激成负隅之势。臣微察其故,先将谭绍裘撤任察看,即饬该管凤翔府知府尹日龄赴县清查。随据查明禀揭前来,该劣绅马临泰等种种私弊,谭绍裘种种庸暗,皆属实情。当将扶风县知县谭绍裘奏请革职,将马临泰、杨新、侯廷干提省讯办。随由地方文武先后拿获帅大旗、权大、李化虎、马吉利、帅怀江(即帅应江)等,正在讯供审办间,而匪首张化龙复纠其党张有才、昝纪熊、邓梦熊、张应虎、张和尚、赵八等,于十二月二十三日,分起入城,约号聚齐,攻破班厅,砍伤差役,抢去押犯帅大旗、李化虎、帅怀江三名。经该县督役兜拿,登时拿获张有才一名,并伙犯刘德礼、韩熊娃二名。随即派兵购线将首犯张化龙拿获,并将二十三日劫去三犯李化虎、帅大旗等二名及张和尚、张四娃、张凤龙等三名先后拿获。当张化龙未就获时,先已布散传单,约党复起;即就擒后,于怀中搜出纸片,上书叛词,有"人力不及、天助成功"等语,又揭言二月大事成封王,实系目无法纪,情同叛逆,未便久稽显戮。当即饬讯张化龙、帅大旗、权大、张有才、李化虎、张和尚等六名,俱供认为首聚众放火,抗官劫犯,拒捕伤差等情不讳。由臣批饬凤翔府知府尹昌龄覆讯无异,即饬就地正法,以昭炯戒。而张化龙余党尚有昝纪熊、张应虎、邓梦熊、赵八等在外未获,该党听张化龙传单复聚多匪,并逼诱临近愚民,于本年正月初五日,回逼扶风县城,用石攻破西门外层,拥入瓮城。地方文武呼劝不听,势将攻入第二层门,不可禁止。营官当前,受其击伤,不得已开枪抵御,击毙在前持械之匪三名于瓮城内,余匪始惧而退散,当时飞报到省。臣以事关重大,一面据情电奏,一面派兵前往镇慑。随委候补知县李焕墀、陈上理等赴县会同解散,又出示剀切晓谕。时被胁愚民早已散去,惟匪党邓梦熊等尚盘桓左近,一闻兵至,陆续潜逃,四处缉拿,尚无踪迹。惟于武功县境内,查获上年十二月二十三日劫去之伙犯帅怀江一名。各路乡老亦各戒谕子弟,出具甘结,永不从匪。滋事地方居民,一律安谧。现除张化龙等六犯业已正法,并逸犯邓梦熊、昝纪熊、张应虎、赵八等严缉务获,再行究办外,所有伙犯帅怀江,应锁系巨石五年,张化龙应锁系四年,张四娃、刘德礼、马吉利应各锁系二年,均期满察夺。韩熊娃枷责保释,余各免究,以示平允。至此案酿事之劣绅马临泰、杨新、侯廷干等,业已提省讯办,俟讯毕另结。前县属账房胡姓,业已逃逸,惟其所挪公款,由已革知县谭绍裘如数弥补,俟胡姓缉获后,再行讯结。此扶风一案,现已办结之始末情形也。

其次如渭南。渭南向有厘金局一所,河东盐厘缉私局一所,新设土药统税分卡一所。土卡新设,民多疾视。缉私局缉拿私盐,刁民尤多结怨。而厘金局委员、候补知县冒树桢于征收货厘,失于苛细,民间更有烦言。时十一月初五日,有外来匪人递送传单于河北一带,约于初六日,聚众交农器求免路捐,乡民疑信参半。适有素与局卡为难者,乘而附和之,遂于初六日聚众,由上涨渡夺舟渡河,至城之西关,将三局卡同时骚扰。内有田莲得(即田好娃者)尤为张横。田莲得闹局得财后,路经村民赵轮娃家,强奸民妇赵徐氏成奸,经村人驱逐逃去。先是,该县知县张世英因闻初五日传单之信,亲赴河北弹压。比及返城,适众匪闹局之际,闹局既毕,即时星散,并未与县官为难,可见聚众之举,不专为路捐来也。臣得报后,委候补知府王公亮、即用知县宫炳炎赴县查办,得悉前情。幸各局卡印花军票均未失散,人役亦未受重伤。惟厘局委员冒树桢办理不善,不能辞咎,因将该委员即行撤差,一面饬县拿犯去后。据该县禀报,拿获要犯田莲得(即田好娃),并从犯寇里芳、杨凤儿等,录供请办前来。臣委候补知府刘济坤下县复讯。据田莲得供认,夺舟渡河,打局劫财,强奸民妇。寇里芳供认,冒称头目,吓诈财物各等情不讳。杨凤儿供称,匪徒打局去后,伊进局窃去干鱼三尾,毡一条,余无另犯别情。当批饬将田莲得就地正法;从犯寇里芳锁系巨石,俟十年后察夺;杨凤儿杖责保释。仍饬该县缉犯追赃,俟获犯起赃后,另案再结。

其次如华州。华州聚众,在路捐已停之后,愚民何所借口,惟因外来匪徒转递传单,乡愚无知,有巨祸将及不敢不从之势,遂有十一月十六日打毁学堂、哄堂闹署之事。时该州知州褚成昌调任交卸,州判俞魁护任。该匪纠率乡愚,先至中学堂,将门窗、器具、书籍概行焚毁,又沿路打毁厘局卡门牌,抢毁教民陈姓家物,汹拥至大堂,肆意滋闹,经地方文武极力弹压,始各散去。臣闻报,即委候补知县屈寿昌前往查办。随由署知州胡启虞拿获匪犯刘豹子、解铁练子、杜金娃、张锁锁四名,禀报到省。臣复委候补知府刘济坤覆讯取供。据刘豹子供认,领众爬墙入城,焚毁书籍,哄闹大堂。解铁练子供认,从前杀人犯案,逃走潜回,是日同众各处打闹,拥至大堂,打伤马勇,抢夺马匹各等情不讳。当经批饬将刘豹子、解铁练子二犯就地正法讫。杜金娃、张锁锁俱供认,听从在逃之王为子,随众打毁各处门牌等情,当批饬将杜金娃、张锁锁二名锁系巨石十年,期满察看。仍缉案中余犯,务获另结。其教民失物,已由该州查明处结。此渭南、华州二处办理情形也。

至如华阴一处,毁电杆,闹衙署,情节较重,然亦外匪传单自西而东,遂至一波方平,一波又起。时有奸民雷荣昌者,起意聚众,邀同孙应策撰写告白,到处张贴。至十一月二十六日,乡民麇集,良莠不齐。中有高利害、屈时兴尤为凶悍,凡拔毁电杆,屈时兴为最多,高利害次之;而打闹衙署,则高利害为最横。后经该县将雷昌荣、孙应策、高利害、屈时兴拿获,并获从犯雷积善、赵江海、袁进娃等三名。臣委候补知府刘济坤覆讯录供,各认前情不讳。雷积善则认听从雷荣昌等代送告白;赵江海、袁进娃各认鸣锣集人,入署滋闹,案无遁饰。当饬将雷荣昌、孙应策、高利害、屈时兴四犯就地正法讫;赵江海、袁进娃各锁系十年,雷积善锁系八年,均期满察看。此案变出仓猝,该地方官原有不及预防之势。然电杆拔毁至数十里之多,究属疏于防范。当将该县知县崔肇琳即行撤任,仍照河南祥符县成案,所毁电报杆线,责令该县官赔修,不准派民间分文。现在崔肇琳留工监修,不日即可修竣。此华阴一案情形也。

华阴事在十一月二十六日,而同州府事即在二十七日,两处相距方一日程,显系一路匪徒沿途煽惑所致,然同州之事,亦有原因焉。同州府城向设官钞局一所,河东官盐局一所。盐局收钞甚严,而钞局委员、候补知县钱苐,于乡民凭票取钞者,则搀和小钞,动辄二八、三七,民甚苦之。当未聚众以前,该局钱根骤紧,应付维艰,经府县挪借公款,始克敷衍,是民间结怨于该局委员者,已非一日矣。此次外匪煽诱,乘间易入。至二十七日,值该府城逢七会期,客民甚众。该匪等扮作商人,陆续入城,一呼而群愚应之,遂致钱局、盐局同时被扰,后复扰及教堂,打毁门窗、器具。所谓教堂者,乃外国教士租寓民房为传教之处,非专建立教堂也。幸是时教民藏匿,教士先期出境,均未受伤。该府、县率警兵兜拿,该匪中竟有敢拒捕者,登时在场拿获三十六名,格毙拒捕之匪一名,继又拿获二名,飞报到省。臣即饬委候补道文龙前往讯办;一面将大概情形据禀电奏,奉旨饬臣认真查办。而该匪余党又分窜北向,于十二月初三日至澄城县,将学堂、盐局并行打抢。幸地方官弹压得力,即时散去。及委员文龙到郡,讯明犯供,禀报来省,当将为首凶恶之赵念子、王文占二名,饬即就地正法;张登魁饬锁系十年;潘焕娃饬锁系六年,均期满察夺。李亨义、陈金来递籍,锁系五年。李德见、王彦虎、何献春、阎同定、王印兴、薛万全各枷责保放,余均省释。后又拿获首犯王景锁,饬同州府知府英琦讯明,供认为首纠众打闹抢劫不讳,亦批饬将该犯王景锁就地正法讫。现在教堂失毁物件与教士议结,赔银一百八十余两,后无异言。盐局、钱局、电线,追赃归结。而钱局委员钱茀不自责其酿祸之咎,反敢浮开捏报,希图讹赖,业经臣将该委员钱茀奏请革职,归案究办。其澄城失毁物数,亦饬认真追办,刁民有所儆惧,而地方官亦不能卸责。此同州一案办理情形也。

总之,酿事之官绅不可不参办,办理不善之印委不可不撤换,匪徒不可不惩,良民不可不安,诚如圣旨所谓察吏安民,毋稍妄纵者,当时时恪遵,以副应办即办之义。所幸庸吏一黜,劣绅一办,民情为之大顺;匪犯一诛,胁从一解,地方因之大安。陕民素号驯良,但使外匪绝踪,必不致滋生他故。此在守土者平日防范之得力,不仅关临时之补救矣。

所有匪徒惩办,地方安靖,及一切办理情形,是否有当,除录供咨部外,谨会同陕甘总督臣升允恭折具陈,伏乞皇太后、皇上圣鉴,训示。

再:华阴匪犯原批正法五名,后因雷积善一名覆讯,情有可原,改作锁系,与正月初六电奏稍有参差,合并声明更正。谨奏。

光绪三十三年二月二十二日奉朱批:该部知道。钦此。

中国第一历史档案馆、北京师范大学历史系编选《辛亥革命前十年间民变档案史料》下册,中华书局1985年版,第826~832页

4月2日(二月二十日) 《神州日报》在上海出版,于右任为经理,杨毓麟(笃生)总主笔,以"澡雪国魂,昭苏群治"为宗旨,该报以干支纪年,不用清朝年号,宣传民族革命甚力。该报直至1946年底停刊,前后发行八千七百余号。

署名"函三"(编者注:作者系杨毓麟、王旡生,于右任润色)撰发刊词云:

自古哲士哀时,达人砺俗,曷尝不以微言闳议,激荡民心,转移国步者哉!是以文致大平,垂经世先王之志;眷怀小雅,偏主文谲谏之辞。纫馨洁于九歌,托悲怀于五噫,亦有发摅至论,劘切群愚,仇国成书,罪言属稿。垫角巾而寤叹,揭留都而宵泣,邈然高蹈,怆我先民。自欧俗中更,竞辟报纸,新闻之学,蔚为大宗,纂述之余,订为专律。十万毛瑟,惊法兰西霸主之心;七匝员舆,识美利坚文章之富。津逮吾华,条流粗具。于以挥政客之雄辩,陈志士之危言。澡雪国魂,昭苏群治,回易众听,纪纲民极。较之仰天独唱,众心不止者,厥用益宏焉。夫国闻閭史,稗官杂事,抽毫而悉具,则陈一纸而汲众流,庄言谐论,良规俊辩,授简而并陈,则费寸阴而获拱壁。山川自古,方策犹存。顾瞻周道,鞠茂草以无时;惆怅新亭,庶横流之有托。此《神州日报》之所为作也。且夫赤县起于昆仑,白坟达于瀛海。文化肇造,实首此方,猗欤铄哉。三朝七曜,建黄中之极;五币九棘,垂丹书之制。方牙雅契,已有司海司陆之命;

桑邱当壁，乃受鞑靼旄人之赇。观象察法，开物成务，视彼嵯峨金塔。想像声明，轶荡铜门，留传制作者，后先相距，犹以稚子而拟成人矣。粤自三季蜕嬗以还，渐有今不若古之诮。图箓灰于巨烬，绵蕝工乎霸术。履武蹈踵，禾绢既无其才；因陋就简，群盲竟扪其籥。坐使狼胱歧舌之众，遂成积薪后来之势。畇畇禹甸，渺渺余怀。痛何草之不黄，思古人而难见。矧以嫣黄惨栗，蛮触纷呶，觇国者既有其人，论世者因而夷我。遂令神明之宅，广漠之都，冠裳礼义所留遗，风雨阴阳所和会者，日损月夔，患此沦胥。嗟乎！百王凌谢，小儒方索其珠；九州云雷，万马齐喑其口。文武之道，既坠于周原；龙蛇之灾，更延于大陆。岂不以民朴浇散，群德陵夷，朝廷有西园谐价之声，缙绅无北门终窭之守，处士鲜鲁连蹈海之志，细民缺周嫠恤纬之思。四维不张，一流将尽，用致此耶！而登墟墓者，必恩德于九京；眷禾黍者，必兴悲于七庙。三宿之恋，未绝于枌榆；一姓之哀，尚祟于伏腊。况复出于皇王帝霸四千余载，绵历正统伪系二十余朝。服畎亩者，划苍梧紫塞雁门瀚海以为町畦；食名氏者，综七略九流四部百家以为藩匽。山崇岳峻，重瞳聃耳圩顶骈胁之所降神；河曲江平，绿书赤字金马碧鸡之所流熠。教宗治理，萃儒侠魁祖圣神谟略之光华；物曲官能，极睿知心肝人工精英之创述。必有芬烈以康厄运，岂其天公易醉，而金策终沦，王气方收，而宝符不出。遂以秕糠前烈，弁髦惇史。伊川披髮，无所待于百年；宗国夷言，已先隳其五典。晋大夫之忘祖，徒袭衣冠；宋右师之卑祭，更无魂魄。将何以间馋慝存历谱垂三统持五运哉！夫徐舒雍壅，厥生秀民，羲画农耕，聿开神龠。指南有作，启阁龙觅地之图；活版初传，让路德操戈之隙。四游干运，开地动之先河；三正授时，契日轮之恒晷。西陵纤手，贻大利于全球；上国华虫，饰蜚英于百代。是为神州人种智慧之特色。抟抟大地，浑浑烝民，群姓既昭，宗法斯建。然而溺神道者，渎之以祭师；诬帝谓者，渎之以天使。静言欧洲政教分离之始，实为百年凶残遘会之机。此州自上古以远，民事昭晰，绝地天之通，罔有降假，废云鸟之纪，以奠阴阳。魂舒魄惨，识类性通德之宜；日薄星回，验育物位天之则，是为神州宗教观念之特色。封建既息，阶级遂平，卖浆织屦者，徒步而取公卿；揭竿斩木者，赤手而论大宝。故英伦贵族议院之改革，无所用其勋勚；日本藩阀政治之弛张，不足论其轻重，是为神州社会主义之特色。因仍宗法，以建国家，雷霆万钧，积重难返。然而立天顺人之微旨，磅礴乾坤；外夷内夏之大防，昭垂云汉。及其苍鹅已出，白马方来，则有握拳碎齿，激悲愤于倾辅，剖腹纳肝，担忠贞于末路。亦有岳岳贯虹之气，哀哀三户之谣，矢一瞑于黄冠，望归来于朱鸟。沉井中之秘史，干城上之浮图。汉尼拔之崎岖道路，蔑以加兹；玛志尼之悴憔生平，讵能相尚，是为神州国家主义之特色。建三世之神恉，恢大同之上德，圣心广大，仁智斯闳。乃若禹名所极，指大秦泰远而方遥；衍说所周，眇少海重瀛而毕具。建冠裳以会万国，祟封禅以召百灵。彼夫亚力山大之武功，该撒棚标之战略，沙力曼之盛业，拿破仑之野心，较厥岁年，瞠乎后矣，是为神州帝国主义之特色。文明法系，约有四宗，震旦一隅，渊源最古。三代以降，枝叶弥繁，周官六典，实职官通则之椎轮；王制一篇，具民刑诉讼之事略。治罪专律，邓析已定为竹刑；民法正文，萧何用悬于金布。刑名既黜，轨迹不闳。然而检罗马法之成文，远在千年以后，守大宪章之契约，实为五誓所苞。洞天人之消息，久贵民权；观中外之会通，自宏邦礼，是为神州法律统系之特色。蹄远既瞩，文字以滋，主形主声，苍佉实分其道；行右行左，中西各适其宜。然而东极蜻蛉之州，南旋马来之族，谚文假字，谚语苗歌，虽形体之大殊，实本支之相嬗。若其黼黻文治，棣通民俗，甄录之富，赫于琅环；流别之繁，溢于江海，是为神州文学思想之特色。环游瀛海，检探岛夷，披热带之荆棘，触寒门之冰雪，欧风所播，逸足相寻。然而张骞凿空，实在西历之前；甘英持节，远临咸海之外。近世以还，华佣所覭，辟澳大利不丰之土，蔚为上腴；相美利坚通运之宜，致之远道。蒙犯霜露,嘉惠人群,援爵论功,应居上赏,是为神州冒险性质之特色。过此以往,更仆难终。实岳渎之骄子,天壤之俊民,非犹太、波兰、印度诸族所可同日语也。夫诵荷马神话之诗,希腊所由光复;读布氏英雄之传,意人遂以崛兴。斯拉夫民族,以一成一旅而蹶东邻;日尔曼森林,用再接再厉而摧强敌。况以开明夙擅,灵贶久甄,纵横二万余里;文轨方同,男女四百兆人,风霆易合。蕴秦孝之积耻,效勾践之卧薪;诉帝喾以敷诚,待皋陶而与直。何遽不可以负荷积薪,支持堂构者欤?然则指陈得丧,穷极端委,鞭策顽懦,导启贞元,匪劳者之自歌,实迺人之可循。且夫训方问俗,地官之洪轨也;陈诗观风,太史之常识也。弃我取人,师善之夷徒也;演术通艺,知今之宝筏也。旁求四国,不无郢书燕说之功;俯仰八埏,大昭鹗视鹰瞵之象。谅有裨于颓运,或无诮于卮言。顾以简牍方陈,质文易眩,综其流极,厥有四端:繁词既骋,神鉴不周;既论甘而忘辛,亦无敌而放矢。竹素之林,或淆于坚白;箴砭之术,无补于膏肓,此一弊也。鲁市有虎,传言者三人;洧渊斗龙,祷祈者万众。不疑盗嫂,鲁[曾]参杀人,采齐东之谩言,为中朝之故事,又一弊也。东邻生猫之事,奚裨于见闻;大官赐酺之仪,何关于惩劝。一则委巷谀闻之琐语,一则承平粉饰之虚文。录之者累累难终,闻之者昏昏欲睡,又一弊也。甘陵两部,迄成钩党之灾;蜀洛分崩,卒酿靖康之祸。当大厦将倾之日,昧同舟共济之箴。昵乡曲之宴私,淆品评于月旦,又一弊也。蓬心未化,症结弥多,是则宏达所深訾,亦惟吾党所不尚。嗟乎!即因求果,弥怀履霜集霰之哀;振聩发聋,宁辞披发缨冠之诮。欢娱朝野,悼燕雀之焚如;大好河山,怅蟪蛄兮盈耳。惕亭林匹夫之责,绎南雷待访之编。嗟我兄弟,孰非轩昊之神孙,请续阳秋,备纪中原之文献。空言可托,有痛哭流涕以陈辞;来日大难,冀瘏口哓舌之有补。矫矫风云之气,会扶白日再中;昭昭天祖之灵,眷我皇图亿禩。

傅德华编《于右任辛亥文集》,复旦大学出版社 1986 年版,第 13 ~ 17 页

杨毓麟(署名"寒灰")所撰《论本报所处之地位并祝其前途》一文则谓:

报纸者,国民思想能力之见荣者也。地球文明各国国民之思想能力,常因其历史之变迁流衍,而有泄宣壅塞之不齐,故发行关系政治事情之报纸者,其实质具有高下。而其发轫之于报纸也,则又因国家事情、社会事情与报纸相关系之作用,其步武有径遂委曲之不齐。其撰述者引起国民注意之方法亦具有难易,故其昌明、晦暗、活泼、消萎之气象亦具有高下。

今世文明各国报纸实质之高下,以本社同人学识之谫劣,非所得而衡论之也。虽然,尝试述其所闻。今世国民之程度,以英美为最高,英人用议院政治,其报馆所陈述之政见,大都为政党首领指㧑进退国民之绝大主义;所记录之事情,大都为蜕生新世纪世界的国民主义之绝大经画,虎虎然以政党政治容纳万流而睥睨宇宙者也。美人以合众国体而用分权政治,其民笃于自治,故人人挟其自尊自重之性质,欲以当国家立法之冲;富于财力,故人人挟其进取敢为之希望,欲以当世界经济之冲,其载之于报纸,乃眴然以自治能力发扬经济政策而睥睨宇宙者也。其次之为德意志、为日本,德意志、日本国民之尊重民权不如英美,而睊睊然挟其剽锐之国家主义以问鼎于世界,其国内政治,观所述载,颇具有纵横捭阖之机权焉。其次则为俄罗斯,其政府由专制而入立宪,其人民由黑暗而企文明,其载之于报纸者,乃多进退失据,勉强应酬之事业。

更即其撰述者之态度言之,英美既因实质最高之故,其报纸之指导国民也,关系于根本政策者最多,而关系于质[职]责行政者较少;其监督政府也,亦关系于根本政策者为多,而关系于行政行为者较少;其法律政治有以扶植报纸之势力,故其态度庄严俊伟,如释迦之说法。德意志、日本,政党发达不得完全,其实质犹在英美之后,故其报纸之指导国民,则以根本政

策与质[职]责行政,时时错出;其监督政府,则以根本政策与行政行为,时时对勘。其法律政治,检束报纸,较为严密,故其态度修正端饬,如讲师之讲学。俄罗斯实质最劣,而其束缚报纸亦最严,其对于国民有所不能指导者焉,则微谕之;其对于政府,有所不能监督者焉,则阴掎之。当其哀也,则憔悴幽抑,如怨女之颦眉;当其激也,则慷慨凄厉,如壮夫之奋剑。

我国近十年来,所有日报始渐次有政治新闻之性质,而其所经历之程途,则犹在日本明治七八年以前、俄罗斯今皇即位以前发行报纸之时代,欲指导国民以责[职]责行政,而国民不之应,何论指导根本政策?欲监督政府之行政行为,而政府不之许,何论监督根本政策?而检束报纸之法律政治,则且有进行益励[厉]之情状。然则欲取吾国之报纸,与世界各国颉颃,其实质与其态度,意者将更待数十年以往而后可得为之耶?夫日本明治七八年以前、俄罗斯今皇即位以前之政治事情,不能不蜕入现在之政治事情;日本明治七八年以前、俄罗斯今皇即位以前报纸之程度,亦不得不蜕入于现在报纸之程度,或者在吾国亦不能遽有所异耶?且报纸之为物也,非独以之将随时势、抑且以之制造时势。吾国辛丑以后之报纸,为时势所制造;丙午以后之时势,又将为报纸所制造。二三同志,有鉴于此,因是有《神州日报》社之组织,自今以往,吾国之政治事情,不得不与世界各国相追逐,即吾国报纸之实质与其态度,亦不得不蕲与世界各国之程度,渐次相接近;若是,则吾《神州日报》之责任与其希望有可言者焉。

吾国因日俄战争之结果,而蜕生考察政治之事情,因考察政治之结果,而蜕生去岁七月十三[日]预备立宪之事情,若由是而复有所蜕生,其为日本明治二十二年之实行宪政欤?其为俄罗斯[一]千九百零五年之解散议会欤?不可得而知。其并此而尚有所待,则为日本明治七八年以来之西南战争欤?为俄罗斯[一]千八百八十年以还之虚无党大活动欤?不可得而知。其并此而尚有所不慊欤?亦不可得而知。然而,七月十三[日]预备立宪一事,其在亚洲东部政治史上稍留一幻影,固自有不可不记忆者。其在下者,革命问题与立宪问题之激战,则既激战矣,种族革命与政治革命之抗争,则既抗争矣;其在上者,主张中央集权与主张地方自治之设施,则既设施矣,改设中央官制与改革地方官制之胡凑,则既胡凑矣。欲解释种种问题,诚未易以一部分人之见解而决定。然而,详悉研究者,盖吾国民之所当有事也。一日三摩挲,剧于十五女,愿与海内善知识之士,捕捉此种问题而日日摩挲之,是为本日报对于国民责任之一。

虽然,国内政治问题乃国民内部之问题也。以今日之世运既驱,吾国民于世界各国龙争虎斗之活剧中,方且以吾国人之苦痛,供世界各国之欢娱;方且以吾国人之衣冠,供世界各国之牛马。自日俄战争以后,所谓东三省者,为我与日、俄二国共有之东三省,而即为世界各国均利之东三省,因是黄河流域为谁某谁某势力之所奄及,而世界各国国民之脑电齐注集焉;长江流域为谁某谁某势力之所奄及,而世界各国国民之脑电齐注集焉;长城以北、玉门以西为谁某谁某势力之所奄及,而世界各国国民之脑电齐注集焉;闽浙一隅、两粤一隅、川滇一隅为谁某谁某势力之所奄及,而世界各国国民之脑电齐注集焉。由是而吾国人民之一颦一笑、一悟一叹、一举手一摇足,乃无一息而不与世界各国国民之心力相搏击。非解释国民内部问题,诚不足以应付世界各国种种问题,而不研究应付世界各国种种之问题之方法,则所为[谓]解释国民内部问题者尚无着落,而世界各国排山倒海之潮流,已将淹没吾大陆,愿与海内善知识之士,捕捉此种问题而日日摩挲之,是为本日报对于国民责任之二。

吾国庚子以前之政府,为与外国相抵抗之时代;庚子以后之政府,为与国民相抵抗之时代。然而,国民常败,政府常胜。自预备立宪之声一出,以宪政之浮文,蒙专制之实体。政府以预备立宪四字,颠倒部臣疆臣,而其昏庸泄沓、贪污淫酷也如故;部臣疆臣以预备立宪四字,矜炫国民,而其昏庸泄沓、贪污淫酷也如故。然而,政府则岸然自以为立于不可败之地位,部臣疆吏亦岸然自以为立于不可败之地位。盖用立宪饵天下,而以一切新政涂民耳目,其威可以自卫,而其术可以不穷也。夫如是,则政府立于不受监督之地位,部臣疆臣皆具有不受监督之性质,所谓根本政策、所谓行政行为,皆非吾党所能赞一辞。夫亭林有言,天下存亡一介之士与有责焉。不可疾言之,未始不可徐察之;不可庄语之,未始不可婉述之。然海内善知识之士对于政府无监督焉,则亦无倚赖焉耳矣;无倚赖焉,则亦无希望焉耳矣。夫如是故,所希望者独在国民。

虽然,国民、国民其又果可以希望乎哉?庚子以前,政府之弱点已襮白于天下,而国民之弱点,未尽襮白也。庚子以后,倚赖益倚赖,跳荡益跳荡,国民之弱点亦已襮白于天下矣。蜷伏之党人,騣突之壮佼,其能进行于改革运动之程途者几何?萃愚暗涣散、脆薄狡诈之群盲,而相与为呼号焉,相与为倡导焉,其果可以希望乎哉?夫改造国家、革新政治者,恃人与人之相扶,又恃人与人之相续,又恃相扶者、相续者之相与连缀而接近,其为之缝合者则国民意力成之。吾国民随政治事情之经过,而翕集一极坚强之意力,或者殆将于此数年中发见焉。何则?国内国外种种问题皆诱导此种坚强意力之物品,而感情知识之陶变,又为铸成此种坚强意力之模型也。且夫失败者成功之母也,海内善知识之士不必遽希望吾国民有急趋成功之意力,而当相与希望吾国民有忍耐失败之意力。政府根本政策不与国民所抱持之根本政策进行于同一之轨线,则国民失败;政府行政行为不与国民所拟议之行政行为进行于同一之轨线,则国民失败。然而,国民于此则已确立一所抱持之根本政策焉,确立一所拟议之行政行为焉。以前日之所无为今日之所有,而此坚强意力者,其容积将日以扩大,其组织将益以缜密,是为本报对于国民之希望。

嗟夫!以如此之希望、如此之责任为本报之实质,其与日本明治二十二年以前、俄罗斯一千九百零五年以前报纸之程度,或尚有不克相近似者耶?且以如是之实质而加之以国家事情、社会事情,与本报相关系之作用,则撰述者之态度,其又安能大谈高睨以跌宕于坛坫之上耶?是故对于政府则有呼吁而已矣,有问难而已矣;对于国民则有陈诉而已矣,有贡献而已矣。日本新闻家纯乎其有所指导、有所监督者也;俄罗斯新闻家则有所不能指导而奋愿为之指导者也,有所不能监督而奋愿为之监督者也。本报所执之态度,或者尚未足以语此,不其葸耶?恫乎,恫乎!嗟我兄弟邦人诸友,莫肯念乱,谁无父母,沔水之思也。谓天盖高,不敢不跼;谓地盖厚,不敢不蹐,繁霜之志也。夫是以用此为丙午七月十三【日】预备立宪以后第一年之出版物,夫是以用此为日俄战争结局、东三省平和恢复以后第三年之纪念物。

抑又闻之,日本当抃资莫斯订立日俄和约时,东京大阪各新闻社之被停止、被惩罚者数十家;俄罗斯宣布立宪时,圣彼得堡、莫斯科新闻社之被封禁、被惩罚者数百家。我国近十年来,业报馆者寥落可数,而在丙午七月以前报馆之被封禁、主笔之被拿办者若干事;丙午七月预备立完以后报馆之被封禁、主笔之被拿办者若干事,其得罪之由,盖有难言者焉。由兹以往,则此寥落晨星之报纸,当一切受范围于数十条之报律,而日日相与优游羿彀有必然者。虽然,以吾国民方惕然处于孕愁之城,颓然息于恁忧之木,则本社同人亦又安敢以矜情盛气、睥睨万物者为海内善知识之士忧?然则由此而十年而百年而千万年,追逐吾国民政治事件之发达,而促成吾《神州日报》新闻事业之发达,可预期也。爰为祝曰:

报兮报兮,孕以丙午,生以丁未。言者无尤,闻者足愧。山河两戒,或蹊其田。与汝陟升赫戏,而叩彼钧天,宇宙一九,实繁其族。与汝疏瀹种智,而莫其蛮触。岳岳黄胄,轩轩舞台,涤荡既往,导迎未来。鞭海水以西流,蹴醒狮使东立,不懻不竦,丈夫之必。重为祝曰:

报兮报兮，策政邮学，通情缮俗，豁乎其有容。与汝为破暗之烛，与汝为自由之钟。我国民其鼓吹以迎汝盘敦，以陈汝、教汝、诲汝、寝汝、馈汝。

未来之中国国家万岁！

未来之四万万同胞万岁！

未来之《神州日报》万岁！

饶怀民编《杨毓麟集》，岳麓书社2001年版，第200～205页。收入本书时，个别文字及标点有改动。

同盟会员高旭（天梅）时有《水调歌头祝〈神州日报〉出版》一词，曰：

凤鸟高冈哕，蓦地噤鸱鸮。仿佛彩霞深处，吹彻大成韶。秽史魏收羞死，直笔董狐复活，元著尽超超。夜半警钟响，静听海音潮。铸轩圣，拜虞帝，梦神尧。诸公今日应尔，公义薄云霄。敲起昆仑天鼓，拟把睡狮唤醒，敌忾励同袍。料得收功日，铁马荡金辽！

郭长海、金菊贞编《高旭集》，社会科学文献出版社2003年版，第286页

冯自由《上海〈神州日报〉小史》一文云：

清末革命党人在上海之言论机关，自癸卯（一九〇三年）《苏报》及《国民日日报》乙巳（一九〇五年）《警钟报》等相继被封禁后，为之缄结舌者将及二年。至丁未（一九〇七年）春始有陕西泾阳人于右任（伯循）、湖南常德人杨守仁（笃生）等发刊《神州日报》，以为东京留学界所刊《民报》、《复报》、《洞庭（波）》、《鹃声》各报之呼应。于右任于甲辰（一九〇四年）岁以印行《半哭半笑楼》诗集讥切时政，被陕抚升允指为革命党，严令通缉。乃间关逃沪，肄业于震旦学院。翌年以外籍教员干涉事散学，遂与同学叶仲裕等别组复旦公学于吴淞。旋约杨笃生、叶仲裕、金怀秋、王抟沙、汪寿臣、张俊卿、黄桢祥、谭价人、邵力子等组织日报，以图振作士气，发扬正论。议定后亲赴日本，向留东诸同志募股。秦陇豫晋学生协会特开会赞成，为集款二千数百元。时同盟会成立甫经一载，孙总理适驻东京，右任由同乡会员介绍加入党籍，未几事蕆归国，而《神州日报》遂于丁未二月二十日出世。

《神州日报》之成立，颇得当代名流如章太炎、马相伯、黄晦闻等之赞助，题报眉首为南通张季直（謇），盖张时任复旦、中国两公学董事，与右任等有师友之关系也。悬壁直额为平湖金怀秋所书。右任自任社长，杨笃生、王旡生、汪允中任撰社论。第一日之发刊词署名三函，即由笃生、旡生二人主稿，与右任参订而成。此文意内言外，隐含民族主义之情绪，与昔年《苏报》及《国民日日报》大刀阔斧之论调，殊有不同。盖自《苏报》案以后，清吏对于富有革命色彩之书报，文网周密，一般新学家咸具戒心，不得不用旁敲侧击之文字，以作迂回之宣传也。此报体裁特重社论一栏，所下时政批评，针针见血，足以廉顽立懦，附刊之说部小品文字，以芳馨悱恻之词，写小雅诗人之旨，亦足使读者之种族观念，油然而生。此外尚有学界新闻，专以培养学力，提倡体育为主，故尤为青年学子所欢迎。又其与别报不同之特点，在于不用清胡君主年号，而以丁未二字代之，出版数月，销路日盛，骎骎驾旧时各报而上之，非无故也。

冯自由《革命逸史》上册，新星出版社2009年版，第351～352页

4月6日（二月二十四日）　两广总督周馥行札粤海关税务司等，据广西来咨，为防范革命党运送军械到内地，各关应一体查验，粘贴关单。

其札文曰：

光绪三十三年二月二十日，准署理广西抚部院张咨案准，湖南抚部院岑函知略称：会匪、孙文联党肆乱，在外洋购买军械，于书籍、仪器以及洋杂货箱夹带运入内地。等因。本署部

院当查广西梧州、龙州、南宁三处，皆为洋货入口首关，所有洋杂、书籍、仪器各货箱，尤宜首先加意盘查，即经通饬各关卡，无论何项商人，务必逐箱开看，即刊刷验讫并无军械关单，注明年月日，盖用该监督关防。如果验无军械，每箱粘贴一单，然后放行。抵内地各卡验明货箱粘有此项关单，随意抽验一二口，以昭核实，毋庸全行开验，致有留滞。如并未粘有此项关单，仍逐箱开验，验无军械，由该卡补粘验讫并无军械、年月日印单放行，并随时飞禀粘单缘由，声明此货曾由何关卡经过，以凭考验是否力行。倘验有军械，即扣留电禀，已通饬电局概不给费。其该关查货之时，梧州上、中、下关，龙州、南宁统税卡员，均各另派得力司事眼同查验。如无军械，并于所粘关单上登时加盖该卡验讫图记，不得稍畏烦难，以及希图见好商人，致涉疏玩。等因。通饬去后。

兹据贺县统税委员赵令宗海禀称：遵即拟定卑卡及芙蓉分卡验讫并无军械、年月日印单并验讫图记式样，饬匠刊刷备用。并严饬芙蓉分卡办事员赖晋华及各卡查船司事一体遵照，以后凡遇洋杂、书籍、仪器各货箱过卡，验明如已粘有关单，即可随意抽验，毋庸全行开拆，免致留滞。倘并未粘有此项关单，即逐箱开验。验无军械，补粘验讫印单放行，随时由卑职将粘单缘由禀报，并声明此货曾由何关卡经过，以备考验。倘验有军械，立即扣留，电禀究办。断不任令稍畏烦难，见好商人，致涉疏忽，而干重咎。惟查卑卡及芙蓉分卡，下通广东开建、封川，上达富川县属，即可迳至湖南江华一带。所有过卡洋杂货箱，凡由梧州运来者，系在梧州新关请领运照；其由广东佛山都城运来者，俱在粤海关请领运照。卑职管见，此事系奉宪台通饬遵办，梧州新关当以奉到文行，嗣后洋杂货箱入口及运入内地，自必由关逐箱验明，粘有关单。若所运之货箱系在未奉通行粘单之先起运，而卑卡及芙蓉分卡验明，并未粘有关单，遵札逐箱开验补粘印单，奸商亦不致藉口。但恐粤海各关未准宪台咨会，万一奸商勾串洋行，因卑卡查验认真，逐箱开拆谓为无故留滞，必致酿成交涉。与其事后辩论，曷若先行知照，可否仰恳宪台录案咨会粤海关宪查照，通饬各关一体认真查验，粘贴关单，以归一律，而昭严密之处理。合将奉札遵办缘由并附陈管见，暨将拟刊验单式样禀覆察核，俯赐批示祗遵，等情到本署部院。据此，除批示外，相应咨呈查照，希即通饬一体认真查验粘贴关单，以归一律，而昭严密。等因到本部堂。准此，合就札饬。札到该税务司，即便遵照办理毋违。此札。

广东省档案馆《两广总督等查缉孙中山革命活动密札》，《历史档案》1986年第3期

4月12日(二月三十日)　两江总督端方密咨札饬江浙等省巡抚等清朝官员，严密稽查孙中山等人从新加坡筹运军火，准备起事。

其密咨稿云：

为密饬咨事。

访闻员弁密报，本年正月二十六日，孙汶来沪，偕葛德明到新加坡运动军火。黄近午、仇锡昌、郑先声在东办事。探闻现在之主义，先将银四五万两，到金山卫浏河、常熟及江浙等小码头，招集盐枭八九千人，计舡千余艘。除总管事外，每舡给银三十两为贩私之本，只要该舡有枪五根，即可领银。烧饭、看舵，每舡八人，先做私盐一二次，官兵必来捕究。拒捕时，总管事暗传口令，将各人辫子剪去，举枪起事。且江苏河道半若羊肠，捕兵来，匿于港汊，捕兵去，上岸掳掠。乘各处之饥荒，借抢米为起点，兼驱老弱向前，杀之是黎庶，不杀为乱民。且将运动各处军队，临时倒戈相向等语。

查苏浙交界处所，枭匪夥党众多，动辄连樯列械，拒敌官军，并有营兵为其勾通庇护。迭

经严饬拿办,终未尽绝根株。且查去年直隶督部堂据洋员报告,即有孙汶逆党,暗中勾结盐枭之语。访闻探报各节,恐非无因。上年江南北水灾甚重,饥民众多,近来各处米缺价昂,人心异常惶惧,如果被其煽惑滋事,为患何堪设想。惟其以老弱为前驱,以港汊为巢穴,设谋极为诡秘,必须密购眼线,将盐枭之渠魁头目,及暗中主谋之人,设法缉获,解散胁从。并一面严查接济军火,方足以弭隐患,而靖地方。合亟札饬。札到该□,即便遵照,督饬各哨弁,扼要严密巡查。一面设法购线,将盐枭中之渠魁头目,及暗中主谋之人,按名拿获,解交地方官审办。其所部勇丁,并须随时密加查考,如有与匪勾通情事,立即提案尽法严惩。事关重要,勿稍泄漏张皇及过于操切,是为至要。(下略)

《清政府迫害孙中山黄兴史料选》,《历史档案》1996年第4期

4月14日(三月初二日)　山东巡抚杨士骧向清廷奏报,已经拿获、处死曹州会党首领孔广东等人,遵旨赶办清乡。

其奏折谓:

头品顶戴、山东巡抚臣杨士骧跪奏,为拿获曹州匪首,讯明正法及现催赶办清乡各情形,恭折仰祈圣鉴事。

窃臣接准督办究曹剿匪事宜、云南提督夏辛酉电称,统领驻曹先锋各营、道员陆建章,派队拿获匪首孔广东。当经臣于二月十七日电达军机处代奏,声明电饬曹州府详讯全供,究明党羽,就地惩办,另行具奏。旋于十八日承准军机处电传谕旨:杨士骧电奏悉,著即认真赶办清乡,以除后患。钦此。

查曹属盗匪,上年经官兵迭次剿办,势已渐衰,先后奏报在案。惟办匪以擒斩首要为先,曹匪向系零星散股,分拥杆首,自尽力严办,匪情穷蹙,各杆阴相纠合,以图并力相抗。其中以孔广东最为桀悍,遂群相附从,联成死党。故悍首虽时有斩获,而元恶未去,余孽易萌。惟该匪自经通饬地方文武严查私贩军火,贼械接济已穷,遇有搜缴到官,并准估值给赏,于是贼中利器日少,其势日穷。遂即严饬各军乘机竭力搜捕,以期早日歼灭。迨上年腊杪,云南提督夏辛酉奉命带队东来,布置益密,督同陆建章等所部各营,于郓、巨、菏、濮四属该匪根据之地,严密防剿。一面访查著名匪首,密派弁勇设法诱捕,如有擒获,随时分别酌予赏犒,以示鼓励,军气因之益奋。自去腊至本年春间,各军屡次与匪接仗,先后擒斩六百余名,夺获枪枝一千余杆。其阵斩匪众,则以菏、曹交界之赵庄、巨野西北之郝庄两役为最多。其就获悍首则以于兆序、李禾尚、谢四虎、张意臣、吴散桂、倪得功、任守俭、印四东子、张枢、朱怀清、周二小、郧双柱、唐六妮、王咬、伊明树、黄褂、陈克兴、任光明等为最著。惟孔广东异常狡黠,密布党羽伺探消息,罪恶已丞,弋获殊难。本年正月,陆建章在江苏沛境之湖团拿获首要孔惶惶,严讯根究,始知孔广东因官兵捕急,自去年九月已逃匿曲阜,改名广文,冒捐庙员,将所领夥匪分寄已获之孔惶惶及在逃之赵窜等杆下,该匪仍暗中主谋,往来曹、兖一带,随身带有死党数十防护。陆建章侦悉前情,密饬左翼右营左哨哨长王铎标带队购线,改装僦寓曲阜侦察,续派马队哨官王贵增带队在兖州东关接应。正拟探悉门径,入户严搜,旋闻该匪有谋遁青岛之说,密饬各营四围设伏,加意防范。正月二十八日,在曲阜南十五里将该匪妻子盘获,讯知该匪已于前夜缒城潜出,绕道土地庙回巨野孔庄家中搬取财物。陆建章得信,即饬各军,并面禀夏辛酉严勒各部,分道设卡,层层布置。复探该匪逃匿潘庄,陆建章又飞檄先锋马队帮带许瑞祥带兵将庄围住,并派右翼右营帮带康福奎同原派之哨长王铎标间道驰入,即于该庄将孔广东擒获,经臣电奏有案。一面饬令署曹州府王赓廷驰赴陆建章军中,会同提验孔广东

正身属实。讯据供认于四五年前为盗,领伙二三百人,横行郓城、曹县、巨野、菏泽一带,分遣党羽赴各处购买枪弹,刺探信息,各杆听伊号召。去年七八两月,与官兵对仗数次,其余劫杀、架掳、强索等案不记次数。其手下头目已多被获,余党分寄已获之孔惶惶等杆下,现亦星散等语。当据陆建章等禀,经臣电饬于二月十九日就地正法,东人同声称快。

查孔广东为全曹匪首,稔恶多年,该匪一日不除,曹属一日不靖。此次陆建章分派弁勇严密访缉,设非胆识俱优,或稍涉张皇,则该匪诡秘多方,难保不致兔脱。兹幸仰赖朝廷德威,克歼首恶,办理尚合机宜。同时并经陆建章所部拿获沈孔清、王小生、马秀兰等;夏辛酉所部拿获赵杭、刘二勾担、赵麻核桃等;陆军第五镇协统叶长盛所部拿获汤四老虎、于如意等;兖沂曹济道胡建枢所部拿获左二短腿等,皆系著名杆首。此外各军亦迭获巨盗。又昨准夏辛酉来电,为孔广东主谋之孔昭纯,业经夏辛酉所部拿获。孔昭纯为孔广东销赃贩枪,接济通信,并为加掳说合银钱,抽分赃股,画策助恶,罪略相等。以上各犯现已分别拟办。元凶巨恶芟夷略尽,从胁胆落,贼党消弭,曹、兖各属不难克日肃清。

现夏辛酉一军分驻巨野、单县,陆建章一军分驻菏泽、濮州,合力搜缉遗孽。兖沂曹济道胡建枢一军分驻济宁一带,专顾东路,仍备抽队游击。曹州南境由署曹州镇靳呈云分军防驻,运河以东由兖州镇张宗本分军防驻,均随时巡缉,并防余贼逸入豫、苏边界。郓城、东平一带,近自叶长盛一军,因陆军部点验五镇兵队,拔回省防,业由夏辛酉、陆建章拨营接防填扎。所有分防各军,并不敢以渠魁已除,地方渐平,稍涉松懈。况肃清即在指日,必当一鼓荡尽,上慰宸廑。

至清乡事宜,值此贼势渐平,自应遵旨赶办,冀辅兵力而消盗薮。入手之初,固贵清查户口,分别良莠,而宽筹经费,振兴工艺,俾良善既获保公安,游惰更胥受教养,乃为善后持久之要策。其大略章程,业经夏辛酉、胡建枢等会同商订。惟清乡须官绅通力合筹,斟酌详慎,方免流弊,现正催集地方公正绅董克期妥议,由臣核定条目,筹款试办,另行详晰具奏。

所有拿获曹属最为著名匪首孔广东,讯明正法详细情形,及现催赶办清乡各缘由,理合恭折具陈,伏乞皇太后、皇上圣鉴,训示。谨奏。

朱批:著即督饬文武官绅通力合筹,认真办理。

《奏为拿获曹州匪首孔广东讯明正法及题办清乡各情形事》,《光绪朝朱批奏折》,档号04-01-01-1087-078

4月25日(三月十三日)　《民报》发行临时增刊《天讨》专辑,刊有以“中华国民军政府”名义发表的《讨满洲檄》、《谕保皇会檄》和《普告汉人》、《四川革命书》等革命文件十二篇,另附《吴樾遗书》一篇。

4月29日(三月十七日)　广东钦州三那(那黎、那彭、那思)地方乡民反抗糖捐。刘思裕为首聚众起事,其中有革命志士加入。粤军统领郭人漳、赵声会同总兵何长清等即前往镇压,毙民众多,刘思裕死。

5月26日(四月十五日),清廷外务部收开缺两广总督周馥电文,言其事经过:

前月中旬,叠接钦廉道王秉恩等电,访闻钦州属三那地方有匪徒倡会敛钱情事,当即出示劝谕解散。讵为首之刘思裕抗匿不出,竟纠集二三千人竖旗持枪饮酒食肉,急图倡乱。上年该州官绅有抽收糖捐办理学堂、工艺之事,其三那地方尚未开收,乃该匪借此煽惑聚众,劝谕再三,一味蛮抗,其借端作乱,概可相见。现经密饬防营严拿首要,解散胁从,并电商何镇长清妥办,以靖人心等语。当复电饬其擒渠解胁,糖捐应即停办,先抚良民,免其借口煽惑。去后旋接王秉恩电,已饬分统宋安枢相机办理。十七,匪众纷来围攻数时,再谕不散,始行开枪,毙匪十余名,夺获枪刀旗帜,匪方退回,尚未解散。馥恐办理失宜,派知府王崧往钦查办,旋接何署镇长清电,廿日,探知刘思裕回凤凰岗匪巢,即督队往攻,击毙匪多名,刘匪潜遁。馥当饬劝谕团保安定人心,刘匪既遁,悬赏严缉,乃前日接钦州绅士前碣石镇刘永福、前署海坛镇吴奇勋来电,以钦州三那民贫,乡民意图免捐,并非别故。捐局详禀道宪,疑其作乱,督勇驻扎,现未撤队,乡民停耕,钦商罢市,沥禀卓裁云云。当复云,捐已饬停,闻仍聚众不散,抗敌官军,意欲何为,胁从不究,何必停耕罢市,此必匪徒勒逼。该绅等既负职望,为民陈诉,应责成该绅等限即日解散,一概不究,首犯刘思裕如悔罪投首,尚可宽一线,否则必定拿办。如再聚众拒敌,断难姑容,切属即复等云。现提督李准接到王秉恩电商,亦与馥意相同。惟刘、吴二绅尚未电复,知府王崧亦无禀来。现拟再派员往查,论理糖捐既停,且有刘、吴劝导,当可了结。惟防备不可不严,须酌添兵队,前往相机妥办,庶慑匪胆而易受抚。馥绝不敢轻易用兵,万一刘匪聚众不散,未便姑息酿患,现已一面会商提督李准拨队,一面再饬刘、吴二绅等剀切开导解散,合将现时办理钦州匪徒情形,谨请代奏。馥,寒。

《为钦州股众倡乱事》,综合类—收电档,档号2-04-12-033-0394

6月3日(四月二十三日),外务部再收周馥电,云:

钦州刘思裕聚众事前奉电旨:切实开导解散,仍将滋事首匪究办等因,已钦遵通行遵照,并先经饬将糖捐停止,其余各捐之不便于民者酌量分别减免,以免借口。连日据署北海镇何长清、廉钦道王秉恩电,糖捐已出示停办,并抄电送刘永福、吴奇勋暨州城众绅,前往劝导速散。刘、吴二绅一以病躯一以年老推托。各捐本为办学而设,现均藉抗不交,无款可支,学已暂停。近日前敌各军被匪攻扑,幸均获胜。米梗、梁屋、那笪、三杉等村,均系著名匪乡,尚有匪首黄世钦、黄峻川等尤为悍恶。若大营株守那彭,只能御敌,势难进攻。拟定四路兜剿之法,定期齐进,当可速了。又接刘永福等电:刘思裕同姓不宗,屡劝不悔,王道自有权衡等语。又接廉州道府迭电,刘逆屡次扑营,叛迹昭著,非摄以兵威断难了结。廉钦电线路经三那,连日接仗不通。廉属乌家圩营虽能守住,恐难持久。刘逆舍钦攻廉,因统兵大员萃集钦城等语。刘思裕先以抗糖捐为名,藉词煽惑。查糖捐经馥于未奉旨之先电饬停免,他捐亦已停办,乃迭劝谕不散,屡扑官军。署镇何长清重在解散安抚,不欲遽用兵力,以致匪胆愈张,近复扰及廉界。若不速行扑灭,诚恐蔓延。迭据提督丁槐、李准等来电,皆言刘思裕如此猖獗,非剿不可,只须痛打胜仗,立可扑灭等语,所见皆同。已添营队往廉州西进,会合钦州兵勇即日分路进攻。凡持械对敌者皆擒剿,仍以严拿首要,解散胁从为主。兵力已足,当可早日肃清。至北海地方已派兵船保护,人心已定。钦州毗连广西边界,已电商准广西抚提派兵堵截,不致窜扰。除饬查办捐不善各员另行奏参外,合将近日筹办情形,乞代奏。馥,养。

《为近日筹办钦州等处剿股事》,综合类—收电档,档号2-04-12-033-0430

6月16日(五月初六日),周馥致电军机处请代奏云:

前因钦州土匪刘思裕滋乱,奉旨剿办,馥恐署北海镇何长清兵不敷用,当派久在两广缉捕之已革道员郭人漳带一营加炮队,乘轮赴廉州向钦进发,并饬何长清出队会剿。查土匪刘思裕以三邑为巢穴,即那思、那丽、那彭三圩也。初二接郭人漳电,连日遇战皆胜。初一,攻入那思,匪千余死据,军士猛进,阵斩黑旗匪首一名,毙匪甚多,夺枪械、旗帜、号衣无算。鏖战自辰至申,匪众尽溃等语。初五日接郭人漳初四日电,克那思后,刘匪调大队万余人拼命黑夜来扑,喊声动地,四面放枪。漳与赵声分兵接战,匪即四面登山凿沟死战,弹落如雨。初三日天明时,漳督杨尊仕等,赵声督彭大松等冒险冲锋,连夺匪沟数座。刘匪且战且走,引我深入。漳等约定口号,乘匪催兵,漳由小路攻破匪巢米仔村,赵由大路攻破匪巢木兰塘,败匪退缩那彭死守,愈战愈烈,沿途枕尸狼藉。自初一夜战至初三申刻不能收队。裹粮扶伤,更番冲突,始炮击继大攻,贼累架炮列枪恃险不退,漳等督炮队猛攻,随石垒门,驱兵直入,尸械堆积,遂得那彭。集兵队查点,漳部队官排长赵刘苏等皆受枪伤,兵士漳部阵亡三人,伤十九人,赵部阵亡二人伤七人。拟稍休息,忽探报,余匪来窜那丽。沿途匪犹接仗,火元内见匪纷纷奔逃,次第收复那丽。此役穷三日夜之力,血战二百余里,荡平大股,夺回三那,实非意料所及。各匪村均经拆毁,以净根株,阵斩匪首甚多,刘思裕是否在内,查明再报。现在大股攻散,匪焰已衰,余孽尚多,兵能得力扫除自易,以后想亦无此等恶贼。赵抵驻那丽,漳因患病,明日赴钦就医,兼运子弹等语。查钦州土匪,多系散勇,故能拒战,应俟后任查明参办。现仍严饬会同郭部分路搜剿,速拿首要,一面饬官绅解散胁从,安抚善良,至广西边界,已屡商桂抚及提督丁槐等派兵防堵,并商派丁槐到钦调遣各军,以期事权归一。至西面山路各要隘,已饬何长清派队严防。此次苦战,大胜贼巢,全夺出力将士应存记,俟后任择尤奖励,仍严饬各军遵旨赶紧剿办,擒治渠魁,解散胁从,外合先电达请代奏。馥,初六日。

《为剿办钦州股众事》,综合类—收电档,档号 2–04–12–033–0483

8月11日(七月初三日),军机处收到护理两广总督胡湘林请代奏电,言刘思裕尸体被起获事:

窃照钦州匪首刘思裕前据报在那彭地方炮毙,迭饬查起尸身验明具报。嗣据已革道员郭人漳电禀,该逆尸身已在那村死熏阪地方掘出,经绅民认明无误等语。当经电饬署廉钦道王瑚复加查验,委系刘逆正身,取结存案,即饬善后局拨赏银一千两,并由新任粤督岑春煊电饬该局加赏银一千两,查明在事出力之人分等均给,以示鼓励。伏查该匪首刘思裕借抗捐为名,纠众倡乱,以致伏莽散勇乘机响应,钦廉两属岌岌可危。仰赖圣主威福,得郭人漳及统带赵声打仗,奋勇攻破三那,屡拔坚巢,用能迅扫匪氛。郭人漳现复起获刘逆尸身,实属异常出力,容俟查明,择尤请奖。现在分段清乡,招抚散赈,搜枪缴械,已责成王瑚统筹全局,督饬各文武认真办理,至新军久战,受苦兵弁多病,已饬郭人漳赴钦,赵声驻廉,暂为养息调理,以示体恤。所有起获刘逆尸身验明给赏情形,谨请代奏。湘林,冬。

《为起获钦州股首刘思裕尸身验明给奖事》,综合类—收电档,档号 2–04–12–033–0730

柳亚子撰《亡友丹徒赵君传》一文谓:

及副车误中,吴【樾】以身殉,君(编者注:赵声)益指天画地,誓有所为,遂入粤,复任新军标统。会廉州以抗税树帜,土人刘思裕为之魁,四方志士多羼入其军,势稍稍张。虏粤督命君率师御之。君既抵境,密遣部下通声气,顾刘起草泽,无足共事;虏将郭人漳与君同行,又时掣其肘,君怒,谋诛之,弗克,知事未可为,遂驰告诸志士使他去,而刘党亦分道离散,廉事遂定。君设宴廉之南门外海角亭,招诸将校痛饮,酒酣即席赋诗,有"八百健儿多踊跃,自惭不是岳家军"句,盖君以所志弗就,徒为虏驰驱,不能无所怏怏也,顾郭人漳已冒其勋,受虏上赏矣。

中国革命博物馆、上海人民出版社编《磨剑室文录》上册,上海人民出版社 1993 年版,第 249 页

有清方官员禀报陆军部,云:

钦、廉与越南接壤,地瘠民贫,计乏谋生,素称多盗,光绪丙午岁,钦州李直牧象辰任内,学务绅董禀请加抽屠捐,充作学堂经费。乡民食肉昂贵,啧有烦言。曾聚集于钦城附近之雷

庙,宰牛烹豕,名曰吃大会,希冀抵制免捐。李直牧尚能知几,当即亲往劝谕解散。丁未春初,顾署牧永懋任内倡办糖捐,原议每糖百觔出口抽钱二百文,而承商者藉以牟利,不论出口与否,凡肩糖赴墟摆卖即以百斤征钱二百,先行交纳,亦不问其曾否售出。如本墟仅售五十斤,尚余五十斤次墟摆卖,仍须照章抽收,竟有数墟尚未售尽而征至数次者,剥削再三,不堪其扰。三那出糖最夥,该处绅民叠次具呈吁诉乞免。顾署牧素以意气用事,禀商王署道秉恩欲以强权压制,严行批斥。乡民苦于投诉无门,遂公举团首刘思裕等张贴长红,拟在那彭复吃大会。于是各乡无赖勾串越南革命党,麇聚三那,四处煽惑。乡愚无知,以为可以保护,藉此抗捐,不期而至者数千人。王道、顾牧闻知,并不亲临弹压,仅派一魏巡检前往开导。魏巡检既不善于调停,而无赖之徒又复恃众抵抗。三月十七日,王署道随派宋分统安枢相机剿办,一面电禀刘思裕等揭竿倡乱,上台乃有严剿之文。四月内,郭、赵两军驻那丽墟三圣宫时,庙祝何朝德、唐应彩、莫大三人,兵勇因向借火水油不遂,先将何杀,复将唐、莫并杀灭口。牛眼村梁天应之女被营勇奸留十数日,以洋十二元赎回,统带皆置之不问,军律可知。五月初二日,郭统领人漳率带勇营,用开花炮攻那彭墟,于匪去后,不分良歹,焚铺二百余座,并焚毙墟民施在贤等数十人,旋报匪首刘思裕击毙。初十日,复称搜拿刘思裕,进攻那思之米仔村,亦焚房屋数百间。村民黄陈氏负子五岁,庞张氏携孙十岁,又瞽目黄中杰等数十人,均指为匪,被炮殒命。旋复分兵驰赴凤凰江等处焚杀,经过山林,无端施炮。凡遇攻打乡村,匪已远扬,所存之老幼残疾,不问而诛,悉遭蹂躏。其时,宋分统亦攻那笪墟、广平等处,毫无纪律,抢掠频仍,计焚房屋三百余座。各乡男妇纷纷逃避,无家可归。最冤者则为白鹤洞一案。白鹤洞者,刘安澜所居之屋。安澜与思裕同姓不宗,其先祖于同治年间,与思裕之祖合开典铺于那彭墟。丁未春,安澜闻思裕之抗捐也,即与思裕拆伙,核算数目。思裕分得银钱,安澜分得衣物,悉行迁往白鹤洞存放。其未典断之货,招人到白鹤洞取赎。郭军闻知,于五月十八日复假搜刘思裕为名,诬指安澜窝藏逆产,率管带黄秀瑀带勇到家,抢掠一空,赃逾巨万。安澜家共分四房,寡妇十七人,财物被抢罄尽,悲号盈野。郭军所掠之物,用船卅余艘载赴钦城、北海,沿途散卖,捏报贼赃,实图渔利,无不知者。以致革命党更易煽诱,并以仇官为名,遂有七月廿六防城戕官之变。八月内,北海李署镇准统兵到钦,与郭军同宗旨,调营四处追剿。无辜毙命者不可胜计。斑白之妇,谓其不当生匪也,则杀之。孩提之童,虑其将来成匪也,则杀之。钦西之战,肆行杀戮,妄报邀功。复值廉钦道龚阴狠性成,一意主剿。惨哉钦民,遭此荼毒。藉非天心厌乱,大宪发款赈恤,招集流亡,抚绥劝导,将见大局糜烂即有不可收拾之日矣。

中国第二历史档案馆编《中华民国史档案资料汇编》第1辑,江苏人民出版社1979年版,第15~16页

4月(三月) 湖北革命党人朱元成死于武汉狱中。

熊十力撰《朱元成》谓:

丁未三年,竟死于狱。或谓冯启钧阴鸩之。其族侄友英,含殓归葬。元成为人敦厚寡言,勇于任事。卒年三十二。

熊十力《新唯识论》,中华书局1985年版,第15页

朱元成死前有绝命词云:

死我一人天下生,且看革命起雄兵。满清窃国归乌有,到此天心合我心。

张玉法编《晚清革命文学》,台湾经世书局1981年版,第254页

△ **章太炎、张继、刘师培、苏曼殊、陶铸(冶公)等与印度人钵逻罕、保什等及日本人堺利彦、山川均、竹内善朔等在东京发起"亚洲和亲会",以团结亚洲各国共同反对"帝国主义",争取民族独立。旋安南、缅甸、菲律宾、朝鲜等国志士相继加入。**

陶铸《〈亚洲和亲会约章〉中文抄稿附识》云:

此会成立于一九〇七年(光绪三十三年)丁未之春,首由中、印两国革命志士发起于日本之东京。《亚洲和亲会约章》为章太炎先生之手笔,译成英文。开章明义即为反对帝国主义。其后陆续加入者有:越南、缅甸、菲律宾、朝鲜诸邦,形成亚洲民族解放统一战线。以余记忆所及,中国方面入会者有:章太炎(炳麟)、张溥泉(继)、刘申叔(师培)、何殷振(震)、苏子谷(元瑛,法名曼殊)、陈仲甫(独秀)、吕剑秋(复)、罗黑子(象陶)及余等数十人……陶冶公附志,一九五四年四月。

亚洲和亲会约章

公元一九〇七年四月,成立于日本之东京

亚洲诸国,印度有释加商羯罗之教;支那有孔、墨、老、庄、杨子之学;延及波刺斯国,犹有尊事光明,如阇逻斯托逻者:种族自尊,无或陵犯。南方诸岛,悉被梵风;东海苍生,虑餐华教。侵略之事既少,惟被服仁义者尊焉。

百余年顷,欧人东渐,亚洲之事日微,非独政权兵力,浸见缩朒,其人种亦稍稍自卑。学术既衰,惟功利是务。印度先亡;支那遂沦于满洲;马来群族,荐为白人所有;越南、缅甸,继遭蚕食;菲律宾始制于西班牙,中虽独立,亦为美人并兼;独有暹罗、波刺斯财得支柱,亦陵夷衰微甚矣。悲夫!

曩者天山三十六国,自遭突厥回鹘之乱,种类歼亡,异日支那、印度、越南、缅甸、菲律宾辈,宁知不为三十六国继也。仆等鉴是,则建"亚洲和亲会"以反对帝国主义而自保其邦族。他日攘斥异种,森然自举,东南群辅,势若束芦。集庶姓之宗盟,修阔绝之旧好,用振我婆罗门、乔答摩、孔、老诸教,务为慈悲恻怛,以排摈西方旃陀罗之伪道德。令阿黎耶之称,不夺于晳种,无分别之学,不屈于有形。凡我肺腑,族类繁多,既未尽集,先以印度、支那二国组织成会,亦谓东土旧邦,二国为大,幸得独立,则足以为亚洲屏蔽。十数邻封,因是得无受陵暴,故建立莫先焉。一切亚洲民族,有抱独立主义者,愿步玉趾,共结誓盟,则馨香祷祝以迎之也。

定名

一、本会名"亚洲和亲会"。

宗旨

一、本会宗旨,在反对帝国主义,期使亚洲已失主权之民族,各得独立。

会员

一、凡亚洲之人,除主张侵略主义者,无论"民族主义"、"共和主义"、"社会主义、"无政府主义",皆得入会。

义务

一、亚洲诸国,或为外洲诸国,或为外人侵食之鱼肉,或为异族支配之佣奴,其陵夷悲惨已甚。故本会义务,当以互相扶持,使各得独立自由为旨。

二、亚洲诸国,若一国有革命事,余国同会者应互相协助,不论直接间接,总以功能所及为限。

三、凡会员均须捐弃前嫌,不时通信,互相爱睦,期于感情益厚,相知益深,各尽其心,共襄会务。且各当视为一己义务,以引导能助本会及表同情者使之入会;并以能力所及,建立分会于世界各国。

组织

一、凡会员,须每月聚会一次。

二、各会员须存一全体会员名簿地址簿;开会时记入新会员于名簿,并介绍之于各会友;发表会务报告书;宣读在各国会员所致之报告函件等,并报告于各处分会;集收会费若干,以充临时费用,但其额则以能支纸笔邮费为限。

三、会中无会长、干事之职,各会员皆有平均利权,故各宜以亲睦平权之精神,尽相等之能力,以应本会宗旨;无论来自何国之会员,均以平权亲睦为主;现设总部于东京、支那、孟买、朝鲜、菲律宾、安南、美国等处,俾收发函件皆得定处,既便交通,且使散处之各会员,均得易悉会中事务。

汤志钧《关于亚洲和亲会》,《辛亥革命史丛刊》第1辑,中华书局1980年版,第83~84页;汤志钧《乘桴新获:从戊戌到辛亥》,江苏古籍出版社1990年版,第146~148页

竹内善朔,在1948年应东京中国研究所的邀请做的一次回忆演讲中,专门谈到《亚洲和亲会》及其《约章》,说:

关于本世纪初期(明治末期)日、中两国革命家的交往,首先应该提起的是亚洲和亲会这个组织。明治四十年(一九〇七年)夏季前后,章太炎、张继、刘光汉(后名刘思复、刘师培,原译者注:原文如此)等人在东京逐步协商成熟,终于组成了亚洲和亲会。这个组织的积极筹建者是张继和刘光汉。当时张继是中国同盟会机关刊物《民报》的主编,刘光汉则是名义上由何震主编的月刊《天义》杂志的事实上的主笔。……

…………

亚洲和亲会虽自明治四十年夏季以后即已召集过几次集会,但由章炳麟起草的宣言书却到同年秋季方始发表。该会原在张继、刘光汉的积极倡导下筹建起来,却把章炳麟推于上位,以章炳麟的名义发表了宣言书。宣言书用中、英两种文字分表里两面印成。中文定名为《亚洲和亲会约章》,英文定名为 *The Asiatic Humanitarian Brotherhood*。这表明了该会的主张:以完成亚洲各国的革命为主旨,进而结成亚洲各国的联合。这个会是以中国革命党为中心,并事先和印度的同志协商后发起的。其成员,如《约章》所述,包括了中国、印度、越南、菲律宾、缅甸、马来亚、朝鲜和日本等国的革命党人。《约章》的内容,恰如"百余年顷,欧人东渐,亚洲之势日微"一语所示,慷慨悲愤,力陈团结的必要,号召排除帝国主义,谋求民族独立,要求邻邦互助,呼吁亚洲各国之中,如某一国发生革命,其他会友就要根据具体情况予以援助。这样,和亲会一语就有了千钧的份量。英文稿是由印度同志起草的,其宗旨与中文稿相同,只是发表的形式和词句稍有差异。据我所知,朝鲜同志当时没有参加,这是因为他们有个前提,即日本人如果出席,他们就不出席。这一段话是我在第二次集会上听中国同志说的。

《约章》是用上等纸张印刷的,用了大约上百斤纸。纸幅的大小为横五十四公分,纵二十一公分;即宽约一尺四寸二分多,长约五寸五分左右,然后横叠七折,构成细长形状,最后分发出去。纸的表里两面分别印上中文和英文。折叠的方法,乍看起来好像是以中文为主的样子,其实是为了使英文读来方便,而将它印在一页纸上。表里均叠成七页,各有一页印上《约章》名称,其余的地方,英文印成四页,中文则印成五页。

还说:

这次聚会的确切日期,我已记不清了。但第一次聚会的地点确是在青山的印度会馆。

当时我正担任外国语学校的讲师。推测那里有一个人可能是英文约章的执笔者。我们称他为D先生。这位D先生是个领袖级的人,他和六七位印度人同住在这里,因而在这里召集了首次聚会。记得日本方面出席首次聚会的有堺利彦、山川均、守田有秋等人。幸德秋水并没有出席这次聚会。第二次聚会是在九段下的唯一神教教会(现在已经不存在了),即由真名板桥前行,再绕过饭田桥,从右侧拐角处数,第二家或第三家即是。这个教会由赤司繁太郎担任牧师,因此在这里举行了第二次聚会。出席这次聚会的日本人有堺利彦、森近运平、大杉荣和我。会场就是由我出面联系的。第一次聚会时仅有中国同志、印度同志和日本的社会主义者参加;第二次聚会,则增加了越南革命党人和一两名菲律宾同志。与会的越南革命党人中,有一人是越南王的叔辈,其余的是四五名青年。他们都是装扮成中国人前来日本留学的,不幸的是朝鲜同志没有一人到会。在这次集会上,大杉荣依旧鼓吹反对军国主义。……

这个亚洲和亲会的聚合,不幸因张继在第二年即明治四十一年(一九〇八年)二月离开日本,亡命法国而受到挫折,致使联合亚洲各国革命党人共同奋斗的尝试未能成功。

竹内善朔著,曲直、李士苓译《本世纪初日中两国革命运动的交流》,《国外中国近代史研究》第2辑,中国社会科学出版社1981年版,第341~345页。富田昇《社会主义讲习会与亚洲和亲会》,《国外中国近代史研究》第22辑,中国社会科学出版社1993年版,第246~250页

春　同盟会河内、海防分会成立。

冯自由《越南河内同盟会》谓:

在南洋各埠华侨之中,与革命工作有直接关系者,以越南河内、海防二处为首屈一指,盖其地与粤桂滇三省边界接壤,总理与黄克强、胡汉民、王和顺、黄明堂、关人甫诸人经营三省军事,均假道越边为出发点也。总理于壬寅年参观河内大博览会时,已与当地华商杨寿彭、黄隆生、甄吉廷、张奂池、吴梓生等共设立兴中分会。及丁未年春总理为策动三省军事起见,驻节河内,设机关报于甘必达街六十二号,即将兴中会改组为同盟会,先后加盟者有杨寿彭、黄隆生、吴梓生、张奂池、甄吉廷、王和顺、黄明堂、关人甫、曾克齐、罗錞、李福林、谭义、黎广、李菱、李佑卿、刘岐山、甄壁、梁秋、高德亮、麦香泉、何海荣、饶章甫、李应生、张邦翰、卢仲琳、张翼枢、林焕廷、陈耿夫、彭俊生、黎量余、刘梅卿、梁建葵、梁瑞廷、陈二华、梁恩等数百人,海防分会设于台湾街三十二号万新楼,以刘岐山为会长,甄壁、林焕廷、陈耿夫等为干事,其地邻接粤省钦州防城县东兴镇,总理及黄克强、王和顺于丁、戊两年经营钦廉各地军事,即由海防就近发动及配备一切。戊申年二月黄克强率众由越边进攻钦州上思,所需之弹药,系由香港冯自由购办。托河内轮船买办彭俊生及于爱轮船买办黎量余二人密运至海防,交刘岐山接收。岐山招待来往同志非常周到,时人以小孟尝称之。张奂池任河内广东会馆书记多年,生平有写信癖,凡海外有同盟会之处,莫不寄书通报消息,且任香港《中国报》之义务访员。丁未十月镇南关及戊申三月河口之役,总理迭向当地法国商行购入盒子炮及手枪多具,以饷糈不足,多由杨寿彭、梁秋等负责保证,限期偿还债款,黄隆生于河口之役,因运米粮供应前方,致为法政府遣送出境,此外杨寿彭、刘岐山、甄吉廷、麦香泉、高德亮、饶章甫、陈二华、梁恩诸人,或输送武器,或接济粮食,或筹募经费,或参加义师,均被陆续驱逐离越,转赴香港。自戊申四月以后,同盟会籍之侨商因有参加革命军之嫌疑,而被法人下令驱逐,不得已牺牲商业者十余人,损失财产,实属不赀。各埠党员直接对于革命之贡献,不得不首推河内、海防二地矣。

冯自由《革命逸史》下册,新星出版社2009年版,第743~744页

5月16日(四月初五日)　《香港华字日报》发表署名“客星”所撰论说《论吕海寰请防革命党混迹官学界之谬》。

其文云：

国而有革命党只有服其心之法，并无防其迹之法。能服其心，则党派于□日化；徒防其迹，则党祸日益牵连。无他，以革命党固可随意以混入农工官商学各界，而农工官商学各界亦可随时而出有革命党。万国党派皆无限于某界中人，其曰防入某界，防入某界之云者，皆未知革命党人之真相，不过以此说讨好朝廷，而为将来罗织之地耳。

异哉中国政府近日政策专以防革命党为事也！夫革命党之与朝廷几处于不立两之势，因其有将所举动而防之，此万国之所同也。然亦但为之惩其首领，去其羽翼，解其会众，使之不能有所希冀以成大事斯已耳，岂有悬一革命党之无边罪网，向各界以搜求近似之人？试问孰则为革命党，孰则为非革命党？果人人如各种会党之有票布暗号，故与政府以搜获凭证之地乎？抑惟是身则尊皇心则革命，而外观绝无革命牌招之记认乎？天下本无事，庸人自扰之，徒使蛇影杯弓、捕风捉影，陷非革命党者于缧绁之中，而真革命者反收被迫来归之效耳。

彼吕海寰者，又何知焉？而乃竟作防革命党混迹官学界之奏也。此等谬说，不值有识者一哂，而颇足以悚动政府之听闻。盖以能提防革命党，固为政府近日所最喜听之言，无论官学二界有无革命党混迹其中，亦无论明知党人混迹果能终防与否，吾窥吕之用意，但在请防二字而已，至于如何然后能防，则吕固未为之计。及即行计，及吾亦知其终无善法也。何也？以革命党中人固不限于一二界，而各界中均自能造出革命党人。政府若于官学二界而加防之，是无异于二界中加制造革命党人而已矣。盖必并其非革命者亦复被疑，被迫不得不投身党人以自固。将来官学二界，岂不有尽化党人之虑而并无混迹之可防哉？

然政府向来之防革命，则注重学界。今兹吕海寰之请，则注意官界，以其密折所言，内有用人求才，尤须慎重二语也。吾不能谓吕之所言绝无所见，吾只惜吕之所言，绝无把握。盖不知其用何术以于学界官界之内，能指出某某为革命党混迹之人。须知以革命党而混迹官场，其人必不同于今之改装去辫、口谈新学者，与人以可疑之迹。于翎顶补服手版脚靴之下而出其炸弹响枪，试问【能】防之否乎？于垊首鞠躬受恩浃髓之时而突行反戈倡议，又试问能防之否乎？有革命图强之心，而予人以革命可见之迹，此非真革命党人也。政府之所能防者，只口头革命之徒，即不防之，亦无伤于国家亿万年有道之基也。吾故曰只有服心之法，并无防迹之法。服心之法维何？改良政治，同民好恶，行见无党之不销灭矣！

《论吕海寰请防革命党混迹官学界之谬》，《香港华字日报》1907年5月16日

5月21日(四月初十日)　两广总督周馥电报清廷，言民间私运军火及孙中山将由葡属返国举事，欲图逮捕。

电文称：

初八日电悉，瑞记私运军火事已分饬严防，广州紧接港澳，累商葡英两督，允为严缉，非有中国官护照不准出口，此指在彼界出货工船而言，若过路商船，彼亦难尽查，至彼界零卖小枪，虽严查仍不免有私买。广东沿海一带，无日不缉匪、搜军火，所获枪械皆是擒匪时夺取，尚无大箱偷运进口之事。本月初四接新嘉坡总领事孙士鼎电称，孙汶前一礼拜同八人由葡属地那经萨摩岛回华谋作乱，过广东省城等语。当密询地那系何处，旋接复电萨摩岛即苏门答腊，地那即日里，亦在苏岛。馥复访地那乃苏岛一城，华侨皆苦工，必无力资助孙汶，现已密属葡领访孙行踪，惟由苏岛回华，非到广东即到厦门，馥等拿获孙党陈纯，供未闻孙汶回华

谋乱之说，孙汶每回过香港，多住法国船，不上岸。在安南常有三五人同行，在厦门不回避，可以拿他等供，已饬将陈纯正法，并密函闽督厦门道密防拿。近日香港有为孙汶管外事之邓子瑜开一客栈，必谋煽诱，已派人侦察，并托英官设法防制。按广东现在布置情形，孙汶未必遽能起事，惟处处防备，不容稍懈。惠州府会匪最多，时虞勾结，已密属惠州府守陈兆棠严防。惟孙汶党羽众多，未必专在广东谋乱，各省皆宜侦缉，诚恐百密一疏，大部如能密商英葡两使，电属香港南洋各督或不准孙汶上岸，或圈住一地，免其来往各岛摇惑人心，于商务、民情、邦交三者均益。乞将此电转达军机处，馥，蒸。

《为孙汶欲由葡属回华起义等事》，《电报档》，综合类—收发电档，档号2－05－12－033－0284

5月22日(四月十一日)　革命党人在广东潮州府饶平县黄冈镇起义，拥同盟会员、原三合会首领陈涌波、余既成为正、副司令，檄告除暴安良、免除苛税。旋因起事仓促、伤亡过重失败。此即孙中山发动之第三次起义。

《香港华字日报》报道：

是日三点钟接粤省访员专电云，潮州府饶平县黄冈地方匪乱，戕杀官员，焚毁衙门。周督派李准带兵往剿，已雇定招商局广大、美富两轮运兵往汕头。

又云：

十五日接汕头来函云，潮州府饶平县黄冈地方十二(日)早子刻乱党起事。先围黄冈同知署及黄冈协署、都司署，随即放火焚烧屋宇甚多，各衙门亦被殃及。现黄冈同知、黄冈协副将及都司千把均不知下落，有云已被乱党戕杀。闻乱党与闽省漳州府诏安县之党联合，甚有纪律，于民间钱财并不抢掠，有云系革命党，有云系三合会党，未知孰是。现潮州沈道及潮州镇闻耗已派兵前往剿办，汕头一带均已戒严，又电周督请速派兵协助矣。

《本馆特电》、《饶平县乱党暴动之警闻》，《香港华字日报》1907年5月27日

陈梅湖《饶平黄冈革命记》云：

于是余某再多方侦探，尽得涌波等在黄种种计划，遂鼓动黄守备将涌波等二十余人在黄主谋革命驰呈径禀潮镇黄金福，黄镇即派哨弁蔡河中带兵一哨到黄查办。

驻潮革命暗探黄(绰号雷公神，在镇署当差)，闻讯于四月八日亲行到黄报告云：蔡哨决于十一日抵黄，乃于初九晚召集同志开会，议定于初十夜派余永兴、余耶赴外浮山会同吴炳文等，统带数百人伏于乡外截击清兵。候至天明，不见影响，永兴等乃散队回黄。未几，余成林报称蔡哨经于是早五句钟由洪洲水路到城，入驻协镇署矣，余通、余五戒已避往古宫乡林省吾家。

蔡哨到后，康弟仔等假威横行，胡乱拿人，一时人心顿起恐慌，又闻要搜查泰兴客栈，永兴即密往林省吾家报知消息。遂召集会议，妥筹对付方法。议久不决，适涌波、余丑由汕头乘南海轮返黄，并带到数百元，时已下午二句钟，竟主张赶此起事，以后恐无机会。永兴问涌波计划，涌波答起事后出汕头通电往港，不出三日必有饷械接济，各县亦必响应，可以会师潮汕，议遂决。即派余耶出汕头通知同志(同志中有山东人乔大昌、吴楚云。楚云善制炸弹。安徽人方汉成，普宁人方次石在汕主持，住日本人所开花之家旅馆，开会演说则借用教堂或青年会，由林俊良临时布置。乔、吴、方均剪发，故惹人注意)并拍电香港总机关，又派永兴通知两会同志(即同盟会与洪门会)。于是晚七句钟前齐集于离城东北三里之连厝坟埔听候调遣。是夜天气晴朗，至九点已到八百余人，器械队伍颇见整齐，主盟永兴宣誓后，首演说革命意义，次宣布军法十条：(一)保护教堂，违者斩。(二)保护外人生命财产，违者斩。(三)阻

挠降将者斩。(四)泄漏军情者斩。(五)强买强卖者斩。(六)仗势凌人者斩。(七)奸淫妇女者斩。(八)侵占同胞财物者斩。(九)不遵号令者斩。(十)对敌作战不力者斩。又宣布得黄守备、许存城、王巡检首级者,各赏银五十元,生擒隆护协、谢同知、萧存城来献者各赏三十元。

时已十句钟,由涌波、余丑率队入北门攻协署;永兴、余燥率队入南门攻守备署、左右存城署;林钟临、张细、张跃率队入东门攻巡检署,余渭螺、余御言、余卖率队入西门攻同知署、都司署,均于协镇署取齐。当时协署仅驻蔡河中一哨及巡警三十名,革命军到时,守门二兵歼焉。清军据守仪门,还枪射击。战数小时,忽下大雨,革命军多土枪,药湿不能燃,反被击退至东西辕门。天黎明,战士冻馁几不能支,涌波献策曰:署左有慰忠祠,纵火焚之,以寒敌心。众然之。倏时火光冲天,人声如雷,清军依然还击不动。涌波念两方均系汉人,自相残杀,大失革命本旨,乃命永兴压住阵脚,只身冒弹冲进协署,劝蔡河中投诚,蔡以迫于时势,允即缴械,战事遂停。一时皆服涌波之胆略过人。黄守备闻警即偕余绅潜逃。许存城以众寡不敌,被众拥入上房,斫其首以出。王巡检事急投井,众钩之出,亦斫其首于井边。隆都司、谢同知、萧存城则乘乱逃脱。

十二早,举涌波为正司令,余丑、张跃为副,永兴为总指挥,余通为财政,余五戒为军需长,余炳南为文案,改都司署为军政府,出示安民,人心略安。即日将军队编定,每八人为一排,三排为一列,置列长一人,二列置一副队长,四列置一队长,四队置一中队长,共分十八中队,任张细,张三弟,张唊,张约瑟,张和记,张缺目,张牛屎,张猪,张锡林,张老实,余御言,余卖,刘朝海,余燥,余耶,林钟临,余渭螺,余永顺为中队长。十三下午吴炳文派蔡德、吴丹福解到惠潮嘉兵备道署所派侦探魏大老、丘卓等三人,暂行监禁。

自十一夜至十四上午连日大雨倾盆,迨下午方晴,始得翻晒火药军装,定十五早分兵取潮汕。至四点钟,突有洪洲乡人来报云:潮镇黄金福率军约二百余名,由东陇渡海抵该乡,请革命军速往围攻,彼乡愿为内应。涌波则注意潮汕,不赞成出兵洪洲,谓若下潮汕,黄镇进退失据,不攻自破。余丑则主张先破黄军,收缴枪械,然后下潮汕为顺。卒如余丑议。十四晚,余丑率偏师出洪州,拟破黄镇后渡海取东陇。涌波、永兴率全军由陆路西略樟林镇,到东陇会合,溯江攻潮州城。

黄冈距洪州二十里,隔二小溪,头道水浅,用竹筏可渡,二道水深,又少大舶,仅用数小艇陆续运载,比至洪洲天已黎明,黄镇已先侦悉,调兵备战。于路获黄镇侦探钟巡官一名。两军方酣战时,闻洪洲乡内锣声震天,误为内应,进攻益力,实则该乡为清军之助,引军由山路抄过革命军之后,四面包击,弹如雨下,革命军阵亡余六等二十余人。十五早涌波、永兴将率队西行,忽报革命军在洪洲失利,余丑被围,势甚危急,即率众往援。见清军扎于东灶乡山顶至下园乡,遂分军将清军围困。比时革命军兵额多清军数倍,黄镇亲身督战约二小时,清军已不支。方迫其缴械,讵彼在山上遥见洪洲南面海上有一小轮,冲波驶到,内系运兵,知援军已到,士气复振,固守高地。渡海援兵乃潮阳营游击赵月修率军一营自汕头驰至,由洪洲人引导向各要隘进击。革命军虽敢战,终缺训练,械又不及清军良,旋被击败,退守下园乡,据险待援,时已下午一句钟。

十一晚,派赴汕头之余耶行至浮山,大雨如注,迟至十二早始往,抵汕遍探党人无一晤面,返至庵埠始与方汉成、陈芸生遇,即另觅人出汕头电港报告,催许雪秋返汕头主持一切,并探官厅消息。十五早汉成、芸生到黄。雪秋接电后不克返汕头,派乔大昌行,至是亦与汉成、芸生会合。闻革命军在洪洲鏖战,未及休息,即率一小队驰赴助战。清军得地利,居高临下,革命军又被击毙百余人,死伤既多,支持不住,又近黄昏,乃退守黄城,再拟整顿。惟商民见革命军败退,市面顿呈摇动。芸生始主张将所获惠潮嘉道侦探魏大老、丘卓及钟巡官等四人,押出较场正法以镇人心,并演说战败由于枪械不良,若人人奋勇再行反攻,一下潮汕则各处响应,清廷无难推倒。演说毕即命造饭,定是夜出兵攻潮汕。忽前由庵埠派赴汕头拍电之人报称水师提督李淮率战船四艘,兵二千余已到汕头,我军切不可出潮汕,宜退守饶平城,以待外援。芸生问余通现在财政如何。余通答;十一日涌波由汕头带来五百元,十一夜在守备署得库银千余元,另在同志处筹借千余元,总共仅二千余元,本日已用完,明天即无可支付军用,论革命宗旨无可向商民强借,今若此如何支持?众人面面相视,知无善后方法,不得已宣布暂行解散,待时再举。

由余丑、余通等十余人保护方汉成、乔大昌越分水关入诏安,落帆船赶香港。永兴带数十人匿于郊外之南岭,看清军如何举动。

当起事时,各界见革命军举动文明,人人称庆,及失败解散,莫不恐惧,盖恐清军之蹂躏株连,十六早全城人口五六万,扶老携幼各逃生命,路途拥塞,哀声载道,惨不忍闻,以繁盛市镇顿成一座空城,良可慨也。

蔡河中见革命军败散,即往迎黄镇进城,殊约束不严,兵士肆行抢掠。十八日惠潮嘉道沈传义、潮州知府李崇光先后莅黄,始出示安民,人心稍定,避难者方接续回家安业。即日悬红购缉陈涌波、余丑、余通、余永兴等每人千元,张细、张三弟、林钟临、余耶等每人六百元至二百元,共通缉三百余人。涌波,永兴经诏安过厦门走香港与余丑寓兰桂坊之革命机关。雪秋则住九龙。

《汕头文史》第10辑,汕头市政协委员会学习文史委员会1991年,第21~26页

5月24日(四月十三日)　湖广总督张之洞、湖南巡抚岑春蓂奏报清廷,办理萍浏醴清乡完竣事宜。

其奏折云:

太子少保、头品顶戴、湖广总督兼管湖北巡抚臣张之洞、湖南巡抚臣岑春蓂跪奏,为浏阳、醴陵二县办理清乡一律完竣,地方安静如常,并添募勇丁,驻扎巡防,以资镇慑,恭折仰祈圣鉴事。

窃照浏阳、醴陵二县,上年十月间,会匪姜守旦等与江西萍乡县匪倡乱,众号数万,攻扑县城,到处焚掠。经臣等先后派营剿办,旋将大股匪徒次第击散。迭次奏奉谕旨严拿,各军乘势合力搜剿,一律荡平,毋留余孽,并各清各乡,安良除暴,以靖地方。等因。钦此。仰见圣谟广运,敉安黎庶之至意。臣等跪诵之下,钦悚莫名。遵即督饬各军将匪众一律扑灭,而余党多窜乡间,亟应乘此两省兵队驻扎之时,举办团练保甲,清查户口,将在逃各头目匪党,悬赏购线,搜捕尽净,庶足以戢奸宄而正人心。当即饬司分派委员前往浏阳、醴陵二县,会同各地方官及各营管带员弁,分赴各乡,督饬团绅,按照向办编联保甲章程,认真清查。平江等县,饬令一体遵办,暨令道员俞明颐、知府王寓生就近督率办理。并因各该县文报向系铺司递送,每多稽延,一有匪徒滋事,军报紧要,由司饬令一律设立步拨,添雇健夫,以免迟误。

兹据该道等暨印委各员先后禀称,浏阳县属西北两乡,地本不宽,匪踪尚少。东乡分永和、古巷、高坪、上东、达浒湾、陈坊六大团,共辖八十八小团。南乡分枫林、大瑶、文市、金刚四大团,亦共辖六十余小团。其地多与醴陵、萍乡、万载等县毗连,山深菁密,为匪徒出没之区,受害最甚,伏莽亦以该二乡为较多。团绅李德钟、刘松山、王显桃等均被匪杀害,房屋亦

多遭焚毁。团丁徐焕升等均因御匪身受重伤。经该印委各员查明被焚各户,分别轻重,禀经臣等批饬善后局筹发钱文,给予抚恤,俾免失所。此次办理清乡,以选派团绅为最要。惟匪徒起事之初,首先被害者即向来认真办事之团总,皆引为前车之鉴,率多畏缩不前,当责以大义,晓以利害,始各随同稽查。醴陵东、西、北三乡,亦多系被匪滋扰之区。然较之浏阳东南二乡,情形尚轻。所有派往各军,将股匪击散后,因在逃著名匪党尚多,协同清乡委员督率弁勇,带同眼线团绅,严密搜捕,陆续共获匪目匪党五百余名,均解交浏、醴、平〔萍〕三县,会同委员审明,分别正法监禁。经臣等另折奏报。若查系被诱入会,被掳胁从,有团绅为之具保,取具连环保结,予以自新,并准编入保甲户口册,另立自新一本,用备查考。其长沙、善化并茶陵州、攸县与浏、醴毗连各乡,亦饬各该州县督率团绅,一体认真清查,以免隐匿。当匪乱时,各处多练团自卫。现在地方既已肃清,所练团勇自应酌量情形,分别裁减,俾纾民力。浏阳视团之大小,酌留练勇,多者数十名,少亦数名,按段巡防,如有盗劫,立即驰报邻团,协同围捕,以靖地方。醴陵除酌留团勇,分东西两乡,并由绅士就地筹款,募勇一百二十名,分布巡缉,目下清乡一律完竣,由俞明颐等分赴各乡,逐一复查。各委员编查门牌户口清册,均属切实,闾阎安靖如常,禀复前来。

臣等伏查浏阳、醴陵二县地方,虽已靖谧,惟乱之后,人心初定,与连界之茶陵州、攸县等处,必须有防营分别驻扎,以资镇慑。所有前派常备巡防各营队,除赵春廷一队原驻醴陵外,其余均须调回省城训练,并派赴原防,兵力殊形单薄。业经臣春蓂督饬司局,设法筹备饷项,札饬巡防队管带吴廷瑞、梁国桢、徐振岱、赵春廷,于前次剿匪出力各弁勇内选派哨弁,各添募丁三哨,均于二月十九日点验成军,即令徐振岱所部新旧六哨,驻扎浏阳,赵春廷仍醴陵,其余分扎茶、攸各境,认真巡缉,以靖地方。至前次浏、醴二县会匪倡乱,团绅李德钟等御匪被害,情殊可悯,自应查明照例议恤。

现在办理善后清乡事宜,一律完竣。所有在事出力文武员弁暨绅士团丁,或捕获要匪,或协同防剿,均不无微劳足录,容臣等查明,分别保奖,奏乞恩施,以昭激劝。除饬各该县会同营弁,购觅眼线,分途严拿在逃首要各匪,务获惩办外,所有浏、醴二县办理清乡,现已完竣,并添募勇丁巡防缘由,谨合词恭折具陈,伏乞皇太后、皇上圣鉴,训示。谨奏。

光绪三十三年五月初二日,奉朱批:准其择尤酌保,毋许冒滥。钦此。

中国第二历史档案馆编《中华民国史档案资料汇编》第1辑,江苏人民出版社1979年版,第10～12页

5月26日(四月十五日)　两广总督周馥、闽浙总督松寿致电军机处,奏报筹备镇压黄冈起事情形。

周馥电称:

十三日,接潮州镇道电,闻饶平县属黄冈有匪徒戕官事,职镇黄金福带兵乘轮由汕头往查办。现接潮州镇沈传义电,黄冈匪踞寨裹胁约三四千人,为首辫系图布,会党居多。守备、巡检被戕,同知、都司不知下落。会匪已由闽界渔船载来日众,伪诱商民勒送银米,各乡已有白旗响应,群情震动,饶平乞求紧救等情。现知府驻郡,职道驻汕,各募土勇百名,协同巡警严查镇慑。潮汕华洋现尚安堵,黄镇带勇百余先驻井[浒]洲,距黄冈卅里。职道汕事布妥即亲往会办,惟地广兵单,求拨两营乘轮到汕,俾资协剿,早日扑灭。再黄冈洋教士已逃至汕安等语。馥查东江一带,向多三点会匪,此次如何起事,是否孙汶煽惑,未据查报,惟既戕官聚众,应即痛剿,已派提督李准亲带四营,前往速剿,凡彼处各营全归调遣。黄冈与诏安连界,除电闽督速派兵截堵外,合先电达。再黄冈向驻有同知、都司、守备、巡检等员,合并陈请代

奏。馥,十五日。

《为筹剿黄冈股众事》,综合类—收电档,档号2-04-12-033-0400

松寿电文曰:

顷接粤督元电,转据潮州镇道电,十一,饶平县属之黄冈土匪戕官闹事。又据诏安县电称,粤境黄冈三点会匪本月十一夜合力掳抢等因,查该处与闽省诏安等县连界,亟宜派队堵截会剿,漳州镇马金叙督带驻漳练军,并由省添派常备军一营并炮队两营驰往诏安一带堵截会剿,请代奏闻。松寿,咸。

《为拨兵驰往诏安堵截黄冈股众事》,综合类—收电档,档号2-04-12-033-0396

5月27日(四月十六日)　清廷发布谕旨,命闽浙总督松寿等加紧镇压黄冈起事。

文称:

奉旨,松寿电奏悉。据称接粤督电,饶平县属之黄冈土匪戕官闹事。又据诏安县报称,黄冈三点会匪合力掳抢,现已派营堵剿等语,著即严饬该军扼要堵截,赶紧会剿,迅即扑灭,毋任蔓延。土匪戕官重案,周馥何以尚未电奏?广东伏莽甚多,近日情形颇有不靖,该督务当振刷精神,认真整顿,毋稍贻误。钦此。

《著为松寿严饬该军扼要堵截迅即扑灭黄冈土会匪等事谕旨》,《光绪朝军机处录副奏折》,档号03-6041-045

5月28日(四月十七日)　两广总督周馥电奏剿办黄冈起事情形,军机处奉旨复电迅速防剿。是日周馥开缺。

周馥电文:

奉钧电,奉旨,黄冈土匪戕官闹事,何以尚未电奏等因。钦此。查十三日晚据潮州镇道电,黄冈土匪戕官滋事,经潮州镇黄金福前往剿办,馥当即电饬附近勇队往助,又续派署提督李准酌带弁营,雇觅一轮往剿,即于十五日电请钧处代奏在案。十六日,接潮州道十五日来电,十四夜,黄金福与匪接仗,毙匪多名,匪党械少逃逸。又,十七日接潮州道十六日来电,十五日,黄金福又伤毙匪党百余名,内有匪首余单眼,并获首匪余添保之父余钱,夺获枪旗,余匪分逃各等语。惟兵单尚未大施惩创。约计李准今明两日可到,并派北洋来粤之快兵轮赴粤闽交界沿海一带,搜查余匪,严杜接济,兵力较厚,即可痛剿。除俟各军到防如何情形随时电奏外,乞先将办理情形代奏。馥。筱。

《为剿办黄冈股众情形事》,《电报档》,综合类—收电档,档号2-04-12-033-0405

军机处回电:

奉旨,周馥电奏悉。此等匪徒,聚众戕官,目无法纪,亟应认真拿办。著即严饬李准迅速防剿,及早扑灭。并将被匪煽诱之人,妥筹解散,毋任滋蔓。所有各处村镇及教堂,著该地方文武加意保护,勿再疏虞。黄冈同知、都司,仍著查明有无下落,并将现在匪势军情随时电奏。钦此。

《奉旨粤匪徒聚众戕官著李准迅防剿事》,《电报档》,谕旨类—电寄谕旨档,档号1-01-12-033-0083

内阁奉上谕:

两广总督周馥著开缺,另候简用。岑春煊著补授两广总督。钦此。

中国第一历史档案馆编《光绪宣统两朝上谕档》第33册,广西师范大学出版社1996年版,第58页

周馥后自述其事:

因朝臣党争,互相水火,枢臣疆吏有因之去位者,遂波及于余。传闻某枢奏广东匪多,周某年衰,恐筋力不可及,可以某某代之,实挤某某出京也。其中情事复杂,不便叙述。

《民国周玉山先生馥自订年谱》,台湾商务印书馆1978年版,第117页

△ **两江总督端方密札新胜营统领徐宝山，言为孙中山由苏门答腊运回军火事。**

其札稿云：

为密饬事。

照得孙汶党羽，私运外洋军火，勾通内地盐枭，希图暴动，已通饬严密防缉在案。兹经本部堂访闻确实消息，该匪孙汶，将由苏门答腊回华谋乱，运来中国毛瑟快枪，计有三万杆之多。除被津关查获七千余杆外，尚有未获快枪二万二千余杆，已分运至各口岸。现在事机急迫，必须处处严防，时时侦察，断不容稍有疏忽，致生意外。应由该统领于奉文后，即行多派得力员弁，分投防缉，密为布置。一俟布置稍定，立即星夜来宁，本部堂尚须面授机宜，妥商办法。事关紧要，切勿稍涉迟延，合亟密饬。札到，该统领即便遵照，妥慎办理。并迅速星夜来宁商办，毋稍片延。切切。札新胜营徐统领宝山。

光绪三十三年四月十七日。

督部堂端。(押)(原编选者注：此为印章)

《清政府迫害孙中山黄兴史料选》，《历史档案》1996年第4期

5月29日(四月十八日)　清廷以为非威望素著，情形熟悉之人，不足以资镇慑两广地方，不允岑春煊辞两广总督。

清廷上谕内容是：

岑春煊病尚未痊，朝廷亦甚廑念。惟广东地方紧要，现在廉、钦等处均有土匪滋事，潮州府属之饶平县境，竟有聚众戕官重案，周馥恐难胜任，非得威望素著、情形熟悉之人，不足以资镇慑。该督向来办事认真，不辞劳怨，前在该省筹防，一切深合机宜，是以特加简畀，务当迅速赴任，通筹布置，安良除暴，消患未萌。该督世受国恩，当此时事艰难，自应力图报称，勉副朝廷惓怀南服，绥靖岩疆之意，毋得再行固辞。广西系兼辖省分，著毋庸回避。所请赏假之处，并毋庸议。钦此。

中国第一历史档案馆编《光绪宣统两朝上谕档》第33册，广西师范大学出版社1996年版，第60页

《香港华字日报》报道称：

十八日三点，接北京访员专电云，政府因周馥办理路事未善，已有将其开缺，饬岑春煊复督粤之意，适接潮钦廉三处警耗之电，故即行降谕。

《香港华字日报》1907年5月30日

后报道：

二十日五点钟接北京访员专电云：岑春煊督粤，因庆王面奏潮州乱事，竟至戕官，粤督之缺非春煊不能胜任，瞿鸿机[禨]从旁赞助，故即行降谕。

又称：

粤省今处乱事，闽督桂抚即日有电至京，周馥迟一日始行奏报，两宫以其办事疲缓，故即开缺。

《本馆特电》，《香港华字日报》1907年6月1日

报道周馥开缺缘由：

周馥奉旨开缺系岑督面参以官权破坏路政，大拂商情之故。而其大失朝眷之远因，缘在江督任内信用潘芸孙革道侵蚀巨款□，巧为弥缝，经陈璧和盘托出，大为政府所轻云。

《周督开缺原因》，《香港华字日报》1907年6月12日

《天津大公报》报道：

闻内廷人云，"十七日岑云帅奉命补授两广总督，次日即具折辞职，当奉明谕嘉勉，毋得固

辞。两宫又于是日遣内监赴岑寓所处探视病状,并赐药品,传旨慰问,圣怀之优眷于斯可见矣,为大臣者能不力图报称乎?"又云:"广东土匪滋事,闽督有电来奏,而粤督无电奏。太后命电谕之粤督,始电复谓实有其事,慈宫大为不悦,招庆邸独对,遂命开周馥之缺,□□岑回粤云。

《大公报》1907年6月1日

《时报》则云:

军机大臣瞿鸿禨以岑、袁有联络之意,颇为惊恐,盖此策果成,则彼军机大臣一席,必为人夺去,适因粤东迭次告警,即乘间进言太后,谓岑某系剿办粤匪熟手,疆臣中未有能及之者,于是有再任两广之命,此亦可见相臣谋国之一斑矣。

《时报》1907年6月3日

5月30日(四月十九日)　周馥、松寿与北洋大臣、直隶总督袁世凯等致电军机处,奏称将北洋两兵船暂时听从广东方面调遣,并禁止民船在闽粤交界处停泊。

周馥、袁世凯电云:

十八日早,馥奉电旨一道,即转电提督李准、潮道沈传义等钦遵。十七日夜,据潮州镇黄金福由汕来电,职镇四月十三日率勇两哨,由汕航海迅赴井洲,距黄冈二十里,便于相机并待,调勇军械,部署未定。十四日夜,土匪二三千来扑,接仗鏖战至黎明,往还数次,斩首数级,悍贼未退。正在督队力战,适第九营赵管带祖泽率队五棚继至迎敌。是日从辰至戌,连接七仗,贼始退散,分入各村,约计毙贼五十余名,伤者一百数七名,先后斩首级十三颗,并毙匪首余单眼二,并获匪党余保之父来钱,夺得土枪旗帜十余杆。该匪虽器械不精,乌合甚众,非再添勇,不能剿灭。十六日早十点,乘势进搜,并将窝匪村名东灶拆烧。现候军火及第七营方国桢带勇百名到齐,即使督队进剿。职镇金福铣等因。又据沈传义电,匪踞黄冈,战败缺粮,枪械无多,如急追四窜,转扰他处。樟林、浮山为澄海、饶平屏蔽,已分致各营力守,黄镇勿动,日内严督两营,先行与嘉军分路剿办等语。查此匪全是乌合,闻出伪示,禁扰百姓,诱送银米,大有诡谋。已属李准相机围剿,勿使窜逸。并饬黄金福稳守勿浪战。惟闻此匪多由闽省渔船载来,近又闻有洋商私运军火之谣,必须断其接济,清查海面。广东兵轮,机旧行迟,适北洋派游南洋海筹、海容两快兵轮过港,因电商凯留两兵轮,暂听李准调遣。除已由馥迳电闽督派漳州镇道堵剿,并暂禁民船不得在闽粤交界停泊外,馥与凯往返电商,意见相同。请代奏。馥。十八日。

《为驰剿黄冈股众事》,《电报档》,综合类—收电档,档号2－04－12－033－0410

周馥又有电奏:

据李准电,接潮镇黄金福函,黄冈土匪迭次战败,匪村已被官兵焚毁。十六日夜匪尽逃散,兵队直抵匪寨,已无匪踪等语。惟此匪现逃何处,匪首尤须严拿。现饬李准分兵追搜,并饬兵轮清查海面,俟得详细情形再电。除电闽督外,乞先代奏。馥。皓巳。

《为黄冈股众被剿尽逃事》,《电报档》,综合类—收电档,档号2－04－12－033－0411

松寿电奏:

十六日奉电传谕旨,钦此。钦遵设法会剿,不令滋蔓。飞饬漳州道府县,扼要堵截。前派漳州镇马金叙督带省城新军一营,炮队二队,由陆路驰往会剿。刻又续派福宁镇孙道仁再带新军二营、炮队二队,由海道前进。沿海一带,已由提督洪永安逐节严查,委铜山营参将彭保清带队会同各厅县搜查沿海渔船。并会粤出示,暂禁民船往来,以清海面。谨先奉闻。松寿。巧。

《为布兵会剿事》,《电报档》,综合类—收电档,档号2－04－12－033－0412

军机处复电:

奉旨:周馥电奏两件均悉。黄冈土匪究竟逃往何处?匪首亦尚未获。著即严饬各军赶紧侦探,跟踪拿捕,务令悉数殄除。至所称此匪多由闽省渔船载来等语,著会同松寿暂禁民船往来停泊,并随时稽查私运接济,毋稍疏虞。钦此。

《奉旨黄冈匪徒逃往何处著严饬侦探殄除事》,《电报档》,谕旨类—电寄谕旨档,档号 1-01-12-033-0084

△ 直隶总督袁世凯奏报清廷,请奖北洋医学堂监督关景贤等举报英人、日人购带炸药,欲图赴京生事。

其奏片云:

再,前据升任津海关道梁敦彦禀称,据北洋医学堂监督、分省补用知府关景贤密报,有英人高林,在天津日本租界居住,愿出重资雇用伊弟关景辉往充翻译,该英人素不安分,形迹可疑,恐有别情等语。当饬该道转谕关景贤等密为侦察。探得该英人果有购藏炸药,潜图运京谋乱之事,定于正月十五日附坐火车入都。报经该道密饬钞关暨探访局华洋各员,于是日在天津老龙头车站,将该英人拘获,身畔搜出炸药两包,当将该英人送交英领事收管。并查有日本人平川曾为高林代购炸药,饬由该道分别照商英、日领事,一体彻究。平川一犯,先经日领事驱逐回国。高林一犯,迭经英领事暨驻沪英按察司来京审讯。该英人坚不吐实,经该道竭力争论,由英员讯判以该英人身怀炸药,不能自行指出作何合法之事,即有应得之罪,因按英律科以监禁一年兼罚作苦工,限满后须有保人二名,保证洋银一万元,始能释放。如无保人,即驱逐回国,并请商请外务部与驻京英国使臣筹商,俟该犯监禁限满,无论有无保人,总须驱逐回国,不准在中国逗留,咨明核办在案。

查近年沿江沿海一带,时有不逞之徒,图谋窃发,全在缉捕得力,始能消患未形。伏读光绪三十一年十月二十九日捕治会党谕旨,改过自首、指拿魁党者,免罪酌赏。如有拿获首要,出力之员弁,准其择尤优奖等因。自应钦遵办理。此次英人高林一案,经关景贤首先举发,并令其弟关景辉冒险侦探,得以指拿送究,不致酿成巨患,其俾益治安,实非浅鲜,迥非他项获匪劳绩可比。合无仰恳天恩,准将此案尤为出力之分省补用知府关景贤,免补本班,以道员仍分省补用,以为认真侦缉者劝。

除关景辉一名,业由臣酌予奖赏,仍饬属随时严密查察,暨分咨查照外,谨附片具陈。伏乞圣鉴,训示。谨奏。

光绪三十三年四月二十三日奉朱批:著照所请。该部知道。钦此。

廖一中、罗真容整理《袁世凯奏议》下册,天津古籍出版社 1987 年版,第 1483~1484 页

6月1日(四月二十一日) 清廷外务部致电湖广总督张之洞,告以美方为刘静庵一案拟定两种办法,请查核办理。

外务部电文云:

刘家运事,二月十七日咨寄美使照会在案,迄今未准声复。顷又准该使照称,时逾两月,久未见复,似认本大臣前照确与有同心,兹拟有二办法:或立将刘释放,并声明刘与圣公会确均无罪,或同广众前立即裁判,此案准圣公会延代理律师,并准美政府派员会审,请择一办理等语。此案现究如何定拟,希即查核,详细电复,以资驳办。外部。马。

《为刘家运案美使所拟二办法请择一办理事》,《电报档》,综合类—收发电档,档号 2-05-12-033-0309

6月2日(四月二十二日)　同盟会员邓子瑜领导会党二百多人,在广东惠州府归善县七女湖起事。此为孙中山领导的第四次起义。

冯自由《丁未惠州七女湖革命军实录》一文:

丙午(民前六年)冬,孙总理由南洋派许雪秋赴潮汕运动之时,原定惠潮两府同时并举,以分清军之势,先后派遣黄耀廷、余绍卿、邓子瑜三人从新加坡返香港,办理惠州及阳江阳春等处军事。黄在庚子三洲田一役,曾任革命军先锋,以善战闻,与惠属会党素有关系,故总理特派回粤,使担任一方面之任务。丁未(民前五年)三月下旬,黄至香港,与汪兆铭、廖平子同寓宝庆坊机关部,不数日,陈少白来报告,谓香港警局已知黄入境,嘱其注意,黄闻讯,仓卒返新加坡,徒由冯自由手领去公费一千二百元,未收寸效。事后,总理谓其犯畏葸病,良不诬也。余绍卿为两阳大盗,亡命窜南洋,总理以其可用,故遣之归国,担任阳江阳春及惠属一方面军事。三月上旬至香港,向冯自由领去公费一千五百元,旋入内地,去后杳无消息,不知所终。

邓子瑜惠州归善人也,任侠好义,有朱家郭解之风,向在香港新加坡间营旅馆业,惠属会党之避地南洋者咸奉之为东道主,其友陈佐平、温子纯亦在开设旅馆,与内地会党声息相通,邓倚之如左右手。是年三月,邓以总理命返香港,佐黄耀廷进行军事。黄去,遂由邓负全责。四月中因潮州军事紧急,乃派陈纯、林旺、孙稳等在归善、博罗、龙门等处分三路起事,结果三路中仅有一路发动,即七女湖之役是也。

七女湖距惠州府城二十里,归善县属之著名墟场也。陈纯、林旺、孙稳等集合少数会党于四月二十二日起事,一举而劫夺清军防营枪械,毙巡勇及水军巡船哨弁多人,二十五日进攻泰尾,守兵闻风而逃,于是连克杨村三达等墟,二十七日至柏塘,清营勇拒战,党军杀其哨弁一名,尽缴其械,随分攻八子爷公庄等处,各乡会党纷纷来会,声势大振,惠城人心异常恐慌,是时惠州府县两城商董有电广州营务处告急,电文云:

> 营务处宪鉴,惠州向称盗薮,近因钦潮肇事,归善、博罗土匪潜图蠢动,警报迭闻,今日辰刻距府城二十里土名七女湖,水巡扒船被劫,毙勇夺械,该墟被掠,声势颇张,并闻由港澳逃来及村乡伏莽者,数以千计,府城营勇调遣四散,城内兵单,人心惶恐,伏乞迅速拨勇即日到惠驻扎城中,以镇人心,而安商业,惠州府县两城商董叩。

粤督迭接惠州府陈兆棠请兵电,乃檄调驻惠各路营勇东路巡防各营管带洪兆麟、李声振、吴鳌等率所部会剿,继恐兵力不敷,复调新会右营守备中路巡防第十营管带钟子才赶速赴援,时党军有众二百余人,横行于水口横沥三径蔗浦等处,所向披靡。初二日洪兆麟率兵到八子爷,为林旺率党军五十人从山上邀击,洪中枪坠马,所部死伤极众,李声振、钟子才各部亦连战俱北,省城为之震动,粤督复电饬水师提督李准,移攻黄冈之师从汕头往援惠州,顺道由澳头登陆,党军与清军混战十余日,来去飘忽,使清军防营为之疲于奔命,嗣得邓子瑜自香港派人来报,知黄冈事败,他处亦未响应,且弹药缺乏,势难持久,遂拔队至梁化墟附近村落,将枪械埋于地下,然后宣布解散。

陈纯等失败后逃至香港,冯自由以粤省侦探环伺左右,乃遣往屯门青山之李纪堂农场暂避,旋复使之赴南洋,邓子瑜因为此役主动人。是年五月初九日被香港华民政务司勒令离境,孙稳于己酉(民前三年)冬从新加坡回港,潜入惠州,及再至港,即被清吏控以掳劫之罪,拘之于狱,经党人延律师抗辩,涉讼数月,不能直,卒被港政府引渡粤吏加害。

是役惠州府陈兆棠等报告党军发难文电,择录二则如左:

(其一)惠州府陈兆棠上粤督电

顷据洪李两管带禀报，二十七日由柏塘拔队跟追，午刻到八子爷城地方，匪徒百余人，各持枪枝先登山埋伏，我军追至，匪亟放枪拒敌，标下等督率弁勇，分投兜剿，各团练陆续接应，四面攻击，枪弹如雨，鏖战至酉，匪渐弱，随战随退，由山仔一带沿山逃窜，标下等仍督队穷追，务期扑灭，计当场格毙悍匪数十名，斩获匪徒首级三颗，擒获要匪石亚佛一名，获得快枪七枝，小枪六枝，大号旗尖角旗各一面，小令旗一面，上书革命军都督朱令字样，雕毛扇一把，匪赃银千余元。该处地势险阻，匪徒负山拒敌，我军奋勇前进，被匪拒毙勇五名，受伤三名，督队穷追，随后获匪再行禀解外，先将获匪石亚佛并斩获匪目首级夺获匪旗枪械等件，由何千总培清解府呈验等情。查此股匪并经先饬贺管带由响水驰赴堵截，匪党若由博属之横河逃窜增城等处，亦必堵击穷追，不日复由吴统带拔队，由博属之湖镇驰赴横河一带会同追剿，如何情形，容后续禀，兆棠禀。艳(二十九)。

(其二)博罗县令上省吏禀

敬禀者，窃照土匪梁亚珍、梁慕光等近由香港潜回图谋起事，业经卑职将筹防拿办以及七女湖水陆营被伤毙各情，迭次禀陈钧鉴在案。至于匪踪，采分龙门归博数股，意拟先攻博城，而后大举。迨水南匪党薛贵林等十三名，仰赖宪威，按名获办，知卑县已有防备，始各惊散，其七女湖股匪，先经卑职禀报本府调营兜拿，一面商请东路巡防第五营吴鳌拔往清乡营勇抽集追捕，该匪随从七女湖窜至派尾杨村三达柏塘一带，旋由柏塘八子爷等处图来县城，新坡芦洞响水乡团练协力堵御，各营追及接仗，又转窜归善之蔗埔而去。窃以此次匪势虽甚猖獗，现以大兵云集，分路剿办，似不难即日扑灭，但闻罗浮山附近之处，又有著匪黄宁瑞梁春秋党羽结党潜匿，亦经会商中路巡防第十营钟管带子才，于四月三十日督队往捕，除将搜捕情形随时采禀，一面会同营讯严密筹防外，理合禀报大人察核。再县城民心现尚安定，足纾宪堇云云。

冯自由《革命逸史》下册，新星出版社2009年版，第883~886页

6月2日(四月二十二日)　周馥奏报，言黄冈一带，业已大致平靖，北洋兵轮已经南行，并派员在香港、澳门侦察有关军火私运之事。

电云：

接署潮州镇黄金福二十一日电，今早往分水关，与闽省军官见面，诏安县并无股匪窜入，居民安靖。惟在同山拿获巨匪张春为正法。此次土匪经井[汫]州一败，胆落星散。查询乡民，均云三五仓皇逃避，不及成股。分派队伍四路搜捕，连日已获巨匪多名，匪首已得主名，现正密拿，俟拿获讯实再禀等语。现与提督李准电商，黄冈匪散，应搜拿首要，妥办善后，并与闽省妥订民船来往章程。署潮州道沈传义知兵有谋，暂饬该道带队驻守黄冈，事权较一，搜捕得力。汕头华洋杂处，不可无兵，拟饬黄金福俟沈传义到后，带一营回汕驻守，以资镇慑，馥已分饬照办。至黄冈匪徒，皆言假托孙汶党羽。惟闽粤向多会匪，馥现分饬严拿，不问会不会，只问匪不匪，总以密缉首犯为要。黄冈一带，大致虽已平靖。近来谣传洋商私运军火，信息颇多，业已派员在香港、澳门侦察，并饬李准俟黄金福抵汕后，即酌带队伍乘轮船清查沿海一带，消患未萌，并到廉、钦查看情形，会督镇道，相机办理。至黄冈善后，及应参劾、请恤请奖等事，俟镇道查复到日，缮折具奏。至前查无下落之黄冈同知谢兰馨、黄冈都司隆熙，被掳未戕，匪散得脱，并以附陈。再北洋两快兵轮现在汕头一带，亦即属其遵袁世凯令南行。除电闽督仍会同防缉外，请代奏。馥，二十二日巳。

《为剿办黄冈散股事》，《电报档》，综合类—收电档，档号2-04-12-033-0429

△ 四川开县乡民与红灯教徒群起抗捐,反对洋教,拆毁学堂、教堂及教民住宅,与清兵相抗。聚众数千,声势颇大,震动邻省。清廷饬令镇压。

督办电政道员杨文骏电报外务部、邮传部(6月11日,五月初一日)云:

顷接夔州万县电报,近日开县有红灯教匪徒滋事。啸聚四千人,打毁教堂、学堂多处。开县侯令督率兵团前往查拿,该匪胆敢迎战,伤毙兵团多人,哨官不知下落,势甚猖獗。现已电禀各大宪调兵。川东道已派兵往剿,与万毗连,朝发夕至,兼英、德兵轮均已到万,风鹤相惊,人心惶恐等语。谨以密闻。职道文骏叩。卅。

《为开县红灯教匪滋事》,《电报档》,综合类—收电档,档号2-04-12-033-0460

护理四川总督赵尔丰致电军机处(6月12日,五月初二日)云:

东电敬悉。二十四日,据川东陈道遹声电禀,开县有匪众打毁学堂、教堂之事,该道当派左军帮带,带兵驰往弹压,并饬地方官保护教堂。随据开县侯令、夔州府于守、万县汪令、周令先后电禀:二十三日,突有二百余人,打毁开县岳溪场各小学堂,及两教所赁民间空房,与教民住房牌匾、门窗等件,幸未伤人等语,大致相同。于守当即驰赴万县,与汪、周二令布置保护各事宜。二十六日,侯令昌镇率带防勇团丁,亲往陈家场查拿。该匪见其兵单,竟敢迎战,击毙丁勇多人。陈道又派萧哨弁带炮队前往。张镇正在黔边接界处查缉邻匪,闻信折回重庆,本护部堂随调该军一营,驰赴该县救援。因该营多在黔界,一面由省城拨中军一营,饬该统领刘道毓湘由水路东下,一面咨由马提督,自重庆派营由陆路趋开。此调兵剿办之大概情形也。

现据电报,陈道所派之胡帮带已到万县驻扎。萧哨弁保护开县所调之左营,已经折至重庆,陈道已令其三日内抵开。现闻该匪聚有二千人,其中匪不过二百余人,其余皆无知愚民,观其自二十三日起事,今已八九日,仍复麕聚不敢披猖,知其无能为矣。所惜者,事起仓猝,各军皆扎防稍远,左后两军正在黔界,拟与黔省合剿巨盗,征调稍嫌迟滞,致该匪盘踞数日耳。尔丰。冬。

《为调兵剿办开县股众并拟与黔省合剿事》,《电报档》,综合类-收电档,档号2-04-12-033-0468

清廷旋即下旨(6月27日,五月十七日):

奉旨,赵尔丰电奏悉。开匪因何滋事,是何情形,著迅据实电奏,并督饬地方官协同营队认真搜捕,以期除莠安良。钦此。

《奉旨查实开县匪徒因何滋事著迅速电奏事》,《电报档》,谕旨类—电寄谕旨档,档号1-01-12-033-0100

赵尔丰(7月1日,五月二十一日)致电军机处云:

为开匪之起,始由于民间以统税土行不便,聚众滋闹,经该县知县侯昌镇弹压,始得无事。而该匪乘间勾结煽惑,开之民教不和,已非一日,该匪遂以仇教、打土行为名,并以学堂科则不同中国,亦皆呼为洋学堂。侯昌镇闻信欲往捕拿,该匪遂思先发制人,陡然率众起事,幸统税先期停撤,故仅打毁教堂、学堂并及各卡局,抢掳银钱,此开匪起事之大概情形也。所幸文武协和,将士奋勇,迅予扑灭,未致蔓延,可否择尤保奖,以勖有功而励将来之处,谨请代奏。尔丰叩。箇。

《为查明开县股众滋事起因并请保奖出力人员事》,《电报档》,综合类—收电档,档号2-04-12-033-0557

湖广总督张之洞电外务部(7月8日,五月二十八日)称:

前接东电,当即分饬夏、施文武严防。现在开县事已平,川省计日当已上达。惟敝处接川东道电,并宜昌府接夔州府电则谓,起衅由于土捐暨学堂捐。不敢不以奉闻。洞。勘。

《为开县滋事衅起土捐事》,《电报档》,综合类—收电档,档号2-04-12-033-0588

护理四川总督赵尔丰《奏查明红灯教起事缘由及剿办情形折》(7月18日,六月初九日)

则谓：

侍郎衔、川滇边务大臣、护理四川总督、武勇巴图鲁奴才赵尔丰跪奏，为开县邪匪倡乱，毁教打学，业经派军扑灭，地方敉平，遵旨查明起衅及现饬搜捕逃匪各情形，据实复陈，恭折仰祈圣鉴事。

窃查前据川东道、夔州府等电禀，据署开县事、成都县知县侯昌镇禀，有匪在该县陈家场聚众倡乱，打毁学堂、教堂等情。奴才当即派兵剿办，随将大概情形电达外务部进呈。奉旨：令饬各军迅速兜剿，务令扑灭，勿致蔓延窜扰，至该匪究因何滋事，并著查明据实复奏等因。钦此。

伏查川省自上年资阳邪匪肇乱以来，余孽未清，祸端时作，固皆恃邪术以惑愚民，然其能激民忿、构民怨、使民乐习其术者，尤有最要之二端：一则挟外人之传教以为仇，一则指公家之取民以为虐。蚩蚩者流，被其鼓簧，遂罹法网。前如犍为，近如南部何如道、渠县陈鸿图各案，观其肇端发难，先后如出一辙。前督臣锡良曾于报平匪乱折内详切言之，早邀圣明洞鉴。此次开县匪徒滋事，近据该县禀陈，奴才覆加查访，其起衅亦不外是。盖该县民教本不水乳，民遂怨教而及学堂，皆呼之为洋学堂，亦匪伊朝夕。加以县属各场产烟素著，本年创办统税，尤为群情所不愿。打毁土行之事，业已屡见，均经侯昌镇随时弹压解散。乃邪匪武生谭汝霖、韩洪顺、韩万顺、余麻子、胡云和、唐家蒸、彭二师傅（即彭玉堂）等遂乘隙而动，勾结本地匪棍李文贵、李文华（即李华儿）弟兄及活观音（即吴桑氏）等，煽惑愚民，于四月二十二日，将县属岳溪场各学堂及教士所赁民间空房，与教民住房牌匾、门窗等件打毁，继又毁及南门场之学、教各堂。幸该处司铎、牧师先经侯昌镇派人迎护回城。该县旋即率带防勇、团丁亲往查拿。二十六日，与匪遇于陈家场，匪等竟敢率众迎战，轰毙团勇，夺去军械。勇团以众寡不敌，退守县城。匪焰由此日炽，裹胁众至数千。但多系乡愚，真匪有限。在愚民半为煽诱，半被迫胁，而其意之所在，则土行、教堂、学堂而已，故打毁者惟此为多，而各公局亦不免遭池鱼之殃。然访察民情，实非显怀逆志也，无如为匪等挟持，遂突然抗官拒捕，致成乱阶。

当匪乱初起，川东道陈遹声闻警，先派道署亲兵并哨弁萧占春率队驰援，该道并将炮队营派往以助声势。川东镇张士翰正在接黔边界巡阅所部，闻信亦即北回重庆，与陈遹声会商布置一切，并派帮带胡汝甲、后营营弁牛富保各营哨勇，星夜驰往。维时夔州府知府于宗潼一得警信，即驰赴万县，调度镇摄，万县知县周士杰亦即带练勇出防。捐升道员、前万县知县汪贲之尚在该县，即在后路布置弹压。达县知县广厚、新宁县知县德存均率练勇在本境防堵。绥定府知府刘传福飞派守备王凤皋驰赴新宁县助防。奴才叠阅各处电禀，明知匪多胁从，不过借端启衅，然翦除不早，势必蔓延，务宜遏其凶锋，绝其复患。因饬张士翰、陈遹声电调驻防江津之左军管带刘友章，并由省派巡防中营统领、候补道刘毓湘，率师分水陆继进，并令节制前敌各军。复咨提督马维骐，檄饬驻防顺庆之巡防军管带马负图，就近取道新宁，以助攻守。复虑梁山与开县接壤，该县向无防营，未免空虚，恐致百姓惊扰，而防军各扎汛地，未便轻动，实已无兵可派。因将奴才关外带回之新军两哨，亦派赴该县，并饬于附近开、万各州县严密梭巡，相机助剿。

嗣据川东镇道、夔州府及统领刘毓湘等电称，匪初起不过二百人，其中有乘坐四轿者，并有僧道装束者，皆头插红旗，初以打教堂为名，数日裹胁，众至数千，踞开县陈家场以自固。自南门场侯令失利之后，匪遂分股窜扰：一股窜万县新场，意在扑城，闻有备折回；一股窜扰开县之岳溪、陈市、南门、铁镇桥各场，其锋甚盛，势将围攻县城。人心惊惶，不堪搘柱。幸各军赶到，于初四、五、六、七、八等日，萧占春、刘友章、胡汝甲、侯昌镇等，在开属岳溪场、铁镇桥等处连次战捷,阵斩凶悍最著之匪首韩刀顺一名,军师、先锋首级十五颗,生擒数十名,先后阵斩、枪毙匪众数百名,夺获枪炮三十余件。余匪星散。一股扑新宁之讲治场,扰及严家场、甘棠铺、广福场、仁市场等处学堂,并酒捐、肉厘各局均被打毁,抢掳绅民财产,势将攻城。幸哨弁吕恒升、守备王凤皋率勇奋力拒敌,轰死匪徒甚众,并毙执大红旗匪首一名,匪势败退。次日又复来攻,适马负图一军已到,会同吕恒升等又与鏖战,歼毙妖僧、妖道并伤其匪首韩洪顺,前后生擒二十余人,各匪同时奔溃。又经梁山县知县齐廷藩拿获受伤在逃之匪首彭二师傅(即彭玉堂),余匪歼毙殆尽。刘毓湘派侯昌镇率带营团穷搜严谷,拿获匪首谭汝霖、韩洪顺,并伪文案谭歪公爷、凶匪徐长生、韩么棍、徐维薏等。其窜东乡边界之匪,经该县知县单棨率团截击,拿获唐家蒸等要犯数名,余众为刘友章追斩溃散。自是开县、新宁等处匪踪为之一靖,各处人心胥安。此开匪起事并派兵剿办之实在情形也。

奴才窃于此时独有虑者,以近来川中匪乱旋灭旋起,大率胁从罹诛,凶狡漏网,除患未尽,不久而死灰复燃。此次开匪之起,众至数千,扰及三县。事前官吏既未及觉察,团保亦隐忍不言,致成燎原之势。设非防军赴机迅速,其害岂可胜言?今虽得庆敉平,而著名之匪如余麻子、李文华(即李华儿)等,其存亡尚不可知。窜伏余孽,窃恐所在多有。若不趁此军威,认真搜剔,则根株未净,后患方长,地方何能永谧?奴才现复严饬各属会同防营,责成团保献匪自赎。如或力不能拿,准其引兵往捕,不得徇情容隐,亦不准挟嫌诬陷,违者严治其罪。如此惩后毖前,乃可一劳永逸。至署开县侯昌镇,此次虽失察于前,惟事后会营防剿,不遗余力,且出教士于险,尚属保护得法。该县平日居官廉勤,民情爱戴,应否准其免议,伏候圣裁。兹责令将打毁教堂,妥速议结,以期功过相抵。其各属文武、各路防军驰援千里之外,殄寇数日之间,均不无微劳足录,现仍饬认真搜捕逃匪。可否仰恳天恩,容奴才择尤保奖,俾励有功而策后效之处,出自鸿施。

除将伤亡勇丁先行抚恤外,所有开匪倡乱,已派军扑灭,地方敉平,并查明起衅及现饬搜捕逃匪各情形,理合恭折驰陈,伏乞皇太后、皇上圣鉴,训示。谨奏。

光绪三十三年七月初八日奉朱批:仍著认真查拿首要各匪,务获惩办。侯昌镇著交部议处。钦此。

中国第一历史档案馆、北京师范大学历史系编选《辛亥革命前十年间民变档案史料》下册,中华书局1985年版,第770~774页

6月4日(四月二十四日)　开缺两广总督周馥致电外务部,要求港督驱逐孙中山。

电文云:

前接新嘉坡总领孙士鼎电,探闻孙汶有回华作乱之谣,当经电达大部。现访闻孙汶改洋装住香港公益报馆,又有同党邓子瑜住香港旅安祥客栈。前获逆党陈纯供,邓子瑜为孙汶管外事,现闻招集香港匪徒入内地,勾引乱民滋乱,前日黄冈戕官案,即是逆党。昨日惠州府拿获十三匪正法,即供从香港来,务求大部速密电商英使转电英政府,饬港督速将二逆逐出,非此不足保护中外治安。事关大局,乞速酌夺。馥。二十四日。

广东省档案馆编译《孙中山与广东:广东省档案馆库藏海关档案选译》,广东人民出版社1996年版,第697页

6月6日(四月二十六日)　开缺两广总督周馥奏报剿平黄冈起事前后经过及办理善后情形。同日军机处寄闽浙总督松寿,要求认真防缉,毋稍疏懈。

先是军机处收松寿电:

黄冈匪徒溃散，闽粤之交，恒有逃匪藏匿。现在马金叙驻扎边闽粤连界之分水关一带，孙道仁已由海道前往铜山，饬令密探匪踪，会同粤军设法搜捕。一面饬诏安县知县厉嘉修，会同该县乡绅族长，清查户口，严防收留余匪，以期搜匪而不扰民。并于沿海地方，会同粤省出示，暂禁民船往来，稽查私运接济。前据诏安获匪首吴春一名，搜出匪票二张，印有洪顺堂等字，讯据供认由黄冈来诏，希图煽惑，即饬就地正法。续经防军拿获杨拄、余楼二匪，交县讯办。近日叠经诏安县电禀，该县地方安静。请代奏。松寿。敬。

《为搜剿黄冈窜股并诏安地方安静事》，《电报档》，综合类—收电档，档号 2-04-12-033-0441

是日，军机处寄闽浙总督松寿电旨：

奉旨：松寿电奏悉。仍著督饬地方文武各员，认真防缉，毋稍疏懈。钦此。同原电抄交陆军部、岑春煊。

《奉旨悉松寿电著督饬地方文武认真防缉事》，《电报档》，谕旨类—电寄谕旨档，档号 1-01-12-033-0086

周馥奏折云：

头品顶戴、开缺两广总督兼管广东巡抚事臣周馥跪奏，为饶平县属黄冈地方猝被匪扰，旋即剿平，谨将办理情形恭折具陈，仰祈圣鉴事。

窃查潮州府饶平县属黄冈地方，于光绪三十三年四月十一日夜，猝被匪徒戕官踞寨，即经署潮州镇黄金福率勇驰往剿办。臣接据调署惠潮嘉道沈传义等电报，先行电饬邻近防营驰往堵剿，一面派提督臣李准酌带水陆队伍继进，并电咨闽浙总督臣松寿拔队防堵，数日间即行剿平，业将大概情形先后电奏在案。

查黄冈地方，前明因防海盗，设有寨城一座，向驻副将、都司、同知、巡检等官。现在副将缺已裁撤，兵额亦减，不免稍觉空虚。该处距潮州府城并饶平县城各九十里，与福建诏安县连界，素有三点会匪，叠经严缉，此拿彼窜，迄未尽绝根株。此次黄冈土匪起事，变起仓猝，据李准、黄金福、沈传义等电称，系外匪陈芸生勾结会匪首余丑即记成、曾金全、余锡天，及福建诏安县属白石乡匪首沈牛屎，后岭乡匪首沈家塔等，先在诏安县属乌山，饶平县属浮山、柘林等处拜会。本年正月，沈牛屎等带来鹰球票布、银纸分给会党，刊刻伪示、谕帖，原图抢劫已裁黄冈协署旧军械起事。因一时无隙可乘，未敢蠢动。适于四月十一日，警兵拿获匪伙邱保、张蟢二名，会匪张添赐告知匪首余丑，纠党打夺。经都司隆启、巡防营哨（弁）蔡河宗率兵将犯押入协署。匪众围攻，弁勇坚御，至次日辰刻，子码用尽，匪党麇至，焚攻益力，兵勇伤毙者多，力竭被围。维时黄冈同知谢兰馨、城守把总许登科、署柘林司巡检王绳武，各率兵差、巡警抵御。奈贼众兵寡，援绝力尽，把总、巡检登时被戕，同知被掳。各匪遂占踞衙署，焚拆关厂、局所，抢劫副将、都司两署旧械，号召各路匪党，逼胁乡民同叛。外匪陈芸生等，即于十四日乘机入寨，将所刊伪示填写四月，妄称“大明军政都督府孙”等字样，竖旗起事，分发伪谕，勒索殷富银米，胁从颇众。下寮、东灶各匪党，皆滨海渔户，纠合外匪船载而来，分为水陆两党，水路踞古楼山后，陆路踞寨。此当日匪党起事之情形也。

该管潮州府知府李象辰、饶平县知县郑世璘，集团固守府县城池，分堵要隘。署潮州镇黄金福，督兵驰往距黄冈三十里之井[汫]洲，相机进剿。惠潮嘉道沈传义，驰往汕头，保卫华洋商埠，并电致福建漳州、诏安府县防堵。十三日，府城巡警管带官外委邱焯、五品军功林清，带勇四名前敌侦探，遇贼阵亡。十四夜，匪扑井[汫]洲，黄金福率队出战小胜，毙匪数十人。是夜五鼓，该匪大股数千，分路包抄，我军分头接仗，伤毙贼匪百余人，贼势少却。十五日黎明，贼分五路，水陆并进，适巡防第九营管带官赵祖泽继至，督弁徐士廉、陈德等分路迎击，争先冲杀，阵斩悍匪百数十名，夺获旗帜、马匹、枪械多件，贼众败退三里外之大澳山脚，占住村房。我兵追击,夺取大澳山。贼众且战且却,我军悉力猛攻。相持至十五日戌刻,贼党伤亡甚众,我军亦阵亡十余名,受伤七名。正在酣战之际,大雨倾盆,贼众奔逃。是夜五鼓,我军出其不意,夺取距寨数里之古楼山,贼众死守不出。十六日夜,该道沈传义运开花炮子码到营,正在拔队进逼,贼众弃寨潜逃,当即分路追至东灶,毁其巢穴,直抵黄冈。救出同知、都司、哨弁三员及勇丁二十一名,查明枪械尽失,并失去裁缺副将关防及同知关防各一颗,并在贼巢搜出木质伪印及票布、伪示板卡、军火多件。其伪檄、伪示语多悖逆,伪檄无姓名年月,伪示有"都督府孙"字样,并无伪印。据提督李准言,获讯各匪,并不能指出孙姓系何人,显系匪首陈芸生等附和孙逆,有意煽惑。此十三至十六等日官兵击平各匪,救出被掳官兵之情形也。

当匪氛初起之际,号召党羽,势甚披猖。嗣知大兵将临,海面并有兵轮堵截,贼匪闻风胆落,井[汫]洲战败,古楼夺回,弃械纷散奔逃。十八日,提督李准督军到境,声威大振,派兵会合追搜,获匪颇多,各军起获枪械甚夥。黄金福驰至分水关,与福建军官相见,查得诏安县并无股匪窜入,居民安谧。是役也,官军接仗七次,杀伤贼匪五六百名。自该匪起事以来,六日之间,即行扑灭,未扰村镇,亦未扰及邻境,地方一律平靖。戕官匪首余升第擒获正法,曾金全业已阵斩,在逃之陈芸生、余丑、余锡天等,仍饬四路搜捕,务绝根株。

臣查此次匪徒起事,该管文武不能先事预防,致出戕官踞寨重案,厥咎甚重,相应请旨,将实任黄冈同知谢兰馨,署黄冈都司隆启,调署饶平县、正任广宁县知县郑世璘,巡防营哨弁督标、候补千总蔡河宗,一并革职。署黄冈守备、裁缺镇标左营左哨千总黄其蕃,先已另案革职,尚未交卸,此次复剿匪不力,应请从重发往军台效力赎罪。该管镇道府并不同城,例得免议,且一经闻报,即行进兵扑灭,办理尚属迅速,拟恳恩施,免其议处。至署柘林司巡检王绳武,巡城把总许登科,镇标拔补外委邱焯,五品军功林清,为匪所戕,死事惨烈,相应吁恳天恩,敕部从优议恤,以慰忠魂。一切善后事宜,责成该道府等,会同该镇,督率营县妥办,并与福建文武议定稽查会哨之法,以期永保治安。遗失裁缺副将并同知各关防,设法查起,分别送销换铸。除先另刊同知木质关防委员接署外,所有饶平县属黄冈猝被会匪踞扰,旋即剿平缘由,理合恭折具陈,伏乞皇太后、皇上圣鉴,训示。谨奏。

光绪三十三年五月二十六日奉朱批:著照所请。该部知道。钦此。

中国第一历史档案馆、北京师范大学历史系编选《辛亥革命前十年间民变档案史料》下册,中华书局1985年版,第459~462页

6月8日(四月二十八日) 开缺两广总督周馥致电外务部,报告探得孙中山在河内行踪之事,要求越南总督驱逐孙氏、香港总督驱逐邓子瑜。

电文云:

二十七日电悉。派员赴香港,查孙现不在港,惟其党魁邓子瑜仍住港旅安祥栈。本月二十三日,距惠州府城三十里之七女湖圩勇棚被匪抢劫,因匪众勇寡,伤毙兵勇九名。迭获匪伙邱谭祐、陈亚谤、邱亚谱等供称,在香港旅安祥客栈起议,斤[听]从邓子瑜、余少卿为首,朱亚苟各带银五百元来惠招人起事,不讳。已将惠州府电禀讯供情形点交英领。据云,港督已派巡捕密查,并未允驱逐。查邓子瑜乃孙文党首,邓若留港,党伙均有所附,其为害实无异孙文。务乞大部迅商英使电港督将其驱逐,于彼此商务大局均益。馥。二十八日酉。

广东省档案馆编译《孙中山与广东:广东省档案馆库藏海关档案选译》,广东人民出版社1996年版,第698页

同日又有电文:

顷接龙州庄道电称，据探报，有言孙文已到河内十日，终不露面，秘密之议甚多，寻常会友均不能入，会党中人近甚忙碌。等语。查河内距滇、粤最近，近日钦廉事未平，深恐孙党乘机煽诱。孙到河内似非无因。乞大部迅商法使电越南总督，饬查驱逐。馥。二十八日。

广东省档案馆编译《孙中山与广东：广东省档案馆库藏海关档案选译》，广东人民出版社1996年版，第698页

6月9日(四月二十九日)　两江总督端方派委何宸章前往香港查探孙中山等人活动。

其致何宸章、巡警局密札稿云：

为札委札行事。

照得本部堂探闻革命党头目孙汶等，在广东省地方，私出安民告示，煽惑愚民，潜谋不轨。该逆等既以香港为逋逃之薮，而转运军火，亦以香港为根据之地。香港为各国轮船来华要道，并无中国官员驻扎其间，非专派精干得力之员，常川驻港，密秘侦探，不足以伐其诡谋，消弭巨患。查有分省候补知府何守宸章，堪以派委。为此札委、札行。札到，该守即便遵照，前往香港，设法秘为探访，务得该逆等切实消息，随时禀报。其紧要事宜，并即密电飞禀，以期迅速。该员每月应给薪水银一百两，邮电、夫马等公费银一百两，均由巡警总局开支，以资办公。事关重要，该守务当认真侦探，毋得摭拾浮言，借徒塞责，亦不得稍有泄漏，致有贻误。切切。此札。

《清政府迫害孙中山黄兴史料选》，《历史档案》1996年第4期

6月10日(四月三十日)　刘师培、何震等人创办的《天义报》在东京出版第一号。该刊为近代中国第一个无政府主义刊物，有社说、学理、时评、译丛、杂记等栏，初为“女子复权会”的机关刊物，后实际成为无政府主义团体“社会主义讲习会”的喉舌。

《天义报启》云：

地球之上，邦国环立，然自有人类以来，无一事合于真公。异族之欺陵，君民之悬隔，贫富之差殊，此咸事之属于不公者也。自民族主义明，然后受制于异族者，人人均以为辱；自民约之论昌，然后受制于暴君者，人人均引为耻；自社会主义明，然后受制于富民者，人人均以为羞。由是种族革命、政治革命、经济革命，遂为人民天赋之权。然环顾世界各邦，其实行种族革命者尚占多数。若政治一端，虽实行共和政治者，犹不能尽人而平等；经济一端，更无论矣。试推其原因，则以世界故有之社会，均属于阶级制度，合无量不公不平之习惯，相积而成。故无论其迁变之若何，均含有不平之性质。非破坏固有之社会，决不能扫除阶级，使之尽合于公。顾今之论者，所言之革命，仅以经济革命为止。不知世界固有之阶级，以男女阶级为严。无论东洋有尊男轻妇之风也，即西洋各国号为男女平等者，然服官议政之权，均为女子所无，则是女子所有之权，并贱民而不若。更反观之于中国，则夫可多妻，妻不可多夫；男可再娶，女不可再嫁；服丧则一斩一期，宾祭则此先彼后。即有号为均平者，既嫁之后，内夫家而外母家，所生子女，用父姓而遗母姓，又安得谓之公平乎？夫男女之间，其制度失平且若此，于此而欲破坏固有之阶级，不亦难乎！故欲破社会固有之阶级，必自破男女阶级始。所谓破男女阶级者，即无论男女，均与以相当之教养、相当之权利，使女子不致下于男，男子不能加于女，男对于女若何，即女对于男亦若何。如有女下男而男加女者，则女界共起而诛之，务使相平而后已。夫以男女阶级之严，行之数千载，今也一旦而破之，则凡破坏社会之方法，均可顺次而施行，天下岂有不破之阶级哉！夫居今日之世界，非尽破固有之阶级，不得使之反于公；居今日之中国，非男女革命与种族、政治、经济诸革命并行，亦不得合于真公。震

等目击心伤,故创为女子复权会,讨论斯旨,以冀实行其目的。又虑此理之不能共喻也,故刊《天义旬报》,以作本会之机关。惟经营伊始,财政拮据,世有赞成此旨者,尚祈慨解囊金,共襄此举,使公平之真理得以普及于寰区,此则世界之幸也。

附简章于左。

一、宗旨及定名

以破坏固有之社会,实行人类之平等为宗旨,于提倡女界革命外,兼提倡种族、政治、经济诸革命,故名曰"天义报"。

一、办法

每月本拟出报三期,因排印延期,暂定每月二册。

一、材料

每册以二十页为限,首图画,次社说,次学理,次时评,次译丛,次来稿,次杂记,均以醒世齐民为主。

一、经济

暂由发起人筹捐开办,如有捐款三十元以上者,永远奉酬,均推为名誉赞成员。五元以上者,均赠全年报二份,以一年为限。十元以上者,以二年为限。二十元以上,奉酬本报三份,以三年为限。

一、报费

每册售洋一角,订一月者报金一角八分,半年者一元零五分,全年二元,邮费另给。

一、通信

凡国内外有通信汇款者,请寄至:日本东京牛込区新小川町二丁目八番地何震。

发起人:陆恢权、周怒涛、何殷震、张旭、徐亚尊同启。

万仕国《刘师培年谱》,广陵书社2003年版,第106~107页

《民报》第15号刊有《天义报广告》,云:

本报之宗旨,在于破坏固有之社会,颠覆现今一切之政府,抵抗一切之强权,以实行人类完全之平等。于男女平等精理,言之尤详。月出二册,每册售价一角。订全年者二元。欲阅本报者,可向《民报》编辑所对面巷内天义报社函订。

《民报》第15号,1907年9月25日

6月11日(五月初一日)　同盟会香港分会为配合武装起义,派刘思复谋炸粤水师提督李准,不慎炸弹在寓所爆炸。刘被捕入狱。

冯自由《心社创作人刘思复》一文云:

刘思复(后更名师复)粤之香山县人,少聪颖好学,十五岁应童子试,补博士弟子员。时国中言新学者方力斥八股文学,指为亡国弱种之源,思复闻之,大为感动,遂抛弃学业,专研究科学及算术,饶有心得。……丁未(一九〇七年)春香港同盟会机关部以军界同志郭人漳、赵声等均奉调来粤充任重要军职,而孙总理所派许雪秋、邓子瑜等亦在潮惠两属运动发难,将次成熟,乃密设机关于普庆坊备同志栖止,思复与汪精卫、廖平庵数人同寓其内。是年二三月间党部以潮惠举事在即,粤督岑春煊(编者注:此处当为周馥)及水师提督李准均为党人大敌,非去其一,不足以消除阻力,而张党人之声势。因有选任实行委员专任此项任务之议。思复久有此志,且研究爆裂品有素,于是乃慨然请行。汪精卫及余等咸赞成之。思复既受任,初在《中国日报》四楼密制炸药,以试验不便,乃移至宝庆坊机关部,偶因试验失慎,为水

银炸药击伤脸部，遂赴澳门就医，而实行计划一时为之停顿。迨脸伤既愈，乃偕李纪堂往青山试验掷弹方法，初拟于惠潮两地军事发动期间同时着手，嗣因脸伤未愈，延至四月下旬，始在广州觅地布置一切，并由香港机关部派同志张谷山、张伯乔、朱执信诸人助其进行。张谷山字如川，五华县人，向在梅县充任教员，鼓吹革命最力，是时方在广州租定城内旧仓巷凤翔书院，设一长乐留学公所，为运动军学两界之枢纽。张树柟字伯乔，番禺人，与胡汉民、汪精卫、朱执信等同在东京学习速成法政，归国后常往来港粤间，传达党人消息，最为出力。其家在制台前张大夫第，党人恒假之作会议所。二张因兹事至港，与思复磋商进行方法。与议者有余及胡汉民、李纪堂、刘樾杭诸人。决议李准方由汕头班师回粤未久，应即行诛以示威，使张谷山担任在凤翔书院附近觅一僻静地所，以为实行机关之出发点，张伯乔则担任侦查李准每日来往必经之要路，以便相机行事。议定后，张于四月二十六遄返广州，思复旋接张伯乔报告，探悉李准每月朔望二日拂晓恒赴总督署参谒，每行必乘怒马疾驰，大可邀之于道等语。遂不待张谷山回报，二十九日早迳乘轮抵省，由谷山就凤翔书院中择一静密之房舍居之，复携谷山偕往督署及水师行台二处之前后左右交通道路，详细查考，以便行事。又以张伯乔所居在制台前，李准来去行踪不能逃过其耳目，相约五月初一早亲见李准入督署时，即到凤翔书院报以暗号，而思复即可密伺李于要道而狙击之。讵伯乔如约于初一日拂晓目睹李乘马入督署后，匆匆过凤翔书院门外报信时，思复尚未准备竣事，及见李乘马出督署驰返水师行台，思复仍未外出，知是早之机会全然错过，如欲卷土重来，又须准备若干时日矣。思复所用炸药及铁弹，均由香港制就，分别携至广州，弹为螺旋式，用时以药粉与砂粒混合，然后配以铁壳。是早思复起床稍迟，致不及配置完善，初已装成炸弹一具，迨配置第二具时，铁壳外之螺丝边因有余药遗置纹上，稍遇摩擦，立行爆炸，声震若雷。思复被爆伤面部及左手下部，五指全废。谷山闻声往视，则见思复尚挺然直立，头部及手足皆鲜血狼藉，乃摇手使其勿声，自往邻近之图强医院，求医士伍汉持速往救伤。继复趋回书院，见伤者已横卧床上，神气尚清，亟问曰，医生即来，所有重要什物应速收拾免被军警搜获。时榻上之洋毡角置有已配成之炸弹一具，思复即命其移置室外之便溺缸。谷山曰，怕其炸否？思复曰，碰硬则炸，可轻轻拈至溺缸，徐徐放下则不炸矣。谷山依言行事。未几，同寓之学生工人闻声大集，附近之站岗警察亦来。伍汉持则挈医学生陈逸川、周演明、黄又夔数人携药品匆匆而至，见伤者满身是血，大骇。初以为被人用枪击伤，并未疑及炸弹爆裂所致。思复自称三水人李德山。及伍医士问以如何致伤，则瞑目不答，在旁之警吏谓非通报警局查明不可。谷山知事趋严重，遂托辞外出，驰赴豪贤街朱执信宅报警，并即易服去须，绕道佛山而至香港，当图强医院学生陈逸川察视伤者时，见床边藤篮内贮铁弹二枚，知为党人所为，复见床席下外露书函数件，即收入衣袋内藏之，纷扰良久，警吏因发现铁弹，渐疑伤者为革命党人，巡警道龚心湛令暂舁伤者入韬美医院，俟伤愈乃审讯究办。思复既入院，法国医士恐伤势延及全体，遂将左手下部全行割去。初二日晨谷山与朱执信先后至香港《中国日报》告变，余与胡汉民、李纪堂共商挽救之策。翌日余派男女党员数人至粤，联络韬美医院侍役，谋乘间援思复由医院后门水道出险。经营数日，卒以警吏防范严密而止。粤吏初严缉谷山，李准风闻此案以己为目标，主张从严究办尤力，因谷山无法弋获，遂疑与图强医校有关，特派军警大搜该校宿舍，无所得，仅检获美洲温高华《华英日报》记者崔通约致校长伍汉持函件。中有“今日欲谋革命非革命思想普及人心不可”一语，指为与革命党人往还之证据，遽将伍汉持拘去。伍时在法政学堂肄业，法政学堂校长夏同和及教员杜之杕等闻之，乃联名具函为伍保释，而伍狱始解。思复伤愈出院，清吏研讯多次，均自称三水人李德山，因试验化学受创，绝不肯供招真姓名。后因其聘妻丁湘田到狱视病，粤中各报相率揭载，世人始知所谓李德山者即刘思复，而思复亦不再于粤吏鞠讯时隐讳矣。粤吏经再四审问，均无佐证，卒判令解回香山原籍监禁，思复自是系香山县城监狱者两载。至己酉（一九〇九年）夏陈景华自暹罗归香港，余知陈与豪绅江孔殷有旧，乃托陈为思复设法营救，江孔殷受陈托，因向当道说项，而出思复于狱。思复至香港，同盟会诸同志开会于跑马地愉园以欢迎之。思复在港息影三年，专研究巴黎《新世纪报》倡导之无政府主义，极为精进。

冯自由《革命逸史》上册，新星出版社2009年版，第318～320页

6月13日（五月初三日）　开缺两广总督周馥咨文外务部，要求以日本、英国及法国等国报律为蓝本，限禁报馆言论。

文称：

头品顶戴、开缺两广总督兼管广东巡抚，粤海、太平两关事务周，为咨呈事。

为照报馆之设，原为开通民智，宣达民情。近年各处报馆日多，而往往措词失当，记载虚诬，甚至肆口鼓簧，谣惑众听，其尤为谬妄者，莫如香港等处报章，悖逆之词日接于目，殊于内地治安大有关系。先经岑前部堂禁止港报入口，并经本部堂照旧严禁在案。至粤东省城各报馆，经将本部堂昔年手订试办章程通饬照办，惟报律应由政府订定，而香港地属英国，难于禁止，因拟查取日本报律与英法等国章程咨呈贵部，核定颁行，使内地各报馆知所遵守。再与香港总督等相商限禁之法。合将译出日、英、法三国报律抄录咨呈核办。本部堂前订报章，饬行广东省城报馆，亦并附呈。为此咨呈贵部，谨请采择办理施行，须至咨呈者。

计抄呈：日本报律一本，法国报律一本，英国报律四种共一本，又粤督署行稿一件。

右咨呈外务部。

附：两广总督所订报章行稿

为札饬传谕遵行事。

照得报馆之设，原以益民智、达民情，用意至善，惟泰西各国皆有报律为之范围，是以有益无损，经久不敝。中国向未定有报律，以致纯驳不一，其辩言乱政、淆混是非，深为识者所诟病。上年本部堂在两江总督任内，曾咨请外务部与各国商订报律，迄今尚未议定颁行。查广东省城内外，民立报馆颇多，欲正人心，须持公论，不得不先订章程暂行试办。兹将本部堂前在直隶、山东所定报馆章程，曾经与外国人互订允行者，分条开列于后，发交府县传谕各报馆一体遵照。如别有所见，准其呈明补入章程之内，倘藐抗不遵，本部堂照中国律例，有禁止封闭之权。合行札饬。札到该府县即便缮给谕单，传知各报馆遵照，并将某报馆遵办缘由呈明立案，或书明某人签字以为凭信，复呈本部堂核阅，准行府县巡警局一体立案保护。特札。

札广州府、南番二县

计抄单

一、禁毁谤国家。如本国臣民不准毁谤皇太后、皇上及亲王等，即同是外国人，此国臣民亦不准毁谤彼国之君上。一体从同。以明秩叙。至论议政治得失，事关公益者，不在此例。

二、官绅军民贤否得失，准其议论，但须叙明事迹，不可空言胜谤。其出资登报者，报馆须问明送报稿人姓名、住址及所认识保人，详记簿籍。除照登报纸外，应将原稿存留六个月。如六个月内有人究问，报馆可将原送报稿人住址、姓名及保人告知，听其自向理论。逾六个月无人来问，即将原稿销毁。若无人送稿，系报馆主笔人所为，应准受诬之人请公正人向主笔评论或控官审判。

三、凡激变生乱之语、鄙野秽亵之词，及涉讼未经判定之案妄加是非毁誉者，皆在所必禁；若涉叛逆不道有碍治安之事，即由官讯明拘究封闭。

以上一、三条暂时办法系为取益防害起见，将来如开官报局亦照此例遵行。俟外务部、法部、大理院订明报律通行，再行遵照办理。

广东省档案馆编译《孙中山与广东：广东省档案馆库藏海关档案选译》，广东人民出版社1996年版，第699～701页

6月18日（五月初八日） 署四川邛州知州唐吉森疑民众聚集入城抗捐，开炮恐吓，炸死无辜数人。

护理四川总督赵尔丰致军机处（7月8日，五月二十八日）电云：

前据署邛州候补知府唐吉森禀称，该州因抽纸捐作学堂经费，有无知愚民，纠众打毁收捐纸行，旋经解散。并由该州移调巡防右军后营管带朱连魁，驻扎该州城外南桥，以免他虞。突于五月初八日，有无数人众，手执军械，声称获盗送官。行至南桥头，该州牧暨该管带喝止不听，疑系前次乱民又将聚众入城，开炮恐吓。时值市期人杂，一哄散走，其中究竟是匪是民，无从区别。惟竟致轰毙数人，并误毙妇人一名，办理殊属荒谬。当将该牧并该管带分别撤任、撤差。应请先将署邛州知州、候补知府唐吉森，管带巡防右军后营、候补守备朱连魁一并暂行革职，归案审讯。并密派妥员前往，确切访查，务得此案真情，再行据实奏参。敬乞代奏。尔丰，勘，叩。

《为邛州抽捐滋事》，《电报档》，综合类—收电档，档号2－04－12－033－0602

6月22日（五月十二日） 《新世纪》杂志在巴黎创刊，初为单页报纸式，后改书册式。由吴敬恒（稚晖）、李石曾、张静江等人发起创办并编撰，大力宣传无政府主义。该报旋即引起清廷注意，并与法国政府交涉，禁止其向中国发行。

《新世纪发刊之趣意》云：

（一）本报议论，皆凭公理与良心发挥。冀为一种刻刻进化，日日更新之革命报。（二）本报纯以世界为主义。同人之意，以为苟能发愿与世界种种之不平等者为抵抗，一切自包其中，不必枝枝节节，对于一方隅、一事类而言。故虽局于情势，限于闻见，止用一种之文字为记载，或对一隅之事状为纠绳，皆不得已，非敢自画。（三）本报编纂，不分拘苦之秩序，无论篇幅之长短，事类之大小，文体之庄谐。但每事各标以一目，每目各成为一条。错综糅杂为次，纯乎为新世纪之格式。（四）本报皆由同志自由撰述，集合而成。不为一偏之见，以立浅隘之门户。故有本报所已载，苟经世界公理之约束或受自己良心之裁判，必当互相纠正，各自引咎。（五）倘有不满于本报所记载，赐以闳论者，最为发起同人所欢迎。尽堪守其秘密，来函不必署名。（六）倘有抱无穷之远识，夙有隐忧，因迫于地势，若鲠在喉，不得罄唾者，发起同人额首欣盼。幸假手本报，以抒其积年之轴。尽堪守其秘密，来函不必署名。（七）对于个人与一部分人，鸣其不平、含有攻讦性质者，本报亦能代登。惟必将发函人之姓名、住址详示，始能照刊。然所示姓名住址，除讼廷已下冤诬之牒，直诘本报，本报不得已不能不送证外，否则终当代守秘密，严绝他人侦探。（八）对于五、六、七三例，既受来函，除本报篇幅无可位置，不能不压阁外，其余虽当不问是非曲直，随据原文照登，然本报必加以按语，或表同情，或相违反。本报自凭公理与良心，尽其第三人局外评判之义。无有敢袒，无有敢执。（九）本报同人互相诫勉，全报凡有攻驳，但尽规劝，不含讥讪。倘或词锋过锐，言者不觉，受者难堪，尽可不署姓名，密函诘问，同人当自省其愆忒。（十）竹头木屑，皆为本报所不弃。有如琐末

之件,若传单广告,或舟车之指南、风俗之小言,公布世界,有益社会者,皆望随时赐稿,杂刊本报之中,如有所处地势,不便与本报联络,愿自行公布者,寻常数行告白一通,但寄一佛郎,或等值之邮票来,即照商务办法,代为登于幅端。

《新世纪》第1号,1907年6月22日

6月28日(五月十八日),代理驻德使臣吴寿全致外务部禀文称:

敬禀者:前上柏字第三十四号函,谅蒙钧鉴。

窃参赞访闻法国巴黎都城有华人创设报馆。该报名曰《新世纪》。倡言革命,异说沸腾,令人发指。忖思此等不法之徒,恣横无忌,若置之不理,诚恐将来勾引留学诸生,一旦入其牢笼,近则为今日学界之累,远则为后日政界之忧。参赞驻扎柏林,迭经切诫,留德学生尚能深明大义,不为所诱,第恐该报传播日久,难保无一二年轻之辈,以为新奇可喜,误入彀中。至于法、比两国留学生人数颇多,近在咫尺,似非及由驻使设法防维,不足以正人心,而息邪说。惟防范之道,须筹善法。盖倡议者不过一二人,若概责诸生,而不加分别,则良善者未必甘心。倘因此逼变,则党与更繁,而著报之人,更得以呼群而引类。查巴黎近三年间,有人开设铅槧印字馆,专刷中国文字。该报必须托印字馆为之刷行,似宜由大部密饬驻法大臣,严切晓谕该印字馆之经理人,如有人将此种大逆不道之论说报纸,托为刊刷,概勿承印,则此辈技无所施,或亦防微杜渐之一法。至如何剀谕诸生,密为约束,勿使纵火燎原,则各国驻使之责也。参赞为国家大局宗教源流起见,隐抱杞忧,不敢缄默,用特缕陈,伏乞代回堂宪垂察。肃此谨禀。敬请钧安。

代理使事驻德二等参赞官吴寿全谨禀柏字第三十五号,五月十八日。

《辛亥革命前清政府对革命书报的封禁》,《历史档案》1982年第2期

8月13日(七月初五日),清廷外务部发驻法大臣刘式训电:

驻德代办函称,巴黎华人创设新世纪报馆倡言革命,由印字馆刷行等语,查刊布逆说报纸,妨害公安亦为西律所当禁。该报馆为何人所设,希查明密商外部转饬印字馆勿代刊刷,并禁止售卖,一面晓谕中国学生、商人等毋被煽惑,即电复。外务部,歌。

《为巴黎华人创设报馆倡言革命希密商外部饬禁事》,《电报档》,综合类—收发电档,档号2-05-12-033-0567

8月17日(七月初九日),刘式训复电:

歌电敬悉,新世纪报事业于黎字卅一号函陈达,大概该报系乱党私托法报馆出名代印,散布邪说,煽惑人心,情殊可恶。法系言论自由之国,于妨碍他国治安报律亦无禁阻明文,容婉商外部密筹办法,并当随时戒谕留学生,冀弗为所惑,以慰廑系。训,初九日。

《为巴黎华人新世纪报系革命党托名代印现商外部事》,《电报档》,综合类—收发电档,档号2-05-12-033-0611

8月20日(七月十二日),外务部收两江总督端方电:

闻近日法国巴黎都城有中国学生数人出有《新世纪报》及《自由杂志》报章二种,其宗旨为无政府主义。当此异说横流之际,若任我国在外洋之人于此等诼辞昌言无忌,诚恐无知之辈为所煽惑,陷成巨患不可不防,已电驻法刘大臣查明,将主笔之中国学生严加诰诫,令其停办,如有江南学生在内,即撤回。仍乞钧部察核,令刘使认真查办。若系他省学生所为,务电该省切实核办,以正人心而销隐患,幸甚。方,真。

《为巴黎华人报馆如有江南学生在内希撤回事》,《电报档》,综合类—收发电档,档号2-05-12-033-0617

是年底,外务部有致各督抚将军咨文,谓:

庶务司呈:为咨行事。

光绪三十三年十月二十四日准山西护抚文称,本月十一日,据邮政局由英京寄到《新世纪报》,查阅该报革命排满,倡言无忌,荒谬狂悖,专事煽惑。所虑年轻子弟见异思迁,引入迷

途,贻患何堪设想,正在设法筹办。又准大学堂总教习洋员苏慧廉亦函,请查禁前来。业经本护院通饬各该地方官联络社会,多方晓谕,务使父诏兄勉,人人皆知。该报为悖逆之媒,无论何人何处,概不准购阅、代售。如有寄送到境,即呈由各该地方官收取焚毁。并行提学司,责令各该监督、监学,加意察查。遇有此等报章,一体收取,送官销毁,以免流传在案。该报注明发行于法京巴黎邮局,转寄又毫无限制,似此纷纷投寄他省,谅亦不免。应如何设法严禁,请察照办理,等因。

本部查该报倡言悖逆,发行于巴黎,转寄于邮局,散布各行省,于风俗人心,大有关系,实足为地方治安之害,亟应设法严禁。山西境内既有此种逆报,经该护抚通饬各该地方官,多方晓谕,收取销毁,并行提学司各在案。似此纷纷投寄,难保无购阅代售等弊,相应咨行贵将军、督抚查照,迅即转饬各该地方官,并行提学司,设法晓谕,严密查禁。一有此种逆报,速即收取销毁,以靖人心而保公安,是为切要。须至咨者,各省督抚、将军。

《辛亥革命前清政府对革命书报的封禁》,《历史档案》1982 年第 2 期

1908 年 2 月 1 日,法国驻海口副领事馆官员保罗于致信法国外交部长,称:

上月 21 日,印度支那总督在来信中告诉我说,中华帝国政府曾要求法国当局帮助阻止在巴黎出版的一份革命党人报纸《新世纪报》在中国的发行。

博先生告诉我说,公使馆已为此给直属首都管辖的在华法国邮局下达指令。他要求我指示海口的印度支那邮局按照华盛顿协议规定,在封卷好寄来的这份报纸上批注"中国禁止发行"的字样,把它们全部作为死邮件退回。

我立即遵从,并下令我埠邮政局长絮比拉先生照此办理。絮比拉先生已向我保证此命令将得到认真执行。

章开沅、罗福惠、严昌洪主编《辛亥革命史资料新编》第 7 卷,湖北人民出版社 2006 年版,第 71 页

6 月 25 日(五月十五日) 《大同报》在日本东京创刊,北京有总发行所。撰稿人为旗人宗室留日学生恒钧、乌泽声、穆都哩、佩华、隆福和荣陛等。呼吁建立君主立宪政体,速开国会、融合满汉,鼓吹振兴实业等,与《新民丛报》、《中国新报》相呼应,系对革命派论战的主要报刊之一。

杨度《大同报题辞》一文云:

宗室恒君十丰与其同志组织一大同报社,发行杂志。其社员皆旗人也。其杂志将发行,恒君与其同志二三君子来告于予,既述其宗旨,且属予为之题辞。予要其所主张之立宪、开国会、满汉平等、蒙回同化等宗旨,与予宗旨有合也,既为之喜,且为叹曰:呜呼!自外力日迫而国势日危,吾国民之沉睡于天演剧烈之中,将为经济战争所淘汰,而不自觉也,亦既久矣。而其内之沉锢最甚者,莫如八旗之人。此其原因虽甚复杂,而其所以救之方法亦颇繁杂,予有《国会与旗人》一文,曾详论之,当即以公斯世。其中所言者,不能于此述之也。今惟因恒君等皆旗人中之同志者,且组织杂志,主张政见,以为国民之前导,尤为自有旗人以来所无之事。今恒君等首为之,岂国中之大幸。予亦唯对于诸君之责任聊贡一言,以识吾鼓舞欢迎之意而已。

夫八旗制度为何种之制度?则以一言蔽之曰:兵制。此何以故?以其为世袭终身兵也。夫八旗世袭终身兵之制度何自而来?则实出前明军卫之制,本朝不过因而加甚已耳。前明之时,全国人民不尽皆为民籍,别有所谓军籍者,立于民籍之外。此军籍非全国之人皆有当兵义务之谓也,乃以当兵义务仅限于有军籍之人,而不仅于军籍以外之民籍。且其时社会制

度以家族为本位,不以个人为本位,有宗法社会之遗风,故凡一家列在军籍者,则世世皆为军籍。有军籍之家人,虽不必人人充兵,然苟为军卫所勾补者,则不能逃此兵役。故自其一家言之,则世袭兵也;自其一人言之,则终身兵也。一切权利义务不尽与齐民平等,即其所属亦各殊异:民籍属于州县,以达户部;军籍属于卫所,以达兵部。惟军籍之人,仕至兵部尚书者,得脱军籍而入民籍,其限制之严如此。自本朝以来,此制日以消灭,卫所之名变而用于漕运。至于世袭兵制,已不用于普通人民,不得不谓为政治之进步,人民之幸福。然于相从入关,平定天下之八旗兵,则仍以此制施之,且更加甚焉。虽以如今身至陆军部尚书如铁良者,尤不得脱免旗籍。此其故何哉?则以本朝在前明本为建州卫之人民,习于军卫制度之下者既久,一旦起兵抗明,亦仍仿其制度而遂以永施于建州卫同起之人。于是八旗之人,阅二百余年不得脱世袭终身兵之役矣。此本朝因明之陋制而更加甚之所致也。

今试以八旗之人与普通人民相比较,则权利义务之不平等者甚多。齐民有民籍而无军籍,故有纳税之义务,而无当兵之义务。旗人则有军籍而无民籍,故有当兵之义务,而无纳税之义务。二者之义务偏于一方。从其直接方面言之,似尚可以相抵而剂于平,若从间接方面言之,则二者之影响大异。何以言之?纳税之义务,各国人民共有之义务。然若失之太苛,则足以为人民财产之损害。中国人民之负担,虽不可谓之轻,然幸无当兵义务以沮丧其经济能力。则以此所得偿彼所失,谓其因纳税而有生计之损害,则可;谓其因纳税而致生计之断绝,则不可。若夫当兵之义务虽为各国之常,然若旗人之世袭终身,则为世界各国所无。坐食兵粮,不许更事他事,因军制之部勒,束缚一切之自由。齐民所有之营业自由,旗人无之也;齐民所有之转移自由,旗人无之也;齐民所有之财产所有权自由,旗人无之也。直接仅有一世袭终身兵之义务,而间接则已剥夺数种之权利。故旗人之因当兵义务而失者,非特始生计之损害,直为生计之断绝。此与齐民大异者也。

或有谓旗人坐食兵饷,是亦一种之生计者。夫旗人中之无识者,岂特以为一种之生计,或且以为一种之权利。然世界各立宪国列举人民权利,未有举及兵饷者。兵之有饷,犹如官之有禄,无论何国,未有为官为兵,而令其枵腹从事者。以充兵之食粮为权利,犹之以升官之发财为权利耳,岂非天下之奇闻乎!至以此为生计者亦然。以当兵食粮为生计,犹之以升官发财为生计,天下生计之最危险且腐败者,孰有过于此?且以此而论旗人,则不能为其有生计之证据,适足以为其无生计之证据。盖生计云者,乃自我而生财,非待人而与财。今若一旦不与旗人以口粮,则旗人之多数将流连困饿而转于沟壑。由此可知恃兵粮以度日者,其生计断绝,并其所以纳税之财源而无之,不既可了然乎?

向者旗人因世袭终身充兵,致夺生计自由,尚有一种特别官吏权,可以为其损害赔偿之万一。然因屡次改革官制之结果,亦既废止此特权矣。今日旗人之所余者,惟世袭终身兵役之义务耳,营业、转移、财产所有权之不自由耳。齐民之不能平等于旗人者,略已尽去;旗人之不平等于齐民者,乃尚如此其重。举全国国民而比较之,其最被压抑束缚者,莫如八旗之人。是则今日中国国民之憔悴可哀者,实无可与旗人并举者矣。呜呼!以今日世界经济战争之烈,中国一班之人民已有淘汰灭种之惧,而其中乃更有此全无生计之旗人,岂非中国之大不幸乎?况乎以人道主义言之,则天乎天乎,旗人何幸独遭此厄!予乃以仁民爱物为教者,若言国家对于人民有应尽之责任,人民对于国家有应享之幸福,则裁撤八旗兵制,与旗人以自由,而为之谋生计,乃为今日第一应行之仁政。此凡有不忍人之心者,所当同以为然者也。予于此事,固引以为责任,将次第陈论之。虽然予非旗人,于其中艰难之状,委曲之情,必不能知之尽悉,必致言之而不必皆当,斯谋之将不必皆忠,则求其共负此责任,以图八旗数百万人之存活，因以图全国数万万人之生存，此诚不能不望于旗人中之贤明有志之士。此予所以于大同报社诸君子之跃起以负责任，不能不怀想而深嗟也。

抑中国此时尚有所谓满汉问题者，上自政府，下至人民，将无处不为其影响之所及。予但知对于外国而言，全国人民之共同利害，不复知有此种彼族之界域，于排满、排汉两派皆立于极端之反对。是虽别自一问题，不必于此深论，但此于八旗制度，亦未尝无原因结果之关系，不可不深察之。何也？以八旗言，八旗不过一种之特别兵制，而八旗之中，满、蒙、汉人皆有之，以种族之问题，不能与八旗问题连缀而及。虽然八旗以外，有蒙人，有汉人，而无一满人，于是汉人之排满者，因满人尽为旗人之故，遂误旗人尽为满人，而一例以排之，则实不得为排满，而但为排旗。故旗人内部之中，以同被人排之故，尚若利害相同、感情一致，不因排满之结果，而生旗人与旗人间之问题。此无他，以排满者误认旗人为满人，故影响不能及之也。若夫近日新起之排汉说，使其影响稍稍广及，则其结果当不如前。何以言之？旗人之中，实不尽皆满人，使满人倡排汉之说，而满洲八旗尽赞同之，斯时蒙古、汉军之旗人，其心理当若之何？合并而排汉乎，则蒙、汉本非满人，何能得其同情？以汉军而附和排汉，是直以己排己，可决其必不然也。以蒙古而助满排汉，则必于满、蒙之感情良，而蒙、汉之感情恶。然满人一旦昌言排汉，蒙人亦必生其种族之心，推其结果将何如？真正排汉之人，仅能求之于满洲八旗中。若夫蒙人间于二者之间，见彼此之相排，而激动其感情，则蒙人之中必分数种：一曰调和满汉者，二曰任满汉之相排而严守中立者，三曰助满排汉者，四曰助汉排满者，五曰效满汉人之所为，排满、排汉，而谋独立者。五者之中，当以后一种为最多，欲其尽为助满排汉，助汉排满之人，不可得也。至于汉军更不待言，不排满已足矣，更乌有排汉者？使时势果至如此，则旗人中种族问题实发生于萧墙之内。而况满、蒙、汉之旗人，其权利义务亦不平等，更有以发其比较相形之恶感，感情愈疑而愈恶，而满人所能至之地位，所能有之势力，蒙、回、汉军之人亦能至之有之，则官府朝野无上无下，在在皆有杯弓蛇影、草木皆兵之嫌疑。不仅满人至此陷于至孤极危之地，而且中国至此亦濒于九亡一存之域矣。由此官[观]之，排满者若误认旗人皆为满人，是适足以发其内结而抗外之心，于全国之中成旗人之孤立。排满者若误认旗人皆为满人，则适足以迫其内溃而联外之心，于八旗之中成满人之孤立。故自国家全体言之，排满排汉，其害相均。若自八旗全体言之，则排汉之实乃十倍于排满。汉人所守之范围愈迫而愈紧，愈缩而愈小，非至于紧之极、小之极，并无范围之可守不止也。既不排汉而据八旗以为守，犹且孤危，而况更加迫而加缩乎？于此而言救济之方，则藩篱之不可据以为守者；莫若尽撤去此藩篱，以泯嫌疑而示大公。不仅取满洲、蒙古、汉军之区别而去之，并取旗人、民人之区别而去之。去之之法如何？使全国普通人民尽为旗人乎？必不可也，则惟有使旗人尽为普通人民耳。二者之间，无中立之道也。

庚子以后，四年以前，尚无所谓排满之说，然勃焉忽焉，其议说之流行，已至于今日之盛。一年以前，尚无所谓排汉之说，然今已发生养长于八旗之中。以此速力推之，再阅二年，吾知排满、排汉、排蒙诸议，必为八旗内部激争之问题，八旗之内溃将必不远，斯中国之内溃其必不远矣。以予所闻，汉军人已有主张民主社会说者，蒙古人已有主张谋阴独立者。其作始也简，其将毕也巨，知几之士，无待著卜。此又旗人所当熟思。欲八旗中无满、汉、蒙古问题，不若全国中并无八旗问题。今大同报社之同人，固满、蒙、汉旗之人皆有之，今日之中国危迫至此，更不容有满、汉、蒙、回等之种族发生，则以明者而导不明者，又诸君责任中之责任也。

夫吾言虽如此，吾知旗人中之闻之者，未必遽信余言，且或其疑余言。其不信者，由于识蔽，其见疑者，由于情蔽。何谓识蔽？彼盖见今日满汉问题，尚未成旗人与旗人间不可终日之问题,而不信吾所言利害之烈。然四年以前,谁能料全国中有排满派之发生者?至于今日排满派既发生,而反动者遂起于一国中。准此以推,则谓排汉派虽发生,而反动者必不起于八旗中,决无是理也。天下事隐微深远之处,惟明者能烛之于事先,而昧者则必待其事之形成暴露,始能省觉,则既已补救之,而无可补救矣。此所谓识蔽之咎也。何谓情蔽?吾观今日满汉之人,皆不免有一怀疑之心理,若以为彼之所谋,或将有不利于我者。即如吾今者无故取现在未发生者、将来必发生之八旗中种族问题,推究其利害所极,旗人中之识蔽者尚或仅以为无征不信。若夫情蔽者闻之,则或因吾之以汉人而为此言,竟疑吾有挑拨蒙、汉之心者。所谓带[戴]绿眼镜视人,无人不绿,非外物之果变,而视者有所蔽也。其实有挑拨全国中满、汉、蒙、回、藏问题之力者,莫如排满派;有挑拨八旗中满、蒙、汉问题之力者,莫如排汉派。何也?挑拨之道,非一言一论所能为功,必在于利害冲突之事实。而排满、排汉两派,则皆以事实相挑拨,此其所可以虑也。夫吾乃主张裁撤八旗兵制者,其所以欲裁撤者,实欲以此为调和满汉之法。若于此而挑拨之,则是其目的与其方法相反,不仅感情愈伤,八旗愈不易撤,即令有裁撤之一日,而社会之元气大损,国家之进步必迟,仍贻中国以未来之隐患。欲吾中国为一上全下泰、长治久安之君主立宪者,必不可出此下策也。故吾即欲裁撤八旗,亦当与旗中之贤者谋之,始终出以调和之正道,而无取乎挑拨之小术。吾何所见以出于此乎?则吾以为天下事之可言而可行者,必其有诚心以贯其中,而非可以权术播弄而得者。寻常日用之小事犹且皆然,何况一国之重要政治问题,如八旗问题、满汉问题之类乎?今之怀疑者,则彼此藏其心,不肯以诚相见。民人疑旗人曰:彼或欲牺牲全部之人,以保全一部之人乎?旗人疑民人曰:彼或欲牺牲一部之人,以保全全部之人乎?究之两方之有无此心,不可毕知,而疑者固已如此。使其果然,则吾悲夫八旗问题、满汉问题,遂终无解决之一日也。何以言之?同为一国之人,而欲牺牲其一部,保全其一部,已大有背于治国之道。且天下事,岂有以保全自己、牺牲他人为政策,而可奏丝毫之功者?其结果非同被牺牲则事不止,此可不待蓍卜而预决者也。吾今者主张裁撤八旗,不惜公言于天下,其所以安顿旗人之方法,将于《国会与旗人》文中详论之。然有一言可以宣告于天下者:则欲吾牺牲全部之人,以保全一部之人,而主张不撤八旗,或欲吾牺牲一部之人,以保全全部之人,而主张仅裁八旗,不更为旗人代谋,皆吾所誓死而不肯出者也。今日中国之事危迫至此,全国之人皆应以诚相见,筹两利之方,谋共存之道,不宜各携私心,自欺欺人,致令彼此相疑,贻误国事,乃吾人共有之责,所愿与旗人中之贤者共勉之者也。

抑吾更有一言,以告于八旗以外之汉人者:数年以来,社会上排满之类既炽,不仅以满人为仇,更且以旗人为仇。汉人与一旗人遇,一见面问姓,而胡越起于座间矣。夫吾国立于此经济战争之世界,而有一部分之旗人贫困憔悴至此,实为全体国民之不幸。不共矢其仁民爱物之怀,以救同胞之苦,而惟以其满人而排之,揆之人道主义已为不可,而况更及于蒙古八旗、汉军八旗,皆以一例排之,尤为无意识之举措。欲全国之人皆负责任,皆知爱国,岂其能以此道得之者?大同报社诸同志,以少数之人,孤危寡助,力排异议而为之,较吾人之事业尤难,岂得谓非同志?汉人中有真爱国者,幸勿为无谓之排旗,苟可以赞助之,使其立宪、开国会、满汉平等、蒙回同化诸主义日发达者,是亦可以只一分责任之道也。或曰:旗人之自为谋与吾人异。其所言者,未必可信,立宪、开国会诸说疑皆伪言。曰:是亦带[戴]着色眼镜,以观物者也。夫旗人亦中国人,为何而不可以主张立宪、开国会,而必以不诚待之?且所谓可信与否,舍其所表示之意见,更有何标准者?吾据其所表示者而信之,而吾无责任焉,何怀疑之与有?若必逆诈而亿不信,则不待其主义之变迁,而无在不可目为吾敌。已则以欺,而责人之不诚，亦道义之所不许矣。

《中国新报》第1年第6号，1907年7月18日

是月　章太炎、谭人凤、张继、陶成章借潮、惠起义失败和《民报》经费分配等事，大肆攻击孙中山，催逼代行总理职权的刘揆一召开大会，期以罢免孙中山，改选黄兴继任。遭拒绝。

章太炎《自定年谱》谓：

孙、黄、胡、汪南行，遯初亦赴奉天。数月，遯初复来。同志闻逸仙与日本西园寺侯阴事，渐相攻击，异议始起。

汤志钧《章太炎年谱长编》上册，中华书局1979年版，第240页

刘揆一记此事经过：

时值本部同人章炳麟、张继、宋教仁、谭人凤、白逾桓等，因丁未春间，日政府徇清公使杨枢之请求，劝孙总理出境，馈以赆仪五千金，日商铃木久五郎，亦慨赠万元，孙总理受之，同人未喻其意，故颇不以为然。及潮州、惠州军事失利，反对者日众，欲开大会，改选公（黄兴）为总理，以揆一系庶务代行总理职权，纷纷催逼召集会议。

揆一以孙总理受此款时，留给民报社维持费二千元，余悉以供潮惠党军急需，诚非得已。又深知公素以实行革命为务，绝不居此空虚总理之名，且方与孙总理共谋粤东首义。万一因“总理”二字而有误会，使党军前途，顿生阻力，非独陷害孙黄二公，实不啻全体党员之自杀，故力排群议。张继在民报社与揆一互相揪打之下，猛然省悟，大声认错，揆一感其磊落，为之泪下。

时群众未尽悦服，购械事亦因之而生困难，乃急函在香港之彭邦栋转告公知。又致书冯自由、胡汉民，引“万方有罪，罪在一人”之譬语，请劝孙总理向东京本部引咎。孙总理复函，谓党内纠纷，惟事实足以解决，无引咎之理由可言。公亦来书，言革命为党众生死问题，而非个人名位问题。孙总理德高望重，诸君如求革命得有成功，乞勿误会，而倾心拥护，且免陷兴于不义。

刘揆一《黄兴传记》，京津印书局1929年印本，第29～30页

谭人凤《石叟牌词》作词记事：

党人声势震清廷，一般官吏五夜惊，三魂丧失，七魄战兢，用何策保住红顶绿翎？三番四复苦推寻，只好把二三权利送近邻。仗日本就地干涉，免一旦天外祸临。日人酷嗜利，两眼涨红睛，半昧天理，半讲人情，劝中山四方游历，赠了一万日银。二十四桥明月夜，两两三三去送行。抚膺同叹息，问何日再返东瀛？一雁高飞入五云，五湖四海任飘零。幸有岁寒梅友，三五贤贞，久住蓬岛苦经营，这时候还有同志五分六分。两眼怨苍冥，只为那十千货币，几弄得商山四皓，怒蹙双颦。最可怕一支笔，横扫六军，仗同志天天在外调停。

又谓：时清廷惧党人甚，要求日本干涉。日政府派交涉员劝中山出境，送以程仪万金，中山受之；并于神户巨商铃木处借得万金，遂去日本。临行之际，招重要党员，宴会于歌舞伎座，颇尽欢。后章太炎先生闻中山得日赂，去时引党员宴会，以为一去不返之保证，颇不平。幸同人调停解释，表面尚得曲全，惟同志之精神，则由此稍形涣散矣。东京为全国志士萃荟之区，《民报》又为同志总机关，最重要之处所。中山身为总理，橐贮多金，仅以五百金予之，以后遂听其自生自灭。异哉！且丈夫重义气，日政府既无理干涉，堂堂总理，受此万金何为？厥后日人对我党，日存鄙夷之见，何莫非因此事以其轻侮之心耶？吁！可慨也矣。

石芳勤编《谭人凤集》，湖南人民出版社1985年版，第342～343页

吴玉章《从甲午战争到辛亥革命的回忆》:

《民报》正遭遇到极大的困难。由于经费不继,章太炎等人几乎有断炊之虞。他派陶成章到南洋去募捐,也无结果,因南洋华侨与兴中会关系较深,而与光复会素少联系。因此,章大骂孙中山先生不支持他办《民报》。其实,孙中山先生这时到处搞武装起义都遭失败,也很困难。章的埋怨徒然暴露了同盟会内部派系之间的裂痕。看到这种情形,我觉得孙中山先生既无过错,而章太炎也可以原谅,于是便极力设法弥补。当时四川留日学生很多,并且很多人都已参加了同盟会,我便为《民报》向他们募捐,他们都很踊跃地捐输,家境富裕的固然捐得不少,就是家境困难的也是尽力而为,有的官费生为了捐钱,竟至把官费折子拿去当了(当时官费折子是可以拿到小当铺里当钱的),可见人们的一片爱国热心。我把捐到的钱交与章太炎去维持生活,他很感动地说:"同盟会中只有四川人才是好的,才靠得住。"他这话虽是对四川同盟会员的夸奖,并且出自衷心,但却是错误的。章太炎的门户之见过深了,所以到处都流露出来,无怪其后来走向分裂革命的道路。

《吴玉章回忆录》,中国青年出版社 1978 年版,第 47 ~ 48 页

7 月 5 日(五月二十五日) 直隶总督、北洋大臣袁世凯奏报清廷,为津海关查获洋商私运军火之职官请奖。

其奏片云:

再,本年四月,承准军机处电开,奉旨:袁世凯电奏悉,据称津海关道查出德商瑞记承运吉林订购毛瑟枪四千余枝内,夹带潜运快枪七千八百枝,枪刺五千把,子弹三十余万颗,既无官发专照,又不能指明何人所运,当经照章扣留入官。查洋商夹运大批军火,显有隐谋。现经照会德领事,传提该商严究惩办等语。私运军火,本干例禁。著该督即行严切究办,并著沿江沿海各省督抚,认真稽查,重悬赏格,如获有私运大批军火关道税司,均准请奖,等因。钦此。当经钦遵,饬令津海关道严加究办。一面将前项充公之枪件子弹,提交保定军械局妥为存储,以昭慎重。此次查获德商瑞记私运大批军火关道税司,自应遵旨请奖。合无仰恳天恩,将二品衔前署津海关道现任山海关道蔡绍基俟升缺后赏加头品顶戴,二等第三宝星津海关税务司墨贤理赏加二等第二宝星,以昭激劝。

除分咨并俟此案讯办完结,另行咨呈外务部查核外,理合附片具陈。伏乞圣鉴,训示。谨奏。

光绪三十三年五月二十九日奉朱批:著照所请。该部知道。钦此。

廖一中、罗真容整理《袁世凯奏议》下册,天津古籍出版社 1987 年版,第 1488 ~ 1489 页

津海关查获走私军火一事,孙宝瑄在 6 月 8 日(四月二十八日)日记中谓:

天津海关搜获私运枪械七千余枝,又闻营口亦同时发见一案。危哉,今之时势也! 彼革命党人潜滋密布,自京师及各省,随地皆是,乱机之将发,间不容发。纵皆乌合,不获遂其志,而以扰治安,则有余矣。

孙宝瑄《忘山庐日记》下册,上海古籍出版社 1983 年版,第 1034 页

7 月 6 日(五月二十六日) 徐锡麟在安庆巡警学堂毕业典礼上,枪击巡抚恩铭。恩铭中弹,旋毙命。徐率陈伯平、马宗汉及学堂学生数十人占领军械所,为清军所败,陈战死,徐、马及巡警学生二十余人被捕。徐于当日死难。

陶成章《浙案纪略》一书谓:

【五月】十二日，伯平偕宗汉返沪，【秋】瑾自绍兴来告伯平，以危机已露，并订二十六日师期。伯平即以函告锡麟。未几，遂与宗汉乘轮返安庆。锡麟先接伯平信，知事已露，不能中止，然欲后浙江师期二日举事。因恩铭欲赴其幕友张次山母八旬寿诞，而张母生日适为五月廿八日，锡麟不得已，乃改为廿六日。锡麟之不能稍忍须臾以待事机者，非瑾为浙江师期之约故也。先是，沪上侦探捕获党人叶仰高（仰高，景宁人，吕熊祥之同乡也），因与熊祥有交，得略识光复会秘密内情。既为侦探所获，递解至南京，端方派员讯问，仰高将所知者姓名供出，且言已入官场。然仰高之所供，又非其人之真名，乃系会友函件往来及外人交涉所假定之别号，是为店名，并非人名，然又取其与人名相近似者。端方不知其故，即将此等名姓电告恩铭，嘱其严拿。恩铭以锡麟为警察会办，召与商议，即以端方之电文示锡麟，而不知其间之一人，即系锡麟之别号。乃佯为不知，即辞恩铭归堂，召巡警数名，授以恩铭所授一纸人名，使其细为察访。于是面覆恩铭云"职道已派人察拿去矣。"恩铭信之不疑。锡麟知事机已迫，稍一退步，前功尽弃，屡欲乘机起事，既闻浙江之约，乃遂决计杀恩铭以求一逞。五月廿六日晨，锡麟早起，偕伯平、宗汉到巡警学校，召集学生演说。谓："我此次来安庆，专为救国，并非为功名富贵到此。诸位也总要不忘'救国'二字。行止坐卧，咸不可忘，如忘'救国'二字，便不成人格。"反覆数千言，慷慨激昂，闻者悚然。然众学生均不察其命意之所在。既而又曰："余自到校以来，为日未久，与诸君相处，感情可谓和洽。余于'救国'二字，不敢自处于安全之地位，故有特别意见，再有特别办法，拟从今日发见，诸君当谅余心，务祈有以佐余而量力行之，是余之所仰望于诸君子也。"语毕而退。是日，钟八下时，恩铭即到校，为时特早。未几，藩司以下各员皆莅至。钟九下时，考试警生体操。恩铭至临礼堂，开册点名，官兵两班，学生站队阶廊下，锡麟率教习等鹄立阶前，伯平、宗汉立堂侧。先由官生行鞠躬礼，恩铭甫回答毕，兵生正拟行礼，锡麟遽向前行举手礼，随呈学生名册于案上，即云："回大帅，今日有革命党起事。"盖与伯平、宗汉二人预约之暗号也。恩铭方愕然，询曰："徐会办从何得此信？"语未毕，伯平上前，猛向恩铭掷一炸弹，不爆发。恩铭惊起。锡麟曰："大帅勿忧，这个革命党，职道终为大帅拿到。"恩铭曰："何人？"锡麟即俯首向靴筒内拔出手枪两枝，握左右手，向恩铭施放，曰："即职道也。"恩铭惊骇，问曰："会办持枪何用？岂要呈验乎？"语未毕而子弹已至，文武两巡捕摇手阻止之，而弹亦至。锡麟之本意，欲以一枪击死恩铭，当即转向左以击藩司，复向右以击臬司，而令伯平、宗汉分杀两旁侍坐之各道府州县官。不料其眼近视，不能识其命中与否，遂向恩铭乱放。伯平、宗汉亦随之而乱放。恩铭身中七伤，一中唇，二穿左手掌心，三中右腰际，余中左右腿，皆未受致命伤也。文巡捕陆永颐、武巡捕车德文拥卫恩铭不去。锡麟用枪击恩铭时，永颐以身翼之，身受五弹，均中要害。弹尽，锡麟归室内装弹。恩铭左右背负恩铭将逸出，伯平自后追放一枪，由尾间上穿心际。藩司冯煦命戈什背负恩铭入轿中，两足拖于轿外，狼狈抬回抚署。恩铭犹能大呼"务将锡麟拿获，收禁司监。"文武官吏咸乘机溃走，或由后院折墙而出，或由前门逸去。锡麟先命门者关门，门者不从命，致诸官得以逃走。锡麟怒，击杀门者。顾松已逃至门外，由马宗汉捉回，叱令跪，松叩头乞命，锡麟詈为奸细，连劈数刀不死，由宗汉用枪击毙之（诸书言为伯平击死者，误。前此《光华报》所载亦误，今为改正）。恩铭既回署，命家人往延教会同仁医院英医生戴璜，命取出子弹。戴璜答以非割腹不能出之。恩铭许之。遂用铜器撑开肚皮，遍觅子弹不见，因复用线缝合，又割腿验视，亦不见。盖弹为铅子，已被融化去，而恩铭乃不得复活矣。清吏既鸟兽散，锡麟即拔刀出，临礼堂，拍案大呼曰："抚台已被刺，我们去捉奸细，快从我革命。"诸生惊愕，不知所为。锡麟率伯平、宗汉二人，左执刀，右持枪，横目视学生，大呼"立正，向左转，开步走。"各学生从锡麟出校,欲先至抚署,闻已有备,乃折回至军械所。锡麟领前,宗汉居中,伯平殿后。其在锡麟后之学生,均弃枪逸去,从入军械所者三十余人。守军械官候补道周家煜望见遁去。锡麟至军械所,命伯平守前门,宗汉守后门,将护勇人尽行杀死,令学生开库取枪杆子弹,均未配合,不适于用,乃将巨炮五门运出,装子弹,缺去机铁一块,遍觅无着。时藩、臬各司购捕锡麟,悬赏至三千金,顷之,又加至七千金。锡麟因虚有枪炮,无所用之。正躁急间,清兵已至,围之数重。锡麟命伯平杀出重围,往城外平日相结各练军处乞援,城已闭不得出,回报锡麟。锡麟督学生与清军战,自十二点钟起,至四点钟止,伯平死。宗汉谓锡麟曰,事已无成,不若焚去此军械局,与清兵同烬。锡麟曰,我辈所欲杀者满人,若焚去军械局,则是不辨黑白,全城俱烬矣。遂不许。未几,清兵破墙而入,缉捕营勇死者三名,伤者数十人;学生死者一名,伤者数人。军械所库房坚固,未及打开,时清兵多不敢上前,藩司冯煦派道员黄润九、邑令劳之琦前往督催,依然不进。冯煦出示:获锡麟者赏万金。于是各告奋勇,将军械所打开,竟无一人在内,但见锡麟军帽戎衣而已,知已易装走脱。寻得之于军械第三重室内,宗汉亦被获。抚幕张次山、藩司冯煦、臬司毓朗同讯。毓令锡麟跪,锡麟曰,尔还在洋洋得意,若慢走一刻,即被余杀。张次山、冯煦复讯数语,锡麟抗对不屈,清吏无奈之何。锡麟忽指毓朗曰,便宜尔,被尔逃脱。毓朗大震几踣,既而复曰,杀尔亦无济。令之供同党,缄口不言,饬写口供,挥笔直书。端方电冯煦命杀锡麟,恩铭家中请剖心以祭恩铭,冯煦心不欲,然不能阻止之。三司幕友均绍兴人,为锡麟同乡,闻有剖心之说,先将锡麟之阴囊击碎,故割头剖心之时,锡麟已宾天久矣。监斩者宋芳宾、劳之琦也。是役也,清吏死者则有恩铭、顾松、陆永颐诸人,受伤者有巢凤仪、龚镇湘诸人,学生死者数人,清兵死者百余人,革命党之死者仅有三人,即徐锡麟、陈伯平、马宗汉是也。锡麟既就义,清吏至锡麟公馆验视,见有炸弹数枚,革命军大元帅印一,及光复会军政府告示一,又从锡麟书箱检出书信数件,而以沈钧业(字馥生,山阴人)及其弟伟函件为最多。

陶成章《浙案纪略》上卷,1916年浙江云和魏兰补注版,第41页~46页

7月9日(五月二十九日)　江西巡抚瑞良电奏清廷,遵旨在九江等处严密防范革命党人。

电文云:

钦奉二十八日电传谕旨,谨悉先于二十七日准督臣端方电告安庆抚臣出缺缘由,实深骇异。窃虑该匪党难保不潜匿各埠,即电饬九江地方文武及湖口镇总兵官一体严密查拿、防范。谨当遵旨妥为布置,冀消隐患。赣省现甚安静,堪慰宸廑。请代奏,瑞良叩。二十九日。

《为遵旨严缉九江等处并赣省安静事》,《电报档》,综合类—收电档,档号2-04-12-033-0597

7月10日(六月初一日)　新授安徽巡抚冯煦电奏清廷,布置恩铭被刺案善后之事。

电文曰:

此次徐匪滋事,恩抚被戕一切情形,业经两次电请代奏,并由端督陆续奏报在案。现在地方安谧。宁、鄂水陆军队昨已到齐。领宁军者为朱道恩绂、余道大鸿,领鄂军者李道孺、张镇彪,均经扼要安驻,分段防巡。凡藩库、军械所、火药库、支应局,均由宁军守护。芜湖、大通一带风谣颇盛,并派宁军江元、南琛两兵轮上下游弋。鄂军楚材、楚有两兵轮周巡会哨,以资镇慑。徐匪死党陈伯平、马子畦二名。现经查明军械所击毙一犯确为陈伯平正身,马子畦一犯,即现获之黄福诡名,亦经质讯明确,直认不讳。其他十余名,率为徐匪诱胁,尚无知情同谋实据。一俟讯明,再行分别奏办。所有布置善后及徐匪死党二名一毙一擒,现仍严密防

范各缘由，谨请代奏。煦叩。东。

《为布置皖抚恩铭被戕案善后各事》，《电报档》，综合类—收电档，档号 2-04-12-033-0609

7月14日(六月初五日)　绍兴大通学堂督办秋瑾发动响应安庆徐锡麟起事之计划，为清方侦知，与程毅等人一同被捕。次晨，在绍兴轩亭口死难，年仅三十三岁。

湘灵子(陈以益)编《越恨》(1909年刊)记：

自丁未五月念六日，徐道枪戕恩新帅后，徐家闻知消息，因外间有灭族之说，咸皆骇惧。徐父梅生年已六旬，知不能免，于六月初三日，自行投至会稽县署报名请罪，当由李阶荪大令饬交捕署严行管押。既而省中有密札到府署，著速拘拿家属，查抄革命谋逆证据。因是，贵寿鋆太守于初四日傍晚，传集山阴、会稽李崧生、李阶荪二大令到署密议定妥，率带防兵，突至郡城内水澄桥畔徐父等住居之天生绸缎庄及对门之生泰烛铺，前后围守，由贵太守督同入内搜查，所有信件、簿据等概行移去，当将房屋发封，绸、烛二店夥友人等一律带县分别收押。立即折赴大通学校查抄，该校已放暑假，尚有学生十余人未归，在校自修，忽见官长及兵役持械云集，惊骇欲绝，夺门而出，四散奔窜。府、县喝令追拿，即有弁兵开枪，致有二生中弹落河，伤重垂危。尚有秋瑾女士，因系徐道表妹，亦即拘至县署看管，听候提讯。其时将及上灯，该处系郡中热闹市廛，经此喧扰，各店铺恐有匪徒乘机起事，纷纷闭门罢市。当有绍郡绸业全体十一家联名具禀投府，求请保释天生绸庄经理陶砚卿等，贵太守以须讯问未便遽准。复有徐之亲属等十余人禀称徐逆革命排满不轨诸事，亲属实出不知云云。徐道兄弟，于闻耗后，均即遁逸。当夜由贵太守督县在花厅提讯，关防严密，外间无从知悉，惟越郡谣言四起，谓尚有人曾与徐道同学同谋，均须查拿，而学界尤受影响，恐被株连，傈傈自危。当夜十句钟，有省兵到郡，驻西郭门外。

初五日早三点钟，秋瑾在轩亭口正法。山阴县都戎、府以及省来练军，山、会巡警都到场弹压。正法时，秋瑾身穿白汗衫，外穿元色生纱衫裤，脚穿洋鞋，并带铁镣，两手背绑。从山阴县衙门一路过来，前有铁索牵走，后边推送者三四人，并有练军、绍协防兵防护，到轩亭口从容就义，由同善局发去棺材收殓。东浦村居人得知杭垣派兵来绍消息，传说要立刻洗村，都四处搬逃，人心惶恐，商市大震！午后由山、会两县出示晓谕，令赶紧搬回，不要疑惧，但查拿徐匪供出之党人，断不株连。各处城门，现在一律早关早开，夜里一概不准进出。学界中人在途中，有当面被人指骂，百端敲诈者，两县因又出牌保护学界，沿途巡示。

章开沅、罗福惠、严昌洪主编《辛亥革命史资料新编》第4卷，湖北人民出版社2006年版，第1~2页

陶成章《浙案纪略》云：

先是绍兴士绅既有恨于瑾，又因师期屡改，密谋尽露。于是绅士胡道南等密禀知府贵福，贵福亦已早有所闻，因未知其确，不能发难，至是遂上省请兵。比到杭城，先见巨绅汤□□(编者注：寿潜)。□□素恨瑾，力怂恿贵福去之。贵福遂面禀浙抚张曾敭。曾敭使其幕友张让山询之□□。□□答曰，是等人不杀何待？让山以覆曾敭，己复从中下石。曾敭之意乃决。遂徇贵福之请，使贵福先归，预为措置，瑾不之觉。六月初一日，上海各种日报既到绍兴，瑾始悉安庆事，执报纸坐泣于内室，不食亦不语，又不发一令，有劝之走者，不问其为谁何，皆大诟之。是时金华府之义军已尽破坏，而处州府之消悉[息]未来，嵊县义师则又别成一旅。然瑾苟于此时召集体育会之学生，犹足以杀贵福而占领绍城，虽无大有为之处，犹愈于束手待毙。乃瑾必欲待嵊县之兵来，然后举事，反分遣体育会学生入杭城，以谋为日后之应援，于是藩篱遂尽撤去，而其势益孤。六月初二日，杭城派第一标兵渡江来绍兴。当兵起

身时,将各兵身上及随身各物件皆察搜无遗,恐其有通绍兴党军也,以故兵营中极为骚扰。事为武备学校学生所闻,遣使报告于瑾。瑾于初三日得是信,乃率诸学生将枪械藏过。(即前徐锡麟所购者,至时枪仅留三十二杆,子弹亦仅留六千数百粒而已)初四日上午,王金发自嵊县来,与瑾议事,午膳而去。金发去后,即有人来告杭城兵到。会蒋纪适从兰溪来,学生闻兵至,又欲散去。纪牵瑾裙,向之索川费,瑾无以给之。正纷扰间,杭兵已来,围堵大通学校前门,不敢即进。又有学生劝瑾向后门乘船渡河走者,瑾不应,仅令诸学生及办事人先走。于是有出前门冲敌而去者,有自后门渡河而逸者。清兵攻入前门,学生死者二人:一为永康人,沈荣卿之会友也;一为嵊县人,王金发之党徒也。清兵获瑾于内室,贵福使山阴令李宗岳捉讯瑾,瑾不作一语(秋风秋雨愁煞人七字,不知系何人造作,登之报上,口供则由贵福使幕友为之),遂于翌晨四时就义于轩亭口下。盖贵福畏之甚,不敢稍留片时也。贵福遂又用严刑提讯偕秋瑾同时被获之程毅,毅不屈,定监禁五年。蒋纪认愿作奸细,贵福欲释之,曾燩不可,乃解回原籍,定监禁一年。其余诸人,或定监禁二年,或定监禁三年,或即省释。

陶成章《浙案纪略》上卷,1916 年浙江云和魏兰补注版,第 47 ~ 48 页

徐双韵《记秋瑾》谓:

农历六月初四上午,王金发从嵊县来,协商善后。午后知清兵已入绍兴,大通学生劝秋瑾离堂暂避,但秋已决心殉难,即遣散最后一批同志,而程毅等数人坚不肯去,甘同进退。这时内奸蒋纪(又名纪云)忽从兰溪来,纠缠索费。贵福及李益之即率领新军,包围大通,荷枪实弹,如临大敌,闯入学堂。两位同学英勇抵抗,终至牺牲。而秋瑾与程毅(教师)、徐颂扬(学生)、钱应仁(学生,浙江人民出版社的《秋瑾》误作应钱仁)、吕松植(学生)、王植槐(学生)、石宝熙(学生)、蒋纪(职员,内奸,后亦判刑一年)都被捆绑,解入绍兴府衙门。秋瑾拘在卧龙山女狱内,未几被贵福提去审问,百问不答。最后讯以朋友姓名,就答:"你也常到大通,并赠我'竞争世界、雄冠地球'对联,同在大通拍过照相。"贵福遂不敢再问。次日交山阴知县李钟岳审问,秋只书"秋风秋雨愁煞人"七字,别无他语。贵福以李钟岳不肯逼供,势难深文周纳,逮捕党人,乃改派幕友余某严讯。秋瑾只说"革命党人不怕死,欲杀便杀"的豪语,咬牙闭目,忍受酷刑。余某得不到革命秘密,只得用伪造供词,强捺指印结案。

贵福就令会稽知县李瑞年,在六月初六日(公元一九〇七年七月十五日)一早,向监狱提人。秋瑾见灯烛辉煌,士兵成群,就向李瑞年说:"我有三个要求:一、写信给家人亲戚朋友;二、临刑不能脱去衣服;三、不要以首级示众。"李答允二、三项要求。秋瑾乃于是日上午四点钟在轩亭口惨遭杀害,壮烈牺牲了,时年三十三岁。

周芾棠、秋仲英、陈德和编《秋瑾史料》,湖南人民出版社 1981 年版,第 34 ~ 35 页

范文澜《女革命家秋瑾》一文回忆:

我哥哥范文济是大通学堂的学生,他上操上得好,被提升为一个学生队的队长。一九〇七年暑假,大通学堂放学了,我哥哥还住在学堂里。有一天午饭后(阴历六月初四),我母亲煮了两只螃蟹,叫我去找他回家吃蟹。我走到学校大门口,正好,不需要请门房进去通知,他摇着芭蕉扇已经走出大门来。他说蚊子咬得慌,睡不着午觉,想回家来息息。我们到家不过几分钟,听到外面有枪声,他把螃蟹放下,叫我出去看看有什么事。

我出去一看,满操场都是兵,也有一些衙门里人打扮的,簇拥着一个披袍褂的人立在操场的河岸上。那边又响了几声枪,操场上的人都显得非常紧张,披袍褂的人慌忙钻进一只小乌篷船里,看的人都笑了,说这是会稽县知县。一忽儿,看见秋瑾穿着白汗衫,双手反缚,被一个兵推着走,前面有几个兵开路,又有几个兵紧跟在后面,他们都端着上刺刀的枪,冲锋似

地奔过我家门旁的锦麟桥，向绍兴知府衙门的路上奔去。秋瑾严肃镇静的神情和那群狗子们疯狂凶恶的可憎相，我虽然是个小孩，不知道什么是革命，什么是反革命，但是看得很分明，自然要同情秋瑾，厌恶那群狗子们。

我回家告诉母亲和哥哥。我母亲怕搜查，叫我哥哥藏到一间小屋里。大通学堂的门房（忘了他的姓名），是我家的邻居，他夜间偷偷来见我母亲，说："兵到学堂大门口时，学生从后门逃走了，有两个学生不知何故，向大门口跑出来，被兵开枪打死。官兵要我说出这两个人的姓名，我指其中一个叫做范文济。"他又说："学生名册搜走了，范文济赶快下乡去躲一躲，如果被查出来，对我也不好。"我母亲对他千谢万谢，送他一些喝酒钱。他临走时还切嘱赶快下乡。我和哥哥当夜坐小船出城，到龙尾山许家姑母家。隔了两三天，城里传来消息，说秋瑾被杀死了（阴历六月初六日就义）。过了些时，报上登载浙江巡抚的奏折，说"悍匪范文济、×××（姓名忘了）胆敢拒捕，当即当场格毙。"老年人告诉我母亲，范文济已经上了奏章，不会再来搜查，可以放心了。我母亲才叫我先回家。

清政府杀害秋瑾，引起社会舆论的不满。当时我能接触到的人当然很少，这些人又都是守旧派不同情革命的，可是他们也不同情清政府的凶暴行为。他们纷纷议论，我从旁听取，大致是：秋瑾没有口供，按律例不应该杀没有口供的人；轩亭口是杀强盗的地方，秋瑾不是强盗，不应该到那里去杀；妇女只有剐刑和绞刑，秋瑾不应该用斩刑。不管他们议论的是什么，反正并不同情清政府。不多久浙江巡抚、绍兴知府都调走了，显然是由于社会上各种舆论的压力，清政府不得不调走这些"有功"的走狗。

周芾棠、秋仲英、陈德和编《秋瑾史料》，湖南人民出版社 1981 年版，第 1～3 页

编者按：据孙元超编《辛亥革命四烈士年谱》（北京图书馆出版社 1981 年版）一书考订，秋瑾系丁未六月初六日死难。褚辅成《浙江辛亥革命纪实》误作六月初四日，邹鲁《中国国民党史稿》、冯自由《革命逸史》等，均误作六月初五日。秋瑾终年三十三岁，陶成章《浙案纪略》、吴芝瑛《秋瑾传》、冯自由《革命逸史》等，均误作三十一岁。

7 月 15 日（六月初六日）　浙江巡抚张曾敭电奏清廷，称查获秋瑾等革命党事。

电文称：

前据金华府禀办匪情形内称，武义县获匪供系大通学堂学生，勾结起事。当查绍兴大通学堂系逆匪徐锡麟所办，电饬该府贵福查办去后。并据江督、皖抚电录匪供情节略同。贵福星夜来杭面禀，据郡绅密报，大通体育会女教员、党匪秋瑾及吕凤樵、竺绍康等，谋于六月初十边起事，竺本党首，羽翼万余人，近往嵊县纠约来郡，等语。当派常备兵两队赴绍，会府查办。初五日，据该府电禀，初四日申刻搜查大通及嵊县公局，该匪等开枪拒捕，兵队击毙数匪；并获秋瑾及余匪六人，起出后膛枪二十五枝、子弹数百。秋瑾供不吐实，查有亲笔悖逆字据，获匪程毅亦供系秋瑾为首，等语。已电饬将秋瑾正法，仍搜捕未获各匪。其嵊县先由提督派兵前往，仍饬严速捕拿。金华先后格毙捕诛匪党廿余人，匪徒已散，现仍搜捕逆匪。省城已密为戒备，仍外示镇静。乞代奏。曾敭谨肃，初六日。

《查获秋瑾等革命党事》，《电报档》，综合类—收电档，档号 2－04－12－033－0631

7 月 17 日（六月初八日）　清廷军机处电寄两江总督端方、长江水师提督程文炳等，要求严密查缉沿江"匪徒"。旋沿江各直省督抚、提督，以张之洞领衔，会奏有筹备办法。

电文云：

奉旨，近来沿江一带，匪徒充斥，引诱勾结，藉端生事，摇惑人心，亟应严密查缉，水师提督本有巡查长江之责，著端方会商沿江督抚，及该水师提督，妥议巡缉章程，详细具奏，并著

程文炳,即行常川梭巡沿江各处,认真查缉。勿得拘守分阅上下游常例,总期有匪必获,不准稍涉疏懈,以专责成而弭隐患。钦此。六月八日。

《奉旨沿江匪徒充斥勾结著端方妥议章程具奏事》,《电报档》,谕旨类—电寄谕旨档,档号1-01-12-033-0116

江北提督、长江各省督抚、长江水师提督致军机处代奏电(8月17日,七月初九日)云:

(上略)遵即电商筹议间,六月二十日准钧处字寄六月十一日奉上谕:'现在人心不靖,隐患宜防,应如何布置,以期有备无患之处,著沿江、沿海各督抚,体察情形,妥筹办理。等因。钦此。仰见朝廷绸缪未雨,绥靖疆圻之至意,莫名钦感。伏查江苏居江海要冲,鄂湘皖赣均为长江所经,江面自吴淞以至岳州,绵亘五省,包络湖湘,轮舶络绎,伏莽素多。近来革命党匪到处煽惑,复有孙汶为之党魁,时自外洋接济军火费用。江苏海岸东北界山东日照,东南至金山场,径途四达,港汊纷歧,太湖一带兼通海口,时闻有逆党勾结枭匪起事之说。巡缉稍疏即虞滋事,均应妥筹布置,以期防患未然。钦奉前因,公同往返电商,悉心筹酌,略分三项办法。一曰严密探访。向来各匪大都椎鲁无赖之徒,兹则黠士莠儒,昌言革命,人类复杂。行踪诡秘,尤须重悬赏格,广设侦探。鄂省自庚子年经之洞设立沿江缉捕营,南北巨匪,时多捕获。两江则自上年端方到任时,即经设立探访队,分驻各处,复将原有兵轮抽拨数艘,编立巡缉舰队,派员统带梭巡。命意均与北洋探访局略同。然以此标名,转恐匪党注意,易致惊避,拟易名曰巡缉队,举各种会匪、枭匪、盗匪,俱括其中。江、鄂即就原设营队,认真整顿,多养线勇,分头侦探,将该匪秘密举动,随时侦报,相机因应。湘、赣、皖三省,均即仿办,总期互通消息,不分畛域,以协助长江水师所不及。至购线、犒赏、川资等费,应请核实报销,俾得放手办事。一曰整顿水师。长江水师为文炳专责,应将本标及各镇师船切实整理,仍遵旨不时梭巡上下游,督饬查缉。惟旧有船只,形式笨重,阻风滞水,未能迅赴事机。由江、鄂各拨兵轮一艘,权交文炳应用。如有不敷,临时再行酌拨。所部皆系水师,若无眼线,无从觉察。应酌筹探访经费,每月银一千两,由江、鄂分认筹拨,拟请作正开销。师船枪炮最关重要,四年前,之洞在两江署内已全行发给后膛枪,惟炮位一仍旧式。今拟换给后膛快炮,每营以五尊为率,由江、鄂各按本辖船只凑拨应用。此外,无论在何省境内,如有需用运船、步队一切器械经费,均由该省酌拨应付。一曰预备精兵。党匪散布各省,势颇蔓延,若使节节设防,势分费多,且难得力。现拟简练精兵,授以利械,并备运船,静以待动。两江即就现调舰队实力扩充,鄂省新制兵舰因饷需无出,尚未招配弁勇。遇有派轮拨兵队之时,即用寻常差轮运载步队驰往。此外,各省均无舰队可借。应各选步队、炮兵,扼要屯扎,添置轮船一二艘,停泊左近,一有警报,立即开驶捕拿。该匪初起,人必不多,心必不一,有此劲旅,当可随时扑灭。该匪私运军火,多系夹带货物。现已切饬江海各关道会同税司,加意盘查,严防接济。惟是沿江、沿海地面延长,防缉事宜固应以各省辖境为断,藉专责成,尤须联络一气,互为策应。长江水师所辖,上至狼山镇内洋水师通海营汛而止,其上海、吴淞滨海一带,应责成提督萨镇冰专任巡缉。应如何预为布置,现已由端方咨商该提督,妥议筹办法。至苏省盐捕、飞划等营,一并严饬该管将弁,整理巡防。庶可收统筹兼顾之效,而免鞭长莫及之虞。抑之洞等更有请者,巡缉全资将弁,赏罚首贵严明,嗣后在事员弁如有疏防玩公及兵勇通匪情事,即行严参。其有心纵匪者,明正典刑,用昭炯戒。倘能拿获匪徒及著名要目,应请择尤保奖,以示鼓励。除详细章程由各省妥筹,分别具奏外,所有筹办大概情形,谨请代奏。

再,此电系端方主稿,合并声明。

张之洞、端方、陈夔龙、瑞良、冯煦、岑春蓂、赓昌、程文炳同叩。初九日。

《为奉旨严缉沿江一带党众现筹办法事》,《电报档》,综合类—收发电档,档号2-05-12-033-0599

张之洞对于筹备长江巡防之意见，可见于其电两江总督端方、湖南巡抚岑春蓂之文（7月31日，六月二十二日），谓：

湘篠电悉。陈义甚高，规模宏远，曷胜钦佩。惟此次谕旨，系饬沿江查缉匪党，并非大有更张。若五省会奏另简大员，明是彭刚直巡阅长江局面，岂一提督所能尽其才，且当世廉明刚正之大员，实亦罕觏。近十年来，若李鉴堂者，固一时所称为廉明刚正之大员也，乃一膺巡阅长江之任，到江南后适逢海上多事，往来江阴、扬州，独出己见，号令诸将，张皇战守，刘忠诚救过不遑，幸而奉诏北行，不然几误江南大局。前车不远，思之可为寒心。今日长江幸无大事，似只可相题行文.不宜作谢朓惊人之句。鄙人真所谓老生常谈，不自知其庸陋也，尚祈哂而教之。顷发祃电，内陈管见五条，想已达览，仍恳裁示。养。

国家清史编纂委员会·文献丛刊《张之洞全集》第11册，武汉出版社2008年版，第359页

△ **广西巡抚张鸣岐致电外务部，请与法国交涉，饬越督交解逃入越南之党人梁秀春等。**

电文曰：

现据龙州庄道蕴宽电禀，已革游击梁秀春系苏元春旧部，廿九年因失械经岑帅严电拿办，亡命越南，为法人代包赌饷，近更纠率无赖，藉名起义。并闻广东因案管押潜逃之已革都司李世桂亦有在内之说。其出资者，为矿商江子山，购有新式枪数百杆，声言将由禄平、艽封取路进攻西境等情。查梁秀春、李世桂党羽甚众，自逃入越南以来屡思勾结蠢动，非设法翦除，实为边界隐患。惟闻法人颇有利用之意，一经交涉，诚恐设辞拒我，不允交解。可否请由钧部照会法使，声明该犯系中国职官，犯罪潜逃，请其转致越督按照中法会议边界通商章程第十七款查拿交解，不提庄道现禀各情。一面另文照会法使，告以桂省探报，越有游匪聚会，购置枪械，将由禄平、艽封一带起事等情，请其电致越督迅速转饬所辖，赶紧严密查拿，勿任窜扰边境，亦不指明梁秀春等所为。庶两事不致牵混，以杜藉词抵据。是否有当，伏侯钧裁。除电庄道严饬营汛、关卡严密戒备、查缉，并电胡护督飞饬边防文武，一体严防外，谨电盼复。鸣岐谨肃。庚。

《为请致电越督按章交解逃入越南之官犯梁秀春等事》，《电报档》，综合类—收发电档，档号2－05－12－033－0460

7月18日（六月初九日）　护理两广总督胡湘林行札九龙关税务司等，严防革命党人用棺柩运军火。

其札文曰：

现据粤海关务处报称：窃近日会党蠢动，各省沿江沿海时有匪徒私运军火，希图揭竿起事。遵奉札饬，业已照会税务司及行税口委员，于华洋船只、往来货箱货件认真搜检稽查，防患未然，办理已形周密。惟是贼情诡秘，贼计环生，既知货箱、货包无从夹带，难保不暗用棺木私运接济，以掩众人耳目。意想所及，又不可不预为之防。拟请嗣后出口棺柩，无论官绅士庶，凡到关请领护照者，在官取具同乡官印结，在绅与民取具殷实店铺保结，方准填给护照。其未请有照据，擅行运出，由关扣留，以杜弊混。至入口棺柩，已饬九、拱两关按月查验具报，毋虞假借，应仍照旧办理。其运入内地及由内地运赴隔省者，则非粤关所能查察，应札善后局，由局取结填照。无照私运，一体扣留严究，庶奸宄无从隐匿，百密不致一疏。是否有当，理合具说，呈候核示。如蒙允准照办，并请分别札行遵照，等情到本护部堂。据此。

查匪徒私运军火一事，迭经本护部堂通饬严行查缉在案。据称，匪情诡秘，难保不暗用棺木私运接济，自不可不严为之防。应如所议，嗣后出口棺柩，无论官绅士民，凡到关请领护

照者，官则取具同乡官印结，绅民则取具殷实店铺保结，方准填给护照。其未领照据擅行运出者，即行由关扣留，以杜弊混。至入口棺柩，由九、拱两关按月查验具报，应仍照旧办理。其运入内地及由内地运赴隔省之棺柩，应由善后局饬令报明，分别取具保结及填给护照。如不报明具结及无照私运者，亦即一体扣留严究。仍由局出示晓谕，并移行地方文武及巡警局一体查察，以昭严密。除分行外，合就札行。为此札仰该税务司，即便遵照办理毋违。须至札者。

《两广总督等查缉孙中山革命活动密札》，《历史档案》1986年第3期

△ 广西巡抚张鸣岐电清廷外务部，报告孙中山等革命党人在河内活动情形，请密商法国总督尽行驱逐。

电文云：

孙逆逋逃海外，屡思乘机窃发。自香港见逐，失其根据，近乃转趋越南，托庇法人，求逞于边地。海防、河内各处均有该逆党羽。饬据龙州庄道密查，其最著名者有江子山等，五十余，香山人，业矿；谭立亭，卅余，业火柴公司；甄吉庭，四十余，业衣庄；邝敬川，卅余，开酒馆，均匀广州人；关仁辅，四十余，上思人，无业；吴镜约，四十余，为致公堂经纪，在河内经理日新楼酒馆与海防桥万新楼，同为党中招待机关，多入法籍。论若辈行径于大局原无足深虑，惟越边相偪过近，若竟长听此辈倚为窟穴，酿纵日久，终于治安有妨。目前既无法可以歼除，倘能屏之远方，使与内地隔绝，则亦无可逞其伎俩。拟请钧部援照香港成案，电令驻法刘使与法外部交涉，或径由钧部与法使交涉，将该逆及其党羽一律驱逐出越南境，永远不准潜回，以保全边境治安，于两国均有裨益，法使当亦无词可拒。是否可行，伏候裁夺。鸣岐谨肃。青。

《清政府镇压孙中山革命活动史料选》，《历史档案》1985年第1期

7月23日(六月十四日)　南洋大臣端方致电外务部，以长江防务紧要，请发电报密码本。

其电文称：

顷准长江提督程函称，长江防务紧要，此后往来密电甚多，拟请发辰字密码一本，以便自译等情。查长江事务紧要，自宜发给密本，以期慎密，即祈大部酌量饬发至荷。方。寒。

《为长江防务紧要祈发密本事》，《电报档》，综合类—收发电档，档号2－05－12－033－0478

7月31日(六月二十二日)　广西巡抚张鸣岐电告外务部，梁秀春等人拟从杰兴进发，已饬兵严防。

电文曰：

逃弁梁秀春在越南结党置械，潜谋不轨，前经电陈。顷据廉钦道王瑚电禀，探报大直、黄屋屯一带有土人成帮敛钱往下直去，行踪诡秘。恐系到杰兴过芒街，与梁秀春结党。并据杰兴委员杜润到电，闻梁秀春托名招工，意存不轨，有由杰兴进发之语，请饬西省前派请援剿之左江巡防第四队营勇，移驻杰兴，以资镇慑等情。当经电饬该营，迅速拔队，前往会同官绅营团严密防范。谨电陈，乞查照。鸣岐谨肃。养。

《为逃弁梁秀春意存不轨谋由杰兴进发已饬营严防事》，《电报档》，综合类—收发电档，档号2－05－12－033－0508

8月4日(六月二十六日)　广西巡抚张鸣岐致电外务部,称梁秀春等已由越方拿获。

电文谓:

现据廉钦道王瑚、钦州牧夏翊电称,据东兴文武电禀,梁澜泉(即梁春秀)随带五十余人拟回中国,已在谅江府拿获等情。查该逃弁既由越督拿获,自应照约提回讯办。惟中越虽订有交犯之约,历来并未办过,此系初次交涉。且越境逃犯尚多,办理稍不得法,日后更难措手。梁在越南党羽甚众,亦难保不暗中运动,希图狡赖。现已电请岑宫保、胡护院饬查原案,将梁秀春犯事罪名备文照会越督,并派员面达,听候交解。应请钧部先向法使致谢,并告以此事已由粤督将梁秀春犯事罪名备文照会越督,并派员面达,请其先电越督,务将梁秀春严行管禁,俟委员到越,照约交解,以昭睦谊。岐肃。宥。

《为谅江府拿获梁秀春请电越督严行管禁以待交解事》,《电报档》,综合类—收发电档,档号2-05-12-033-0521

8月9日(七月初一日)　直隶总督袁世凯为肃清革命排满之说,示谕直隶各处召集生徒朔望演说,随时劝导。

袁世凯札文如下:

为通饬事。照得立国之道在乎合群,同类相残其何能国?自近日革命排满之谬说,淆惑人心,指斥朝廷,离间骨肉,凡稍明义理者自不堕其术中,但恐少年血气未定,宗旨未坚,为所传染,本督部堂翘焉忧之。兹拟就示谕一通,发行天津各学堂工厂并各局处及道、府、州、县、厅一体遵照,由该堂厂教员、管理员于朔望齐集生徒演说一次。除径发所隶各堂外,其余由提学司札发各属地方,转饬各该堂厂一律办理,各该局所亦应随时劝导,勿得视为具文,切切,此札。

袁世凯所颁发之示谕内容为:

为通饬晓谕事。照得运会有时而不同,纲常万世而不变。自司徒五教首标君臣之义,已远在四千年前,唐虞迄今相沿勿替。社会赖以巩固,人道赖以安全。至于悖逆凶徒何代蔑有,身膏斧钺,井里为墟,寡人之妻,孤人之子,斫丧元气,戕贼同胞,使我神州古国进化不速,急难不遑,谁为厉阶,言之心痛!然此辈皆草泽亡命,死轻鸿毛,未有身列衣冠,门非皂隶,乐为乱贼,叛其祖宗,如今之所谓排满革命党也。我朝圣圣相承,世有令德,深仁厚泽史不绝书。即近征有明之世,若洪永之残忍,正嘉之荒淫,以例本朝,仁暴霄壤。故能囊括蒙回、旁罗藏卫,使我华为东方大国,极汉唐以来未有之版图。至于满汉之分,相忘已久。我皇太后、皇上痌瘝在抱,时时以民生疾苦为念,时时以满汉畛域为戒。近且下诏预备立宪,许人民皆有议政之权,至满汉官缺,如各旗正、副都统,驻藏办事大臣,东三省督抚等,近皆兼用汉人,一视同仁,毫无偏倚。自环球交通,种界悉化,黄白一体,方为大同。讵有领土之中自相蹂躏,不顾阋墙御侮之义,而以覆宗绝祀为甘,不为被发救斗之谋,而以代虎作伥为乐,必使鹬蚌俱毙、玉石同焚。试思乃祖乃父,悉主悉臣,归命圣清三百年矣,曾无纤芥之嫌,忽作猖狂之论,詈诅我父老,诖误我子弟,荡摇我疆圉,危殆我人民,无父无君,不忠不孝,神人之所共愤,覆载之所不容,苟有心肝,岂宜出此。上溯雍乾极盛之世,重熙累洽,外侮不生,使嘉庆时无教匪之变,咸丰时无发捻之变,何至糜帑万亿,骨肉流离,农辍其耕,商罢于市,以致国力凋敝,外力伸张,坐失利权,至今为梗乎?以近世言之,拳匪之乱萌于燕齐,蠢动几时,赔款无算,磋我国民,谁不切齿?乃排外不足,而易为排满,如瘈狗之反噬其主,续命不暇,而幻为革命,如枭鸟之自啄其母,卒以排满者自排,革命者自革,天道昭彰,岂能幸免。彼逆党啸聚海外,荧惑侨氓,其处心积虑,尤欲满汉自相猜忌,因猜忌而生冲突,因冲突而启纷争。该逆又假托满人上灭汉种策,刊印散布,愚弄士民。既用排满之说疑误满人,更借灭汉之说激耸汉人,离间诡构,狡谲已极。而外人之幸灾乐祸者,欲享渔人之利,因其愚而嗾之。该逆不顾灭种之祸,覆巢之危,丧心病狂,曾何足惜。诚恐内地士民,蛊于逆说,误于逆书,目眩神摇,认贼作子,堕彼奸计,败我大群,以至同室操戈,封豕狡启,无论满汉将同为外人之奴隶,同受外人之鞭笞。物腐虫生,谷空风至,该逆之肉,其足食乎?至于顺逆之理,今古为昭,近岁湘赣两粤迭闻揭竿,自取天诛,决无全理。不过多戮生命,扰乱治安,乡里不宁,魂魄滋恫耳。本督部堂有扶植伦纪之权,有启迪群生之责,历陈大义,冀指迷津,倘有胁从速自湔雪。其或甘心效逆,怙恶不悛,国法具存,悔之何及?为此通行晓谕,咸使闻知。谕到其各懔遵勿违,此谕。

天津市档案馆编辑《袁世凯天津档案史料选编》,天津古籍出版社1990年版,第292~294页

8月10日(七月初二日) 清廷谕令中央、地方各衙门筹划全部化除满汉畛域办法。

上谕云:

我朝以仁厚开基,迄今二百余年,满汉臣民从无歧视;近来任用大小臣工,即将军、都统,亦不分满汉,均已量材器使。朝廷一秉大公,当为天下所共信。际兹时事多艰,凡我臣民方宜各切忧危,同心挽救,岂可犹存成见,自相纷扰,不思联为一气,共保安全。现在满汉畛域究应如何全行化除,著内外各衙门各抒所见,将切实办法妥议具奏,即予施行。

朱寿彭编《光绪朝东华录》第5册,中华书局1958年版,第5712页

孙宝瑄日记:

闻是日有诏,欲混合满汉,不分畛域。盖鉴于革命党之事也。虽然,党人岂少休哉!

孙宝瑄《忘山庐日记》下册,上海古籍出版社1983年版,第1059页

8月15日(七月初七日) 神交社(后称南社)在上海成立。陈去病等人原拟召开秋瑾追悼大会,未成。陈去病、吴梅、刘季平等十余人是日在愚园集会,发起组织文学团体。该社借文学创作活动进行革命宣传。

陈去病撰《神交社雅集小启》云:

昔在先朝,人材鹊起,文章学术,灿乎彬彬。是以泾阳景逸,倡道东林,而朝野向应,翕然成风。故家子弟,被其余泽,咸敦诗书,别耽清尚。应社之作,斯其权舆。及熊嘉鱼作宰松陵,而吴沈之颖,群荷甄陶,孟朴扶九之伦,遂耕兴复社,高会诸英。云间继之,几社乃作。由是江淮、齐、豫、皖、浙、楚、赣济济髦英,鳞萃辐辏,虎阜三集,南金东箭,美莫能名。至今道之,有余美焉。天崩地坼,云散风流,逃社方盟,史祸遽烈。吴潘之后,风雅式微。慎交甫萌,而汉槎塞外,愁听悲笳,神州不祥。纪昀钟戾,謷言一出,文网日张。三百年来,文人结社,几与烧香拜盟同悬厉禁。吁其恫哉!我生不辰,遘兹颠闵,遁迹江海,行几类乎鸱夷;凭吊山川,心窃比诸方谢,以为足音空谷,逃者自愉,鸟鸣嘤嘤,诗人所慕。倘今而后,天作之合,俾江东下士,菰中病夫,得一旦强起,与天下士轩眉扬觯,把臂入林,欢然上下其议论,未可谓非千古佳话也。夫当此俗敝风颓之日,正吾侪论交讲学之年。何况夏令方新,长日如岁。雷雨既过,熏琴乍调。竹林清谈,世何让乎嵇阮,德星夜聚,今不异乎太邱。际吴会之名区,结海天之胜侣,论文道故,一朝而集。虽乏曲水流觞之雅,庶追江湖惊隐之风,方闻君子,幸广引教之。是为启。

殷安如、刘颖白编《陈去病诗文集》上册,社会科学文献出版社2009年版,第455页

陈去病撰《神交社例言》：

一、本社之设，原以海内外多士炳蔚，往往有读其名著至繁伙，或彼此闻声相思，与为神交者有年，而觌面不相识，时负失于交臂之憾。孙夏峰曰：'居其乡，居其国，而不能尽友邻国之善士，何能进而友天下、友千古哉！'斯言也，窃独佩之。第平时人各有事，自不易见。惟寒暑假期，俗冗稍暇，沪上为四方人士荟萃之区，届时最为凑集。然广场千里，焉得人人而访之。故特假座名园，订期小集，世君子当有惠然肯顾者，不胜跂予望之！一、本社性质，略似前辈诗文雅集，而含欧美茶会之风。故开会仪式及其他经费，悉由发起人等担任。来宾到会，但签名而已，毋庸纳金。一、来宾到社，悉由同人简邀。其或素系知好，而一时不及相邀者，特再登报，以闻诸君。如有见于广告而宠顾者，可书明理由，报达签名所，自当招待。一、本社所仰慕而欲见之人，其道甚广，谨条列如下：(甲)耆儒硕彦，有诗、文、杂著发刊行世者。(乙)曾为著名杂志担任撰述者。(丙)海内外有名之新闻记者。(丁)有编译稿本为学界所欢迎者。(戊)留学生之得有允当文凭者。(己)海内外著名学校之主任者。(庚)各学会之会长。(辛)名人后裔，能保先泽而勿失坠者。一、来宾诸君，如与同人素不相识者，若得二、三人之介绍即可入社。一、社集时，同人添有茶座数十，每座容客四人，各供芳茗一瓯、果品四碟，以佐清谈，同以音乐、图画，以娱观听。一、考复社虎阜往例，来宾咸挟一小册，书是日与会者姓名而去。慎交社例同。今即仿之，俟客毕集，先摄一影，然后将同人姓氏付之印刷，翌日报告，以为纪念。一、摄影概不分赠，如来宾雅爱，可自向写真所添印。一、本社集后即散，无他问题。年假集否，俱不可知。如思接续，再当布告。

《神州日报》，1907年7月29日

△ 河南巡抚张人骏奏报清廷，拿获山东省流窜该省会党朱景彦等人，已就地正法。

其奏折云：

升授两广总督，河南巡抚臣张人骏跪奏，为豫省官军堵剿东省匪徒，先后拿获首要各犯，分别惩办情形，恭折仰祈圣鉴事。

窃查上年秋间，山东曹属匪徒聚众滋事，豫省归德府属处处与东境毗连，常虞窜扰。其时河南陆军正值演习行军，整备四省会操，万难抽动。而东省防军又皆分扎各州县扼要处所，亦未便纷纷移调，致令地方空虚。当经臣咨商归德镇蓝斯明，分饬所部豫东营及练军马队一营，并加派豫正右军前营，协同各州县地方官实力防堵。值曹匪猖獗异常，时入睢、考边境肆掠，甚或聚集百余人，大股猛扑。经各该营会同地方勇役、乡间练丁竭力堵御，未至阑入。冬初，匪势愈炽。豫东界内民心惶惶。其时秋操已竣，陆军回防，复经臣檄调陆军马、步各一营前往，均归归德镇节制，督饬防捕，并咨该镇移驻豫省扼要边境，调度一切，随时会商曹州镇道，妥筹布置，曾电请军机处代奏在案。

嗣东省经调之兵四集，而贼势未衰，东军合力搜拿，匪亦极力抗拒，一经败窜，即入豫边，故豫东交界之区倍形吃重。叠经臣添拨陆军步炮各营，严饬各军将领多发侦探，遇有匪踪迎头截击。一面选派得力员弁，密购妥实眼线，潜入东境，设法缉拿。计自上年十一月起至本年五月止，共拿获东匪一百余名，除当场格毙，及在监病故、在押病故，并另犯窃劫归案审办，以及供无重情、递籍管束各犯不计外，其提省审办之著名匪首朱景彦、朱三得子、郑率东即郑三三犯，解府审办之著名杆首梁朝举、王枚、刘四、李娃、李花仅五犯，先后由按察司会同兵备处、营务处暨该管归德府，督同委员审讯，各犯均供认屡次抢劫、掳人勒赎及抗拒官兵各案不讳。经臣批饬照惩办土匪章程就地正法，以昭炯戒。其为从之犯，分别年限监禁者萧从阁等七名;收所罚作苦工者郑四猴子等八名;发自新所看管者陈守德等五名。其余供认各县抢劫之案移未覆,及已经提府尚未拟禀,并甫经缉获尚未讯办者,各尚有数起,已行司转饬该府县迅速审拟,以清积牍。

今东省匪乱已平,渠魁渐就歼灭。惟匪首马在田、朱明即朱保钦二犯在逃未获,尚恐余烬复燃。矧值秋禾芃茂,宵小易于潜藏,偶有疏防,难保不复出滋事。现商令归德镇仍督防、陆各军实力梭巡,相机搜捕,以安商旅,而靖闾阎。其在事文武员弁越境捕盗,劳瘁不辞,获匪百余名之多,历时八阅月之久,实属异常出力,可否择优保奖以示鼓励之处,出自鸿慈逾格。

除咨部查照外,所有豫省各军拿获东匪首要各犯,分别惩办缘由,谨恭折具陈,伏乞皇太后、皇上圣鉴,训示。谨奏。

光绪三十三年七月十五日奉朱批:准其酌保数员,毋许冒滥。钦此。

中国第一历史档案馆、北京师范大学历史系编选《辛亥革命前十年间民变档案史料》上册,中华书局1985年版,第163～165页

8月20日(七月十二日)　新加坡同盟分会筹办的《中兴日报》出版。该报每日四大张,另附广告一张,用干支纪年,不用清朝皇帝年号,亦不刊朝廷上谕。该报与《南洋总汇报》进行了长期论战。

胡汉民《中兴日报》发刊词:

南洋同志寄书,言方发起《中兴日报》,属为之词。且曰吾人之宗旨在开发民智,而使数百万华侨生其爱种爱国之思想者也,惟夫言论之始则务求平和,以徐导之,子其不以为谬。予维今日之识薄吾种民者,辄谓英伦之氓,所至之地虽百数十人而自治整齐俨如敌国。若我侨之居南洋者数逾百万,而所至恒不免为人臧获,其言不可谓非事实矣。然彼实未深思所以然。夫谓吾华人生而猥下无自治之性,而彼皙种人独擅之,则观东瀛三岛之国,其初见轻蔑无异我华者,今且居然申其头角,所至莫敢犯,而几与英美齐等,抑何道耶?故吾华侨所以颓弱不振之故,而得其二因焉:其一,国力不足以复之,而政府亦无意于复之也。自各国领土权发达以来,原人之治一变为原地之治,国家之权力不能伸张于他国领土之上。然为其自国人民之利益而有所拥护争持,则于积极、消极之二方面,隐作后援,无殊本国之自为卵翼,盖个人之所以能竞,视乎其群,更视乎其群之丽属也。彼人皆有国力以为之盾,少有不平,举国以争,则其气日扬而志日道上。吾华不然,其极憔悴颠危遇困虐而无所呼吁,纵呼吁之亦无所应,国又不竞,群之所丽属外人,恒易视之则姑抑其志气,逊让不遑。阅几岁时,遂以卑屈从顺者为其天职。而所以养成此习惯者,宁敢谓个人性质之罪耶?其二,曰教育之不及也。吾华之出族于外者,其始皆蹙迫于生计困绝、谋食无所之氓也,未尝涵煦于教育,而其初至厥土,辛苦经营惟日不足,衣食住之外无暇他求,曾无足怪。洎乎生计稍丰,知务教育,其子弟亦不过为其营生之便利,使略习外国言语文字而止。若夫道德伦理之教,与政治法律之学,则未之有睹。故南洋群岛其工商重大之业,未尝不操诸吾华侨之手,而政治之权则悉皙种人得之。其政治之极修整,无有待遇不平者,华人固乐于服从。其稍不然有阶级之异视者,华人不得不戢戢以就范。故泛言工商之天才,则吾华人可睥睨五洲无愧色,惟政治之思想能力独为缺点。因是缺点,而吾华侨今日之位置乃无术以更进,而推究其本,则皆基于教育之不逮。今世之论者不探是二者而思矫治之,不能得则诟厉不置,以为吾人种性之病,何其陋也。余杭章太炎先生居恒相语:谓南洋之华侨其所短,乃在无自尊之性。斯性也,吾华内国之民

则固乏之，然游东者犹过半不失，其或曰妄自重大乎，犹贤于妄自菲薄者远矣。余深韪此论，今试执南洋之华侨，而语以民族之大齐，国民之大义，使求个人团体将来安身立命之所，则什九遑惧避席，谓吾辈小人不足以及此。所谓妄自菲薄者非耶？其或操业稍裕，家蓄余财，求所以表异于众者，不可见则纳货出粟估翎顶于伪朝以为焜耀。然所得至虚假，习久亦生轻厌。其黠而无赖者，乃教以尽心献曝于异族专制之君主，以海外保护之为名，为异日倖分荣禄之阶梯。愚者信之不惜附和，虽其持之无故，言之不成理，亦姑与为缘，企其说之或信，及其伪终不可掩，蒙欺太甚，而悔悼已无及。嗟乎！使其人自始无依赖之心者，则必不至是，而不识主奴之易位，从盗吾者乞其余，甘叱逐而不耻，妄自菲薄至兹而极矣。凡是之属，救之之道，惟在日聒以言，提撕其自尊之心，使求自立之道。其知未开则觉之，其智既开，而惑于邪也，则正之。人人自发挥其能力以爱种爱国，则异族罔得为制于内，而我神明之胄光复中兴，以此民族厕于他种人之间则无或敢轻视，举凡今兹所含忍，不敢以为不平者也，他日将勿争而自祛。是而《中兴报》所为奋然、黾然，思尽其言责者也。惟夫吾同志所谓平和，则当与世俗之论差异，俗论所谓平和者，曰责人以还我山河，此强以所必不应也，非平和也。又曰以就现在之君主，而修其政治为宜，盖以争言民族之排者为非平和，而为姑息偷安于他族宇下为平和也。若《中兴报》则以爱国爱种为惟一之揭橥，惟平和其声，而引道以渐，譬之行路，此虽徐行必至于大道，彼则以歧途为趋者耳。故和平与激烈为程度之分，而非性质之别。或者以为激烈而今日为平和者，则今日所激烈转瞬亦视为平和，因乎其时代，因乎其时代社会之观察，而非一定不易之故。孩提之童不能教以疾趋，而离于乳抱者曾不待教，此吾人所谓平和一道之也。余嘉南洋之创此报，而多数之心理将是开发转移，因书所怀抱寄之，俾为发刊之词。

《中华民国开国五十年文献》第1编第12册，台北正中书局1964年版，第681～682页

8月23日（七月十五日） **清廷谕知各省督抚设法解散革命党，严密查拿党人，“尽法惩治，弗稍轻纵”，然胁从之人可“网开一面”，不使革命党有机可乘。旋即有河南、湖南巡抚奏报办理情形。**

其文曰：

光绪三十三年七月十五日奉上谕：近来匪徒谋逆，往往假借革命名词摇惑人心，奸狡情形尤堪痛恨。虽随时破获，而地方已被其扰害，后患不可胜言。惟有破其诡谋，直揭其叛逆之罪，不使借词革命巧为煽诱。著各省督抚妥酌情形，处以镇定，务须设法解散，勿任勾串固结。凡属不法之徒，尤为严密查拿。至获犯应得之罪，叛逆即以叛逆论，盗匪即以盗匪论，俱各科各罪，随时宣布，毋任信口妄供，致使遁而之他。果系著名首恶，或竟甘心从逆，仍予尽法惩治，弗稍轻纵。其被威胁势迫及家属之不知情者，均为网开一面，概免株连，俾释疑惧，咸与相安。似此以静制动，以宽济猛，庶可渐化人心之不靖，潜消逆迹于无形。该督抚等其各悉心筹画，加意防维，不使奸民有词可借，乱党有机可乘，稍纾朝廷宵旰之忧，即默造天下臣民之福。将此各谕令知之。钦此。

中国第一历史档案馆、北京师范大学历史系编选《辛亥革命前十年间民变档案史料》上册，中华书局1985年版，第418页

9月12日（八月初五日），护理河南巡抚袁大化奏称：

（上略）臣伏维我朝深仁厚泽垂三百年，近值各国交通，乃有一二枭獍之徒，遂乃假借名词，显背宪法，此等匪徒，所谓乱臣贼子，人人得而诛之。惟查河南地方，中原绾毂，屏蔽畿

辅,风气未尽开通,人心向来朴厚,虽各属举办学堂,士子类皆安分守己,深明尊亲大义,故革命名词,不但不为所动,反深恶而痛绝之。即间有自东洋游学回豫者,或拨入仕学馆学习法政,或派入各学堂重新肄业,随时留心体察,委无狂悖气习。然豫境毗连七省,上年省东归德一带,曹匪窜扰,业经官军剿平,奏报有案。而省西河、陕、汝一带,山深林密,惯出刀匪,近经遴选地方官以清其源,调拨防营协同惩办,著名匪首大半就歼。以及河北彰、卫、怀等属,省南陈、汝、光等属,凡仁义会、在园会、密陀会等名目,均经随时拿办匪首,解散胁从。此等奸民,或行同土匪,或借势敛钱,虽瞀不畏法,究尚无大志,亦无假借革命名词惑众者,故屡起屡灭,地方未成巨患。际此时局阽危,沿江沿海屡有乱党乘隙煽惑,惟有懔遵谕旨,以静制动,处处加意防范,密筹布置,总不使闯入内地,暗中勾串固结,以期消隐患而靖人心,用仰副宵旰忧勤,谆谆告诫之至意。

抑臣更有请者,自来殷忧所以启圣心,治世何尝无顽慝,要在整饬纪纲,擢用正人,内作提防,外示镇静,总不宜稍露痕迹,致令奸宄生心,譬如元气既固,疵疠自消。此则微臣拘迂之见,不敢不沥陈于君父之前者也。

所有覆陈查明豫省尚无匪徒倡言革命及妥筹防范各缘由,谨恭折具陈,伏乞皇太后、皇上圣鉴,训示。谨奏。

光绪三十三年八月初八日奉朱批:仍著严密防范,毋稍疏懈。钦此。

中国第一历史档案馆、北京师范大学历史系编选《辛亥革命前十年间民变档案史料》上册,中华书局1985年版,第217页

10月17日(九月十一日),湖南巡抚岑春蓂《奏遵旨严缉革党分别科罪片》云:

再,本年八月初五日,承准军机大臣字寄,光绪三十三年七月十五日奉上谕(编者注:下略)

臣伏查奸匪假借革命名词煽惑人心,希图扰乱治安,诚如圣谕,后患不可胜言。上年冬间,浏阳县洪江会匪首姜守旦等纠党倡乱,因曾闻由日本游学假归之江西萍乡县人蔡绍南演革命邪说,故有革命军伪号,愚顽凶悍情形,固非寻常会匪可比,其实无非借此为名,以遂其勾结煽惑之计。至上年臣电奏正法之刘林生胞弟刘道一即炳生,并续在靖州、长沙县惩办之禹之谟、申斌等,核其供词,俱系著名首恶,罪无可逭。但将正犯尽法惩治,并未稍有牵累,致涉株连。

值此时局艰危,人心不靖之时,臣惟有恪遵谕旨,督饬地方文武,平时当处以镇静,加意防维,遇有诡谋乱党,严密缉获,就其所犯情节,各科各罪,不准波及无辜,致奸民有所借口,以仰副朝廷宵旰忧勤消弭隐患之至意。理合附片具奏,伏乞圣鉴。谨奏。

朱批:知道了。

中国第一历史档案馆、北京师范大学历史系编选《辛亥革命前十年间民变档案史料》上册,中华书局1985年版,第418~419页

8月28日(七月二十日)　天津巡警、探访等局奉直隶总督袁世凯之命,添派侦探,巡驻各要隘密查革命党人。

天津巡警等局移文商会,称:

为移知事。案奉督宪袁批敝监督会同北洋随办营务李暨探访局杨禀,遵饬会议添派侦探,常川巡驻各要隘,密探布置情形由。奉批:据禀已悉。查该道等会议添派侦探,巡驻各要隘常川密查,及南北两巡局所拟办理章程暨调查客栈循环簿、编立门牌、户口册各情形,所议尚属妥协,应准照拟办理,仰仍随时会同督饬切实办理,毋稍疏懈,是为至要。并移会提学司

转饬各监督遵照暨移行各局所衙署一体遵办。至杨守以德所拟分派人员前往各处访查，尚有保定府秦王岛临榆县等处，均关紧要，亦须派人前往，以期访查周密，其加派人数内唐山原有二名，现又添派四名，未免太多，应即核实删减，以节糜费，仰即遵照，妥为筹办。清折三扣、循环簿式二纸存，此缴等因。奉此，除分别移行外，拟合抄禀，备文移知，为此合移贵商会，请烦查照办理。须至移者。计移送抄禀一纸、循环簿式一纸。右移天津商务总会。

天津巡警等局禀袁世凯文如下：

宫保大人阁下：敬禀者，窃职道等于光绪三十三年六月十七日奉到札饬，为密饬事。承准军机大臣字寄光绪三十三年六月十一日奉上谕：昨已有旨，饬端方等会商巡缉长江章程，现值人心不靖，隐患宜防，应如何布置，以期有备无患之处，著沿江沿海各省督抚，体察情形，妥筹办理。钦此。遵旨寄信前来，承准此。查孙汶创立革命党，到处煽惑，谋逆作乱，必须严密筹防，业经通饬查拏，严禁在案。应饬刘道承恩会同李道家焯、杨守以德妥商，添募妥实侦探，分派在各要隘，常川巡驻密探，以期布置周密，有备无患，合再密饬。札到该道，即便遵照办理，具复。此札。等因。奉此，职道等遵即会同核议，添募妥实侦探，分派在各要隘常川巡驻，密探一切情形。查天津华洋杂处，良莠不齐，又无城池隔阂，四通八达，实有防不胜防之慨，只有严密稽查，庶可稍资补救。而外来匪人，每每持〔恃〕各租界客栈、洋行、教堂、书馆、报馆为藏匿之所。凡水陆各交通码头口岸，轮船火车往来，人客络绎不绝，均应请添派常川巡驻得力人等，始足以资调查而消隐患。至内地现设巡警，南北两段，均分区派站岗梭巡，尚属周密。惟探访局人员太少，难以分布。卑府以德前奉札，拟添侦探人员，当即具禀蒙批：筹款甚难，不须过为铺张，望切实核减，酌添得力员弁可矣。等因。遵即切实核减，不至虚糜款项，业与周运司、梁关道、凌道往复筹商，面许代为筹款，不至以支绌掣肘，一切情形，另由卑府以德禀请批示遵办。现据南段申守、北段刘参将各该段现在办理情形列折前来，查阅尚有头绪，惟调查该管客栈现设之循环簿，仅汇书住客姓名，难以核实。今拟改由南北段总局印发循环簿，注明某人年岁若干，系某省某府某州县人氏，由某处来，有无官职，作何事业，编立两本，轮替变换，如单日用循字簿，双日即用环字簿，按日送各段查核，并派员随时抽查，是否相符，较为妥善。其余公馆住户店铺等，现在并未编立门牌、户册，稽查似无把握，拟改编立门牌，订定号数，由各警局逐段造成正户口册，将各户家长姓名、年岁、籍贯、职业、男女人口及雇工奴仆，如店铺则有伙友，一并按户列入，悬挂门首，或一季或半年更换一次，其有添减人口，随为更易。如有迁移，须持原住处门牌，往新住处警局报明注册。其有初到赁居者，须觅一妥实认保，向所拟住之处警局，一律报明注册，以便随时稽查。倘查有形迹可疑之人，准由巡警询问，即派人暗中侦察。至于娼寮酒馆及未挂牌小客店，另行设立户册，不与各住户铺店同籍，以便较各住户格外严查。至于各学堂，则恳宫保饬知各监督，凡外来之人，或外洋留学生等，往该堂访友者，须将姓名、年岁、籍贯、来去处向、拜会何人、现居何处，逐一挂明号簿，并准各该处巡警员弁随时取簿阅看，以免混迹。此外，各局所衙署，恳宫保札饬该管官自行严密管理。倘被巡警探访局暗查有形迹可疑之人，即行通知该管官查究，免误事机。如此办理，庶内患清而外匪亦难托足。其余各节均照南北段折开办理。除添募人员，由卑府以德另行禀办外，谨将会同拟办情形禀复，是否有当，伏乞宫保察核，批示遵行。肃此具禀，恭请勋安，仰祈崇鉴。职道刘承恩、李家焯、卑府杨以德谨禀。计呈南北段办理情形原折及探访局原有暨拟添派各处人员折共三扣，并呈循环簿式二纸（下略）。

天津档案馆编《袁世凯天津档案史料选编》，天津古籍出版社 1990 年版，第 295～297 页

8月31日(七月二十三日)　社会主义讲习会第一次会在日本东京举行,刘师培、何震、张继、幸德秋水等发表演说。

公权(编者注:汪公权)撰《社会主义讲习会第一次开会纪事》云:

本年六月,刘君光汉、张君继,因中国人民仅知民族主义,不计民生之疾苦,不求根本之革命,乃创设社会主义讲习会,以讨论此旨。于日历八月三十一日,开第一次大会于牛込赤城元町清风亭。会员到者九十余人,遂于午后一时开会。

先由刘君光汉告布开会之宗旨,略谓:今日为社会主义讲习会开会第一次,但吾辈之宗旨,不仅以实行社会主义为止,乃以无政府为目的者也。无政府主义,于学理最为圆满。如征之历史,则原人平等,无政治之组织。继因人民信神,雄黠者托神以愚民,民因信神之故而尊之,是为君长之始。有君长,然后一切阶级、制度因之而生。又上古之初,人民之于百物,均自为自用,无督制、供给二统系。继因两族相争,胜者处于督制统系,败者处于供给统系,是为人类异业之始。由是言之,名位不平等,由于智诈愚;职业不平等,由于强凌弱。今观于原人之平等,则知政府非不可无。其证一也。更征之心理,无论何人,其心理之发现者,一为嫉忌心,一为恻隐心。嫉忌心者,恶人之出己上,或欲己之上与彼齐,或欲人之退与己平。恻隐心者,悯人之不若己,欲援之使与己平。足证人类之中,有平等之理性。本此心而扩充之,足以促人类平等,此人类不甘有政府之征。其证二也。更证之科学。观视天然界,昔人以太阳为世界中心,今则科学愈进,有倡空间无中心之说。空间既无中心,则人类妄指政府为中央机关者,出于谬想。又,空气蔓延空间,无复畛域。则今之区画一隅土地,而称为国家者,亦为谬想。又观之动物、植物界,虽虫蚁之微,均有互相扶助之感情,故昔之倡进化论者,谓物类因竞争而进化。今之倡新进化论者,揭物类因互相扶助而进化。物类互相扶助,出于天性,不因强迫而生,则人类互相扶助,奚待法律之强迫哉。况植物甲坼之初,若瓦石障其上,则其根必避瓦石之障碍,转向他方,以遂其茁生,足证物类有避障碍之天性。今政府之居民上,其障碍为何如?使即人类避障碍之心而充之,则政府必应消灭。其证三也。有此三证,则人类必当无政府明矣。况今日之世界,政府之于人民,固有莫大之压力。即资本家之于雇工,强种之于弱种,亦以横暴相凌。推其原因,则一由政府保护资本家,一由政府欲逞野心。政府之罪,上通于天,诚万恶之原也。故欧美各国,渐倡无政府之论。然欧美各国无政府,其事较难,而中国无政府,则其事较易。何则?中国数千年之政治,出于儒道二家之说。儒道二家之学说,主于放任,故中国之政治主放任,而不主干涉。明曰专制,实则上不亲民,民不信官,法律不过具文,官吏仅同虚设,无一真有权之人,亦无一真奉法之人。上之于下,视若草木鸟兽,任其自生自灭;下之于上,视若狞鬼恶神,可近而不可亲。名曰有政府,实则与无政府无异。其所以不去帝王、政府、官吏者,则以人人意中迷信尊卑上下,以为自然之天则。使人人去其阶级之观念,由服从易为抵抗,则由放任之政府,一变而为无政府,夫复何难之有哉!故世界无政府,以中国为最易,亦当以中国为最先。若排满主义,虽与无政府不同,然今之政府,既为满人所组织,而满汉之间,又极不平等,则吾人之排,即系排帝王,即系颠覆政府,即系排特权,正与无政府主义之行事相合。惟无政府优于排满者,亦有三端:仅言民族主义,则必贵己族而贱他族,易流为民族帝国主义。若言政府,则今日之排满,在于排满人之特权,而不在于伸汉族之特权。其善一也。仅言民族革命,则革命之后,仍有欲得特权之希望,则革命亦出于私。若言无政府,则革命以后,无丝毫权利之可图,于此而犹思革命,则革命出于真诚。其善二也。今之言排满革命者,仅系学生及会党,倘成功由于少数之民,则享幸福者,亦为少数之民。若言无政府,必以劳动组合为权舆,使全国之农工,悉具抗力,则革命出于多数人民，而革命以后，亦必多数人民均享幸福。其善三也。大约仅言无政府，则种族革命该于其中；仅言种族革命，决不足以该革命之全。此吾辈所由以无政府为目的也。惟无政府以后，必行共产；共产以后，必行均力。而未行革命以前，则联合农工，组合劳动社会，实为今日之要务。然欲达此目的，势必于全国民生之疾苦，悉行调查，此实与社会主义无异者也。惟吾辈不欲以社会主义为止境耳。此今日开会之宗旨也。愿与诸君共勉之。

次由张君继报告此次开会在于诠明无政府主义。次由日本□□□□（编者注：指幸德秋水）君演说（稿另刊）。□□[幸德]君演说既终，刘君光汉复起而言曰：根据□□[幸德]君所言，于政府之弊、无政府之利，言之最详。幸中国近日，尚为放任之政府。以今日之人心，无一非崇拜强权，无论满洲立宪，无论排满以后另立新政府，势必举欧美、日本之伪文明，推行于中国，使放任之政府变为干涉之政府。则□□[幸德]君所谓法律、租税、官吏、警察、资本家之弊，无一不足以病民，而中国人民愈无自由，愈无幸福，较之今日，尤为苦困。故吾辈之意，惟欲于满洲政府颠覆后，即行无政府，决不欲于排满以后，另立新政府也。

次由何女士震演说，谓：吾于一切学术，均甚怀疑，惟迷信无政府主义，故创办《天义报》，一面言男女平等，一面言无政府。盖无政府之目的，在于人类平等及人无特权。若男女平等，亦系人类平等之一端，女子争平等，亦系抵抗特权之一端，并非二主义相背也。特无政府主义，不仅恃空言也，尤重实行。现世界无政府党，以俄国为最盛。俄国无政府党，其进步分三时期：一为言论时代，二为运动时代，三为暗杀时代。今中国欲实行无政府，于以上三事，均宜同时并做。即使同志无多，亦可依个人意志而行，以实行暗杀。盖今日欲行无政府革命，必以暗杀为首务也。

次由刘君光汉提议：今日开会后，拟每星期中，举行讲习会一次。其讲习之科目，一为无政府主义及社会主义学术，一为无政府党历史，一为中国民生问题，一为社会学。由中外各国绩学家讲演，并可随时质问。如有各国民党至东京者，亦开会请其演说。众皆赞成。

时天色已薄暮，遂由张君继宣布散会。

《天义报》第6期，1907年9月1日

是月 张伯祥、焦达峰、孙武、刘公等部分会党首领和与会党有联系的同盟会员近百人，在日本东京成立共进会。该会以同盟会纲领为纲领，将“平均地权”改为“平均人权”。谋在长江流域策动起义。张伯祥、邓文翚、刘公先后任会长。旋在川、鄂、湘、赣等省相继成立分会，并在会党中发展会员。

张难先《湖北革命知之录》称：

共进会发起于日本东京。先是中国同盟会于丁未新设十部，中有联络部，专以联络各省秘密会党为职志，焦达峰被推为调查部长。未几，达峰及川人张伯祥、佘晋城、吴祥慈，赣人邓文辉，鄂人刘仲文，以长江各省会党头目皆脑筋简单，非另设小团体，并互委用熟悉会党情形者分途招纳，不易收效。又以同盟会誓约内之“平均地权”四字意义高深，非知识幼稚之会党所能了解；故另约一部同盟会会员，组织共进会，专司此项联络任务；且将“平均地权”改作“平均人权”，以免收揽会党多费口舌。此事进行异常秘密，其编制三等九级，一如同盟会；并以同盟会之总理为总理，直同盟会之外府也（达峰于立会前，尝举以告黄克强。克强以为不可，曾与驳论数次。及闻其已经成立，而孙总理方在越南筹画军事，未便商讨，遂亦置之）。鄂人居正、孙武、杨时杰、彭汉遗、刘英、刘铁、向寿荫等皆与焉。刘仲文曾先后任副会长、会长。

严昌洪、张铭玉、傅嬗珍编《张难先文集》，华中师范大学出版社2005年版，第197～198页

吴玉章《从甲午战争到辛亥革命的回忆》:

1906年至1908年,同盟会在国内组织的多次武装起义都遭到失败,有些不坚定的分子因此表现消极。有一次我去约吴鼎昌为《四川》杂志写文章,吴本是同盟会员,但这时他却说:"我看现在还是不要再搞了吧!"坚决地拒绝了我的约请。这可算得是革命投机分子的一个典型。这时日本的同盟会组织也很涣散,孙中山、黄兴等领导人都不常在日本,宋教仁又没有威信,真是群龙无首,一盘散沙。我于是便和四川的张懋隆、李肇甫,湖南的欧阳振声、彭允彝、刘彦,广东的何天炯、熊越山,广西的覃超,江西的王有兰,江苏的陈剑虹,安徽的常恒芳、陈策(不是后来国民党政府里搞海军的那个陈策),福建的林时爽、李恢、郑烈,云南的吕天民、张大义,贵州的平刚,山西的景定成,陕西的井勿幕、赵世钰,山东的丁维汾等人经常联系,不断集会,这样差不多每省都有人参加,无形中形成了一个各省同盟会负责人员的联席会议,维系着同盟会的组织于不散,坚持着革命工作的进行。这时,由于国内环境更加险恶,许多会党中的革命分子纷纷逃亡日本,我的大哥也于这时来到东京,和我同住在《四川》杂志社内。我于是又和同盟会中的一些同志如焦达峰等人研究:最近一个时期,同盟会只顾去搞武装起义,差不多把会党工作忘记了,现在何不趁各省会党都有人在日本,把全国所有的会党通通联合起来。这个主张,凡是过去和会党有联系的同盟会员,都很赞成,因为他们知道下层社会有着巨大的革命潜力。我的大哥在四川哥老会中有相当地位,这时已由我介绍加入了同盟会,他很同意我的意见,对我说道:"你要作会党工作必须参加进去,且先补个'老幺'吧,然后一升'老五',就能在实际上管事了。"通过他的介绍,我就算入了袍哥。我首先在一些"大爷"当中进行联络。那时四川的"大爷"有张百祥、唐洁和我大哥三人;而湖南的焦达峰,湖北的孙武、居正,江西的邓文辉,广东的熊越山等人,他们或是"大爷",或是会党中较有地位和较为积极的人物;经他们一起商量,召开了共进会的筹备会,我大哥以年长被推为临时主席——"坐堂大爷",而我则升为"管事",实际负责组织联络等筹备工作。经过我们这些同盟会员的积极活动,各地哥老会、孝友会、三合会、三点会等会党在日本的首领,终于在1907年的下半年结成了一个统一的组织——共进会。由于四川孝友会的首领张百祥在下川东一带拥有相当多的会党群众,而且在会党中的资格最高,对各地码头最熟,所以被推为共进会的共同领袖。共进会以同盟会的宗旨为宗旨,而特别着重于反满的宣传。因为会党中的上层分子有不少是地主阶级出身或与地主阶级有着密切联系的人,所以共进会把同盟会纲领中的"平均地权"改为"平均人权",以便他们容易接受。尽管后来共进会的某些首领极力辩解,说什么"平均人权"比"平均地权"更有意义,更便于向会党群众宣传,但以后的事实证明:共进会放弃了"平均地权"的主张,终于使它无力去发动广大的农民群众,实际上是犯了一个历史性的错误。虽然共进会的纲领有严重的缺点,它的组织也很散漫,各派会党仍按原来的系统和各自的堂口去进行活动,并无集中统一的领导,但是,自有共进会以后,中国南方各省绝大部分的会党都在反满的旗帜下联合起来了,这就使同盟会增加了一个群众基础较为广泛的外围组织,从而有利于促进革命运动的高涨。

《吴玉章回忆录》,中国青年出版社1978年版,第48~50页

谭人凤《石叟牌词》一书称:

七月(公历八月)抵东京,克强已先我至。时同志中有焦达峰(湖南人)、孙尧卿(湖北人)、张百祥(四川人)、赵伸(云南人)等十余人,以中山舍广义而取狭义,组织南路同盟为大本营,而于东京本部从不过问,殊不谓然。拟结一有实力之团体,照绿林开山立堂办法,分道扬镳。刘霖生极表赞成。适克强与余先后返,克强不甚同意。余以为反文明而复野蛮,尤力持

不可。然渠等之意志已决，卒印刷章程、条例，奋励进行，内地之有共进会，盖即由此时分出者也。其在南洋方面者，尤极端反对中山，并指数其罪状，由陶成章、李燮和、柳某、陈某、胡某、易某等八人，联名发表，并函请东京本部改选总理。陶成章者，以光复会首领加入同盟者也，于南洋荷属，亦颇有势力。经克强逐条辩护，从事调停。余亦驰函劝顾大局，卒无效，亦遂分裂焉。

石芳勤编《谭人凤集》，湖南人民出版社 1985 年版，第 351～352 页

1955 年，邓文翚写作《共进会的原起及其若干制度》一文，谓：

（东斌陆军步兵学校）校中人数虽只二三百人，但多数都是曾经参加实际革命的人，早已加入同盟组织，大家都认为一个革命伟大事业，尤须经过多少艰苦，多少牺牲，才可望其逐步发展达到目的。今既有宣传鼓吹的机关，更应有实际行动的队伍，所以当时同学中无不主张于同盟会外极须另组一个秘密机构，专以发展革命推翻专制为职志。“共进会”三字是合各党派共进于革命的道路，正适应于此时的号召，正是汇万派以朝宗，可以使革命潜伏的力量扩大，更可使革命团结的声势提高。其中主张尤力者以四川张百祥、江西邓文辉、湖南焦达峰、湖北刘公等数人。于是同学提议张百祥、邓文辉、焦达峰、刘公为发起人，组织共进会以促进实行同盟会的宗旨。当时有人怀疑共进会与同盟会是分道扬镳，宗旨不同的，其实不然，同盟会以民报社为机关，挂起招牌为公开的宣传。共进会半属秘密内含军事，在各个不同的形势下和各个不同情况中秘密进行，分头活动，以推翻清朝政府为惟一的目的。此类秘密结社，自满人入关以来，即广泛地布满全国各省，凡江湖码头到处皆是，共进会即利用此类秘密团体，扩大机构，使内地各处容易发展，共进会谓为同盟会内部的行动队可也，谓为同盟会的实行者可也。

费了张百祥、邓文辉、焦达峰、刘公等的两个月奔走团结，乃于丁未秋即公历一九〇七年八月□日开共进会成立大会于东京的清风亭。到会的人数以东斌学生为最多，会员即以东斌学生为基础，亦以东斌学校为大本营。先是云南吕天民亦是最初提议组织共进会的人，他编办云南杂志颇具热心，众议欲推他为临时总理，张百祥副之。是日开成立会，吕天民书生胆小，怕公使馆派有侦探到场，临时爽约不到，一般同志颇不愿意，于是改推张百祥为临时主席。张在东斌学校与我同房，自习室又与我同桌，凡关于共进会一切，均由我二人商议定然后当众发表。他密向我说：“黄小山已回国，我不久也要回四川，若任了共进会总理，恐路上不便，共进会总理一职请你担任。”我未答应。临到开成立会他在主席台上说得激昂慷慨，滔滔不竭。他说：“国家兴亡，匹夫有责。我们的祖国危殆到了今日，不但是人人要尽匹夫的责，更须人人要合群众的力。我们今日共进会的组织，即是合群众的力，合群众的力，就可以救目前的亡，合群众的力更可以创百年的基。我们的责任很重，我们的前途很远，我们的事业亦是很艰苦的。古人云：‘匈奴未灭，何以家为！’这两句话不啻就是专为我们今日弟兄来说的，我们须万众一心，不顾一切，献身祖国，献身革命，我们伟大的祖国只须群策群力，伟大的革命一定成功。我今天有一个提议，要求各位大哥同意，就是我们共进会的总理问题，前次开座谈会时有些同志推举兄弟为总理，但是才不胜任，况且我不久要离开东京。总理人选我认为须具备四个条件：第一是要有胆；第二是要有识；第三是要有义气；第四是更要有热忱，具此四个条件方能服众。我的意见江西邓文辉大哥正合此选。他去岁曾参加过萍乡革命，此次发起本会尤为出力，请同志们改选邓大哥为共进会正式总理。”邓即起立再三推让云，“仍请张大哥负责，勉为其难，因张大哥资望高，力量大，我的经验不够，恐不足以负此责任，还望各位大哥斟酌。”大家说：“不必再推。”遂散票再选，比即通过邓文辉为共进会正式总理，统筹一切。总理以下，设内政部、外交部、交通部、军务部、参谋部、财政部、党务部、文

牍部,部长各一人。即由总理推举居正为内政部长,张百祥为外交部长,刘公为财政部长,焦达峰为交通部长,彭素民任文牍部长,孙武任军务部长(是时孙武刚由内地逃亡到东,他熟悉武汉新军,因任他此职),潘鼎新任党务部长,陈兆民任侨务部长(因为他是华侨),所提的人一一通过。各部已定,分头任事,力求发展。不久在青山麻布区赁得一屋,署名华群舍,作为共进会本部办公之所。是时黄兴同志亦在牛込区租得一屋,署名勤学社,负责的是宋教仁、谭人凤、刘揆一、吴寿天等几位同志。凡同盟会一切由勤学社主持,共进会事则由华群舍各部接洽。

自华群舍成立以后,共进会对内对外从新整理,各处联系日益加多,内地各处来函加入者络绎不绝,人才既多,规模更大,已具备一临时政府的雏形。邓文辉即以共进会总理的名义发表宣言,宣言有两种:一种白话,一种文言。(关于共进会组织情形及宣言等,本来留有笔记。因上海"一二八"日寇之乱,房屋悉毁,所有书籍二万余卷化为灰烬。其时仓卒避难,全家光身逃出,一切文卷笔记荡然无存,是时我以为湖北同志彭汉遗与刘公家中总有笔录,托人访问,也因去世多年,完全遗失。去岁闻彭素民同志尚保留一点,只有前半节记到共进会宣言(文言的)为止,以后之事,他已回国,自不明了。文内白话宣言,系汉口李白贞、李春宣等同志处抄写寄来略事修改的。)文言略述如下:

> 呜呼!吾同胞苦于祖国沦亡,呻吟于异族专制之下,垂三百年矣。以四万万黄帝子孙神明华胄之多,而屈辱于区区五百万腥膻之鞑虏,其可耻可哀为古今天下笑,孰有过于此者,凡有血气皆当奋起,以雪此累世之深仇。此共进会今日成立的原因及其宗旨意义之所在也。共进者,合各党派共进于革命之途,以推翻满清政权光复旧物为目的,其事甚光荣,其功甚伟大,其责任亦甚艰巨也。吾同胞甘心忝颜事仇,认贼作父,则亦已矣;若不然者,自抚胸臆犹有热血,则杀吾祖宗者即在眼前,当必愤火中烧,挥刃直往矣。齐桓公复九世之仇,宿恨方消;伍子胥鞭平王之骨,英雄吐气,吾同胞其念之哉。今日之事,无论男女老少,不问士农工商,以迄江湖卖技之流,军旅荷戈之士,皆宜负弩前驱,灭此朝食。太平天国讨满清檄文有云:"忍令上国衣冠,沦于夷狄;相率中原豪杰,还我河山。"何其壮也!功虽未竟,亦人杰已。我共进会当继承其志,以竟此未竟之功,然后可以上对祖宗,下垂后人,以齿于圆颅方趾之俦。皇天后土,实鉴斯言,弟兄袍泽,有如此约。

另外还有白话宣言如下:

> 我们这个会为什么叫做共进会,这是很有个意思的,这共字就是共同,单就我们这个团体说,是要在会的人,个个都同心合力,共做事业;再就本会以外说,凡与我们同样的团体,不论他叫什么会名,我们都要联合起来,结成一个大团体,共做事业。所以这个共字,就是合我们全国中各种的会一同去做事业的意思。至于这个进字,就是要长进我们各会员的智识,把从前那些做偏了做小了的事丢开,寻一个正正大大的题目去做。我们要从智识上认定了一个题目,就赶紧去做,是不容有观望、不容有丝毫懈惰的。那题目好比射箭的垛子,我们的眼睛要把垛子看准了,就要把身子像一枝箭如飞的一般钉在那垛子上,若是稍微有一点躲闪,那枝箭就会半路落下来,或从左右偏过去,不会中垛子的。所以这个进字,前一层是长进我们的智识,后一层是长进我们的身子,去做那智识上认定了的事业。我们中国自黄帝轩辕氏以来,都是汉人居住,由汉族人做皇帝。到了明朝末年的时候,那东边的夷狄满洲的鞑种忽然强起来,趁我中国有难乘虚侵入,把我们汉人任意奸淫掳杀,无所

不至。扬州十日、嘉定七天,真是惨酷得无以复加了。从此并做了中国的皇帝,把杀不尽的汉人当作他的奴隶,随便的虐待,把那些鞑子贱种当作贵族,世代封爵;又派些贱种分驻各省要地,叫做驻防,防着我们汉族好像防贼一般,还要吃着穿着我们的;又放一些贪官污吏替他们来收粮征税。我们辛辛苦苦以血汗换来的东西,送给他们还不够,有时随便加上罪名,就会残害身体,牺牲性命的,这种鞑子贱种不赶紧排逐出去,汉族人是一日也不得安身的。

这个鞑子贱种侵入我中国二百多年,到了现时,朝政已经紊乱达于极点了,他却变得来奉承洋人,情愿跟洋人做奴隶,把我们汉人来给洋人做三层奴隶,又把我们的疆土,今天割一块送给这个洋人,明天又割一块送给那个洋人。如果我们老百姓与洋人发生什么纠纷事件,他不但不替老百姓说一句公道话,反而要压制老百姓,杀老百姓来帮洋人的忙,助洋人的威,动不动又弄得承认赔款,或租借土地,铁路送给洋人,关税也送给洋人。你看各种东西都越来越贵,老百姓的生计是一天比一天困难,不是一些钱财与产业都被洋人搬穷了么?这满洲鞑种只顾奉承洋人来保住他们做皇帝,那理肯管汉人的死活,我们若不早点把这满洲鞑种排出去,他就会把我们中国全盘送给洋人。鞑虏徐桐说过"宁赠友邦,毋给家奴"的话,我们如果失掉了主权,那些洋人的手段又狠又辣,我们汉人的性命财产真是要到极危险的境界了。但是我们不要怕,我们要起来革命,一来是为的要替祖宗报仇;二来是要准备免得子孙受祸。所以我们都要晓得同是黄帝的子孙,合中国四百兆人都是同胞,好像一个大家庭。我们立这个会,要取共进二字,长进我们哥弟的智识,共拼死力,有进无退的去驱逐满洲鞑子,还我河山,恢复我们的主权,仍旧由我汉族做中国的主人,做革命的英雄。我们不但要平均地权,而且要平均人权的。还有一句话要说的,我们革命不必打教堂杀洋人,洋人到中国来没有安着好心,这是很明显的,但是我们把满洲鞑种排逐出去了,我们中国就会得到安定。我们革命是英雄的事业,是有世界眼光的,是明了国际一切情况的,是正大的,是一定要成功的。我们哥弟大家都起来罢!我们这个共进会已经在日本东京组织成立了,先后选定邓文辉、张百祥、刘公、居正、彭素民、潘鼎新、孙武、焦达峰、陈兆民分别负责主持。并派人回国,分向各地开始组织秘密运动,登高一呼,万山响应,我四万万同胞重见天日的时不远了。特此宣言。

发出这两个宣言之后,并拟定了法规十条,布告内外:

一、国体问题,首先推翻帝制,效法共和,如欧美各国建立共和政府议会制度;

二、限制资本,私人资本不得超过百万,超过百万者,以其超过之数充公,收归国有;

三、平均地权,取耕者有其田,仿三代井田之法,由公家授给,不准私人买卖;

四、平均人权,男女平等,取消娼妓奴役等阶级,严禁贩卖猪仔等种种腐败恶习;

五、民族平等,不得分汉满蒙回藏大小优劣的歧异,养成天下一家的风气;

六、遵守国际公法,外人来我国及居留我国者,一律平等待遇;

七、收回租界,取消租借法权及领事裁判权等一切不平等制度;

八、建立征兵制,凡一切雇佣招募等旧法及巡防营腐败制度,概行逐渐改良;

九、保护外人资产及教堂住宅和一切居留民妇孺老幼等,铸为法令;

十、保护一切丛林庙宇历朝敕封建筑等物,不得无故毁坏。

《近代史资料》总第10号,科学出版社1956年版,第10~16页编者按:邓文翚写作《共进会的原起及其若干制度》一文中所收入的《共进会宣言书》白话文部分舛误甚多,后来张静庐从《支那革命丛报》第二、三期合刊中录出原文,订正了史料错误之处。以下录其全文,以资比勘。

其文谓:

我们这个会,为什么叫做共进呢?这是很有个意思的,等我先把这字面说明了,然后再说其中的道理。这共字是共同的意思。单就我们立会这个团体说,就是在会内的人,个个都要同心合意,共做事业,不可一人别怀他样的异心。就本会以外说,凡与我们这个会同样的,不论他叫什么会名,我们总要联合起来,结成一个大团体共同去做事业。所以这个共字,就是合我们全国中各种的会,一同去做事的意思。至于这个进字,就是要长进我们各会员的知识,把从前那些做偏了、做小了的事丢开,寻一个正正大大的题目去做。我们的知识就是要认真这个题目,把题目认真了,就赶紧去做,只有进无退,不许有丝毫懈怠的心。这题目好比射箭的躲子,我们的眼睛,把躲子认真了,把我们的身子,就当作一根箭,如飞的一般,务要钉在那躲子上,若是稍有一点儿躲闪,就半路落了下来。所以我们取这个进字,前一层是进我们心中的知识,后一层是进我们的身子去做那知识上认定了的事,这是我们取共进二字字面的意思了。如今字面说了就要说其中的道理,这道理说来很长,请你们安安的静坐,听我说来。大家想一想,我们这些会党,虽说名字不同,各有各堂的名目,但是从普通一般合拢来说,不是都叫做汉流吗?这流字就与党字相同,倒没有深意。究竟为什么要取这个汉字呢?说起这个汉字,我就先要流下眼泪来。是什么缘故呢?原来这世界上的人,种族是不同的,分了黄、白、红、黑各样颜色的种,我们就是黄种。但这黄种中间又分了几样,就是汉种、满种、日本种、朝鲜种等类了。我们中国自从盘古以来,就是汉种人居住,汉种人做皇帝。到了明朝崇祯的时候,那东边狄夷满洲的满种,忽然强起来,趁中国有难,就乘虚杀进来,把我们汉种人,杀得尸骨堆山、血流成海,奸淫掳掠,无所不至,就做了中国的皇帝,把杀不完的汉族,当作他的奴隶,随便他虐待。那个时候,我们的祖宗,伤心惨目,要想报仇,把满人除掉,怎奈没有力量,才苦苦的想个法子,暗中立一个团体,叫做汉流,是叫我们做后人的,想到这个汉字,就想起我们是个汉种,就想到那满人做皇帝的不是汉种。中国既是我们汉种的国,怎么该让满人来享受,我们受他的管束呢?所以因这一个汉字,才能够发动那报仇的心。又如我们内中有个能干的人,就叫做好汉,也就是说这个人是个好汉种,必定能做报仇的事。所以晓得汉流,就晓得我们不是满流;要当好汉,就不要扶助那满人,变成一个好满去了,这就是我们祖宗立这个会的宗旨,要望子孙入会的就实心去做。谁知到了后来,倒忘了本,把正大宗旨时(原文如此)开一边,倒去做些小事,把会也说成匪党去了。到了如今,我们好哥弟,多半去赌博,或是去抢劫,那些满奴才狗官,说是匪徒,捉去不装站笼,就破脑袋,把一条性命送了,还丢不脱匪徒二字。若是守我们本会的正大宗旨,去驱逐满人,世界上就称我们为革命的英雄。事成了,固然要立铜像,扬名千载,万国皆称赞;事不成死了,也落得一个英雄的名称,比被那狗官捉去整死了,成一个匪徒的名词,不更划得来么?我们不拿正大的宗旨去做英雄,倒去作那抢劫的生活,成一个匪徒,真正是错到底了。所以我前头说做偏了、做小了,要增进知识,这知识不是要到别处去找的,就是要明白我们会中本来的宗旨罢了。有些人说这满人虽是鞑子,但他已经在中国做了二百多年皇帝,只要相安无事,何必定要排他呢?这个话是大错了。怎么说呢?他来的时候杀我们的祖宗,奸淫我们的祖姑、祖母,占了我们汉族的江山,把他那些贱种,当作贵族,世代封王,又派些贱种,分住各省要地,叫做驻防,防着我们汉族,好像防贼一般,这就已经可恶了;他还要吃着穿着我们的哩!有时享受得不安分,他还要生许多事情,欺虐我们。又放些贪官污吏,替他们来收厘征税,我们辛苦赚点儿钱，白白送给了他还不够，或者加一个罪名，还要断送我们的性命。这样看起来，满人倒相安，可是汉人一日也不得安啊！况且他到如今，朝纲紊乱，只有奉承洋人，作洋人的奴隶，挐我们给洋人做三层奴隶，又把我们的地土，今天割一块来送这个，明天割一块来送那个。若百姓和洋人闹起事来，他不但不替百姓讲一句公道话，到[倒]要替洋人杀些百姓出气，动不动又讲要赔款多少，铁路也送给洋人，矿山也送给洋人，税关也送给洋人。你看近来各项东西，都越过越贵，过活又一天难似一天，不是一些财产都被洋人搬穷了吗？这满人他只顾请洋人来保住他做皇帝，哪管得汉人的死活，只可怜我们汉人，白白替别人做世界做不了！我们若不早点把这满人打开，再过几年，就会把我们的中国，和盘送给洋人；到了落在洋人手里，那洋人的手段又狠又辣，我们还挡得住么？还能够把中国挐得回来么？请看现在洋人对中国人，就是这样厉害，将来若让满人把中国送给他，难道不把汉人斩尽杀绝吗？这个中国，本不是满人的，满人挐去给把洋人，日后好留一条生路，也是人情落得做的。只是我们的国家，给他做了一个礼物，他使用了不足，还要引得那些豺狼似的洋人来蹧跶我们，实在是划不着。所以我们革命，一来是要安替祖宗报仇，二来是要早点预备，免得子孙绝种，这岂不是光明正大的道理吗？我们会中人，既然把这题目认定了，就该去做。但是这满人既占着皇帝位了，又有这些汉奸扶助他，他的势力管多少大哩！我们不把全国的会汉合拢来，怎能够成功呢？所以我们要劝告我们的同党，不同分门别户，说你是那一个码头的，他是那一个山堂的，某个是上牌，某个又是中牌下牌，自己先分了界限，把团体离开，那就是自取败亡了。须要晓得：我们同是汉人，同是轩辕皇帝的子孙，合中国四百兆人都是同胞，好像一个大家。而且我们的会，都叫做汉流，都是要杀满鞑子的，怎么不团结起来，同心合意去取回我们的中国，倒来闹这些小小儿的界限，这见识岂不太小了吗？所以我们才取这共进二字，增进我们哥弟的知识，共拼死力，有进无退的去杀满鞑子，取回中国，仍旧汉人作主人，免得偷偷缩缩，好像出洞的老鼠一般，才算得是会党中的好汉，才算得是英雄！哥弟们仔细想一想看，该也不错吗？还有一句要紧话：我们革命，切记不可打教堂杀外国人。本来这外国人到了中国没有好心，但是我们只要把满人杀了，把中国整顿好了，那他也就不敢欺凌我了。若是起革命军的时，就先打教堂杀洋人，他就会满盘领起兵来，帮着满人杀我们。若我们不惹他，他就也没有话说。是什么缘故呢？因为如今外国人商议了一个通行的规矩，叫做国际公法，这公法有一条载着道：无论那国起了革命军，别国人不准插进来多事；但是革命军若伤害了别国，别国也就要多事的。所以我们切记不可损害他们，免得惹起大祸来，弄成个寡不敌众。革命本是英雄的事业，应该要合着大家定的公法，才算是英雄的本领哩。但有一椿事，哥弟们切莫会错了意：凡外国人到了某国的地方来住下，他遇着这一国有革命军，他就要派兵来保住他的百姓，哥弟们切莫认做这兵是来打我们的。比方上年湖南、江西两处起革命军，外国人也派过兵船，但是我们没有损害他的百姓，他也不来坏我们的事；若是你要损害他，他也就要来打你，这也是公法上载着有的。所以我们起了革命军，只要拼命去杀那满鞑子，不要惹起许多洋人来，讨个没趣，那么事就容易办了，等到这事办成了功，再来打算办那洋人的事，也就不消费多大的力。以上说这些话，都是大略，若详细说来，恐怕要说几十篇，但是说了这些话，哥弟们也大概明白了；既然明白了，就要大家赶快去做，再等些时候就来不及了。

《共进会宣言书》。引自《近代史资料》总第13号，科学出版社1957年，第94～98页

9月1日（七月二十四日） 同盟会员王和顺奉孙中山之命，率二百余人在广西发动钦廉防城起义。旋即攻占防城，杀知县宋鼎元等，张贴《中华国民军都督王告示》，宣布“扫专

制不平之政治，建民主立宪之政体，行土地国有之制度”。后又攻袭钦州、灵山等地。

冯自由《丁未钦州防城革命军实录》一文中谓：

是时孙总理、黄克强均在河内，方规划攻取粤桂滇三省为革命根据地，而统领郭人漳方奉调驻兵钦州，标统赵声亦驻兵廉州，郭赵二人与革命党素有渊源。故两府兵权渐入革命党掌握，机局之佳为从来所无，适钦州三那乡民所派代表梁建葵、梁少廷到河内求谒，总理不知虚实，先派邝敬川偕二梁至钦调查，知该处民团痛恨清吏，大可为用，遂派克强赴钦州佐郭人漳，胡毅生赴廉州佐赵声，复命王和顺入钦州腹地，联络民团大举发难。

王和顺先偕胡毅生至廉州，居赵声军中十余日，易名张德兴（编者注：亦作“德馨”）由赵给予军事委员委任状，遂偕霍时安，经区家墟平银渡至钦州府城，沿途防军皆信为政界委员张某，无有知其为革命党要人者，居府城一日，即取道赴那桑，三那父老已派人远接。时梁建葵、梁少廷方在各乡村组织革命军，预备发动，有枪数百枝，刘思裕之侄显明党数百人来会，声势颇盛。王和顺初与赵声约，拟由王率党众进取南宁，而赵以所部新军自后尾追，相机暗助，倘得南宁后，攻取他处亦用此法。后以运动南宁清军目的未达，始变更计划。王率党众来往三那附近，日谋伺隙而动，抵平吉时，刘显明因王久无办手法，遽引所部散去，王统余众至板城墟就食。盖是时钦廉各地尚未行用中外纸币，而携带银元更为不便，故革命党人来往钦廉，恒在越南或香港预购金器金叶等物，为交换物价之用。幸钦廉各乡村居民对于革命党异常欢迎，沿途供给粮食，惟恐不力。王等得以四处活动，不虞匮乏者，乡民协助之力为多。

王在三那停顿数月，迄无发动之机会，适驻防城清军连长刘辉廷、李辉堂二人有反正之意，乃决计在防城发动，派员赴越南侦［征］求总理同意。总理以防城近白龙口，有海上接济之利，大为赞成，乃电香港冯自由及日本长崎萱野长知，令即雇轮船，将预购军械运至白龙港起岸，备革命军取用。旋因从日本运械至钦州沿岸，须由河内香港二处辗转传递消息，事实上必不能于最短期间做到，且是时适有东京干部员及日人北辉次郎等风闻萱野所购枪枝全属废物，遽用明电告香港《中国日报》，谓此项武器万不能用，以是春光外泄，而船械均不能如期开来，遂不得不变更计划，另觅相当地点为接械之准备。王以运动成熟，机不可失，即于丁未七月下旬，率党众二百余人，从三那兼程袭取防城。二十七日开始攻击，二十八日清军驻防衙字营连长刘辉廷及团长唐浦珠在内响应，驻对河之连长李辉堂继之，党军入城，杀清知县宋鼎元及其幕宾家属等十九人，四处张贴中华国民军都督王告示，于是全城大定。即日拔队向钦州府城进攻，欲以迅雷不及掩耳之势，袭取府城为根据地，惜仍进军迟缓，使敌得以从事戒备耳。

冯自由《革命逸史》下册，新星出版社 2009 年版，第 887 ~ 889 页

孙中山致邓泽如信：

泽如兄暨同志诸君惠鉴：五月七日曾发第十八号函，想已收到。比维文明进步，忧国思潮与时俱长为慰。弟前函云数月以来，两广革命军已竖旗起义，破城略地，电报纷传，想我同志诸兄闻其慨［概］矣，今更以详情一一述之。

弟自南来，即欲经营大军在钦廉发起，以东西兼顾，沛然进取。躬自经营者数月有余，又得海外同志之协力，联合好义敢死之士，输运新式枪械，百事俱备，乃于中历七月二十四与虏兵战于钦州之王光山，大破之。《法兰西新闻》论之曰：“此处革命军不知用何战术，能一战而去敌兵四分之三，可称奇捷”云云。可见革命军之名誉矣。

二十七日乘胜进攻防城县，一鼓破城，生擒知县等官，责其不知大义，身为汉奸，尽诛之。安抚居民，秋毫无犯，民心大悦，醵金备烧猪、炮竹以欢迎义军。各乡之民携械从军者万余人。即晚全军出城，进取钦州，虚围其城以诱虏兵来救。八月初三日全军直趋灵山，初五六

两日连破横州、永淳两县(皆广西省南宁府属)。十日之内,全军二万余人连破数城,军威甚壮,虏兵不战而降,或一战而溃。(下略)

黄彦编注《(孙中山)自传及叙述革命经历》,广东人民出版社2007年版,第61~62页

《布告粤省之同胞》(1907年9月3日):

天运岁次丁未年七月二十六日,中华国民军南军都督王和顺谨披腹心,布告于我同盟诸兄弟暨吾乡父老以及清朝官吏将卒之驻防粤省者。

尝闻人自有生以来即为国家之一人,国家之安危不可不负其责任。国弱则当使之强,国亡则当使之存,此国民之天职,而豪杰之士所以乘时奋起,一往而不顾,百折而不挠,以求遂其志者也。中国之亡于满洲二百六十年矣,宗国阴沉,生民涂炭,水深火热,日甚一日。追思鞑虏入关之始,扫荡西北,席卷东南,迄于滇池,旁及台湾,兵锋所至,赤地千里。我祖我宗,虽处乱离之世,而耻为左衽之民,宁断头流血,枕藉俱死,而不肯辱身屈节。故有扬州十日之变,嘉定屠城之惨,广州三日之痛,满人鼓刀而屠,汉人觳觫就死。凡我子孙,有不发指眦裂、枕戈待旦、以求一洗者乎?是故川楚奋起于前,百粤接踵于后,义师迭举,前仆后继。数百年间,殆无虚归,而我粤尤为鞑虏所侧目。自太平天国起义金田,底定东南,涤除膻秽,虽天不祚汉,功败垂成,而继起之雄,尤称后劲,以至于今,常为虏廷心腹巨患。吾乡人士,忠义之诚,骠勇之烈,久已霆震于天下矣。本都督少居父母之邦,长怀四海之志,与父老长者游,获闻亡国事实,扼吭悲愤,搏膺大呼。且稔观虏朝政猛于虎,容[穷]奢极欲于内,割地弃民于外,贪官污吏,率兽食人于下,民不聊生,死亡无日,豺狼当道,魑魅公行,非摧廓震荡之,不足以成恢复之业,乃慷慨扶义而起,奋入洪门,奉其宗旨,以反清复明为【职】志。明指中国,清指鞑虏,非为朱家尽忠,乃为中国戮力。由其[此]腾其武怒,纠合吾党忠义之士,修我戈矛,同仇敌忾,精锐骠悍,云卷风驰,八九年来,纵横南宁诸路,战必先登,谋必克臧,十荡十决,一以当百,遂使清朝官吏望风震骇,荷戈之士每遇辄靡,虏廷为之侧席,苏元春、王之春、岑春煊之徒,狼狈奔命,动天下之兵,以萃于一隅,而吾党不为少屈,激励壮节,屡挫其锋。

夫吾党之士所以甘死如饴,赴水火、冒斧钺而不顾者,非有利禄动其心而奔走于功名富贵也,又非恣意于子妇玉帛而以推理剽掠自雄也。惟以民族主义日夜在心,抱此单纯之目的,死生以之,誓当手歼鞑虏,灭此朝食,故虽蹈九死而不悔也。本都督前此之行状,固为我粤省人士所深晓,则如义师既举,所向摧破,虏廷震慄【之】余,竞议招抚,会党中不肖之士奔竞功名者,多为所钓。虽负隅崛强,历有年所,而朝释兵甲,夕膺章绶。本都督则始终一节歼虏之志,泰山不移,虏廷虽屡谋招致,然视伪命如粪土,曾不少愿顾,劝降之书,来而为薪,炊粱可熟!宁备历艰险,未尝稍变节操,足以证无功名之心也。师行所过,秋毫不妄有所侵犯,舍除奸宄、筹军实之外,父老子弟咸保护之,俾毋失所;赏罚必公,取与必信,违者虽亲不贷;巡按所部,凡诸判决,必准于公平,足以证无暴睢[戾]之行也。凡此皆吾乡人所共见者。

年来艰难百折,矢志不渝,千里间关,漫游海外,博考各国之政治典物,周咨其风俗,与内外士君子相结纳,发愤以议复仇,慷慨而谋恢复。及从孙文先生游,得与闻治国之大本,始知民族主义虽足以复国,未足以强国,必兼树国民主义,以自由、平等、博爱为根本,扫专制不平之政治,建民主立宪之政体,行土地国有之制度,使四万万人无一不得其所。自守此主义之后,驱除鞑虏之志益切。今者以孙文先生十数年之经营,民党势力日益充实。虏廷罪恶既已贯盈,革命之军风起云合,义旗一举,四方响应。本都督适于此时统率义师,誓当与我国民披坚执锐,共冒矢石,以驱鞑虏,以立新国。卷土重来,山河变色!骠壮有志之士以救国为职者,其可不投袂而起乎?凡我同盟诸兄弟,平日相从于患难之中者,休戚相共,心如金石。自

出国以后,久不获握手相聚,同沐风雨,今兹闻本都督扶义而起,当必激昂奋发,裹粮来会,同心戮力,以完旧日未竟之功,成将来方新之业。至于吾乡父老子弟久苦苛政,益以流离,当知虏朝弃民,实其狡谋!国家魁柄握于鞑虏之手,人民安有聊生之日?况吾乡不乏读书明理之士,思九世之仇,怀亡国之痛,岂其畏威恋禄、遂甘为牛马?其各奋才力,以完国民之责。大军所至,为民除害,决不惊扰闾里,贻父老忧。

至于吾汉人之为满洲官吏、将卒而驻防于粤省者,数年以来,本都督威名所届,众当共悉。本都督既与满洲政府为敌,则凡顺从协助满洲政府者,义当翦除。须知同是汉人,同处于满洲政府之下,我等祖宗同受满洲政府之屠戮,我等今日同受满洲政府之压制,乃尔等不知以满洲为仇,反与国民为敌,为人爪牙,自残骨肉,以亡国之奴隶,作他人之马牛,视祖国为仇誓[雠],戴犬羊为父母,不肖至此,虽尽行芟薙,亦非过严。惟念尔等虽污伪命,犹属同根,身事虏朝,或非得已,若能抚躬思过,涤除旧污,一朝反正,本都督不念旧恶,概予自新。规律具在,勿生猜贰!本都督所有执行大义、率师复起缘由,业已宣布无隐,愿我粤省之同胞,鉴兹悃愊,泯厥猜嫌,共矢忠诚,以图伟业。鼓国民之元气,扫大陆之虏尘,直抵黄龙,以建旗鼓,本都督有厚望焉!

《中华革命军四言告示》

革命军起　驱逐满清　兹将大义　布告人民　自彼满洲　夺我中国　生民无依　惨受暴虐
租税抽剥　刑罚苛繁　贪官污吏　毒如豺狼　内则肆虐　外则召侮　割地弃民　旦夕不保
嗟我同胞　死伤憔悴　同心合力　吊民伐罪　万众一心　各省纷起　立军政府　合群共治
义师所指　我武维扬　驱彼鞑虏　还我河山　维我父老　与诸弟昆　激发忠义　除旧布新
战士奋勇　闾阎馈粮　拯民水火　取彼凶残　以申天讨　风起云从　其各自勖　成此大功

《招降满洲官吏告示》

中华国民军,驱除异族专制政府,建立民国,凡我国民屈为满洲官吏者,皆当顾念大义,倒戈反正。赏罚四条,布告于左:

一、以城镇、乡村或军队反正来归者,除赏典论功行赏外,并照现任廉俸加倍赏给,至于终身。如其才可用,另有任使者,其所得官俸不在此限。

二、军到即降者,保护其身家。愿留营者,量才器使。愿还乡者,厚给资斧,护送归乡。

三、力尽始降者,仅予免死以俘虏处分之。

四、不降者杀。

《招降清朝兵勇条件》

中华革命军,驱除满清,光复中国。凡尔等当清朝兵勇者,须念身为汉人,当为中国立功,莫为满人替死。今奉军政府命,招降尔等,条件如左:

一、带军械来投降者,记功一次,并照军械原价加四倍赏给(如原价二十五元则赏给一百元),将来由军政府颁发。

二、投降后与义军一体看待,兵勇每月饷银十元,衣服饭食等另由军中供给。

三、立功者,记功或记大功,由军政府论功行赏,升官加俸。

四、凡当兵者,至革命大功告成时,一律照本人现饷赏食长粮,养至终身。

五、当兵无论久暂,因年老退伍者,照本人现饷,赏食长粮,养至终身。

六、交战受伤,以致残废不能任职者,退伍后照本人现饷加倍赏给,养至终身。

七、在军身故者,查明本人父、母、妻、子女,每月给养、给家费,父、母、妻养至终身,子女养至二十岁。所给之费,视其立功大小为定。

八、不降者，杀无赦。

《王和顺〈布告粤省之同胞〉》，《民国档案》2001年第1期

9月4日（七月二十七日） 清廷外交部照会日本驻华临时代理公使阿部守太郎，称在日出版的《民报》等七种报刊，倡导革命，措语狂悖，请日政府查禁。

由外交部庶务司拟稿照会：

为照会事。

准北洋大臣函送探访员查呈之《民报》等杂志七种到部，并准函称，检阅各报，或系日本邮便认可，或系东京刷行，而其输入中土，率由日本邮局寄来。应请面告日使，转达日政府设法禁止等因前来。本部复加检阅，此项杂志均系本国乱党在贵国境内出版发行之件，其中倡导革命、措语狂悖者，不胜枚举。若听其展转流播，煽惑人心，实于本国治安大有妨害。贵国政府与本国夙敦友谊，休戚相关。此等悖逆书报，不独本国臣民见之发指，即贵国政府亦必深恶痛绝，具有同情。查贵国《新闻纸条例》第三十二、第三十三等条，凡记载论说，有冒渎皇室尊严，变坏政体，紊乱朝宪及坏乱社会秩序风俗者，均分别轻重，处以刑罚。又出版法第二十六条，凡将变坏政体、紊乱国宪之文书、图书出版者，处二月以下二年以上之禁锢，并附加罚金等语。此项杂志专以革命煽乱为主义，按诸贵国法规，亦同在应行处罚之列。除饬本国各地方官随时严禁递送售卖外，拟请贵代理大臣转达贵国政府，将另单开列之各项杂志，严禁印刷递送。并请嗣后遇有类似此项杂志之各种书报，一体禁止出版，以维秩序而保治安。相应将该报等题号及印刷所等名目、地址，开单照会贵代理大臣查照办理，并希见覆可也。须至照会者。附抄单。

右照会

大日本国代理钦差全权大臣阿部

光绪三十三年七月二十七日

附抄单

《无政府主义》 荡虏丛书之二

编辑者：民报社记者张继

印刷者：东京神田区表神保町十番地 金子久太郎

印刷所：东京同上 弘文堂

《复报》

编辑所：复报社

发行所：同上

印刷者：东京牛込神乐町一丁目二番地 榎本邦信

印刷所：同上 翔鸳社井上印刷工场

《大江》

编辑兼发行人：公孙克肖

印刷人：东京神田区美土代町二丁目一番地 白土幸力

总售所：神田区今川小路一丁目一番地 大华书局

印刷所：神田区美土代町二丁目一番地 三光堂

《汉帜》

编辑兼发行人：黄一铸

印刷人：藤泽外吉

编辑所:东京本乡区追分町三十番地 《汉帜》编辑部

发行所:东京神田区南神保町七番地 古今图书局

印刷所:东京神田区中猿乐町四番地 秀光社

《鹃声》

编辑兼发行人:鹃声社

代表人:黄钟

印刷人:东京神田区猿乐町廿四番地 青木永美

印刷所:同上 东明社

《民报》

编辑兼发行人:章炳麟

印刷人:藤泽外吉

编辑所:日本东京牛込区新小川町二丁目八番地 《民报》编辑部

发行所:日本东京丰多摩郡内藤新宿字番集町三十四番地 《民报》发行所

印刷所:日本东京市神田区中猿乐町四番地 秀光社

《洞庭波》

编辑所:《洞庭波》杂志编辑所

发行所:日本东京中国留学生会馆

印刷所:日本东京神田区仲猿乐町四番地 秀光社

《天义报》

编辑兼发行人:震生

发行所:上海

通信所:日本东京牛込区新小川町二丁目八番地何寓

印刷所:东京神田区中猿乐町四番地秀光社

唐振常《〈民报〉封禁事件诸问题》,《中华文史论丛》1981年第1辑

9月5日(七月二十八日) 保皇会副会长徐勤致函康有为,言上海《时报》本为该会机关,然主事人狄平子(楚卿)专擅,排挤同党,冷淡同志,却与张謇等人接近。同为保皇会机关的广智书局亦因梁启超故,经营不善。

其函云:

一、《时报》现销报至万六千份,据挺之、孝实二人云,可以获利矣。据楚卿云,去年只印两张大纸,各账收清,准可支持。今年各家加纸一张,共三张大纸,即此一年已费多万余金矣。楚卿将各数交弟子查验,其账房云,每月约七千余费,除北京访员电费及主笔房各脩金不计外,合各费计之,非十万金不可,现每月告白费约四千余元。弟子到沪,仓猝之间,其所交阅之数,并非月结,不过每月流水部耳,据此未必可以定之。《时报》自开办之时至今,只楚青一人主权一切,用人权、理财权外人不能干涉之。孝高、挺之、孝实、孺博皆局外人耳,不过一校对之人耳。楚卿除运动、发公函、筹款外,永未有与同人议事者。彼日言在上海最可忌者《时报》之名,知为党人之机关,则言论只成为一党之言,非一国之公论,且人人皆怕其名,故必大为减色。此事[时]在内地办事,或诚有此委曲,亦未可知。彼在报上,不倡言一党之宗旨,弟子亦不怪之。但楚卿所办之事,一切不与同人商量,几成为狄氏一人之私产。且不特此也,孝实、挺之总编辑也。而编辑一事楚卿则另托江苏陈景韩、雷奋二人,以至编辑之

权，亦授人以柄。被火后，如何兴复，始终未有一言与孝实、挺之言之，二人甚愤，屡欲辞。度楚卿所用苏人，皆名无实，薪水甚贵，有竟月不来者。细考其意，实不欲用粤人，挺之、孝实不过迫于无奈耳。以十余万血汗之钱而成此报，彼则名利相收，故同人对于彼之举动甚为愤激。夫子日言三权鼎立，断未有以十余万之巨资，仅假手于一人之理。此事之误，误于卓如于开办时不早早正定规则，至有今日。外间人及局中只知有楚卿一人，不复知有粤人者。前有一主笔对人言，我苏省多才，何必用粤人乎，即此一言，可见一斑矣。挺之、孝实凡有文字刊报，彼甚不欲其出名，二人粤产，恐外人知《时报》有粤人也。报中刊一冷字，此人即陈景韩也。不论作何文字，皆用一冷字，以自别于粤人。此人学问文字极平常，楚则尊之如帝天。卓如、孺博所作之文字，皆须冷公一人鉴定，乃可刊报。前卓如、孺博曾有一论说，竟为冷所阻，不能刊报。楚卿之对外人言，则只云冷为总主笔，故冷之名甚籍籍。外埠同志道经此者，往《时报》无一人招待。《时报》最依附张謇、曾少卿，外人皆云苏省之机关，非吾粤之报，更非吾党之报。弟子本无省界之见存，又以内地办事之艰难委曲，亦甚原谅之，但于表面上只可如此耳。而内容一切用人理财之事，亦当与挺孝二人商之，乃竟置之若无物焉。用人理财之事不与闻亦已矣，何以卓如、孺博之文字亦在摈斥之列耶！岂冷君之文胜于二人耶！孝实本为总编辑，而凡有各处访函，楚卿必分交于冷，以分其权。《时报》之内容腐败混乱，诚各报所未见。开办已四年，而股票尚未发，万一被据为己有，则奈之何？彼在工务局注册，亦独书己名，外人至云狄氏私产，亦非刻薄之言也。现吾党外省人只剩得楚卿一人，且大权在彼，若操之过急，彼直不认为公产，亦不能与争。弟子今只有隐忍不言，不追年结，只云外埠纷纷派人返港，清算华益各数，《时报》历来所收各款，可早日出一股票，以便对待各埠之人云云。彼云当早日出之。如彼既出有股票，既有凭据，然后派人监督之，或特派一管库员，挺之、孝实二人可胜任，则《时报》或可收拾也。今不必扬言，亦不必追问之。但彼有信来催款，不必再汇矣。以上各事，楚卿或无吞没之心，然过于专擅，忌我粤人，则无私见私矣。卓如办事向无条理，既败于广智，而《时报》又蹈其覆辙焉。其咎非他人，任也。现管财政者，即楚卿之胞弟，一荡子也。楚云：尚有二万元，系江北【赈?】捐《时报》，因火烧已用之。欲弟子函求夫子再提二万元助之，弟子他日或有信来，切不可信，弟子固为此以安其心耳。《时报》若照今日之办法，虽再提十万二十万与之，亦归乌有而已。弟子日间即东渡，再与卓如妥商之，即驰告。

一、广智今年每月生意比去年少二千元，书局通行皆淡，卓如终日沉溺麻鸟、诗钟，置广智、《丛报》于不问，诚自累也。彼如有函来求款，乞勿与之，闻彼在日本买股票亏损甚多。现广智因《丛报》误事，故在上海复办一印刷所。初开办时，与卓如订明，将《丛报》在日本之局面收了，就在上海代印，每年可省万金或七八千金，卓如已允肯，后为彼一族人阻之，又复办。然去年之报，至今尚未出完，徒开一局，以费万元，太不上算，为一私人而费巨款，何其计之误耶。弟子已函责之，到东必力争停止《丛报》局面而后已。卓如已久居神户，各埠同志《丛报》又不能招待，同门游学者有大同学校足矣。或特聘一人为招待员，驻大同学校或致生亲仁会，一年费数百金足矣。卓之困难已如此，而又为一二私人所愚，至今不悟，诚可恨可怜矣，乞夫子函责之。负中外重望，而终日打麻鸟，放弃责任，奈天下何！

上海市文物保管委员会编《康有为与保皇会》，上海人民出版社 1982 年版，第 374～376 页

9月8日(八月初一日)　清廷收护理两广总督胡湘林、广西巡抚张鸣岐分别电奏，各言钦州、防城起事情形。

胡湘林电云：

防城驻防兵变,县令殉难,业将大概情形电请代奏在案。现据署钦廉道王瑚、署钦州夏翊、统带新练军郭人漳电禀,廿六日,匪股六七百人变起,防城衡军不力,全哨溃逃,焚署戕官,知县宋渐元全家及幕友等一同被难。匪众来扑,钦城经郭人漳出击,稍有斩获,匪即败遁。并准广西提督丁槐电称,左江巡防第四队五月间调赴钦州,归镇道就近调遣,旋经调往东兴,行次防城,为宋渐元留驻,以中前两哨派驻大直,右哨出领饷项,左哨数十名驻防城,不意忽有此变。其中如何确情必待详查。该营奉饬归钦,调遣虽已经三月,而槐亦何感卸责各等情。

查廉钦匪事,甫办有头绪,现正分段清乡,梭捕余孽。惟逃犯梁秀春在越南释放后,闻即遣党四出勾结,联合逸匪黄正海、刘士敌等,复图起事。已屡电责文武严密防捕,此次防城之变,难保非该匪党所为。兵变仅此一哨,是匪居其多数,究竟如何起事,是否兵匪勾通,饬查尚未复到。钦防相距不过百余里,亟应严速防剿。署北海道李准,已于三十日统带三营赴北海,向防城进发。并谕令王瑚固守钦城,调度策应。令郭人漳、夏翊齐赴前敌,节节进剿,务速歼除。丁槐已另拨一营到钦,协剿巡防,亦关系紧要,并电令务于边界严堵窜路,除俟查明起事实情及查取兵变之营哨职名,再行奏请参办外,谨请代奏。湘林。东。

《为防城衡军兵变事》,《电报档》,综合类—收电档,档号2-04-12-033-0815

张鸣岐电称:

艳电计蒙进呈。钦乱自本年二月即已萌芽,匪首刘思裕等名,虽聚众抗捐,实则乘机构乱。地方文武办理未能得法,迁延日久,匪焰愈张。三四月间,迭据各路探报,即有防城居民同约入会,灵山匪党携枪往投,并有逆党孙汶到河内开会密谋,潜图勾结之语。迨东军统领郭人漳等先后攻破三那等处匪巢,大致虽近肃清,股匪并未扑灭。四散窜扰,几于遍地皆是。五月十一日,有围扑钦城,焚烧对河将弁讲堂,抢掠店铺之事。六月初五日,又有匪党复距下那里湖,与官军拒敌之事。六月廿三日,又有匪党六七百人,啸聚梁屋、木梗等湖,与官军在家塘地方相遇、开仗之事。此外零星股匪东奔西突,为数尚多,官军虽屡有斩擒,从未全股歼灭。旋扑旋聚,尤以大寺一股为巨,闻系孙党梁秀春暗中接济枪械。经署廉钦道王瑚亲往督击,昨据电称,匪窜马兜山,恐窜入十万大山,窜赴西界。本月廿六日,防城之变,续据王瑚等电禀,此股匪徒人多械利,钦城复有大股匪徒攻扑,虽经官军击退,离城仅十余里。匪党复散布谣言,称由越南购到洋枪七千余枝,后仍续到。四处招人,每月先给银三两,俟枪运到,凡持枪者每名月给银七两二钱。莠民闻谣,咸以饷重枪足,遂为所煽惑,暗相招引,东西两省沿边各属人心俱为骚动。此数月来钦乱之实在情形也。前此东军剿办尚称得手,故未越俎上陈。现在匪势日炽,事机渐迫,钦属匪根本深,民情又极浮动,煽诱最易。西省肃清未久,现虽加意防范,尚称安靖,而西南一带,处处与廉钦接壤,沿边居民更虑乘机响应,若不设法及早荡平,诚恐蔓延日广,奸民逆党内外勾结,不惟难于收拾,万一扰及越边,牵动大局,更属于无可措手。除严饬西省文武认真防堵,免致窜扰外,用取据实详陈。乞代奏,鸣岐谨肃。卅。

《为钦州兵乱事》,《电报档》,综合类—收电档,档号2-04-12-033-0816

9月12日(八月初五日)　安徽巡抚冯煦电请清廷军机处代奏,报告筹办皖省沿江防务事。

其电文云:

顷据端督电开,奉军机处电传谕旨:前据端方等电奏会商筹办沿江巡防大概情形具奏,著端方分催迅速具报等因,钦此。查皖省江防上自宿松接江西界,下至和州接江宁界,两岸错综,计水程七百余里,就中以芜湖商埠最为复杂,大通次之,此外港叉分歧,皆易为匪徒潜

匪之所。盖就长江而论,防务则吃重在江;就皖省而论,江防则吃重在芜。其大要已具端督会奏电中。皖省现办章程,原有六端:

一、改良巡警。稽查会党,以警察为机关。现安庆省会、芜湖商埠警章皆已改良,实力稽查外匪,自无从阑入。其他沿江巨镇如大通、华阳等处亦饬整顿警察,以期周匝。

一、稽查轮船。皖省商轮之埠,只芜湖、大通、安庆三处,业已照税务司于轮船上下停泊时,代为查察,并饬警局、水巡及巡防队逐细检查,以防党人溷迹及夹带军火情事。

一、稽查民船。会党知轮船难以蒙混,往往自雇民船,由内河私运军火入江。现自安庆入手,派委干员,挑带弁勇,分查上下游往来民船。其中驻该埠及各渔船,则编列牌号。以十号为一牌,如有私载匪徒及军火者,同牌之船应先举发,不举发者连坐。安庆办有规模,即当推之各埠。

一、整顿巡防。沿江各埠,港汊甚多,除原有长江水师驻防外,余亦驻有巡防队。现饬芜湖营参将李振标督之,常川驻扎梭巡,以辅水师所不及。李参将长于缉捕,颇知情伪,可期得力。

一、添购兵轮。皖省向无兵轮,运掉[调]究觉不灵,现饬杨道文骏在沪订购浅水兵轮一艘,冬季可到。来即令其上下游弋,俾与江、鄂、赣各省及水师提督联络,声势互相策应。兵轮未到之先,已商之江、鄂两督,随时派轮来皖梭巡,以资镇慑。

一、增设探访队。会党行踪诡秘,非有秘密侦探,难得实在。现饬李参将选募勇丁百名,仿照探访队办法,于紧要各埠或常驻,或暂巡,分别密侦,冀有弋获。其上而汉口,下而上海,亦令不时派人往侦,以通消息。

此皖省筹办江防之详细章程也。如有未尽事宜,俟参考江、鄂等省章程,随时增订。至皖省中南两路,距江较近及水道交通之处,以屯溪、广德、巢湖为最要。屯溪、广德为苏浙赣三省要冲,巢湖为江北巨浸,人类之杂,风气之悍,敢于为匪,已成习惯。若经逆党煽引勾结,则积薪厝火,其祸岌岌可虞。故严江防所以治标,清内地所以治本,巢湖旧有水师,现已严定章,分别整顿。广德、屯溪,添派巡防队、探访队镇慑逻查,不准稍涉疏虞。总之时局艰难,祸机潜伏,欲消隐患尤以整饬吏事、军事为探源办法。煦在皖惟有不避劳怨,切实经营,以期上酬高厚。所幸近来人心安定,流言渐息,筹办防务,渐次就绪,堪以仰纾宸廑。敬乞代奏。

因布置粗定,是以奏报稍迟,合并陈明。煦叩。歌。

《为筹办皖省沿江防务事》,《电报档》,综合类—收电档,档号 2-04-12-033-0846

9月15日(八月初八日) 东三省总督徐世昌、署吉林巡抚臣朱家宝奏报清廷,吉林剿捕大股胡众。

东三省总督徐世昌等《奏吉林剿捕大股胡众情形折》云:

钦差大臣、东三省总督兼管三省将军事务臣徐世昌,副都统衔、署吉林巡抚臣朱家宝跪奏,为官兵在吉林境内迭次剿捕巨匪情形,恭折仰祈圣鉴事。

窃惟东三省胡匪蔓延日久,剽掠横行,实为地方之巨害。臣世昌抵任之初,当将奉省著名巨匪杜立山等捕获,地方赖以安堵,前经奏报在案。惟访闻吉林东北一带,有大股胡匪出入,肆行劫掠,民不聊生,各国商人咸以为患。当饬行营翼长张勋统率所部进驻吉林,沿途搜捕,并密侦贼巢所在,为逐渐廓清之计。据该翼长先后呈报,五、六两月在长春府擒获张海臣一名,在额索擒获李华山、孙全胜、袁得胜、蔡得胜四名,在宁古塔附近擒获张得意、王福兴、冷云一、刘文琴、吴起五名,在孤家子北大沟擒获刘兰亭、马荣宝、王玉香三名,在鸭绿沟擒获侯得山、时登国二名,皆系积年巨匪。此次闻官军进剿,该匪等四出侦探,往来勾结,意图负嵎,实属怙恶已极,业经讯实,饬予就地正法,以昭炯戒。

嗣于七月间在宁属七道沟遇胡匪五、六百人,结队持枪,公然拒敌,官军奋勇前进,自辰至未,毙匪一百余名,生擒十余名,毁其帐棚三十余处、夺回被绑日本人二名,我军小有伤亡。余匪力不能支,四散奔溃。该翼长分饬营队四路兜截,逃散之匪或因伤重毙命,或因被截无路,相率勒毙又五十余名。

此外穆林河一股尚有三百余名,在该处修筑炮台,依险自固。该翼长带队驰往,匪党已闻风远飏,业将所筑炮台墙垒尽数划平。别遣将弁在烟筒山鸡爪顶毙匪七名,烧毙四名,生擒二名,该处巢穴一概毁平。在春秋岭击毙逸匪十一名。

八月初间,该翼长复整队进剿,在沙河二十余里遇匪百余名,正在分取粮食。该军迎前奋击,毙匪二十余名,夺获粮食二千余斤。追至山内老巢,匪党骇散,焚毁匪寨四十余处。其分队在四方顶羊碣子遇匪百余名,击毙十名,余匪相率奔散。该匪经此大创,凶焰渐衰,一时势难复合。

惟三省地方辽阔,伏莽尚多,此剿彼窜,飘忽无常,计非净绝根株,闾阎未得妥[安]枕。已饬该翼长督饬兵队,分路布置,防剿并用,务期地方一律平靖,上纾朝廷东顾之忧,下解黎庶倒悬之厄。至查该翼长督率所部,冒暑前进,山深林密,艰险不辞,卒能殄彼丑类,张我军威,办理尚属得力。一俟贼匪剿平,闾阎安堵,再当论功行赏,以奖征劳。

除俟该翼长续报剿匪情形再行具奏外,所有官兵迭次捕剿巨匪情形,谨详细具陈,伏乞皇太后、皇上圣鉴。谨奏。

光绪三十三年八月十七日奉朱批:知道了。钦此。

中国第一历史档案馆、北京师范大学历史系编选《辛亥革命前十年间民变档案史料》上册,中华书局1985年版,第106~108页

9月18日(八月十一日) 清廷电谕两广总督张人骏查明防城起事之原因。

电文曰:

奉旨,昨据丁槐电奏防城失守,系股匪突至,致有焚署戕官等事。兹据胡湘林奏陈,有匪七八百人分路来攻,先勾通驻防衡军左右两哨为内应等语。所奏情节,各执一词。著张人骏确切查明,据实电奏。仍著督饬各军分路追剿,搜捕余匪,以净根株。其被胁平民,亦应设法解散,务期早日廓清,毋遗后患。

《奉旨著张人骏确查防城失守据实电奏并搜捕余匪事》,《电报档》,谕旨类—电寄谕旨档,档号1-01-12-033-0146

9月19日(八月十二日) 清廷发布上谕,派云南提督夏辛酉率部开赴长江一带,专为游击之师。

上谕云:

长江一带地方,盗贼充斥,会党繁多,亟宜严加防范,免致滋生事端。著云南提督夏辛酉迅即统带所部,酌量添募营队,前往沿江一带扼要屯扎,专作为长江游击之师,并会商沿江各督抚筹办江防事宜,无论何处小有蠢动,一闻警报,该提督即带得力营队,迅赴事机,立即扑灭,勿任蔓延。

戴逸、李文海主编《清通鉴》第10册,山西人民出版社2000年版,第8929页

9月20日(八月十三日) 清廷颁布上谕,设立资政院,以此为议会基础。

上谕云:

朕钦奉慈禧端佑康颐昭豫庄诚寿恭钦献崇熙皇太后懿旨,立宪政体取决公论,上下议院实为行政之本。中国上下议院一时未能成立,亟宜设资政院以立议院基础,著派溥伦、孙家鼐充该院总裁。所有详细院章,由该总裁会同军机大臣妥慎拟订,请旨施行,钦此。

故宫博物院明清档案部编《清末筹备立宪档案史料》下册,中华书局1979年版,第606页

9月23日(八月十六日) 浙江省国民拒款会是日在杭州成立。

《汇报》报道云:

外部允准英人借款浙路一事,浙绅力拒情形,散见前报。兹于十六日上午发布警告传单,下午二时开会。先行举定会场职员,计定临时会长二人,书记员四人,招待员四人,会计员四人。当时先由会长陶七彪君演说。陶君话尚和平。次由王孚川君宣布提议事件,历数粤汉、安徽、四川、陕西四省自办铁路,均将有外款关系。又言:汪侍郎大燮不过外部中多数人之一,近日外间谣传将掘汪之祖墓,此实为无意识之举动。我辈将来遇有过失,祖宗亦大可危。众甚韪之。王君又云:此次拒绝外款,以国民资格,合力争阻,非恃公司势力与把持股东权利也。当光绪二十四年盛宫保与银公司订立草约时,浙人无敢言集股自办者。后银公司逾限不办,已阅数年,浙人遂议自立公司。现股本甚足,无待外款,近忽提议强欲借款押路,吾浙人不得不出死力争之。张君让三言:此事必须合绅商士民全力以与外人争,众皆赞成。于是推定该会为浙路拒款会,继定为国民拒款会。是日到者约数百人,至五时四十分钟散会。今将致各处电稿全文三则录下:

一、由十一府士民公请信署抚勤呈请军机处代奏电云:

军机处王大臣钧鉴:浙路摈绝洋股,奏准自办,经总、副理集股开办,已及两年。现在股足车行,万众欢跃。英商议速不速,限办不办,自知无理,久已寝议。何忽又援津镇办法,指款押抵等语。款本足,无待借;路已成,岂肯押。于浙路另指措款,明是将路作押,故避押款之名,实受两押之祸。彼何狡,我何愚。浙路除遵谕自办外,不知其他。万口一辞,惶迫无地。乞据转奏。

一、致自办铁路之川、陕、粤、汉四省电云:

吾浙路奉旨自办,今外部忽强行借款指押。贵省事同一律,乞设法援阻。

一、致将有外款关系之闽、滇两省电云:

浙省奉旨自办铁路,款足车行,外部忽强令借款指押。贵省路事,必援吾浙为口实,乞援助阻止。

《汇报》第74号,1907年10月26日

《浙路纪事》称:

浙省全体因外部勒借英款一事,于光绪三十三年八月十六日借仁钱教育会开特别抵制会,已将情形略纪首端。现又得访友详函,云开会时先由发起人报告开会宗旨,议举临时会长,即举定会稽陶君七彪为正会长,金华王君廷扬为副会长,并举祝凤楼、沈桐封、沈祥孚、莫叔未四君为书记,郑岱生、夏定候、何阆仙、来明甫四君为招待,童亦韩、童璧臣、鲁鹿生、杜同甲四君为纠仪,冯左琴、包蝶仙、孙慎卿、蔡雨香四君为会计。随宣告会场规则十条:一、布告开会大纲;一、筹议拒绝借款办法;一、提议本案事件;一、公议各省自办铁路电;一、公议致各省外款关系之铁路电;一、公议致十一府开会分议办法电;一、公议发信各府、县、市、镇团民,

公电政府,力拒借款,或请代奏;一、公议发电阻止汤总理北上;一、公议组织暂设铁路拒绝会事务所;一、闭会。是日,署抚信中丞特派张让三君代表其演说词,力主和平,大致谓电稿语太激烈,中丞或不肯代发,当经会众公议,用国民资格径电政府。惟陶会长言,径电恐无效力,不如仍请中丞代发为妥。会众全体赞成。随由王副会长宣读致军机处电稿,请会众公决,并议事务所暂设福圣庵口[巷]浙江教育总会,公举副会长王孚川君主持一切,以力争借款不消灭不止为目的。至是已诸事议决,即摇铃散会。是日,人数虽多,会场规则极为肃穆,并设新闻记者旁听一席,以期为舆论之代表云。

浙省拒借路款大会场记

外部主持苏杭甬路借用英款一百二十万镑,浙人全体反对,连日函电纷驰,抵拒甚力。前日总理汤京卿复函,约苏路王、张两总理赴都,向外部交涉。以致省城人心非常愤激,有发掘汪大燮祖墓之谣。昨日,绅学商各界借仁钱教育会开拒款大会,公决抵拒善策,到者数百人。当时股东、非股东,均气概激昂,凡有一法可以争回浙省一分利权者,莫不击掌如雷,大呼赞成,故提议数事,均即议决,兹为分录如下:

一、请信署抚代奏为难情形

当时拟定长电奏稿,略谓款本足,无待借,路已成,岂肯押,浙省除遵谕自办外,不知其他等语。

一、分电川、陕、粤、汉、闽、滇等省一体抗争

当时拟电略谓贵省事同一律,将来外人必援为口实,应请尽力阻止云云。

一、致函各府开会力拒

此事关系全省利害,无论股东、非股东,各府绅士,均宜担当责任力拒。

一、电阻汤总理暂缓北上

总理为主持全路之人,不可使之远离,致拒款一事因而松懈。

一、暂设事务所办理各事

兹事重大,不可无办事所主持一切,苟有见解均可至该所商办。

纪国民拒款会散会后情形

浙省国民拒款会开会详情已纪前章。兹悉十六日开会时所拟之电奏稿,因是日天雨,到会签名者尚少,散会后又有多数绅士至临事务所,自愿签名,遂于十八日公举何君阆仙为特派员,呈请浙抚代奏。

浙江省辛亥革命史研究会、浙江省图书馆编《辛亥革命浙江史料选辑》,浙江人民出版社1981年版,第228～230页

9月24日(八月十七日)　江西赣南民教冲突,乡民焚毁教堂及教民房屋,杀教士、教民多人。清廷电调广东、湖南官兵前往镇压,数月后事平。

两江总督端方《为赣南拳民反教事致外务部电》(八月二十五日)称:

敬电谅达。兹又接赣州、南安镇道府县等电,赣州攻城数百匪,南康人居多,所带多画符之木挺、木梃、竹刀、纸扇,间有铁刀、鸟枪,黄旗一写"齐天大圣",一写"扶国太平",自称不畏枪炮,能飞上城,击毙数名,随即涣散。惟由大窝至南康,纵横数十里,民皆附和,势成骑虎,非候兵到,不能镇慑。届时该镇道等当同往相机剿抚,南康一靖,他处自可消灭。南康教堂已毁,该堂并无教士,衙署居民皆无恙,赣城现尚安静。通南康要路牛迹岭,已派兵驻守。南安府城,二十四日有拳匪插旗持刀来探消息,并令民间预备茶饭。经该郡申管带、李参将

出城追捕,枪毙匪首一名,擒获一匪,讯明定二十五攻城,已斩首示众等语。

查赣省已派两营前往,想不日可到。匪徒无大伎俩,若非地方官纵容,何至如此猖獗。南康杨令,前官四川,光绪二十四年,曾署荣昌县,袒护匪首余蛮子,致被乱民劫去,酿成交涉巨案,当时幸逃白简,旋复改指江西。其人向来顽固荒谬,今与匪徒同处一城,任性党庇,致酿祸端,节据江道电陈,确无疑义。此次请旨拿问,表面似稍从重,其实与寻常疏防越狱奏请拿问者情事相同,其轻重可操纵在我。昨经奉旨,俟查明结案,再行降旨。将来查办时,应请从严究处。

又瑞抚来电,言被戕之教士江督烈,查明系意国人。奉闻,以备钧部查考。方。径。

中国第一历史档案馆、北京师范大学历史系编选《辛亥革命前十年间民变档案史料》上册,中华书局1985年版,第329页

端方九月初九日又电清廷云:

赣南匪乱,西抚派出协统李瑞,于初四率队到赣,据会同江署臬电禀,此次乱民仇教,自南安至赣州,教堂及教民房屋十毁之八九,实系无村无匪,却非全村皆匪,似难专主痛剿。现议剿抚兼施,责成各地方绅士,交出首要及随从各匪,分别办理,并出示安民。各属匪已匿迹,惟崇义、上犹势尚蔓延。当饬照议妥慎施行,勿枉勿纵。又据续电称:近日侦探匪情,惟附近大窝里之焦坑、黄金坑、猪江堰等处,匪党较多,有意图抗拒之说。其凤冈、屿江、潭口一带,均盼大兵速至。已派陆军两队进驻南康,拟即会同各处兵队,分扎凤冈、塘江。先传附近各处绅士,示以顺逆,晓以利害,但能就我范围,即勒令交匪缴械。倘或违抗,立予剿捕,谨遵无枉无纵宪谕办理。粤军一营,初三到南安,湘营已到桂东、桂阳一带驻扎云。

至犹、崇匪势,据南安裕守电,日前犹、崇先后请兵,已拨驻安防营前哨赴犹,副营中哨赴崇。初四晚,探闻崇属上营地方,有匪图攻县城,复拨左军前后两哨,连夜驰往助剿,匪聚数百人,开枪对仗,毙匪七八十人,擒斩三匪,夺获枪械、旗帜,余匪溃散。左军哨弁殷志泉、哨长李传德均受火药轰伤,方已饬优给该哨弁等赏银,以示激励。又准粤督电称,据胡镇电,抵南安,城门已启,往来商客贸易如常,已饬确探匪情,会商裕守等,分别防剿等语。是现在兵力已厚,剿抚兼施,如能办理得手,当可早日绥靖矣。

又饶属乐平县,近有逃匪夏斌意潜回滋事。准西抚电,已派驻陆军两哨,并驻饶防营两哨开赴。顷据九江道暨该处营县电禀,夏匪自称混天大王,纠红布包头贼二百余名,胁从不计数,屯聚近城十里之接竹渡。经营县督队抵御,相持通宵,清晨迎剿,击毙首从三十余名,匪党死拒不退,历二时之久,始将匪首夏斌意击毙,人心大安,一面跟追解散,教堂无恙等语。

除飞饬协同追剿解散胁从外,合并电闻。方。佳。

中国第一历史档案馆、北京师范大学历史系编选《辛亥革命前十年间民变档案史料》上册,中华书局1985年版,第330~331页

江西巡抚瑞良等奏《办理赣南一带仇教抗官事件详细情形折》(十二月初十日)谓:

头品顶戴、两江总督奴才端方,头品顶戴、江西巡抚奴才瑞良跪奏,为江西赣南一带匪乱已平,地方安静,恭折具陈,仰祈圣鉴事。

光绪三十三年八月间,南康县境大窝里地方匪徒起事,闹教戕官,扰及赣州府城并南安府各属,仇教抗兵,势甚猖獗。经奴才瑞良派兵剿办,并电商粤、湘各督抚调兵援剿,暨与奴才端方钦遵历次电旨,督饬文武剿抚兼施,保护教会各事宜,叠经奴才等随时撮要电奏在案。现在办理就绪,各境乂安,谨将详细情形缕晰陈之。

伏查赣州离省千里,南安一属尤形窎远,其地毗连湘、粤,强悍成风。平时民教龃龉,积

成嫌怨。本年夏间,忽有外来匪徒,假名习拳,肆行煽惑,节经奴才等电饬从严查拿惩办。迭据吉、赣各属先后拿获多名,均饬解道审办,并在南安拿获为首抗拒之人唐富恩等三名,讯明正法。该匪等志不得逞,遂因大窝里附近莠民与教民积怨构衅,隐相勾结,以不畏枪炮之言,乘机鼓惑,于八月十七八等日猝然暴动,上下二百余里同时响应,焚毁教堂教民房屋,戕害教士教民,并派往保护之员弁兵勇。该匪等见巨祸已成,自知罪无可逭,因造为大兵一到,剿洗八十村及洗平三县之谣,团结其党羽。愚悍之民信以为实,遂谋合力抗拒,以为缓死之计。惟时天主教士及教民避难至赣,莠民随之而往,布散谣言,一倡百和,遂又毁赣城内外天主教堂,并波及耶稣教堂,此匪民勾结聚众肇事之实在情形也。

奴才瑞良于八月十八日夜间接署臬司、正任赣南道江毓昌、署赣南道王鹏九等警报后,立饬陆军协统李瑞率驻省步队两营开拔驰往。并飞饬驻扎吉安巡防队左军统领袁坦,抽拨三哨,限五日抵赣。又调驻扎建昌巡防队右军管带蔡世衡,统率三哨,由建昌疾驰前往。复电饬驻扎萍乡陆军管带刘清泰,由间道率队赴赣。又虑省城空虚,调原驻九江陆军一营填扎省城,并由奴才端方饬拨江宁陆军两营填扎九江。又派海筹、江元两兵舰游弋口岸,以资保护。派赴赣南各将士闻命即行,不稍延缓。左军到赣最先,江毓昌饬前哨哨官张平禄、后哨哨官殷志泉会同副营中哨陆续开往南安助剿,以杜其上窜。蔡世衡率右军续到,令驻扎南康属境之横石井,扼万安、龙泉、南康、上犹、赣州五路总口,又派左军左哨哨官张国卿驻扎塘江,以扼其旁路后路。当左右防军未至之先,赣城兵力单甚,匪势日炽,突以数百人执旗持械乘势袭攻,经该处镇道亲督营标各兵竭力抵御,复渡河追剿,毙匪十余名,生擒四名正法。余匪溃退,分扰上接、崇义各乡,焚毁扬眉寺教堂。其大股直窜南安,啸聚离郡城十余里之俘江墟,图攻郡城。适左军前哨张平禄已到,夜会防营后军管带申玉衡迎剿,击毙匪徒三十八名,擒斩三名,匪势为之一挫。奴才瑞良因恐该匪与湘、粤各边匪勾结为患,且胁众上扑,先已分电两广督臣张人骏、湖南抚臣岑春蓂各派就近军队赴南安一带援剿。粤省派总兵胡令宣率韶州防军一营,于九月初三日驰抵南安。湘省派醴陆防军管带赵春廷、衡州防军管带佘德美各率所部,由永州镇总兵张云督率,并带南路巡防队,于九月望前先后驰抵赣境。时省城派去陆军及刘清泰军均已早抵赣州,军威大振,南郡解严。粤军遂回扎南雄防堵,湘军则分赴崇义协剿。此调派军队布置剿办之实在情形也。

署臬司江毓昌于陆军到后,即与协统李瑞商定进剿之策。先遣陆军第二营管带董作泉、右军后哨哨官陈昌禹,各率所部驰赴南康,会同地方官相机剿办。奴才瑞良,当电饬江毓昌、李瑞亲督大军前进,一面责成署赣南道王鹏九会同南赣镇总兵蒋云龙留守赣城,并饬该署司等相机剿办,务以严拿首要,分清民匪,解散胁从为主。时在籍开缺江南提军李占椿在赣会商筹办团防,分函各处绅民,晓以大义,毋再执迷。江毓昌在赣多年,情形熟悉,亦深知办理此案未便操之过蹙。因先出示晓谕,凡村庄无匪及有匪自行捆送者,兵不入村;敢于抗拒,与合村逃避者,概作匪论,即予剿办。匪亦厘为四等:一等按律严惩,二等分别年限监禁,三四等概归地方官讯办发落,不入正案。此谕一出,愚民互相庆慰,咸谓既有生路,何苦与匪为伍,自取灭亡,而相约抗拒之俦,顿时瓦解。当于九月初十日,率队进驻南康县属之风岗墟。复派陆军三营管带刘清泰进扎塘江,作为犄角之势。各保绅耆纷纷来风岗谒见,晓之以国法,镇之以兵威,令各族自报匪名,具限捆送,有不敢自拿者,请兵协缉。该绅民等感畏乐从,不及十日,遂获首要邱黄斑虎、黄太盛、刘南狗等五十余名,人心大定,逃民亦渐次来归。适上犹县报匪首钟世升等麕聚铅坑,遂分派董作泉为游击之师,刘清泰赴铅坑会同上、崇两县暨防营分路进剿,后军哨弁雷达成、李宏先、张炳森、谭国臣分赴各保帮同县令专办清乡保甲，并缉逃匪。时奴才瑞良奉九月十六日电旨，责成督饬文武认真办理，又遵饬在事员弁限期扑灭，勿稍疏懈。并续派驻省陆军两队、巡防一营开驻吉安，以作赣南后盾，听候随时调遣。奴才端方亦续派宁军一营来浔填扎，而调前派驻浔之宁军一营驻省，相机进止。督责益严，军心愈奋。十八日，刘清泰赴铅坑之军抵赤竹凹，击散聚匪，分队进攻。并会合董作泉军及湘军直进铅坑，焚毁贼巢，四处搜捕。匪于隘口突出拒敌，两次均奋击毙其凶悍者数名，余皆相率散匿，穷搜无迹，始各班师。而钟世升旋为上犹营县在龙泉县境内拿获。江毓昌等于二十日率队进据塘江，查办赤土、焦坑、黄金坑、马齐坝等处，并至大窝里查勘情形，令附近各村出具约束子弟，不再滋事切结。知照赣州天主教堂，传谕避赴赣州各教民回家安业。复派董作泉驰往崇义，会剿叶黑古等匪。留兵驻塘江大窝里，自带队进驻上犹，订清乡章程十一条，派绅及首事遵办。又赴铅坑以抵崇义，沿途百姓，扶老携幼，焚香迎迓，如庆更生。接见崇绅，均称匪已散尽，愿仿南康、上犹遵办保甲清乡，先后拿获各匪及自首者共四十余名。此江毓昌等节节查办，民情畏服之实在情形也。

南安四面环山，崇义东界上犹，西界湘、粤，各边山岭尤为丛杂，浮江之股匪既不得上窜，团聚匿崇、上各乡，为恃险负隅之计。当九月初间，逸匪叶黑古等麇聚崇义之上营地方，图攻县城。经调派援剿之巡防队左军前后两哨，及后军副营中哨会合痛剿，毙匪七八十名，伤匪不计其数，受创甚巨。继窥县城空虚，复在铅坑纠众薄城，经营县开城迎击，又毙匪数十名，遂四散溃逃，而聚集于西南境之聂都，又经该营县会同湘军击散，捕获要匪，崇境始少少安辑矣。于是湘军之驻南安及分驻崇义者，一律退回湘边防堵。江毓昌等至崇义后，即派陆军驻扎聂都。十月十三日，忽报聂都附近之文英有匪何传浩等，见湘军已退，文英空虚，合党羽数十人，连胁从愚民一百数十人，焚外委驻所、奉裁都司旧演武厅，劫去旧存军装，并焚商店四家。迨聂都陆军闻信驰至，匪已四散。十四日，续派董作泉率陆军会同营县驰抵文英，后军后营申玉衡亦率队自南安至，闻匪在夹洲，约会同时围剿。该处乱山重叠，竹木茂密，小道纡曲，异常险峻，各处搜寻未见匪迹。次日分路搜捕，申玉衡遇匪于荆竹排，因中隔深涧，带勇无多，未能分路绕袭。至夜，大雾迷漫，不辨路径，哨弁李宏元、熊寿全驰往应援，闻吹号声，始与申玉衡会合。相持一昼夜，董作泉率两队分头绕道仰攻，匪犹抗拒，各兵鼓勇进击。时雾尚未散，申玉衡等亦闻号声，知援兵已到，相继而进。陆军声势益壮，毙匪十余名，生擒二名正法，夺获大旗、抬枪、药弹、刀矛多件，其受伤坠崖之匪不可计数，余匪狂奔星散。复恐何传浩等藏匿附近山中，挨山搜查，仍无踪迹。当由崇义即委各员传集绅民，剀切开导，始各悔罪鼓舞，愿将在逃首要由族悬赏，具限缉拿，并具山中实无餍匪，倘外匪再来，不敢供应各切结。其曾经习拳或从匪者，皆陆续投案自首，匪目周敦修亦经其父带同投首。此又剿办崇匪，现已一律敉定之实在情形也。

伏查此次南赣匪乱，起于民教不和，邪痞莠徒煽惑酿祸。虽与积匪会党似有不同，而肇事之初，胁从几遍南康全境，攻城拒敌，势已燎原。以鞭长莫及之区，值数省交界之地，设非用兵迅速，剿抚得宜，勾结蔓延，为患有不堪设想者。仰赖朝廷威福，得以早日廓清。各军将士山菁穷搜，不避艰险，寒风瘴气，辛苦备尝，所有在事出力文武各员，不无微劳足录，合无仰恳天恩，俯准分别择尤保奖，以示鼓励之处，出自鸿施逾格。

除分咨军机处、外务部、陆军部查照，并将办结赣南各处教案及惩官、办犯、议恤遇难弁勇各事宜，另行奏报外，所有办理赣南匪案，地方现已安静情形，谨合词恭折具陈，伏乞皇太后、皇上圣鉴，训示。

再，此折系奴才瑞良主稿。合并陈明，谨奏。

朱批:准其择尤酌保数员,毋许冒滥。

中国第一历史档案馆、北京师范大学历史系编选《辛亥革命前十年间民变档案史料》上册,中华书局1985年版,第331～335页

9月25日(八月十八日)　清廷外务部致电两广总督张人骏,告以驻英使已与英国政府商妥,令香港总督严查洋商私运军火。

电文云:

洋商私运军火事,准驻英陈代办电称,前商准英政府电港属严查。现港督议办法五端:一、出口货皆须领准单,单即寄交中国驻港税司;二、出口货有需格外留意者,即令送交所至之口之领事查收,以便稽查去路;三、澳门来往商务暂行停止;四、港中渔船向有以枪济匪情事,现概不准携带后膛枪;五、悬赏以励缉私。等语。希查照。外务部,十八日

《为洋商私运军械港督现议办法五款事》,《电报档》,综合类—收发电档,档号2-05-12-033-0777

10月6日(八月二十九日)　纵横河南、湖北边境的龙华会首朱鸿钧(宝卿)与众约期攻城起事不成,在河南新野县被逮捕。

河南巡抚林绍年《奏新野拿获龙华会头目片》(光绪三十三年十二月初十日)云:

再,据署新野县知县陶炯照禀称:该县为豫南极边,与湖北襄阳、谷城等县犬牙相错。本年夏秋间,访闻有龙华会匪首朱鸿钧即朱宝卿,襄阳人,在新、襄边境玉皇庙一带开堂放票,新野棍徒张小驴附和入会,夜聚明散,踪迹极为诡秘等情。当经批饬上紧严拿,并咨明湖广督臣,转饬襄阳府县会缉在案。

讵该匪首朱宝卿等瞀不畏法,自恃巢穴跨踞两境,此拿彼窜,缉获不易,敛钱聚众,日甚一日。是时新野县城乡人心惊惶,谣言四起,有八月间约期攻城之说。该令遂一面驰禀南阳镇派拨精兵下县,密约新店铺外委李芳锦越境掩捕,一面知会襄阳县派队应援,意在擒获匪徒张小驴,以断内应,为先发制人之计。谍报襄境杨家大房有匪众二百余人,遂于二十日黉夜前往,襄阳县所派勇役适亦赶到,乃立捣贼巢。贼不期我兵骤至,亦不知兵之多少,哄然骇散。于地窖内搜出一人,询之,则两省通缉匪首朱宝卿也。张小驴乘间逃窜。搜出逆书、票布、折帖、名片等件,查阅书中语多悖逆。其折帖内有约期八月二十一日夜寅时,出山起事,就擒仅先一日。自该匪首到案后,讯供狡展。续又在玉泉庙拿获入会僧人善民即伏玉,提同质讯,该匪首始无可置辩。据供为龙华会头目,连年散放票布,与谷城县匪首任灵川、匪徒沈大学等仿效梁山封号,到处煽惑聚众,谋为不轨。僧人伏玉听从入会,委被引诱所致等语。似此形同叛逆,罪不容诛,若非登时就擒,则如火燎原,两省边境何堪设想?查看城乡远近,人心刻已大定。其任灵川等犯,业经分别移会缉拿,合将全案供招、逆书、票布等件,禀请核办前来。

臣查近年会匪隐相煽诱,民气浮动,实为腹心巨患。叠奉谕旨,严拿惩办。全赖地方官勤于觉察,立断先机,所谓起事之初,一健吏足以了之。此案龙华会匪首朱宝卿,在新、襄一带多年放票,党羽蔓延,约期起事。然非该令陶炯照有胆有识,外委李芳锦不避艰险,则安危之机,间不容发。惟该匪首被获以后,新野、襄城民谣尚有聚众劫狱风传,若解归省讯办,则中途抢夺,自在意中,未便久稽显戮。已由臣批饬南阳府委员会讯明确,就地正法,以昭炯戒,而靖人心。现准湖广督臣来咨,任灵川、沈大学等,业经襄阳、谷城等县拿获,自应将朱宝卿全案供招、犯僧伏玉及逆书、票布、折帖等件,解送鄂省,以凭讯办。

署新野县、准补南阳县知县陶炯照，拟请以同知直隶州在任候补。外委李芳锦，以把总尽先拔补。其余出力各弁勇等，分别给予外奖，以资激劝。

至在逃匪徒张小驴，除饬仍通缉严拿，务获究办，并分咨外，所有新野县拿获会匪头目，暨讯办各缘由，理合附片具陈，伏乞圣鉴，训示。谨奏。

光绪三十三年十二月十五日奉朱批：著照所请，该部知道。钦此。

中国第一历史档案馆、北京师范大学历史系编选《辛亥革命前十年间民变档案史料》上册，中华书局1985年版，第218～219页

10月7日（九月初一日）　政闻社机关报《政论》月刊出版，该报由蒋智由主编，实际受梁启超影响，刊出《政闻社宣言书》，标榜"改造政府"、"实行国会制度，建设责任政府"。

梁启超撰《政闻社宣言书》云：

今日之中国，殆哉岌岌乎！政府棼瞀于上，列强束胁于外，国民怨讟于下，如半空之木，复被之霜雪，如久病之夫，益中以沴疠，举国相视，咸儳然若不可终日。志行薄弱者，袖手待尽；脑识单简者，铤而走险，自余一二热诚沈毅之士，亦彷徨歧路，莫审所适。问中国当由何道而可以必免于亡，遍国中几罔知所以为对也。夫此问题亦何难解决之与有？今日之恶果，皆政府艺之，改造政府，则恶根拔而恶果遂取次以消除矣。虽然，于此而第二之问题生焉，则政府当由何道而能改造是也。曰：斯则在国民也已矣。夫既曰改造政府，则现政府之不能自改造也甚明。何也？方将以现政府为被改造之客体，则不能同时认之为能改造之主体；使彼而可以为能改造之主体，则亦无复改造之必要焉矣。然则孰能改造之？曰：惟立于现政府之外者能改造之。立于现政府之外者为谁？其一曰君主，其他曰国民。而当其著手于改造事业，此两方面孰为有力，此不可不深察也。今之谈政治者，类无不知改造政府之为急，然叩其改造下手之次第，则率皆欲假途于君主，而不知任责于国民。于是乎有一派之心理焉，希望君主幡然改图，与民更始，以大英断取现政府而改造之者；或希一二有力之大吏，启沃君主，取现政府而改造之者。此二说者，虽有直接间接之异，而其究竟责望于君主则同。吾以为持此心理者，其于改造政府之精神，抑先已大刺缪也。何也？改造政府者，亦曰改无责任之政府为有责任之政府云尔。所谓有责任之政府者，非以其对君主负责任言之，乃以其对国民负责任言之。苟以对君主负责任而即为有责任，则我中国自有史以来以迄今日，其政府固无时不对君主而负责任，而安用复改造为？夫谓为君主者，必愿得恶政府而不愿得良政府，天下决无是人情。然则今之君主，其热望得良政府之心，应亦与吾侪不甚相远。然而不能得者，则以无论何国之政府，非日有人焉监督于其旁者，则不能以进于良。而对君主负责任之政府，其监督之者惟有一君主，君主之监督万不能周，则政府惟有日逃责任以自固。非惟逃之而已，又且卸责任于君主，使君主代己受过，而因以自谢于国民。政府腐败之总根原，实起于是。故立宪政治，必以君主无责任为原则；君主纯超然于政府之外，然后政府乃无复可逃责任之余地。今方将改造政府，而还以此事责诸君主，是先与此原则相冲突，而结果必无可望。然则此种心理之不能实现也明甚。同时复有一派反对之心理焉，谓现在政府之腐败，实由现在之君主卵翼之，欲改造政府，必以颠覆君统为之前驱。而此派中复分两小派：其一则绝对的不承认有君主，谓必为共和国体，然后良政府可以发生；其他则以种族问题搀入其间，谓在现君主统治之下，决无术以得良政府。此说与希望君主之改造政府者，虽若为正反对，要之认政府之能改造与否，枢机全系于君主，则其谬见亦正与彼同。夫绝对不认君主，谓必为共

和国体然后良政府可以发生者,以英、德、日本之现状反诘之,则其说且立破,故不必复深辩。至搀入种族问题,而谓在现君主统治之下,必无术以得良政府者,则不可无一言以解之。夫为君主者,必无欲得恶政府而不愿得良政府之理,此为人之恒情,吾固言之矣,此恒情不以同族异族之故而生差别也。今之君主,谓其欲保持皇位于永久,吾固信之;谓其必坐视人民之涂炭以为快,虽重有憾者,固不能以此相诬也。夫正以欲保持皇位之故,而得良政府即为保持皇位之不二法门,吾是以益信其急欲得良政府之心,不让于吾辈也。而惜也,彼方苦于不识所以得良政府之途。夫政府之能良者,必其为国民的政府者也。质言之,则于政治上减杀君权之一部分而以公诸民也。于政治上减杀君权之一部分而以公诸民,为君主计,实有百利而无一害,此征诸欧、美、日本历史,确然可为保证者矣。然人情狃于所习,而骇于所未经,故久惯专制之君主,骤闻此义,辄皇然谓将大不利于己,沉吟焉而忍不能与,必待人民汹汹要挟,不应之则皇位且不能保,夫然后乃肯降心相就。降心相就以后,见夫缘是所得之幸福,乃反逾于其前,还想前此之出全力以相抵抗,度未有不哑然失笑。盖先见之难彻,而当局之易迷,大抵如是也。故遍翻各国历史,未闻无国民的运动,而国民的政府能成立者,亦未闻有国民的运动,而国民的政府终不能成立者。斯其枢机全不在君主而在国民。其始也必有迷见,其究也,此迷见终不能久持,此盖凡过渡时代之君主所同然,亦不以同族异族之故而生差别也。而彼持此派心理者,徒着眼于种族问题,而置政治问题为后图,种瓜得瓜,种豆得豆,毋惑夫汹汹数载,而政治现象迄无寸进也。由后之说,则君主苟非当国民运动极盛之际,断未有肯毅然改造政府者,夫故不必以此业责望于君主。由前之说,则虽君主毅然欲改造政府,然必有待于国民,然后改造之实乃可期,夫故不能以此业责望于君主。夫既已知舍改造政府外,别无救国之图矣,又知政府之万不能自改造矣,又知改造之业非可以责望于君主矣,然则负荷此艰巨者,非国民而谁!吾党同人,既为国民一分子,责任所在,不敢不勉,而更愿凡为国民之一分子者,咸认此责任而共勉焉。此政闻社之所以发生也。

西哲有言:国民恒立于其所欲立之地位。谅哉斯言!凡腐败不进步之政治,所以能久存于国中者,必其国民甘于腐败不进步之政治,而以自即安者也。人莫不知立宪之国,其政府皆从民意以为政。吾以为虽专制之国,其政府亦从民意以为政也。闻者其将疑吾言焉,曰:天下宁有乐专制之国民?夫以常理论,则天下决无乐专制之国民,此固吾之所能信也。虽然,既已不乐之,则当以种种方式,表示其不乐之意思,苟无意思之表示,则在法谓之默认矣。凡专制政治之所以得行,必其藉国民默认之力以为后援者也。苟其国民,对于专制政治,有一部分焉为反对之意思表示者,则专制之基必动摇;有大多数焉为反对之意思表示者,则专制之迹必永绝。此征诸欧、美、日本历史,历历而不爽者也。前此我中国国民,于专制政体之外,曾不知复有他种政体,则其反对之之意思无自而生,不足为异也。比年以来,立宪之论,洋洋盈耳矣,预备立宪之一名词,且见诸诏书矣,稍有世界智识者,宜无不知专制政体不适于今日国家之生存。顾在君主方面,犹且有欲立宪的之意思表示,虽其诚伪未敢言,然固已现于正式公文矣。还观夫国民方面,其反对专制的之意思表示,则阒乎未之或闻,是何异默认专制政体为犹适用于今日之中国也。国民既默认之,则政府藉此默认之后援以维持之,亦何足怪!以吾平心论之,谓国民绝无反对专制之意思者,诬国民也;谓其虽有此意思而绝不欲表示绝不敢表示者,亦诬国民也。一部分之国民,盖诚有此意思矣,且诚欲表示之矣,而苦于无可以正式表示之途。或私忧窃叹,对于二三同志互吐其胸臆;或于报纸上,以个人之资格发为言论。谓其非一种之意思表示焉,不得也,然表示之也以个人,不能代舆论而认其价值;表示之也以空论,未尝示决心以期其实行。此种方式之表示,虽谓其未尝表示焉可也。然则正式之表示当若何？曰：必当有团体焉，以为表示之机关。夫团体之为物，恒以其团体员合成之意思为意思，此通义也。故其团体员苟占国民之一小部分者，则其团体所表示之意思，即为此一小部分国民所表示之意思；其团体员苟占国民之大多数者，则其团体所表示之意思，即为大多数国民所表示之意思。夫如是则所谓国民意思者，乃有具体的之可寻而现于实矣。国民意思既现于实，则必非漫然表示之而已，必且求其贯彻焉。国民诚能表示其反对专制之意思，而且必欲贯彻之，则专制政府前此所恃默认之后援，既已失据。于此而犹欲宝其敝帚以抗此新潮，其道无由。所谓国民恒立于其所欲立之地位者，此之谓也。吾党同人，诚有反对专制政体之意思，而必欲为正式的表示，而又信我国民中，其同有此意思同欲为正式的表示者，大不乏人。彼此皆徒以无表示之机关，而形迹几等于默认。夫本反对而成为默认，本欲为立宪政治之忠仆，而反变为专制政治之后援，是自污也。夫自污则安可忍也？此又政闻社之所由发生也。

夫所谓改造政府，所谓反对专制，申言之，则不外求立宪政治之成立而已。立宪政治非他，即国民政治之谓也。欲国民政治之现于实，且常保持之而勿失坠，善运用之而日向荣，则其原动力不可不还求诸国民之自身。其第一著，当使国民勿漠视政治，而常引为己任；其第二著，当使国民对于政治之适否，而有判断之常识；其第三著，当使国民具足政治上之能力，常能自起而当其冲。夫国民必备此三种资格，然后立宪政治乃能化成；又必先建设立宪政治，然后国民此三种资格乃能进步。谓国民程度不足，坐待其足然后立宪者妄也；但高谈立宪，而于国民程度不一厝意者，亦妄也。故各国无论在预备立宪时，在实行立宪后，莫不汲汲焉，务所以进其国民程度而助长之者。然此事业谁任之？则惟政治团体用力常最勤，而收效常最捷也。政治团体，非得国民多数之赞同，则不能有力。而国民苟漠视政治，如秦越人之相视肥瘠，一委诸政府而莫或过问，则加入政治团体者自寡，团体势力永不发达，而其对于国家之天职将无术以克践。故为政治团体者，必常举人民对国家之权利义务，政治与人民之关系，不惮哓音瘏口为国民告，务唤起一般国民政治上之热心，而增长其政治上之兴味。夫如是，则吾前所举第一著之目的，于兹达矣。复次，政治团体之起，必有其所自信之主义，谓此主义确有裨于国利民福而欲实行之也，而凡反对此主义之政治，则排斥之也。故凡为政治团体者，既有政友，同时亦必有政敌。友也敌也，皆非徇个人之感情，而惟以主义相竞胜。其竞胜也，又非以武力，而惟求同情。虽有良主义于此，必多数国民能知其良，则表同情者乃多；苟多数国民不能知其良，则表同情者必寡。故为政治团体者，常务设种种方法，增进一般国民政治上之智识，而赋与以正当之判断力。夫如是，则吾前所举第二著之目的，于兹达矣。复次，政治团体所抱持之主义，必非徒空言而已，必将求其实行。其实行也，或直接而自起以当政局，或间接而与当局者提携。顾无论如何，而行之也必赖人才，苟国民无多数之政才以供此需要，则其事业或将蹶于半途，而反使人致疑于其主义。故为政治团体者，常从种种方面，以训练国民，务养成其政治上之能力，毋使贻反对者以口实。夫如是，则吾所举第三著之目的，于兹达矣。准此以谈，则政治团体，诚增进国民程度惟一之导师哉！我中国国民，久栖息于专制政治之下，倚赖政府，几成为第二之天性，故视政治之良否，以为非我所宜过问。其政治上之学识，以孤陋寡闻而鲜能理解；其政治上之天才，以久置不用而失其本能。故政府方言预备立宪，而多数之国民或反不知立宪为何物。政府玩愒濡滞，既已万不能应世界之变、保国家之荣，而国民之玩愒濡滞，视政府犹若有加焉。于此之时，苟非相与鞭策焉、提挈焉，急起直追，月将日就，则内之何以能对于政府而申民义，外之何以能对于世界而张国权也？则政治团体之责也。此又政闻社之所由发生也。

政闻社既以上述种种理由,应于今日时势之要求,而不得不发生。若夫政闻社所持之主义,欲以求同情于天下者,则有四纲焉:

一曰实行国会制度,建设责任政府。吾固言之矣,凡政府之能良者,必其为国民的政府者也。曷为谓之国民的政府?即对于国民而负责任之政府是也。国民则夥矣,政府安能一一对之而负责任?曰:对于国民所选举之国会而负责任,是即对于国民而负责任也。故无国会之国,则责任政府终古不成立;责任政府不成立,则政体终古不脱于专制。今者朝廷鉴宇内之势,知立宪之万不容已,亦既涣汗大号,表示其意思以告吾民。然横览天下,从未闻有无国会之立宪国,故吾党所主张,惟在速开国会,以证明立宪之诏,非为具文。吾党主张立宪政体,同时主张君主国体。然察现今中央政治机关之组织,与世界一般立宪君主国所采用之原则,正相反背。彼则君主无责任,而政府大臣代负其责任。君主代政府负责任之结果,一方面使政府有所诿卸,而政治末从改良;一方面使君主丛怨于人民,而国本将生摇动。故必崇君主于政府以外,然后明定政府之责任,使对于国会而功过皆自受之,此根本主义也。

二曰厘订法律,巩固司法权之独立。国家之目的,一方面谋国家自身之发达,一方面谋国中人民之安宁幸福。而人民之安宁幸福,又为国家发达之源泉,故最当首注意焉。人民公权私权,有一见摧抑,则民日以瘁,而国亦随之。然欲保人民权利罔俾侵犯,则其一,须有完备之法律,规定焉以为保障;其二,须有独立之裁判官厅,得守法而无所瞻徇。今中国法律,大率沿千年之旧,与现在社会情态,强半不相应,又规定简略,惟恃判例以为补助,夥如牛毛,棼如乱丝,吏民莫知所适从。重以行政、司法两权,以一机关行之,从事折狱者,往往为他力所左右,为安固其地位起见,而执法力乃不克强。坐是之故,人民生命财产,常厝于不安之地,举国儳然若不可终日,社会上种种现象,缘此而沮其发荣滋长之机。其影响所及,更使外人不措信于我国家,设领事裁判权于我领土,而内治之困难,益加甚焉。故吾党以厘订法律,巩固司法权之独立,为次于国会制度最要之政纲也。

三曰确立地方自治,正中央地方之权限。地方团体自治者,国家一种之政治机关也。就一方面观之,省中央政府之干涉及其负担,使就近而自为谋,其谋也必视中央代谋者为易周,此其利益之及于地方团体自身者也。就他方面观之,使人民在小团体中为政治之练习,能唤起其对于政治之兴味,而养成其行于政治上之良习惯,此其利益之及于国家者,盖益深且大。世界诸立宪国,恒以地方自治为基础,即前此久经专制之俄罗斯,其自治制亦蚤已颁布,诚有由也。我国幅员辽廓,在世界诸立宪国中,未见其比,而国家之基础,又非以联邦而成,在低级之地方团体,其施政之范围,虽与他国之地方团体不相远,在高级之地方团体,其施政之范围,殆埒他国之国家。故我国今日,颁完备适当之地方自治制度,且正中央与地方之权限,实为最困难而最切要之问题。今地方自治之一语,举国中几于耳熟能详,而政府泄泄沓沓,无何种之设施,国民亦袖手坐待,而罔或自起而谋之。此吾党所以不能不自有所主张而期其贯彻也。

四曰慎重外交,保持对等权利。外交者,一部之行政也,其枢机全绾于中央政府。但使责任政府成立,则外交之进步,自有可期。准此以谈,似与前三纲有主从轻重之别,不必相提并论。顾吾党所以特郑重而揭櫫之者,则以今日之中国,为外界势力所压迫,几不能以图存,苟外交上复重以失败,恐更无复容我行前此三纲之余地。故吾党所主张者,国会既开之后,政府关于外交政策必咨民意然后行,即在国会未开以前,凡关于铁路、矿务、外债,与夫与他国结秘密条约、普通条约等事件,国民常当不怠于监督,常以政治团体之资格,表示其不肯放任政府之意思,庶政府有所羁束,毋俾国权尽坠,无可回复。此亦吾党所欲与国民共荷之天职也。

以上所举,虽寥寥四纲,窃谓中国前途之安危存亡,盖系于是矣。若夫对于军事上,对于财政上，对于教育上，对于国民经济上，吾党盖亦皆薄有所主张焉，然此皆国会开设后责任政府成立后之问题。在现政府之下，一切无所着手，言之犹空言也，故急其所急，外此暂勿及也。

问者曰：政闻社其即今世立宪国之所谓政党乎？曰：是固所愿望，而今则未敢云也。凡一政党之立，必举国中贤才之同主义者，尽网罗而结合之，夫然后能行政党之实，而可以不辱政党之名。今政闻社以区区少数之人，经始以相结集，国中先达之彦，后起之秀，其怀抱政治的热心，而富于政治上之智识与能力者，尚多未与闻，何足以称政党。特以政治团体之为物，既为应于今日中国时势之必要而不得不发生，早发生一日，则国家早受一日之利；若必俟国中贤才悉集于一堂，然后共谋之，恐更阅数年，而发生未有其期。况以中国之大，贤才之众，彼此怀抱同一之主义而未或相知者，比比皆是，莫为之先，恐终无能集于一堂之日也。本社同人，诚自审无似，顾以国民一分子之资格，对于国家应尽之天职，不敢有所放弃。且既平昔共怀反对专制政治之意思，苟非举此意思而表示之，将自侪于默认之列，而反为专制游魂之后援。抑以预备立宪之一名词，既出于主权者之口，而“国民程度”说，尚为无责任之政府所藉口，思假此以沮其进行，则与国民相提挈以一雪此言，其事更刻不容缓。以此诸理由，故虽以区区少数，奋起而相结集，不敢辞也。日本改进党之将兴也，于是先有东洋议政会焉，有嚶鸣社焉，以为之驱除。世之爱国君子，其有认政闻社所持之主义为不谬于国利民福，认政闻社所执之方法为足以使其主义见诸实行，惠然不弃，加入政闻社而指挥训练之，使其于最近之将来，而有可以进而伍于政党之资格，则政闻社之光荣，何以加之！又或与政闻社先后发生之政治团体，苟认政闻社所持之主义与其主义无甚刺谬，认政闻社所执之方法与其方法无甚异同，惠然不弃，与政闻社相提携，以向于共同之敌，能于最近之将来，共糅合以混成政党之资格，则政闻社之光荣，又何以加之！夫使政闻社在将来中国政党史上，得与日本之东洋议政会、嚶鸣社有同一之位置，同一之价值，则岂特政闻社之荣，抑亦中国之福也。此则本社同人所为沥心血而欲乞赉此荣于我同胞者也。

问者曰：政闻社虽未足称政党，而固俨然为一政治团体，则亦政党之椎轮也。中国旧史之谬见，以结党为大戒，时主且悬为厉禁焉，以政闻社置诸国中，其安从生存？政府摧萌拉蘖，一举手之劳耳。且国中贤才，虽与政闻社有同一之政见者，其毋亦有所惮而不敢公然表同情也！应之曰：不然。政闻社所执之方法，常以秩序的行动，为正当之要求。其对于皇室，绝无干犯尊严之心；其对于国家，绝无扰紊治安之举。此今世立宪国国民所常履之迹，匪有异也。今立宪之明诏既屡降，而集会、结社之自由，则各国所咸认为国民公权，而规定之于宪法中者也，岂其倏忽反汗，对于政治团体而能仇之。若政府官吏不奉诏，悍然敢为此种反背立宪之行为，则非惟对于国民而不负责任，抑先已对于君主而不负责任。若兹之政府，更岂能一日容其存在以殃国家！是则政闻社之发生，愈不容已，而吾党虽洞胸绝脰，而不敢息肩者也。取鉴岂在远，彼日本自由、进步两党，与藩阀政府相持之历史，盖示我以周行矣，彼其最后之胜利，毕竟谁属也？若夫世之所谓贤才者，而犹有怵于此乎，则毋亦以消极的表示其默认专制政体之意思，而甘为之后援耳。信如是也，则政府永不能改造，专制永不能废止，立宪永不能实行，而中国真从兹已矣！呜呼，国民恒立于其所欲立之地位，我国民可无深念耶！可无深念耶！

梁启超《饮冰室合集》第7册，中华书局1989年版，第19～29页

10月10日（九月初四日）　英国派驻香港总督禁止革命书报在港印制、发行。

两广总督张人骏致外务部电（10月14日，九月初八日）云：

初五日两电祗悉，香港颁行条款，禁止出版文件及报纸书籍等项耸动中国纷扰各节。现

查此例已由香港议例局于中历九月初四日宣布第三次无人议驳,应以是日实行。(下略)

《为香港颁行刷印出版条款已宣布实行等事》,《电报档》,综合类—收发电档,档号2-05-12-033-0861

旋又致外务部电(10月19日,九月十三日)云:

前奉初五日电,询香港亲[新]颁条款禁止报纸文件耸动中国纷扰之事。现查该例云,凡滋扰中国治安或鼓动人民在中国行恶之报纸、书籍等件,如有人在香港境内刊印或售卖或分派,一经讯确,即定以监禁,不逾两年;有无兼作苦工不等;或定以罚款不逾五百元;或监禁与罚款并施。凡犯此律之人,由臬司定罪。等语。此例系西历本年十月十号议定颁行。谨电闻。骏。元。

《为查香港新颁条款事》,《电报档》,综合类—收发电档,档号2-05-12-033-0895

《时报》电文:

香港新例,严禁中国革命书报,违者监禁二年并拨充苦工或罚银五百元。

《廿三日午刻香港专电》,《时报》1907年11月29日

《时报》报道条例内容:

一、此例名为一千九百零七年禁止刻布煽乱文件则例。二、凡港内之人,如有传派、印刷、发售书籍图票等件,其言论足以煽动人心在中国作乱或干犯罪辜者毋论刊刻手抄,均以犯例论。一经审实,可判令监禁二年为限,有无苦工不等,或罚银赎罪,不逾五百元,或监禁、罚银并施亦可。三、如有因犯此例被控,必须由高等裁判所审判,按例定拨。

《时报》1907年12月7日

10月17日(九月十一日)　梁启超、徐佛苏、蒋智由等在东京创设立宪团体政闻社。举马良(相伯)为总务员,徐佛苏、麦孟华为常务员。开成立会时,革命党人张继、陶成章等率众一千多人大闹会场。

徐佛苏《记梁任公先生逸事》一文谓:

政闻社于光绪丙午(编者注:系丁未之误)秋成立于日本东京,会员约一千五百人,均系留学生,在锦辉馆开成立会,选推职员百余人。梁先生演说二时余,畅论"世界各国政治革命不注重国内种族问题"之理由及"政党政治"之先例。演说未毕,突遇同盟会人张继氏率领二十余人闯入会场,直扑演台。梁先生神容镇静,口不辍演。旋经在场日警劝阻,反对党人出场。顷刻,当地警长复率警卒十余人到场查询敌派扰乱情形,并云政治集会结社是经警署特许者,警署即有保护开会人之责,如甲派人开会而乙派人闯入毁物殴人,是违反警律及刑律,本署故特派人来会场调查实情,以便决定是否以法律解决此事。当时梁先生深恐吾国人因政见不同之细故,致烦外国官厅之传讯,乃派会友向日警力白会中之稍稍纷扰,纯系本会中人偶起争论之故,既非他党来袭,亦未毁物殴人,请贵厅勿介意此事。日警唯唯而退。后来日本名流及报纸颇赞美梁先生之有"政治德量"云。

丁文江、赵丰田《梁启超年谱长编》,上海人民出版社1983年版,第418页

章太炎《政闻社员大会破坏状》则称:

阳历10月17日,政闻社员大会于锦辉馆,谋立宪也。社以蒋智由为魁,而拥护梁启超。启超往,徒党几二百人,他赴会者亦千余人,又召日本名士八辈为光宠,犬养毅者,其气类相通者也。革命党员张继、金刚、陶成章等亦往视之。梁启超登,力士在后。与会者以次坐,政闻社员在前,革命党员在政闻社员后,他留学生在革命党员后。启超说国会议院等事,且曰:"今朝廷下诏刻期立宪,诸君子宜欢喜踊跃"。语未卒,张继以日本语厉声叱之曰:"马鹿"。起立,又呼曰:"打"。四百余人奔而前,启超跳,自曲楼旋转而坠,或以草履掷之,中颊。张继

驰诣坛上,政闻社员持几格之,金刚自后搵其肩,格者僵,继得上。众拊掌欢呼,声殷天地。政闻社员去赤带以自明,稍稍引去。

继遂言曰:“吾不应参政闻社员事,然所以不能默者,将有所诘问于犬养毅。毅前在早稻田,语支那学生曰中国当速行革命。吾亲闻之。今何故附会立宪,猥鄙至是?”毅俯首谢,则登台作酬应立宪语,既卒,徐曰:“支那或革命,或立宪,任人为之,在速行耳。”当是时,蒋智由先知有变,不至,会亦遂散。继本意欲痛驳立宪,以塞莠言,今事急至用武,亦未竟其说也。

《民报》第17号,1907年10月25日

景梅九《米党·锦辉楼上打文妖》一文谓:

讲无政府主义,正达到热度的时候,把一切法律看得狗屁也不值。有一天晚上,在街碰见一个同学,他说:“明天锦辉馆政闻社在那里开会,请梁任公演说,你可以去听一听。”我认得他是宪字号的人,只答应了一句“好吧”,心里大不痛快。回到寓中,同小友商议说:“当革命空气满东京的时代,岂能容保皇臭味掺加起来,赶紧想法子把他们驱除了才好!”小友很是赞成,当夜连忙到各处找寻同志,约定明天一致行动。安排妥当,次早一齐到了锦辉馆。但见有许多带红布条宪党做招待员,来的人却也不少。还有许多未约定的同志在那里,都点头会意,分别坐定。一时摇铃开会,上来一位,报告开会宗旨,末尾一句,说得很亮,就是:“请梁任公先生演说。”果然见那梁启超大模大样上了演坛,有一部分人拍掌。他便提出个头儿说起宪约来,见没多人赞成,心中着忙,便拉起国会来,说立宪国家,须要有监督政府的机关,这机关就是国会,政府好比小孩子不懂道理,须要我们监督他的行为(原注:这几句话,就算任公一种苦肉计,把政府骂了两句,讨反对党的好)。当下拍掌只有中间一排,我晓得前后都是同志,便好说了。梁启超在上面,又东拉西扯说了几句机关,忽见张溥泉君起来骂道:“什么机关？马鹿(编者注:意即混蛋)!”打人缝中冲开一条路,直奔演坛而来。说时迟那时快,又见一只草履在演坛左边飞起来,正打在梁启超左颊。回头一看,原是一位戴眼镜的老先生。再往上一瞧,梁启超已经没了。听有人说,他一溜烟从楼梯圆转下去。于是乎乱打起来,带红布条的人,都赶紧扯了,纷纷作鸟兽散(原注:好像前月公民团被击散的情形),大声喊道:“革命党,革命党!”就有日本一个警察上来捉人,又扯了友人南君去,经我解释了几句,就算了。这时候张君已据演坛,演说起革命来。大家又重复坐定,拍掌欢迎。霎时间立宪党人的会,变作了革命党的会,但张君这时拿无政府主义,驳梁启超机关的话,大家还有些不懂。宋纯初(编者注:原文如此)先生又上去把同盟会的宗旨,发挥了一遍,说:“立宪党,是保皇党的变象,他们是要君主的;我们不要君主的,如何能相容！要容这文妖讲君主立宪,我们理想的、中华民国,就永远的不能实现了!”大家才大喝彩起来。后来日本民党犬养毅君,说了一片调和的话,归结到赞成革命,宾主尽欢而散。还有一个笑话,就是宪党人误用日本音,呼革命党为苛理党,苛埋正合日本米字的音,把日本警察弄糊涂了。说什么是米党？后来同人往往戏用米字代表革命,原本于是。

景梅九《罪案》,国风日报社1924年版,第86～88页

《忘山庐日记》二十三日评说此事,云:

(报纸)又云:在东京之我国人士,于某日开坛演说。梁任公者,主张立宪派,正演说之际,忽有多人主张革命者从旁讥诮。讥诮不已,竟欲用武。梁急避去。于是有张姓者登坛继演,则一变为革命谈矣。在坐诸人,强半附和之,至鼓掌喝采,张姓益自得,因丑诋任公,谓阳主立宪,阴通政府,指为逆党。忘山闻之,不禁狂笑曰:何我国小儿之多也！且人人自命为人

豪,岂不令东人齿冷!

孙宝瑄《忘山庐日记》下册,上海古籍出版社1983年版,第1089页

△清廷谕令各省督抚振刷精神、修明政事、思患预防,先保境内之治安,方免意外之纷扰;自此次申谕之始,凡督抚到任六个月后,“倘所属地方,出有巨股土匪重案,定惟该督抚是问”。

10月19日(九月十三日)　清廷颁布设立谘议局上谕,命各省督抚在省会筹设,并预筹各府、州、县议事会。

上谕内容为:

光绪三十三年九月十三日内阁奉上谕:朕钦奉慈禧端佑康颐昭豫庄诚寿恭钦献崇熙皇太后懿旨,前经降旨于京师设立资政院以树议院基础,但各省亦应有采取舆论之所,俾其指陈通省利弊,筹计地方治安,并为资政院储才之阶。著各省督抚均在省会速设谘议局,慎选公正明达官绅创办其事,即由各属合格绅民公举贤能,作为该局议员,断不可使品行悖谬、营私武断之人,滥厕其间。凡地方应兴应革事宜,议员公同集议,候本省大吏裁夺施行。遇有重大事件,由该省督抚奏明办理。将来资政院选举议员,可由该局公推递升。如资政院应需考查询问等事,一面行文该省督抚转饬,一面径行该局具覆,该局有条议事件,准其一面禀知该省督抚,一面径禀资政院查覆。其各府、州、县议事会,一并预为筹画,务期取材日宏,进步较速,庶与庶政公诸舆论之实相符,以副朝廷勤求治理之意。钦此。

故宫博物院明清档案部编《清末筹备立宪档案史料》下册,中华书局1979年版,第667页

△ 两广总督张人骏为镇压钦州、防城起义事致电军机处请为代奏。

电文曰:

十一日钦奉电旨:钦州匪乱,自防城收复后,未接续报。现在匪情如何,已否肃清,著张人骏确切查明迅速电奏。钦此。查防城收复后,股匪窜聚于钦西之禄马、奇灵、大菉各处,经郭人漳派营分投探剿,迭次击散,匪势稍衰。而廉州之久隆、那楼、那思、茅针各地方,复有股匪往来窜扰,经东军夏文炳在那思,西军杜育在那楼,先后与匪接仗,斩获甚多。迭据文武探报,匪由钦西而窜钦东,趋重灵山,意图西窜;大菉一股,被官军剿击,窜匿于西省交界之十万山,其著要匪首探报为张德馨、黄世钦、梁建骙、梁少亭、刘庭耿、刘渊明、赖春元等;而广西漏网著名巨匪黄和顺、农廿四,逃弁梁秀春阴谋勾结,并据密探有革命党由越南私济军火情事。现派郭人漳督营游击钦西一带,宋安枢、夏文炳游击廉州之灵山县属一带。此外各营分扼要隘,以堵为剿,使匪势步步逼紧,冀图聚歼。惟钦灵边境与广西之上思、横州、果化等属犬牙相错,而十万山又连属两省,为匪徒窟穴,非东西联络防剿,势必此击彼窜。当与桂抚张鸣岐往复电商,议定东西合剿办法,令署广西提督丁槐、署北海镇李准各择适中之地驻扎调度,督率营队会合兜击,不得稍分畛域。一面悬赏出示严拿首要,解散胁从,以定人心而孤匪势。就目前情形而论,钦匪业已分窜,惟各股聚散无定,合之即成大股,且有乱党潜匿香港、越南煽惑勾结,尤属可虑。已函致英、法各领事转致港、越总督严密查拿,或使出境,杜彼狡谋。一面于水陆要隘严缉私运军火,以断接济,并电催各军严搜痛剿,务期早就平静。其一切详细情形,已饬署廉钦道龚心湛驰往密查,并多委员分路侦探。俟详查明确另行具奏。谨将到粤后筹办及近日匪情先行电陈。乞代奏。骏叩。元。

广东省档案馆编译《孙中山与广东:广东省档案馆库藏海关档案选译》,广东人民出版社1996年版,第702~703页

10月20日（九月十四日）　清廷就外务部所上苏杭甬铁路与英国交涉一奏发出上谕，允许江、浙绅商分购铁路股票，但称仍需借外债，劝导各绅商“勿得始终固执，强行争执，以昭大信，而全邦交”。

先是外务部上奏折云：

窃光绪二十四年英使窦纳乐函请总理衙门准英商承修中国铁路五条：一由天津至镇江；二由河南、山西两省至长江；三由九龙至广州，四由浦口至信阳；五由苏州至杭州或展至宁波。经总理衙门分别行知督办铁路大臣盛宣怀与英商怡和洋行议办。旋于是年九月间，议定苏杭甬铁路草合同四条（编者注：中略），咨复在案。三十一年七月，商部具奏：浙江绅士筹办全省铁路，并请派员总理，先行立案，奉旨允准。又是年八月，御史朱锡恩奏请将苏杭甬草合同速与撤废。奉上谕：著责成盛宣怀赶紧磋商，务期收回自办。并着聂缉椝会同妥速筹办。等因。钦此。适英使萨道义亦即照会臣部，请派员与怡和洋行代理人商订正约。旋准盛宣怀电称：遵旨与英商磋商，收回苏杭甬铁路自办，据银公司函复，此路草约前经允许签押，钞呈使署，如今会议须候公使回示。请速催英使电饬银公司速来议废。复经臣部照会英使转饬银公司会议。该使照复，以该路应照草合同第二款派员议商。前奉廷寄，磋商收回苏杭甬铁路自办，朝廷必不知议订各节，若派盛宣怀与议，迥非所愿。是年九月奉旨：苏杭甬铁路收回自办，业经谕令聂缉椝会同盛宣怀妥速筹备，著即移交张曾敭遵照办理。钦此。三十二年正月，准张曾敭电称：银公司拟派工程师续勘苏杭甬路，且偕英领事来杭争辩，拒不与议。是年二月，盛宣怀以英公司不允作废，据实覆奏。奉朱批：外务部知道。钦此。嗣后英使迭次照会臣部，或谓浙抚纵令绅商抵制，故作难题；或谓浙省绅民无理之举动颇有险碍；或谓中国政府如仍袖手坐视，深恐两国纠葛，华英利益均受巨亏。虽经臣部照复由浙抚接议，而彼总谓浙抚无照办之意，不如在京议商。逮八月间，英使朱尔典接任后，复屡来臣部面询办法，并开送节略，谓商部原奏与该草合同直行相悖，难向英政府解释；且疑中国有爽信之意，日久不结，实令彼此猜嫌。等语。再三商确，始允候九广路约订定，再为接议。此臣部历年与英使商办之大概情形也。

臣等查苏杭甬铁路为英使奉其政府之命，请准英商承修五路之一。既经总理衙门照会允准，该国政府坚守前约，势难概行作废。至此段路线，浙省居多，苏省仅由苏州至嘉兴府界一段。前经浙、苏两省京官先后呈由商部奏准自办，系为自保利权之计。年余以来，集股颇称踊跃，勘办已有规模。在事各绅商，艰苦经营，不遗余力，民情亦大可见。臣部因应外交，参酌舆论，自应竭力维持，勉筹两全之策。迭经与英使往复辩难，该使执定前案，屡催商订正约，并请转饬绅商停办。臣等复以谕旨自当懔遵，舆情不可不顺，以本省之人造本省之路，政府未便禁阻。英使则谓本省办路原属合例，惟苏杭甬一路，成据具在，断难失信，坚请切实照办。臣等迄未允许。迨九广路约议成，催商更为迫切。如仍不与商，诚恐相持日久，口实愈滋，于事益难就范。虽经该省绅商等来电仍主废约，谓集股已有成数，毋庸再借外款。究之，此事系属国际交涉，臣等熟权利害，势不能不兼筹并顾，以副朝廷慎重邦交之意。惟有仍本自办主义，与英公司开议，力争主权。本年七月间，臣部右侍郎汪大燮与银公司商议，稍有端倪。英使亦愿饬该公司让步，不再执定与沪宁章程办法一律。现臣大燮将奉命赴英，复由署侍郎臣敦彦与该公司接议，拟分办路、借款为两事，路由中国自造，除华商原有股本，尽数备用，不使稍有亏损外，约仍需款英金一百五十万镑，即向英公司筹借，另指的款为抵押，使公司不能借口干预路务。其有关利权、事权之处，仍当切实磋磨。一俟商议就绪，即与订立合同，奏明遵办。至一切造路事宜，或官督商办、或官商合办，再由臣等会同邮传部妥商办理。

所有苏杭甬铁路历年商论情形及现议借款办法,是否有当,理合恭折具陈。

后奉上谕:

光绪三十三年九月十四日军机处字寄外务部、邮传部、两江总督、江苏巡抚、浙江巡抚,奉上谕:据外务部奏陈苏杭甬铁路历年商论情形,现与英公司磋议借款办法一折。外交首重大信,订约权在朝廷。苏杭甬一路,前经总理衙门允许英人承修,嗣后立有草约在案。三十一年间,商部据浙省绅士呈请自办,曾饬盛宣怀等妥筹收回,原为曲体舆情起见。乃磋商数年,迄无成议。而江、浙所集股款,亦不敷尚巨,势难克期竣工。英人迭次执言,自未可一味拒绝,尽弃前议,致贻口实,另生枝节。现经外务部侍郎汪大燮等与英人议明,将借款与造路分为两事。权自我操,较原议已多补救。著外务部即派员按此妥为议定详细章程,务期利我民商,慎防流弊;兼商令英公司仍许江、浙绅商分购股票,用示体恤。其原有办路人员,由邮传部查明分别奏派差务,以资熟手。并著两江总督、浙江、江苏巡抚督率筹办,提拨借款,迅速造成。一面剀切开导该省绅士,务须仰体时艰,共维大局,勿得始终固执,强行争执,以昭大信,而全邦交。

中华人民共和国财政部、中国人民银行总行编《清代外债史资料 1853 - 1911》中册,中国金融出版社1991年版,第350 ~ 352页

10月22日(九月十六日)　浙江省铁路业务学生邬钢以绝食抗议英人干涉路政,知苏杭甬铁路勒借外债即成,大愤呕血而死。

有名为"殉路哀耗"的报道云:

浙路业务生、台州宁海生员邬钢,自闻借款警耗,即欲随汤总理北上,经人力阻始止。邬连日不食,槌胸夜哭,十七日呕血以殉。浙人知与不知,无不感动。星期六大开追悼会,汤总理自沪归,亲往柩前行礼,哭之甚恸。

邬钢所留绝命书如下:

不佞远家属,排众议,投身路校,原冀为浙路少尽微力。故入校之后,不敢一刻自逸,奉职以来,不以劳役为憾,扶病尽职,以致于惫。不料大祸猝发,外部逼我贷款,吾知国贼志在冒利,必且无可转圜,款成而路去,浙江片土,已为国贼断送。愤激无所泄,病日加剧,顷觉热血潮涌,精神恍惚,此身将与浙路同尽。呜呼,吾身即死,吾心不死,吾愿吾浙人勉为其后。倘此事得有挽回,则鄙人虽死犹生,呜呼已矣,望诸君努力。九月十五日,宁海邬钢愤笔。

墨悲《江浙铁路风潮》第1册,杂录

《吊邬烈士文》(佩韦扶病拟)则谓:

借外款则路亡,路亡则苏浙亡,苏浙路亡则各省路必亡,各省路亡则国亡,危乎微哉,争此一发。呜呼邬君,以君之英锐明达,其于此问题,必作如此解决,有断然者。然而君遂死矣,然则谓君为路死,不可谓君为浙死,不可直当谓之为国死。虽然今日者,苏浙两省之人士,方与为虎作伥之外部相持未下,而君独不能忍,死须臾观其究竟,愤然绝饮断食,捶胸痛哭,呕血以死,何耶!呜呼,君之心吾知之矣,盖专制政体之进化至本朝,达于极点,其使吾民心柔骨脆,奄奄无气久矣,全国皆然,浙人尤甚,勿征诸远,即如近者,目观秋女士之冤狱,而噤不敢声,即其明验确证也。君惟见之,审知之深,深恐其今日之于路事,仍不免依然故态,即或稍稍振动,不若仗马寒蝉,亦必三竭再衰,难免龙头蛇尾。审如是,不惟浙路亡,浙省亡,且必牵制苏路,使苏路亡,苏省亡,且又必牵制各省之路,使各省路亡,各省亡,夫至各省亡,则国亡矣。然则今日欲求吾国不亡,必先求苏浙不亡,欲求苏浙不亡,必先求浙人振奋精神,始终不懈,以抗拒外部之逼勒借款。呜呼!自此问题发现后,此种思想盘踞于君之脑筋,盖

无时或间矣。虽然君一新进小生耳，苟仅执此义，以号呼乡里，虽唇焦舌敝，气索血枯，欲彼心柔骨脆，奄奄无气之父老子弟，瞿然感动，奋然兴起，共表同情，坚持到底，此亦万不可必之数也，然则毋宁一死以激之，庶几收效较易，而或且巨乎？呜呼！此君所以不事徘徊，牺牲生命，而逐潘烈士之后，惟恐不速也。呜呼，噫嘻，浙人知之否耶？苏人知之否耶？各省人知之否耶？如其未知，闻吾言应憬然悟矣，如其知之，应亟求所以慰君之心，偿君之志，而不然者，君身虽死，目不瞑矣。

《哀挽》(粤路股东何卓勋挽)：

邬君以身殉路，作此挽之，以为嚆矢：路事尚堪言乎，喷出三升热血，沥向风尘，直偕冯烈士潘烈士诸君，合传允宜垂万古。男儿只此死耳，拼将七尺孱躯，甘填沟壑，试问汪侍郎邹侍郎若辈，扪心何以谢孤魂。

《闻路校毕业生邬钢以身殉路感而赋此》(浙江一分子何嫩蝶泪草)：

朘集浙人款，经营浙路成，汽笛声呜呜，江墅火车行。英人生觊觎，馋涎如饿鹰。咄哉外务部，几辈公与卿，百五十万镑，卖尽浙江民。路亡浙亦亡，杀人不用兵。

邬钢血性子，路校毕业生。忧浙夜不寐，倚枕放悲声，毋宁绝粒死，不作奴隶身。大骂卖国奴，义愤填胸膺，呜呼复哀哉，满床热血喷，以身殉浙路，瞑目谢浙人。

我闻邬君死，簌簌眼泪零。君诚爱浙者，浙重一身轻，我愿拒款会，全浙士与绅，合力战风潮，同把舞台登，不怕压力大，不惧虎狼英，保全浙路权，慰君地下灵。

《宁海某君挽邬钢联》：

一死一生，一荣一辱，看宁海几多人物；路存与存，路亡与亡，请浙江三复斯言。

《挽邬烈士》：

路亡国与亡，精卫衔冤，痴意冀平沧海恨；身死心不死，子规化血，热忱常媿赤城霞。泉唐学堂。(下略)

章开沅、罗福惠、严昌洪主编《辛亥革命史资料新编》第4卷，湖北人民出版社2006年版，第178～179页

10月27日(九月二十一日)　掌陕西道监察御史叶芾棠上奏清廷，称广西乱事频仍，日久蔓延，请饬两广总督、广西巡抚切实剿办。

其奏折曰：

掌陕西道监察御史臣叶芾棠跪奏，为桂乱日久，祸势蔓延，亟绝匪根，而存残黎，恭折仰祈圣鉴事。

窃查广西匪乱瞬将十年，糜饷以千百万计，每年各属禀报办匪恒二三万，其未禀报者不知若干，其非匪被诬而押毙者又不知若干。历年或剿或抚，或既抚而复剿，或既剿而复抚，一报肃清，再报肃清，诚以为已治已安矣。而以臣所闻玉林、平梧一带，劫掠仇杀，或一乡数十命，或一家数命，水路则轮船、帆舶被劫时闻。盖各属大股虽散，小股常存，动即结党横行，越百里而来，直以劫掳为生计。溯自光绪二十四年玉林倡乱，继而龙州、太平、思顺、左右江几无净土。近则出没无端，循环靡已，兵来匪去，兵去匪来。官办清乡，则乡与匪通。其不通匪之民，非一夕数迁，即挈家远遁。岂匪焰果难熄乎？则以匪根未清故也。

匪根何在？在恶团通匪以敛钱耳。方匪之入乡也，先勾结贪财团保，劝人入会。彼若严行拒绝，匪亦何隙可乘？乃暗与匪通，反以不入会辄抢之言恐吓乡愚。于是出钱保家，被胁者众，而恶团因之分赃暴富。间有不从匪者，则必劫掳临门。遂至党匪日多，贼来而乡邻不敢援，贼去而村落不敢执，若执匪送官，即结仇恶党，乘间报复，良善几无以自存。而不肖团

保,又借奉官拿匪为名,重敛富户。出钱者,虽匪而力庇;不出钱者,非匪必送官。官讯无供,则又以曾经拜会为言,强官正法。官或从宽保释,该恶团辄以得贿纵匪上控不休;而残忍巧宦之徒,转以附团为得计。一经团送,无不加诛。民之畏团,甚于畏匪。势不至尽驱阖省之民为匪不止,不至尽阖省之良懦身家不止。糜烂之地太宽,非数案所能指实;衔冤之民太众,非小吏所能代伸。

恭读本月十一日上谕:现值时势多艰,人心浮动,督抚身任封疆,亟应振刷精神,修明政事,思患豫防,先保境内之治安,免意外之纷扰。乃近年各省时有匪徒啸聚,为害地方,于民命财产损失甚巨,兵力饷项劳费亦多,事起一隅,动关全局等因。钦此。仰见宸衷治不忘乱,视民如殇。倘见此方无罪残黎,以兵燹余生,复遭此辈博噬刳屠,暗无天日,必有愀然不安者。查近日与广西交界广东廉、钦各属,土匪蠢动,多系勾结桂匪,潜肆阴谋。使不绝其根株,而令养痈贻患,延及邻疆,害伊胡底。伏恳饬下两广总督、广西巡抚切实剿办,勿使滋蔓难图。其曾经被匪之乡,倘有通匪恶团,无论绅衿,立置重典。而被胁入会者,缴票免罪,但问其匪不匪,不问其会不会。匪根尽绝,斯良善获安,庶奸宄无所容身,虽匪亦化而为民矣。

臣为除莠安良起见,是否有当,伏乞皇太后、皇上圣鉴,训示。谨奏。

中国第一历史档案馆、北京师范大学历史系编选《辛亥革命前十年间民变档案史料》下册,中华书局1985年版,第613～615页

10月(九月)　云南思茅、威远三点会党聚集千人,欲图起事。

云贵总督锡良《奏思茅、威远会党图谋起事片》(12月21日,十一月十七日)称:

再,查三点会匪始于粤东,盛于粤西,数年前,曾浸淫而入于云南之河口、蛮耗一带。痛加剿捕,始就安静。讵本年九月间思茅、威远两厅属,忽有该会逸匪倪小斋、杨东湘、周朝纲、许要山、陈瑞五,纠同曾金培、李占受、刘琨、包朝相、赵瑞廷、张思贤、杨茂华、陈受昌、王七太耶、李继昌、张金受等,潜立忠义堂名号,储器械,备糗粮,分头煽惑,图谋不轨。一月之间,拜会至六次,惑众逾千人,蔓延数厅县及各土司地面,约期起事,人心惶惶。思茅关税务司至有请兵保护之举。幸该管迤南道张星吉访闻较早,密电禀经奴才电授机宜,严速拿办。而思茅厅同知李同寿,竟因匪势浩大,不敢遽发。署宁洱县知县翟乐善,则接获绅士呈送之匪函,并不禀明道、府,认真访缉。署威远厅同知杨巨川,则屡奉道札,因循不复。遂至匪氛愈炽,匪胆愈张。

张星吉会商镇、府,酌调团兵,编勒队伍,阳示镇静,阴募敢死士分赴思茅等处,暗入会党,将各匪首姓名及匪中阴谋一一侦知,按名密捕。先后拿获匪首曾金培、李占受、刘琨、包朝相并从匪许景升、李国运等六名,暨匪信口号及枪械多件。督饬思茅厅会营缉获赵瑞庭、张思贤、杨茂华、倪小斋四名,逐一讯供,电经奴才核饬,分别正法、监禁。并严缉密拿首要,免治胁从。匪始震恐,具呈首悔者,思茅近三百人,宁洱计四百余人,余匪俱各远匿,民心大定。现正密饬该道,设法将著名各首要务期按名弋获,不准稍涉松懈,以净根株。

伏思滇边僻远,民情愚悍,当饥馑连年之后,正贫窘无聊之时,该会匪等趁此机关,图谋起事,以致被惑之易,信从之多,几如水之赴壑。若非张星吉先事密探,筹办迅速,设至粮械已齐,则揭竿而起,其糜烂将有不堪设想者,曲突徙薪,功诚难没。至思茅厅同知李同寿,署宁洱县知县、请升镇沅厅同知、本任平彝县知县翟乐善,署威远厅同知、试用同知杨巨川,或畏葸无能,或因循玩忽,几至贻误事机,酿成巨案,未便稍涉姑容。相应请旨,将思茅厅同知李同寿开缺。宁洱县知县翟乐善,注销请升镇沅直隶厅原案,开去平彝县知县本缺。暨署威

远厅同知、试用同知杨巨川，一并敕部议处，以示惩儆。迤南道张星吉，消患未萌，不无微劳足录，拟请赏加二品衔，用昭激劝。

所遗思茅、镇沅等厅同知暨平彝县知县各缺，滇省现有应补人员，应请扣留外补，合并声明。谨附片具陈，伏乞圣鉴，训示。谨奏。

光绪三十三年十二月十三日奉朱批：著照所请，该衙门知道。钦此。

中国第一历史档案馆、北京师范大学历史系编选《辛亥革命前十年间民变档案史料》下册，中华书局1985年版，第721～723页

11月6日(十月初一日)　广东地方自治研究社开成立会于文园，与会者九十余人。该社由梁庆桂倡议，许秉璋、杨晟、张璧封、梁致祥、孔昭鋆、莫鸿秋、罗国瑞、章若衡、莫伯伊、张端等人发起组织。旋以梁庆桂为社长，易学清、杨晟、许秉璋、卢乃潼为副社长，编辑《广东地方自治录》杂志。

△ 两广总督张人骏、广西巡抚张鸣岐奏报清廷，已在与越南交界之边境地方严防革命党人。

电文曰：

廿八日钦奉电传谕旨，遵即飞电沿边文武一体钦遵。伏查本年六七月间，即有匪徒在越境备饷置械，潜图起事之谣。并闻孙逆党羽迭经外务部与法使交涉，且虑及匪党日事煽结，迟早难免窃发。于龙济光赴任时，即经鸣岐饬令在柳州招募三队，遣员赴滇招募五队，带往龙州，沿边扼要分扎。合之原有巡防队及新军，共二十营。边境十九百里，头头是道，防不胜防。但目前兵力已厚，虽难周剿，尚可恃。匪如窜入边境，尚足抵御驱除。谨当遵旨严饬沿边文武再行加意防范，随时密探匪踪，认真堵截，勿任稍有疏虞。所虑法人居心叵测，阴则庇匿匪党，纵其窜扰；阳则责我不能平乱，借词干预，一经酿成交涉，枝节从生，难于收拾。应恳饬下外务部查照前电，预与法使声明，匪在越境煽聚，应由法员照章设法捕逐，勿任勾结窜扰。请其转致越督，严饬法汛各员遵章办理。以占先着，免他日为所借口。乞代奏。人骏、鸣岐肃。东。

《为已饬严加防范革命党等事》，《电报档》，综合类—收发电档，档号2－05－12－033－1022

11月9日(十月初四日)　江苏铁路协会在上海张园召开苏路拒款大会，有二千余人到会。协会由李平书、马相伯、翁又申、雷继兴及叶惠钧等人组织发起。

11月12日(十月初七日)　清廷军机处电寄谕旨两江总督端方等，要求访查苏杭甬铁路一案中的“乱党”，并劝导各处商民勿信“谣言”。外务部亦电端方查明江苏铁路协会为何人所立。

上谕云：

现因苏杭甬铁路添借英款一案，各处商民，颇为疑惧，业由外务部电知江浙督抚将军等，剀切开导，并将原电呈览。所叙迭次成案及此次办法，实系迫于万不得已，外顾邦交，内保路权，舍此别无两全之道。著两江总督，江、浙各巡抚，杭州将军，按照部发原电，迅速多方劝谕，于民生乐利，必当竭力维持，勿任轻信谣言，致吾民惊疑纷扰，以副朝廷曲体舆情、安靖大局之至意。

朱寿朋编《光绪朝东华录》第5册，中华书局1958年版，第5765页。《奉旨苏杭局路借款案著各督多方劝谕事》，《电报档》，谕旨类—电寄谕旨档，档号1－01－12－033－0187

是日电文云:

奉旨,电寄端方等:现在人心不靖,乱党滋多。近因苏杭甬铁路一案,各处绅民,纷争不已,难保无该党匪布散谣言,从中煽惑,阳藉争路为名,实则阴怀叵测。著端方等留心访查,认真防范,倘或稍涉大意,致令暗相勾结滋生事端,定惟该督抚等是问。

《奉旨苏杭局路案匪党惑众著端方留心访查事》,《电报档》,谕旨类—电寄谕旨档,档号1-01-12-033-0186

外务部是日致电端方:

本月据江苏铁路协会公电称,路款事为银公司催订正约而起,大部为国忧劳,商民咸感。惟银公司持已经无效之草合同催订正约,而强迫假款,在文明法律决不许容,寔函非条约,本无国际公法上之拘束力,大部因此受窘,商民何忍漠视。拟举代表赴英京裁判所控告,必可得直。乞大部始终坚持,勿轻许约,以保国权。等语。该协会系何人所立,来电并无姓名,希查明电复。外务部。阳。

《为江苏铁路协会系何人所立希查事》,《电报档》,综合类—收发电档,档号2-05-12-033-1033

11月15日(十月初十日) 《四川》杂志在日本创刊,该报以《鹃声》为基础,由留日学生吴玉章主持。

《四川杂志广告》云:

登岷峨之巅以瞩中国,西南半壁,六诏危,两岁失,蜀之形势险殆极矣。而地属边陲,民智锢蔽,釜鱼幕燕,其乐方酣。本社同志惄焉伤之,爰组织斯报,以饷邦人,其主义在输入世界文明,研究地方自治,经营卫藏领土,开拓路矿利源,就此等问题,切实发挥,和平鼓吹,使我蜀国同胞,起作神州砥柱。噫!秋色苍茫,海天万里,云谁之思,西方美人。我七千万伯叔昆弟诸姑姊妹,其亦将闻风而起乎?

《夏声》第1号,1908年2月

吴玉章《从甲午战争到辛亥革命的回忆》:

清朝反动政府除对各地的革命起义进行残酷的镇压之外,同时对一切的革命宣传也加以严厉的禁止和破坏。1906年以后,《民报》运进国内就较前更加困难了。为此,留日学生中各省的革命同志,又纷纷以本省的名义创办和继续出版报刊,分散地运进国内,进行革命宣传。例如《云南》杂志就是这样办起来的。当时全国人民正在反对英帝国主义侵略我国云南边疆(片马事件),因此,《云南》着重地反对外国侵略,这样就使它得以比较容易地运进国内,并且受到广大读者的欢迎。《四川》杂志也是在这种情形下决定创刊的。

先是,四川留日学生雷铁崖、邓絜等人曾经出版了一个《鹃声》杂志,它对四川屏山县内官府的黑暗腐败揭露得淋漓尽致,而对全省全国的事情虽也慷慨陈词,却说得不够一些。雷铁崖的文章畅达锋利,很受时人赞赏,陈璧君(后来在抗战时期堕落为最大的女汉奸)就是在南洋读到雷在《鹃声》上的文章,由于仰慕他而来日本的。1907年下半年,四川留日学生决定以《鹃声》为基础创办一个《四川》杂志,并推我来负责主持。1906年我在成城学校毕业后,考入了日本国立的大学预科——岗山第六高等学校工科,并循例补为官费留学生,这样我的学费问题便解决了。这时我已经上课一年。从岗山到东京,坐火车也得半天的路程,要办杂志,不脱离学习是不可能的。于是我便称病请假一年,专门从事革命工作。为了革命活动的方便,我特地给《四川》杂志社租了一处比较宽大的房子,它后来不仅用作了出版机关,同时也用作了革命机关。由于有《鹃声》的基础,并且雷、邓也继续参加编写工作,经过不久的筹备,在1907年末,《四川》即以其鲜明的革命姿态与世人见面了。它一出世,即受到人们热烈的欢迎,销路很广,每期出版后不久都又再版发行。《四川》的特点是:对外坚决反对帝国主义,对内坚决反对清朝反动统治,主张革命。它虽然只出了三期,即遭封闭(第四期被没收),但通观全部内容,反对英帝国主义侵略我国西藏、反对英法帝国主义侵略我国云南、反对日本帝国主义侵略朝鲜和我国东北的文章即占了很大的分量;而揭露清朝反动政府卖国残民的罪恶、鼓励人民起来争取铁路主权、进行革命斗争的文章又占了很大的分量;此外,即使是诗词小品,也大都是沉痛的忧时爱国之声,而绝少无聊的吟风弄月之作。它的思想大抵是爱国主义的、民主主义的,同时并有若干无政府主义的成分。当然,那时的爱国主义思想还是比较简单和笼统的。那时的民主主义思想也只能是资产阶级的旧民主主义,有着很大的局限性。而无政府主义思想,谁都知道,对共产主义思想说来乃是一种反动的思潮,但在当时,它却鼓舞着人们去进行冒险的革命斗争,主要的作用还是积极的;不过同时也产生了一些崇拜英雄、轻视群众的消极作用。总之,《四川》杂志在当时的中国要算是最进步和最革命的刊物之一。

吴玉章《吴玉章回忆录》,中国青年出版社 1978 年版,第 46 ~ 47 页

11 月 19 日(十月十四日) 粤商自治会成立,发起组织人为陈惠普、李戒欺等。是日,广东省城绅学商界分别集会,其中七十二行商人和九大善堂善董数百人在戒烟总会集议,以为西江缉捕权系中国主权,决定致电清廷拒绝英国干涉,议定结成粤商自治会,以西关华林寺为会所。

《时报》报道:

又十四日,行商亦假座省垣华林寺内戒烟总会地方,集议力争西江缉捕一事。众推张[黄]诏平主席。至一句钟,先由陈惠普演说,次由陈章田演说,大意谓今日英人干涉西江缉捕,我国兵勇虽云弱,然亦我国主权,断不能授人以柄。鄙意有三个办法:其一,先电大部力争;其二,最好政府转圜。若政府未准,须由全粤商民环诉督辕,转其设法;其三,就今日之地方设立一自治会。盖因中国人向无自治性质,若能自治便足直立,云云。罗少翱演说大略谓,英人干涉实握我主权,于吾粤大受影响,主权一失,广东之危可立待。主席黄诏平起言,西江缉捕关系全粤安危,今日绅学经在明伦堂开议,而我商界特假此地筹议对待。鄙意以为必须联结团体,毅力争回。惟办之学,以整顿水师,严惩关卡起手,诸君以为然否?旋由罗少翱宣布宗旨,至五句钟始行散会。

宗旨照录如下:第一条 宗旨 甲,西江缉捕与扬子江及各省内河均系我国主权,外部不商粤督、不察舆情,遽以兵权授人,直欲卖国,当合力坚据(众认可)。乙,速电政府坚拒,并禀督宪,整顿水师,严惩关卡(众认可)。丙,华洋商轮一律看待(众认可)。丁,禀请截留洋税,以粤财办粤事(李戒期起言,截留洋税系一定要之事,办事须从经济问题起手,若经济不敷则事难办。主席起言,禀请截留系绅商应为之事,宜定截留若干。罗少翱起言,应请主席决定。旋由主席定,禀请截留一百万元)。第二条 办法 甲,筹捐电费,函捐中外(众议此事关系全省、全国,宜由同胞量力认捐,不拘多少。随由主席先捐银一百元,以为提倡。庐辅臣起言,请由平粜项下捐银二百元。陈惠普起言,请由戒烟总会项下捐银二百元,其余座中人捐者甚为踊跃。乙,假座戒烟总会为会议所,众议定名为"粤商自治会"。丙,除电政府坚据及布告中外,联名呈请都察院代奏(众赞成)。丁,如外人硬行干预,当力筹抵制(众认可)。第三条 宣布电(另录,众议投筒公举领衔,随举定最占多数陈漳浦、陈建基二人,并定期十六、十八两日再行集议研究。明日刊派传单)。第四条 联名具禀督宪(众认可)。第五条 函

电沿江、沿海及中外同胞合力电争。电文如下：

上海　总商会鉴：西江缉捕是我主权，英人以盗劫洋旗小轮，越俎干预，外部谬允，中外哗然，诧为卖国。主权一失，扬子江及各省运河非复我有，亡可立待。粤已开会死据，乞转各省商会合力电争。合省行商陈建基等。

北京　分呈军机处、外务部、农工商部列宪钧鉴：西江缉捕是我主权，英人以盗劫洋旗小轮，越俎干预，钧部经徇所请。兵所及，即国权所张，沿江商民诧为卖国。此风一长，各国援均沾之例，则扬子江非我所有矣。华商多冒洋旗，咎在关卡司巡为业驱雀。欲杜此弊，非整顿关卡，华洋一律不可，又非截留洋税百万，遍布水师不可。不此之务，而以兵柄授人，将来搜捕民船，剿洗村庄，等于昆冈之焚，甚于珠崖之弃。粤人自保其生命财产，特恳钧部始终拒绝，速电粤督严惩关卡，大治水师，五岭以南，尚有天日。合省商民陈章甫、陈基建等谨禀。

《粤省商界集议挽回西江警察权情形》，《时报》1907年11月26日

11月20日(十月十五日)　《新民丛报》停刊，该报前后历时近六年，共出九十六期。停刊前，梁启超曾有续出及合并他报之计划。

梁启超致信徐佛苏言该报续刊、停刊经过：

示悉。《新民报》颇有继续之意，前已与仲遥言之。益诚如公言，普通理论，万不可无，即对于他党之驳论，亦殊所不免，弟亦正同此感也。……尊处有多人欲组织一报，此诚善举，但《丛报》既继续，则自以合并为宜，其关于报名不变更之点，请略陈利害，以备采择。

一、办报固为开通社会起见，亦必须求经济可以独立维持。若崛起一新报，计每册二百页，则印刷费须一角二分内外(《新民报》百二十页，自印每册约九分，若加以社中杂用，亦须一角，包与人印，数须略增)，印三千部则每期须三四百金。《中国新报》现在东京每期所销不满三百，新起之报亦可略援此为比例，而内地托人代派，亦颇不易，且报费之征收尤甚难，故三千部之报费不易收复，而每期数百金当先支出，若原稿酬费尚在此外，现在学报每月共须支出九百六十余元(原稿费印刷费合计)，非三千部全行销完，且报费收足，不足以支，故骤创一报，其实不易；必须略预备二千金之资本，而一年之间，此资本不易回复，故此说弟不能赞成，比较的总以合并为宜。合并有三种办法：(一)凡撰稿之人，皆有连带责任，连带权利者；(二)以《新民报》为主体，对于撰稿之人支拂原稿费而印刷之资本及所得报费，皆《新民报》领受者；(三)兼采以上两法，以《新民报》为主体，担任印刷费及原稿费，而将来所得权利之一部分，略分其几割，以均诸撰稿人者。若采第一法，则无异组织新报，盖如此则弟固必加入此团体中，为连带责任连带权利之一人，然弟只能以私人资格加入耳，不能以《新民报》资格加入；盖《新民报》有其旧组织(此报资本弟居其六之四，他人居其二)，非离而异之不可，而此团体中出资之若何分割，甚不易易，担任资本与担任撰稿者，其所负责任之性质不同，其所得之分配亦随而不同，团体中人于担任此两种责任之点，不能人人平均，故纠葛甚多，此似不可采。若采第三法，则必当减原稿之酬金，以分诸将来之权利，而撰稿之人所得反甚不确实，盖以《新民报》现在计之，每册印刷费一角内外，售价二角五分，而定阅全年者八折，则为一角八分，代派人复八折，则为一角四分余，若报费收不全，则当减于此数，而此四分余者，则原稿费出焉。现在《新民丛报》每册约五万言。每千字以三元起算，其费为一百五十元，若销三千本，而报费能收足，则略足以相抵，若多销一千则赢余五十元，所销累进，则所赢亦累进，若原稿费减为每千字二元，则其费为一百元，销二千部可以相抵，多销则多赢，其累进亦如之，故为撰稿人利益起见，若能必其一定多销至一万或八千以上者，则稍减取原稿费而均将

来之权利,未始不可,然其所得甚不确实矣。且将来于利益计算分配之点,手续极其烦杂,滋多不便,故此法亦不足采也。无已则惟仍采第二法以《丛报》为主体,对于撰稿人以契约支拂原稿费,而其他权利义务撰稿人概不过问,如此则撰稿人对于此报其利害关系不甚切,此其阙点也。虽然,可以避其他种种之障碍,比较的毋宁采之。

一、报名变更,未知尊处诸君有其特别必要之理由否?若有之,则弟固可以曲从,但此稍有不便者,则《新民报》历年被代派处所欠之报费,亦不下万金,用原名则此数当可望收回一二,否则尽付东流,此其不便也。变更报名,可以一新耳目,此其利益之点也,然用旧名,则以旧报之价值,阅报者继续阅之,数千部之销数可必,此亦其利也。请酌之。

以上所陈,类于米盐琐屑,诚足发噱,但弟以为举一事,必计利害,期其经济之可以持久,然后不至中辍,故就种种方面陈之,以公知我之深,必信其为非以营利为目的也。

一、弟前此所以欲停《新民报》者,则一因党报将出,弟一人之力,不能兼顾此报,以余力办之,若赘旒然,无复精神,亦复何取。一因出报既屡衍期,则阅者生厌,销数亦窒,而经济不能支。以去年计之,既亏衄矣。故办之而反为私人经济之累,致种种不得自由,若尊处有多人欲组织者而与《新民》合并,则此两病皆可以免,故欲请公之介绍,而与有志诸君结简单之契约,曰,此间以每千字(大率)三元之原稿费广收稿,而撰稿之人别无他义务,惟有一义务,曰,每月允担任若干字者,则必不能缺少而已。如此则诸君欲发表之[其]意见者,可以此报为机关,而其他不必过问,公谓何如?

一、此报若继续办去,则其报中内容组织上必须变更。其第一问题,则每月当出一册乎?抑两册乎?以普通理论,则出一册为宜,然此报既自印刷,仅出一册则其费不足以给,故仍欲出两册,此亦无关宏旨也。其内容则于论著、译述两门外,弟极欲注重批评及记载,其批评门能如《太阳》之例,将半月中本国及世界出来[现]之大事批评之最妙,其记载门则采择《外交时报》及《国际法杂志》,有一定之条理足矣。此两门公能觅人专担任否?大约译述及批评两门,可额定为每千字三元。论著门或可略增(斟酌其文之价值),多者至四元而止,普通者亦三元为率。记载门则二元内外,此其大较也。

既续出《新民报》,则至满一百号时,欲出临时增刊一册。此册以何种材料为善,请公与同志诸君一酌之。弟意欲批评日本各书籍,前此《新民》有东籍月旦一种,后未继续,今可为之。所批评者:(一)政治法律,黄与之任之,(二)经济,弟任之,(三)教育,熊知白或汤觉顿任之,(四)历史,仲遥任之,(五)地理,张至涛任之,(六)哲学、社会学等,任者未有其人,然谅亦可得。此书若成,嘉惠学者不少,公谓如何。

于此报之外,弟颇欲更组织一报,约如政治、经济讲义录,其内容则(一)法学通论,(二)宪法,(三)民法,(四)行政法,(五)经济或多添一两门亦可,以辑著为主。其民法、经济两门,弟担任之,其宪法一门,兄可担任,自余则别觅人担任之。此议实因弟数月以来,欲自研究民法,以此自课,因念将所研究者以公诸国人,当较从通译处间接受讲义更为有益。顷弟自有《日本民法集注》之著述,今呈上一阅,公可以见其内容。若各门皆能如此做去,则于内地学法政者甚为有益,必受欢迎,但办此真不容易,盖必须各著者皆自出机杼,其价值确有以加于《法政丛编》等之上,然后可也。公心目中有人能此者否?若办此,则希伯尚可担任一部分,黎砚诒亦或能,再觅二三人亦非难也。黄与之其最好也。

此讲义录之办法,则与《丛报》各担任者不取原稿费,惟其印刷之资本,则弟设法备之,将来所得,则以二成归诸资本,以八成归诸撰稿人,即按字数以为分配。又成书后,若印单行本,则其版权纯归诸撰述者,如此则手续亦不甚烦杂也。

弟于民法及经济学，皆有著述，然杀青无日，若办此讲义，则可以促弟之研究，此弟之利益也。

梁启超《致佛苏我兄书》。引自丁文江、赵丰田《梁启超年谱长编》，上海人民出版社1983年版，第384～388页

张君劢《我的学生时代》一文回忆：

到日本考入早稻田大学，县里给我公费，意思叫我学理化，而我对理化素不发生兴趣，喜欢攻读法政，半年后县里把公费停了，我原来的存款也用尽了，没办法中又找到替《新民丛报》写稿的工作，每月可得六十余元，足够我弟兄两人之用。谁知一年以后，《新民丛报》停刊，我的经济来源断绝，学校又未毕业，于是就请助亲友，每月仅得十三元，只有伙食费用，有时连买手巾的钱都没有，就与我弟弟两人将一块手巾剖而为二，再破了，各用四分之一。

《再生周刊》第239期，1948年

11月28日（十月二十三日）　两广总督张人骏为搜捕钦、防起事者致电军机处请代奏。

电文云：

廉钦匪事，业将剿办布置情形迭次电奏。嗣因匪势趋重，灵山县属之那楼一带，经署北海镇李准商令统带郭人漳督队往剿。复派管带马镛桂率亲军四哨同往，并电西军越境协助。郭人漳自九月二十二日由大寺沿途搜山，二十三日在板[防?]城遇匪接战，二十四日追至南乡，二十五日追至太平、那隆。匪股愈战愈多。匪首赖春元等正在那禄、那楼、屯良一带开台拜会，倡言革命，党众已集至数千。郭人漳等于二十六日追至那禄村，与匪大股相遇，奋勇猛战，自辰至酉，生擒匪目李特考、廖清江，悍党五十一名，并斩首级耳记二百六十具，夺获枪械、旗帜、伪印、伪示、伪札、匪马、草粮、火药、逼码无算。追剿七十余里，歼匪不下千数，内多首犯。据报，前在三那倡乱之黄世钦亦已歼毙，搜其尸身藏有金页，验系香港店铺字号，其为港澳会党勾通接济，似非无因。西军各营协力剿捕，同时亦有斩擒。郭人漳复乘胜会督东西营队进攻江万、西牙各匪巢。十月初三四等日连获大胜，生擒七十余匪，斩获首级耳记二百数十具，击毙焚死不可数计，夺获军械甚多，女匪韦十二嫂已擒，并战毙匪首伪统领黄道昌、黄启明等。营弁李光明、罗昆玉均力战阵亡，其余伤亡弁勇共仅十余名。此郭人漳等迭次获胜之情形也。李准、龚心湛旋又派前河南补用参将王有宏督营围搜，管带孔繁琴在梁屋生擒匪首黄世明等数名，并搜获革命军旗帜、伪统领营哨关防及逆党伪书等件。管带黄秀谲在青龙江击毙五六十名，其攻陷防城匪首农廿四亦经营团续获解讯惩办。节据该统带镇道等先后电禀前来。又经钦州营团拿获匪首黄清舟、苏乃彪及助逆之局绅李翰才讯供相符，并称股匪枪码多由乡团接济，赖春元、梁建葵、潘二、易三、黄正海等均已阵毙。等情。查廉钦土匪散则无踪，聚则成股，各营四出游击，迄未痛歼。此次经李准、龚心湛调营扼守广平、平吉、久隆、牛冈一带，钦西又经郭人漳布置周密，匪逆相率窜聚那楼附近并江万、西牙等处，仰托朝廷威福，将士用命，乃能连获大捷。郭人漳自四月间赴钦剿匪，令攻破三那，收复防城，防剿钦西大菉、禄马、大灵各处，均能赴机奋迅，所向有功，现又全获大胜。论其战功实为诸将之冠。此外各营队亦有异常出力之员，容候查明先行择尤保奖，以励士气。李光明、罗昆玉力战阵亡，另行奏请优恤。匪首赖春元等是否均已击毙，现经再饬确查，以昭核实。当此军威大振，人心多已反正，仍责成各文武乘势搜捕，一面解散裹胁，招抚流亡，一面筹办乡团，清除余孽。秦炳直取道西省横州，于十月初七日行抵灵山，李准即统回省，钦廉各营交由秦炳直督办。骏当随时电商，妥筹剿抚，乘此声威，但能措置各宜，肃清之期当必不远。谨先电奏，仰慰宸廑。再以上数仗，皆系前署北海镇李准布置督剿，因恐各营禀报或有不实，电由秦炳

直详查。顷据电复,各电所报尚非铺张,合并陈明。谨请代奏。人骏。漾。

《为剿办钦廉获胜事》,《电报档》,综合类—收电档,档号2-04-12-033-1169

△ **河南商城县龙华会党民变。**

《汉口中西报》报道云:

汴省商城固始一带,去年即有会匪滋事,嗣为陶紫亭游戎剿办妥【帖】。十月二十五日,商城境内忽聚会匪三百余人,揭旗起事。本地绅士当即禀告该县,嗣闻饬勇弹压,均为会匪击退。现匪类已聚集一千余人,并有皖鄂会匪相杂于内,军火一切,亦甚齐备。闻光州松太守已飞禀汴抚,饬营往剿,以免大动。汴抚已电饬王统领前往相继办理。刻又闻会匪首目,系北洋陆军学堂毕业生刘姓,家中巨富,军火已储之数载,并已窜至固始、光山一带,民心惶惶,纷乱逃避。近日信阳一带,逃难者络绎不绝。又有官兵战败之说,未识王统领到后,能剿抚相宜否。

《汴省商城会匪起事》,《汉口中西报》,1907年12月19日

《东方杂志》报道称:

商城县民叶蓂青、叶七生等,传习龙华会邪教,煽惑乡愚,谋为不轨,于丁未十二月下旬意图大举起事,令其徒党分赴苏仙石等堡,焚烧民房一千数百间,并裹胁愚民数十人。营县闻警,即派侦探二名前往,均被戕毙,勇队继至,匪复放枪抗拒。嗣知势不能敌,乘夜逃逸。兵役及各路乡团分投搜捕,先后将首要各匪擒获。讯供设坛习教等情不讳。即将主谋倡乱之叶蓂青、叶七生、王平安、余少益、王志仁、徐四、叶善炳、徐立生、萧宗青等九名正法,其余情节较轻之犯,分别久暂,各予监禁。已由汴抚林赞帅奏奉朱批:知道了。

《各省军事纪要》,《东方杂志》第5卷第4期,1907年

河南巡抚林绍年奏商城龙华会聚众起事片(光绪三十三年十二月十八日)云:

再:据商城县禀报,县民叶蓂青等,信从邪教,据寨焚杀等情。当经臣电饬地方官营队协力扑治,以免滋蔓。旋据各营县禀,获首从匪犯多名。复经臣电饬南汝光道吴𠸄驰往,督同该州县研审,从严拟办。兹据该道等,以提集各犯反复质讯,缘叶蓂青与弟叶七生传习著名教匪邓建堂邪教,设坛扶乩,烧香焚表,敛钱惑众,捏造不经诗词,劝诱佃户王志仁等多人登入黄册。兄弟各创道号,曰道正、曰德和,并立道、德、明、心、性五字派名。叶蓂青预在金山修盖草房,为躲避之计。叶七生又与王平安均充正副主。叶蓂青、叶七生因分居老围,胞叔叶宜赞、堂兄弟叶润含等素不信教,屡言必得显报,假托坛语,十月二十三日大劫已到。届期王平安等遂于王志仁家纠集余少益等一共二十六人,分持红黄八卦旗帜,并带刀械,王平安捏言神主附体,领众齐至老围,翻墙撞门进内,叶宜赞等全家得信避匿,未及于难。王平安复制绿呢帅旗,竖立寨门,往邀叶七生搬运枪械马匹到围聚议。由王平安传令放火裹人,只许烧杀,不准奸淫,意在大举。将众分作三起,派令余少益、徐立生、王志仁各领一股,分赴苏仙石等堡放火,焚烧民房一千四百余间,裹胁愚民数十人,仍回老围踞守。营县得报,派差张金元、高少元先往踹探,均被捆缚砍毙。勇队继至,王平安等堵闭寨门,放枪抗拒,轰伤兵丁姬得光。嗣因见势不敌,黑夜越墙窜逸。兵役及各路乡团分投搜捕,同固始县先后将首要各匪擒获,并起获枪旗、符咒。电经奉饬讯办,遵即严审明确,分别拟议,禀请核办前来。

臣查商城县与皖、鄂两省接壤,山径分歧。上年著匪邓建堂即邓道真创立龙华会邪教,到处构煽。其党谢尚恭、柴焕然两匪在商、固交界地方聚众滋事,拿获讯办,经前抚臣奏报在案。此次叶蓂青兄弟以读书子弟,传习该会邪教,竟敢创造谶纬妖言,煽惑乡愚,谋为不轨,

始发难于骨肉之间，继肆毒于乡邻之地，终乃擅杀公差，抗拒官兵，苟非两日之间即行扑灭，为患何堪设想。自应按照会匪章程从严惩办，以遏乱萌，而昭炯戒。除畏罪自尽及因伤死各犯毋庸置议外，所有叶蒸青、叶七生、王平安、余少益、王志仁、徐四、叶善炳、徐立生、萧宗青九名，或主谋倡乱，或随同焚杀，均属罪大恶极，已批令就地正法。其情节较轻之詹鸿福、侯毛、王志义三名定为永远监禁，傅马、徐二、徐三、蒋毛孜、张万顺、余良科、王志礼七名监禁十年，徐扬孜、徐女孜、詹远相、詹锄孜、徐世忠监禁五年。被难各户业由道、县迭次捐廉抚恤，不致失所。酌留营队加意弹压。著匪邓建堂同未获之蒋荩臣、叶十五，一体勒拿究办。余属被胁，概免深究。该署知县延寿，事前虽失于防范，事后会营拿获首要多名，尚知愧奋，应请免于置议。署固始县颜缉祜，协获邻境要匪王志仁、叶善炳、詹鸿福、王志礼四名，实属缉捕勤能，自应照章咨部照例议叙。

至商、固一带民风蠢悍，传习邪教，屡次肇事，非亟求移风易俗之方，难收革面洗心之效。除饬该州县遵章广立学堂，多设宣讲，昌明正教，以善其后外，理合附片陈明，伏祈圣鉴，训示。谨奏。

光绪三十三年十二月二十四日奉朱批：该部知道。

中国第一历史档案馆、北京师范大学历史系编选《辛亥革命前十年间民变档案史料》上册，中华书局1985年版，第219～221页

11月初　四川革命党人联络会党起义于江安、泸州、叙州府、成都等地，旋起旋败。

向楚撰《四川党人革命大事记》云：

冬十月朔夜，江安起义。党人戴皮城内发火事泄，刘安邦、鲍九成等兵不得入，遁去，戴皮及其女死焉。时泸州亦潜伏定，未发，闻江安败。二日夜，佘英及各路首领放舟草鞋沱江中，议再举，不果行，退罗汉场。八日，成都党人计以新军弁目合民间党会，借太后诞日朝会时歼省城诸大吏，事泄，戒严，遂散诸党会。

隗瀛涛、赵清主编《四川辛亥革命史料》上册，四川人民出版社1981年版，第432页

《清史稿》补编之《佘英传》：

丁未，【佘英】以母病回泸，几为州牧杨兆霖诱获，乃蛰伏泸城，惟暗望沱江涕泣而已。续闻母逝，一恸几绝，以不能归营丧葬，悲愤填膺，乃誓于同志曰："今后惟有以死报国，藉赎不孝之罪而已。"熊克武至泸吊其母丧，遂与杨兆蓉等密谋起事，定期是年十月朔，成都、叙府、泸州同时发难，并约江安县防军哨官杨［刘］安邦先一日袭县城，率军顺流下泸，以为外援。泸事由英居城内策动，设伏于城内外，期深夜举火袭据州城；杨兆蓉、席乾生则率众军应于石棚。不意届期江安事败，死难者十余人，瞬息传闻至泸，清吏戒严，大索党人。英知事迫，急集各地首领密议于江中，以外援既绝，内防复严，主缓期举事。有主孤注一掷者，或疑英畏馁，英忿愤，蹈江以自明，众骇而救起，事始中止，乃率众退合江县先市。继悉成都亦事败，杨莘野、黄鹿笙等六人系狱；叙州事又未举，所谋全局既非，而清吏又悬赏名捕急，乃偕熊克武走渝，复东渡日本。

隗瀛涛、赵清主编《四川辛亥革命史料》下册，四川人民出版社1982年版，第281～282页

熊克武《辛亥前我参加四川几次武装起义》：

丁未（一九〇七年）江安、泸州之役，是同盟会领导的首次起义。当时选择泸州为首先发难的地方，因为：1. 泸州为川南重镇，上可进窥嘉（定）、叙（府），下可虎视重庆，泸州得手，即可震动全省，造成革命的大好声势；2. 泸州系水陆码头，交通便利，且又接近云南边界，进可

攻,退可守,是个理想的军事基地;3. 泸州及附近各县党人最多,容易集中,领导力量相当雄厚;4. 泸州为佘英家乡,帮会实力颇强,而驻泸州的盐务巡防营和川南道巡防营,已与会党通气,可以策动内应;5. 军事用费,席成元可以大力筹助。有了这些把握,所以同志们都认为可以旗开得胜,马到成功。

当年搞武装暴动,最感困难的就是没有自己的军队和足够的枪弹作为起义的主力,而清军虽然腐败,究竟有单响毛瑟枪,总比梭标、马刀厉害,所以运动清军发难是我们的第一课题。驻泸州的巡防营中虽有帮会弟兄,但同盟会人还没有打进去作为统率的干部;而江安巡防营中有同志刘安邦、鲍九成当哨官,因此我们决定的计划是:(1)刘安邦、鲍九成先期在江安起事,然后顺流而下,攻打泸州,由佘英、杨兆蓉、程德藩、赵铁桥负责进行;(2)由谢奉琦、邓邦植、席成元、杨兆蓉、黄宗幹、罗肇图组织同志,并由佘英召集会党三千人,散布于泸州城内外,举火为号,党人和会党分三路进攻道台、知州、都司三衙门,另一路打开城门,迎接刘、鲍部队和城外会党,联系好的巡防营起而内应;(3)佘英邀约刘天成带领所部作为外援;(4)通知成都、叙府及时响应;(5)我从东京回川时,带回五个炸弹可以作模型,又只有我和黄树中学过制炸药,税钟麟会造弹壳,就由我们三人赶制炸弹,分送江安、泸州备用。另外,我还有一个任务,就是往来各地接洽会商、解决各项问题。根据当时双方力量的对比,是可以一举而攻克泸州的,因而又计划着,占领泸州后即组织军政府,建立四川第一个革命根据地。

最初,泸州同志计议端午节起事,因泸州的赛龙船是有名的,远近老百姓来看热闹的常是人山人海,利用这时候在城内外集合几千人,不会引起清吏的怀疑,而且行动也很方便,是个起义的好时机。但成都方面不赞同,以时间太迫,准备不及,主张改十月初九日清吏庆贺西太后寿辰时,同日并举,泸州同志也同意了。

在准备期中,连续发生了几件意外的事情,对于江安、泸州起义有很大的影响。第一件事:黄树中、黄方、杨维和我在永宁兴隆场黄方家制造炸药,税钟麟在青山岩铸造炸弹壳。不幸黄树中因制药粉入瓶失慎,爆炸甚烈,受重伤,送重庆医治,得以不死,始改名复生。杨庶堪、朱之洪、马图专函密告,永宁县衙正严查炸案,虽未被破获,我们即迁犍为铁山税尊三同志的铁厂继续工作,然已引起了清吏的注意。在这里,我要就便更正一种传说。据同志介绍:靠川边的云南郭家坟长官司,有个很有名气的坐地虎殷吉祥,手里有几十枝五子枪,他本人并不出门做生意,遇有官府解送盐税和地丁银子的机会,就临时召集若干弟兄,拦路劫抢,得手后就分红散伙。当时我们总想多弄到几枝枪,因此我和黄方、黄建勋(兴隆场的舵把子)同去找殷,了解他能喊动多少人,是否可以出力相助,或者借用些枪枝,结果没有成功。当我们回到兴隆场时,爆炸事件已发生两天了。我看到几个资料,说我也受轻伤,其实并无其事。

第二件事:会党弟兄虽乔装各种小商小贩,但忽然增加几千人,客栈旅馆都挤满了,他们说话随便,行动又不知检点,民间已传出种种谣言,清吏自然要加紧防范。第三件事:外面谣言日多,风声日大,知州杨兆龙在衙内密布持械堂勇,邀佘英进衙面商公事,阴谋捕而杀之,这是他的所谓擒贼先擒王之计。杨兆龙见佘英单人独马而来,神态自若,竟犹豫不决,不敢下手,谈了几句话,就请佘稍候,退与幕僚集议办法。有人说,佘英敢单刀赴会,或者心中无愧,或者已有准备。他是帮会的龙头,差役堂勇多半是他的党徒,轻率从事,恐怕反迫出乱子,对上担当不起,对己也不无危险,主张慎重。这时候,某堂勇耳语佘英:"大爷,水涨了!"他就乘机逃出。杨兆龙见事已败露,即下令缉捕,形势又更紧了。加之,会党弟兄又缺乏组织纪律,各路头目也约束不了,恐日久生变,于是匆匆商决,提前于十月初一日发难,密电成都同时行动。

江安遂定先一日半夜由县署刑吏戴皮举火为号,城外同志和会党即起而发难,刘安邦、鲍九成则乘机率领所部直攻泸州。不料,事前县令已得告密,火起,一面扑火,一面下令闭城,并请巡防营统领阻击刘、鲍两部,同时亲带衙卫搜索客店,捕杀嫌疑犯十余人(同盟会同志均脱险),并用站笼绞死戴皮父女。江安事发,泸州即闭城戒严,断绝交道,禁止行人,并派队巡查,而外援刘天成又未及时赶到,城内外待命出动的同志,彼此隔绝,无法联络,知大势已去,也不敢妄动,泸州武装起义就这样夭折了。成都方面得泸安失败消息,密召同志急往成都,共图大举。我们商定佘英、杨兆蓉留泸州,谢奉琦、杨世尊、刘永年留叙府作策应成都起义的准备,并由席成元筹款遣散会党后,即分路奔赴成都。

泸州知州杨兆龙是个狡猾的家伙。他一方面看到,革命党仍分散于城内外各处,要镇压没有力量,反可能激成事变,于已不利;另一方面,同盟会起义未成,不如若无其事,粉刷太平,因此没有捕人杀人。但事后被害的同志还是有的,不可不记,以扬忠烈。

1. 佘英曾向泸州城内以洗衣为业的某寡妇借银三两,作为革命军费,约定日期归还。她很慷慨大方的说:"还啥子！我留着没啥用处,拿去做事嘛!"后佘英被通缉,牵连到她,她就吊颈自尽,真是难能可贵。我每次想起她,敬仰之心不禁油然而生;同时也使我认识到,老百姓是欢迎革命的。记得光绪末年,民间流传两句歌谣:"一两地丁加我们七钱七,九重天子滚他妈三十三。"人心背向,由此可见。

2. 川省护理总督赵尔丰前任永宁道台时,每次去巡所属各县,常借清乡为名,大肆屠杀。某年十二月三十夜,他坐堂清理监狱,提出全部人犯,不审不问,用红笔一勾,一个个推出斩首。有一犯人求情:"大人恩典,让我多活一天,算是多活一年罢!"赵不准,这位犯人厉声指着他说:"好,我在鬼门关等你!"他这样杀人不眨眼,川人就叫他做"赵屠夫",恨之刺骨。刘安邦以江安失败,甚为愤恨,表示要痛快干一下。他就化名,投赵尔丰充戈什哈,为民除害,旋为赵左右认出系江安首犯,被杀。其他不论,这种表现革命党人勇于自我牺牲的精神,是应该表扬的。

3. 刘天成从江津带大队支援泸州,来迟了一步,中途得失败消息,他化装先行,想找我们问明情形,商议以后行动,不料到白沙被内部姓吴的出卖,为官厅所捕,解重庆慷慨就义。当陈尸示众时,一位老人前去烧香磕头。有人问:"你不怕惹祸吗?"老者答:"他犯啥子罪,我不管,他对我有恩,我要祭他。"因为几年前,这位老者带着百两纹银往来云贵经商,一次被人抢光,一时气急,上吊寻死,恰适刘天成路过,把他救活,并和同伴凑足银子百两送他,一家人得免于饥饿。当年帮会虽良莠不齐,但专同官府作对,劫富济贫,这种绿林豪杰的侠义之风,是为人民所称道的。

成都系四川省会,为一省的反动统治中心。十月初九夜(丁未,一九〇七年),总督以下大吏将集于"会府"举行祝贺慈禧寿诞的典礼,党人决乘机一举而歼灭之,占领成都,号召各府、县响应,造成全省革命的声势。本来成都党人较多,一年来在学校中发展很快,叙属、资属等学堂学生加盟的约数百人,而泸州失败后,多数同志又汇集于成都,会党也召集了五六千人,力量是强大的,同志们是有信心的。

举义计划:1. 分工负责,推定各方面的负责人员,新军由龙光、黄成章、王树槐、王资军联系指挥,并令守卫成都军械库的新军开库夺取武器;弁目队由秦炳、程德藩、伍安全、但坚、彭正纲、易中联系指挥;巡防营和会党由余切、黎靖瀛、舒新之、张达三联系指挥;学界及学生中同志由张培爵、黄金鳌、谢持、曾冠联系指挥;谢持、杨维、黄方和我则负联系策应各路之责。2. 派朱鼒等四门放火为号,各路即向指定目标进攻,主要的为朝贺的"会府",将全城官吏一网打尽。3. 通知叙府、泸州及其他各地及时起事。

至期，清吏临时改变朝贺地点，并于附近临时戒严，断绝交通，而放火旋被扑灭，因而各路整装待命的同志，看不见举火讯号，听不到炸弹响声，得不到行动的命令，多候至天亮，始知事败，乃各自分散，成都起义又这样云散烟消了。看情形，清吏是事前已得到消息，早有戒备的，不过究竟是什么人告密，以后我曾问成都的同志，又到县监中去问被捕的黎靖瀛和杨维同志，但都没有结果。

第二天，传说党人名册已被官府搜出，将按名捕拿，风声更紧。新军和弁目队的同志十余人，都是没有请假、偷着出营参加起义的，当然不敢回去，纷纷逃避。十余天中，伍安全被获，解凤凰山营地杀害；党人被捕者有黄方、杨维、黎靖瀛、张治祥、江永成、王炳璋，时称六君子；所谓"首要"余切、熊克武、谢持、佘英等也通缉在案；各校教师学生亦多逃走，事态严重，人心惶惶。同时，同志们又奔走求救于耆老乡绅之门，首先胡雨岚太史挺身而出，邀集老翰林伍崧生等集议，代表省中士绅向首道贺纶夔、首府高增爵呼吁。他们说："政治不良，青年人谋求改革，是出于爱国之心，若加以大逆不道之罪名，动辄杀人，后患将不堪设想，总以宽大处理为宜，更不必株连多人。"据说成都县知县王琰坚主格杀勿论，经胡雨岚、伍崧生、贺纶夔、高增爵向护督赵尔丰求情，陈述利害，赵屠夫也有所顾虑，始发交承审局依法讯办，判处黄方等终身监禁，至辛亥革命成功，始由同志欢迎出狱。

在这里须予补记的：我上成都经过嘉定时，该县警察所长黄农江告诉我，有自称中山先生派来的李鸿钧打听你的行止，要和你见面，是真是假不得而知。李鸿钧我是认识的，我同黄农江就去找他。他说，奉中山先生之命，回来慰问川省同志，转达了先生鼓励嘉勉的话。我们报告了江安、泸州失败的经过和发动成都起义的计划，并表示希望先生和总部常给我们以指示，还告知一些外面的情况。

初九日的午后，我赶到成都，住组织代我预定的永和店。入夜后，朱纛跑来报告，他在东门放火了。我说："满身洋油气味，不说人家也晓得，先换了衣服要紧。"事后同志们提出责难，为什么看不见发火讯号？"原来朱纛等用的办法是，在城门附近的客栈包了一个房间，在草垫上浇满洋油，架上木床，点着火，锁上房门就走，当然容易被店家发觉，立刻扑灭了。这是技术问题，可是当时谁也不懂这些，而关系却是很大。因为讯火放好了，几千人打起来，新军和弁目队又起而内应，尽管清吏已有准备，说不定还有成功可能的。跟着黎靖瀛急忙来告，"事情又坏啦！……帮会的头人多在城里，要赶紧凑款遣散他们，如有牺牲，下次就喊不动人了。仓促之间，从哪里弄到这笔钱，怎么办呢？"我知道黄方的哥哥在广西做知县，最近汇回一批银子，叫他到成都代买一个侍妾，就跟他商量，他全部拿了出来，解决了这个困难问题。

成都起义不成，同志们多劝我快走，我觉得我不能这样做，因为自泸州事败，我又改名陈一峰，除了少数和我直接接头的负责同志外，其他的人多不知道陈一峰就是我。同时我刚到成都不久，与外面人还无接触，不至有什么危险。尤其我是主盟人之一，更应该留下来，办理善后，尽我的责任，所以多住了十多天。一日我在可园看戏，有人在我肩上拍一下，轻轻地问："外面风声很大，你为什么还不走？"听声音，我知道是韩锡藩，便告诉他，"事情没有办完，走还有困难，但也快了。"等到二十五日我搭便船离开成都时，韩锡藩托杨维送给我路费一百元，我收下三十元，余七十元留给需钱急用的同志。互相关怀，急难相助，这是一种可贵的同志友谊。

政协全国委员会文史资料研究委员会编《辛亥革命回忆录》第3集，中华书局1962年版，第7～14页

约11月底(十月底)　两广总督张人骏为镇压钦廉起事有功官吏郭人漳、马镛桂等请奖,奏报清廷。

其奏折称:

两广总督兼管广东巡抚事臣张人骏跪奏,为剿办廉钦股匪迭获大胜,谨将前敌出力文武各员弁择优请奖,恭折具陈,仰祈圣鉴事。

窃廉钦两属地近越边,民情强悍。从前法越之役,该处土民多应募出关,遂成游匪,啸聚越南,往来不定,其后驻防边军多收降匪,又复时募时汰,以至游勇遍地。广西固受其害,而钦廉为所归宿,隐患尤无已时,故频年用兵,卒至旋灭旋起。顾昔则游勇土匪其志仅在抢掠,今则勾结逆党倡言革命,竟至谋陷城池,凶焰日张,剿办愈难措手。本年春间,逆首刘思裕、黄世钦等在钦属之三那地方,藉抗捐为名为首倡乱,一时伏莽游匪群起响应,廉钦两属岌岌可危。经由省派已革陕西补用道郭人漳,及新军步队标统赵声统营往剿。郭人漳攻破三那,阵毙刘思裕。元恶授首,余党解散,业已渐就敉平,正在分段清乡。而逃弁梁秀春适被越官释放,即联合西匪黄和顺、农二十四等,勾结逆首孙文,接济饷械,又遣党四处招人,贿通营队。七月间驻防城之衡军及县署亲兵,为匪内应,攻陷防城,戕官焚署,复攻扑东兴,进犯钦州,围攻灵山,几有同时糜烂之势。经前护督臣广东布政使胡湘林派署北海镇李准统营驰往督剿,而郭军已先收复防城,当于大菉、奇灵、禄马一带跟踪追剿,迭有斩获,钦西遂稍安,靖州城亦得无恙。灵山经分统宋安枢督营力战,旋即解围。惟匪势仍未稍戢,官军喘息未定,匪股愈聚愈多,乘虚突扰,股数不一,千百成群,其中虽有胁从附和,而真正悍党亦复不少。经过各处出伪示以安民,以仇官仇学为宗旨,称为革命南军,置有旗帜号衣,并有伪统领、都督、元帅、管带等名目,声势浩大,甚至局绅李汉才等亦贪利助逆,日本振武学生黎光汉且为匪教操。臣于八月间到任,各属警电络绎而来。审察匪情,实非昔年之游勇土匪可比;而详考地势,非东西合剿无以绝其分窜之路,非沿海堵截无以断其接济之路。遂电请广西抚臣张鸣岐添调营队,越境会合,一面电商南北洋大臣借调兵轮,以资巡缉,并将调度失宜之前署廉钦道王瑚撤换,委请补是缺之广东候补道龚心湛前往接署,责令会同李准妥筹剿办。布置粗定,适钦奉谕旨派署广东水陆提督臣秦炳直前往督师。秦炳直未至廉钦以前,李准、龚心湛已派定各营分路防剿,并因广平、平吉、久隆、牛冈各处最为扼要,调集各营严加防守。钦西一带,经郭人漳防备周密,匪遂相率窜聚灵山属之那楼附近,及江方[万]西牙各村。九月二十后至十月初旬,郭人漳督同管带马镛桂等及东西各营,一捷于那棉屯良,再捷于江万西牙,生擒数十名,斩获首级耳记数百具。两次歼毙焚死不可数计,夺获枪械、旗帜、伪印、伪示、伪札、匪马、干粮、火药、逼码无算。逆首黄世钦、赖春元、梁健骙、潘二、易三,匪目李特考、廖清江、黄道昌、黄启明、黄清舟、苏乃彪,及助逆之局绅李汉才,均先后授首。李准、龚心湛又派前河南补用参将王有宏督营搜剿。管带孔繁琴,在梁屋拿获匪首王世昌等数名,并搜获革命军旗帜、伪统领营哨关防及逆党伪书等件;管带黄秀瑀,在青龙江毙匪五六十名,其攻陷防城匪首农二十四经营团续获,伪汉军大元帅刘殷明复被郭人漳、王有宏生擒。此各营迭获胜仗之实在情形,经臣节次电奏,钦奉谕旨,李准、郭人漳尚属出力等因。天语褒嘉,军心愈奋。各营分路搜剿,复有擒斩。现在匪势穷蹙,零星散匿。秦炳直驻扎钦州调度,已电嘱责成各营穷搜净尽,迅速肃清。李准已遵调回省巡防,并由臣拨款派员前往招抚赈恤。据报,流亡安集,人心大定,堪以仰慰宸廑。伏查此次廉钦之乱,实系逆首孙文为之主谋,王和顺、农二十四等互相联合,倡立革命。南军先在钦廉发难,意图上窥南宁,牵动两省,蓄谋甚为远大。查阅革命书,措词悖逆,剿办苟不得手,大局何堪设想。幸托朝廷威福,将士用命,乃能连获胜仗，大股尽歼，实为初料所不及。郭人漳自四月间调赴廉钦，攻三那，复防城，搜剿钦西，无战不克。此次那棉、屯良、江万西牙之役，追击百数里，苦战十余日，均身先士卒，指挥督战。管带马镛桂等，亦皆亲临前敌，血肉相薄，实属异常出力。当军情紧急之时，无非藉朝廷名器，以为鼓励，许以战胜，先予奏请优奖，今幸迅奏肤功，合行仰恳天恩俯准，将已革陕西补用道郭人漳，开复原官衔翎留粤补用，并免缴捐复银两；管带广西左江巡防第四队、江苏补用同知黄体明，准免补同知，以知府留于原省补用；管带亲军日本振武学校毕业生通叛[判]职衔马镛桂、管带新练军同知职衔林纬邦、指挥官同知职衔杨尊、任指挥官通叛[判]职衔杨祖时。均准以通叛[判]，不论双单月，分省补用；管带西路巡防队第十八营州叛[判]职衔黄业兴，准以州叛[判]不论双单月，遇缺尽先选用；副将衔补缺后副将已革、河南补用参将王有宏，准开复原官原衔升阶留粤补用，并免缴捐复银两；随营见习官兼管带管退炮郭毅，准以从九品，不论双单月，尽先选用管带；广西左江巡防第二十一队蓝翎都司衔、尽先补用守备马文富，准免补守备，以都司尽先补用管带；广西左江巡防第二十队都司衔、尽先拔补千总普玉光，亲军中营二哨哨官、拔补把总张国臣，六哨哨官、拔补把总曾雄，先锋队长拔补把总张世益，均准免补千把，以守备尽先补用。出自鸿施逾格。以上列保各员弁均系身临前敌，尤为出力，并无冒滥。所请奖叙虽间有稍优之处，亦为策励有功起见，伏乞圣明洞察，照请给奖，以酬劳勋，而劝将来。除千总以下各弁咨部核奖，及其余出力稍次员弁，俟全境肃清再行汇案保奖，并将搜出逆书抄录咨呈军机处外，所有剿办廉钦股匪前敌出力文武各员弁恳请奖励缘由，理合恭折具奏，伏乞皇太后、皇上圣鉴，训示。谨奏。

广东省档案馆编译《孙中山与广东：广东省档案馆库藏海关档案选译》，广东人民出版社 1996 年版，第 703～706 页

约 11 月（十月） 徐勤致函康有为，以为革命党声势在日本逐渐衰微，政闻社力量大增，应准备开总会于上海。

该函云：

夫子大人侍者，敬禀者：八月时，在沪曾上一长函，想已察收。弟子于八月底抵东，九月十一日开会。到神户时，曾与卓如、孺博、觉顿诸君上一公函，详言政闻社事，亦想收到。东京自去年《新民丛报》与《民报》剧战，大获全胜。留学界中言论大变后，《中国新报》（杨度所主持）、《大同报》（满人所主持）、《牖报》（山西人李君主持）、《云南》杂志诸报，皆与《新民丛报》表同情，故革党之声势顿衰，孙文又被逐，《民报》记者又不和，政闻社遂乘时而起。入会者现有三四百人，皆东中学界之秀，会中职员皆诚朴可靠，他日吾党之发达，可为预料。蒙古亲王、福建提学司姚文焯及陈伯潜等均已入会。拟十月内即迁往上海，孺博与徐佛苏主持其事，并有会中职员约七八人同去，一面办会事，一面开一编辑所，以为位置会员及招罗会外人才起见。现当开办之初，至少亦须二万元方可。现除汇来七千元之外，横滨、神户约可捐得三千元，合计万元，尚须万元。弟子即日返港，欲劝惠伯捐数千，余外拟在华益借数千，凑足二万之数，以便即开总会于上海。现下东京人心踊跃，鼓其方新之气，故以速办为佳，不然一则示人以俭，二则人心一馁，恐失时机。卓如等公议，举弟子再往米国一行，如筹得二十万元，则以五万扩充上海编辑局，以五万在汉口开一日报（顷赵次帅督两湖，大可联合），以十万元开一法政大学于上海。现北京有人欲集五万元办一日报，拟聘吾党主持报事。杨度亦拟办日报于京中，彼之宗旨亦同，可互相提携也。东京满洲人，亦拟办一《大同日报》于京中，东中[编者按：原文如此，疑应为"京"字]满人对于吾党甚有感情，如京师多此数报，言论一致以监督政府，政府能力之薄弱，必可转移之也。弟子初意，本欲电禀夫子，俟复示后乃动身。

但政闻社初开,百事须款,如稍延数月乃动程,则该社恐不能久支矣,故不及俟命,准于十月内即往加拿大。弟子以米国各埠数年以来颇有力竭之患,故欲到鸟约后,特往古巴、巴拿马等处一行,此等埠从未有人到过,力量尚厚或可运动也。弟子此行非得十万元,则无济于事。来年资政院开时,公举之法有商界、学界可被选议员之例。卓如等欲弟子于来年五六月时,赶紧返粤运动选举事,故在米中不能久留。数月来,政府迫于日俄、日法协商之事,及徐锡麟暗杀之事,故特下立宪、平满汉、开资政院等谕,其出于敷衍,非真诚自不待言。然既定开资政院,则显授国民以可乘之隙,他日国会之成立在此,吾党之成立亦在此,故弟子以为今日之急务,未有过于扩充政闻社于内地一事。弟子统计,设总会于上海,每一年房租、费用、薪水约万三千元,东京政闻社支部一年共费约千元,合计一万四千元,便可支持。此事为中国及吾党废兴存亡之最大问题,必当用全力助之,宁暂缓各事。墨西哥事业如大有进步,则须提议每年拨助经费若干,以为办理内地会事之用。大隈进步党之成立,全由三菱公司来也。弟子不通西语,再往米洲实觉甚苦之事,但于上海总会事甚有关系,故不能不一行。乞夫子接信后,即发公函于鸟约,由鸟约会中遍告各埠,俾知弟子来意,且尤须略声明为上海总会筹款事来,则到时乃易于运动。至于舟费、车费,弟子不欲取之于各埠,以尽其欢。欲在华益先借舟车各费,他日到米筹得捐款即行交还,如此则不致令各埠同志生厌,可行与否,乞赐示依行。信寄加拿大温哥华《中华维新报》转交为叩。

政闻社现组织一《政论》,月出一册,初印四千本,现已无存。今再印四千,凡京内外三品大员皆送一本,各省学会、商会亦送一本,数月后影响之大必过于《丛报》远甚。《丛报》出报甚延滞,现缩至二三千份而已。横滨之局,每月最少需千数百元,弟子与卓如商量,即将《丛报》收盘,所存机器字粒尽运上海广智书局,合并一大印刷所,该印刷所由《丛报》、广智合资而成,自行独立,拟举紫珊翁往沪主持一切,与广智划清界限,他日获利则彼此按股均分,紫珊之意已允出任其事。查广智、《丛报》合计有机器五副,大号、四号、五号铅字均足,可以开大局面。上海作新社,每年只靠承印各书籍文件,每年获利数万元。如得紫珊翁允往任其事,以彼之老于此道,获利自可操券,即此亦可救广智之垂危也。同人拟加增电版、石版等事,并拟铸字铸花边出售。紫珊翁云能再加股一万元,即可充足矣。紫珊翁自占一千,惠伯亦可占一二千。夫子去年曾允紫珊翁印刷所五千元之股,今能如数充股否?乞即赐示卓如,以便即办为叩。此事一则救广智,一则救《丛报》(每月开销千元左右),不然二局皆不堪设想矣。弟子尤有一说,为夫子陈之。广智今年生意比去尤减色,上海书业全行俱坏(康批:徐君勉书。君勉非办广智事,不过经上海顺议。据君勉所言如此,则非独广智一家不好矣)。广智每年负纳老本息银一万四千余元,以现下市面而论,必不能赚得老本之息。不派息则失人心,而阻碍他日之办事,派息则割肉补疮,涸可立待。去年曾接来示云与广(下缺),如可获数万金之利,则请速卖之,分还一半与股东,或将股票议低价钱尽行收买。不论还股与买股,始得一半之数,则每年所纳之息,不过六七千元。从此按部就班,步步为营,虽不获大利,然老本息亦不至无所分派,以失人心也。此事如可行,乞函紫珊、卓如二人妥商,即着墨国同人照办为幸。

一、各埠同志年来于广东总会所建立一事,所捐之款想亦不少。但广东一隅之地,影响于全国者甚小。弟子以为除建立公学外,留数万元为公学,买业为公学。常年之费有余,则均拨上海建立总会所及法政大学,如此则声势尤大,入会者必多也。尊意如何?乞示之。

一、近肃王特派一密人来谒卓如,求进行方针,且持夫子庚子年所与之书为据,拟派觉顿入京与之联络。不料近日袁张二人竟以引用戢翼辉一事劾之。日间肃王有电来,其密人云:

暂勿来京。恐亦不免于倒矣。

一、那拉氏立储之事,前月确有是说。经秘密议此事三次,各大臣不置可否,事遂中止,殆所下上谕全出于敷衍。然北京设资政院,各省设立资政局,此二事,授吾党以可乘之隙矣。现合各报之力,极力鼓吹言论一致,不出三年,国会必成立矣。呈上《政论》一册乞收。顷孝高在上海复办一日报,名《宪报》,资本六七万,端、赵、袁、张(即之洞)皆有股,楚卿之弟为坐办,孝高总文字权,吾党于上海又多一机关矣。省城《国事报》销报八千余,可自立,不必设法助之矣。然欲迁报于堤岸,则不能不一再筹巨款(已详前函)。

上海市文物保管委员会编《康有为与保皇会》,上海人民出版社 1982 年版,第 380 ~ 383 页

11 月底　孙中山、黄兴、胡汉民、胡毅生及会党首领王和顺等人筹划在广西、云南及越南边境起义事。

池亨吉《中国革命实地见闻录》谓:

去年十一月二十一日,实在是广西革命军摇动旗鼓,在那模村一带,怂恿那地的游勇,夺获广西省与法领交界处的镇南关。此即欧洲人呼为第二旅顺口的要塞,因此以寒清王朝之胆。这仅仅是旬余日以前的事。此日在天将薄暮的时候,余即偕黄兴及胡八义(编者注:胡毅生)等在楼上的一室,相互地围着桌子,尽心地痛论镇南关运动的蹉跌。偶然楼下有声音唤着我们,那唤我们的人就是屡次为孙氏的秘书参谋的胡汉民,我们听着他的声音,就下楼直入厅接室的广场中去了。只见围着中央的圆桌子,留居安南的三四位广东志士,围着孙氏;另外有一位不识姓氏的客人对着他们坐着。余由孙氏的介绍,始知他是云南省开化府人,姓张,他是三合会的头目。其远道赶来的意志,是代表云南一带的革命派,要受孙统领的指挥,与广西革命军相呼应,而立刻举事。

在此事以前,去年四五月的时候,广东省汕头及黄冈,发生了一种滑稽的暴动,属于孙逸仙麾下的革命军失败以后,即得到全世界的讪笑和不信任以来,孙党即日陷于苦境:到处是嗟怨,万事都不顺手而愈焦急。并且最失态的,就是妨碍最后胜利的内讧也激发起来了。因广东省罗定州的策划,惠州七女湖的密谋,潮州海丰的企图,自某国秘密输入的军械,一切皆成画饼,徒然耗万金如掷入无底的洞里去。那时的情形,余等外人对其愚昧无能,实不住的叹惜。此时,只有徐锡麟杀安徽巡抚恩铭一件事,和孙氏与离开东京(编者注:河内)的黄兴、胡八义二人,冒险到钦廉两州去,做敢死的运动,结果打破了城,尚称差强人意。虽然也因军饷缺乏和[与]后无援助,暂行偃旗息鼓,到东京去,那是没法的事了。黄兴氏归来,此时与余在香港分别后隔九个月而再行握手,那是十月二十九日的事情,后来十一月七日,胡八义也回来了。

山穷水尽欲无途,柳暗花明又一村——处万难之境而不知倦息,自拟为奈[拿]破仑的孙逸仙氏,此时又拉了王和顺一位豪杰来了。即以攻击镇南关的大事托他。王君年齿三十七岁,躯干伟大,且其容貌,又颇魁梧,常出没于诸山之跨、两广之间者,交结所谓天下豪杰之士,已有七八年,与官兵对抗,不知凡几,这样的具有水浒传的实历,而以之为一道光明、一缕命脉,只在暂时间,其手段也是仿佛的,然而人生的事,非必是容易的。

当时余有巴调一绝曰:"回天霸业大成难,异国秋月落月寒。半夜高楼愁不寝,一声胡笛海漫漫。"

濒于残灯明灭之境,负党众之热望,敢于倾必死的境地的王和顺之起行,这是十一月十日的拂晓,离开东京,有迢迢铁路四十里的路程,我们就期待着最迟当在本日晚刻可以由目的地拍个安到的电报来。可是不幸的电报,却代着他而来了!就是那日午后,王君到了最终

站的同登地方,因想要立刻到目的地那模村去,即从文烟想越过国境的时候,忽被法国守备指为携带武器而拘禁起来了。于是后来的二三日,专事营救王君,同时孙氏的痛心与辛苦,尤其是言语所难以说得出,幸而后来王君即安然被释,始于十五日辛辛苦苦地越过了国境。翌日有电报来说:“一切准备,皆已成功,机会亦已成熟,即拟于十八日晚上起事,万一有障碍,则二十日夜幕即当击镇南关的要塞而破之。”意气激越,大家都因是奋发。这样一来,如牛步那样而来的十八日到了,使人辗转反侧,坐眠不安,这夜就过去了。翌日早起,都先候第一声的捷报,然而别无消息,这日就过去了。现在只有这一夜,怎样过去,翌晨等快报罢,几乎全是这样的心理,烦闷不堪。不料二十日的黄昏,悄悄然,王和顺忽的归来了。说:生病!呜呼,这是什么一回事啊!本来的期望太大,因此失望也不禁觉得大了。有人容赦他有疾病,只是失之宽忍。又有人要面责他,骂他是鉴于第二个旅顺口的镇南关天险,自馁而思推诿的畏缩病。然而我们可得看破他真正的实情,不要忘记有玩弄奇策的人在其间。因为王和顺本来是广东人,所以广西人那模村游勇的头目等,他们因为拘于常习而服从他,如果要望他们使役,明明是不能够的。在当初不过装着像服从他的号令,使王君为主;当与孙逸仙氏交涉之任,后来见到机会已熟,各人只望收为自己的战功,急于打算利害,所以突然事业未成而被排斥了。故可怜的王和顺,供那模党的中国人根性的牺牲以外,毫没有别的原因。总之是失望,实在是没法的一个顿挫。

在当日当时,会晤云南远客的客,而其说话,又是拟自任为革命军的急先锋,弱者不弃藁,渴者不择水那样的孙氏,欣然的加以款待。其胸中的苦闷,谁又能原谅他呢?此即要求另室密议数刻的云南革命军停顿的豫定。

余在未行详说豫定行动的以前,再要诸君先把镇南关的地理研究一下。

在北方,经过越南的国境,在那模一带的游勇,自居将者有三:曰黄明堂,曰何伍,曰李辉鉴。姑且以王和顺为他们供牺牲,而诱以目前的利益,要他们起来,那是如探囊取物,很容易的事。先怂恿他们,使立刻袭取镇南关的要塞。如在酣战之际,另驱安南的浮浪广东人,使王和顺将之,破其临邻塞之水口关。倘两方均能成功,翌日进军,即可占领凭祥小都会。更进军而溯龙潭,则二日内即可占据龙州城邑。如此则有革命历史的太平府,与殷富绝匹的南宁大都会,只有如临风的杨柳而克定了。此时当以近乎西方国境的劳开(编者注:老街)为根据,密檄云南诸豪杰确约使之来援。待机会成熟,立即袭击河口。乘天下狼狈之时,即拥风魔岭的天险,而屠蒙自城邑。若此时总督锡良闻乱而亲征,则或出通海,或下建水,一举出奇兵以扰昆明。必须乘其虚,勿失机会,宜使麾下笃劳而勿事屠杀。只要请他们悬军二月坚持努力,看着在东方扼广东潮州之地。有陈、许二头目,锐张巨眼,不是有人在候望机会的到来吗?惠州七女湖的壮丁三千人,不是有人在挥刀而叹髀肉复生吗?近者游说钦廉二州的官兵使之反戈,一直以前,黄兴不是已经有了成就吗?而在乡里长沙一带的地方,还有含着断头台下千载恨而尚未瞑目的马福益残党,不是也在卧薪尝胆,等待复仇时节的到来吗?还有,请再看山西、山东、四川、贵州等省的剽悍;安徽、江西的强勇;其他清国南部所潜伏着各地的哥老会、三合会等,或者是旬日后起事,或者在一月后响应,至迟在二月前后,就要蜂起,一齐口喊“倒满兴汉”。至于绝叫他们的“马赛”悲歌,比之打破“巴铁庐”(编者注:巴士底监狱)坚诚的法国革命健儿,更其要发现几千万倍的活力。如斯,天下的事,就此定局了。似乎像云南军第一着的时日,是阳历十二月十五日,此期就成就了吧!

这是当日孙氏等对云南远来的客人张头目谈议的主要了。谈完以后,主客也就慨然了好一会儿,只感觉难言而悲怆之气亦追附于人间。这样一来,肃然的参谋本部,忽就变为烦忙的事务室了。有人鼓簧谈论以说明军规军律;有人绞尽脑汁做檄文的草案;有人算盘的点滴而分配武器与军饷。各事各人,不遗余力地进行。就中孙氏的夫人,就自己担当印刷檄文,非常忙碌。

负吞斗之气,匆匆驰归云南的张头目行李中,实在是藏着印就的檄文数百张,与题为革命方略的重要秘密文件。(原注:见铜图)

中华革命军云南军都督(姓名)奉军政府命:驱除满族,恢复中华。谨先布告各国。须知我革命军之起敌满洲也,非敌各国也,盖满洲为我之仇雠,而各国为我之朋友。凡我革命军到之处,所有外国官民人等,及其公私物产,如铁路、房屋、财货之类,皆竭力保护,不加妨害,以尽友邦之义务。如有不法奸民藉端滋扰者,许随时通知。我军当即为拿究惩办,所有外国官民可照常奉职营业,无为惊恐,特此布告。天运岁次丁未年月日。

池亨吉《中国革命实地见闻录》,中国国民党中央委员会党史史料编纂委员会1983年影印上海三民公司1927年版,第34～45页

又云:

张头目满腹藏着豪快悲怆的大阴谋,忽忽地向云南而去以后,孙氏立刻即密遣李某、毗某去那模村,访黄明堂、何伍、李辉鉴,委托彼等任攻镇南关之任。果然,他们三头领只要求王和顺不来加入为一条件而翕然允诺了。如此,十一月二十九日早,即有密电来云:决于次月十二月一日的晚上起事。

池亨吉《中国革命实地见闻录》,中国国民党中央委员会党史史料编纂委员会1983年影印上海三民公司1927年版,第61页

12月1日(十月二十七日)　同盟会员黄明堂奉孙中山命,率勇攻广西镇南关,次晨占领炮台三座,守兵百余人投降。

法国驻华公馆致陆军部长信(1908年1月6日)称:

起义集团分出一些小队,与正规军进行一场游击战争。游击战向南宁蔓延,直到11月底,也就是他们重新得到装备,配备了经过孙中山训练的强有力的领导人员的时期,他们重新集中起来,袭击镇南关的防御工事,该处位于中国边境,离同登的法国哨所约半小时行程。12月2日,拥有四门山炮的两千名起义者,同时进攻筑有防御工事地区的中国堡垒:镇南关、凭祥、廉城。攻击的主要力量放在"中关炮台"。该处由百余名政府卫防军无力地看守着,很容易就被攻占了。

章开沅、罗福惠、严昌洪主编《辛亥革命史资料新编》第7辑,湖北人民出版社2006年版,第341～342页

胡汉民回忆:

防城之役是在民国纪元前五年七月二十七日举义,镇南关之役是在同年十月二十六日举义,前后相隔不过三个月的样子。

镇南关在广西地方,地势极为险要,西南与安南东京相接。黄明堂和王和顺奉总理命进攻镇南关。王和顺至期队伍不集,总理因委黄明堂为镇南关都督,凭祥土司李佑卿为副,何伍为支队长,集合义勇团百余人,在十月二十六日夜里,绕镇南关之背而偷袭之。镇南关守兵骤不及防,镇南关遂为吾军所占领。

冯自由《革命逸史》下册,新星出版社2009年版,第948页

池亨吉《中国革命实地见闻录》则云:

《东京日刊》有《东京的将来》一文,在十二月五日报上刊载(原文是法文):

本月二日午前六时,恰当朝起的时候,镇南关(即第二旅顺口)要塞驻屯的官兵,为中国

革命军所袭击。经过猛烈的射击以后,左方第一垒,即行陷落,继破第二垒。革命军的青白红色的彩旗,忽然飘扬于其上了。第三垒,虽暂时间支持于官兵之手,但亦遭到同前一样的境遇,而陷落了。该日午后二时,其上即竖有革命旗。据传云,驻屯镇南关本营的官兵,已反戈而投入革命军去了。

其后特派员所发的报告如下:

约有百十名的革命党员,在二三日前,潜伏于文烟、谅山等地,即于本月二日,攻破所明国境诸地而向镇南关去。该处守备的官兵八十名,即对之试行扫射;不久即撤入要塞以内。有地方义勇兵一小队,埋伏于弄桴近旁,另有一小队伏于布海。任中国税关长兼国境巡逻长的吴喻扬,自行指挥巡逻队而拥至那模村的前面,因欲遮断革命党员向河内去的退路。但吴氏之军略,因我国领土内的同登及那郸所屯驻的军队(法兵九十名)武装弹压,严防违犯国境,故全归泡影。革命党员即突进与凭祥相距不远的火庄,其目的似欲即刻夺取凭祥小市。官兵集合满族义勇兵一大队的援助而成四大队,拟行包围革命军,但亦因困难而归泡影。总之,此次革命军有如"一般"的革命军,瞩望他方的助势过大,少壮气锐,有急于实行其主义的弊害。又大将虽多,士卒太少,也是他们的缺点。

十二月六日所载《东京独立新闻》(原文法文):

以前许多异样的清国人,意为常常超越国境而向广西方面前进,那不是容易的事。然而果然于十二月一日,涌起了一个大骚动。自该夜半至翌日拂晓,中国革命军的一团,忽然在那模附近发现,直下镇南关的本营而临山巅的第三个要塞,有中国兵二十八名与一中尉守备)夺取之。该所的守备兵等,即皆降服。独该中尉尚不敢反叛,故即褫夺其官服而放之于同登;反叛者对之非但不加危害,且赏其勇允其归处于谅山居宅。从此革命军的反旗,即飘扬而树立于三个要塞之上了。及后至三日朝十时顷,小射击之声不绝。这是革命军所据的山巅要塞,与镇南关之东方官兵根据地的小要塞间,互相往来。该日十时,进军喇叭即鸣于山上,同时四十余名的革命党员,即以直下之本营为目标而出攻塞门。然而虽经数次猛烈的射击,与被七生的半野炮的遮盖,不能达到目的。少时即再撤退至要塞以内。革命军约有百五十乃至二百人之谱,从同登到镇南关,沿路有多数的中国人和约有八九名日本人(笔者曰,实际上日本人即余一人,其他为孙逸仙、黄兴及日本留学生某某等)。或驱汗马,或乘骡车,见其疾走而过。彼等在一时半到的火车从东京疾急行而来的,似乎皆视此举为大事者。但同时在广西一面,如无暴动发现,就很困难了。到了三日夕边,次日就报有官兵百五十人到达,同时风说革命党员在谅山保管有巨额的钱财。盖该地的某住民等,当同登法国军务官兼义勇团司令官的唐飞氏率领骑马义勇兵数名,于二日视察镇南关时,见革命党员等即对之表示最高敬礼之故。革命党的首领等即暂在同登膳毕后,休息时,对于法国士官,都极和善,观其所交换的名片,知以前皆居住于东京的。彼等对于法国,毫无敌意。

十二月五日《海防报知》所载云(原文法文):

在上星期日夜十时起,当夜半的时候,近乎同登国境的镇南关,被中国革命军所夺,今尚执于彼等之手中。此次袭击,经过有许多的筹画,该地所有的新旧大炮,乃被彼等夺获。接近镇南关的凭祥(约车行须三句钟之距离),从龙州派有的官兵群集着,彼等以欧洲式称名,故打破革命军,毫无困难。初,革命军的小队乘夜暗之际迫及要塞,因无严重的警备,故仅在一小时间内的活动,事即告成。官兵大概弃守而离去山下的本营。稍大胆者虽试加抵抗,但悉横死于地上。革命军实不损一卒。翌晨破晓,革命军旗帜即树立于塞上的高处了。二日,凭祥司命官即遣斥候队由山上发射十二生的"克虏伯炮",以示威吓而使之溃走。余辈对革命军此处之长处,不得不示信服;彼等要求大炮,就得到了。而满洲的官兵,因其苛酷的长官之压迫,急于想要恢复要塞,因此故立刻弃此根据地而至于撤退。总之,凡此事实彼等革命党员,并非强盗,也不是单想反抗广西一省。这是可得证明的。又不是乘骚乱之时,想要抢劫。彼等决不是排外党,观于彼等公布的檄文中:“凡有害及外国人者,处极刑。”这一项看来,则可明了,彼等也并非是如像普通人所想像的野蛮人,都是受有高等教育,吸着文明之新空气的善良爱国之志士也。

池亨吉《中国革命实地见闻录》,中国国民党中央委员会党史史料编纂委员会1983年影印上海三民公司1927年版,第51~57页

池亨吉又记云:

后来到了那日(编者注:12月1日),因为有鉴于从前对王和顺的失望,所以毫没有什么感动,只不过大家互相祈望他们能成功而已。可是在各人的胸襟中,总不能安定;在厅堂里会见了,大家忽然散开,散开后,又忽然聚了拢来,没有一个人能够安静着的。当日我因为游戏当儿,从高处跌了下来,打伤了左肩,感觉得非常的剧寒,所以早已独自走到楼上寝室里去睡了。当时夜阑更深,万籁俱寂的时候,突然有人走近我的睡床,伸首到蚊帐里来窥我。我一回头望去,不觉讶然,因为想不到,原来是孙逸仙氏。

我一见孙逸仙氏,即慢慢地起身来。孙氏却急行制止我。在他天生成温和的面上,莞尔微笑地问我道:“你睡着了吗?”我只意为孙氏是来慰问我的伤害的,所以不大能够对他说我睡不着,更兼左肩非常疼痛,话也说不出。而孙氏却又破颜一笑地说道,“唉!你也尚且如此。我实在睡不着。我的一生的运命,就在今夕了。几年的辛苦,如果在这方面而成功,则就是将来发展的端绪了。一想到这里,我时时刻刻,心里有如听着镇南关方面的炮声。虽然要想睡,又岂能睡得着!”我到现在还不能一掬孙氏的衷情,不过那时坚执着他的手。不一会,邻床又声如雷起,叹道:“谁能睡得着呢!”就突然起了身来,原来这是目光炯炯的胡八义。在邻室又有人相互和声地说:“谁能睡得着呢!”就走了出来,原来是黄兴氏。那时已经将近三点钟,窗外也听到声幽静的晨鸡啼声。其实,十二月一日的夜,就是如此的过去了。

翌晨二日,早上将近九点的时候,我因为发热,几乎入于昏睡的状态。忽然被黄兴氏摇了起来,报道:“快哉快哉,占领镇南关的电报来了!”他就一声不响地走向楼下去了。后来胡汉民也来了,胡八义也来了,黎生也来了,大家对于这一件事,很有味的讲来讲去,楼下也很骚杂地时时听得喊万岁的声音。不一会,孙氏来了。孙氏现在是急于医国的人,并且也学习得欧美的医术,得有Doctor学位,久在香山县服务医业,很有经验。先给我诊视病态,后来徐徐地对我说道:“君呀!请为我庆祝,镇南关胜利的电报,已经来第三次了。形势极佳。我们明天早上,就要离开此地投军去了。只是因为你有疾病,不能同去,真是可悲的。”我一听了这一句话,就觉得不能忍耐,我岂不可做一个中国革命的目击人吗?这一次千载一时的机会,应当巡逡而争斗的。我就蹶起地叫道:“不,请你带我同去,我纵使失去生命,还是以为失此机会是可惜的!”孙氏的目力真辉耀,他实在是知我的人。孙氏去了,后来的是执业洋服裁缝,在安南革命党中的笃志家甄某。因为要预备军服军帽,所以急急地要来检查我们的身长。我早已不得安卧床上,强鼓病躯到楼下。一走到事务室,只看大桌子上灿烂的金银物品满积如山,这就是大家闻知胜报,一时所送来的。

于是,居在西贡的安南总督处,要送一张恳笃的布告书。对河内一圈的官民,宣布并没有什么敌视。各地的同志处,又要发捷报。那里要什么,这里要什么,大家左奔右跑,各人匆匆忙忙,像要修理出一条路来似的。各人只是欣欣然,操作不倦,实实在在,这一天就此过

去了。

池亨吉《中国革命实地见闻录》,中国国民党中央委员会党史史料编纂委员会1983年影印上海三民公司1927年版,第61~66页

12月3日(十月二十八日)　孙中山与黄兴、胡汉民等自河内抵镇南关指挥革命军,孙对士兵发表演说。

胡汉民于1936年演说时回忆:

现在我要说明当时我们上关的情形。我们一路走的,先生自己,克强和我,我的堂弟毅生、卢伯琅、张翼枢(他们是在安南巴维学校读书告假从军的),还有表同情于革命党的法国炮兵大尉和日本同志池亨吉。我们先从河内坐火车到谅山,到了村中,找着办游勇的同志,住在安南很久的何老五(即何伍),在村中有十多家的党羽。我们接洽好了,就要从这个村子出发,想爬登镇南关的山后。这件事情不能不秘密,所以先到何老五家里,他就派了十来个人做保护,这十多个人手里都是拿着刀,因为没有枪。走到了山脚下,我们就开始爬上去,从下午五时起爬到十时,还没有爬到,爬上去的时候最辛苦的有三个人:一个是法国炮兵大尉,因为他身上背着一支藏烟枪的箱子,非常累赘;一个是克强,他是一个胖子,越爬越喘气;还有一个,要算我了。当时我的身体非常羸弱,他们都没生病,惟有我是生病。一来呢,我的身体的底子本来不大好;二来呢,我到村子里的时候在何老五家里随便弄了一点东西吃,把我的肚子吃坏了;三来呢,我爬到五六时的时候,觉得口渴得很,把卫兵葫芦里的冷水又喝了些,这样就在肚子里就作起怪来了。我心想,我们爬得快要到了,还是快点爬来得好,等到望见炮台的时候爬得更快,我自己都不晓得怎样,忽然昏倒在地上了;一路冷风吹过来,我面上觉得发冷,心里却是很明白。他们看见我昏倒了,要想把我抬起来。我自己神经上觉得自己自言自语地说道:"不要抬我,我在这里歇一下就好了……你们……先走。"我记得仿佛是这样说。总理究竟是非常有经验的,他也是叫大家不要抬,他说:"这是不要紧的,只要睡一下就可以好了!"于是他就指挥把我的脚部衬高,头部放低。这样一来,我就顿然非常明白。过一下,我说:"我可以同大家同走了。"

大家一路爬到炮台,就在炮台底下和炮兵住下。那个地方很高很冷,我进去的时候,我的病已经好了。那时的炮兵已经都没有枪,台下堆着茅草,我们就把茅草堆当作我们住宿的地方。我和毅生同睡,当晚我也是没有毛病。我的习惯一大早起来总是要大解,第二天天明醒来,我以为我的肚子还是要作怪,其实不然,我已全然无病。我要上山顶大便的时候,敌方的枪弹可以放过来,我不敢上山顶去。因为镇南关要塞一共有三个炮台,为防法的要地。另外还有土炮台,为清军所占。我们上山时当晚没有守这个炮台,天明时才发见,他们看见有人上山顶,公然把枪开过来了。

孙先生和我们上山顶的时候已经深夜,当晚大家疲倦得很,没什么事,躺着就是睡觉。法国炮兵大尉走得累了,拿出烟具来大吸了一下。等到第二天一大早,大家才起来看炮。三个炮台上只有一个炮可以打,炮的口径是五生的,其余一种炮不过是前膛炮,几枝枪也是老式的没有效用的。再就那最要紧的大炮来说呢,据法国炮兵大尉的观察,这个炮的器具不全,标尺已经没有了。后来他酌量放了几个大炮,他说:"可以有把握,这个炮可以使用的。"不过,事情太不凑巧,再看别个炮台,大炮的方向是向安南的,开炮就是向安南打,不能向中国境地的清军打。大炮的方位又是改不过来。所以当时就是有两个问题,一个是大炮的方位改不过来,有了大炮等于无用;一个是七十枝枪是老式的都不中用,要重新配才行。法国

大尉想把炮的方向改过，但是没有工匠，一个人弄不好。就是有了工匠，也不是一二天可以办得好的。法国大尉弄得没有办法。就是配枪的话，又是非下山不可。我就把这种情形对总理说，我的意思认为在此无办法的环境中，迁延下去，倒不如下山后另找办法。

先生说："我是不愿意下去！我不愿下去的理由呢，也有两点：第一，我是十多年没有踏过中国的地方，我现在踏在这个山上觉得很高兴，我简直舍不得下去，我认为我们在这里总是有办法的。第二，我们百数十人敢占炮台，就是要希望我们来，要是我们走了，这个炮台不是马上失守了吗？"

总理的话别有见地，不过我仍申说我的理由，我说："如果我们在这里没有办法呢，我以为坐守在这里是不必的。我们守这个炮，而这个炮也没有战斗的作用；守这数十枝枪也没有最终的目的。至于这些守炮台的将领也会明白我们在这里是无法帮助他们，就必定想，我们下去了，想办法来策应帮助，决不因此而失望。"

总理觉得我说的话理由很充分。当时两方打仗的时候，我们这面的兵总算很勇敢的，他们两面山头隔着，一面打着一面骂着，一面说："我们怕你们吗？你敢走过来，统统打死你们！"一面也说："不要逞凶，我们枪再多一点的时候，统统把你们捉起来了！"他们这种打骂并举，相映成趣。不过这些人勇敢固然勇敢，尚须加以训练始可。这样下去，总是毫无办法，我们只好想法下山。

冯自由《革命逸史》下册，新星出版社2009年版，第948～950页

池亨吉《中国革命实地见闻录》记：

翌朝，乃为十二月三日午前四时，大家会集于食室，共斟离别酒。孙氏的夫人，虽是很刚毅的广东妇人，但也不堪别凰离凤之悲。后来，我们一起程，她的眼边人情，也表露出来了。六时，到河内停车场，孙逸仙、黄兴、胡汉民、胡八义和我之外，另有从者二人，再有法国退职炮兵大尉D男爵与湖南志士枢某及四川志士霖某，也加入同行。不久，即乘火车过红河桥。……须臾间晓霭模糊之中，东京都城就此不见了。同行者之勇气与火车之速力并增而昂急，况凛冽之晓风彻骨。幸而一辆客车，只为我们同行诸人所占居，因此彼此得以互相纵谈横语，毫不寂寞。与我并膝的孙逸仙氏几乎是被疑为疯狂的人，不错，原来他此年的三月中，即航新加坡到日本，就此暗迹潜身于东京以来，北京政府的密探，时或悬赏二十万两，以求其首级；或以云南一省为报酬，要求法国政府加以逮捕，因此在过去的二百四十有余日间，彼即幽居隐所，足不出门，因运动不足，而发起剧烈的胃弱症，一时几危危乎成为所谓丧家之犬，尚羡勿如。可是而今追逐于大丈夫得意之望，突破八面稻麻之重围，疾驰于荒漠的大原野之中，于新鲜之晓气中，恣意呼吸，对于他，真可说是苏生复活了。其沉痛寡言的性癖疏慵，也忽然随时一变，至于自忘其自己，而自变为喋舌多辩的人了！我实是深谅他的。孙氏说："我只有一个宿望，就是入中国帝国最南角的镇南关，悬军万里，旌旗堂堂，贯通中国帝国的中腹，而出中国帝国最北角的山海关。一出山海关，即可送却爱新觉罗帝的末路了。盖战破满洲或彼遁窜，非脱出此重关门不可，今此宿望的前半，行将告成，其后半的成就，尚不知在于何日。唉！尚不知将于何日！"痛快淋漓说了，就哈哈地笑了一番。我就回头去看在我前面的D男爵，完全将孙氏所语的宿望，代为翻译。D男爵本亦纯粹的法国革命的儿孙，剽轻真挚的快男子，不禁为之大呼三声"快哉！"同行诸人，大家都为之绝倒。复又连呼"万岁！"如斯不知火车何时到了谅山。我也自行兴奋，忘却自身之有疾。

此日我们同行到谅山，适为正午。因火车正时，在此站虽没有一点钟的空间，但恰好从同登地方来的列车因同时在此处停留，我们即可藉此探听目的地附近所有的流言传说。说

是什么,什么,虽然都是没有根据的风闻。然而总结一句,则众口一致,皆曰革命党胜利,与尚在继续战斗一事,那可不必迟疑了。

该日,即十二月三日午后二时,我们同行,即平平安安的到了越西铁道最终点的同登车站,由此徒步约行二十分钟,即到文烟镇,走入叫南和的一个农家里去了。当时在我的胸襟中,就深深地叠着许多感慨,虽然似乎碎杂,但亦请为诸君一述之。

我们诸人,在同登站下车后,前前后后地走出改札口的时候,在我的眼帘以内,忽然映到第一的一个异象,原来有十数名法国士官武装严肃的人,集成一团,很示威的睥睨着我们诸人的一件事。其中又有一个佩着大佐的徽章者一二人。原来在安南,为首者则为法国总督,其他属下的法国官吏,当时对于孙逸仙及其部下,阴虽表示好意,但是要说是正当的认识,却并没有这么一回事。且他们正如东京独立新闻所揭载的误报一般,他们以为这完全是日本人,所以只是放着猜疑的目光照着我们。

我们诸人走入南和之家的时候,高举文烟镇的山上,有如药罐那样沸腾起来了。其底里虽然没有热,但是革命党首领来了,日本大人来了的声音,忽然将此幽闲的小天地震动了。唉!可羡哉,文烟镇啊!有意的坐着在那里,成为东亚的小瑞士,它横断广西越南的国境,广袤二哩的别一天地,清朝也不能犯它,法国也不能掠它,民皆朴实,乐于独立自治和平,真是天生成的自由乡。

后来那模村的将卒数人,跑过来迎接我们诸人。先报告镇南关的战况,进而即成为中国人所特有的久议不决。从他们的话上听来,镇南关的本营,现在还有陆荣廷带领官兵死守着。革命军占领其直上在山巅的三个要塞,时时仅以步枪相交射。他们是等待自龙州方面的官兵应援队开到;这一方是引颈等自东京方面孙统领诸人到来。

时门内门外蚁集许多里人,实不能制止他们不动,因为没有密室,就以屋上置物处为议场。但是久议不决,两方面都很曝露出中国人的心的不定式。我就眺望挂在正面壁上"万事胜意、财如川来"的匾额,又联想到中国人的本质了。隔了半个多钟头,D男爵就坐在石臼上,预备咬饼干吃。隔了一个小时后,他们的迟疑不决,还不知道要到什么时候!

于此,剽轻的D男爵也颦蹙起来,我也不胜其焦急。他说,这不是拿翁(编者注:拿破仑)式,我说,这不是光秀式。后来我提出了一个计策,胡汉民就先严厉地喊道:"快前进啊!必须在日没之前,先达山巅,如果能够藉着残阳,即以十二生的炮对准连射数炮。如果今日不去,天下的事,就难定了啊!""迟疑就是失败之母,超越亚尔波斯山而立图意大利者,就是拿翁式啊!中途长议,徒费时间,这在法国的兵法上,是没有听见过的!"说这话的人就是D男爵,他要求我赶速译告孙氏。

我是本知孙氏是醉心于拿翁式的,因此就将这话对他说。看啊!其结果实比触电还快呢!就起身预备乘马,预备着的马车,也就调了来。于是孙逸仙、黄兴、D男爵、胡八义及我五人择马,其他都乘马车,各自着鞭,向那模村出发了。时余抚马背,即吟一绝,藉供一笑:

感来意气不论功,魂梦忽惊怔马中。漠漠东亚云万叠,铁鞭叱咤历天风。

在此诸人中,最善骑马者为孙氏,次为D男爵,我甚耻不及,常落最后。

骑行约二十分钟,在沿道的右方,见有突插云表的奇峰,高出海面约三千余尺,在一八八四)年清法战役之时,法国曾以一万的精兵,尚不能夺得,(故欧洲人即名之以为第二旅顺的镇南关要塞是也。)现在却有鲜丽无比的三色革命旗与无数军旗,勇武地飘扬于塞上。夹于连峰之间,沿羊肠小道的凭祥街驰去,将左折即欲入那模的捷径之时,忽在隔山,隐隐闻有一发炮声。余即飞马先登,而至孙氏之侧,这是我有生以来,初次闻得战场上的第一炮声。孙氏喜色满面，余亦如之，报以微笑。大家探囊取表观之，时正一九〇七年十二月三日午后四时二十分。

再骑行约四十余分钟，渐至那模山村，入勇长何伍的隐室。后我们仅十分钟，马车队也到了。于是杀鸡烹煮，第一先将一日未食的空腹填饱。于是在屋内的庭中，拥着拘束的豆油灯，又照例地开始犹疑不决起来。屋外另有数十个村党游勇集着，围着辉耀的燎火，喧扰不休。因为在我看来，都是奇异的，所以目不停睛的注意着。先凝视立在我们面前的何伍，他的年齿，约当四十左右，身长而瘦，颧骨尤觉突起，眼如蛇眼，齿因食槟榔，甚为污秽，脸色苍白，四肢臞黮，而其声亦细弱，宛似处女，头缠黑布，其端卷成各种结，数个隆起，在污垢之旧杖布粗服，带有数十发弹药与连发小枪，背负新式的"码子枪"，右手携有五尺余长的斩马刀。如果没有读过《水浒传》或《三国志》的人，实在描摹不出的人，我却觉得甚得滑稽，把横在眼前的生死问题而闲却了。

不一会，何伍的父亲出来了。他一手推开何伍，一气的喋喋不休，讲着巧击镇南关的始末情形，不断地赞赏何伍的功劳。然而后来即单刀直入地请求道："请将尊允的赏赐拿出来！"孙氏就回顾着我，将其意思用英语告诉我，并命现赏他二百金。因为我们在河内动身的早上，有一位有志愿的人送来五百两。然而诸人的行李，早已整理好，因之就寄在我的行囊里。一接到孙氏的命意，我就一面窃笑着，将它立刻堆在面前。突然"很好的，很好的"喜声就传遍屋子的内外了。唉！看来似乎最难事的中国革命，而能说为最容易，也就在此一点了！就这一件事，就可以操纵彼百万的中国官兵，虽为对敌，然欲自由地去操纵他，也很容易了。

且勇长的风骨不扬，而乡党游勇，又完全是苦力似的，一想起来，究竟是乌合之众，不足与语以成事的。休吧！可是这原是在棋局上的所谓舍子，其死活成败，毋容措意的。凡名人之棋，其舍子亦必多，其中妙处非外行者所能领会的。

既出那模村向山寨走去，即天暗不辨咫尺，以若干枯芦结成一束，作为数十个火把，游勇之壮丁们，即以之照着而前进，同行者正为六十人，所谓衔枚肃肃。下凭祥街道行约半里许，由此即左折而入山塞的间道。岩石磊块，荆棘丛生，步行之难，莫可名状。约行一时许，忽有三发枪声掠头而过，破此沉夜。此乃敌方的哨兵，见他们的火把而射来的。先登的何伍，即翻身一声号令，将火把尽灭。于是步行愈艰，至于我们只能匍伏，而留心着惟恐转落于山谷之间，但仍努力渐进不已。

夜正九时，即达第三塞之石门，同时约相距三百间之第一塞上，即起嘹亮而悲惨的军乐。我们就由那模党的一个领袖，黄明堂之出迎，而入要塞内。先自相互祝福，少时即入寝，本来非希望备有寝床，原不过只得板数方，一同横卧其上而已。我虽疲劳已达极点，但我的旁边更有一个负有重伤的游勇，苦闷之声，终宵不绝。更兼在此高山之夜，故焚榾以凌寒，以致烟气充满塞内，不能成眠。实在只是辗转反侧，何况又无心的虫声唧唧，迫急人身。

池亨吉《中国革命实地见闻录》，中国国民党中央委员会党史史料编纂委员会1983年影印上海三民公司1927年版，第66～71、77～86页

编者按：胡汉民对镇南关战役的回忆，亦可见《胡汉民自传》中《随总理赴南洋与亲历镇南关之役》一节。惟自传文字为文言，内容与《革命逸史》所载胡汉民1936年的演说词略有小异，却不及演说词详细，故不收入本书。

12月4日（十月二十九日）　清方援兵抵达镇南关，攻击革命党人。孙中山、黄兴等亲临阵地参战，孙中山等旋赴河内筹款购械。

池亨吉《中国革命实地见闻录》记：

翌晨,乃十二月四日破晓,敌方即一齐射击过来。我们就立刻蹶起,先去点检炮台的内部,所蓄有之物,有十二生的克绿波(编者注:克虏伯)巨炮一门,路定回尔式的四连发机关炮一门,七生的半野战炮四门,其另有旧炮数门与诸炮附属的弹药数千发。这就是镇南台、镇中台及镇北台三堡垒平均的设备。我们的堡垒的镇北台,其构造的坚固越于其他之二垒。

午前七时正,即揭开克虏伯的炮门,以第一弹打至四千米突的敌垒拦关塞。鸣动山岳,实使周围之官兵,皆为之惊倒战栗。且其弹得着正鹄,立刻死伤六十余名。翌日文烟镇上确得到此种消息。由此自八时起,将一切炮门开放,交相射击,以示威力,期敌降服。果然仅不出一小时,而敌将陆荣廷之密书,即由一粗野的樵妇送来了。这是陆氏因鉴于与日前之步枪相互射击,其势大异,对于操纵大炮的秘术,尤为惊倒,故即匆匆息旗乞和。于是即中止炮击,诸头领亦集额而议事了。

我于此时,初立于城墙之上,得恣意概览于雄大的展望。本来在高出海面三千尺的高处,作三要塞,其经费须两千余万两,确系事实,又在兹天险,始知有此第二旅顺的名称了。且一直俯瞰重垒的千山万岳,四山濛濛,含看微雨,其风景之佳,尤非笔墨所能尽述。真所谓桂林山水甲天下是矣。

敌将陆荣廷送来的密书,他的意思大致与钦廉二州的官兵相同。这也能够代表中国全体官军的意向了。他对于孙逸仙一派的革命党首领等的数次的诱引,作为舍子,而不使之败灭,再渐渐不卷地祈望大局上的胜利。这一次情形,他亦明了。我不能把他的全文发表,今节其大要,藉供诸君的参考。曰"荣廷等现虽为清朝的官兵,但决非要自行操沽,我等曩时亦为广西游勇之长,而反抗满清政府,常迫官军不让一步。凡此事实,当为君等所记忆,然知时运不济,故假装为我汉民族仇敌之客帝的忠义者,本无意于官禄,而贪安宁,故在兹岁月中,衷心怏怏,愧对日月。尚祈君等鉴谅。今回见君等之起事,虽以为无力,但在君等之后,有如孙逸仙者之大豪杰策划一切。彼暗袭太平天国的战略,在此辽远的边境,黉开战端,先普得天下的人心,然后进图北京城。我等闻此,以前之视君等为无力之轻视,尽冰释矣。尤其是今朝来受到猛烈的炮声,是即认为孙统领亲自临军,极操纵之妙矣。愿与共事,今已知机会已到,我等愿投君等之麾下。我一身之进退不足惜,只我的部下六百名,如未蒙允诺,将以何面见对之?敢问君等亦能同加收录乎?如蒙允诺,则俟得确据后,当决去就矣。因明日自凭祥方面有五百援军开来,明后日又有自龙州二千大兵开来,事急矣,祈君等自重!"

在陆都督的书面上,其真情悉皆流露。孙逸仙氏即与那模党之首领,热心商议。终至迎合黄明堂的意见,决定由那模党以现在的弹药,于此山塞坚守。此后五日,孙氏诸人,今夕即乘夜阴下山,驰回东京,即筹划大大的军饷赶早再来大举,以张威势。

其间暗与陆都督相交睦,伺机会成熟,一举而动,龙州的城邑是也。于是急草返函,仍托其密使樵妇,送至陆都督的阵营。

池亨吉《中国革命实地见闻录》,中国国民党中央委员会党史史料编纂委员会1983年影印上海三民公司1927年版,第86~90页

△ 革命党人张治祥、黄方、黎庆余、江永成、杨维及王树槐六人在成都被清方官员拿获,旋被严惩。

四川护理总督赵尔丰奏片:

近来沿江一带匪徒,倡兴邪说,谬托改革宗旨,煽动人心。少年无知,不免妄言妄听。甚以庠序衣冠之辈,亦多为所诱惑,躬陷悖逆而不知。此乃革命恶潮所以渐浸渐广也。川省地

繁而匪多，伏莽之戎，往往狡焉思逞。至海外归来之士，纯驳不一，思想互殊。且其人又多自诩曾经吸受外界文明，喜于言论自由，亦难保不习闻诐险之谈，迷途误入。奴才鉴于皖浙之事，深以勾结扰害为虞，密饬所属时加访察。兹据成都府高增爵、署成都县王棪、华阳县钟寿康具禀：于十月二十九日，在东大街青石桥各店内，查获张治祥、黄方、黎庆余、江永成、杨维、王树槐六犯，并起获秘密信函。讯据供认，悉为逃匪余初即余培初所诱惑，欲持破坏主义，改革政治等语，或已与联盟结拜，或仅闻其事而未与其盟。然查张治祥则系文生，黄方则捐有职衔，黎庆余，杨维等亦曾在学堂肄业，或经东洋游学，均籍隶本省。时在青年，乃罔知上进，玩听余初改革邪说，甘与为伍，甚或结为党援，玩法妄为。本未可稍从宽贷，惟据供系被胁诱所致，王树槐则仅与闻其事，若遽置重典，既然觉尚有可原；若概予从轻，又恐不足惩儆；若必拘拘成例，更恐生翼幸之心，长奸顽之胆。拟请将张治祥，黄芳[方]文生、捐职分别褫革，与黎庆余、江永成、杨维一并禁锢终身。王树槐监禁十年察看，如知改悔，再行释放，以示薄惩。

伏念预备立宪久奉纶音，官制法律亦多改订。朝廷与民更始之意，已与中外同钦。乃川省以僻远之区，士民素称谨厚。而余切[初]等乃不知合群自治，独以破坏为心，邪说移人，害曷有极。奴才复撰拟告示，剀切劝谕，冀以拒邪波而正人心。

除饬严拿余初（即余培初），务获重办外，理合附片陈明，伏乞圣鉴，训示。谨奏。

光绪三十三年十二月二十九日奉朱批：著照所请，该部知道。余匪仍著随时防范，严密查拿。钦此。

中国第一历史档案馆、北京师范大学历史系编选《辛亥革命前十年间民变档案史料》下册，中华书局1985年版，第774～775页

编者按：此片有两种不同版本。四川省档案馆编《四川保路运动档案选编》一书收录的版本（四川人民出版社 1981年版，第32、33页，下简称为四川版），或系草稿，缺字甚多。两种版本比较，文字略有不同，“均籍隶本省”一句，四川版作“均□寻常之人”。“若概予从轻，又恐不足惩儆；若必拘拘成例，更恐生翼幸之心，长奸顽之胆”一句，四川版作“若概予从轻，必构成例，更恐生异□之心，长奸顽之胆。”

12月5日（十一月初一日） 镇南关右辅山炮台为革命军所占，清廷严饬广西巡抚张鸣岐立即督饬克复。

清廷军机处电张鸣岐云：

上月二十九日，转接龙州关电称，昨早乱党占据南关并附近炮台。越南邮电不通，势焰颇炽，倘官兵不变，西人或不致受险等语。查南关为交界要隘，向有重兵防守，何至突被匪徒占据，亦未得贵省奏报。倘外人借口干预，恐将牵动大局。望迅即督饬该处文武将领克日会合进攻，立即克复，毋得稍涉延缓。尤须严防营队，免生意外。一面将详细情形迅速电奏，切盼。道员龙济光现驻何处？望先复。

《为乱党占领南关迅即督队克服事》，《电报档》，谕旨类—电寄谕旨档，档号1－01－12－033－0196

12月6日（十一月初二日） 两广总督张人骏、广西巡抚张鸣岐分别致电军机处、外务部，报称镇压镇南关起事情形，要求与法国交涉，令越南总督配合进剿。

广西巡抚张鸣岐镇压镇南关起事致电：

初一日电敬悉。此事二十八日戌刻，接龙济光沁电，当拟电奏稿电粤，请张督核定会衔译发。二十九日，复有电奏两稿，亦电粤核发。顷计次第可达。军事、外交本总督主政，且边事动须与法人交涉，桂林无领事，是以均先电粤。边军新旧共廿营，而沿边千九百里，处处设防，备多力分。南关向只一营，驻守右军山炮台者，在南关外右偏三里许。二十七日黎明，匪

千余来扑,众寡不敌,遂失守。惟该台既失,南关可危。自闻有越匪来犯之谣,早经迭饬严防,竟致失守,实属异常疏忽。已饬查明失守弁兵军前正法,并添调营队,勒限即日克复。现据报,我军已围攻右军山三面,其一面系越境,难合围。昨电请张督照会法领,转致越督,准我军过界五里,否则由越督严断接济。我军既能围攻右军三面,南关似尚未失。迭电询问,现查据复,归顺、油隘、巴口、涉口、下石等处,并据探报,匪将分股来犯。已饬一律严防,日内有无战事,亦未据报。龙济光现驻龙州,边军分统陆参将荣廷已亲往前敌督饬。龙道、陆参将均向得兵心,当不致有他变。三次电奏,如尚未到,可否先将此电进呈,伏候钧裁。岐肃。东亥。

《为筹防南关事》,《电报档》,综合类—收发电档,档号 2-05-12-033-1208

两广总督张人骏、广西巡抚张鸣岐致军机处电:

顷据太平思顺道龙济光电称,廿七日黎明,有匪千余人来扑南关,我军当与开仗,并派兵星夜驰往援剿,现在人心震惊,详情续报。等语。查越境聚匪,图扰边境情形,迭经禀报。兹果有大股匪徒来扑,当经飞饬龙济光督率派出各营痛剿,沿边要隘并一面加意防堵,勿使阑入。当此人心震惊之际,所有领事馆及各属教堂,亦饬边道督属认真保护,预杜外人藉口干涉。惟本年六七月间,匪党即在越境备饷置械,潜图起事,节经电达外务部与法使交涉。其转致越督照章捕逐,法人迄未照办。今致匪党愈聚愈多。今匪来犯,虽揣度兵力,尚足驱除,而匪败即退入越境,我军不能过界追逐,即使百战百胜,匪根何能剪除,边防安有宁日。拟饬下外务部,再与法使交涉,务令越督照章认真捕逐,以保两国边境治安。除详情密探续报外,乞代奏。人骏、鸣岐叩。东。

《为越境股众图扰边境拟请法使令越督照章捕逐事》,《电报档》,综合类—收发电档,档号 2-05-12-033-1209

12 月 7 日(十一月初三日)　清廷以张鸣岐布置疏失,应为镇南关失守负责,交吏部议处。

谕旨云:

张人骏、张鸣岐电奏均悉。前因广西边防紧要,匪情叵测,曾电饬该督、抚严密筹防。十月初三日,据该督、抚覆奏,业经厚集兵力,尚足抵御。乃此次张鸣岐电奏,南关只驻兵一营,其驻守右军山炮台者,想亦在此一营之内,兵力甚单,无惑乎匪徒乘虚猝占。该抚布置疏急,致失要隘,咎实难辞,张鸣岐应先行交部议处。著即督饬各路统将,优悬赏格,严申纪律,协力进攻,即日克复,其首先立功之将领,朝廷当予以不次擢用。倘有迁延迟缩者,立按军法惩治。如该抚督率不力,定一并从严惩处。龙济光素有勇略,应责成统率前敌各营,奋力图功。现在廉、钦一带,匪势已衰,能否饬郭人漳挑拨精锐,兼程赴援,著该督、抚统筹兼顾,妥速办理。至各属洋人产业,务严饬地方文武,妥为保护,并著外务部向驻京法使,详晰商办,以保治安。嗣后军情,由张鸣岐一面电知粤督,一面径先电奏,以便迅授机宜。提督丁槐,现驻何处,何以并未遣队防剿?殊堪诧异,并著查明覆奏。钦此。另抄交吏部。

《奉旨张鸣岐布置疏忽致失要隘著交部议处事》,《电报档》,谕旨类—电寄谕旨档,档号 1-01-12-033-0198

△ 江苏、浙江两省绅商三百余人在苏州召开保路集股大会,反对清廷向英国借款,阻止路权落入外人之手。

有档案文献记载云:

十一月初三日下午二时,苏浙两省绅商到会者约三百人。先由蔡君云笙代表尤总理宣布宗旨,谓各种商业之发达,皆随铁路以进行。若借款事成,实与我民以切肤之痛。故商会宗旨在劝各绅商以集股保路为第一义。且劝股与劝捐不同,请诸君各随能力以争此利权,幸勿误会本会之宗旨。

次由姚君清溪报告赴沪代表事由,并公司新定认股章程,及拒款会之办法。且声明现在所举代表晋京是遵旨商办之代表,非往议借款之代表,此为苏与申相同之点。

次由金君吟谷演说:我国政体专制,故人民无国家思想、权利思想,至外人侮我政府,压我而发起今日借款之问题。要知国家为人民之集合体,人民为国家之一分子,既担一分子义务,应享一分子权利。虽拔一毛其细已甚,而权利所在,亦不能丝毫有所放弃。苟人人有此观念,国家何患不强?从前胶州、广州、威海各口岸之分割,皆不明此义,甘受政府、外人之愚弄所致,甚堪痛惜。今日拒款风潮如此激烈,足见我民气民权发达之一征,于数千年专制政体上放一光明,诚不禁为前途贺。

次由方君惟一演说:谓路事变为借款问题,在诸君必谓利害尚远、未曾目睹为辞,今请以目睹者为诸君告。顷自沪宁铁路到此,见一路上坐客拥挤,生意日盛。车中装饰之品亦日事增华,洋人管理查验之严密与印捕持棍植立形状之狞恶,无非戟刺我人脑筋而生鹊巢鸠占之恶感。噫!此皆我苏人权利思想之薄弱,对于浙而生愧者也。今日借款议成,将为沪宁之续。一误岂可再误?望诸君以此为鉴,各担劝股责任,集得一分是一分,为子孙久长计,勿以夜长梦短获利太远而忽之。

次由陆君雨庵演说:外人借债为今日灭国之新法,如牛尼斯国,如埃及、如波兰、如印度,如高丽,皆借款之前车。现沪宁被夺,闻城外汽笛呜呜,不啻晨钟暮鼓,日日唤醒我人之迷梦。若拒绝借款后而不将此路赎回,犹未能完全我之主权也。故论今日之责任,苏人较浙人为尤重。浙祈保全一路,而苏则并沪宁而亦须备款赎回云。

计是日共集苏路九千一百四十三股,浙路八百七十股。

华中师范大学历史研究所、苏州市档案馆编《苏州商会档案丛编》第1辑,华中师范大学出版社1991年版,第797~798页

在同日会议上,姚清溪等人报告称:

姚君清溪报告至申代表事由及新定认股章程:一、不认商借商还。二、集股拒款。三、不认代表进京。四、赞成江浙协会。以上在沪所议四则。现代表进京是恪遵前旨商办,并非往议借款。此申与苏之情形相同者也。以下述章程。

武君仲英:集股一事,从表面上看已集得巨金,然西报载谓我不实,于是政府有验款之说。然则无论尔认一千,我认八百,须知此款分五年缴足。诸君热心认股,须各有五年长之志向,五年长之毅力,方靠得住。且现铁路借款一事,犹人身之有极大痛苦。借款如成,则自顶至踵,无一处不痛矣。所以必赶紧去吃药请医,止此痛苦。欲止此痛苦,除认股外,绝无方法。

今日之中国,东割路,西失矿,譬诸一家无主,止有四五小孩,遂使劣仆辈偷卖其膏腴之产。然现在人心复振,路矿各事不肯置之度外,外人亦闻而异之。所以举代表、开协会等事,不做则已,做则必求达其目的,誓死不回,以期终于有成。况拒款一事,非争约可比。华侨在海外尚非目睹,若江浙铁路,则目睹身受切肤之灾。拒款【不】成,则身家财产一败涂地。且各国亦将援利益均沾之说,群思染指,而中国无完土矣。现闻英人日向外部要求,袁军机托病不出,成败所系,只此一线。政府两歧,仍视江浙之有款无款为转移之计。故诸君于认股毅力要大,志向要坚,万勿观望,致误东南大局。不佞系浙人,浙之役夫使女亦慨集多股,何

况托业之高而上者。江浙本系一体,自当协力公筹,能多认一股即多保一分权利也。

浙江各处均开会,独旅苏之浙人无开会集股者,实为缺点。兄弟在苏虽非长久,此次来故亟须开一旅苏拒款会以尽义务。

末段痛言禁止认股之丧心病狂,谓此等举动实外人之奴隶,不得认为中国人云。有慨乎言之之概。

胡君介生:铁路利害言之详矣。今言我国人有一种性质,只有四顾之思,绝无勇往之想。盖其目光短小,不望前看,由来久矣。故论及光绪以前之兵乱水旱,犹谈而色变,论及将来之外族侵害,则漠不关心。不知兵乱水旱之害小,外人侵略之害大。铁路为权利之主脑,苟由外人筑造,则铁路之权利失。夫至外人握我之生命权利,奴隶且不足喻其苦,譬之牛马而已。故此次诸君解囊认股,则或可免为牛马。末痛言不认股坐失利益之害处,引越南重税以为证。

华中师范大学历史研究所、苏州市档案馆编《苏州商会档案丛编》第1辑,华中师范大学出版社1991年版,第798~799页

12月8日(十一月初四日)　镇南关起义革命军与清兵相持七日之后,终以军火不继,寡不敌众,于是夜弃炮台,退入安南。

池亨吉《中国革命实地见闻录》记:

其次的六日至九日夜,其间四日的苦心,我也不欲说,不,实在不能说!至九日夜接到电报,说被官兵三千所包围,粮食已绝,因此只得弃山塞而退却。此役革命军死一人,重轻伤四人;敌方则死二百余,伤者无算。于是百事皆休矣,预定计划的第一部,就此失败。……

总之,预定行动的第一部,已归失败,其第二部的攻击水口关,第三部的云南革命军蜂起,在势亦不得不中止了。然而暂时却不能尽情披露,还要假装镇静,因此还盼望云南方面的活动,不知如何了。后来到了十二月十五日,一点也没有什么快报接到,我们就想事情也无望了。我就先决意不做革命的参观者了。翌朝十六日即匆匆离开河内,出海防港,而孤独萧萧,独倚在东海万里的归船中了。后来不久,孙逸仙氏也被逐出安南的隐所了。

池亨吉《中国革命实地见闻录》,中国国民党中央委员会党史史料编纂委员会1983年影印上海三民公司1927年版,第94页

冯自由《丁未广西镇南关革命军实录》载两广总督张人骏、广西巡抚张鸣岐电奏:

右辅山炮台克复日期,先经鸣岐电奏。兹据龙济光、陆荣廷先后电禀,初三夜二鼓,荣廷督全队,陈炳焜率先锋队,曾广义、黄瑞兴别领一队,周文献率亲兵乡勇,龙觐光率萧顺洪扼左辅山,梁太麟、林绍斌分扼摩沙渠历各隘,炮队营分扼马鞍青山各炮台,布置周密后,陈曾两路猛进,直扑北台,各路同时奋攻,炮队营用大炮向北台轰击,台上石垣立崩,先锋队已扑至台外石垒后闸,用火药焚炸,奈药力不足,匪徒抵死拒守,未能即拔。兵匪枪炮齐发,匪燃大电灯,朗照如同白日,黄瑞兴腰际受伤,弹子穿透下部而出,各队仍急攻不下,荣廷亲督率全营大队,由是夜战至初四申刻,枪炮迄未少停,我军愈战愈奋,曾广义、卓瀛州等先后抢占四方岭及小尖山,贼无险可凭,悉数退入垒中坚守,各队围益近,急登垒旁高埠,用枪密击,匪势不支,仍然死守。至二鼓,先锋各队跃登石垒,陈炳焜手斫中台匪纛,全军继登,匪队纷奔垒南逃溃,垒南即属越境,我军不能逾界穷追,只有用枪遥击,虽毙无算,究惜未克尽歼。先是,陈炳焜于初一日即会同炮队,夺回北台后之土炮台及四方岭小尖山三处,济光周历战地,慰劳前敌出力员弁兵勇,见皆面目黧黑,形神惘散,几非人形,黄瑞兴、古景邦、王佩清、马朝辅受伤尤重。回思七昼夜血战,令人感泣。是役均肉搏相持,阵擒者均受重伤,不能讯供。

据探报，著名匪首疤头梁之弟梁扒在北台击毙，此外伤毙首要，猝难查悉，获枪七十六枝，他项军装甚多，两军现在仍在各隘口搜捕，尚未收队。谨遵旨开列出力文武衔名禀请奏奖。并据龙济光、陆荣廷声叙失守在前，不敢邀奖各等情前来，人骏、鸣岐复查此次匪党千余，入手即据炮台，其志实不在小，军用品又极精利周备，即电光灯可以概见，右辅山本极险峻，易守难攻。匪之陷台也，据龙济光查复，匪于先数月遣三人应募为守台兵夫，匪至内应，又值是夜大雾，逻卒先为匪戕，故失之甚易，加以山南出为越境，接济既无从【断】，边军地远备多，兵力又难骤增，炮利台坚，宜无速克之理，卒赖朝廷盛（编者注：疑为威）福，仰承指授机宜，严申赏罚，将士俱能用命，竟于七日内克复，非初意所及。鸣岐筹边无状，致劳宵旰，负罪至重，而前敌异常出力，自应遵旨请奖，以劝将来。

冯自由《革命逸史》下册，新星出版社2009年版，第902页

△ 掌山东道监察御史程友琦奏请清廷，应饬两粤疆臣张人骏、张鸣岐等迅速合剿钦廉起事党人。

其奏折曰：

掌山东道监察御史臣程友琦跪奏，为两粤边界匪势响应，请饬疆臣迅速合剿，以遏乱萌而弭隐患，恭折仰祈圣鉴事。

窃维除暴所以安良，绥外必先靖内。伏读九月二十六日上谕：张人骏奏疏防失守，严饬各营务将匪首及在逃弁勇悉数歼除，毋任漏网等因。钦此。仰见圣虑周详，明见万里，钦佩莫名。查钦、廉一带毗连西省，时有革命逆党接济粮械。州西屯良村等处，地方僻险，匪徒在彼设立粮台，伪名经费部，迫令附近人民筹备粮食，故贼势至今未衰。粤西则龙州、上思各属，遍布伪示，公然以“排满革命”煽惑号召，查系孙汶剧党黄和顺潜回勾胁所为。越南则凶徒麕集，招人运械，以谋乘间窃发，无非欲与钦匪相应。况西江以下，匪踪出没靡常，东而惠州，南而高州、阳江，掳劫巨案，层见叠出，燎原之势，可为寒心。尤恐扰及法越，外人借口干涉，则乱患之乘又在眉睫。诚非为歼除，将有牵动大局之势，不仅两粤隐患已也。

近阅奏报，抚臣张鸣岐奏请添募军队，相机助剿。督臣张人骏亦遣派兵弁，驶往钦、越一带洋面巡查，洵属要著。惟数月以来，匪势迄未大创，匿应勾引，日以滋多，及今不图，后患将巨。夫匪势利分而忌合，官军利合而忌分；匪势利缓而忌速，官军利速而忌缓；匪势利以潜伏为解散之形，官军忌以窜匿为肃清之效。何也？合则易于聚歼，分则疲于肆应。故图掣之策，利用合缓则蔓延愈广，速则死灰难燃。故剿灭之机，利用宜速。否则此拿彼窜，旋灭旋生，朝报肃清，夕闻蠢动矣。故欲行合剿，当布远势，钦、廉自西南之东京湾，西至越南、龙州，迤北而上思、横州，东而博白、石城，皆匪四逸之路，当相其扼要，调度周密，一以遏匪徒外出，一以禁粮械输入，务令蹙匪势于一方。虽十万大山等处负隅可恃，而兵穷食竭，胁散首孤，势所必然。乃亟合两省军力，期以时日，扫穴擒渠。速战则集兵虽众，而无糜饷之忧；合力则悉数诛灭，而无伏莽之患。臣愚拟请饬下两省疆臣，密布合围之势，速定进剿之方，毋始恃重兵镇慑于一时，毋虚言招抚酿患于后日。务使不分畛域，悉绝根株，则内匪可靖，外祸自消矣。

抑臣更有请者：语兵治盗，贵得其才，尤贵得吏才。当此寇贼鸱张，闾阎困苦，非得贤能守令，乱源必不易清。九月十一日上谕：各省匪徒为害地方，应由疆臣所用牧令，或贪暴妄为，或昏庸阘冗，以致奸宄得从容勾结。跪读之下，钦服实深。合无仰恳饬下两广督臣，将钦、廉一带守令严加甄择，严定赏罚，冀使搜捕无稍弛懈，善后无稍放纵，庶几标本并治，绩用有方，地方幸甚，大局幸甚。

是否有当,伏乞皇太后、皇上圣鉴,训示。谨奏。

中国第一历史档案馆、北京师范大学历史系编选《辛亥革命前十年间民变档案史料》下册,中华书局1985年版,第469~470页

△ 钦州、廉州起事首领刘渊明等十六人被清方擒获。

两广总督张人骏为拿获廉钦革命党首要刘渊明事致军机处电(十一月初八日)云:

窃廉、钦股匪,自郭人漳在那楼、江万、西牙等处连获大胜后,匪势顿衰。经骏迭电责成各营,上紧搜剿余孽,一面拨款派员前往三那,招抚赈恤。现在流亡安集,人心大定。各路余匪,经营队连日追搜,喘息不定,解散已多。又经秦炳直派营设法购线,令小头目擒斩渠魁,匪党已自相疑贰,分为小股,零星散匿。匪首刘渊明并经郭人漳、王有宏等拿获。准据秦炳直、龚心湛电报前来。

查刘渊明即士敌,系伪汉军民立大元帅,与伪汉军统领兵马黄世钦,集党革命,为首倡乱。黄世钦据报已在屯良击毙,在尸身搜获金页、伪统领关防。今刘渊明复被郭军生擒,渠魁先后授首,余匪已多解散,目下大局粗安,肃清当不在远。

除电秦炳直,赶紧督饬各营分路穷搜,务绝匪踪,并将刘渊明提省讯办外,乞代奏。人骏。庚。

中国第一历史档案馆、北京师范大学历史系编选《辛亥革命前十年间民变档案史料》下册,中华书局1985年版,第470~471页

12月9日(十一月初五日)　张人骏、张鸣岐报称进攻镇南关右辅山情形,再次要求与法国交涉。

广西巡抚张鸣岐致军机处请代奏电云:

钦奉初三日旨,指授周详,莫名感悚。遵即恭录飞电龙济光钦遵办理。右辅山围攻三日未下,统核龙济光电报情形,我军仅注重左辅山正面,接济既难骤断,一面仰攻,无怪未能得手。昨已电饬龙济光加派两营,从间道绕出右辅山之西,以渠历岭为驻兵地,攻其西,由后石山进兵,攻其北。俟两路兵到,再由左辅山攻其东,同时并进,冀可一鼓而下。否则,一面仰攻,徒损精锐,挫磨士气,长寇志,无益也。断接济为围攻要著,惟权操自法人,实行难必,不如仍求在己。此电计本日可到,第兵皆分布四处,抽调恐非三五日内所能齐集。目前惟有责成严扼南关及左辅山不使他窜,仍相机进攻,不使休息。广西提督,前督抚奏准移驻南宁。据探,匪党有谋据南宁之耗,钦乱尚未大定,南宁为龙州后路,其省中权,不能不留丁槐镇慑。丁槐所部十一营,向防南宁、思恩各属,钦乱起后,多半抽赴东境助剿。岐现拟亲赴南宁督师,兼巡边境,已商令丁槐进驻忠州一带。调回赴东西军,兼顾上思,腾出驻防东路边军,策应中西两路。惟道路险要,抽调布置,亦非旬日所能集事。岐更有请者,广西频年用兵,公私如洗。自钦乱,飞警接续而来,购械添兵,增费巨万,临事极苦,其少主计,每患费多,艰窘情形,莫可言罄。岐前请缓解新旧洋款一年,务恳天恩特准,俾得有所藉手,无任悚切。待命岐部署略定,即赴南宁。如边事愈紧,并即驰赴前敌,力加督率,以仰副朝廷眷注南疆之意。乞代奏。鸣岐谨肃。支。

《为围剿右辅山情形》,《电报档》,综合类—收发电档,档号2-05-12-033-1233

张人骏、张鸣岐致军机处请代奏电又云:

越匪图扑南关情形,业于朔日电奏。续据龙州道龙济光电禀,匪众围攻南关对汛石山顶炮台,当派李福南率队驰救。因守台兵少,被匪将营员兵勇杀毙,一拥而入,遂将在山顶南北中三炮台占据。二十八日,我军与匪鏖战,自辰至申互有伤亡。经龙济光派出济军两营,左

营取道连城、凭祥,援应南关,后营驰往大塘城、鸭水滩、岗龙陨、座石关等处,以防另股窜入等语。鸣岐接报后当即电,在越界难以合围,且股匪聚集越边,革党勾串煽惑,蓄谋已久。此次攻台匪党,查有剪发留学生多人,可为明证。中越沿边,千九百里,本已防不胜防。我军又难越境剿拿,办理实形棘手。当由人骏派员面商广州法领,切电越督,断匪接济,并照对汛章程,遇有败匪回军,即由法军接追。其在越境余党,不许再令窜入我境。法领虽允转电越督,惟匪党在越聚谋,已非一日。夏间迭电外部,商请法使驱逐。今该匪仍由越起,饬边防分统陆荣廷督率各营,在于龙州、容明[宁]、连城三处,扼要严堵。此外,沿边要隘,亦饬各营分布严防,并商由人骏会电广西提督丁槐,将驻防广东灵山之西军调回防堵,并思腾出荣济各军拨应前敌,以厚兵力。一面迭饬龙济光将龙州、连城等处军械局认真防守,查明失守炮台弁兵,严加惩处,激励将士,克日将台夺回。惟查该炮台山顶,界连越边,有小路可通,匪即由此袭入。现我军齐集,攻其三面。一面系大股窜入,其为越督并未据实照办可知。应请饬下外部及驻法使臣,分别切商法使及法外部,转致越督,按照对汛章程,饬令法军堵截缉拿,严断接济,以尽睦谊。除电饬龙济光等迅督各军认真防剿,并饬查明占据炮台匪首及失事详细情形,另行奏报。如果事机紧急,鸣岐当亲赴南宁督师,以资策应。谨请代奏。人骏、鸣岐。支。

《为剿办南关对汛石山顶炮台股众事》,《电报档》,综合类—收发电档,档号 2-05-12-033-1232

12 月 15 日(十一月十一日) 清廷发布谕旨,奖励镇压镇南关起事有功官员龙济光、陆荣廷等,各升擢有差。

上谕云:

前因广西镇南关右辅山等处炮台被匪占据,当将张鸣岐交部议处,并电令督饬各路统将协力进攻,克期收复。续据该抚电奏克复日期,当经将奋勇攻克炮台之参将陆荣廷赏给勇号,并赏给弁兵银两,以示奖励,饬将详细情形查明电奏。

兹据张人骏等查明电奏,称此次匪党千余占据炮台,军械精利,右辅山险峻难攻,经龙济光、陆荣廷等血战数昼夜,阵斩匪首,夺获枪械甚多,于七日内克复炮台,办理迅速,洵堪嘉尚。二品衔署太平思顺道左江道龙济光着赏给头品顶戴,副将衔参将陆荣廷着以总兵记名简放,知府衔四川补用直隶州知州龙觐光着以道员仍留原省补用、并加二品衔,补用知县梁正麟着以知府留广西补用,分省知县周文献着以直隶州知州留于广西补用,候选府经历林绍斌着知县留于广西补用,守备陈炳焜着以游击尽先补用,把总曾广义,外委黄瑞兴、卓瀛洲均着以守备尽先补用,都司衔补用守备萧顺洪着以游击尽先补用,毕业生王佩清着以府经县丞留于广西补用,千总古景邦着以守备尽先补用,廪生梁家荣着以县丞分省补用,增生张藩,附生苏建龙,文童陈立规、郭庆修、陈坤培、吕恂均着以巡检分省补用,外委陆贵廪、陆裕光、陈德才、马朝辅均着以千总尽先拔补,候选府经历吴善宜着以知县分省补用,候补州吏目田承斌着以县丞仍留原省补用,以示鼓励。余著照所议办理,该部知道。钦此。

冯自由《中华民国开国前革命史》中编,上海良友图书印刷公司 1930 年版,第 199~200 页

12 月 20 日(十一月十六日) 同盟会河南分会所办《河南》杂志在日本东京创刊。该刊由刘青霞出资,张钟瑞任总经理,以刘积学为总编辑。次年底停刊,共发行九期。

《〈河南〉杂志缘起》广告一文云:

昔国内志士诚于国亡、国亡之声,挥血泪,奋笔舌,长号疾呼,著为报章,唤醒同胞,国梦蘧蘧成醒焉。地大人众,易偏难普,于是留东诸君分道扬镳,各致其勤,时则有《汉声》、《江

苏》、《浙江潮》等杂志之作,最近又有《晋话》、《鹃声》、《云南》,河南同乡亦有《豫报》,振无上之棒,作立庭之呼,国民翕然丕变,对外则祛其排外热,对内则减其依赖性。说者谓,因省组报致详一省,不如致详全国,又体例相同,论说易旧,记载反复,不如各向新智识界专辟一径,建色旗焉。此言近是,惜未知救国之道。

今日中国之振兴,首在荡起一般国民之感情。所谓荡起感情者,非使之爱省爱国而已;使之爱国,胡仍以省名报,使各省之人皆知爱国,会与一涂[途]而已。

夫一国也,而分为十八省,存则俱存,亡则俱亡者也。虽然,此自大体言之,固尔,若就今日之现象以言,则十八省中有半开化者,有尚未开化者,有陷于危亡,瞬息将变为他国者,譬彼神经系或病萎缩,或病痹驰,或竟断绝,其症半死半生,非阴非阳,风痱也,偏枯也,尸厥也,术者将剖而解之,而犹望其周身之痛痒相关能耶否耶。痛痒既不相关,则各省于全国共同利害外,遂有种种特别之利害,与本省之人性命相依,一息尚存,不容坐视者,此即其天然之责任也。他省非惟未遑,而交通弗便,观察无素,着手之点,自所靡悉。强代人斫,或不免自伤其手,甚且偾人之事,牵及全省,则后事必益予人以至艰,故相助可也,相代或未可。事实上之障碍既如此矣。报章者,言论上之事也,障碍抑尤甚。云南疆土之危,云南人能言,其所由然,他省弗能。山西矿产之危,山西人能言,其所由然也,他省弗能,就令越俎建言,而甲省之夙症,未见于乙省,丙省之现状,未演于丁省,强此例彼,谬也。况其地理之变迁,历史之习传,成于外患之浅深,尤非聚族于斯,不能详尽,卤莽从事,陷吾论于矛盾犹之小也,因而立言之不当,致起省界之决裂,不堪调和,是自速其亡矣。曷若身亲其地者,各抉其受痛之原,而革新人人之心理,俱赴乎爱国之一涂[途],既不悲于素丝,复不苦于歧路也。故曰"爱省既爱国"。

河南者,中国之中坚,而边省后盾也。河南之存亡,不系于边省,边省之存亡转系于河南。河南之人对于河南有自立、自治之责,对于边省有相互、相助之责。综此二责,关系中国前途重且巨矣。乃隐窥各省皆有依赖现政府之劣根性,而河南对于此劣根性外,尤有一依赖边省之劣根性,若曰:"边省不亡,吾亦不亡。英云,俄云,德云,必不能越边省之区域,从天而降,径抵河南也。"于是,处将焚之堂,观隔岸之火,忙日月中猥作闲人。嬉焉,游焉,如生世外桃源,翛然有自得之风。岂知地已变于鱼齿,势俨履夫虎尾,大好江山不日将于其长眠酣醉之中,而更换主人耶。夫天下惟精神丧失者为最可怜,次则童騃。为其生也,不知所以生,死也,不知所以死,梦梦三光下,送此一身耳。

今国事之危急如彼,而河南之顽塞也如此。曹社之谋频发于鬼,蔡侯之泣未见其人,直待英云、法云、俄云、德云十数强国之刃拟其颈,弹其腹,而犹不知祸之何以至此,泯化为沙虫已矣。呜呼,斯世之可怜宁有过是者耶?

虽然,此非国民之罪,无指导者也。天下见微而知著,厥惟上智,常人靡望焉。故云南危矣,无《云南》报,云南人不知法之侵及境内也。山西危矣,无《山西》报,山西人不知福公司之攫及矿产也,是以唤国民之沉萎,养爱国之热心,无资他求,端赖报章。青霞女士痛时局危殆、同胞灭亡,爰出金巨万,组成《河南》杂志,月出一册,冀以解说中国共同福,福及河南专有利病,开导同胞,使全省皆知个人在河南之位置何如,河南在中国之位置何如,中国在世界之位置何如,而油然生其爱国心,则庶几将痿之民气借华、拿之呼而俱起,已飘之魂应景、宋之招而速返。西哲有言:"国民不知爱国,国必亡。"信乎,国民知爱国,则国不亡矣。同人虽材力绵薄,亦将奋勉此涂,用副国民之望。

《〈河南〉杂志缘起》,《大公报》1908年1月5日

《河南》杂志在《夏声》上亦刊有广告,云:

登嵩峰而四顾，京汉铁路攫于俄，直贯乎吾豫腹心，怀庆矿产攘于英，早据夫吾豫吭背。各国从旁垂涎而冀分杯羹者，复联络而来，集视线于中心点。生命财产之源，将尽于一网。牛马奴隶之辱，谁鉴夫前车。本社同人，怒然心忧，爰萃全力，组成斯报。月出一册，排脱依赖性质，激发爱国天良，作酣梦之警钟，为文明之导线。对于本省，励自治自立之责，对于各省，尽相友相助之义。第一号现已出版，凡我同胞，盍其来购。

《夏声》第1号，1908年2月

编者按：曾经为该刊撰稿的周作人后来回忆，《河南》杂志总编辑是江苏仪征人刘师培，当不确。

12月21日（十一月十七日） 中国同盟会英属挂罗庇朥埠分会成立，邓泽如为会长。孙中山为其章程作重要批示。

邓泽如《中国国民党二十年史迹》记：

丁未年十一月十七日，汪精卫、邓子瑜来组织同盟分会于挂罗庇朥埠，以泽如为分会会长。

中国同盟分会总章

（一）本会定名为中国同盟会，直接受支部之统辖

（一）本会以实行赞助中国革命事业为职志。

（一）本会会员须谨奉宗旨，亲写盟书，当天宣誓，以表其诚。

（一）本会公举如下职员，以司理会中事务。

正会长一名　中文书记　名　理财　名　调查员　名

副会长一名　英文书记一名　核数一名　干事员　名

（一）本会职员定例每年选举一次，并每会员增至一倍时选举一次。

（一）本会员皆有选举权及被选举权。

（一）当地会所及一切经费由会员均分担任。

（一）凡会员皆有介绍同志入会之权。

（一）凡会员能解释宗旨明白者，皆可任为主盟人，随时随地收接同志入会。

（一）凡主盟人收接同志入会后，须将盟书缴交书记注册，由书记汇交支部收存，发给底号收执为据。

（一）凡会员既完尽一己之义务，领有底号者，至革命成功之日，得列名为中华民国创建员，以垂青史，而永志念。

（一）凡会员能介绍及主盟新同志十人者，记功一次，百人者记大功一次，至岁终计功，由会长宣劳嘉奖，并由支部代请本部总理给功牌表志。至革命成功之日，得与军士一体论功行赏。

（一）本会欲使会众团体密切，声气灵通，特仿革命军队编制之法，以组织会众，其帙如左（总理批：此条请即施之实事）：

以八人为一排，内自举排长一人，共八人。以三排为一列，外自举列长一人，共二十五人。以四列为一队，外自举队长一人，共一百零一人。以四队为一营，外自举营长一人，共四百零五人。

（一）以各列长队长营长等人员为会众之代表人。

（一）本会办事各种详细规则并特别专条，可随时由职员招集各代表会议订立。

（一）本会各等规则专条，总以不违背支部号令及本会章程为范围。

(总理批)注意:组织会众为营、二为队、为列、为排一条为极紧要,有此则会员之感情乃能密切,团体乃长坚固,不致如散沙。会中有事由职员通传于各营长或各队长,各转传于其所属之队或列长,则一人不过走报四人知,列长不过报四个排长,排长则报七人知,如此工夫易做。若收月费,会员交于排长,排长交于列长,列长交与理财员,亦事简而效大也。若不行此法,则他日每埠人多至一千或数千,则无人能遍识会员,而分会机关之职员,亦无从遍知各人之住址行踪也。故必当为排列,一排长识其所交好之七人不为难,一列长识三个排长更易。由营而队而列,犹身之使臂,臂之使指,节节脑筋,相连灵活。

邓泽如《中国国民党二十年史迹》,正中书局1948年版,第1~3页

12月24日(十一月二十日)　清廷谕令各省绅商士庶不得干预内外政事,并命宪政编查馆会同民政部拟定关于政事结社条规,迅速奏请颁行。

上谕云:

朕钦奉慈禧端佑康颐昭豫庄诚寿恭钦献崇熙皇太后懿旨:上年曾经降旨预备立宪,原以为兹事体大,条文繁密,非可以率尔举行,必须上有完备之法度,下知应尽之义务,方可宣布宪法定期施行,此时尚系预备之际,历次谕旨甚明。尤当视国民程度之高下,以为实行之迟速。我君臣上下各宜切实研究,依次经营,以期宪政成立,共享乐利。惟各国君主立宪政体,率皆大权统于朝廷,庶政公诸舆论,而施行庶政,裁决舆论,仍自朝廷主之。民间集会结社暨一切言论著作,莫不有法律为之范围。各国从无以破坏纲纪、干犯名义为立宪者。况中国从来敦崇礼让,名分严谨,采列邦之法规,仍须存本国之礼教。朝廷预备立宪,期望甚殷,乃近岁各省绅商士庶,其循分达理者固不乏人,其间亦颇有浮躁蒙昧、不晓事体者,遇有内外政事,辄借口立宪相率干预,一唱百和,肆意簧鼓,以讹传讹,浸寻日久,深恐谬说蜂起,淆乱黑白,上行下效,纲纪荡然。宪政初基,因之阻碍,治安大局,转滋扰攘,立宪更将无期,自强之机,更复何望?盖民情固不可不达,民气断不可使嚣。立宪国之臣民,皆须遵守秩序,保守和平,其开设议院,专为采取舆论,而选举议员之人与被举议员之人均有定格,召集议会及解散议会均有定式,所议事件亦均立有明条,例章精密,权限分明,固非人人皆得言事,亦非事事皆可参预。现在京师资政院、外省谘议局业经饬设,原为立议院基础,嗣后各省利病均应由该省谘议局详细讨论,如确有见地,可呈请本省大吏咨送资政院采择核办,不得凌躐无序,紊乱政体,尤不得胥动浮言,妨害治安。除报律已饬法部、民政部妥速拟订外,着宪政编查馆会同民政部将关于政事结社条规,斟酌中外,妥拟限制,迅速奏请颁行。倘有好事之徒,纠集煽惑,构酿巨患,国法俱在,断难姑容,必宜从严查办。并着京外各衙门督饬所属,懔遵此次谕旨,实力奉行,倘敢瞻循故纵,养成巨患,该管衙门不得辞其责。钦此。

《时报》1907年12月25日

《时报》报道:

昨日(即二十日)所降之谕旨,系某枢臣因国民力争外债、捕权,大拂其意,欲取缔全国言论集会自由。商妥某邸,即令幕中人将论稿拟定,带进内廷面奏皇太后,即行颁发。

"廿一日申刻北京专电",《时报》1907年12月26日

△ 外务部致电两广总督张人骏,要求查办粤商自治会主持力争西江缉捕权一案。

其电文曰:

西江缉捕一事,闻有劣绅黄景棠、江孔殷倡率,陈建基、陈漳浦等借端煽惑,创设商业自

治会,每人敛资一元,提议截留关税,以办匪为入手,设立侦探队。若非由地方官饬办,是则此等举动目无官长,有害治安。闻黄景棠、江孔殷素行有亏,不安本分。陈建基致部电内有勿咎沿江商民为戎首之语。蓄心煽乱,肆意鼓簧。广东交涉正繁,棘手事件不止一端。若听其遇事生风,万一宵小乘机蠢动,酿成上海会审公堂重案,地方何以乂安。此等造言生事之徒,空言查究,恐难安戢。希即严切查明究办,以遏乱萌,并电复外务部。二十日。

《为劣绅创设商业自治会希究办事》,《电报档》,综合类—收发电档,档号2-05-12-033-1304

12月25日(十一月二十一日) 清廷谕令整顿士风,命学部严申学堂禁令定章,不准学生干预国家政治,联名聚众集会、演说、发电妄言等,否则教员、管理员、督抚、提学使等一并惩处。

上谕云:

朕钦奉慈禧端佑康颐昭豫庄诚寿恭钦献崇熙皇太后懿旨:国家兴贤育才,采取前代学制及东西各国成法,创设各等学堂,节经谕令学务大臣等详拟章程,奏经核定,降旨颁行。奖励之途甚优,董戒之法亦甚备,如不准干预国家政治及离经叛道、联盟纠众立会演说等事均经悬为厉禁。原期海内人士束身规矩,造就成材,所以期此望之者甚厚。乃比年以来,士习颇见浇漓,每每不能专心力学,勉造通儒,动思逾越范围,干预外事。或侮辱官师,或抗违教令,悖弃圣教,擅改课程,变易衣冠,武断乡里。甚至本省大吏拒而不纳,国家要政任意要求,动辄捏写学堂全体空名电达枢部,不考事理,肆口诋谟,以致无知愚民随声附和,奸徒、游匪借端煽惑,大为世道人心之害。不独中国前史、本朝法制无此学风,即各国学堂亦无此等恶习。士为四民之首,士风如此,则民俗之敝随之,治理将不可问,欲挽颓风,非大加整饬不可。着学部通行京外有关学务各衙门,将学堂管理禁令定章广为刊布,严切申明,并将考核劝诫办法前章有未备者,补行增订,责令实力奉行。顺天府尹、各省督抚及提学使皆有教士之责,乃往往任其偭越,违道干誉,貌似姑息见好,实系戕贼人才。即如近来京外各学堂纠众生事、发电妄言者纷纷皆是。然亦有数省学堂从不出位妄为者,是教法之善否,即为士习之优劣所由判,确有明征。嗣后该府尹、督抚、提学使务须于各学堂监督、提调、堂长、监学、教员等慎选器使,督饬妥办。总之,以圣教为宗,以艺能为辅,以理法为范围,以明伦爱国为实效。若其始敢为离经叛道之论,其究必终为犯上作乱之人。盖艺能不优,可以补习;智识不广,可以观摩;惟此根本一差,则无从挽救。故不率教,必予屏除,以免败群之累,违法必加惩儆,以防履霜之渐,并着学部随时选派视学官,分往各处认真考察,如有废弃读经、讲经,功课荒弃,国文不习,而教员不问者,品行不端,不安本分,而管理员不加惩革者,不惟学生立即屏斥惩罚,其教员、管理员一并重处,决不姑宽。倘该府尹、督抚、提学使等仍敢漫不经心,视学务士习为缓图,一味徇情畏事,以致育才之举,转为酿乱之阶,除查明该学堂教员、管理员严惩外,恐该府尹、督抚、提学使及管学之将军、都统等均不能当此重咎也。其各懔遵奉行,俾令各学堂敦品励学,化行俗美,贤才众多,从副朝廷造士安民之至意。此旨即着管学各衙门,暨大小各学堂一体恭录,一通悬挂堂上,凡各学堂毕业生文凭,均将此旨刊录于前,俾昭法守。钦此。

《时报》1907年12月26日

《时报》报道:

本日严旨禁学生干预政事,因争路款、捕权而发,此旨早经拟就,俟见代表之日乃行发布。

"廿一日申刻北京专电",《时报》1907年12月26日

12月26日(十一月二十二日)　清廷以京师有聚众开会演说等事,令民政部、步军统领衙门、顺天府一体严行查禁。

上谕云:

京师辇毂之下,近闻有聚众开会演说等事。殊属不成事体,流弊甚多。著民政部、步军统领衙门、顺天府一体严行查禁。

朱寿朋编《光绪朝东华录》第5册,中华书局1958年版,第5807页

《时报》称:

廿一、廿二两日谕旨,皆某某枢臣意气用事,谕下日,都中大哗,醇邸、张中堂均不谓然,谓恐酿成革命云。

《时报》1907年12月28日

12月27日(十一月二十三日)　广西巡抚张鸣岐电清廷军机处、外务部,言该省边界之事已探得是革命党在安南主持,并有窥滇一说,请戒备防剿。

广西巡抚张鸣岐致军机处、外务部请代奏电云:

十八日、二十日两电奏计蒙进呈。本省兵力已全注边防,若系寻常土匪,或匪势不至再增,尽足防御。

惟参观各路探报,该匪实系革命党主持,革命党又似有人利用,目下情形大抵以河内为总巢,其前进线一由艽封、那烂攻下我下冻、水口,一由那锐攻我平而口、由文渊攻我南关、连凭,一由禄平攻我宁明、思陵,一由峒中攻我上思,一由太原潜上索江攻我平孟。以外如何分股,尚未探悉。声东击西,匪之惯技,原未必同时并进。特边地太长,山路险阻,闻警赴援,往往不及。防地牵缀,需兵极多。近准粤督电,探得越党定议,先寇桂边,依山为巢,趋云贵、窥蜀巴为根据,后图大逞,足见其志不在小。现在匪股虽无确数,据节次探报,约已有三四千。本日据报,火车抵峒中,又来匪千余,并有三车满载军火,此后有无增加,更难揣度。风闻孙逆前在南洋集款得数百万,观于越南增匪之速,所闻似不尽虚。然使法人果肯实力驱除,亦非大患。乃前得探报,炮台受创,败匪有五十余人入谅山病院。顷又得一探报,自艽封至水口一带,匪传单征发越民,供应每日猪肉千斤、牛十头,粮草尤巨。该匪居然得此权利,则有人利用之说,似非无因。

窃维用兵当视敌势为因应,若如以上探报,亟应统筹持久之策。岐愚谓上策,惟当从交涉下手,法人果肯照约交犯,边患自可暂弭,否则逋薮不清,除厚集兵力,永久严备,更无他策。桂边现分三路:自粤边至宁明为东路,自宁明至平而为中路,自平而至滇边为西路。姑以匪有四千,分作四五股,计我每处防守兵力必应与之相当。而兵驻有定,匪来无定。沿边一千九百里,要隘甚多,更不能不预备数倍之兵力。通盘计画,南关及拦岗等处约三营,连城及巴口、油隘等处约两营,尚下石等处约一营,平而关等处约两营,水口关等处约三营,布局等处约两营,彬桥、下冻、鸭水滩、岗龙奥四处约三营,龙州、尚龙约两营;中路兼需守兵十八营,宁明、九特、吉普等处约两营,隘店、思陵、宝盖山等处约两营,饭包岭、牛头山等处约两营,上思、迁隆峒等处约两营;东路兼需守兵八营,安平、金龙峒各隘约一营,归顺、陇邦等处约一营,下雷约一营,葛麻、渠怀等处约一营,镇边、平孟等处约两营;西路兼需守兵六营,预备队中、东两路各八营,西路六营,南宁总预备队十营,统计约需战守兵六十四营。以每营三百名计,兵额一万九千余人,布置方可周密。现在边军共八千余人,昨诘黄忠立一军千余人,前饬龙济光新募滇军两千人,将来到后,惟只一万二千人左右,不敷分布。目下兵力侧注中

路，然如两关、水口最要之地仅有两营尚分驻数处，支绌可见。西路仅守兵三营，尤为单薄。虽经迭电严饬龙济光、陆荣廷激励将士，加意防守，倘匪徒同时分股来犯，有战兵则无守兵，殊形棘手。十月以前，据探越境匪党不过千余，核计本省兵力已足扑灭。兹匪势增长异常迅速，若不预立增兵计画，将来匪势在增，益属无从措手。但仓卒召募，得力殊难。可否仰恳天恩俯念桂边关系大局，准予饬下陆军部，酌派直隶、江鄂新军两协，并配炮工、军医等队，迅速乘轮来桂，防剿事平，仍即遣归。抑或照所拟战守兵额就地招募，饬部接济饷项之处，恭候训示遵行。

至交通机关实行军命脉，越南铁路、车路、马路、电线四通八达，匪徒往来利便，消息灵通；我之沿边道路险隘崎岖，运械调兵，递送文报，节节迟延，利钝皎然。本拟到龙后，将边防一切应办事宜分年估款，奏明举办。兹防务似属长局，路、电均目前要端，拟于截留赔款项下拨款先行修理，以期灵捷。匪探窥滇一说，并已电告滇督密为戒备，合并陈明，乞代奏。鸣岐，谨肃。二十三日。

《为布筹桂边三路防剿事》，《电报档》，综合类—收电档，档号 2-04-12-033-1298

△ 两广总督张鸣岐致电外务部，要求与法国使节磋商，转电越南总督交出防城起事被捕党人周先生、詹亚南等六人。

其电文曰：

据东兴洋务委员朱丙炎电禀，防城著匪周先生、詹亚南、黄秀俊、孔文甫、吴福（即吴有山）、罗有贵六名曾经抢杀，经官缉拿，逃匿越南，电请提解等情。当今照会广州法领事电达越督，照约解交。兹据朱丙炎续禀，该犯等已由法官解河内监禁等语。查中法会议越南边界章程，中国人犯法逃往越南，由中国官照会法使访查严拿交出。现周先生等匪，系犯劫杀重案，迭经照会，尚未交解。拟请钧部照商法使，转电越督按约交出，俾免漏网为叩。人骏。养。

《为请商法使照越督将案犯周先生等按约交出事》，《电报档》，综合类—收发电档，档号 2-05-12-033-1320

12 月 29 日（十一月二十五日）　出使法国大臣刘式训电禀外务部，称法国已经同意令越南总督驱逐在越革命党人。

其电文云：

二十二日电旨悉遵，即晤法外部切实商办。据称，亦接驻使来电。法国笃慎邦交，甚愿相助，已电越督严饬驱逐匪首，并解散党羽等语。嗣后匪党再有在越啸聚情事，仍当随时切商法外部，妥慎办理，以纾廑系，乞代奏。式训。敬。

《为外部称已电越督严饬驱逐股首并解散党羽事》，《电报档》，综合类一收发电档，档号 2-05-12-033-1331

12 月（十一月）　宪政讲习会继续发动湖南士绅入京请愿，要求一二年内召集国会。请愿书由杨度起草，王闿运改定，该省绅商学界代表有四千余人签名，领衔者教育总会会长刘人熙、商会总理陈文玮。

《湖南全体人民民选议院请愿书》云：

具呈广西补用道、湖南教育总会会长刘人熙，二品顶戴分省试用道、湖南商务总会会长陈文玮等谨呈，为恭绎谕旨，敬陈管见，恳请开设民选议院以实行预备立宪，联名呈请代奏事：

职等窃维自五大臣回国以来，朝廷迭颁诏旨，预备立宪。纶音所沛，中外同欣，属在臣民,莫不感激涕下。然明诏颁布以后,迄今一载有余,虽旧制略有变更,而根本大计尚未议及,无知之徒,几疑廷臣不能将顺圣意,仰体恩纶,预备立宪之说,恐未能即刻见诸实行。及恭读今年十一月二十日上谕,始知我皇太后、皇上励精图治,发奋自强,庙谟宏远,洞见本源,其忧深思远,诚非管窥蠡测之士所能悉其万一。薄海臣民,靡不欢欣鼓舞。湖南虽属边隅,然自道、咸以来,其于国家之关系独为密切,而朝廷恩遇之隆又远非他省所能及,值此庶政公诸舆论之际,上下共负责任之秋,敢不谨就下忱所及,贡其一得之愚,为我皇太后、皇上缕晰陈之。

今年十一月二十日上谕有曰;必须上有完备之法度、下知应尽之义务,方可宣布立宪,定期施行。窃维国家之所以组织与社会之所以生存,非有法律以为纲纪,则无以保治安而维秩序。文明各国,事无巨细,时无常变,政无废举,皆一轨之于法。其申布之繁,连篇累牍,而政府与议会又皆岁有提案,以济其穷,而驭其变故。国家之权,能作用社会之安宁静谧,人民之生命财产,皆立于法律之下而受其保护。此其所以康庶政而成法治也。中国法律之简略,为各国所仅见,且多前代旧制,而人种之复杂与习惯之纷歧又为世界所未有,非有完美之法律,无以示信守而昭统一。猝尔立宪,徒滋流弊,诚有如圣谕所云者。然今日操立法之权者,不过修律大臣数人,开办数载,而所成之法典寥寥无几。且编纂仅出于数人,五方之风俗既所不尽悉,民志之从违又所不暇顾,颁布以后,不独人民不能通行,即督抚部寺亦皆反对。何则?法律者,与天下共守之物也,非守法之人不能为立法之事,政府非但不可专擅,抑所不能独主。文明各国,无不以人民之代表者为立法机关,此非仅三权分立之意,实事势上不能不尔也。今惟有使立法机关急早成立,庶乎民情可以同见,风俗可以周知,不独群力易举,编纂较速,而综合天下惯习以折衷损益,规定自宜,遵行尤易。此湖南士民对于法度完备之明谕,而恳请开设民选议院以为实行预备立宪之管见也。

国家者,由人民集合而成。国家之强弱恒与人民之义务心为比例,断未有人民不负责任而国家可以生存,亦未有人民不负责任而国家尚可立宪者也。中国人民数千年来屈伏于专制政体之下,几不知国家为何物,政治为何事。即其当兵、纳税,亦纯出于强力之压迫,并不知人民对于国家之职务应如是也。东西各国,人思自效,举国一心,其忠君爱国之忱,我国人民实多逊色。彼何以至此而我独不然者?即纯以民选议院之有无为之关键也。盖有民选议院,则国家对于人民既付以参政之权利,故政治之得失,上下同负其责,而彼此无复隔膜,且利害与共,意志自通,关系既深,观念自切。西哲有言,立宪国家始有国民,此其感召之机亦已微矣。夫急公好义之心,本民彝所同具,惟必有感通之道,然后可以动其报效之心,断未有行政则曰朝廷自有权衡,临事则曰尔等当负责任,而可以掩饰天下之耳目、收拾天下之人心者也。今惟有利用代议制度,使人民与国家发生关系,以培养其国家观念而唤起政治思想,俾上下一心,君臣一德,然后宪政之基础确立,富强之功效可期。否则,政府独裁于上,人民漠视于下,国家成为孤立,君主视若路人,虽日言立宪,亦安有济乎?况欲以之与举国一致之列强相对抗,其危险之情形,实有为臣民所不忍言者。此湖南士民对于下知应尽之义务之明谕,而恳请开设民选议院,以为实行预备立宪之管见也。

十一月二十日上谕又曰:当视国民程度之高下,以为实行之迟速。窃维立宪政体,人人皆有政治上之责任,非有相当之道德才能,徒以启倾轧之风而长嚣陵之习。明谕以国民程度为迟速之标准,实不易之论也。惟人民程度有自然发达者,如美、法各共和国及含有民主性质之英、比两国是也;有助长而使之行者,如普鲁士、意大利、日本诸君主国是也。盖自然发达者,其人民富于自由之思想,国家之变动,其主动力常出于下,故一经革命之后,遂废君主而为共和。助长而使之增高者,其人民之程度若患不及,而国家之变动,主动力常出于上,故一经开设民选议院之后,人民程度因之增长,国家根本因之巩固,而君主仍保其固有之权力与荣显。历史俱在,往迹昭然。往后之中国必仍为君主国体,此天经地义,几食毛践土之伦皆所同认。今惟有趁人民程度尚未发达之际,开设民选议院,俾国家之改革,其原动力纯出于朝廷,而人民皆处于受动之地位,则操持既易,而行动悉可自由,其可以发达人民之国家思想,训练其政治能力。凡属于臣庶,各有天良,孰不感我皇太后、皇上提携卵翼之恩而力图报效乎?上以巩固君权,下以增进民度,而又可以使立宪政体及早成立,以与日本、意、澳诸国收同一之效果,计盖无便于此者。此湖南士民对于以国民程度之高下,为实行之迟速之明谕,而恳请开设民选议院以为实行预备立宪之管见也。

十一月二十日上谕又曰:朝廷预备立宪期望甚殷,乃近来各省绅商士庶,其安分达礼者固不乏人,其间亦颇有浮躁蒙昧、不晓事体者,遇有内外政事,辄借口立宪,相率干预。窃维各国统治之道,莫要乎纲纪。中国立国之本,专恃乎名分,断未有破坏纲纪、毁弃名分而尚可以为治者,况立宪国家最重权限,最守秩序。中国自甲午以后,外侮日亟,民智渐开,忧时之士与好事之徒,淆杂不清,联袂而起,不揣本末,不识治体,借端干预,遇事生风,非独不能恢张国力,反致自戕生机,以酿成凌杂无序之今日。其轻举暴动之恶习,不独为历史所绝无,亦且为各国所罕见。其辜负我皇太后、皇上孤诣苦心仿行宪政之美意,殊堪痛憾。惟风气已开,藩篱已破,动机已兆,惯习已成,强为抑制,恐适以长其暴戾之气,而促其崩溃之患,诚不如顺其性之所至,而施之以羁縻,就其势之所趋,而轨之以制度,反可以纳民于轨物,弭患于未萌也。故为今之计,惟有开设民选议院。地方既有一定之代表,则职有专司,庶不致人人干预,以紊秩序而扰和平。舆情既有统一之机关,则国议一致,庶不致事事掣肘,以亵国威而坏纪律。况平时既可以为政府之监督,政令之布施,亦不致大逆乎民志,后又可为政府之保证,起事之乱徒,亦何所借为口实?夫公道既伸,流言自息,物情既静,纲纪自张,此其因应之术与操纵之方,非我皇太后、皇上神灵首出,洞悉幽微,孰能喻之?此湖南士民对于维持纲纪、致崇名分之明谕,而恳请开设民选议院以为实行预备立宪之管见也。

十一月二十日上谕又曰:民情不可不达,而民气断不可使嚣。窃维民情不达,则无以通上下之感情,而知民间之利病;民气过嚣,则无以维国家之大法,而保社会之和平。治乱兴衰,此其关键。然此二者又带有相因之势。自法兰西革命以还,人文日起,世局一新,欧洲人士寝馈民权之说,讴歌自由之风,而当时之君相又欲保其固有之主权而厉行专制,君民冲突之事,遂以次递起于欧美两大陆之中。精诚所感,金石为开,潮流所至,河山失险,亚东诸国亦自此多事矣。然各国历史有一共同之公例,非他,即民选议院。开设早者,其祸端常小而时期亦短,如普、意、日本诸国是也;民选议院开设迟者,其祸乱常大而时期亦长,如法兰西、俄罗斯诸国是也。盖有国会以为人民之总汇,斯下情可以上达,国政可以共闻,人民忧时忧国之心,既可借公论而见诸事实,则暴戾肆恣之气自无由而发生。否则,压力愈甚,抵力愈大,施者不仁,报者加惨,甚至政府之不必反对者而亦反对之,官吏之不必疑惑者而亦疑惑之,争执日久,睽离日甚,虽以路易十六世之仁厚恻恻,尚不能辑民变而弭乱端,皆由于不能早开国会以速达民情之所酿成也。今日中国民气之嚣已入极端,法兰西之革命、俄罗斯之暗杀已兆其端,土崩瓦解,岌岌可危,虽无瓜分之忧,亦有陆沉之痛。然推原祸本,则实以民情不达之故。甲午之后,忧国之士恐宗周之陨堕,知匹夫之有责,奔走呼号,痛心疾首,改革之说遂成风习。然以无民选议院之故,下情不能达于朝廷,舆论不能成为国是,忠爱之初心,变为怨谤之戾气,一二不逞之徒,又乘机煽动,极力招罗,万里神州遂成乱薮,杀之亦不知惧,抚之亦不知恩,天祸我中国亦何惨也。补救之道,莫如鉴俄、法之前车,师普、日之往事,为抽薪救火、亡羊补牢之计。夫二十世纪之中国,虽梅特涅、俾思麦、大久保联袂立朝,亦不能独违公例,以维持独裁政体之残喘。顾所争者迟早耳,然早则其利如此,迟则其害如彼,一彼一此,孰得孰失,固不待烦言而自解矣,此湖南士民对于民情不可不达、民气不可使嚣之明谕,而恳请开设民选议院以为实行预备立宪之管见也。

十一月二十日上谕又曰:嗣后各省利病,均应由该省谘议局详细讨论,如确有见地,可呈请本省大吏,咨资政院采择核办。窃维东西各国,无不设立地方议会,以为自治体之言论机关。中国当预备立宪之时,先于各行省设立谘议局,一面以为地方议会,一面以为议院基础,因时制宜,自是正当办法。惟职等窃有虑者,中国人民村落之思想素富,各省之畛域尤严,边陲各地,几知有乡里而不知有国家。今日虽名为郡县之世,民间之彼疆此界,实仍有封建之遗意。夫郡国利病,不予人民以自白之途,固非所以宣上德而达下情,然不遵行代议制度,而悉以付之谘议局,恐各顾所亲,人私其乡,遇有利害,互相冲突,不复顾及大局,地方之团结日固,国家之分裂愈甚,以酿成澳大利分离涣散之风,实中国莫大之隐患也。至欲以资政院为其补救之具,则殊不能。盖资政院者,纯出于官权之作用,既非代表人民,又非代表国家,其性质、权限,皆不过政府之顾问机关,将来对于各省谘议局之议案,非欲依违迁就,即轻肆排斥,与今日之各部必无以异,非谓议员之不能尽职,实其地位使然也。又非谓谘议局之不可设立也,惟必有民选议院,代表地方之职既专属之议员,而议院之发动,又必以全国之利害为权衡,故谘议局之权限,可确定为自治体之机关,而各省始无复争执分离之患。且人民之视听皆集中于中央,狭隘之部落思想、敷阔之自主政策,皆可以默化潜移,夫然后中央集权之策、地方自治之制,庶均可举矣。此湖南士民对于谘议局为各省利病之代表之明谕,而恳请开设民选议院以为实行预备立宪之管见也。

以上所陈,皆就明谕所及,略为阐明。圣意高深,诚非草野愚氓所能窥其万一,然愚虑所及,苟有裨于我皇太后、皇上预备立宪之盛意,敢不竭力敷陈,以效刍荛之义。然国是未定,物议纷歧,新旧相更,人心惶惑,知必有以湖南士庶成见为不然而妄生异议者,职等不揣冒昧,敢就下忱所及,为我皇太后、皇上约略陈之。土壤细流,亦泰山川河所不弃也。

今议者谓:明谕既谓必须上有完备之法度,下知应尽之义务,方可宣布宪法,定期施行。今宪法尚未颁布,岂有先行开设议院之理?不知议会与宪法,原无先后之次序,或彼先而此后,或彼后而此先,各国不同,均随事势而已。普鲁士世所谓钦定宪法之母国也,方一千八百四十八年四月初二日开设国会,而宪法之公布,实在一千八百五十年正月三十日。比利时亦君主国家也,以一千八百三十年十月初四日召集国民会议,而宪法之议决,则在一千八百三十一年二月初七日。英吉利世所谓产生宪法之祖国也,左右政之大权常在议会,然至今尚无成文之宪法。以诸国之往事推之,则宪法发布之先后与宪法之有无,皆与开设民选议院无涉。此则不得以尚未宣布宪法为不能开设民选议院之原因也。

议者又谓:明谕既谓现在京师资政院,外省谘议局业经饬设,原为设立议院基础,岂有资政院、谘议局未经成立之时,而即可议及开设民选议院乎?不知中国之资政院本与外国之上议院相当,中国之谘议局本与外国之地方议会相当,惟无民选议院以为之枢纽,性质不明,权限不分,致不能与各国之上议院及地方议会收同一之效果。虽议院未经设立之前势不能不借此为阶梯,然欲责其成效,则非设立民选议院不能相与有成。且设立既有成议,明谕又限以明年三月以内概行成立,而设民选议院则尚须颁布选举法令,各地公民选举代表人,然后定期召集,其种种复杂之手续,虽迅速举办,尚非一二年之岁月不能成立,是则以今日而议开议院，正为适当之时期，不独无凌躐之议，亦且无先时之患。且以列国之往迹推之，则亦有相当之历史足为今日之成式者。日本于明治八年设元老院，十一年开设府县议会，而于十四年七月遂颁布开设国会之诏，其与开设元老院之相距不过五年余，与开设府县议会之相距不过二年余，况彼维新之际，内忧外患均不及我之急，故尚得以数年之岁月，从容展布。而中国今日，则机会均等之外患、革命排满之内讧，皆相逼而至，及今不图，三数年后，燎原莫救，恐欲行今日之计而亦不可得矣。此则不得以资政院、谘议局尚未成立而以为不得开设民选议院之原因也。

议者又谓：明谕既谓当视国民程度之高下以为实行之迟速，今遽尔开设民选议院，岂非与以程度定速迟之意相反乎？不知以程度高下为速迟之标准，明谕系专指宪法而言。盖宪法之范围甚广，其中权利、义务之规定，与人人皆有直接之关系，非全体人民皆有公民之资格，不足收法治之效果，而固文明之政体，至于民选议院，则被选举者不过数百人，而非才德甚优、素为乡里所推许者，断不得多数之同情而具代表之资格。以数千年文明之古国，而谓四万万人中求数百人有议员之资格而亦不可，亦未免厚诬我帝国臣民矣。况捐纳徒凭财产，考试徒凭文艺，保举徒凭个人之信用，国家与以相当之政权，何独于国民公选之议员而独深疑其程度之不足乎？况议员适当之资格，当为议院养成之，至于开设之初，则无论何国，皆不能无凌驾无序之讥，各国议会史上皆有。此共同之现象，中国亦决无不经过此阶级之理。今若不利用议院以为训练议员之具，而坐待其程度之高，则永无可以开设议院之日，宪政不将终无成立之时乎？此则不能以人民程度之说为不能开设民选议院之理由也。

凡此诸说，举不胜举，亦辨无容辩，要皆不能仰体朝廷预备立宪之苦心与列强立国之大本，妄生疑惑，轻肆阻挠，坐失事机，贻误大局。夫今日一线之生机，中国图存之妙用，惟在宪政。而欲促宪政之成立，惟有早开议院之一法，舍此而外，别无他途。伏祈我皇太后、皇上独奋乾纲，排除异议，明示天下，开设民选议院，于一二年内定期召集，以实行预备立宪，俾迭次明谕见诸实行，内以定国是而顺民情，外以慑列强而伸国体，我国家亿万年有道之鸿基，庶与天壤无穷矣。宗社幸甚，国家幸甚，臣民幸甚，湖南二千万人民不胜懔懔待命之至。谨奏。

再：此呈由郎中衔附贡生雷光宇、候选通判夏寿华等递呈，合并声明。谨奏。

《现世史》第1号、第2号，1908年6月23日、7月3日

冬　同盟会河南支部会员阎子固因受追缉，走赴东三省，以学务为名从事革命运动。

张山甫撰《刘粹轩年谱》记其事云：

当【阎】子固劫出遁后，君（编者注：刘积学）及子勉均到汴，与山甫商善后，暂避中州公学近处乡间候看消息。乃郎委查后，家庭被祸，勒拿甚急。子勉与山甫避往荥巩嵩洛间，周游少室、大室。君避往卫辉。当日接子固由日本来函。函中“学务”指党务；“总监督”，指黄克强；“总理”，指孙中山；“南去”及“东南”，即本年革军攻防城袭镇南关事；“安甚于是者”，指清帝；“东北教员”，子固，本年冬赴东三省为革命运动。原函录下：

□□同志大鉴：弟本拟走皖，旋得东京急函之招，当即东渡。访谈一切，知瀛洲大有人在也。弟状甚前。阁下与扶东在汴约办学务之件，已备悉内容。总监督南去，各干事大半西返，料理各处学务矣。东南一带颇开通。总理以学务可由此起点，而各处可断发达。来赐教言，弟甚遵命。但狂热在内，有如大河之水，终不可遏。英蓉出匣，舞之在人尔，只求春光不漏泄足矣。现东北一带，学生颇有大志，而科学不甚明白。已有同志在此教授，殊难兼顾。诸同人代弟说项，充此处教员。后到之日，可绕道与阁下得一面之缘，否则必奉函相商。褚某犹小焉耳，当思其大者。赵孟之贵，不必计也，除之而已，其贵更有甚于是者。弟不担此

也,即家务一团,亦牺牲之不惜。君函有他去之语,祈少安勿躁。待弟到馆,必有特别学务相商之处。草此走笔,即请侠安。卧薪尝胆子上。

张山甫《刘粹轩年谱》。引自《河南文史资料》第39辑,政协河南省文史资料委员会1991年印行,第13页

本年　贵州自治学社成立于贵阳。该社以宣传立宪为名,在学校、会党和新军中开展活动,后发行《西南日报》为宣传机关,在本省各府州县设有分社,社员达十万人之众。

钟振玉《上各大宪禀稿》谓成立缘由:

大人阁前敬禀者,窃绅等世居中国,分属子民,目睹时艰,不忍漠视,亟思发愤自治,宣明忠君爱国之义,考求合群进化之理,以养成国民之资格,仰体国家预备立宪之苦心,此平日所怀抱之意见也。

恭读光绪三十二年七月十三日上谕,有曰:使绅民明悉国政,以预备立宪基础。夫曰:国政,固举一国之政体、政事,皆入其范围者也。盖绅民不明悉国政,则意见纷歧,或起无理暴动之想,或存旁观坐视之心。国家有所举行,往往任意讥评,放言高论,既不知朝廷之苦衷,亦不察官长之本意,凡因革损益,咸怀一腹非之见,而不思遵行,此我中国所以酿成一上下离异、危在旦夕之时局也。使绅民果明悉国政,则君上爱民之仁,官长行政之意,不难细察而知,庶不至妄听邪说,各怀私见,将见尊崇秩序,保守和平,一国一心,同仇同德,何内忧外患之足虑哉?今者,一般热心爱国之士,或主张国会开设,或提倡地方自治,或要求颁定宪法,要皆现今立宪救国根本上之计划也。惟是国民者,国家之元素也。世未有国民无自治精神,而其国为立宪国者;亦未有国民能自治,而其国非立宪国者。尝考诸东西列强,当国体、政体改变之初,或人民请求,君主允许,或君主提倡,人民赞助,要皆有思想,即有意力,有意力,即有事实,固非徒托立宪之空言,遂为立宪国家也。则国民自治,为预备立宪时代之必要,又绅等所敢断定者也。近日因读九月十五日《黔报》第九十五号,载有《瓜分警告》一则,系云日、俄、法三国协约,有日分福建、俄分外蒙古、法取云南之风说,姑无论其事之果能实行不能,而我中国人固当寒心动魄,以自治图存,诚不可稍缓。

绅等约集三五同志,以讨论对于瓜分警告之问题,临时遇法政教习张君鸿藻,法政学员张君百麟出场演说。二君者,素持平正主义,及言论常以救国自励者也,慨然讲演,谆谆以自治为言,盖欲铸炼个人人格,修养地方团体人格,助成国家人格也。故以个人自治为第一步,凡个人应有之智识、道德皆入其范围。以地方自治为第二步,凡地方制度、地方教育、地方财用,皆入研究之范围。以国家自治为第三步,凡国家富强、独立之原理,皆入研究之范围。绅等闻言,感动忠爱君国、保安乡土之念,不禁勃然兴起,乃约集同人共设一自治学社,共求自治之学理。一月发行杂志一本,集社友讲述一次,发明自治必要之精意,以唤起同社诸友之自治心,由同社诸友随时演说,且可唤起全国多数人之自治心,此绅等之愚见也。惟是发行杂志,主笔须人,纸张须费,不得不集合社友,提议月捐三次。在田家巷镜秋轩提议,社友共认月捐,共聘张君鸿藻、张君百麟主笔,临时曾禀报警察总局、宪在案。兹于本月初十日杂志刷印已完,学社成立,理合将本社杂志呈阅,陈明本社之宗旨,伏乞大人训示饬遵,以便随时改良。所有自治学社发行杂志缘由,恭具寸禀。

《自治学社杂志》第1期。引自《辛亥革命史丛刊》第7辑,中华书局1987年版,第119~120页

张百麟《发起自治学社意见书》:

危矣哉!过渡时代之中国。正如船载珍璧,行驶遇风,邻舟环而视之,有坐待其覆者,有利其覆者,有欲乘其未覆而劫夺之者,则舟中人之艰险为何如也。日俄议和以后,各国协约

之政局出现,外患近迫,日接日厉,时事危难,日演日急。中国存亡一问题十年内当可解决矣。一般热心爱国之士夫,日奔走呼号于国内,或以国会开设为急务,或以地方自治为首图。其关系于今日中国之政策乃先后问题,非异同问题。而其为振救中国国家之至计,固吾人所绝对的承认者也。抑思国家者,随历史以演进,实进化国民之生产物。国会者,国民意力发表之总机关也。地方自治法团者,国民意力组织之小形体也。将欲此总机关之成立,小形体之完全,其必望诸国民自身之心理,当为国家、学者所共认。此吾人揭橥国民自治说,以为救国唯一无二之义务之论据也。谓予不信,请述东西两君主立宪国以证之。

一、英吉利预备立宪时代之国民,与贵族僧侣迫英王约翰发布大宪章之后,英吉利立宪之问题尚未解决也。乃影响所及,有喀尔文派、克灵威尔派起于前,即有化格党、脱礼党继于后。始则有权利之请愿,继则有人身保护律之要求,再则有权利之宣言。当时英吉利国民之程度固可一想见矣。二、日本预备立宪时代之国民,当日本尊王覆幕之局初定,明治天皇虽颁布立宪誓文,实未尝有实质的立宪精神也。乃四参议请开议院于先,即有所谓西南派(以西乡隆盛为中坚,因暴动灭囚其党人归附现政府)、三田派(以福泽谕为中坚,其后入进步党)、高知派(以板垣退助为中坚,其后变为自由党)诸政党之发生,可知日本立宪之因果。固君主种植之,国人培养之,在朝之政党呼唱之,在野之政党应和之者也。

试反观今日我中国多数之国民,其对于光绪三十二年七月二十三日立宪上谕之态度,果如何也?其对于立宪党人权利请愿之态度又何如也?以吾人观察之,现今中国人民对于中国国家之现象,约有二种:一曰已开明之最少数人。其中又分几派:一曰暴动派。其主旨不望朝政之改良,惟坐视朝政之腐败,以期进行其暴动之方法,此革命排满家之谬见也。岂知今日中国最要之问题,乃国命死生之问题,非国体改变之问题也。幸而国无暴动,则国内协和,尚可以稍缓中国之亡;不幸而竟起暴动,则国内分裂,适足以速中国之亡而已。二曰渐进派。其对于今日之中国则曰,吾侪无权无力,措施匪易,惟有待时观变,以求尺寸之进取,渐达爱国之目的。故其行为大有缓步徐行之状。此等主义,固吾人平日所崇拜者也。岂知斯时何时,正中国兴衰将决之时,稍一迟缓,虽欲杀身报国,终不可得。而奈何吾最少数国民暴动、渐进两方之现象,固如彼也。一曰未开明之最多数人。其中又分为二派,一曰漠视派。此派意在为我,只知自谋。虽明知国家之危急,而视之如秦人视越人之肥瘠,淡然无所动心。岂知国衰则民奴,国弱则民辱,国家之关系于国民,不啻形体之关系于腹心,使形体受损,欲腹心之存在,不可得也。二曰无识派。此派半皆醉生梦死,不知时事之人。岂知吾国人现今之危机,无异缅、越、琉、韩未亡之时,苟愚昧如昔,则奴隶马牛之况味,不日将亲尝之,而无术趋避矣。而奈何吾最多数国民漠视、无识两方之现象又如此也。甚矣,吾中国之国民也,当兹国步艰难之日,不为受责任之国民,惟希望政府之受责任;不为尽职务之国民,惟希望政府之尽职务。待己宽而待人刻,责己疏而责人密,是暴弃国民之资格也。即使国会开矣,地方自治实行矣,吾国民之智识道德,其能供应国家时势所需要者,果安在也?由是言之,他日陷中国于危险之地位,直国民亡之,岂得曰政府亡之哉!何则?国民者,组成国家之元素也。自治云者,又铸炼国民之方术也。世未有国民不自治,而能强国保种者;亦未有国民能自治,而亡国奴种者。其理固微,诸东西古今而皆然矣。

今者,吾少数人以国民自治说为标题,凡事皆以国民为本位,发表自治诸学理,贡献于多数之同胞。盖欲养成人格的国民,使多数人有国家思想、政治能力,赞助地方自治之实行,辅翼国家立于自治之地位。政府而实行立宪耶,吾人赞襄之,协助之可也;政府而无意立宪耶,吾人启发之,请祷之可也。有立宪国民之精神,即有立宪国民之价值,之幸福。其感召殆捷于影响,则国民自治主义之进行,足以缩短中国立宪之时期,又吾少数人所敢断言者也。自治学社之发起,识者当不以为非是矣。

《自治学社杂志》第1期。引自《辛亥革命史丛刊》第7辑,中华书局1987年版,第120~121页

萧子有《贵州自治学社和宪政会的斗争》一文回忆:

张百麟字石麒,湖南长沙人,随其父张翰(奕安,贵州知县)游宦来黔,素性喜结纳,广交游。其父总办贵州坡脚(现安龙县属)厘金时,即结交贞丰的钟振玉(子俊)、钟振采(子绶)、钟振声(子光)、胡刚(寿山)、詹德煊(灵枢)、陈守廉(兰生)、姜瑞熊(辑五)等十余人。其父调任开州(今开阳)时,复结识钟昌祚(山玉)、李立鉴(香池)、蒋忠信、许嘉续诸人。其父卒于开州任所后,寄居贵阳,又结交乐嘉藻(采臣)、周培艺(素园)、杨寿篯(白坚)、彭述文(明之)、平刚(绍潢)、张忞(洁浦)、傅文堃(中藩)、蒲藏锋(绍光)、黄理中(绍光)、张绍铭(希濂)、萧懋林(子有)等许多进步的知识分子。这些人后来都成了自治学社组织的重要骨干。石麒进官立法政学堂当学生时,又结交教员张鸿藻(显谟)、学员张泽钧(秉衡)、韦可经(绍权)、黄人瑞、周培桥、余同善等十余人。石麒性豪爽,喜与当时哥老会中人联系。如孔鹏(程九)、吴冠(湘灵)、陈守廉、姜瑞熊等皆当时著名的哥老,石麒与他们最相契。贵州辛亥革命成功,除得力于新军和陆军小学的协助外,哥老会支持的力量亦复不小,都是这个时候打下基础的。石麒最痛恨清廷的腐败和丧权辱国,复深恶官吏的贪污压制,但为革命活动的进行,就不得不混迹于仕途(其父代捐知县),借官吏作护符,以避免清政府的疑忌。石麒联络既广,更鉴于时势的危急,拟组织一政治集团以作革命基地,假名自治,组织学社,请于清政府,得许可后,乃于一九〇七年二月与张鸿藻、张泽钧、黄泽霖(佛青)、钟昌祚、李泽民(小谷)、谢师蕊(文琴)、罗时杰(竹之)、谭邦屏(景周)、周培艺、杨寿篯、彭明之、韦可经等三十余人成立自治学社于田家庵镜秋轩相馆(现市府路小学对面)。接着创办公立法政学堂(当时学堂,政府办的为官立,团体办的为公立,私人办的为私立),发行《西南日报》和《自治学社杂志》。自治学社用自治的名义,借学堂作掩护,凭报刊为喉舌,宣传革命主张。不到一年,分社的分布将近五十州县,入社者达一万四千多人,自治学社无形中遂在贵州展开了同盟分会的活动。据平刚过去所说,自治学社在当时已由平刚介绍加入同盟会,该会已被承认为贵州同盟分会,并承认张百麟为贵州同盟分会会长(在日本东京时的分会长原为平刚)。

政协全国委员会文史资料研究委员会编《辛亥革命回忆录》第3集,中华书局1962年版,第453~454页

胡寿山《自治学社与哥老会》一文回忆:

光绪三十三年(一九〇七年)正月初接到张百麟的专函,约我到省在光懿两等女学任教。张已开始约集同志计划创立自治学社,女学即为张所创设,凡有特殊秘密会商,大都夜间在此校开会。我从此参加了自治学社的革命活动,贞丰同济公[会]的同志大部分都成为自治学社的社员,作为一个自治学社的基本力量。阴历十一月间在田家巷镜秋轩谢石琴照象[相]馆开成立大会,第一批社员六十余人,不少是哥老会会员,同济公的同志和仁学会成员也不少。

政协全国委员会文史资料研究委员会编《辛亥革命回忆录》第3集,中华书局1962年版,第471~472页

冯自由《辛亥革命贵州光复纪实》一文谓:

辛亥革命九月十五日贵州省城之光复,黔人莫不归功于张百麟、陈永锡、黄泽霖、钟昌祚、谭西庚、周培艺、彭述文诸志士所组织之自治学社。该社为同盟会之别派。世人多以自治党称之。先是中国同盟会于乙巳(民前七年)六月在东京成立后,黔省留学生率先入党者有于德坤、平刚、漆运钧、王孝端、蒲剑、陈学钊、朱沛霖、胡肇安、保衡等九人,平刚为分会长。

刚有老友曰张铭，在贵阳时与刚同创乐群小学及公立师范学堂，其人热心革命，主张急进最力。丙午年（民前六年）由刚介绍为同盟会员，是冬以联络绿林会党大见成效，遂谋夺取贵阳，以响应萍乡醴陵之革命军。不幸事泄失败，逃亡入蜀得免。是为黔省志士革命运动之先河。

张百麟字石麒，湖南长沙人。以先世官黔久，遂家焉，少怀大志。丁未年（民前五年）冬，日法、日俄两协约先后披露，瓜分警告震动全国。伯麟乃召黔中有志者陈永锡、钟昌祚、黄泽霖、谭西庚、周培艺、张泽钧、周伯良、彭述文、孙镜、宁士谦、伍德泽、钟振玉、张德馨、韦可经、方策、乐嘉藻、黄守仁、杨寿篯、谭璟、张鸿藻、刘镇、李泽民、王元藩、张泽锦、陈守廉、刘荣勋诸人组织一爱国团体，命名曰自治学社。借政团之形式，方革命之运动，专向法政师范警察陆军各学堂学生秘密宣传，收效日著。于是由彭绍文之介，通款于东京同盟会本部，由同盟会承认为同志。平刚更介绍张铭与伯麟合作，而学社之势力乃愈发展。

冯自由《革命逸史》，新星出版社2009年版，第778～779页

编者按：朱寿颐所著《平绍璜与贵州革命》一文（参见《革命文献》第66辑）谓"清光绪三十二年，张百麟先生创立自治学社"，当误。

△ 同盟会员丁开嶂（晓川）在直隶丰润县南青坨村成立"北振武社"，以禁烟为名，实为"抗俄铁血会"旧部之联络机关，秘密在华北准备革命。

丁开嶂所作《丁开嶂革命事迹》一文自谓：

丁开嶂字晓川，原名作霖，河北丰润人。京师大学甲班（第一班）毕业，位举人，胆识绝伦，志器雄远，华北清廷肘腋下首倡革命者也。幼读书，喜经世之学，尤好兵家言。鉴国事日非，遂抱鼎革大志。光绪甲午（一八九四）年，年二十四，孙中山立兴中会于海外，鼓吹排满，开嶂闻风，欲制清廷死命，思创立党会于近畿，独树一帜。迨中日战后，割地偿金，黜我为第三等国，奇耻大辱，孰过于斯，改革清廷之念，如火益炽。但恨风气蔽塞，同志无人，遂效古之草泽英雄，结纳绿林，号召亡命，作北方革命军，并著《草泽阴符篇》，储将来起义之方略。暨日俄酣战之际，开嶂适游京师大学，与同学江苏朱锡麟、译学馆学生奉天张榕各出关组织革命军。朱创东亚义勇队，张创关东保卫军，开嶂立抗俄铁血会，皆假借名义而为革命立基础也。朱被逮于沈阳将军增祺，张退避天津，开嶂校名作霖，为防事泄，易名开山字削川，用抗俄铁血会首领丁开山名义，传檄三省绿林界，登上海《大陆杂志》，风声虽露，人不知为作霖主，易于遁迹返校也。……

翌年，与同志秦宗周、丁东第、王治增议北方大势，谓：徒恃关东一部，不足包围北京，遂于张家口外创立救命军，乃革命军之变相也。……

丙午（一九〇六年），为开通民智，仆里之古庙像，改创革命演说堂，被汉奸某告发三大罪：一、演说革命；二、推倒神像；三、私立公堂。第三款即诬排难解纷而误控者也。开嶂远遁，事闻直督袁世凯，羽檄宁河县令张纪信，重惩某汉奸，杖八百，圄六月，风波平。是冬，改名开嶂，入中国同盟会，此名开嶂所由始也。

次年（一九〇七）年，立北振武社于祖建之三官庙，作铁血会本部，即北方革命秘密机关。同志刘盥训、刘之元极力赞成，开嶂任总理，丁东第协之。并立京东、京北、边外、关东铁血会四支部。开成立大会之期，演剧四日，广招观听，每开剧一出后，开嶂携诸同志秦宗周、黄际隆、冷蔚森、丁东第登楼演说革命原理，及清廷危亡之现况。环楼观听者，男女过万人。因有汉奸某前车之鉴，无人声明于法庭，由是远近风动，皆知丰润青坨庄为北方革命发源地矣。

丁开嶂《辛亥革命时期的铁血会》。引自《近代史资料》总第5号，科学出版社1955年版，第21～24页

丁开嶂撰《北武社启》云：

横览全球，洞察万国，日本雄于亚，合众强于美，英、法、德、俄并峙于欧，独中国开化有五千年之久，人民有四百兆之多，疆土有四百万方里之大，而奄奄待灭，不能与东西诸雄争强者，皆国民之不武使然。其弊虽不尽归于鸦片之流毒，然鸦片亦弱国之一大元素，欲振吾民尚武之精神，必先革除吸烟之旧弊。国家于兴学尚武而外，屡谕戒烟，良有以也。使上有国家提倡，下无志士振兴，恐虚文徒具，实效难收，不但负国家图强至意，抑且因循所积，必至令鸦片反动之势如洪水之横流，汪洋愈肆；如瘟疫之暴发，传染弥涯，不使我炎黄子弟尽变为半死之病夫不止。南方数省有曾君少卿诸巨公，一时并起，极为提振，未满一载，长江以南遍立振武社，以尚武为宗旨，以戒烟为首务，推广神速，真有不可思议之奇者。设全国志士皆如曾君，将见此毒祟朝可灭。我北方同志血尚未凉，心犹未死，安忍坐视同胞沉沦苦海，如秦越之不关痛痒乎！况国民为国家之成分，国家为国民之积体，未有民弱而国独强，能不受外人之欺者，亦未有国弱而民独存，能不遭外人之毒者。欲保吾身，须先强吾国；欲强吾国，须先强吾民，吾民强斯吾国强，吾国强斯吾身不至东低首于侏儒，西下气于碧眼黄须之族矣。所以吾乡同志奋袂而兴，欲步曾君后尘，殄绝北方罂粟，先在敝村南青坨庄创立北振武社。倘经营得法，能如曾君扩充之速，一半年间布满黄河以北、榆关以东，皆意中事，弱民大病不日悉除。然山以积石而能成，海以聚流而始大，事以众擎而易举。定期开成立大会，知会燕、辽两省同志于五月二十六、七、八，九等日齐集敝社，研究如何推广之术。虽国家立约十年断清，恐十年以后仍如今日，所以不容已于斯举也。有志赞襄者，恭请届期光临为感。光绪三十三年五月　北振武社总理丁作霖谨启

附志立社之来由：

铁血会秘密机关始立于京师大学余之斋室。毕业旋里，托名戒烟立振武社于敝村，为本会开会之场所，至办理机密则在余宅内。余为首创，举为总理。立社后，余充河南大学教授，委丁东第为社长代理社务，大事余遥制之。宣统二年，余入北京分科大学，仍移大学斋室。三年武昌起义后，移于天津法界长发栈。

王道瑞整理《铁血会资料选编》，《近代史资料》总第83号，中国社会科学出版社1993年版，第70～72页

丁开嶂之子丁文隽口述有《丁开嶂先生与铁血会》一文，回忆：

一九〇七年，为进一步壮大组织，先父又以提倡摆斋、戒烟、戒酒为名，在黑龙江、吉林、辽宁、绥远、热河、察哈尔、内蒙、外蒙、河北、山西等地发展铁血会组织。并在家乡成立北振武社，作为铁血会总部。至此，抗俄铁血会改名为北洋铁血会。先父任总理，丁东第协助。此外还有冯云峰、唐自起、黄际隆、庞希德、秦宗周、王治增、李兰廷、陈熙泰等二十八路领袖。分为京东、京北、边外、关东四个支部。

北振武社成立期间，先父在村南戏楼上自己出钱唱戏四天。戏楼两侧高悬一副先父手书的长联："上下五千年，帝霸皇王转眼尽归淘汰路；纵横十万里，劳农兵士翻身群登竞争台。"每天开戏之前和场幕之间，先父携各路领袖及革命友人登台演说。他由历代帝王说起，尽数封建社会残害盘剥劳苦大众，造成中国人民灾难深重的几千年历史，道出今日列强苍蝇吸血悲惨现状，指出农工商学兵只有团结起来，推翻清朝统治，建立共和国家，才是振兴中华的出路。先父宏亮的声音，激昂的情感，透彻的说理，台下听众无不称赞。会后，向北方各地发布了《北振武社启》的文告。

丁文隽口述、董宝莹整理《丁开嶂先生与铁血会》，河北省政协文史资料委员会《河北文史集粹·政治卷》，河北人民出版社1992年版，第21～22页

编者按：丁文隽口述后被改写《铁血首领丁开嶂》（河北省政协文史资料委员会：《河北历史名人传·政治军事卷下》，河北人民出版社1997年版）一文。《丁开嶂先生与铁血会》一文收录的《北振武社启》文告，似与原始史料存在较大差异，本书不录。

△ 孙中山组织发动多次起义，后自言购买军械、运动人员用去经费将近二十万元。

1909年，孙中山致函吴稚晖称：

自庚子以后，中国内外人心思想日开，革命风潮日涨。忽而萍乡之事起，人心大为欢迎。时我在日本，财力甚窘，运掉[调]不灵，乃忽有他方一同志许助五万金，始从事派人通达湖湘消息，丽萍乡军已以无械而散矣（此事不过乘一时矿工之变而起，初未谋定而动，故动，他方同志多不及助，是以不支也）。惟有此刺激，人心已不可止，故定计南行，得日人资万四千元及前述所许五万元，以谋起义。初从事潮惠，潮黄冈以未期而动，事遂不成；惠七女湖怆悴[仓卒]应之，亦属无功。吾人遂转向钦廉，与该处军队相约，遂破防城，围灵山。惟此时所有之资以买械而尽，而安南同志虽陆续集款以助军需，精卫又亲往南洋筹资，惟所得不多；钦军统领终以资少不肯如约反正，钦事遂不成。吾人转破镇南关炮台，以促动钦军之动，事又不成。我遂出关而入安南，过文渊，为清侦探所悉。广西官吏托龙州法领事到安南查我踪迹，知我寓某街洋楼，密告清政府，与法政府交涉，逼我退出安南。我遂往星加坡。我到星加坡后则河口之事起，占据四炮台，诛彼边防督办，收降清兵陆[绿]营。本可进取，据有全滇，惜当时指挥无人，粮食不继遂退。自潮州、惠州、钦廉、镇南、河口五役及办械、运动各费，统共所用将近二十万元。此款则半为南洋各地同志所出，为革命军初次向南洋筹款者。今计开：由精卫向荷属所筹者约三万余元，向英属所筹者万余元，共约四万元；向安南、东京及暹罗所筹者约五六万元。我手得于上述同志五万元，得于日本人万四千元，河内欠责[债]万余元。此各项之开支，皆有数目，皆有经手。除梁秀春自行骗去五千及累去船械费数万，又一人骗去千余及陶成章用去一百，此外之钱皆无甚枉费。自我一人于此两年之内，除住食旅费之外，几无一钱之花费，此同事之人所共知共见也。而此期之内，我名下之钱拨于公用者一万四千元，家人私蓄及首饰之拨入公用者亦在千数百元。此我"攫利"之实迹，固可昭示于天下也！

又以东京同志以官费折作按贷钱，责我不代筹，此诚我罪矣。然家兄亦因以家产作按而致今日之破产，亦我罪也。河内五家作保之万余元至今犹未还，亦同为我之罪也。然此时则无如之何之际，闻陶现在南洋托革命之名以捡[敛]钱亦为不少，当有还此等债之责也，何不为之？

又谓在南洋有出保护票之事，此乃荷属一隅同志所发行之，本属自由行动，至成效如何我全未闻之，亦无从代受责任也。而陶成章亦在南洋印发票布，四处捡[敛]钱，且有冒托我名为彼核数，其不为棍骗乎？其无流弊乎？向陶成章当自知之，今乃责人而不自责。

广东省社会科学院历史研究室、中国社会科学院近代史研究所中华民国史研究室、中山大学历史系孙中山研究室合编《孙中山全集》第1卷，中华书局1981年版，第421～422页